窦光鼐及其家族文化研究

潍坊市中华文化促进会 编

山东人民出版社
国家一级出版社 全国百佳图书出版单位

图书在版编目（CIP）数据

窦光鼐及其家族文化研究：窦光鼐与窦氏家族学术
研讨会论文集/潍坊市中华文化促进会编著． —— 济南：
山东人民出版社，2016.1
ISBN 978-7-209-09217-3

Ⅰ．①窦…Ⅱ．①潍…Ⅲ．①窦光鼐（1720～1795）
-家族-文化研究-学术会议-文集 Ⅳ．①K820.9-53

中国版本图书馆CIP数据核字(2015)第234843号

窦光鼐及其家族文化研究
——窦光鼐与窦氏家族学术研讨会论文集
  潍坊市中华文化促进会　编

主管部门　山东出版传媒股份有限公司
出版发行　山东人民出版社
社　　址　济南市胜利大街39号
邮　　编　250001
电　　话　总编室（0531）82098914
　　　　　市场部（0531）82098027
网　　址　http://www.sd-book.com.cn
印　　装　山东新华印刷厂潍坊厂
经　　销　新华书店

规　　格　16开（184mm×260mm）
印　　张　29
字　　数　560千字
版　　次　2016年1月第1版
印　　次　2016年1月第1次
ISBN 978-7-209-09217-3
定　　价　88.00元
　　　　　如有印装质量问题，请与出版社总编室联系调换。

窦光鼐与窦氏家族学术研讨会合影 （2015 年 5 月 9 日）

窦光鼐与窦氏家族学术研讨会现场（2015 年 5 月 9 日）

与会专家学者参观诸城常山文博苑（2015 年 5 月 10 日）

序

王志民

《窦光鼐及其家族文化研究》一书即将出版发行，有关各方的团结合作终结硕果，山东文化世家研究又添新著，既感到高兴，又值得祝贺，也应该很好地回顾与总结。

2014年初，由我主编的《山东文化世家研究书系》（28种）由中华书局出版发行后，在省内外学术界和社会上引起了热烈反响和普遍关注。5月份，我与潍坊市原政协主席赵兴涛同志相遇，话题一下转到了文化世家上。赵主席说："诸城的窦氏家族是一个很值得好好研究的文化世家。"这马上引起了我的共鸣。在我2009年谋划山东文化世家研究项目时，清代名臣窦光鼐的家族是当时提出的36个候选文化世家之一。后来，经反复论证平衡，考虑到时代、地域及代表性等因素，在最后确定以30家为研究对象（最后出版28家）时，窦氏家族未入选。有机会弥补这一缺憾，自是好事，一拍即合。此后不久，由赵主席会同窦氏后裔窦宝荣先生等一起在济南会聚座谈，决定于2015年春天召开一次小型、高端的窦氏家族文化研讨会，会后出版论文集。

经过近一年时间的筹备，研讨会于2015年5月在诸城市密州宾馆举行。在为期两天的会议研讨中，我自始至终认真听取了与会每一位学者的发言，会后，我对会议提交的30余篇论文逐一研读、学习。我感觉这是一次成功的研讨窦氏家族文化的学术研讨会。主要表现在以下几个方面：其一，与会学者层次较高。这次受邀参会的学者，大致分三部分人。一是资深的教授、博导。主要是在传统文化、明清文学、家族文化、古典文献等相关方面有长期学术积累和造诣的学者、专家。二是有博士学位的年轻学者。这些学术新锐，大多在明清文学、传统文化、家族文化研究方面有着活跃的学术思考和扎实的文献功底。三是长期从事地方文化研究的当地学者。有潍坊市的高校教师、文博学者，也有诸城市热衷本市历史文化研究和资料收集整理的文化人。这些各有所长的学者聚集在一起进行学术研讨，各显其"能"，相得益彰，对研讨会有实质的提升。

其二，论文质量较高。这次会议所邀学者共三十余人，会议规模不大，所收论文不少，学术质量较高。也足见所有与会者都是以严肃认真的学术态度对待这次专题研讨的。所谓高质量，主要反映在几个方面：一是资料搜集做得扎实、深入。初议召开窦氏家族文化学术研讨会时，我们最担心的是资料缺乏，易成"无米之炊"。因为与其他名人辈出的文化世家相比，窦氏家族缺顶级文化名人，著作传世相对较少；缺璀璨群星，难有众多资料相互印证；缺家族社会关系史料，研究难以拓展。但在这次研讨会上，各位与会学者普遍注重了资料的深挖广搜和考证辨析，最大限度地弥补了这方面的缺憾。二是填补了诸多学术空白。从总体上看，窦氏家族文化的研究本是一块空白地，即使对窦光鼐，深入研究者少，高质量论文也不多。这次对窦光鼐及窦氏家族文化的研究，既带有拓荒性质，也从若干方面填补了空白，是一次对窦光鼐及其家族文化研究的全方位开拓。三是学术创新点多。本次研讨的论文有一个大致相同的特点是：在充分挖掘资料的基础上，长于论证、辨析、探究，因而，往往拨云见日、推陈出新、观点正确、论述充分。对历史上一些模糊认识和传闻，多能依据资料，辨证澄清；对有争议的问题，分析论辩，能成一家之言。对其生平、事迹、思想、创作以及家风等多个方面都有诸多创新之处。

其三，会风醇正。这是一次团结和谐、成果丰硕的研讨会，自始至终洋溢着一种优良淳正的会议气氛。主要表现在以下几个方面：一是严肃认真。会前与会学者做了充分的学术准备，会议期间，大家以严肃认真的态度对待所讨论的学术问题。绝大多数发言主题明确、论据充分、观点鲜明、要言不烦。在相对简短的时间内，取得了最大最好的学术效果，与会者普遍感到收获较大。二是气氛热烈。这次会议研讨的窦光鼐及其家族文化，对好多学者来讲，都是特别邀请，"命题作文"。所有与会学者都抱着虚心学习、取长补短的强烈愿望，积极参加了讨论。一人主旨发言，大家共议主题，相互补充，各有所获。会议始终充溢着认真而热烈的良好气氛。三是交流充分。如前所述，这次研讨会汇聚了全国各地不同单位、不同学科的学者共同探究窦氏家族文化，本身就体现了跨学科、综合性研究的特点。由于会议组织安排得当，各种不同观点、不同角度、不同研究方法，得到了充分交流，不仅主要议题得到了深入挖掘，达到了预期目的，也使每一个与会者对自己所研究的问题得到了充分检验和提升。

从论文集的内容看，在窦光鼐与窦氏家族研究上，至少有以下三个方面的突破和收获：

第一，窦光鼐研究。这次研讨的重点和主要成果之一，是对窦氏家族的代表人物窦光鼐从仕宦、交游、性格、形象、思想、创作、文风、书法等多个方面有了一个更全面、深入、具体的研究、梳理和探讨，并以年谱形式对其生平进行了详细梳理，都取得了丰硕成果。尤其对他仕宦生涯影响巨大的浙江学政、浙江府亏空案以及交游、选士等方面进行的重点探讨，资料翔实，研究深入，实现了新的突破。对窦光鼐的精神世界、人生态度、形象品格、治学理念的研究，都有新开拓。

第二，窦光鼐作品研究。在这方面填补了诸多空白，还原了他作为诗人、作家的业绩和历史地位。这也是对清代文学史研究的有力补充。其中，对其存世著作版本的考察，对其诗歌创作、诗风传统的论述，对其艺术成就的多篇分析，以及对经学成就和影响的深入探讨等等，都有相当的开拓广度和研究深度。尤其值得提出的是，前人对其作品和诗作艺术的分析，多为空白，这次研讨，注重了作品分析和艺术探讨，不仅填补了空白，而且精言粹语，见解独到，多有创新。其他如对应制之作及书法等的研究，也都从不同方面展示了窦光鼐的作品影响与文化贡献。

第三，窦氏家族的研究。由于史料缺乏，这次研究窦氏家族文化的论文数量相对较少，但从所收论文来看：对其家风、家学及其文化渊源的研究，对其家族文化特点与诸城地方文化风气相互影响的研究，以及对窦氏家族人才成长的家族文化因素研究等，进行了多角度的有益探索，而且做得比较扎实、深入，取得了良好效果。

这次研讨会获得了圆满成功，论文集得以顺利出版，得力于几个方面的共同努力。潍坊市中华文化促进会在赵兴涛主席领导与具体参与下，为会议的筹备、组织、协调、研讨及当地学者的联络组织等都做了大量细致有效的工作；山东师范大学齐鲁文化研究院具体负责学术上的策划、组织，外地学者的邀请、联络以及稿件的收集、编撰等工作，刘爱敏副教授付出了更多的心血；诸城市有关领导、市政协对会务的组织、安排、接待等都付出了辛勤劳动，保证了会议的顺利进行。

应该特别提及的是，从研讨会的举办到论文集的出版，始终得到了窦氏后裔窦宝荣先生及其家族的鼎力支持，让与会者甚为感佩！窦宝荣是一位成功的企业家，也是一个真正成功的文化人。他将挖掘、传承先祖及家族优秀文化传统与自己人生价值的实现结合在一起，将个人事业发展与家乡文化建设紧密相联，具有其他企业家少有的文化视野和人文情怀，他的努力为这次活动注入了鲜活的动力！

这次研讨会的举办，对窦氏家族文化研究起了有力推动作用，但这不是一个结束，而是一个真正的开端和起点。窦氏家族文化是一个有待继续挖掘的宝库，研究工作应该更深入、更扎实地拓展，提高层次，多出成果。我个人认为，在以下三个方面要继续着力探讨：一是要加大对其家族文化整体的研究。文化源流、家族兴衰、家风家学、社会关系、重点人物等等，都应该深入与具体化。二是要研究窦氏家族与地方文化的关系。在诸城这样一个文化名县，清代一朝，产生了若干名门望族，窦氏与他们之间的文化联系与相互影响如何？各大家族文化又如何影响了诸城，影响了山东乃至全国？这都值得深入探讨。一个名门望族，就是中华文化的一个亮点，研究他们，就是对中华优秀传统文化的挖掘和阐释，是我们当代人的历史责任。三是要深入研究文化名人的成长与家族文化的关系。例如，窦光鼐的成长与家族文化的关系，家风、家教对他的影响，先辈对他的影响，他对后代子孙的影响，这都需要去具体分析探究，以此为我们今天的家风建设，为今天的社会主义核心价值观的构建提供历史的借鉴和丰富的文化营养。

我们期望着有更多、更好的窦氏家族文化研究成果问世！

2015 年 10 月 6 日

于山东师范大学

在"窦光鼐与窦氏家族学术研讨会"上的致辞

潍坊市中华文化促进会主席　赵兴涛

2015 年 5 月 9 日

尊敬的王志民主席，尊敬的各位领导、各位专家学者、朋友们、同志们：

大家上午好！

在常山脚下、潍水之滨最美好的季节，在被誉为"天下文官祖，一代帝王师"窦光鼐的故里诸城，我们非常高兴地迎来了前来参加"窦光鼐与窦氏家族学术研讨会"的各位专家学者，这是今年潍坊市中华文化促进会的一项重要工作，也是窦光鼐与窦氏家族文化研究领域的一件盛事。在此，我谨代表潍坊市中华文化促进会对各位领导、各位专家学者的到来表示热烈的欢迎和衷心的感谢！

潍坊市中华文化促进会自 2012 年成立以来，紧紧围绕市委、市政府的中心工作，坚持以弘扬中华优秀传统文化和潍坊地方特色文化、推动文化强市为宗旨，有效整合全市各方面的资源和力量，在中华优秀传统文化特别是潍坊地方文化的研究开发、教育宣传、对外交流和产业发展等方面积极开展工作，取得了一定成绩，产生了广泛的社会影响。

弘扬优秀传统文化，对于推动社会主义文化大发展大繁荣，不断丰富人民精神世界，增强人民精神力量，努力建设社会主义文化强国具有重大的现实意义。习近平总书记在视察山东、主持召开文艺工作座谈会、出席纪念孔子诞辰研讨会等发表的一系列重要讲话，都对继承发扬中华优秀传统文化作了系统深刻的阐述。他多次强调中华传统文化的历史影响和重要意义，赋予其新的时代内涵。他指出："中华优秀传统文化是中华民族的精神命脉，是涵养社会主义核心价值观的重要源泉，也是我们在世界文化激荡中站稳脚跟的坚实根基。"这些重要论述都是我们开展工作的重要指导思想。

天下之本在国，国之本在家。文化世家是中国传统文化的重心所在。它昭示文明进程的中国路径，它凸显文化传承的中国方式，它积淀了中国人最深沉的精神追求。潍坊历史底蕴深厚、文化源远流长，是古老东夷文化、齐文化的重要组成部分，对齐鲁文化的起源和发展起到重要作用。在继承弘扬地方优秀传统文化中，如何选择工作的出发点和着力点？我们主要受到了《山东文化世家研究书系》的启发。这套由王志民主席主编的《书系》，选取了山东历史上在各领域、各方面具有代表性的 28 个文化家族（其中也包括潍坊地区的 4

1

个家族），每家写成一书，对所写家族分别从源流盛衰、婚姻交游、代表人物和家风家学等方面作了详细考察。受此影响，我们结合潍坊地区世家望族集聚、名人巨匠辈出的地域文化特点，以历代潍坊文化世家作为研究对象，拟组织力量筹备编纂出版《潍坊文化世家研究丛书》，运用"丛书"这一传统文化形式对潍坊文化世家进行全面、系统地整理研究，并进而展开对潍坊地域文化的研究。这种系统研究地域内文化世家的大型丛书，在我市尚属首次，在全国也不多见。拟选取潍坊历史上各领域、各方面具有代表性的文化世家，每家写成一书，对所写家族分别从源流盛衰、婚姻交游、代表人物和家风家学等方面进行详细考察。全面梳理展示潍坊文化世家的独特风貌和独有内涵。做到准确、明晰，文图并茂，具可读性，以荟萃历史，资治当今，惠及后世。

去年以来，我们首先启动的"窦光鼐和窦氏家族学术研究项目"，受到了省齐鲁文化研究院的高度重视，并直接参与主办。在研究院和王志民主席的具体指导下，在诸城市政协、诸城市常山文博苑地积极支持下，各项筹备工作顺利开展。特别是得到了国内诸多知名专家学者的积极响应，前后历时近一年的时间，共邀请到国内 30 余位知名专家学者参与相关课题研究，目前绝大多数都已完成并提交了学术论文，为圆满开好今天的会议、顺利编辑出版《窦光鼐与窦氏家族文化研究》奠定了坚实基础。

习近平总书记在今年春节团拜会上的讲话，在 1400 余字的讲稿中用了将近三分之一的篇幅讲述"家"的意义。他强调："家庭是社会的基本细胞，是人生的第一所学校。不论时代发生多大变化，不论生活格局发生多大变化，我们都要重视家庭建设，注重家庭、注重家教、注重家风，紧密结合培育和弘扬社会主义核心价值观，发扬光大中华民族传统家庭美德……"家风相连成民风，民风相融汇国风。家风起自家庭立足于家庭，其作用可以对社会的进步、人性的升华、民族的凝聚、文明的拓展，都产生巨大而深刻的影响。在当前我国全面推进依法治国战略进程中，发挥传统文化的内生力量，把依托家庭、家教、家风的"德治"效果发挥好显得尤为重要。内有优秀传统文化的道德滋养，外有法治建设的强力支撑，才能延续生生不息的力量，激发民族创造力，为国家创造更多财富、为人民增加更多福祉、为民族增添更多荣耀。

各位领导、各位专家学者在极为繁忙的工作之余来诸城参加这次研讨会，表明了各位专家学者对窦光鼐、窦氏家族以及对诸城、对潍坊地方历史文化的挚爱，也是对诸城、潍坊经济社会发展的关注和支持。衷心祝愿各位专家学者在学术研究上取得新的成果；也希望各位领导和专家学者不吝赐教，为我们的工作多提宝贵意见和建议。

衷心祝愿各位嘉宾在诸城期间身体健康，生活愉快！

预祝本次学术研讨会圆满成功！

谢谢大家！

在"窦光鼐与窦氏家族学术研讨会"上的致辞

潍坊市中华文化促进会副主席　窦宝荣

2015年5月9日

尊敬的王志民主席、赵兴涛主席，尊敬的各位领导、各位来宾、朋友们：

今天我们在"中国龙城·舜帝故里"诸城欢聚一堂，共同祝贺"窦光鼐与窦氏家族学术研讨会"的召开。我们满怀期待与喜悦，迎来了远道而来的尊贵客人。在此，我谨代表诸城窦氏家族和山东四达公司、山东大业集团、诸城常山文博苑，向莅临学术研讨会的各位领导、各位来宾，表示热烈的欢迎！

召开这样一次高层次、高规格的学术性、权威性的研讨会，专门研究"窦光鼐和窦氏家族文化"，这在诸城历史上还是第一次，这也是我们诸城窦氏家族的光荣和骄傲。在此，我谨代表诸城窦氏家族感谢山东省齐鲁文化研究院、潍坊市中华文化促进会，诸城市委、市政府、市政协的领导，感谢他们的精心策划、组织领导和大力支持；感谢来自全国各地的知名专家学者，感谢你们不辞辛劳查阅资料、呕心沥血撰写论文，形成了一大批富有较高学术价值的研究成果。

大会在诸城召开，是对诸城地方文化发展的一个促进，也是对窦氏家族的莫大鼓舞。窦氏家族自明朝初年移居诸城，至今已600余年，由始祖一家，发展成为闻名海内的世家大族。家族历代坚持"正身教家"的祖训，传承"持身严正""刚直不阿"的家风，涌现出一批有代表性的典型人物。如明隆庆年间"诸城九老"之一、德高望重的窦昂；清康熙年间的武进士窦栋、乾隆年间的一代名臣窦光鼐，整个家族在历史发展的长河中做出了应有贡献。近年来，诸城窦氏家族文化愈来愈引起世人的关注，相继发表出版了一些研究文章与专著。我作为诸城窦氏家族的第十九代传人，为先人做出的成绩感到骄傲，也为传承家族优良传统而努力。

我作为山东四达公司的董事长，弟弟窦宝森作为山东大业集团的董事长，都以传承家学门风为己任，做了一些力所能及的工作，也得到了各级领导和社会各界的好评。在把企业做大做强的同时，我们兄弟继承祖辈父辈的传统，倾心民间文化遗产保护和研究，为传承中华民族优秀文化传统先后投资5.38亿元，历时11年，建起了占地500亩、建筑面积10万多平方米，拥有万佛寺、大荣博物馆、窦府金石馆、古家具陈列馆、紫砂文化陈列馆、珍宝馆、历代壶馆、梵宫、碧霞宫及正在建设的图书馆和艺术品研究院共 12 处展馆，形成集宗教、文物鉴赏、艺术品展示、传统文化研究、观光游览于一体的大型文化旅游胜地——常山文博苑。为此，我本人 2012 年被山东省政府聘任为山东省文史研究馆馆员；2002 年被授予诸城市人民功勋；2003 年荣获山东省劳动模范称号；2006 年获得潍坊市十大文化建设杰出人物；2008 年被评为潍坊市十大道德模范，同年被中国文物保护基金会评为中国首届文化遗产保护十大杰出人物；2013 年荣获全国"五一"劳动奖章。

下一步，我们要认真研究这次研讨会的丰硕成果，以《窦光鼐与窦氏家族学术研究》为教材，搞好学习宣传发行，进一步弘扬优秀家学门风和社会主义核心价值观，努力为地方经济文化建设做出新的贡献。

预祝"窦光鼐与窦氏家族学术研讨会"圆满成功！

祝各位领导、各位专家工作顺利、阖家幸福、万事如意！真诚欢迎大家经常来诸城常山文博苑做客！

谢谢大家！

目　　录

1

"春风重持节"与"不肯出诗示人"

——论双重视角下的窦光鼐形象

汪亚洲

苏州大学文学院

摘　要：窦光鼐不仅是清代乾隆政坛上久持圭笏而不倒的重臣，其卓然不群的个性品质，为人称道、载入史册的事迹，成为一代朝臣之典范，同时也是乾隆诗坛上素俱才思，颇负盛名的诗人，留有大量诗作存世。有着双重身份的窦光鼐其形象具有十分重要的阐释价值，文章欲从双重视角出发，从窦光鼐官员形象和诗人形象两方面着手，将历史资料与诗歌文本相结合进行观照，从中挖掘和探讨窦光鼐形象之丰富性以及其双重形象之间的内在统一性。

关键词：窦光鼐；《省吾斋诗赋集》；官员形象；诗人形象

　　窦光鼐（1720—1795），字元调，号东皋，山东诸城人。有《省吾斋古文集》十二卷、《省吾斋诗赋集》十二卷存世，诗文俱佳，世人以文章称之，颇负盛名。"本朝儒臣以文章名世者，天台齐侍郎与诸城窦侍郎齐名，曰南齐北窦，河间纪文达公与嘉定钱詹事齐名，曰北纪南钱"①，又光鼐"学问精赡，文词清古，直国家承平久，天子雅重经术文章之士。朝廷有大典礼，光鼐进诗赋铭颂，辄蒙褒奖。与河间纪文达昀、大兴朱文正珪、翁侍郎方纲主持文运三十年"②。窦以文受君主知遇，初入官场，即见显达之势，不数年已至列卿。后为官日久，沉浮不定，但仍耿直清介、坚卓自立于朝五十载。其典范性形象具有十分重要的阐释价值，但是目前学界对窦光鼐形象的研究和把握尚属空白，本文欲深入挖掘史料，并将视角触及其诗歌作品，选取官员形象和诗人形象两种视野，试图对窦光鼐进行深入、细致的解读。

一、"春风重持节"：窦光鼐之官员形象

　　窦光鼐的家乡诸城位于山东省东南部，战国时此地分属齐鲁，深受齐鲁文化的影响。

---

①　陈康祺：《郎潜纪闻》卷七，光绪刻本。

②　刘光斗修、朱学海撰：《道光诸城县续志》，《中国地方志集成》，南京：凤凰出版社 2006 年版，第 395 页。

以儒学为核心的齐鲁文化倡导"修身齐家治国平天下"的匡世思想，注重经世致用的救世精神，"学而优则仕"是绝大多数读书人接受的思想观念，同时也成为他们的人生目标和导航。窦光鼐就是这样一位典型的"学而优则仕"的官员形象。窦光鼐五岁始学；七岁能撰写辞章；十二岁作《琅琊台赋》；十五岁中秀才；二十二岁中顺天乡试举人；二十三岁中进士，选翰林院庶吉士，从此开始了他立朝五十载的宦海生涯。然而，窦光鼐虽然极受乾隆爱重，立朝长达五十年之久，但这五十年并非一帆风顺，反而屡起屡扑，浮沉不定。徐世昌在《晚晴簃诗汇》中梳理其浮沉宦海的一生：

> 东皋素英迈，尝言士当求有用，如昌黎折王庭凑，阳明擒宸濠，乃为真学问。裕陵颇知之，大考居下等，特擢中允，以副宪视学浙江。还与刑部争秋谳，改京兆。又以捕蝗与制府互打，罢。起官宗丞者十年，再视学浙江，论州县仓库亏空，复与疆吏相执奏，为所中，再罢。再起，又授宗丞，贰春官，三视学浙江。入长御史台，典会试。归安王宝华以锶、凤丹以衔兄弟联名榜首，和相欲以此陷之，延试凤丹第一，为和相所定，乃不能复有言，然东皋卒以此携秩去官。洪北江上成亲王书，谓东皋颇附和相，和相方齮龁之不遑。秦小岘已辨之，是也。①

徐寥寥数语道尽窦氏一生跌宕。以"文章名世者"却"大考居下等"；照例当罚俸，却"居数月，擢左中允"；争秋谳一事，乾隆本已"命下部严议，当左迁"②，后却仍命留任。诸如此类多次受乾隆特殊照顾，格外保护。从乾隆方面看，显然出于帝王之术，御人之道。乾隆素知光鼐忠厚实诚，遂多次苦心周全，并使其耿介敢言的性格得到最大程度的发挥，以为自己在关键时刻平衡各方力量时增加筹码。然而，从光鼐自身角度看，其性情品质之卓立更是其久立而不倒的必要因素和主要原因，总结如下：

其一，礼贤下士、谦以待人。窦光鼐身居朝廷之高位，名负学术之泰斗，但并未沾染官宦恶习，也从不以才自恃，而是严于律己，宽以待人。对待后辈下士更是礼遇有加。张鹏展《国朝山左诗续抄》中记载："李少鹤云：先生以经术文章为海内北斗。乔于丙申赴都，始得拜识，谈论常竟日。"③《都察院左都御史窦公墓志铭》中也记载："公性开荡，遇同列下辈，乐善汎爱，言无所不罄。每与客谈，客起，犹立语移晷，刺刺不肯休。瀛侍公稍晚，而公于瀛尤厚。公亡，盖知我者鲜矣。"④ 这些史料皆记载了窦光鼐对待晚辈后生，

---

① 徐世昌：《晚晴簃诗汇》，载钱仲联：《清诗纪事》，南京：凤凰出版社 2004 年版，第 5262 页。
② 赵尔巽：《清史稿》列传一百九，北京：中华书局 1977 年版，第 1477 页。
③ 钱仲联：《清诗纪事》，南京：凤凰出版社 2004 年版，第 5262 页。
④ 秦瀛：《小岘山人文集》卷五，嘉庆二十二年刻道光间补刻本。

不拘小节,谦和大方。

其二,体恤百姓,勤政爱民。乾隆二十六年(1761),争秋谳一事,皇帝怒斥窦光鼐:"会谳大典,光鼐意气用事,甚至纷呶谩骂而不自知。设将来预议者尤而效之,于国宪朝章不可为训。""命下部严议"① 在当时是十分严厉的处分,官运或许由此跌落。为何窦光鼐如此激愤以致冲破礼仪之大防做出如此过激而不计后果的行为?"秋谳,光鼐以广西囚陈父悔守田禾杀贼,不宜入情实;贵州囚罗阿扛逞凶杀人,不宜入缓决。持异议,签商刑部。"② 可见,窦光鼐秋审断案有理有据,合情合理。虽然两个犯人都跟自己没有丝毫关系,但从"语忿激"三字可以看出窦光鼐对无辜平民百姓的体恤关爱,致使窦光鼐在无力挽回的情况下"未能降心抑气",不计后果也要为之极力挽救。

其三,力遏权贵,刚正不阿。窦光鼐不仅心怀百姓,勤政爱民,更不畏权臣,刚正不阿,风节挺劲,"揭揭然柴立"于贪污腐败极其严重的乾隆一朝。争秋谳一事便可看出,他为了心中的百姓,为了胸中的正义,决不趋炎附势,同流合污,不惜与刑部发生冲突,以致事态恶化,几罹不测。除此,另有乾隆二十七年(1762)的捕蝗一事以及历史上著名的黄梅案。捕蝗一案中窦光鼐无论贵贱、一视同仁的性格体现得淋漓尽致。而黄梅案中,窦光鼐不畏权臣,誓为正义斗争到底,矛头直指权倾朝野的重臣阿桂、伊龄阿、曹文埴等人,其铮铮铁骨,勇气可嘉。王昶《湖海诗传》里评价窦光鼐"先生性情伉直,遇事敢言"③,诚然如此。

其四,清明廉洁,两袖清风。他的清明廉洁也是赫赫有名,光照汗青的。其门人秦瀛在《都察院左都御史窦公墓志铭》中记载:"祭告南海,所至,却地方赂遗。"④ 奉命前往南海祭告,地方官员争相赠送财物,光鼐一概拒收。又有《道光诸城县续志》:"性介特。父卒,时以金博者,悉却之,曰:'吾自为翰林至京兆,未尝受人财,岂以亲没为利乎?'久至饔飧不给,其清节尤为世所重。"⑤ 王昶《湖海诗传》也记载:"其后偃蹇以殁。"⑥ 其清苦困顿,艰难维持之景如在眼前,其不重金帛重正义的伟岸人格令人感慨良多。

其五,秉公办事、严明执法。乾隆二十九年(1764)正月,窦授顺天府府尹。"越二年,授顺天府府尹。畿辅丛弊久,吏胥多因缘为奸,公受事,苞苴屏绝,首劾蓟州知州长

① 赵尔巽:《清史稿》列传一百九,北京:中华书局 1977 年版,第 1477 页。

② 赵尔巽:《清史稿》列传一百九,北京:中华书局 1977 年版,第 1477 页。

③ 钱仲联:《清诗纪事》,南京:凤凰出版社 2004 年版,第 5261—5262 页。

④ 秦瀛:《小岘山人文集》卷五,嘉庆二十二年刻道光间补刻本。

⑤ 刘光斗修、朱学海撰:《道光诸城县续志》,《中国地方志集成》,南京:凤凰出版社 2006 年版,第 395 页。

⑥ 钱仲联:《清诗纪事》,南京:凤凰出版社 2004 年版,第 5262 页。

全声名狼藉。按治之特，荐京县兰公第锡、李公湖后官督抚，皆称贤臣。"① 身居要职的窦光鼐秉公办事、严明执法，同侍郎裘日修同心协力，举劾州县奸溺职吏，整顿了吏治，辇毂为之一清，做出了极大的贡献。

通过对相关资料的解读，我们可以很直观地总结出窦光鼐形象的基本概貌，这也是我们了解历史人物窦光鼐最基本的方法。这种视野观照下的窦光鼐，对待君主，忠心耿耿，一介忠臣；对待同僚，刚正不阿，风节挺立；对待晚辈，礼贤下士、谦以待人；于职责之所在，清正廉明，严明执法；于百姓，宽厚仁爱，体恤有加。一生谨守着孔孟之道，践行着仁义礼智信，为官五十载，忠厚诚实，正直耿介，两袖清风，孑然独立，又不畏权贵，不慕名利，用一身铮铮铁骨对抗着官场的黑暗与污浊、社会的不公与险恶，实为端人正士也。《晚晴簃诗汇》载沈清瑞《呈窦东皋先生》诗：

> 昌黎山斗人伦表，六一文章海内名。末座趋陪容贱子，中朝风雅属先生。士夸望比龙门峻，吏说官如浙水清。廿载春风重持节，越江花发待双旌。②

从窦氏为官品质看，沈清瑞此诗实非溢美之言或阿谀之作，窦氏当之而无愧。窦光鼐之官员形象受到来自群体或者公众的观照，是社会群体认知系统阐释的结果。美国当代读者反应批评理论家斯坦利·费什提出一个"解释团体"的术语，他认为我们所进行的思维行为是被我们已经牢固生成的规范和习惯所制约的。"解释团体"实际上是一个具有社会化的公众理解系统。在这一系统范围内，读者对文本的理解会受到制约。③ 后人对窦光鼐形象的认知便有一种受整个社会群体的认知思维系统制约或影响的"解释团体"的味道。群体视野观照下的人物形象大多具有公众性质，表现为人物与君主，与朝廷，与百姓，与公众以及与社会的关系，必须放在个人与集体或阶级之间的关系中去理解。并且，由于受传统价值观的影响，我们从历史材料中获得的大都属于道德评判体系的产物，是"基于非文学性的政治和道德标准，从事评价性的'判决式'的批评"④。合乎礼否、合乎义否、忠诚与否、廉洁与否。当然，用"知人论世"的基本方法对基本史料进行挖掘和分析，以求还原历史现场，逼近历史真相，是我们必不可少的基础工作，是我们研究的第一步。但是，在此基础上得出的结论也难免陷入对窦光鼐的性格、气质和人生态度的粗浅归纳。这种疏略的粗浅的解读缺乏对人物内心世界的关注和考察，为了塑立起人物较为全面和丰满的形

---

① 秦瀛：《小岘山人文集》卷五，嘉庆二十二年刻道光间补刻本。
② 徐世昌：《晚晴簃诗汇》卷一百五，民国退耕堂刻本。
③ （美）斯坦利·费什：《读者反应批评：理论与实践》，北京：中国社会科学出版社 1998 年版。
④ （美）雷·韦勒克，奥·沃伦：《文学理论》，北京：三联书店 1984 年版。

象,我们单从这个角度探讨,显然还远远不足。与此同时,诗歌却为我们打开了广阔的探讨空间。诗歌不仅在很多情况下"具备一种特为珍贵的'补史'功能",而且"诗又是乃'人'之心声"①。要想得到人物的私密的细微的复杂的情感线索,我们势必要转换视野,展开对诗歌文本的解读。

二、"不肯出诗示人":窦光鼐之诗人形象

历来对窦光鼐诗文作品的解读与评价,多从诗歌学承关系上进行阐发,并普遍认为窦光鼐诗歌宗崇杜甫,受杜甫影响极大。如"然骨力坚卓,得少陵之意"②"诗宗少陵,古文法退之"③,对诗歌评价虽言简意赅,但都是围绕着宗杜倾向进行的。然而,从其诗作探讨窦光鼐其人思想情感的却鲜有人为,通过对诗歌的透视,我们将对窦光鼐有一个新的认识和感知。

窦光鼐本身是一位以文见知的御用文人,他大量的应制诗文创作皆是以歌功颂德、迎合奉承为主。但是对于其非应制诗,则应另当别论。秦瀛在《东皋先生诗钞序》中称:"先生以所为诗示瀛,瀛乞锓诸板,先生却之曰:此后死者责。自后二十年,先生不常为诗,并不肯出诗示人。"④从这段材料中我们可以推知其非应制诗创作纯为情感表达和自我主体意识的建构。与传统的以"立言"为目的的文学创作不同,在完成创作之后本应进入传播阶段,窦氏却一反常规,做出了反传播之举,将传播限定在较窄的范围,并毅然阻止能够广泛传播的付梓行为。"不肯出诗示人"则读者就只有诗人自己,在无他人观照的状态下,诗歌的世界是封闭的,这种封闭性带来了情感表达的自由性和自主性。因此,从自我建构的视角解读窦光鼐的诗歌,向诗人封闭的情感世界挺进,以诗人在纸上构建的图景,来照应出诗人内心情感的波澜,以更真实地更深入地了解诗人的内心世界,这种解读视角具有真实性,也具有更大的阐释价值。

(一)异于歌功颂德的一面——作牢骚抱怨之语

作为一个以才见知的御用文人,窦光鼐贯作歌功颂德之语,如:"不才宜下考,圣主念孤臣。文章终报国,宠辱岂关身。"⑤"词曹犹幸厕,爨下敢求音。讵意中阳照,偏荣小草心。"⑥"小臣行于役,再拜欣仰止。恭维圣主意,异代犹如此。"⑦从这些诗中,我们可以

---

① 严迪昌:《清诗史》,北京:人民文学出版社 2011 年版,第 60 页。
② 钱仲联:《清诗纪事》,南京:凤凰出版社 2004 年版,第 5262 页。
③ 李元度:《国朝先正事略》,长沙:岳麓书社 1992 年版,第 1121 页。
④ 窦光鼐:《东皋先生诗集》,嘉庆三年无锡秦瀛刻。
⑤ 窦光鼐:《馆试列四等蒙旨纪恩》,《省吾斋诗赋集》卷九,乾隆刻本。
⑥ 窦光鼐:《复蒙特擢左春坊左中允纪恩》,《省吾斋诗赋集》卷九,乾隆刻本。
⑦ 窦光鼐:《梅花亭》,《省吾斋诗赋集》卷九,乾隆刻本。

看到一个对君主歌功颂德、感激涕零并一心事奉圣主、毫无怨言的忠诚奴仆形象。然而也偶有一些诗作一反常态，使我们管窥到了窦光鼐真实情绪的表达。

> 淮北逐雪来，淮南冲雪过。跋马困泥泞，履石兼坎坷。峤穿望冥陌，诸关雄其左。山长天与白，溪过风转大。间程匪云远，仆夫倦寒饿。我行未敢息，王命有程课。缅彼白云隈，应有幽人卧。彼我傥易观，更叹谁能那。惠施撼庄周，高论每惊座。戏假良史笔，散点寒山破。①

先是极力刻画风雪交加的天气状况和艰难险阻的地势，来表明旅途之饥寒交迫、辛苦劳顿以及危险重重，紧接着道出"我行未敢息，王命有程课"。这里诗文表面意思和真实情绪之间的矛盾张力十分吸引我们的注意。表面上看，即使再艰难再辛苦，也会不辱皇命，忠于职责。然而当我们还原现场，进入角色，细细咀嚼时，却尝出对皇命无情且不可违的满腹牢骚和无可奈何。诗中接着展开幽人卧白云之联想，表露窦光鼐此时对恬淡闲适生活的渴望。从惠施与庄周的典故中我们不难看出一些端倪：题目中一个"戏"字可谓一箭双雕。既通过"惠施撼庄周"体现的友谊来暗合自己与编修庄方畊的真情厚谊，又借二人"高论每惊座"的睿智哲思和庄子的自由精神来寄托自己深藏于心的情怀。这正与窦光鼐"我行未敢息，王命有程课"的处境形成巨大反差。窦光鼐引用庄周之典故的意图也就不言而喻，实有对羁旅生活的失望和无奈之感，自伤自怜情绪由此窥知。再看下面这首《戏咏秃笔》。

> 太息中书老，封城曾拜嘉。只今毛发改，已觉岁年赊。操简多遗憾，临池独叹嗟。非时难浥露，到眼易生花。管自分麟角，床虚缕碧牙。三朋往得怪，十瓮积何加。妙异舍云雾，枯同折荻葭。徒劳免冠谢，敢许尽心夸。述事知无用，酬功亦有涯。交情应见矣，天道信然耶。画壁神犹竦，题诗手但叉。伯施如见遇，还欲走龙蛇。②

"戏"字在这首诗的题目中再次出现。一个"戏"字透露出诗人作诗环境之随意无压力，没有"伴君如伴虎"般的紧张束缚感，往往这时候的表情达意更能代表诗人真实情绪的释放。解读这首诗的密码在最后四句。一"但"字暗示自己受到诸多禁锢和束缚而令才思凝于笔端却无法蜿蜒着墨。"伯施如见遇，还欲走龙蛇"则直接道出如果有虞世南之于唐太宗那样的知遇，定当才思泉涌，飞龙走蛇。其中的牢骚情绪与前一首如出一辙。这个复

---

① 窦光鼐：《渡平靖关戏简庄方畊编修》，《省吾斋诗赋集》卷九，乾隆刻本。
② 窦光鼐：《戏咏秃笔》，《省吾斋诗赋集》卷九，乾隆刻本。

杂多面近乎矛盾的人物还需我们进一步深入解读。文学正应当注意这些异样的细节，才能让我们捕捉到人物的真实性情，进而更深入地了解文学形象的整体风貌。

（二）异于狷介不容人的一面——抒细腻深笃之情

正所谓"水至清则无鱼，人至察则无徒"，但是耿介不容人的窦光鼐并非是一个迂钝冷峻，不善交际的人，退去官服的日常生活中反而深情厚谊，颇多挚友。《省吾斋诗赋集》中有《送王熊峰先生谪任西川》两首、《送胡少京兆从军金川》四首、《渡平靖关戏简庄方畴编修》《送雷翠庭副宪归养》两首、《陪杨奉峨抚军及潘臬诸公登北高峰》《桐城道中怀刘耕南》等不少诗作，这些诗有交游之乐、有送别之伤，也有分离之思，更有死别之痛，诗人对友人们的真挚情愫在诗中有淋漓尽致的表达。如诗人与刘大櫆一向交好，并将其视为难得的知己，曾多次作诗以表达仰慕与怀念之情。如"海内论文友，于今复几人。重经清口路，如遇素心亲。"① "追欢淇水上，惜别越江滨。相忆不相见，龙眠空复春。"② "折梅未敢寄，细把恐伤身。"③ 诗中窦光鼐对刘大櫆的敬重仰慕与二人之间忘年之交的情深意笃溢于言表。

窦光鼐为官五十载，塑立起刚直不阿、铁面无私、耿介不容人的形象，但其远离家乡与亲人，沉浮宦海，对家乡对亲人的思念之作则表现出其铁骨柔情的一面。如《重登陶然亭》："游子悲佳节，凭高复此亭。芦依秋岸白，山似故园青。独把杯中物，相逢水上萍。那堪邻笛奏，日暮隔林听。"④ 游子满腹乡愁无从消解，只能把酒独酌，伴着日暮黄昏和林间幽笛，缓缓道一句"山似故园青"，其情其景，感人肺腑，触人心弦。《留别邑中亲友》中，"久客旷田里，归来朋旧寡"，诗人官宦多年回到家乡，却看到"艰难营窀穸，血泪洒原野""茅庐敝无完，将雏苏台下"，百感交集，却又无可奈何，遂发出"感此亦经年，欲别未忍舍"⑤ 的心酸之叹！同时，这也正是诗人家乡归属感和责任感的高度体现。《得汝翼书》："汝归书不至，书至转增伤。屋漏多年雨，春残隔日粮。老亲犹强饭，稚子始扶床。白骨仍侨寄，何言返故乡。"窦光鼐虽身居高位，但为官清廉，从不私受一分一文。"屋漏多年雨，春残隔日粮"⑥ 可见其生活窘迫之态，正印证了他的清廉之名。《得家书至喜》："献岁筹归养，为书慰老亲。那知望八日，喜趁帝城春。即遣翼儿往，应占修禊辰。欢颜承膝下，学舞不嫌频。"⑦ 则用婉转细致的笔触生动地流露出窦光鼐对享受寻常人家天伦之乐

---

① 窦光鼐：《发清口驿望龙眠诸山忆刘耕南》，《省吾斋诗赋集》卷十一，乾隆刻本。
② 窦光鼐：《还过桐城忆耕南》，《省吾斋诗赋集》卷十一，乾隆刻本。
③ 窦光鼐：《桐城道中怀刘耕南》，《省吾斋诗赋集》卷十，乾隆刻本。
④ 窦光鼐：《重登陶然亭》，《省吾斋诗赋集》卷九，乾隆刻本。
⑤ 窦光鼐：《留别邑中亲友》，《省吾斋诗赋集》卷九，乾隆刻本。
⑥ 窦光鼐：《得汝翼书》，《省吾斋诗赋集》卷十二，乾隆刻本。
⑦ 窦光鼐：《得汝翼书》，《省吾斋诗赋集》卷十二，乾隆刻本。

的渴望与期盼。

窦光鼐对妻子的深厚感情在其诗作中也有体现。如在妻子张氏死后，窦光鼐伤心欲绝，将这份哀恸述诸笔端，作《哭亡室张夫人十首》和《十月十六日葬张夫人两首》，其中有"起视竟何见，抚棺空复情""可奈诸儿女，朝朝唤母声""只今摇落尽，谁共岁寒时""儿筵一以设，泪落晚风前""膝下团圆语，三年不忍追""孤魂雨耿耿，地下合相依"① 等，款款深情让人唏嘘不已。

"笃爱兄弟，敦睦宗族"② 的窦光鼐与其弟窦光钺的拳拳深情在《省吾斋诗赋集》中颇多体现，如《暮春登陶然亭忆西堂弟》《过大庾岭即日登舟寄西堂弟》《觐家大人于西堂弟省官闻西堂不日当至至喜之作》《待西堂弟不至解缆北上怅然有作》《抵清远峡怀西堂弟》，单从这些题目便可看出兄弟二人交往甚密，志趣相投，感情很好，经常一起登山赏景，吟诗作赋，即使分离后也常相作诗表达怀念之情。

> 忆弟不成眠，归舟系驿边。还扶慈竹杖，回望夜郎天。万里西江水，三春峡口烟。凭高辨帆色，恐有海南船。③
>
> 久客魂仍滞，缁尘变素帷。即今秋已暮，谁与汝同归？岁月冰霜逼，关山故旧稀。翼儿未解事，此去暂相依。④

诗中，窦光鼐对弟弟的思念竟到了"不成眠"的地步，得知弟弟即将到来的消息便每日在岸边守候。本应"盼"，反用"恐"，正意反说，对心理的描摹熨帖入微，真切又富有情致，与宋之问的"近乡情更怯，不敢问来人"有异曲同工之妙，这种微妙的情感波动的抒写使我们真切地感受到窦光鼐对弟弟的深厚感情，更令诗人的形象多了一分细腻和生动。窦光钺死后，窦光鼐更是悲恸万分，《哭亡弟西堂十首》和《送西堂枢归里三首》首首悲痛哀绝，令人潸然泪下。

（三）异于高昂雄奇的一面——造淡雅幽美之景

窦光鼐在诗作中贯选山峰峡川、江河湖海之风物，作雄奇壮阔之气象，造苍凉肃杀之意境。如"扶胥南下水如天，倚棹孤亭黄木湾。海外初收鳌背雨，云中稍辨虎头山"⑤"声

---

① 窦光鼐：《哭亡室张夫人十首》，《省吾斋诗赋集》卷十二，乾隆刻本。

② 窦汝翼：《皇清诰授荣禄大夫经筵讲官尚书房行走都察院左都御史予四品衔休致显考东皋府君行述》，载于民国二十二年《诸城窦氏族谱》。

③ 窦光鼐：《侍家大人登崑都山作》，《省吾斋诗赋集》卷十一，乾隆刻本。

④ 窦光鼐：《送西堂枢归里三首》，《省吾斋诗赋集》卷十二，乾隆刻本。

⑤ 窦光鼐：《登浴日亭次东坡韵》，《省吾斋诗赋集》卷十，乾隆刻本。

吹旸谷动，势挟北溟遥"① "势挟河汉落，气浸毛发冷"② "江流催地转，石气与天高"③
"地连五岭分鹏背，水带三江下虎门"④ "落日明寒水，惊风动大旗"⑤ 等，这些刚劲雄伟
的意象正与诗人刚正不阿、风节挺劲的不凡人格相映衬。但是，同时我们也注意到在窦光
鼐的诗集中，有这样一些诗歌存在。如《藩臬及同事诸公招宴小有天园得诗两首》："出郭
晒松岭，开筵当慧峰。山光团绿竹，秋色乱芙蓉。酒借林泉入，脍因池鲫供。明湖比西子，
淡扫若为容。"⑥ 将山光秋色细细描摹，细致刻画小园之精致。《是日复游大慈寺虎跑泉陶
庄花港诸胜得诗四首》其一："碧树明湖外，青云赤嶂西。峰回全隐寺，谷断更寻蹊。竹霭
留僧语，泉声送马蹄。犹闻传祖塔，白鹤向来棲。"⑦ 将碧树、青云、竹霭、泉声与僧语、
马蹄排列组合，交织在一起，铺排出一幅生趣盎然的景致。《是日复游大慈寺虎跑泉陶庄花
港诸胜得诗四首》其四："寻云到花港，结宇直花山。自识南华乐，况当西子颜。岸容惊柳
变，秋意趁鱼闲。不觉寒烟暮，苍苍满棹还。"⑧ 则表现了诗人脱离于官场之外别有一番滋
味的闲情逸致。

另有"酌水谈灵迹，安禅说性空""岚重衣全湿，林敧帽或妨"⑨ "宿雨涨湖绿，新晴
鱼上波""岸分江藕润，峰入白云多""清源迎共酌，小憩息数池雨"⑩ 这些诗歌皆一反高
昂雄伟之气势，转入花鸟虫鱼之细节刻画，摆脱"催""动""转""挟""落"等壮大字眼，
而选用"闲""烟""波""新""湿""嗔"等具有缓慢节奏的字眼，描绘了一幅幅清新明
丽、幽雅闲适的图景，表达了跳脱官场之外的闲情逸致，透露出窦光鼐不常示人的一面
——一个细腻柔情、生动鲜活的诗人形象呈现在读者面前。

诗歌文本是诗人自发的形象塑造，是诗人内心世界的外露，是诗人情感需求的表达。
通过对诗歌文本的深层解读，进而形成对窦光鼐内心情感世界的基本认知。凭借对窦光鼐
诗歌的表面意思和深层情绪的挖掘，我们可以看出窦光鼐是一个有血有肉、重情重义之人，

---

① 窦光鼐：《宿琅琊台山寺》，《省吾斋诗赋集》卷九，乾隆刻本。
② 窦光鼐：《游天井》，《省吾斋诗赋集》卷九，乾隆刻本。
③ 窦光鼐：《夜过弹子矶》，《省吾斋诗赋集》卷十，乾隆刻本。
④ 窦光鼐：《登越秀山》，《省吾斋诗赋集》卷十，乾隆刻本。
⑤ 窦光鼐：《送胡少京兆从军金川》，《省吾斋诗赋集》卷九，乾隆刻本。
⑥ 窦光鼐：《藩臬及同事诸公招宴小有天园得诗两首》，《省吾斋诗赋集》卷九，乾隆刻本。
⑦ 窦光鼐：《是日复游大慈寺虎跑泉陶庄花港诸胜得诗四首》其一，《省吾斋诗赋集》卷九，乾隆刻
本。
⑧ 窦光鼐：《是日复游大慈寺虎跑泉陶庄花港诸胜得诗四首》其四，《省吾斋诗赋集》卷九，乾隆刻
本。
⑨ 窦光鼐：《是日复游大慈寺虎跑泉陶庄花港诸胜得诗四首》其三，《省吾斋诗赋集》卷九，乾隆刻
本。
⑩ 窦光鼐：《雨后同庄滋圃抚军及藩臬诸公泛舟西湖，因游天竺、灵隐、韬光诸胜，遂登北高峰三
首》其三，《省吾斋诗赋集》卷九，乾隆刻本。

同时他有着自己真实的情绪，对君主虽忠诚，却对君主的所作所为有着自己的看法和认识，甚至出现抱怨情绪的流露。但是由于受封建统治阶级的思想钳制，他在公众视野下只能选择沉默，其内心的真实情感只有在"不示人"的诗歌中得以微弱地表达。

三、窦光鼐的诗学观及其双重形象的内在统一

窦光鼐的双重身份塑立的两种截然不同的形象，一面是礼贤下士、谦以待人，体恤百姓、勤政爱民，不畏权臣、刚正不阿，清明廉洁、两袖清风，秉公办事、严明执法的朝臣形象；一面是有血有肉、有情有义，与朋友交真挚诚笃、与兄弟情深意切、与家人细腻柔情的诗人形象。但是，深入剖析会发现，这两者并不是割裂的，而是存在着内在统一的关系。

表面上看，其为官时塑立的是非峻厉、狷介不阿、不能容人的形象与其诗笔之下情深意切的情感表达以及温柔细腻的笔调格格不入，但这恰恰正是其诗学观念的体现。有关窦光鼐诗学观念的资料并不多见，最集中地表述是在秦瀛《东皋先生诗钞序》之中：

> 诗之为道，渊源三百篇。有赋焉，有比兴焉。近今之诗有赋无比兴，此诗所以衰也。唐人诗称李杜，太白歌行得楚骚之遗，少陵则原本变风变雅，而得其所谓怨而不怒者。二公诗往往托物比兴，词旨荒忽，读者莫测其意之所在。而诗于是为极至焉。是故作诗者必其性情既厚。植之以骨干，傅之以采色，谐之以律吕，舍是以言诗，非诗也。①

从总体来看，窦光鼐的诗学观念是对儒家传统诗教的重申。他认为诗源自诗三百，赋比兴同等重要，不能偏废一隅。同时他推崇李杜，认为二人共同点当为"性情"之至。窦光鼐明确表示"诗者必其性情既厚"，他认为诗的骨架、辞藻、韵律都是为性情服务的，舍弃性情，只一味在形式上下功夫，都称不上是真正的诗。

窦光鼐人格的自我建构与诗学观念的树立在其为官历程和诗歌创作中实现了统一。这种统一，从传统伦理的角度看，表现在窦光鼐对正直真淳的人格气节的重视以及其为官时所秉承的求真务实的作风。窦光鼐有《谒包孝肃公祠》诗感念包公之廉名：

> 包公峭直树英声，故里经临为驻旌。遗像千秋瞻岳立，当时一笑比河清。阎罗自昔惩关节，妇女犹今识姓名。敬挹余风励顽懦，炷香聊荐寸心诚。②

---

① 窦光鼐：《东皋先生诗集》，嘉庆三年无锡秦瀛刻。
② 窦光鼐：《谒包孝肃公祠》，《省吾斋诗赋集》卷十，乾隆刻本。

又有仰慕岳飞之作《过汤阴拜岳忠武祠》：

> 岳家师律正乾坤，痛哭朱仙已恨吞。尤恐岩廊梗和议，忍教犴狴闭忠魂。湖山主岂无君父，桑梓宗禋有子孙。奕世崇褒起顽儒，帝王殊号讵堪论。①

包公足称清官之楷模，岳飞实乃忠臣之典范。窦光鼐在两首诗中赞扬包公"峭直""比河清"以及岳飞"忠魂""正乾坤"之时，却皆自嘲为"顽儒"，纵观窦氏一生跌宕起伏，不难看出此"顽"字实则暗含诗人内心对清廉刚正之为官品质与忠君报国之人生志向的坚守。秦瀛在《都察院左都御史窦公墓志铭》中说："公生平不讲学，而仁谊道德之旨。不言躬行尤严析义利，而要之以毋自欺。立朝五十年，揭揭然柴立，无所顾慕，刚直不能容人，人多龃而忌之者，惟以诚悃，荷圣主知。屡起屡仆，卒蒙保全。"② 正因"不自欺"以及"不欺他"，所以窦光鼐不畏权臣，刚正不阿，勤政爱民，清明廉洁。可见，窦光鼐为官五十载所作所为无一不在践行和坚守着自己的以"真"为核心的人生信念和道德情怀。

从诗学的角度分析，这种统一性在诗歌创作中的表现则是主张作品表现的内容必须是作者性情的真实流露，要求文学创作存真去伪。尝言"学贵有用，如昌黎折王庭凑，阳明平宸濠，乃真学问"③，从中亦看出窦氏对"真"的追求。秉承着厚性情的诗学观念，以表达主观真实性情为旨归，进行诗歌创作实践，也难怪我们总能在窦诗中窥探出其真实性情的流露。深受传统儒家思想浸染的窦光鼐，忠君报国是其坚定不移的人生志向，更是一种发自内心的深沉情感。又因多次受君主照顾与保护使其官运得以延续和亨通，因此，窦光鼐颂扬明君圣主和礼赞江山社稷的诗歌自非虚与委蛇、奴颜媚主之作，反而是赤子忠心的反映。这与其在为官时忠于君主、决不与黑暗势力同流合污，誓死效忠国家的表现高度一致。与此同时，官场上的复杂与无奈，难免使人产生失望与愤懑之感，窦光鼐在诗歌创作中忠于自我的主观意识，偶有牢骚抱怨之语以及对闲适生活的向往之情，也并不与之矛盾，反而是人生之常情，生活之常态，让我们看到了一个真实鲜活而非刻板迂讷的人物形象。概而言之，窦光鼐人格与诗品的统一，人格的自我建构与诗学观念的统一皆归于一个"真"字。一个"真"字使窦光鼐的为官形象与诗人形象实现了统一。

---

① 窦光鼐：《过汤阴拜岳忠武祠》，《省吾斋诗赋集》卷九，乾隆刻本。
② 秦瀛：《小岘山人文集》卷五，嘉庆二十二年刻道光间补刻本。
③ 秦瀛：《小岘山人文集》卷五，嘉庆二十二年刻道光间补刻本。

参考文献：

［1］［清］刘光斗修，朱学海撰. 中国地方志集成·道光诸城县续志［M］. 南京：凤凰出版社，2006.

［2］钱仲联. 清诗纪事［M］. 南京：凤凰出版社，2004.

［3］［清］窦光鼐. 省吾斋诗赋集［M］. 清乾隆刻本.

［4］［清］秦瀛. 小岘山人文集［M］. 清嘉庆二十二年刻道光间补刻本.

［5］赵尔巽. 清史稿［M］. 北京：中华书局，1977.

［6］［清］陈康祺. 郎潜纪闻［M］. 清光绪刻本.

［7］徐世昌. 晚晴簃诗汇［M］. 民国退耕堂刻本.

［8］李元度. 国朝先正事略［M］. 长沙：岳麓书社，1992.

［9］［清］窦光鼐. 东皋先生诗集［M］. 清嘉庆三年无锡秦瀛刻本.

［10］［清］刘大櫆. 海峰文集［M］. 清刻本.

［11］［清］王昶. 湖海诗传［M］. 清嘉庆刻本.

［12］清国史馆原编. 清史列传［M］//周骏富. 清代传记丛刊第 19 册. 台北：明文书局，1985.

［13］张崇玖，窦学义. 窦光鼐传［M］. 杭州：西泠印社出版社，2007.

［14］叶衍兰，叶恭绰. 清代学者像传合集［M］. 上海：上海古籍出版社，1989.

［15］［清］窦光鼐. 窦光鼐应制集不分卷［M］. 山东文献集成. 第四辑第 28 册. 济南：山东大学出版社，2010.

［16］斯坦利·费什. 读者反应批评：理论与实践［M］. 北京：中国社会科学出版社，1998.

［17］雷·韦勒克，奥·沃伦. 文学理论［M］. 北京：三联书店，1984.

［18］严迪昌. 清诗史［M］. 北京：人民文学出版社，2011.

［19］赵园. 明清之际士大夫研究［M］. 北京：北京大学出版社，2014.

［20］理查德·韦斯特，林恩·H·特纳著，刘海龙译. 传播理论导引：分析与应用［M］. 北京：中国人民大学出版社，2007.

［21］罗时进. 地域·家族·文学——清代江南诗文研究［M］. 上海：上海古籍出版社，2010.

从乾隆的评价看窦光鼐的仕宦品格

王域铖

山东大学儒学高等研究院

摘　要：窦光鼐立朝五十年，风节挺劲，无所阿附，乾隆对窦光鼐一方面提出种种批评，甚至贬官治罪，另一方面又不能对其加以重用。总的来说，窦光鼐在仕宦方面，体现出戆直的特点，正是由于这个特点，窦光鼐的仕宦生涯跌宕起伏，但终能留清名于后世，成为一代直臣。

关键词：乾隆；评价；窦光鼐；仕宦品格

窦光鼐（1720—1795），字元调，号东皋，山东诸城人，清乾隆时期著名的官员、学者，立朝五十年，风节挺劲，无所阿附。窦光鼐在仕宦生涯中，屡经考验，颇有起伏，乾隆对窦光鼐一方面提出种种批评，甚至贬官治罪，但另一方面又不能对其加以重用。乾隆对窦光鼐的这种态度，很能够说明窦光鼐的仕宦品格。本文拟选取一部分乾隆对窦光鼐的评价，分析窦光鼐的为官特色。

一

乾隆二十六年（1761）八月，窦光鼐参加秋谳会议，对广西陈父悔守田禾杀贼案的判定与其他官员意见不一，并发生争执，于是刑部官员将此事上奏，乾隆下谕要求双方平心静气，好好商量，批评窦光鼐"原不甚晓事，岂可以其持议参差，徒事哓哓争执，有乖政体"①。但双方仍各持己见，刑部再次上奏，此后，乾隆几次下谕：

> ……会谳大典，理应虚公核定。果有拟议未协，不放平心商榷，务归明允。即使意见不能强同，原可两议具请，候朕酌夺。今观窦光鼐议帖，因己见参差，竟至以笔舌忿争，哓哓不已。此等习气在前明弊政时，视为固然，以致各立门户，大坏朝政；今当纲纪肃清之日，一切案牍，朕无不折衷裁处，窦光鼐岂得逞臆侈滕口说，致乖政体？……朕观窦光鼐虽不无气质用事，口舌纷争之失。而刑部先后两奏，迹似豫为张本。其中情节曲直，亦或有不足服窦光鼐之心者。著将各摺交与大学士来保、史贻直、

---

① 《清实录》（第17册），中华书局1986年版，第197页。

协办大学士梁诗正,将两案审拟各原稿,详悉确核,秉公定议具奏。①

……此事在刑部集议时,或执成见以排众论,致窦光鼐不能心服,然其过未彰。……是窦光鼐忿争失体,既不可为训,及陈奏时,自知于理不胜,因取长略短,巧为掩饰。……②

……此事在刑部,以两议未奏之案,节次具摺,诚未免有先发制人之意。但国家会谳大典,窦光鼐竟气质自用,甚至纷呶谩骂而不自知。设将来与议者,尤而效之,国宪朝章,尚可为训耶?是刑部所有不合,究不若窦光鼐之甚。窦光鼐著交部严察议奏,刑部堂官并著交部察议。……③

秋谳一事,窦光鼐坚持己见,不愿马虎行事,再三力争,甚至有言辞过激之举。而乾隆处理此事时,虽然是对双方均有所批评和处罚,但明显对窦光鼐的批评和处罚要重得多,多次批评窦光鼐意气用事,不识大体,会导致朝臣各立门户,不可为训。可见,在这件事情上,窦光鼐一心要秉公办理,不惜得罪同僚;而比起具体案件的判定,乾隆更为看重的是朝廷风气问题。值得注意的是,乾隆要求吏部对窦光鼐"严察议奏",吏部的处理结果是窦光鼐降三级调用,乾隆却"命销去降二级,仍降一级留任"④。这说明乾隆虽然出于维护朝廷风气的考虑,对窦光鼐严厉训斥,但他很清楚窦光鼐中正耿直,一心为公,所以对其"手下留情",加以留用。

二

乾隆三十五年(1770)闰五月,京畿发生蝗灾,时任顺天府府尹的窦光鼐率民捕蝗,并上奏:"近京州县,旗地多于民地,请嗣后捕蝗,令民人佃种旗地者,一体拨夫应用。"⑤当时,旗人的庄园享有一定特权,窦光鼐要求旗庄同样派人参与捕蝗,乾隆采纳了窦光鼐的建议,要求直隶总督杨廷璋汇报之前如何处理此事,并派人前往调查。结果调查者称,不仅旗庄中的汉族佃户捕蝗,旗人也同样参与。杨廷璋也上奏称,前任直隶总督方观承曾设立护田夫,旗人汉人均出人参与,此后一直如此办理。乾隆要求窦光鼐回奏,但窦光鼐坚称旗庄不出人捕蝗。于是乾隆要求杨廷璋核查情况,并要求窦光鼐到京回奏,此后,下

① 《清实录》(第17册),中华书局1986年版,第201—202页。
② 《清实录》(第17册),中华书局1986年版,第210页。
③ 《清实录》(第17册),中华书局1986年版,第215—216页。
④ 《清史列传》(第6册),中华书局1987年版,第1817页。
⑤ 《清史列传》(第6册),中华书局1987年版,第1818页。

谕：

>　　……窦光鼐坚执臆见，谓询之三河、顺义两县，及东路同知，皆云旗庄并不出夫，即周元理亦有旗庄不肯借用口袋之语，哓哓置辩。因复降旨杨廷璋，令将所奏情节再行覆查。今窦光鼐到京回奏，则以前次所设护田夫未经奏明，不能一体遵照为词，其说支离更甚。试问总督旧定章程，通行阖省，顺属官民岂独不遵教条，府尹亦岂得诿为不知？况窦光鼐所指三河、顺义二县即系府尹所辖，如有司阳奉阴违，自当随时参劾，即无此例，而府尹奉差捕蝗，亦理应派夫护田，其有佃户人等倚恃旗业声势，不受约束，窦光鼐目击其情，无难询明何人庄业，列名指参，即内如大学士傅恒、尹继善，外如总督杨廷璋，推而上之，以至亲王等，皆无可畏忌。窦光鼐若早据实举出，朕必且深为嘉予，并将袒庇庄佃之王大臣严加议处。乃并不能指实一人，而徒硁硁胶执不已，于事何当？其意不过欲借题发挥，逞弄笔墨，妄以强项自命，冀见许于无识之徒。且以总督杨廷璋既不无瞻徇棋庄，即承旨之军机大臣有旗产者，亦未免意存袒护。以此曲为解嘲，自文其过。此等伎俩岂能于朕前尝试乎？因令窦光鼐随军机大臣进见，面为询问，伊亦自称在三河、顺义不行指名具奏，实属无能，难以再为支饰。……而窦光鼐偏执邀名之隐微，亦不能逃朕洞鉴。……①

七月，窦光鼐上奏，认为护田夫之法，不便实行，建议改革，并提出几条具体措施。但乾隆对此事已很不耐烦，下谕：

>　　……若如窦光鼐之论，直是跬步难行，有不闻而失笑者乎？窦光鼐前此覆奏，惟知因事借题，造作尘腐空文，自为解嘲地步，今又将派夫一节，连篇累牍，铺张条奏，而于事体之可行不可行，全无理会。其拘墟挛蹏之处，正复不胜指摘，犹且始终坚执臆说，牢不可破。向固知其仅一硁硁之小人，毫无能为，乃不意执迷纰缪若此。且以空言折辩，互相指斥，渐成门户，乃前明陋习，此风断不可长。窦光鼐著交部严加议处。②

窦光鼐坚称旗庄不出人捕蝗，大概并非无据，但可能此事关系旗人特权，牵涉面太大，窦光鼐实在无法具体指实，所以虽然乾隆要求"据实举出"，但窦光鼐只能隐忍不言。但他不愿就此置之不理，所以又提出改革护田夫之法，只是乾隆已经不愿再纠缠此事，所以对

---

① 《清实录》（第 19 册），中华书局 1986 年版，第 582—583 页。
② 《清实录》（第 19 册），中华书局 1986 年版，第 582—583 页。

窦光鼐大加训斥，要求吏部"严加议处"，最终窦光鼐被革职。在这件事情上，乾隆除了批评窦光鼐迂腐固执、容易形成门户之见外，还认为窦光鼐"妄以强项自命，冀见许于无识之徒"。这句话很可玩味。乾隆当然知道窦光鼐无私利，所以在他被革职四个月后下谕称窦光鼐"究系拘钝无能，尚无大过"，任命他为通政司副使，又不久，擢光禄寺卿、迁宗人府府丞。但乾隆不愿意看到窦光鼐因刚强不屈而邀名，特别是得到"无识之徒"的赞扬和效法，因为这样不利于乾隆的权威统治。所以这次乾隆对窦光鼐的处罚是非常严厉的，这正是做给那些"无识之徒"看，以儆效尤。但另一方面，在事情过去之后，乾隆又重新任用、提拔，这是因为乾隆虽然认为窦光鼐"毫无能为"，但毕竟看重他刚正无私的品格。对于一个最高统治者来说，这样的大臣不能太多，但不能没有。这一方面反映出乾隆的统治术，另一方面也说明窦光鼐这样刚直不阿的官员确实是难能可贵。

三

乾隆五十一年（1786），发生浙江府库亏空案，此案在当时影响很大，时任浙江学政的窦光鼐被卷入其中，成为整个案件的关键人物。早在乾隆四十七年（1782），乾隆就下令浙江清查府库亏空的情况，但相关官员敷衍塞责；乾隆五十一年（1786），乾隆免去浙江巡抚、浙江布政使的职务，派曹文埴、姜晟、伊龄阿前往调查。另外，乾隆还要求浙江学政窦光鼐汇报所了解的情况。窦光鼐上奏：

> 浙江各州县仓库亏缺，未补者多。盖因从前督抚王亶望、陈辉祖贪墨败露时，督臣富勒浑并未彻底查办，只据司道结报之数，浑同立限，遇有升调事故，辄令接任之员出结，办理颟顸。臣闻嘉兴府属之嘉兴、海盐二县，温州府属之平阳县亏数皆逾十万。……去岁杭、嘉、湖三府歉收，仓内有谷可稞者无几。……①

曹文埴等人的汇报则明显敷衍搪塞，乾隆很不满意，要求再查。这时，有大臣建议乾隆，让窦光鼐直接参与调查此案，乾隆同意，下谕："……朕意原欲如此办理。窦光鼐现任浙省学政，其于该处仓库亏缺情形，见闻自当确实，方行陈奏。此案即著窦光鼐会同曹文埴等，秉公据实，彻底查办。……"②

自此，窦光鼐正式进入此案。很快，窦光鼐上奏：

> 仙居、黄岩等七县，前任知县亏空书目，多至累万，全未弥补，以致后任不敢接

---

① 《清史列传》（第6册），中华书局1987年版，第1821页。
② 《清实录》（第24册），中华书局1986年版，第835页。

收交代。永嘉县知县席世维借生监谷输仓备查；平阳县知县黄梅借亏空名色，科敛累民，丁忧演戏，殊非人类；仙居县知县徐延翰监毙临海县生员马寘，殊干法纪。再蕃司盛住上年进京，携资过丰，外间颇有烦言。又督臣过往嘉兴、严、衢，上下各地方供应浩繁，门包或至千百。①

对此，乾隆非常重视，要求彻底追查，但考虑到窦光鼐当时身为浙江学政，且当年有乡试，不能耽误，所以派阿桂前往浙江督办调查。但阿桂的调查结果与窦光鼐举报的情况不同，伊龄阿等人也趁机向乾隆诬告窦光鼐，于是，乾隆对窦光鼐产生了怀疑、不满甚至愤怒：

……如窦光鼐原奏永嘉、平阳二县借谷勒派之事，阿桂面询该学政系何人告知，该学政不能记忆姓名。是窦光鼐既欲于朕前见长，又恐得罪众人，实属进退无据。至所称盛住进京携带银两，及总督收受属员门包各节，询之该学政，亦不能指实。……若如此疑人，天下竟无一清廉之官矣，尤为可笑。……至总督藩司收受属员门包馈送，事关大员婪索，若并无确据，何得率行陈奏？乃询问该学政，毫无指实，是竟系信口诬人。若窦光鼐欲诬人谋反，将不论其实有无，将人治罪，有是理乎？此案若非朕特派阿桂前往查办，则窦光鼐与曹文埴等，争执扳引，即经年之久，办理亦不能完结，更复成何事体？今阿桂与曹文埴等公同面询，逐层驳诘，俱确有可据，窦光鼐竟不能复置一词。……②

……窦光鼐所奏平阳县知县黄梅丁忧演戏一节，查系本年正月，黄梅为伊母庆九十生日演戏，伊母一时痰壅，适于演戏之夜猝故。而窦光鼐称伊母死之后，在署演戏。人子即忤逆不孝，母死不知悲哀，亦断无迫不及待，于母死之日，演戏为乐者。今据阿桂等查明黄梅为伊母演戏庆寿，伊母于是夜痰壅身故，是其演戏在未丁忧之前，况伊母年已九旬，风烛无常，猝然身故，亦属情理所有。此事关系名节，窦光鼐辄行入告，并不确细访查，若此事果实，则真如原奏所称，行同禽兽，不齿于人类矣。该学政不顾污人名节，以无根之谈，冒昧陈奏，实属荒唐。……③

……朕详阅此案情节。马寘身为生员，夥合匪徒陈天河、邵能文等，向各僧寺吊

① 《清史列传》（第 6 册），中华书局 1987 年版，第 1821 页。
② 《清实录》（第 24 册），中华书局 1986 年版，第 860—861 页。
③ 《清实录》（第 24 册），中华书局 1986 年版，第 860—861 页。

纸图谢，又嫌谢钱数少，诬首赌博，复与僧人斗殴，实属胶庠之败类，其罪已应满徒。该县徐延翰将马真掌责收禁，并无不合。至马真在监病故，屡经检明确实，系死于病，非死于伤。其徐延翰倒填详报月日，又不关传尸亲，眼同相验收检，规避讳饰之咎，实所难辞。将来议处，尚不止于革职，亦足以服尸亲之心。乃窦光鼐必欲加该县徐延翰，以故勘滥禁，因而致死之罪，并将参奏徐延翰摺，与曹文埴阅看，声言："汝等办理此案，若不将徐延翰照故勘滥禁，治以重罪，我必将汝等参奏。"并令告知阿桂、伊龄阿等语。是其袒护劣衿，偏执己见，不自知其言之狂妄若此。设如所言，将来劣生必致武断乡曲，目无官长，适足以成恶习而长刁风，尚复成何政体耶？……据称派往之司员海成，为地方官所朦，今伊竟自亲赴平阳县访查。如果能查明，自当另办。若至生事，陵夷地方官，是伊自取咎耳。且阿桂、曹文埴、伊龄阿，屡蒙任使，皆系素能办事之人。朕之信窦光鼐，自不如信阿桂等。即令窦光鼐反躬自问，亦必不敢自以为在阿桂上也。今窦光鼐固执己见，哓哓不休者，以为尽职乎？以为效忠乎？且窦光鼐身任学政，校士是其专责。现当宾兴大典，多士守候录科。平阳去省，往返二千余里，该学政必欲亲往访查，而置分内之事于不办，殊属轻重失当。且其固执辩论，竟在必伸其说，势必蹈明季科道，盈廷争执，各挟私见而不顾国事之陋习，不可不防其渐。窦光鼐著交部议处。……①

前因浙省仓库亏空，不能依限弥补，特派大臣前往查办，并于窦光鼐奏到考试摺内，批令就所闻见，据实具奏。此朕兼听并观之公心也。嗣据窦光鼐节次奏到浙省仓库亏缺，浮于报明之数，且将仙居县知县徐延翰收禁生员马真，及平阳县知县黄梅、丁忧演戏等款，一同入奏。维时朕以其不避嫌怨，逐款敷陈，曾于摺内批谕，褒其公正。迨阿桂等查明该省亏缺，较之从前原报之数，有减无增，而黄梅丁忧演戏等款，俱系窦光鼐误听人言，其实并无其事。朕以窦光鼐原系风闻入奏，即使不实，尚不欲遽加以罪。而窦光鼐仍复执辩不休，哓哓渎奏，且现当宾兴大典，多士守候录遗，窦光鼐辄置而不办，亲赴平阳等处，自行访查，意在必伸其说，而置分内之事于废弛。是以将伊交部议处。嗣据都察院会同吏部具奏，以该学政袒庇劣生，擅离职守，议以革职。朕以窦光鼐亲赴平阳等处访查，或果黄梅等实有情弊，则窦光鼐前奏尚不为无据，是以将原摺暂留。今据伊龄阿奏"窦光鼐于未到平阳之先，潜差人赴平阳一带，招集生童，呈控地方事件。及行抵彼处，于明伦堂招集生监，询以黄梅在任款迹，生监等答以不知，窦光鼐即发怒咆哮，用言恐吓，并勒写亲供，锁拏该县书役，用刑逼

① 《清实录》（第 24 册），中华书局 1986 年版，第 938—940 页。

喝"等语。生监把持唆讼，学政方将约束之不暇。而窦光鼐招告于未到之先，逼吓于既到之后。咆哮发怒，纷纷若狂，实属大孤厥职。若生监等因此挟制官长，颠倒是非，实足以长恶习而助习风。而窦光鼐执意妄行，竟欲以生监等笔据为验，是其举动乖张督乱，朕亦不能为之曲庇矣。窦光鼐科分较深，学问亦佳，从前未经升用者，即因其性情偏执，遇事辄挟私见，是以迟迟耳。近念其学问尚优，历俸最久，仍用至侍郎，留学政之任。理宜安分守职，承受朕恩。乃于浙省一案，执辩不休，无故陷人于忤逆名节有亏之事，今复招集生监，逼令指实，而置目前录科之事不办，徒令合省生监，守候多时，几误场期。如此，若再姑容，则何以为旷职生事者戒？窦光鼐著照部议革职。……①

　　……此事之始，朕因窦光鼐为该省学政，适该省有亏空之案，因令就所见闻陈奏。此朕明目达聪，兼听并观之意耳。即使所言不实，亦只系风闻入奏，断不以此遽加之罪也。今伊所称黄梅丁忧演戏等款，皆节外生枝，况业经阿桂等审系窦光鼐误听虚诬，朕亦并未加之谴责。窦光鼐当知感激朕恩，安静供职。仍现届宾兴大典多士在省城守候录科，伊竟亲赴平阳，咆哮生事而置目前录科之事于不办，是以将伊革职。此窦光鼐自贻伊戚，其罪并不在乎言事不实也。兹复据伊龄阿奏，窦光鼐回省时，携带丁忧典史及生监等多人，以为质证，且言"不欲做官，不要性命"等语。看来窦光鼐竟系病疯，是以举动颠狂若此。伊于黄梅丁忧演戏一节，始则误听人言，欲以忤逆不孝之事，污人名节。今赴平阳访查此事属虚，复言黄梅任内，另有别项款迹，以实其说。如此乖张督乱，不但有乖大臣之体，且恐煽惑人心，致启生监平民人等，讦告官长，效尤滋事之风，不可不严行惩儆，仅予革职，不足蔽辜。窦光鼐著拏交刑部治罪。②

　　一开始，乾隆询问窦光鼐关于浙江府库亏空的情况，并让窦光鼐参与调查，他对窦光鼐是比较信任的，所以当窦光鼐与曹文埴等人的报告不一致时，乾隆站在了窦光鼐一边。但后来，乾隆派阿桂调查此案，阿桂素得乾隆信赖，当他与窦光鼐的报告不同时，乾隆对窦光鼐的态度产生了变化，用乾隆自己的话来说就是"朕之信窦光鼐，自不如信阿桂等。即令窦光鼐反躬自问，亦必不敢自以为在阿桂上也"。再加上伊龄阿对窦光鼐的诬告，以及乾隆一贯认为窦光鼐性情偏执、固执己见，形势对窦光鼐越来越不利。值得注意的是乾隆那句"今窦光鼐固执己见，哓哓不休者，以为尽职乎？以为效忠乎？"言下之意，窦光鼐如此行事，既非尽职，也非尽忠，乾隆的意思很可能是指责窦光鼐以此邀名，而这恰恰是乾

---

① 《清实录》（第24册），中华书局1986年版，第960—961页。
② 《清实录》（第24册），中华书局1986年版，第972—973页。

隆很不愿意看到的。万幸的是，就在这紧急关头，窦光鼐亲赴平阳，找到了黄梅贪墨的人证和田单、印票、借票、收帖等物证，并将物证进呈。自此，乾隆意识到可能错怪了窦光鼐，下谕重查此案：

> ……今观窦光鼐所奏，又似黄梅实有勒派侵渔之事，且有田单、印票、借票、收帖各纸，确凿可据。……今观其呈出各纸，此事不为无因。又有原告吴荣烈随伊到杭，愿与黄梅对质。若朕惟阿桂、曹文埴、伊龄阿之言是听，而置此疑案，不明白办理，不但不足以服窦光鼐之心，且浙省现值乡试，生监云集，众口藉藉，将何以服天下舆论？此事关系重大，不可不彻底根究，以服众惩贪。……此时窦光鼐业已由浙赴解，阿桂于途次遇见，即将伊带回浙省，以便质对。①

> 本日窦光鼐复有五百里驰奏之摺……并将借票捐单呈览，看来竟系显有凭据，并非捏饰之言。朕办理此案，于窦光鼐并无丝毫爱憎，豫设成见于中。……此事之始，原非案内紧要情节，而此时则为重大之件，关系匪轻。且黄梅如果赃款属实，从前历任督抚，因循不办，及阿桂等前此审办时，又为地方官所欺，几至吞舟漏网。而窦光鼐执辩不挠，独能列款入奏，虽其举动乖张，固有应得之咎，而始终不肯附和，亦属人之所难。如果所奏不诬，朕尚欲加恩原宥。②

"虽其举动乖张，固有应得之咎"云云，只是乾隆给自己找的台阶，"执辩不挠，独能列款入奏"以及"而始终不肯附和，亦属人之所难"才是对窦光鼐的真实评价。重查之后，此案终于真相大白，但窦光鼐却由之前的吏部右侍郎（从二品）降为宗人府府丞（正三品），直到乾隆五十四年（1789）六月，才升为礼部左侍郎（从二品）。这种处理方式，可能是因为乾隆出于以下考虑：窦光鼐在此案件中虽然顶住压力，毫不动摇，最终将贪腐之人绳之以法，但在这过程中，也得罪了阿桂、曹文埴、伊龄阿等人，乾隆对窦光鼐降职处理，能够避免他成为众矢之的；查案过程中，乾隆听信他人之言，对窦光鼐提出了极其严厉的批评，虽然最后证明这些批评并无根据，但乾隆最终仍然要挑剔"窦光鼐亦不得为无过"③，对其降职，是乾隆为了维护自己的权威。

窦光鼐一生为官，刚正不阿，疾恶如仇，坚韧不屈，大公无私，乾隆对此是非常欣赏的；但同时，乾隆认为窦光鼐迂腐固执，批评他过于坚持己见，不识大体，与其他大臣不

---

① 《清实录》（第 24 册），中华书局 1986 年版，第 977 页。
② 《清实录》（第 24 册），中华书局 1986 年版，第 978—980 页。
③ 《清实录》（第 24 册），中华书局 1986 年版，第 1046 页。

和，容易导致门户之争。应该说，乾隆对窦光鼐的批评并非毫无道理。总的来说，窦光鼐在仕宦方面，体现出戆直的特点，正是由于这个特点，窦光鼐的仕宦生涯跌宕起伏，但终能留清名于后世，成为一代直臣。

参考文献：

［1］清实录［M］. 北京：中华书局，1986.

［2］王钟翰点校. 清史列传［M］. 北京：中华书局，1987.

［3］赵尔巽等. 清史稿［M］. 北京：中华书局，1977.

［4］钱实甫. 清代职官年表［M］. 北京：中华书局，1980.

［5］张崇玖，窦学义. 窦光鼐传［M］. 杭州：西泠印社出版社，2007.

论"圈内记忆"与窦光鼐之形象传播

何　湘

湖南科技大学人文学院

摘　要：窦光鼐历史形象的塑造以及诗文著作的流传，离不开文官圈、乡亲圈、学人圈等多个交游圈的记录与传播。诸多交游圈内关于窦光鼐的记忆内容各具特色，书写记忆者的心态也各有侧重，其中以窦光鼐的高足——秦瀛为中心的学人圈通过诗文唱和、传记撰写、祠庙营建等多种方式伸展与凝固"圈内记忆"，并从不同方面记录和建构了窦氏端人正士的历史形象，有效地传播了其诗文之道，扩大了其时空影响，起到了显著的传播作用。不同的圈内记忆构建了窦氏多面的形象，反映出清代文人对人物的接受与传播心理。

关键词：窦光鼐；秦瀛；圈内记忆；传播心理

窦光鼐（1720—1795），字符调，一字元调，山东诸城人。十五补博士弟子员，旋中乾隆元年（1736）本省乡试副榜；乾隆六年（1741）举顺天乡试；乾隆七年（1742）会试中式，选翰林院庶吉士，散馆授编修，历官内阁学士、宗人府府丞、吏部侍郎、礼部侍郎，累迁至左都御史；乾隆六十年（1795）因任会试主考官，提拔浙江王氏兄弟同为榜首而致休。数典文试，四任学政，其中三督浙江，提拔才士尤多。著有《东皋诗文集》《应制集》《省吾斋稿》。这样一位历经整个乾隆王朝屡掌文衡的文臣，在历史上颇为罕见，其所留存的痕迹——文人们关于窦氏的记忆之记录与书写也耐人解读。受文化传统、社会体制、政治权力和语言习惯等多个因素的制约，记忆不免具有主观重构和诠释的特性，不过这里面仍然存在着通向真实过往的可能性。记忆理论学家珍纳特·马立奥（Jeannette Marie Mageo）曾借用克里斯蒂娃的"互文"学说，称只流通于某一群体内部的记忆话语为圈内记忆"intragroup memory"，这些记忆内容与书写话语为其他群体成员所不熟悉。窦光鼐一生经历丰富，活动于不同社会场域、文化空间和交游圈内，而诸交游圈内的文人均记录与书写了对窦氏的记忆，并用行动或文字来提交对窦氏的评价。因为不同的交往纽带、感情联系和评价标准，不同圈内的记忆便呈现多样的内容，构建出窦氏多面的形象，对相关窦氏之记忆资料的梳理有助于更清晰地了解窦氏及其著作、学术观念的传播过程与被接受的细节。

一、端正又拘迂的乾隆宠臣——文官圈内的记忆与评价

从时间上看，窦氏自十六岁乡试中举，二十二岁考中进士步入官场始，作为一名文臣，

一生沉浮清代官场五十余载，荣辱休戚与其紧密相关。窦氏在以乾隆帝为首的文官圈中活动、交往时间最为长久，一方面，统治阶级上层人物认可窦光鼐的端正廉洁，多次用行动来维护、提拔其地位和声誉，举数例说明：

> 窦光鼐字符调，山东诸城人。乾隆七年进士，选庶吉士，散馆授编修。大考四等。罚俸，高宗夙知光鼐。居数月，擢左中，尤累迁内阁学士。二十年授左副都御史。督浙江学政，上南巡临海县，训导章知邺将献诗，光鼐以诗拙，阻之。知邺欲讦光鼐，光鼐以闻上。召知邺试以诗，诗甚拙，且言愿从军。上斥其妄，命夺职。戍辟展。后数年，上欲赦知邺还，而知邺妄为悖逆语，欲以陷光鼐，上乃诛之。①

> 居数月，谕光鼐但拘钝无能，无大过。左授通政司副使，再迁宗人府府丞，复督浙江学政，擢吏部侍郎。浙江州县仓库多亏缺，上命察核。光鼐疏言前总督陈辉祖、巡抚王亶望贪墨败露，总督富勒浑未严察。臣闻嘉兴海盐平阳诸县亏数皆逾十万，当察核，分别定拟。上嘉其持正，命尚书曹文埴侍郎、姜晟往会巡抚伊龄阿及光鼐察核。②

窦光鼐翰林院大考为最低等——四等，一般来说，大考四等的处罚可以休致或革职，但乾隆夙知其为人方正，仅罚俸以结，"惟乾隆十三年诸城窦东皋光鼐名列大考四等，奉特旨迁中允，乃异数也"③；为浙江学政时遭人诬陷，乾隆清理宵小，为其扫清仕途障碍；参奏高官贪墨时，乾隆又嘉其持正，命其正式审查，给予有力支持。即便是窦光鼐因会试时提拔浙江王氏兄弟为榜首而遭以乾隆宠臣和珅为首的诸官奏议，乾隆并未因众人的猜忌、打压而对窦光鼐严惩，最后仅降级处理。从史料所记载事例，可见乾隆多次用言行肯定窦光鼐为官之端正品行，甚至不惜为其破例。另外，从窦光鼐在乾隆朝为官时间之长——几乎经历整个乾隆时代，相比处于乾隆朝其他的官员，再联系清顶端统治者们御下的性格与对待汉臣的心态，这段为官时间实在久长，亦足见乾隆为中心的统治者对窦光鼐的信任和赏识程度，毫无疑问这与其品行的端正是密不可分的。

不过在窦光鼐的官宦生涯中，波折动荡不断发生，他多次被降职，官方原因几乎大同小异，认为是其拘迂的缘故，如窦光鼐认为以广西囚陈父悔守田禾杀贼不宜入情实，贵州囚罗阿扛逞凶杀人不宜入缓决，持异议，签商刑部，又不宜宽窃盗而严事主，而与刑部官

---

① 赵尔巽《清史稿》卷三二二列传一百九，中华书局 1977 年版，第 10791 页。
② 赵尔巽《清史稿》卷三二二列传一百九，中华书局 1977 年版，第 10792 页。
③ 何圣生《檐醉杂记》卷二，《历代史料笔记丛刊》，中华书局 1998 年版。

员激烈争吵，结果：

> （乾隆）二十七年上以光鼐迂拙不胜副都御史，命署内阁学士授顺天府府尹，坐属县蝗不以时捕，左迁四品京堂仍留任。①

窦光鼐"请征东北二路同知及三河顺义知县，质证退，又疏请罢护田夫，别定派夫捕蝗事例"，随后：

> 上以光鼐所见迂鄙纰缪，下部议夺职。②

窦光鼐任会试考官，同时提拔了浙江王以铻、王以衔兄弟分别为一、二名，兄弟联名，招致嫌疑，为和珅所构。虽然廷试时，和珅为主考官，还是取王以衔为第一及第，但窦光鼐终究招来处分：

> 窦光鼐人本拘迂，不晓事体。朕夙闻其于时艺一道，尚能留心讲习，是以派为正考官。不意其胡涂错谬一至于此……窦光鼐着解任，听候部议，钦此。③

窦光鼐的多次降职，起因并非因为自己品性、气节的缺失，或是追求一己私利而至，而是因为坚持某些原则执行某些义务时，没有"降心抑气"④ 婉言相商，在官场应酬的圆滑艺术上掌握得不够好，或是触犯了一些上层官员的利益；在乾隆为首的文官圈内，窦光鼐留下端正而又有些拘迂的印象，这些形象评价带有强烈的政治色彩，可解读成在官场的窦氏坚持原则，不善变通。而今人从这一印象记忆能察觉乾隆对于窦光鼐的真实态度——既维护又不满，既了解宽容又猜忌控制，以及清朝统治者对于官员的明要求——个体保持廉洁端正的官员品质，和潜要求——掌握好高明的为官应酬艺术，并且为群体形象和上层统治者利益随时做好牺牲小我和粉饰大局的准备。

另外，文官圈中作为窦光鼐同僚的官员们，记录窦光鼐的相关信息着重两个方面：一、强调其深受乾隆宠信，仕宦时间之长，如沈初《西清笔记》卷二载："窦东皋御史大夫始由翰林入直南书房，庚寅为京兆尹，以属邑捕蝗不力未劾罢官出书房。旋起至列卿，不复入，

---

① 赵尔巽《清史稿》卷三二二列传一百九，中华书局1977年版，第10792页。
② 赵尔巽《清史稿》卷三二二列传一百九，中华书局1977年版，第10792页。
③ 英汇《科场条例》卷五十一，清咸丰刻本。
④ 赵尔巽《清史稿》卷三二二列传一百九，中华书局1977年版，第10792页。

然上知其能文，任浙江学政时，上有新制寄令阅看，亦异数也。"① 沈初（1729—1799），字景初，号萃岩，又号云椒，浙江平湖林家埭人（今属林埭镇）人，与窦光鼐同为乾隆时代的大臣。昭梿《啸亭杂录》卷九"仕宦最久"一条开头便提及窦东皋尚书任宗人府府丞二十三年，是当时仕宦最久的官员之一。昭梿（1776－1833），字汲修，自号汲修主人，清贵族，素好文史，留心掌故。吴仰贤《小匏庵诗话》卷四载："窦东皋先生光鼐幼有神童之目，入词垣后以诗文受主知。凡六任典试，四任学政，一任总裁，其历掌文衡，前后朝士无出其右者。"② 吴仰贤（1821－1857），初字慕周，更字牧驹，号萃思，又号鲁儒，别署小匏庵，浙江嘉兴人。咸丰二年（1852）进士，官至武定知州。吴仰贤代表了部分晚于窦光鼐数十年为官的清代官员。同时代以及稍后时代的清代官员关于窦光鼐的记忆内容中，窦光鼐的仕宦时间之长，某种程度上一直为乾隆所宠信，这些信息最能吸引文官们的注意，并为他们所牢记。兴趣往往是记忆的第一推动力，文官们对窦氏的记忆内容反映出他们的兴趣所在——关注其他文官仕宦的时间长度和待遇状态，这一点或许与人们所共有的比较意识有关。文官们对窦氏的回忆性抒写中，也透露出一些羡慕钦佩的情绪，说明窦氏作为一名官员，他的经历和状态在许多文官心中，是相对成功的，为其模仿和向往的目标。

二、肯定窦光鼐端正的同时，其过于拘迂的一面也不断被提及，如英和《恩福堂笔记》中载："余初入词垣往谒窦东皋先生，延入厅，事公自屏后叱仆人，曰：来客携有红毡始会，否则辞之。仆人对以有。公补服朝珠从屏后出，行交拜，礼毕命坐。开口先责曰：老先生乃翰林世家，不应首坏风气。因请其故，则从仆人手接余原帖示曰：帖字过小。其实余帖上字已径六七分……时三伏中，自朝餐后，正衣冠危坐两三时许，汗如雨下，饥肠雷鸣，乘间告退，送至门仍曰：将帖上字展大，明日再来。"③ 索绰络·英和（1771－1840），字树琴，号煦斋，满洲正白旗人，礼部尚书德保之子，少有俊才，工诗善书。英和于乾隆五十八年（1793）中进士，不久以晚辈身份前往拜谒窦光鼐。英和的笔记中较详细描写了与窦光鼐会面的情形，其中窦氏固执某些会面礼仪细节的做法，英和虽善意地解释为"古风"，但后人仍然可以看出窦光鼐日常生活中比较拘泥的一面。昭梿《啸亭杂录》中虽承认窦光鼐被多位官员评为当代正人，也仍然记录了不少官员觉得其"迂暗"，认为其缺乏上品大臣之风度和气度，"余幼时闻韩旭亭先生言当代正人以窦东皋为最。时阅其劾黄梅匿丧奏疏，侃侃正言，心甚钦佩，以为虽范文正、孔道辅无以过之。后入朝闻成王言公迂阔，不识政体，素恶宋儒……终日殊乏大臣之度。后闻蒋孝廉棠言亦然"。④ 昭梿笔记中多位官员

---

① 沈初《西清笔记》卷二，清功顺堂丛书本。
② 吴仰贤《小匏庵诗话》卷四，清光绪刻本。
③ 英和《恩福堂笔记》卷下，清道光十七年刻本。
④ 昭梿《啸亭杂录》卷九，清钞本。

对窦光鼐迂暗的反感，相关拘迂、怪诞事迹的记载，或许不能只解释为官场中窦氏政敌故意扭曲、丑化窦氏的心理，这些记忆内容也同样透露出窦光鼐在官场端正有余阔朗不足的一面。

二、推崇下的神化人物——乡人圈内的回忆与记录

窦光鼐作为一名生长于山东地域浸润于齐鲁文化良久的文人，诸城乡土是其生活、成长的场域空间，保存了不少窦光鼐生活的痕迹；乡人亲故是其长期交往、保持联系的对象，并以窦光鼐及其家族为中心构成了一个乡亲圈，记载了窦光鼐具有一些截然不同于文官圈内的印象记忆。如王培荀《乡园忆旧录》中记：

> 东皋先生制艺一本先正，浑灏古茂之气追踪归太仆、张啸苏，拟之华岳三峰当。圣驾巡幸浙江，作赋用古韵，汪洋浩瀚，五色陆离，如读两京三都之作。见者钦为三代法物。著诗不多，刊落浮华，骨力苍坚，卓然拔出流俗之外。屡视学浙江，当时文人揣摩风气，破必三句，承题二三行，小讲二句，竞为短篇。所谓世人但学兰亭面，欲换凡骨无金丹也。在吾邑为人书屏，书法亦苍劲，与齐次风召南、刘廷槐耕南善。二公皆一时宗匠。先生有冯敬通之恨，殁后，家人几无以为生。闻浙人云试归安时，即乙卯会题，二王皆居二等，及礼闱乃莫之或先，又从落卷搜出，难免物议，然谓先生爱才之过有之，至纳贿作弊决其必无，历司文柄，一贫如洗，先生身后之穷，讵非为代白其谤欤？本朝制艺，推李文贞公光地与先生，论者莫能轩轾。①

王培荀（1783—1859），字景淑，号雪峤，山东淄川人。清道光元年辛巳举孝廉方正，官四川知县。勤于著述，于经史研究有较深造诣，见解独到。学术著述有《管见举隅》五卷、《学庸集说》二卷、《四书集义》五卷、《读书续论》二卷，诗文集《秋海棠唱和集》一卷、《寓蜀草》四卷、《雪峤外集》一卷，另有笔记《听雨楼随笔》十卷、《乡园忆旧录》等。在其著作记载中，王培荀极力推崇窦氏才识品性，并以归有光、张铨、齐召南、刘畊南等才子名家相比拟，还为窦氏所遭遇乾隆乙卯科场案之风波再三力证其清白廉洁。在以王氏为代表的乡人之记载中，关于窦光鼐之负面评价一般没有，作者偏向于美化净化窦氏形象，选择性的记载历史材料，这反映出乡人对本土名人才子之推崇、自豪之情。而且这种情感到达一定程度之时，会促使乡人择选和记载历史材料时更多地源于感性——盲目猎奇或者单纯的敬仰，如下文之记载：

---

① 王培荀《乡园忆旧录》卷二，清道光二十五年刻本。

　　窦东皋先生光鼐幼从太翁馆吾邑。翟氏园素有鬼，天晚时人不敢入。同学辈戏引入闭其门，及出，众问所见，曰：无他，有群鬼呼大人。遂戏以大人呼之。官果至都宪，屡掌文衡。乾隆乙卯主礼闱，王以铻王以衔兄弟中第一第二，殆如郊祁盛事。因忤和珅意，谓元文有窦字似关节，又俱从落卷中搜出可疑，策题亦多误。上谓其文即佳，亦不应兄弟联名。且元文 "参也鲁" 句，有云：日有万几，思兼四事。此等典故，人君可用，曾子人臣亦孝子也，不应用。置之榜末。窦亦降四品京官。及殿试，皇上钦定状元，仍以衔也，众论乃息。①

　　窦东皋先生光鼐任浙江学政时，署中一小儿常供给使，偶遣移一物，辞曰：不能。问何故，自言为前学使之僮，殁而魂留，有形无质也。不知鬼何以白日现形，毫不畏人，然先生非造言者。②

　　上述材料中记录了有关窦光鼐及其家族的不少逸闻趣事，甚至将其在一定程度上神化，突显其能通鬼神之异能力。以王培荀为代表的山东乡亲，在书写有关窦氏的记忆或信息的内容中，表现出蹈古追贤之情，以及对窦光鼐个人的景仰之感。乡亲圈将窦氏形象赋予灵异色彩，是乡人表达对本地域贤人志士追崇之情的一种感性方式，也反映出基层乡众传播人物的具体方式与兴趣倾向。其中关于窦光鼐幼年情事的记载，虽有神化的倾向，但某些过程和细节无疑是属于乡人圈独特的圈内记忆，还是相对真实可信。

三、窦氏形象的全面记载与有效传播——学人圈内的丰富与伸展

　　窦光鼐终其一生都离不开学者与文人的身份，他以文会友，以学拔士，结识了一大批才子学士，来往密切，双方的精神交流状态相对自由而真实，层次较高。以秦瀛为首的学人圈，对窦光鼐有较深入的认知，对其形象也有相对全面的记载，并通过各种方式有效传播窦氏其人其著作。

　　（一）通过文本形式加以记载与说明

　　通过文本形式加以记载与说明学人对窦光鼐的记忆，存在几种不同的方式，如学子文人与窦光鼐诗文唱和，在唱和酬赠之诗文作中体现出他们对窦氏的评价与认知。王昶《闻窦东皋先生光鼐复官》：

　　　　风采生平动紫宸，忍看掊克到疲民。情当孤愤身何惜，势到艰危志竟伸。

---

① 王培荀《乡园忆旧录》卷二，清道光二十五年刻本。
② 王培荀《乡园忆旧录》卷六，清道光二十五年刻本。

自是转圜繇黼座，独怜掩泪徧冠绅。小惩大戒非无补，闻说南邦气象新。①

王昶（1725—1806），字德甫，江苏青浦（今上海市青浦区）人。乾隆十九年（1754）进士，官至刑部侍郎。为人正直，执法不阿，深得乾隆信任，夸其为"人才难得"，不时委以重任。王昶工诗善文，于金石古文学有较深造诣，又为清中期藏书家兼学者。王昶与窦氏同为乾隆朝的官员、学者与文人，对窦光鼐之生平有较清晰的了解，其描绘窦光鼐的风采、品性、心志之诗句中显露钦佩之情，对其复官寄予欣慰、鼓励之意。

秦瀛《呈窦东皋师二首》云：

微言既以绝，六经尚训诂。卓哉毛郑徒，于世实初祖。后儒聚讼繁，立说多龃龉。夫子起东海，学术靡不举。精微穿奥窔，洞达辟牖户。私智匪所矜，卮言固无取。下以诏来兹，上以宗邹鲁。愧彼扪钥流，其识等蒙瞽。

雕虫本小伎，章句良足愧。言惟执圣权，文乃载道器。六经既云亡，骫骳及五季。孟县实起衰，选言庶精粹。吾师辨流沠，大小入睹记。少步翰墨场，力拔班马帜。绚烂归淡泊，文至道亦至。不材殿门墙，负剑惊辟哕。祭川必先河，登堂务唪𠤀。卓然群伦倡，斯文赖不坠。②

秦瀛（1743—1821），字凌沧，号小岘，晚自号遂葊，言遂其初志也。江苏无锡人。乾隆三十九年（1774）应顺天试出窦光鼐门，历官湖南、广东按察使，浙江布政使等职，迁至刑部侍郎。生平好汲引士类，与之谈艺，孜孜不少倦。治古文法尤严，善书，名于当世，著《小岘山人诗文集》《遂庵日知录》《清朝书画家笔录》。秦瀛言己"辱公知最深"③，其诗文创作皆受窦光鼐教导影响，对窦氏的学术之道、创作之法知之甚详，上列《呈窦东皋师二首》第一首叙述了窦光鼐的学术贡献与通达识见，"夫子起东海，学术靡不举。精微穿奥窔，洞达辟牖户"。第二首则叙述了窦光鼐在著文上的成就与法则，"吾师辨流沠，大小入睹记。少步翰墨场，力拔班马帜。绚烂归淡泊，文至道亦至"。诗歌饱含秦瀛对师长的孺慕之情，也是以秦瀛为代表的学人弟子忆师内容之体现。

再如对窦光鼐生平经历的传记式书写，王昶《蒲褐山房诗话》载：

先生性情伉直，遇事敢言，而尤以文学受知。大考翰林第一。不两载间，晋内阁

---

① 王昶《春融堂集》卷十九，清嘉庆十二年塾南书舍刻本。
② 秦瀛《小岘山人诗集》卷五，《清代诗文集汇编》第 407 册。
③ 秦瀛《小岘山人文集》卷五同上。

学士，直南书房，屡荷文衡之命。其再使浙江也，发平阳重征之案，几为交构者所中，幸得实。上闻诏，令覆审，乃置县于法。浙中人士无不踊跃感泣，而先生还朝，晋总宪兼直上书房，盖皆荷圣明如神之照也。然先生自谓独契圣贤之旨，故于宋儒所言，指斥不遗余力，闻者往往惊骇，至诗非所属意也，其后偃蹇以殁。

上述小传主要针对窦光鼐“性情伉直、遇事敢言、尤以文学认知”这三个方面加以叙述，反映出王昶对窦氏性情、品行、才识的推赏态度。

秦瀛《小岘山人集》文集中有多篇文作含有叙述窦光鼐生平或学术观念、诗文之道的内容，如《都察院左都御史窦公墓志铭》《东皋先生诗钞序》《诸城窦公祠堂记》《祭窦东皋父子文》《王念丰制义序》等，数篇文章以不同事例展现了窦光鼐的生平、个性、才识、交往、成就与影响，其中以《窦公墓志铭》叙述最为详细和全面。

窦光鼐一生以“端人正士”名扬于世，但其品性方面也曾招过文臣或学人的负面评价，如在当时窦氏被传与和珅交结，“晚年以仕途蹭蹬，故乃拜和相为师，往谒其门，至琢姓名于玉器献之，以博其欢”①。针对此事件，秦瀛《窦公墓志铭》之文末特别加以辩解，文曰：

> 公自浙江学政以左都御史召还，一日富阳董公手执公所书金字扇，大学士和珅见而语董公曰：写金字善用金无如窦东皋者。遂取一扇属董公代乞公书。余适趋过，董公曰：秦君固善东皋先生者，盍属之。因以属余请于公。公书就，授余还之，书款称“致斋相国”，自称“晚生某”，盖遵旧例。致斋，和珅号也。又一日和珅召见出语余曰：子见东皋，告以有御制文命其制序，散直后即来领。是日公随诣和珅宅，领归，谨撰序文。越日进呈。公没后，编修洪亮吉上书言事，以前在尚书房尝被公指斥附劾，公交结和珅，书扇称师相，自称门生。其诬公实甚，此事关系公生平大节，不可以不辨。②

作为当事人之一，秦瀛对窦公被诬之起始过程、参与人物、细节叙述得很清楚，以力图证实窦光鼐的清白无辜。这些细节，碍于某些社交距离与交情程度，其他圈内人士所无法熟知，关于它们的记忆，是与窦光鼐来往密切、交情深厚之学人才有条件获取。为了力证窦光鼐的为人清廉，秦瀛将这些细节的记忆用传记的形式一一坦露于外界读者，以获其信。

---

① 昭梿《啸亭杂录》卷九，清钞本。
② 秦瀛《小岘山人文集》卷五。

又如通过编辑整理窦光鼐文本著作的方式，传播窦氏的作品与文道精神，也反映出学人对窦氏的认知与接受。在王昶收集、整理之《湖海诗传》《湖海文传》中，窦光鼐的诗歌、文赋也均被选入。《湖海文传》卷一的第一篇赋即为窦光鼐的《圣驾东巡盛京恭谒祖陵大礼庆成赋谨序》，窦氏文章置于第一篇的位置，多少反映出其文章在王昶心中的分量；《湖海诗传》46 卷，选 614 位诗人，4472 篇诗歌，人均 7 首。窦氏除应制诗外，并不常为诗，存诗并不多，仅百余首，百余首作品中《湖海诗传》还选入窦光鼐《登九仙山》《游天井》《韩碑》《送胡少京兆从军金川》等十一首诗作，超过平均数量。从窦光鼐诗文在王昶编著中被辑入的情况，也能体现出王昶对窦氏文学才华的赏识。《湖海诗传》《湖海文传》为后人了解清康乾时期诗文创作和批评境况的重要文献，客观上也起到了传播窦光鼐等康乾诗人及其著作的作用。

秦瀛、俞坊等对窦光鼐的诗歌著作则做了全面的编辑、整理，刊之成集并为之作序。秦瀛在《东皋先生诗集序》中提到：

> 瀛以乾隆甲午应顺天试出诸城窦东皋先生门。尝问诗于先生，诏之曰：诗之为道，渊源三百篇，有赋焉，有比兴焉。近今之诗有赋，无比兴，此诗所以衰也。唐人诗称李杜，太白歌行得楚骚之道。少陵则原本变风变雅而得其所谓怨而不怒者。二公诗往往托物比兴，词旨荒忽，读者莫测其意之所在，而诗于是为极至焉。是故作诗者必其性情既厚，植之以骨干，传之以采色，谐之以律吕，舍是言诗，非诗也。既而先生以所为诗示瀛，瀛乞付诸梓。先生却之曰：此后死者责。自后二十年，先生不常为诗，并不肯出诗示人，而先生以乙卯秋殁矣。今年夏辄取向所藏先生南海纪游诗，合以瀛门人俞坊所存之作，订而刻之，得诗一百十首凡三卷。诗虽不多，而先生之性情见焉。至诗之所以工则已具于先生言诗之旨，而瀛幸出先生门，是先生之诗或有待以传，固瀛责也。俞坊，无锡人，甲寅先生主试顺天所得士。嘉庆三年六月上浣受业无锡秦瀛序。①

此序正是以回忆性的口吻较完整地叙说了窦光鼐的诗学观念，包括诗道之旨、诗宗李白杜甫之比较、作诗者之创作基础，及其慎重的创作、出版态度。秦瀛等门人在认知与接受中，认为整理、传播窦氏著作，"固瀛责也"。

在秦瀛的学术著作里，也不时跃动着窦光鼐的身影，其《释〈中庸〉大哉圣人之道章》末尾言："此说本之窦东皋先生于故君子节释以字，颇精，且拈出礼字。亦于中庸全部俱有

---

① 秦瀛《东皋先生诗集·序》，《山东文献集成三辑》第 30 册，第 784 页。

体会,录存之,以备一解,非敢与集注异也。"①《释〈论语〉有妇人焉句》言:"论语有妇人焉句。释经者始以为太姒,刘原父谓子无臣母之理,易之以邑姜;顾氏叟武曰乱臣十人皆身在戎行,太姒邑姜必不从军旅之事,必不并数之,以足十乱之数。此理之不可通,或文字传写之误。近人乃有谓古籍妇殷相近,当是殷人之讹,遂实之以胶鬲。吾师窦东皋先生辩之以为鬲举鱼盐乃文王举,鬲文辅纣,孟子列鬲于微子、微仲、比干、箕子之后,鬲实未尝为周臣。所传武王使叔旦庇胶鬲,盟于四内,颇妄。《尚书》《史记》皆不载胶鬲入周事。治内治外大义可通,不得谓十乱,中必不当有妇人也。先生平日好与《传》注,异而其释此句之义,如此近见。"②秦瀛在著作中多次引用窦氏的学术观点,并杂以叙述其平日学术活动,足见窦光鼐在学术方面给秦瀛留下的深刻印象与带来的长远影响。

(二) 通过建筑的形式营造记忆载体

学人们通过文本记录记忆、传播印象,受众也多通过日常阅读的形式来加以了解与接受。在文本形式之外,学人们还通过建筑的形式营造记忆的载体,希望受众以一种正式的礼仪的形式来参拜,并认知与铭记他们灌注的记忆。

窦光鼐屡任浙江学政,所拔杰士甚众,又为官清正,浙江士人感念其恩,在其尚在世时即为其设位于西湖崇文书院,岁时瞻拜,如同岁祭:

> 其初视浙学在乾隆丁丑戊寅间,迄今已四十年。所当时经公识拔者,今或为名公卿位相埒,次亦历官中外,多著闻于时。其后再三至,造就益众,盖公之学明体达用,阐邹鲁之绪言而设诚致行,笃于教士,口讲指画不啻师之于门弟子,故公之教泽于浙为最深且久,而浙之士亦至今思之不能忘。前公去浙,浙人设位于西湖之崇文书院,岁时瞻拜,祝公长生。③

窦光鼐离世后,秦瀛等门下学人又集资为其建祠,以图长期祭祀窦氏:

> 今公既没,余故出公之门,又适备兵浙西,将别谋,所以祠公,会诸生邵志纯、孙邦治亦以是请余以书谂诸江苏巡抚费公淳,费公盖公初视浙学时所尝拔为博士弟子者也。费公曰:善。遂于南屏山之阳所谓净居庵者,葺屋三楹以其中奉公栗主祀焉。④

---

① 秦瀛《小岘山人文集》卷一。
② 秦瀛《小岘山人文集》卷一。
③ 秦瀛《小岘山人文集》卷四。
④ 秦瀛《小岘山人文集》卷四。

秦瀛《西湖窦东皋夫子祠堂落成，敬举祀事，赋此》记载此事，诗云：

> 公已骑龙去白云，扶风弟子奠椒芬。西州每下羊昙泪，东国谁寻董相坟。
> 海内苍生知姓氏，人间元气在斯文。明湖几度抢才地，依旧青山带夕曛。①

嘉庆三年（1798），秦瀛建苏文忠公祠于孤山之阳，祠左另建望湖楼，因净居莽室湫陋狭窄，又于嘉庆四年（1799）春二月迁窦光鼐栗主于望湖楼上。《湖湘诗传》言："门人秦君瀛置其栗主于西湖望湖楼，且哀其诗而刻之。"②

原本"浙人之感公者不独在缙绅士大夫间，即下至田夫贩竖亦无不知公名"③，窦光鼐在浙江已享有盛誉，而秦瀛等人以建筑的形式凝固与伸展了其对窦光鼐的记忆印象，表达了其敬仰之心，并由此也更正式地确立了其文化地位，扩大了其社会影响。

在以窦光鼐弟子秦瀛为首的学人圈内，窦氏是以端正刚直的官员、通达渊厚的学者和才华洋溢却始终低调的诗人之聚合型形象被多种方式有效地传播，此学人圈传播相关圈内记忆信息时，因其学人特质，讲究传播态度的理性、表达逻辑的严密性与传播内容的可信度，着重强调窦氏的学人底蕴和诗人之道，也不忽视择选材料以图全面地塑造和丰富窦氏形象。

窦光鼐的历史形象确立以及诗文著作的流传，离不开多个场域里文人圈的记录与传播。不同圈中的记忆内容各具特色，记忆书写者的心态也各有侧重，在文字相异的记载中存在思想上的相同认识，如对窦光鼐的品德与才学均有认可，当然在认可度上不一定一致；如为窦光鼐辩护其晚年遭遇提赏王氏兄弟的科考案，辩护者们都认为此关系窦氏大节，也是其晚年的重要事件，故常常浓墨标写。总的说来，不同圈内记忆记录与标刻了不同时段多个场面的窦光鼐，它们的作用大小不一，但肯定都有助于丰满窦氏的历史形象，传播其诗文著作，确立其文学地位，扩大了其时空影响，并反映出清代文人对时人的接受与传播心理。相对而言，以窦光鼐的高足——秦瀛为中心的学人圈记载的窦光鼐形象较为全面与丰满，其记载并在后续的传播中起到至关重要的作用。秦瀛等人通过诗文唱和、传记撰写、祠庙营建等多种方式伸展与凝固"圈内记忆"，并从不同方面记录和建构了窦氏端人正士的历史形象，有效传播其著作与学术观点。后代张维屏《国朝诗人徵略》、李元度《国朝先正事略》等有影响的传记著作皆参考了秦瀛所记录窦光鼐的资料，以此为主要依据，撰写相关内容。不同的圈内记忆重合交互，不免也存在主观重构和诠释窦光鼐的一面，不过窦光

---

① 秦瀛《小岘山人诗集》卷十。
② 王昶《湖海诗传》卷九，清嘉庆刻本。
③ 秦瀛《小岘山人文集》卷四。

鼐之历史形象仍然根植于这些圈内记忆中，并为后人相信、传播与接受。

参考文献：

[1] 赵尔巽《清史稿》，北京：中华书局，1977 年版。

[2] 窦光鼐《东皋先生诗集》，《山东文献集成三辑》第 30 册，清嘉庆三年秦瀛刻本。

[3] 秦瀛《小岘山人诗集》，《清代诗文集汇编》第 407 册。

[4] 王培荀《乡园忆旧录》，清道光二十五年刻本。

[5] 王昶《春融堂集》，清嘉庆十二年塾南书舍刻本。

[6] 王昶《湖海诗传》，清嘉庆刻本。

[7] 何圣生《檐醉杂记》，《历代史料笔记丛刊》，北京：中华书局，1998 年版。

[8] 昭梿《啸亭杂录》，清钞本。

[9] 英汇《科场条例》，清咸丰刻本。

[10] 沈初《西清笔记》，清功顺堂丛书本。

[11] 吴仰贤《小匏庵诗话》，清光绪刻本。

[12] 英和《恩福堂笔记》，清道光十七年刻本。

[13] （英）卡尔《历史是什么》，陈恒译，北京：商务印书馆，2007 年版。

[14] （新加坡）林立《群体身份与记忆的建构：清遗民词社须社的唱酬》，《中国文化研究所学报》，2011 年第 1 期。

[15] 彭刚《历史记忆与历史书写——史学理论视野下的“记忆的转向”》，《史学史研究》2014 年第 2 期。

绚烂归淡泊，诗至道亦至

——论窦光鼐人格特征及其诗歌创作

庄德友

苏州大学文学院

摘 要： 诗歌是诗人人格创造的重要表现，在很大程度上，诗人的人格特征每每在其文学作品、尤其是诗歌当中流露出来并深刻地影响着诗歌风格的形成。窦光鼐是清中叶在朝的重要文人，他立朝的五十余年间，尽管难免为官黜陟交循的宿命，然而像窦光鼐这般戆直却又如此幸运的文臣确乎不多。在窦光鼐一生的经历当中，他几乎没有脱离过"宫廷环境"。按理说，这样的经历不仅难以满足成为一个具有真性情的诗人的现实条件，更难自始至终坚守着人格上的独立不迁。然而窦光鼐却突破了宫廷环境对他诗歌创作和人格特征的圈囿，不论是就人格魅力还是诗歌特点而言都可圈可点。并将这种人格特征与诗歌创作有机地融为一体，谱写出了属于自己的诗篇，实属难能可贵。

关键词： 窦光鼐；诗歌；人格特征

窦光鼐（1720—1795），字元调，号东皋，山东诸城人。"幼负绝人之资，家贫，贷书于人，览既成诵，一日读《文选》，即操笔为《琅邪台赋》，时年甫十二耳。"① 又《东武诗存》载："先生少有神童之目，入泮食饩，年未十五。擢词垣后，以诗文受主知，不数年已至列卿。"② 可见其自幼即诗文天赋异禀。乾隆七年（1742）壬戌进士，选庶吉士，散馆授编修。历任左中允（《碑传集》卷三六、《国朝耆献类征初编》卷八七皆作"右中允"）、翰林院侍读、内阁学士、左副都御史、顺天府府尹、通政司副使、宗人府府丞、浙江学政、吏部右侍郎、光禄寺卿、提督浙江学政、左都御史，六次充乡、会试考官，三次任浙江学政。窦光鼐一生著述博赡，据详细统计，其刊行于世的别集就有《窦东皋应制诗》□卷（清刻本，残存三册）、《东皋先生诗集》三卷（嘉庆三年无锡秦氏刻本）、《省吾斋诗赋集》十二卷（嘉庆六年窦汝瑄刻本）、《省吾斋进呈稿》不分卷（清刻本）、《省吾斋古文集》十二卷（嘉庆刻本）、《省吾斋文稿》不分卷（道光二年侄汝钧重刻本、光绪刻本）、《省吾斋

---

① ［清］秦瀛. 都察院左都御史窦公墓志铭. 小岘山人诗文集［M］，文集卷五. 上海图书馆藏，清嘉庆刻增修本，240.

② 钱仲联. 清诗纪事［M］. 南京：凤凰出版社，2004：5263.

古文集十二卷诗赋集十二卷》（乾隆刻本、嘉庆六年刻本）等不同版本的诗文集。①

　　窦光鼐的一生以其独立不迁、戆直不阿、诚悃敦厚的品性备受世人关注，至今流传于山左诸城乡邑的关于窦光鼐品性刚正的故事仍然为人们津津乐道。然而对于其诗歌、文章而言应该说还是比较陌生的。通览窦光鼐一生的文学创作，我们不难发现窦光鼐不仅学识渊洽，尤其是文字、训诂等方面的学问堪称精赡，而且诗歌造诣也颇为深厚。关于窦光鼐的诗歌，曾有先贤言"先生五律清雄，不愧名家"②，又言其"诗宗少陵""骨力坚卓""颇拟韩苏"，可见唐宋名家诸如杜甫、韩愈、苏轼等都是窦光鼐学习的重要对象，真可谓转益多师而后颇有心得。窦光鼐作为一个位高权重而又独具人格魅力和文学天赋的诗人，探讨其人格特征和诗歌创作可资以了解乾隆时期"在朝诗人"创作实践状况及其这一时期内诗歌发展的一些蛛丝马迹，意义是不言而喻的。

一、宫廷困境里的坚守：独立不迁的人格魅力

　　一般而言，人格是指"一种综合的心理系统，它包括人的性格、兴趣、能力、爱好、理想等多方面的因素"③。总的来说，它是人的品格的总和。谈及窦光鼐的人格，历史上有个别人如洪亮吉曾上成亲王书谓"东皋颇附和相"④。后昭梿据此在《啸亭杂录》记载窦光鼐"晚年以仕途蹭蹬故，乃拜和相为师，往谒其门，至琢姓名于玉器献之，以博其欢。"⑤此说多有穿凿附会之嫌。众所周知，"和相"即是当时权倾朝野的大贪官和珅，如果窦光鼐真是如记载所言附和和珅的话，其人格恐将另当别论。实际上，在尽量客观地考索了窦光鼐一生的行迹后，并不难发现以上"附和珅"之说是站不住脚的。郭则沄《十朝诗乘》根据和珅欲以王以铻、王以衔兄弟会试联名榜首一事陷害窦光鼐，言："观于是事，足证其诬。"⑥也就是说洪北江上成亲王书谓窦光鼐倡附和珅有故意诋毁的嫌疑。陈康祺《郎潜纪闻》也认为"附和珅"之说并不可靠。对于"附和珅"的说法，窦光鼐门生秦瀛有《感旧》诗回应：

　　　　先生岳岳冠朝班，大节还留天地间。且有石亨援与弼，更无蔡氏荐龟山。世人欲杀缘招忌，圣主终怜已赐闲。一桌残棋应悔错，白头仍未返乡关。⑦

① 参考李灵年、杨忠. 清人别集总目［M］. 合肥：安徽教育出版社，2000：2334.
② 钱仲联. 清诗纪事［M］. 南京：凤凰出版社，2004：5262.
③ 陈仲庚、张雨新. 人格心理学［M］，辽宁人民出版社，1986：47.
④ 钱仲联. 清诗纪事［M］. 南京：凤凰出版社，2004：6298.
⑤ ［清］昭梿. 啸亭杂录［M］. 清代史料笔记丛刊. 北京：中华书局，1980：294.
⑥ 钱仲联. 清诗纪事［M］. 南京：凤凰出版社，2004：6298.
⑦ ［清］秦瀛. 小岘山人诗文集［M］，诗集卷十五. 上海图书馆藏，清嘉庆刻增修本，669.

在这里，秦瀛所言还是比较中肯的，对于窦光鼐的人格气节，门人秦瀛并没有故意拔高师者。据《道光诸城县续志》记载，窦光鼐"与河间纪文达昀，大兴朱文正珪，翁侍郎方纲主持文运三十年"。① 其间不乏趋势攀附以欲谋取私利者，此略举一例：乾隆三十二年（1767）夏，窦光鼐父亲窦诜辞世，就有人以重金赙之，窦光鼐悉数拒绝，曰："吾自为翰林至京兆，未尝受人财，岂以亲没为利乎？"② 其品格可见一斑。实际上，早在乾隆时期窦光鼐以其独立不迁为核心的挺劲风节、戆直不阿和耿耿忠诚的人格魅力，已然为世人所知。

至于"独立不迁"一词，源自屈原《离骚·橘颂》："后皇嘉树，桔徕服兮。受命不迁，生南国兮。深固难徙，更壹志兮。……磋尔幼志，有以异兮。独立不迁，岂不可喜兮。"③ 这是一首托物言志的咏物诗，表面上在歌颂橘树，实际是抒写诗人对理想人格的追求。王夫之《楚辞通释》云："（橘树）生于茌草之中，而贞于独立，不随草靡，喻君子杂处于浊世，而不随横逆以俱流。"④ 窦光鼐生活的时代，历经顺、康、雍三朝的巩固和发展，到乾隆时期，社会趋于稳定，经济益渐复苏，客观地讲，并不算浊世。当然也不像统治者宣扬的所谓"十全盛世"那么美好。尽管乾隆非常重视吏治，但是贪腐贿赂、溜须拍马之风依旧盛行，尤其是到了乾隆晚年，集团性贪腐更是迭出不穷。在这样的环境之中，窦光鼐几能"出淤泥而不染""严析义利而要之，以毋自欺，立朝五十年揭揭然柴立无所顾慕"⑤，就显得越发难得。秦瀛《督察院左都御史窦公光鼐墓志铭》记载：

> 乾隆己亥，有浙江巡抚某朝京师，某故贪墨吏，而其乡试出公门，与公遇于直房，公以言规之，某怫然。待公之亡，谒公而厚致馈遗，公挥其金，绝不与通。无何，某果败。⑥

又《国朝耆献类征初编》记载：

---

① ［清］刘光斗修，朱学海撰. 道光诸城县续志. 中国地方志集成［M］. 南京：凤凰出版社，2006：395

② ［清］刘光斗修，朱学海撰. 道光诸城县续志. 中国地方志集成［M］. 南京：凤凰出版社，2006：395

③ 王锡荣选注. 橘颂. 楚辞［M］. 长春：吉林文史出版社，2002：212－213.

④ ［清］王夫之著，中华书局上海编辑所编辑. 楚辞通释. 北京：中华书局，1975：93.

⑤ 督察院左都御史窦公光鼐墓志铭. ［清］秦瀛. 小岘山人诗文集［M］，文集卷五. 上海图书馆藏，清嘉庆刻增修本，240.

⑥ 督察院左都御史窦公光鼐墓志铭. ［清］秦瀛. 小岘山人诗文集［M］，文集卷五. 上海图书馆藏，清嘉庆刻增修本，240.

（光鼐）戆直不可干以私，任京兆时，力遏权贵，锄吏民之不法者。亲学浙江参地方一官，贪黜几罹不测，公矢志不回，卒能申其意，浙人至今感之。①

其不偏袒于私交，不屈服于权贵，与贪黜污吏矢志不容之态，可见独立不迁、戆直不阿的确是窦光鼐的重要品格。事实上，在乾隆二十六年（1761）八月的九卿秋谳会议，乾隆三十五年（1770）润五月的捕蝗事，乾隆五十一年（1786）正月查办的浙江亏空案、黄梅贪腐案等都将窦光鼐独立不迁、戆直不阿的个性体现得淋漓尽致。其中浙江府库亏空案及其黄梅案等与大学士阿桂、曹文植、姜晟等朝廷重臣正面交锋直至事件水落石出。在波诡云谲的官场漩涡里，窦光鼐确确实实做到了不随波逐流，哪怕著交部严加议处，依旧如此。《晚晴簃诗汇》在概括窦光鼐一生起伏时云："（光鼐）以副宪视学浙江。还与刑部争秋谳，改京兆。又以捕蝗与制府互讦，罢。起官宗丞者十年，再视学浙江，论州县仓库亏空，复与疆吏相执奏，为所中，再罢。再起，又授宗丞，二春官，三视浙江学政。"② 屡次罢、起之间，我们似乎感觉到窦光鼐那种"壁立千仞，无欲则刚"的人格形象就闪现在眼前。

与其独立不迁、戆直不阿相映衬，窦光鼐的人格魅力还在于他对朝廷的耿耿忠诚。秦瀛《祭窦东皋夫子文》记载："弹劾贪墨，人皆议公，谓越其职。……屡用屡斥，耿耿忠诚。"③ "忠诚"一词，最早见于《荀子·尧问》："执一如天地，行微如日月，忠诚盛于内，赉于行，外于四海，天下其在一隅邪。"④ 在我国优秀传统道德范畴当中，忠诚毫无疑问是非常重要的一维。窦光鼐自乾隆七年（1742）中进士起步入仕途，直到乾隆六十年（1795）以四品衔休致，不论是谪迁还是擢升，他始终恪尽职守，竭智尽忠。正如清蒋诗在撰写窦光鼐行状时云："公立朝五十年，以刚直闻，持品不挠，独立不惧，惟以诚恫荷圣主知。"⑤

又乾隆三十五年（1770）闰五月，窦光鼐因武清、东安二县飞蝗蔓延奉旨由顺天府府尹左迁四品京堂，并降三级从宽留任。旋即赴三河、怀柔等地监督捕蝗。而这两县多旗地，即使是民地，也多为官僚所有。旗地就更为特殊，据《清朝文献通考》等典籍记载，旗地主要由畿辅旗地、驻防旗地和盛京旗地三部分构成，并为皇室、王公、八旗官员和八旗兵丁等拥有。再依土地所有者的身份地位分为皇庄、王庄、官员庄田和兵丁人田四个类型。虽然到乾隆年间，大部分旗庄相对于清初时的特权已经逐步式微，但潜在的余威仍为率众

① ［清］李桓辑. 国朝耆献类征初编［M］. 载周骏富辑. 清代传记丛刊［M］145册. 台北：明文书局，1985：413—414

② 徐世昌. 晚晴簃诗汇·诗话［M］. 载钱仲联. 清诗纪事［M］. 南京：凤凰出版社，2004：5262.

③ ［清］秦瀛. 小岘山人诗文集［M］，文集卷六. 上海图书馆藏，清嘉庆刻增修本，275.

④ 章诗同. 荀子简注［M］. 上海人民出版社，1974：338.

⑤ 国朝耆献类征初编. 载周骏富辑. 清代传记丛刊［M］，第145册. 台北：明文书局，1985：413.

捕蝗添设了许多无形的障碍。比如当时蝗情严重，但部分旗庄并不愿出夫，也不愿意提供其他协助。史载"蝗螭灾光鼐报闻亲捕之，旗庄不出丁协捕与督臣奏辨褫职"①。在当时的情形下，捕蝗需要众多人手且行动要迅速，不然会导致蝗灾迅速蔓延，后果将会非常严重。窦光鼐一边加紧蝗灾治理，并一边奏请："民人佃种旗地之户请一体拨夫扑蝗螭。"② 而后上谕："地方偶遇捕蝗，不独旗佃与民田通力合作，即大量庄头亦一体派拨。"③ 其《陈捕蝗酌归简易疏》详尽陈述了九条捕蝗事宜，从捕蝗用人实用性角度考量"必用本村近地之人"到奖惩规则及其捕蝗的具体方法方式"莫善于条拍""开沟围逼加土掩埋"④ 等，用心之细密，着实让人惊叹。捕蝗一事虽历经波折，但最终有效控制了蝗灾。窦光鼐尽管因捕蝗一事太过坚持己见引起争议受到革职，但其忠于职守，尽心尽力的精神无疑是十分可贵的。

二、"著我"精神：诗歌美在真性情

夫言文章诗词，必言性情。是"故刚柔缓急，胥于文章见之。苟不能见其性情，虽有文章，伪焉而已，奚望不朽哉！"⑤ 从相关方志、传记资料、史书等典籍及已知的窦光鼐所著诗歌当中都不难窥见，窦光鼐实乃一性情中人。同样，他论诗亦充分强调性情的重要性，窦光鼐尝对秦瀛言："是故作诗者，必其性情既厚，植之以骨干，傅之以采色，谐之以律吕，舍是以言诗，非诗也。"⑥ 后来秦瀛在《东皋先生诗钞序》中说："诗虽不多，而先生之性情见焉。至诗之所以工则已具于先生言诗之旨。"⑦ 可见所选之诗大抵能见其性情，符合窦光鼐论诗的初衷。又《督察院左都御史窦公光鼐墓志铭》记载"公性开荡，遇同列下辈乐善汎爱，言无所不罄，每与客谈，客起，犹立语移晷刺刺不肯休"⑧。这种诚挚的情态往往也能在其诗歌中反映出来。其山水诗、留别诗、悼念诗甚至一些戏笔诗中往往跳动着诗人真性情的音符，当然在留别诗和悼念诗中表现得尤为真切。《留别邑中亲友》云：

　　久客旷田里，归来朋旧寡。艰难营窀穸，血泪洒原野。菽水奉严亲，宗族恋乡社。

① ［清］张之洞主编.（光绪）顺天府志［M］.卷七十四.清光绪十二年刻十五年重印本.
② ［清］官修. 清文献通考［M］.卷二十四.清文渊阁四库全书本.
③ ［清］官修. 清文献通考［M］.卷二十四.清文渊阁四库全书本.
④ ［清］戴肇辰. 学士录［M］.卷八.同治六年刻本.
⑤ 姚永朴著，许结讲评. 文学研究法. 南京：凤凰出版社，2009：108.
⑥ ［清］秦瀛. 东皋先生诗钞序. 小岘山人诗文集［M］.上海图书馆藏，清嘉庆刻增修本.
⑦ ［清］秦瀛. 东皋先生诗钞序. 小岘山人诗文集［M］，文集卷三.上海图书馆藏，清嘉庆刻增修本. 151.
⑧ 督察院左都御史窦公光鼐墓志铭.［清］秦瀛. 小岘山人诗文集［M］，文集卷五.上海图书馆藏，清嘉庆刻增修本，240.

茅庐敝无完，将雏苏台下。晨炊迟远雁，夜栖寄邻瓦。同怀各谋食，岁时返莫骋。亲串结新欢，殷勤通借假。问字来诸生，颇亦富文雅。感此亦经年，欲别未忍舍。时菊耀离筵，芳樽渌盈把。日暮出郭门，揽辔谢送者。野昏初星暗，沙白寒滩泻。征夫怀远路，北风嘶斑马。①

显然，诗人能写出这样动人心弦的文字，并能让读者体验到诗人内心深处最微妙的情愫，情随诗动，离不了诗人真挚情感的注入。在这首诗歌当中，无论是对家乡"茅庐敝无完"的忧思，还是"归来朋旧寡"的物是人非之感慨，无不汩汩情深。"问字来诸生，颇亦富文雅。感此亦经年，欲别未忍舍。""艰难营窀穸，血泪洒原野。"细腻动人，对故乡、亲人的复杂情感溢于言表。

窦光鼐虽然因做官之故不得不与形形色色的人打交道，但其真正意义上的交游是很谨慎的。从他的诗文集来看，留别友人一类的诗歌并不算多，仅见的如《留别同年郑炳也学使》《送王熊峰先生谪任西川》二首、《送胡少京兆从军金川》四首、《送雷翠庭副宪归养》二首、《送邵三编修赴湖南兼寄郑八学使》《福将军苏制府诧抚军祖席留别》《史布政来按察熊监司祖席留别》等，加之忆友人刘大櫆的三首共计十五首诗歌。

其中涉及刘大櫆的三首诗歌《发清口驿望龙眠诸山忆刘畊南》《桐城道中怀刘耕南》和《还过桐城忆畊南》不失为情真意切之作。

诗海内论文友，于今复几人。重经清口路，如遇素心亲。鹿起仍多态，龙眠会有神。②

野馆回残梦，江乡忆故人。一官犹首蓿，三径但松筠。雾雨南溟路，关山北峡春。折梅未敢寄，细把恐伤神。③

才名三李后，杰出更何人。之子文章绝，忘年义气亲。追欢淇水上，惜别越江滨。相忆不相见，龙眠空复春。④

① ［清］窦光鼐. 省吾斋诗赋集. 载国家清史编纂委员会. 清代诗文集汇编［M］第 347 册. 上海古籍出版社，2010：440.

② 发清口驿望龙眠诸山忆刘畊南. ［清］窦光鼐. 省吾斋诗赋集. 载国家清史编纂委员会. 清代诗文集汇编［M］第 347 册. 上海古籍出版社，2010. 454.

③ 桐城道中怀刘畊南. ［清］窦光鼐. 省吾斋诗赋集. 载国家清史编纂委员会. 清代诗文集汇编［M］第 347 册. 上海古籍出版社，2010. 445.

④ 还过桐城忆畊南. ［清］窦光鼐. 省吾斋诗赋集. 载国家清史编纂委员会. 清代诗文集汇编［M］第 347 册. 上海古籍出版社，2010. 454.

刘大櫆是桐城派代表人物，他修干美髯，性格豪放而又文才溢出，可谓诗文并盛。其上承方苞，下启姚鼐，是"桐城三祖"——方苞、刘大櫆、姚鼐中最为才肆气雄者。年齿比窦光鼐年长二十三岁，与窦光鼐、窦光钺皆有交情，曾作《旅馆次窦西堂韵》与窦光钺唱和；乾隆三十年（1765）窦光钺不幸早逝，刘大櫆作《送窦西堂归东武》二首悼念。其中"如何舍我去，惨澹向秋天""地到东溟尽，花开故国闲"① 等诗句饱含深情，读罢令人伤感不已。刘大櫆与窦光鼐算是忘年之交，同时也是窦光鼐为数不多的文友之一。刘大櫆曾在《东皋先生时文序》言："东皋先生崛起于东武，洞见孔孟之心意于语言之外，而尽其精微。不为宋元诸儒之所屏蔽，而行之以古作者之文，其言与圣人之言相赴，不阙一义，不增一辞，炯乎如日月之光。"② 对窦光鼐文章及学识给予了高度评价。从目前已知的资料来看，刘大櫆与窦光鼐在文与道的主张上颇为相近，诗歌风格亦多相似之处。可以说，窦光鼐与刘大櫆的交谊正是"以同道为朋"③，如《论语》之"以文会友"④ 的类型。以上三首怀友之作乍看遣词通俗易懂，直抒胸臆，"相忆不相见，龙眠空复春""折梅未敢寄，细把恐伤神"。但是细细品嚼，却又有几分"深文隐蔚，余味曲包"⑤ 的韵味。

另外，窦光鼐至情至性的人格魅力在他的悼念诗中体现得最为极致深刻。如《哭亡弟西堂》十首、《送西堂枢归里》三首、《哭亡室张夫人》十首、《十月六日葬张夫人》二首、《哭庄学士同年》等近三十首诗歌大都泣血而作，其用情至深，不忍卒读。

　　　　中宵不能寐，伏枕感鸡鸣。起视竟何见，抚棺空复情。夫人皆有死，观我本无生。可奈诸儿女，朝朝唤母声。（其一）⑥

　　　　汝死魂难妥，吾衰病易成。悲风入庭树，五夜尽涛声。无力谈蒙叟，何心学子荆。书签兼药裹，聊复养残生。（其十）⑦

对于诗歌创作，情感就像酿造美酒的曲蘖，味道醇否，唯在于此。而情感的重要组成

---

① ［清］刘大櫆. 海峰诗集. 载国家清史编纂委员会. 清代诗文集汇编［M］第 286 册. 上海古籍出版社，2010. 392.

② 东皋先生时文序. ［清］刘大櫆. 海峰文集. 载国家清史编纂委员会. 清代诗文集汇编［M］第 286 册. 上海古籍出版社，2010：118.

③ ［清］吴楚材、吴调侯选. 古文观止［M］. 北京：中华书局，1963：427.

④ 杨伯峻. 论语译注［M］. 北京：中华书局，2008：132.

⑤ 周明. 文心雕龙校释译评［M］. 南京大学出版社. 2007：368.

⑥ 哭亡室张夫人. ［清］窦光鼐. 省吾斋诗赋集. 载国家清史编纂委员会. 清代诗文集汇编［M］第 347 册. 上海古籍出版社，2010：456.

⑦ 哭亡室张夫人. ［清］窦光鼐. 省吾斋诗赋集. 载国家清史编纂委员会. 清代诗文集汇编［M］第 347 册. 上海古籍出版社，2010：457.

部分便是亲情。反过来讲，在能打动读者的作品里，往往能生动地反映出作者的思想情感，正如黑格尔《美学》所言："在艺术里，感性的东西是经过心灵化了的，而心灵的东西也借感性化而显示出来。"① 在这些诗歌当中，窦光鼐对亲情的抒写，正是他思想情感的外化表现。又《哭亡弟西堂》云：

> 汝病真难测，弥留恸浃旬。天宁忍予弟，命独厄斯人。泪尽停棺日，魂惊问药晨。庸医成二竖，竟死亦前因。（其一）②
>
> 役役终何事，回思亦惘然。浮生常道路，送死但诗篇。禄命悭天意，声名短寿年。遗文盈箧在，进泪未能编。（其八）③

西堂的逝世，窦光鼐悲痛欲绝，他甚至难以相信弟弟就这样早早地离开，"执手竟长别，伤心万事非"④。于他而言，不仅仅是失去了一位至亲，更是失去了一个志同道合的知己，"役役终何事，回思亦惘然"。物是人非，内心的伤痛交织着对弟弟的思念，他似乎只能通过诗篇来抒写、来排遣，可惜"浮生常道路，送死但诗篇"。实际上，正是这种充满真实情感体验的诗歌更易引起读者的共鸣。这类诗歌之所以会给人留下深刻印象，源于他对友情、亲情的珍视，得益于他纯挚的个性。当然，也正是通过这些诗歌让他的人格特点得以充分呈现。

三、知人论世：窦光鼐人格特征对诗歌风格的影响

论古人作品，应从历史环境去考察。通过各种典籍文献尽量回到现场，逼近作者曾经的生活场景，从而加深对作者的理解与默契，这样来探讨作者的创作活动，更具有说服意义。这就是孟子所倡导的"知人论世"的文学批评方法。《孟子·万章下》云：

> 一乡之善士斯友一乡之善士，一国之善士斯友一国之善士，天下之善士斯友天下之善士。以友天下之善士为未足，又尚论古之人。颂其诗，读其书，不知其人，可乎？

---

① 黑格尔著，朱光潜译. 美学［M］. 卷一. 北京：商务印书馆，1979：49.

② ［清］窦光鼐. 省吾斋诗赋集. 载国家清史编纂委员会. 清代诗文集汇编［M］第 347 册. 上海古籍出版社，2010：455.

③ ［清］窦光鼐. 省吾斋诗赋集. 载国家清史编纂委员会. 清代诗文集汇编［M］第 347 册. 上海古籍出版社，2010：455.

④ 哭亡弟西堂其二. ［清］窦光鼐. 省吾斋诗赋集. 载国家清史编纂委员会. 清代诗文集汇编［M］第 347 册. 上海古籍出版社，2010：455.

是以论其世也。是尚友也。①

　　文学作品是就像作家的产儿，和作家本人的生活思想及其生活环境、时代背景有着血与肉的关联。因而只有知其人、论其世，即了解作者的生活思想和写作的时代背景方能客观准确地把握文本的思想内容及其深刻蕴涵。窦光鼐生活的环境，从历时性角度以中进士为界限可划分为两个部分。第一部分重点考察窦光鼐人生之初所生活的以地域文化和家族文化为核心要素的乡邦环境。"气候山川之特征，影响于住民之性质；性质累代之蓄积发挥，衍为遗传。此特征又影响于对外交通及其他一切物质上生活，物质上生活，还直接间接影响于习惯及思想。"② 山东诸城自秦汉以降积淀着深厚的文化底蕴，由于深受儒家"修身、齐家、治国、平天下"等经世致用思想熏染，往往重视积极入世、建功立业。亦即是窦光鼐尝言的"士当求有用"之"真学问"。除了地域文化的熏染，家风、家学、家脉等家族文化因素也在潜移默化地影响着诗人的人格特征，甚至"从一定意义上讲在地域和家族二者之中，家族更具有核心地位。对于文学而言，家族是其被直接孕育并与之血脉相通的母体"③。实际上，戆直、刚毅、孝廉一直是窦氏家族文化中重要的构成因素。如明嘉靖年间的"窦昂，字时举，性刚毅，不妄交游，人有过辄面正之，好经学，尤邃于《易》"④，又"窦钦，字子敬，隆庆三年恩贡，万历三年授五陟知县。廉谨多惠政，厘奸剔蠹无所假"⑤。十世祖"窦长琰，字石卿，父早卒，事祖甚谨，夜侍寝祖榻侧木凳上，不归私寝者十年。……性嗜学，扃户读书经岁不出，著有诗词，同时李澄中称其登山谷淮海堂奥，卒年四十"⑥。窦光鼐生活于诸城的二十几年间，耳濡目染，醇厚的家族文化底蕴和地域文化因子自然对窦光鼐独立不迁、戆直不阿和至情至性的人格特征的形成起着极大的促进作用。

　　另一部分则是窦光鼐"在朝"的时代背景，就整个清中叶特别是乾隆时期的诗坛而言：

　　　　清自定鼎中原以来，历顺治、康熙、雍正三朝的巩固和发展，步入乾隆时期，社会趋于稳定，经济益渐复苏，然"文治"亦随"武功"而日益强化，宋明理学重新成为整肃人心的统治教义以为整饬社会秩序服务。经过将近一个世纪的起伏消长，作为

① 万丽华、蓝旭译注. 孟子 ［M］. 北京：中信出版社，2013：231.

② 梁启超. 近代学风之地理的分布. 梁启超全集 ［M］. 北京出版社，1999：4259.

③ 罗时进. 家族·地域·文学——清代江南诗文研究 ［M］. 上海古籍出版社. 2010：3.

④ ［清］刘光斗修，朱学海撰. 道光诸城县续志. 中国地方志集成 ［M］. 南京：凤凰出版社，2006：395

⑤ ［清］刘光斗修，朱学海撰. 道光诸城县续志. 中国地方志集成 ［M］. 南京：凤凰出版社，2006：395

⑥ ［清］刘光斗修，朱学海撰. 道光诸城县续志. 中国地方志集成 ［M］. 南京：凤凰出版社，2006：395

大文化范畴的高层精神领域，清代诗歌也随着历史的推移，已然由"变"反"正"，儒家传统诗教再次被确立为"一尊"①。

此一时期，整个诗坛弥漫着尚清雅、醇正之风调，"文章以发挥义理，关系世道为贵"。位高权重者掌握诗歌话语权和引领诗歌潮流，沈德潜、翁方纲、纪昀等各标坛砧，并且无一例外地强调正统思想。沈德潜注重诗歌的教化作用，标举唐诗，主张"温柔敦厚"的表现方式，意在"去淫乱以归雅正"；纪昀则将"发乎情，止乎礼"与"诗言志"结合起来，以为诗歌能表现诗人的真实情感便合乎"诗言志"的旨趣；翁方纲主张"为诗必以肌理为准"，但实际上是对王士禛"神韵说"和沈德潜"格调说"的调和和修正。窦光鼐的诗歌，不管是说其宗杜抑或言其学苏拟韩，都没有偏离正统思想的航道并不失真性情，对亲情、友情、忠诚、正义、河山等传统母题的抒写，都与当时的时代背景、诗歌潮流及其窦光鼐的人格特征相吻合，这既有个人自觉不自觉的选择，也是大环境使然。《过汤阴拜岳忠武祠》便是赞誉忠诚的诗篇：

> 岳家师律正乾坤，痛哭朱仙已恨吞。尤恐岩廊梗和议，忍教犴狴闭忠魂。湖山主昌无君父，桑梓宗禋有子孙。奕世崇褒起顽儒，帝王殊号讵堪论。②

是诗扬忠诚而唾奸邪的寓意十分明显。"尤恐岩廊梗和议，忍教犴狴闭忠魂。"字里行间，诗人的义愤在胸中不可避免地急剧涌起，见得其对奸狴的痛恨。窦光鼐在另外一首《拜岳忠武墓》的诗中也表达了同样的情感："河北遗黎皆有恸，墓前铸铁复奚知。""湖山犹饮蕲王愤，宰树重瞻更誌悲。"③ 诗人为岳飞尽忠报国的气概而喟叹不已，同时也为奸佞的无耻、阴险而愤慨难平。读这一类诗歌，依稀可以想见诗人神态。又如《马周墓》言："谠议思房魏，临风独泣然。"④《谒关帝庙》云："汉贼谁诛仗大忠，当年华夏震威风。却整乾坤凭只手，直达南北竞双雄。"⑤ 其实，诗歌中所体现的这种情感亦即诗人一腔忠诚的吐露，是诗人耿耿忠诚的人格魅力的折射。

① 严迪昌. 清诗史 [M]. 上海：人民文学出版社，2011：589.
② [清] 窦光鼐. 省吾斋诗赋集. 载国家清史编纂委员会. 清代诗文集汇编 [M] 第347册. 上海古籍出版社，2010：436.
③ 拜岳忠武墓. [清] 窦光鼐. 省吾斋诗赋集. 载国家清史编纂委员会. 清代诗文集汇编 [M] 第347册. 上海古籍出版社，2010：459.
④ 马周墓. [清] 窦光鼐. 省吾斋诗赋集. 载国家清史编纂委员会. 清代诗文集汇编 [M] 第347册. 上海古籍出版社，2010：444.
⑤ 谒关帝庙. [清] 窦光鼐. 省吾斋诗赋集. 载国家清史编纂委员会. 清代诗文集汇编 [M] 第347册. 上海古籍出版社，2010：435－436.

再如《谒包孝肃公祠》一诗则体现诗人戆直不阿的人格特征：

包公峭直树英声，故里经临为驻旌。遗像千秋瞻岩立，当时一笑比河清。阎罗自惜惩关节，妇女犹今识姓名。敬挹馀风励顽儒，炷香聊荐寸心诚。①

包拯以公正清廉闻名于世，《宋史》记载："拯性峭直，恶吏苛刻，务敦厚，虽甚嫉恶，而未尝不推以忠恕也。与人不苟合，不伪辞色悦人，平居无私书，故人、亲党皆绝之。虽贵，衣服、器用、饮食如布衣时。"② 包拯是我国历史上"清官"的典型代表，以清正廉洁，执法公正，疾恶如仇，直言敢谏著称于世。包拯所处的时代，表面上是北宋王朝的太平盛世，而事实上，早已是内忧外患，危机四伏，官场贿赂公行，腐败横生。这首诗表达了作者对包拯"当时一笑比河清"之品性的敬仰之情。一个人在政治清明的时代秉持正义尚且不易，更何况身处浊世亦能铁面无私。"敬挹馀风励顽儒，炷香聊荐寸心诚。"很显然，窦光鼐对包拯品行的仰止是源于内心深处对其高风亮节的深深敬佩与向往。

文学反映人格发展，人格变化制约着文学的推进。从以上略举的歌颂忠诚、正义的诗歌及其窦光鼐抒写亲情、友情等最能体现诗人真性情的诗作来看，诗人的人格特征对其诗歌风格的影响是深刻的，甚至在数百十首恭和性质的诗作当中，也有不少打下了诗人人格特征的烙印，如《和贡院诗》云："自古人文关国运，虚公端合体皇心。"又如《馆试列四等，蒙旨留馆纪恩》云："文章终报国，荣辱岂关身。"③ 其忠君体国、不汲汲于名利的思想情感流露于毫不掩饰的笔端，这与诗人一贯的戆直的人格特征是相吻合的。

综上可知窦光鼐独立不迁和至情至性的人格特征有效地规避了宫廷环境对他诗歌创作的不良影响。诗人在主动追求"诗中须有我"的"著我"精神的同时，积极抒写真实内心世界，以其独有的资禀、际遇著之于辞，谱写出了动人的诗篇。

参考文献：

[1] 窦光鼐著《省吾斋诗赋集》，载国家清史编纂委员会编《清代诗文集汇编》（第347册），上海古籍出版社，2010年版。

[2] ［清］秦瀛著《小岘山人诗文集》，上海图书馆藏，清嘉庆刻增修本。

---

① ［清］窦光鼐. 省吾斋诗赋集. 载国家清史编纂委员会. 清代诗文集汇编［M］第347册. 上海古籍出版社，2010：445.

② ［元］脱脱等撰. 宋史［M］，第三十册，卷三一六. 北京：中华书局，1977：10318.

③ ［清］窦光鼐. 省吾斋诗赋集. 载国家清史编纂委员会. 清代诗文集汇编［M］第347册. 上海古籍出版社，2010：434.

［3］〔清〕刘光斗修，朱学海撰《道光诸城县续志》，见《中国地方志集成》，凤凰出版社，2006 年版。

［4］周骏富辑《清史列传》，载《清代传记丛刊》，第 98 册，台北明文书局出版。

［5］严迪昌著《清诗史》（上下），人民文学出版社，2011 年版。

［6］钱仲联主编《清诗纪事》，凤凰出版社，2004 年版。

［7］罗时进著《地域·家族·文化——清代江南诗文研究》，上海古籍出版社，2010 年版。

［8］蒋寅著《清代文学论稿》，凤凰出版社，2009 年版。

［9］陈仲庚、张雨新著《人格心理学》，辽宁人民出版社，1986 年版。

［10］王运熙、顾易生主编《中国文学批评通史》（清代卷），上海古籍出版社。

［11］刘世南著《清诗流派史》，人民文学出版社，2004 年版。

［12］梁启超著《梁启超全集》，北京出版社，1999 年版。

［13］〔美〕勒内·韦勒克、奥斯汀·沃伦著，刘向愚、邢培明、陈圣生、李哲明译《文学理论》，文化艺术出版社，2010 年版。

［14］萧一山著《清史大纲》，上海古籍出版社，2008 年版。

［15］陈伯海主编《近四百年中国文学思潮》，东方出版中心，2007 年第二版。

［16］瞿兑园、周紫宜著《学诗浅说》，当代中国出版社，2014 年版。

［17］梁启超著《中国近三百年学术史》，吉林人民出版社，2013 年版。

［18］林庚著《中国文学简史》，清华大学出版社，2007 年版。

清代诗人窦光鼐生存状态考论

沈根花

苏州大学文学院

摘　要：个人的生存状态对其思想和创作都有深刻影响，追寻一个诗人的生存状态能更为深刻地体会其诗歌作品，而考察其诗文创作往往也能感受其生存状态中或无奈或顺遂的人生处境。诗人窦光鼐的生存状态具有尴尬性，他兼具御用文官和个体诗人双重身份，一个被要求歌功颂德，另一个则要求表现真实自我，因而在身份上呈现出相悖性。这种身份的相悖带来了诗人自我的生存困境，其真实的自我随着周遭环境的变动而在隐藏与显露间徘徊。本文主要从窦光鼐的身份入手，考察诗人窦光鼐的生存状态，分析其面临的困境，并探讨这种生存状态对其诗歌创作的影响，剖析其生存状态中矛盾、困境的根源及其面对这种困境的人生态度和自我选择。

关键词：窦光鼐；生存状态；诗歌创作；《省吾斋诗赋集》

一个人的生存状态对其思想和创作的影响是极其深刻的，虽然从大的范围上讲国家大势、社会思潮等也会在文人的思想、创作中留下烙印，但个人的生存状态的影响却更为直接而密切，同时具有诗人和文官身份的窦光鼐，他的创作与其生存状态息息相关。窦光鼐（1720—1795），字元调（一字符调），号东皋，山东诸城人。乾隆七年（1742）进士，选庶吉士，散馆授编修，从此走上仕途，深受乾隆帝的赏识和器重。其一生为官屡起屡仆，历经宦海沉浮，然风节挺劲、无所依附，立朝达五十余年，颇具传奇色彩。窦光鼐有《省吾斋古文集》和《省吾斋诗赋集》各十二卷存世，"学问精湛、文词清古"[①] "每试牍闱艺出，学者奉之如泰山北斗"[②]，可见其亦富有诗人特质，文学功底深厚。然而，窦光鼐作为御用文官的身份常常与他想要抒写真情真诗的渴望相矛盾，其真实的自我随着周遭环境的变动而在隐藏与显露间徘徊。因而，本文希望通过对窦光鼐文官和诗人身份的分析，考察窦光鼐的内在生存状态，探讨这种生存状态对其诗歌创作的影响，并试图剖析产生这种矛盾、困境的根源及窦光鼐面对这种困境的选择和态度。

---

① ［清］刘光斗撰：《（道光）诸城县续志》列传第一，《中国地方志集成》，南京：凤凰出版社 2006年版，第 395 页。

② ［清］李元度著，易孟醇点校：《国朝先正事略》卷四十二，长沙：岳麓书社 1991 年版，第 1121页。

一、尴尬与困境：政治人格对诗人特质的制约

窦光鼐生于山东诸城，孕育窦光鼐成长的这一片土壤是中国思想文化的发源地之一，山明水秀、历史悠久，千百年来人文荟萃，积淀下了厚重的文化底蕴。窦光鼐受父母之邦文化氛围的熏染，加之以自己的勤勉好学，从小便显露出了过人的才华，《都察院左都御史窦公墓志铭》记载："公幼负绝人之资，家贫，贷书于人，览即成诵。一日读《文选》，即操笔为《琅邪台赋》，监司某公见而大称赏之，时公年甫十二耳。"① 以十二岁的幼龄提笔便能写出一篇大受称赞的《琅琊台赋》，充分显示出了其为诗作赋的才能。其后他在文学一途的造诣益发深厚，后人陈康祺评价为："本朝儒臣以文章名世者，天台齐侍郎与诸城窦侍郎齐名，曰'南齐北窦'。"② 将窦光鼐与齐召南并称，肯定了窦光鼐在北方文人中的突出地位。中国古代传统的科举选士的制度使得每一位进入仕途的知识分子几乎都是诗人，窦光鼐也同样如此，不仅文章学问精湛，诗赋亦是俱佳，其不少诗作中都有灵动之笔，可谓才情出众。如他在登五莲山望海峰时写道：

> 诸峰皆嶙绝，东峰独可上。朝来缘翠微，振衣披榛莽。到顶得石棚，小住骋退赏。东南指沧溟，一气接沆瀣。初晖散余霞，云外浮晃朗。想见至人心，天渊与浩广。世路隘蜗角，蛮触各争长。而我于其间，委怀任俯仰。每虑尤悔集，有如鸟避网。适来豁达眸，胸尘一涤荡。即此得玄珠，无劳问象罔。（《登望海峰》）③

此诗是一首山水写景诗，写了作者登山途中的所见所感，作者先以"朝来缘翠微，振衣披榛莽"两句道出了五莲山望海峰地势的奇峭，行路的艰难，登顶后则被壮美的景色所震慑，忍不住欣赏起来。所写之景雄奇壮美、气势宏伟，浩渺宽广的海天景色跃然纸上，读来令人心生向往，洗去烦忧，带来豁达心境，从中可以深切感受到窦光鼐融于山水景色中的诗人情怀。

又如其怀念刘耕南时写道：

> 野馆同残梦，江乡忆故人。一官犹苜蓿，三径但松筠。雾雨南溟路，关山北峡春。

---

① ［清］秦瀛：《小砚山人集》文集卷五，清嘉庆刻增修本。

② ［清］陈康祺：《郎潜纪闻》卷七，清光绪刻本。

③ 窦光鼐：《省吾斋诗赋集》卷九，《清代诗文集汇编》第347册，上海：上海古籍出版社2010年版，第439页。此处所举诗句皆在组诗《五莲山杂咏十二首》之中，因而下面六句诗不再单独出注。

折梅未敢寄，细把恐伤神。(《桐城道中怀刘耕南》)①

　　窦光鼐与刘大櫆交好，引以为知己，此诗是其祭告南海时途经桐城怀念刘大櫆所做，诗中感情细腻真挚、溢于言表，尤其"折梅未敢寄，细把恐伤神"一句强烈而真挚地表达了其对友人的感怀之情，让我们看到了其内心感时恨别的细腻情致，展露了其动人的才情和天然的诗人气质。

　　从以上两首诗作中可以略略窥见窦光鼐作为一个诗人的文学功底和创作才情，他既具有深厚的学养，又具有细腻而感性的情思，这种种都显示出诗人特质深埋在窦光鼐的心中。然而，在其诗集《省吾斋诗赋集》十二卷中真正有感而发的诗作却只有后四卷，由此流露出窦光鼐诗人身份的尴尬性，因为在窦光鼐身上，比诗人身份更为明显的是他的官员特征。其诗人身份与备受乾隆帝器重的官员身份暗含相悖性，诗人特质受到其政治人格的制约。一方面，儒家文化的熏陶和时代大环境的驱使使其思想中的政治性占据上风。诸城在春秋时为鲁之诸邑，战国时分属于齐、鲁，自古以来便有着根深蒂固的儒家文化的传统。儒家文化提倡出世，鼓励人们进入仕途，"学而优则仕"②，有着"以天下为己任"的大情怀，文章学问做得好往往被认为是进入仕途的准备。"十有五而志于学，三十而立"③ 的人生规划思想也为人们所广泛接受，认为早年致力于学习，到三十岁时便应该卓然而立于世间。窦光鼐从一出生便受着儒家文化的浸染，又在这样的文化氛围下读书学习，因而他对儒家思想信奉非常。又因为中国几千年来形成的固有传统便是读书人走上仕途方是正道，为官当政的士大夫们享有崇高的社会地位，被认为是高人一等的。在这样的文化熏陶和环境驱动下，窦光鼐顺理成章地迈向了仕途，其政治人格得到了彰显，这种政治人格的彰显恰恰给走向心灵的自由创作带来了阻碍。

　　另一方面，多年身居庙堂的特殊处境使得自由发挥的空间较少。窦光鼐进入仕途可以说是极为顺利的，自小便被认为是神童，素有才子之称。从十五岁中秀才到二十三岁中进士中间并没有过多波折，有时候，现实的幸运反过来却是文学的不幸，在窦光鼐青少年这一段唯一毫无束缚的时期，因为相对平顺而没有在情感上产生波动，加之人生经历尚浅，因而这一段自由时期几乎没有留下多少诗作，只是成为了其日后回忆故乡时的慰藉和情感印痕。此后，窦光鼐正式踏入仕途，历宦海五十载，其一生历任左中允、内阁学士、左副都御史、浙江学政、吏部侍郎、署光禄寺卿、宗人府府丞、礼部侍郎、左都御史、尚书房

---

① 窦光鼐：《省吾斋诗赋集》卷十，《清代诗文集汇编》第 347 册，上海：上海古籍出版社 2010 年版，第 445 页。

② 杨伯峻：《论语译注·子张》，北京：中华书局 1980 年版，第 202 页。

③ 杨伯峻：《论语译注·为政》，北京：中华书局 1980 年版，第 12 页。

总师傅、会试正总裁等官职。其五十余年为官生涯中，深刻信奉儒家"君君，臣臣"① 的思想观念，为忠君报国而恪尽职守，这也就决定了其事事以国家正途为先，以皇上的意旨为先的处事原则。即使被要求作具有浓厚政治意义的歌功颂德之作，也并不会拒绝，因为在其固有的观念中，这是为人臣子当尽的本分，在其位而谋其政。因而，总体而言，在长期从政的过程中，朝堂上严肃而压抑的政治环境以及窦光鼐本身坚定的政治人格使其自己诗歌的自由创作并不能充分发挥，而是被压抑的，这正是窦光鼐一生中所长期面临的创作困境。

二、窦光鼐生存状态对其诗歌创作的影响

"文士的生存状态是决定其创作心态的关键。"② 窦光鼐的诗歌创作也与其生存状态紧密相关，并且随着其外部生存环境的改变而呈现出不同的创作动向。作为诗人的窦光鼐是在尴尬的夹缝中求生存的，始终面临着困境，其内心有着抒写真情真诗的渴望，但现实的束缚常常使其真实的自我无法轻易表露，当窦光鼐在朝堂与外放间辗转时，其真实的自我也随之在压抑与释放间徘徊。纵观窦光鼐一生的生存状态，可以发现其艺术生命的存在和情感活动的表现具有多面性：作为御用文官的窦光鼐是其生存的常态，而其真情真诗更多的是伴随着其宦游的经历而得到展现与释放，另外，还有一份游子情结占据其心灵一隅，贯穿其一生。窦光鼐的诗歌创作受其生存状态的影响，窦光鼐作为诗人的生存困境所带来的真性情的压抑与释放使其诗歌创作呈现出多种面貌，从中也映射出其不同的生命存在和自我表征。

（一）人不在文中：有文质而无文心的御用文官

秦瀛《诸城窦公祠堂记》记载："公夙以文学被圣主知遇，累主文枋，前后凡三视浙江学政。"③ 窦光鼐精湛的文学功底深受乾隆的赏识，屡次受到提拔和重用，可以说乾隆对窦光鼐恩遇有加，这在《都察院左都御史窦公墓志铭》中有更为详细的记载：

> 于乾清宫阅卷者列公四等，向例大考惟高等得迁官，后等改官降黜有差。上知公，特迁公为右中允，盖公被上知遇自此始。未几，累迁至翰林院侍读学士。御试一等，特迁内阁学士，出为河南学政。丁内忧，归逾年，会上以南书房缺人，命山东巡抚传旨起公。公泣辞曰："光鼐方在衰绖，不敢奉诏。"巡抚属公陈谢，公又曰："不祥姓

① 杨伯峻：《论语译注·颜渊》，北京：中华书局1980年版，第128页。
② 周蓉：《科场蹭蹬与尖峭讥讽》，《西北师大学报（社会科学版）》2008年第6期，第14页。
③ ［清］秦瀛：《小砚山人集》文集卷四，清嘉庆刻增修本。

氏，不敢自陈，敬烦公代奏。"上闻而题之，服除，补都察院左副都御史，视学浙江。①

在大考失误的情况下，窦光鼐不仅没有受到降黜，反而得到了升迁，在其内忧未除服之时便收到起用的旨意，这种种都体现出乾隆对窦光鼐的信任。这种上位者对臣下的信任在窦光鼐心中转化为感恩，更强化了其忠君报国的决心，身体力行地践行"不才宜下考，圣主念孤臣。文章终报国，宠辱岂关身"（《馆试列四等蒙旨留馆纪恩》)② 的信念。

感念圣主之恩，窦光鼐在朝的五十年中，一直在以文章报国，做了大量歌功颂德的应制诗歌，《省吾斋诗赋集》中应制诗作占了大半，客观上这是其作为御用文官不得不为之的无奈，而主观上则是其感恩圣主、报效朝廷的一种方式。这些应制诗歌大多有特定的主题和场合，出于奉和的目的应命而作的。在这些应制诗歌中，有一类纯粹是为了显示皇家天威而作，如《御制供奉皇太后启程驻跸避暑山庄作元韵》《御制八月十八日供奉皇太后木兰行围启跸之作元韵》《御制驻跸栖霞行宫作元韵》等。另一类则是出于感时纪事的需要，有关于出游、宴饮的，也有关于特殊事件、特殊时节或特殊事物的，如《御制普陀宗乘庙即事元韵》《御制热河初建城隍庙拈香瞻礼八韵》《御制塞湖载月之作》《御制晓凉元韵》《御制水乐洞元韵》《御制登最高峰望江放歌元韵》等，虽然做这些诗歌的起因各不相同，但都有歌功颂德之意，显示出天子威仪和朝廷功绩。如其游观音山永济寺时所作：

> 江迥疑无地，巖迥别有天。龙宫当白下，鹤唳想青田。风动水无竞，春深花欲燃。皇心惬真赏，佛曰应昌年。（《御制游观音山永济寺元韵》)③

此诗前半部分写景，刻画了天地之雄奇、山寺之幽静清远，尤其"春深花欲燃"一个"燃"字生动展现了百花盛开的红火图景，然而"皇心惬真赏，佛曰应昌年"一句又将诗歌主旨引向了歌颂太平盛世上。又如：

> 典学隆仪例仲春，文华筵启此涓辰。君师共仰中天主，简册兼咨稽古臣。孔语研知义由圣，禹畴演识福同民。我皇论说皆躬践，赞莫能名愧汗频。（《御制春仲经筵元

---

① [清] 秦瀛：《小砚山人集》文集卷五，清嘉庆刻增修本。

② 窦光鼐：《省吾斋诗赋集》卷九，《清代诗文集汇编》第 347 册，上海：上海古籍出版社 2010 年版，第 434 页

③ 窦光鼐：《省吾斋诗赋集》卷七，《清代诗文集汇编》第 347 册，上海：上海古籍出版社 2010 年版，第 414 页。

韵》)①

此诗写经筵之事，颂扬圣上致力于学，亲身躬行实践，令下臣感到羞愧，虽是为了春仲经筵一事而写作了此诗，但实际上是为了借此事歌颂乾隆的品德、功绩。

应制奉和之作作为中国古代诗歌创作中的一类特殊现象，被要求用特定的方式和特定的主旨创作。窦光鼐虽有大量应制诗作，但这不是其作为一个诗人的性灵抒写，而是由他的身份所决定的。作为乾隆帝身边的文人和深受乾隆器重的臣子，歌功颂德不可避免，也无法推辞，是其维护政治身份和报答圣主之恩在文学创作上的投射。在应制诗作中，窦光鼐真实的自我是有所缺失的，即人并不在文中，只是用笔写成，而不是用心写成，只能体现其文学功底而不能见出其真性情，有文质而无文心，只是其在御用文官身份的要求下屏蔽自我真性情的应命之作。

(二)江南诗性的感染：回归自我的性情诗者

在窦光鼐的非应制诗作中，山水纪行诗占据了重要篇幅。他曾三次视学浙江，又奉命远赴广东祭告南海，京师朝堂的严肃性给窦光鼐的诗人特质带来了许多压抑，而京师之外的南方则无形中带给了窦光鼐更多自由呼吸的空间。诗作中体现出了不同以往的明快之气，如"我陟从寿岭，乘风欲西骛""明晨问天井，独与老龙晤"(《独往天井戏成五言》)②，"江流催地转，石气与天高"(《夜过弹子矶》)③，"地连五岭分鹏背，水带三江下虎门"(《登越秀山》)④ 等，在这些诗作中，诗人仿佛从束缚中解放了出来，回归到了内心理想的自我状态，心境开阔而豁达，思绪丰富而明快，字里行间都是性情的流露。

江南仿佛是一个天然就带有诗性的地方，秀丽的山川河流、明亮的花草树木、生机勃勃的鸟兽虫鱼随处可见，小桥、流水、人家形成一幅幅天然的画卷，从内而外透露出天然的古典美和诗意生活的氛围。窦光鼐从北方朝堂转到江南水乡以及更远的广东地区，一方面他被压抑的自我得以释放，另一方面，江南的环境和氛围以及粤地的名山大川给予了窦光鼐诗性的感染，因而，在宦游时期，他不再是以往歌功颂德的呆板诗人，而是一位回归自我心灵的性情诗者。

---

① 窦光鼐：《省吾斋诗赋集》卷八，《清代诗文集汇编》第347册，上海：上海古籍出版社2010年版，第422页。
② 窦光鼐：《省吾斋诗赋集》卷九，《清代诗文集汇编》第347册，上海：上海古籍出版社2010年版，第439页。
③ 窦光鼐：《省吾斋诗赋集》卷十，《清代诗文集汇编》第347册，上海：上海古籍出版社2010年版，第446页。
④ 窦光鼐：《省吾斋诗赋集》卷十，《清代诗文集汇编》第347册，上海：上海古籍出版社2010年版，第449页。

从束缚中解放出来的窦光鼐，其诗歌创作中多了一份闲情逸致，如《雨后同庄滋圃抚军及藩臬诸公泛舟西湖，因游天竺、灵隐、韬光诸胜，遂登北高峰三首》：

> 宿雨涨湖绿，新晴鱼上波。岸分江藕润，峰入白云多。见佛从初地，观心证大罗。登临吾自惯，况乃际时和。（其一）
> 径转灵峰涌，苍然石气秋。听泉才度润，观日更登楼。朋好多今雨，云山是旧游。清源迎共酌，小憩数池儵。（其二）①

这两首诗是诗人在浙江任上写的，记叙诗人同友人泛舟登高的事件。天空刚刚放晴，透过碧绿的湖面可以见到欢快驰骋的鱼儿，举目远眺，周边的山峰高耸入云，诗人听泉、观日，与朋友共酌、小憩，闲情雅趣充斥其间。这时的诗人是自由的、鲜活的，表现的是属于自我的真性情。

另外，这时的诗人写景往往更为纯粹豁达，诗人自己是融于景物之中的，所写之景不再似以往那般冰冷，而是有感情、有温度的，情景交融，人与景和谐而统一。如《还自天井》：

> 日下扶云峰（扶云天井峰名），山晚叶半赤。返照翻过鸟，暝色随归客。径滑容侧足，线缕缘山脊。诘曲已数盘，直下犹千尺。凉风吹我裳，萧萧愁向夕。野雉雏深草，一似惧弹射。仆夫勿卤莽，行路有倾窄。揽策出谷口，山衔月已白。②

此诗写了夕阳西下的扶云峰景色，山上的叶子仿佛也染红了，暮色跟随着归客一起降临，小径难行，走过了许多弯弯曲曲的道路，前方却依旧似有千尺长。凉风阵阵袭来，在暮色中萧萧作响，等到终于出了山谷，天边已有月亮高悬。整首诗既是写景，又是叙事，诗人沉浸在景物中以至于对时间的感知似乎也变得迟缓了，所写之景仿佛也染上了归客的情绪，成了诗人心境的外化。又如《登浴日亭次东坡韵》：

> 扶胥南下水如天，倚棹孤亭黄木湾。海外初收鳌背雨，云中稍辨虎头山。即看铜鼓添沙棱（南海庙前涨沙田数十里，名"铜鼓沙"），岂有丹炉驻玉颜（东望白云山，

---

① 窦光鼐：《省吾斋诗赋集》卷九，《清代诗文集汇编》第 347 册，上海：上海古籍出版社 2010 年版，第 442 页。
② 窦光鼐：《省吾斋诗赋集》卷九，《清代诗文集汇编》第 347 册，上海：上海古籍出版社 2010 年版，第 440 页。

有安昌期丹灶）。我欲骑鲸攀若木，偏悬五色十洲间。①

此诗前面写景，描摹了气势磅礴、海天一色的壮丽景色，后面诗人的思绪则飘向远处，幻想自己骑着大鱼，攀着神木，在美丽的仙境里驰骋遨游。由景入情，仿佛自己也成了景物的一部分，写景状物更为动人，令人心生神往。

宦游期间的窦光鼐摆脱了京师的束缚，加之周围环境的感染，其真实的自我得到释放，诗歌创作灵动而鲜活，呈现出回归自我的性情诗者的面貌。此时，诗人的诗笔更为自然而隽永，然而因其特殊的身份，这种状态无法始终保持，只能在远行期间适时显露。

（三）温情的"梦呓"：宦海沉浮的游子情结

为了实现自己的抱负，窦光鼐走出诸城，离开了生之育之的父母之邦，他的离家是一种无奈的选择。虽然受着时空的阻隔，但是对故园亲人的深情一直埋在他的心中，在压抑的环境中给他带来脉脉温情，这种游子情结伴随着他一生，是其精神世界中的一个支柱。从其诗歌创作中可以发现，对故乡、对亲人的念想与追思是其生命存在中极为重要的一部分，他用诗歌营造了一个感情世界，并以之与故乡对话、与家人对话。

首先，故园始终是窦光鼐生命里的牵挂，留有诗人许多的足迹和回忆。他曾写过《五莲山杂咏十二首》②，留下了许多歌咏故乡山川的诗句，如"五朵东南第一峰，沧波日夜浸芙蓉"（《望海峰》），"竞秀群峰出天表，独推静者得中尊"（《大悲峰》），"闻道黄河天上落，也分涓滴到莲山"（《织女洞》），"不知易象春秋外，白马何缘别劝灵"（《拜经台》），"玉井千年青不谢，还分一瓣拓天东"（《五莲峰》），"不道清晖容挂得，任他今古自升沉"（《挂月峰》）等等，字里行间都流露出对故乡风貌的深深热爱。有关故乡的人、事、物都深深镌刻在窦光鼐的心中，对故乡的留恋和深情使其不忍离开家乡，一次分别已属艰难，而短暂回归故乡后的又一次离别则更为悲恸：

久客旷田里，归来朋旧寡。艰难营窀穸，血泪洒原野。菽水奉严亲，宗族恋乡舍。茅庐敝无完，将雏苏台下。晨炊迟远雁，夜栖寄邻瓦。同怀各谋食，岁时返莫莫。亲串结新欢，殷勤通借假。问字来诸生，颇亦富文雅。感此亦经年，欲别未忍舍。时菊耀离筵，芳樽渌盈把。日暮出郭门，揽辔谢送者。野昏初星暗，沙白寒滩泻。征夫怀

---

① 窦光鼐：《省吾斋诗赋集》卷八，《清代诗文集汇编》第 347 册，上海：上海古籍出版社 2010 年版，第 422 页。
② 窦光鼐：《省吾斋诗赋集》卷九，《清代诗文集汇编》第 347 册，上海：上海古籍出版社 2010 年版，第 438 页。此处所举诗句皆在组诗《五莲山杂咏十二首》之中，因而下面六句诗不再单独出注。

远路，北风嘶斑马。(《留别邑中亲友》)①

此诗写于窦光鼐宦海多年后回到家乡，然后再次离别之时。回到家乡后，他看到的是一幅"艰难营窀岁，血泪洒原野""茅庐敞无完"的景象，这种景象深深刺痛了诗人的心。虽然"感此亦经年，欲别未忍舍"，但是无奈"征夫怀远路"，诗人唯有在日暮下与送别的亲友分离，伴随着嘶鸣的风声北上任职。少年离家、多年未归的经历以及一次又一次无奈的分别在窦光鼐心中烙下了深深的游子情怀，对家乡的浓烈情感伴随了其宦海沉浮的一生。

其次，对亲人的深厚情谊也在其感情世界中占据重要地位，其中，尤以其弟西堂最为突出。在窦光鼐留下的诗歌中，有许多是直接与西堂相关的，如《暮春登陶然亭忆西堂弟》《九月六日晚抵西堂书馆率成绝句》《晨起赏菊西堂欲移植予南城寓所赋诗却之》《同西堂遊五莲山从弟光彤适至同登作歌一首》《次西堂弟雨后有怀韵》《抵清远峡怀西堂弟》等等，从窦光鼐诗作中有如此之多有关西堂的内容便可以想见其与西堂感情之深厚，二人拥有着许多共同的经历和回忆，如他们曾经共同在重阳前一天赴琅琊台，共同畅游五莲山，感叹"人生梦觉成今古，世间忧乐惟须臾"(《同西堂遊五莲山从弟光彤适至同登作歌一首》)②，又共同在琅琊台观日出，分享"秦东之门天地空，海峤夜阑星柳中。坐待霜晓望旭日，岂谓蜃市浮鲛宫"(《九日同西堂登琅琊台观日出得见海市次东坡先生登州海市元韵》)③ 的经历。在点点滴滴中积累起了融于骨血的深厚情谊，以至于在西堂去世后的当年除夕忆起西堂而悲痛难忍：

守岁炉存火，登盘味只辛。即辞今夕腊，无那故园春。盥荐添亡弟，音书滞老亲。强欢裁吉语，掩泪已霑巾。(《乙酉除夕》)④

除夕本是一个合家欢聚、团圆的日子，但是这一年由于西堂的离开让诗人悲痛万分，说吉语时也只是强颜欢笑，心中的悲痛忍不住而满满溢出来。另有《送西堂柩归故里三首》和《哭亡弟西堂十首（乙酉年作）》，表达了对西堂的深深怀恋及伤痛难忍之情，读来感人

---

① 窦光鼐：《省吾斋诗赋集》卷九，《清代诗文集汇编》第347册，上海：上海古籍出版社2010年版，第440页。

② 窦光鼐：《省吾斋诗赋集》卷九，《清代诗文集汇编》第347册，上海：上海古籍出版社2010年版，第437页。

③ 窦光鼐：《省吾斋诗赋集》卷九，《清代诗文集汇编》第347册，上海：上海古籍出版社2010年版，第437页

④ 窦光鼐：《省吾斋诗赋集》卷十二，《清代诗文集汇编》第347册，上海：上海古籍出版社2010年版，第456页。

肺腑。

另外，窦光鼐与其妻子、儿子也有许多诗歌对话，有《哭亡室张夫人十首》《十月十六日葬张夫人两首》《得汝翼书》等等，也为窦光鼐的感情世界添了许多温情。

有关故园的所有人、事、物的记忆构成了窦光鼐心中的一个充满温情的梦，久久不能忘怀，并为窦光鼐提供了一个化解焦虑和痛苦的寄托。在其宦海沉浮的一生中，为其面对现实世界的困苦提供了精神支撑和心灵净土。这份游子情结的长期存在也为窦光鼐的诗歌作品注入了柔情与温度。

三、窦光鼐生存状态的矛盾根源及自我选择

窦光鼐生存状态的矛盾表现为身份的相悖和自我的徘徊，其身上同时承载了两种身份，御用文官和个体诗人，而这二者在现实中常常产生冲突，这种冲突使得其真实的诗性自我不能随意显露。究其原因，诗人窦光鼐生存状态的矛盾根源在于其特殊的性格。在官场中的窦光鼐一直是一位端人正士，《（道光）诸城县续志》载："久宦京朝，至饔飧不给，其清节尤为世所重云。"[1] 秦瀛《都察院左都御史窦公墓志铭》评价其"立朝五十年，揭揭然柴立，无所顾慕，刚直不能容人，人多咀而忌之者，惟以诚悃，荷圣主知"[2]。点出了其性格特点是耿介正直而不能容人，是非分明。这种性格容易招来他人的忌恨，然而"誉随谤生，荣辱参半，是耿狷勇义者足可庆幸的偶然"[3]，他的诚悃刚直虽被人"咀而忌之"，却一直是深受乾隆帝赏识的品格。一次，乾隆帝深夜召窦光鼐进宫问字：

> （光鼐）趋至御桌前，双膝跪倒，口称："万岁，夜间宣臣，有何要事？"上徐云："非有事，朕有一字不识，左为竖心，右为'安'字，应读何音，作何解？"窦奏云："去竖心，添'革'字，音安，为马鞍之鞍。去竖心，添才手，音暗，为按摩之按，按察之按。《史记·平原君传》：毛遂按剑而前，亦即此字也。又阿葛切，通遏，止也。《诗·大雅·皇矣》：'以按徂旅'。去竖心，添'木'字，乃'案'之或体，与'木'字在下同，为几案之案，问案之案。又叶伊甸切，音宴，欧阳修读书诗：'初与两军交，乘胜方酣战。至哉天下乐，终日在书案'，因'战'在去声'霰'韵，'案'在去声'翰'韵，故须从'战'字，读'宴'音也。《后汉书·梁鸿传》：孟光'举案齐眉'，此'案'则为有脚之托盘，故可'举'也。至于圣上下问之字，臣读书甚少，曾

---

① ［清］刘光斗撰：《（道光）诸城县续志》列传第一，《中国地方志集成》，南京：凤凰出版社 2006 年版，第 395 页。

② ［清］秦瀛：《小砚山人集》文集卷五，清嘉庆刻增修本。

③ 罗时进：《典范型人格建构与地方性知识书写——论清代全祖望的诗学品质和文本特点》，《文学评论》2014 年第 5 期，第 219 页。

未之见。"上笑云："此朕心中所拟之字，未知果有此字否？故召卿问之。"既又曰："宰相需用读书人，如卿之学，真不减宋之窦仪矣！"①

乾隆帝以心中所想之字询问窦光鼐，而窦光鼐徐徐分析，然后诚实告知自己并不知此字，从他的回答中可充分见出窦光鼐不仅是一位有学问的文人，更是一位诚实的文人。由此经历，乾隆帝更深知他的诚悃，并且信任于他。

正因为窦光鼐大公无私、诚悃刚直的品格取得了乾隆帝的信任，使其在仕途上多次受到提拔和重用，成就了他立朝五十年的宦海之路。从这一点上说，窦光鼐的性格特点带来乾隆的信任，从而为其政治道路开辟了一条坦途，而带来的结果便是其御用文官的政治身份更加牢固而明显了。

另一方面，"文学为作家心灵的写照，而作家自身的性格与人生经历，是规定其心灵图景性质最主要的两方面因素"②。窦光鼐诚悃而刚直不容人的性格特点反映在其文学创作上便是不违背自己的内心，张维屏《国朝诗人征略》载："公生平不讲学，而严析义利，要之以毋自欺。"③ 这种"毋自欺"反映在诗歌创作上便是强调真性情而不伪饰。他认为："诗之为道，渊源三百篇……是故作诗者，必其性情既厚。植之以骨干，傅之以采色，谐之以律吕，舍是以言诗，非诗也。"④ 在他看来作诗要有文采、有和谐的格律，更重要的是要有骨干，而骨干则是要表现真性情。从这一点上说，窦光鼐强调诚，强调真，这种性格愈发加强了其内心抒写真情真诗的渴望。以窦光鼐性格为支点形成两个发展方向：一是不能自由表现真实自我的御用文官身份进一步加强，愈发压抑和束缚；一是作为诗人其内心始终保持对真诗真性情的追求。越受圣主知遇，其性格特点所带来的身份上的相悖性也就愈发突出，从而形成了其在生存状态上的矛盾和困境，这其实也是一种难以消解的自我矛盾。

面对这种矛盾和困境，窦光鼐始终没有妥协，"后二十年，先生不常为诗，并不肯出诗示人"⑤。实际上，这便是诗人自己基于矛盾困境做出的选择，不为诗，不示人并不是对困境的妥协，而是对现实环境无声的反抗。当现实环境变得压抑而冲突时，诗人选择了不作诗、不示人来屏蔽外界干扰，表现出诗人对真实自我、真性情的坚持，显示出"不要性情

---

① 政协山东省诸城县委员会文史资料研究委员会：《诸城文史资料第10辑》，1988年12月，第177—178页。

注：此段文字当有更为原始的出处，据笔者查阅，出自清人马春溪（1854—1940，字柳泉）的《西园文集》第四篇，但由于笔者目前未能查阅到《西园文集》原文，所以暂以《诸城文史资料》为出处。

② 路海洋：《社会地域家族：清代常州古文与骈文研究》，南京：凤凰出版社2014年版，第143页。

③〔清〕张维屏《国朝诗人征略》卷三十一，清道光十年刻本。

④〔清〕秦瀛：《小砚山人集》文集卷三，清嘉庆刻增修本。

⑤〔清〕秦瀛：《小砚山人集》文集卷三，清嘉庆刻增修本。

便不作诗"的创作态度。

就窦光鼐的整个生存状态而言，其身上的两种身份并不是完全平等的，政治人格始终占据主导地位，而诗人身份则处于弱势地位，因而，当出现压抑的矛盾、困境时，隐藏起诗人特质似乎是一种必然的选择，也是一种无奈的选择。而窦光鼐的诗歌创作正是其生存状态的写照。

参考文献：

［1］［清］刘光斗撰．（道光）诸城县续志［M］//中国地方志集成，南京：凤凰出版社，2006.

［2］［清］李元度．国朝先正事略［M］．易孟醇点校．长沙：岳麓书社，1991.

［3］［清］秦瀛．小砚山人集［M］，清嘉庆刻增修本.

［4］［清］陈康祺．郎潜纪闻［M］，清光绪刻本.

［5］［清］窦光鼐．省吾斋诗赋集［M］//清代诗文集汇编（347 册），上海：上海古籍出版社，2010.

［6］杨伯峻．论语译注［M］．北京：中华书局，1980.

［7］周蓉．科场蹭蹬与尖峭讥讽［J］．西北师大学报：社会科学版，2008（6）：14—18.

［8］罗时进．典范型人格建构与地方性知识书写——论清代全祖望的诗学品质和文本特点［J］．文学评论，2014（5）：214—221.

［9］政协山东省诸城县委员会文史资料研究委员会．诸城文史资料第 10 辑［M］，1988.

［10］路海洋．社会地域家族：清代常州古文与骈文研究［M］，南京：凤凰出版社，2014.

［11］刘士林．江南文化的诗性阐释［M］．上海：上海音乐学院出版社，2008.

［12］［清］王昶．湖海诗传［M］．清嘉庆刻本.

［13］［清］张维屏．国朝诗人征略［M］．清道光十年刻本.

［14］［民］赵尔巽．清史稿［M］．北京：中华书局，1977.

［15］［民］徐世昌．晚晴簃诗汇［M］．民国退耕堂刻本.

［16］王钟翰点校．清史列传［M］．北京：中华书局，1987.

窦光鼐三历浙江学政的历史考察

赵红卫

潍坊学院文学与新闻传播学院

摘　要：窦光鼐曾三任浙江学政，前后任职时间近十一年，窦光鼐屡次被委任浙江学政的一个重要原因是他的品格学识契合了帝王统治的需要；窦光鼐在浙江学政任上拔识人才，教泽深长；因清代学政密奏制度的契机，他参与审理浙江钱粮亏空贪渎案，坚守直言敢谏、清正廉洁的官风，澄明吏治；在浙江学政任上更把经世致用、讲求实学的思想行之教化，付之行动，其在浙江学政一任的文化足迹足以长留青史。

关键词：窦光鼐；浙江学政；历史考察

清代名宦窦光鼐，字元调，号东皋，山东省诸城人，曾三次任职浙江学政。乾隆二十一年（1756）五月，窦光鼐 37 岁，首任浙江学政；乾隆二十四年（1759）九月，任满回京，历三年零四个月。乾隆四十七年（1782）五月以宗人府府丞任浙江学政，时年 63 岁；乾隆五十一年（1786）七月，因平阳知县黄梅一案被革职，历四年两个月。乾隆五十四年（1789）六月，迁礼部右侍郎，任浙江乡试正考官，八月简放浙江学政，时年 70 岁；乾隆五十七年（1792）八月晋升都察院左都御史，历三年两个月。共在浙任职近十一年。窦光鼐何以会屡屡视学浙江？他是一位怎样的学政？又为何在学政任上因参与反腐惩贪的政务而被罢职？他在清中叶文坛的领袖地位又在浙江地域产生了怎样的影响？对这些问题的探究，有助于我们深入地了解窦光鼐其人及清中叶的吏治、文坛状况。

一、"屡视浙学，为学臣未有"

窦光鼐三次任浙江学政，在浙任职时间长达十多年，如李调元所言："副宪窦东皋屡视浙学，为学臣未有。"[①] 为何窦光鼐屡次被派往浙江任学政一职？是帝王偶然的任命，还是有其历史的必然原因呢？学政即提督学政的简称，明清时，各省设学政，三年一任，职掌学校政令，按期至所属各府、厅考试童生及生员。因为学政的工作关系到国家人才的选拔，关系到士习民风，因此，清朝廷非常重视学政的选拔和任命，那么清统治者对学政的人员

---

① 李调元：《雨村诗话》卷十三，清九经堂刊十六卷本。

有怎样的要求呢？清《钦定学政全书》中康熙四十一年（1702）御制《训饬士子文》颁行各省各学，言"从来学者先立品行，次及文学、学术、事功"①。乾隆三年（1738）上谕："士人以品行为先，学问以经义为重。故士子自立也，先道德而后文章。国家之取士也，黜浮华而崇实学。"②乾隆五年谕旨言："学者精察而力行之，则蕴之为德行，学皆实学。行之为事业，治皆实功。"③显然对学政人选学问文采的要求是必需的，但与学问相比清统治者似乎更加强调德行。得人之道，在于知人，窦光鼐是精于经学、古文、诗赋的文学家，更是不畏强权的廉吏，他的品行与学问显然得到了乾隆帝的认可与赏识，德才兼备也正是窦光鼐屡次被选任浙江学政的根本原因。

在窦光鼐的仕宦经历中，多次被乾隆帝评断为"迂拙""拘钝""固执""执迷""偏执"等，窦光鼐也因此多次遭遇贬谪，但与这一性格特点相伴随的则是直言敢谏、忠贞不贰的品行特质。窦光鼐生于人文厚重、山川灵秀的山东诸城，诸城"列岫参差，川流萦纡……道德、勋名、节义、文章之彦，与夫英媛、贞女之贤，甲于东国矣"④。明清时期诸城窦氏家族多忠正耿直之士，五世祖窦昂"性刚毅不妄交游，人有过辄面正之……持身严正"。六世祖窦钦，"万历三年授武陟知县，廉谨多惠政，厘奸别蠹无所假"。窦惟经"性笃实，无所苟，尝设帐县署，县人无敢以私相托者"⑤。窦光鼐的弟弟窦光钺"守澄迈，人呼为'青天'。补乐昌，又呼为'赛包老'云"。儿子窦汝翼"授宗人府主事，以清勤称"。窦氏家族这种正直的家风得以代代传承，成为窦氏家族教育的优良传统。窦光鼐的耿直品格与家族教育门风密切相关，进入仕途后有人传言说他持论好异，父亲窦诜听了，立刻亲笔写信，严加训诫，并"寄家训一卷以为警，其明年府郡至都见不孝所为文字，喜曰，所见近正矣"⑥。这一个"正"字，是窦光鼐家族的品格特征，更是家族代表人物窦光鼐的突出的品格表现。窦光鼐的性情品格和他的先祖一脉相承，也可谓是源源有自，与其精湛的学问相比，其"清节尤为世所重"⑦。这种正而直的品格特征是其备受帝王青睐选任浙江学政重要原因，窦光鼐首任浙江学政时，有临海县训导章知邺诬告窦光鼐徇私不准其进献诗册，乾

---

① 素尔讷等纂修，霍有明，郭海文校注：《钦定学政全书校注》卷二《学校规条》，武汉大学出版社2009年版，第8页。

② 素尔讷等纂修，霍有明，郭海文校注：《钦定学政全书校注》卷六《厘正文体》，武汉大学出版社2009年版，第27页。

③ 素尔讷等纂修，霍有明，郭海文校注：《钦定学政全书校注》卷五《崇尚实学》，武汉大学出版社2009年版，第24页。

④ 刘光斗修，朱学海纂：《道光诸城县续志》志十三，列传第一，道光十四年（1834）刻本。

⑤ 参考宫懋让修，李文藻纂：《乾隆诸城县志》志三十，列传二窦昂、窦钦、窦惟经列传，清乾隆二十九年（1764）刻本。

⑥ 窦光鼐：《先府君行状》，《窦氏族谱》，民国二十三年（1934）印本。

⑦ 刘光斗修，朱学海纂：《道光诸城县续志》志十三，列传第一，道光十四年（1834）刻本。

隆帝亲自审理，查明实为章知邺诗词鄙俚却又行诬告陷害之实的真相。第二次出任浙江学政，乾隆帝特令窦光鼐"超越"学政职权范围，上奏浙江钱粮亏空、官吏贪渎情状，无不是基于乾隆帝对窦光鼐耿直品性的首肯与信任。窦光鼐的父亲窦诜闻其事，也"泫然流涕曰，主上知汝深矣"①。

清统治者需要的学政人选品行为先，学问自然也是不能忽视的，窦光鼐学问精赡，"以文受知"②。进入仕途之初，乾隆十三年戊辰（1748）大考，时任编修的窦光鼐名列四等，原本，这类考试"至四等则无不降斥"③，然而因乾隆夙知窦光鼐的学问深厚，不仅没有降他的职，反而特迁为右中允，被清人视为"异典也"④。窦光鼐深为乾隆帝的知遇之恩所感，赋《馆试列四等蒙恩》诗立志："文章终报国，宠辱岂关身。"⑤又尝言："余本山左孤寒，赋性迂拘，幸际昌期蒙皇上格外优容体恤，超越寻常，午夜自思，惟有不欺心，存天理，矢心冰洁以仰报天恩裁培曲成之至意。"⑥窦光鼐也确实做到了这一点，他自以诗文受知于乾隆帝，"凡六任典试，四任学政，一任总裁，其历掌文衡，前后朝士无出其右者"⑦。清代浙江一带人文荟萃，如乾隆间浙江乡考官吴玉纶撰《浙江乡试录序》所言："浙江发源于歙，出新安江衢之水，自玉山来，与金华之水汇桐江归于海，海潮由鳖子门入龛赭，束之乃越定山，经渔浦至富春江而平，盖灵光郁积，士子诵读其中，得乾坤之清气者多也，天下之水莫奇于浙，天下之文莫盛于浙，固其宜也。"⑧学政所担任的文化教育一事，如涓涓细流，汇于大壑，日积月累，始能深厚。窦光鼐在清代经济文化重地浙江任学政十余载，"所取皆知名士，每试牍出学者奉之如泰山北斗，工擘窠书，望而知为端人正士"⑨。所产生的文化文学影响，深远绵长，乾隆帝对这位才德兼备学政的任用，亦可谓知人善任。

二、"怜才心事无双，教泽深长留学校"

学政的主要职责就是主持各府州县的科考，选拔生童，甄别优劣，考核各府州县的学官等，我们不妨通过窦光鼐在浙江学政任上所上奏折，来看其按临各府县考试之频繁，公务之勤谨。浙江学政窦光鼐乾隆四十九年（1784）七月初七日奏《为报宁波等地生童岁试情形事奏折》："窃臣于五月中旬宁波府岁试事竣，即按试绍兴府，至六月下旬回署。今现

① 窦光鼐：《先府君行状》，《窦氏族谱》，民国二十三年（1934）印本。
② 王培荀辑：《乡园忆旧录》卷二，清道光二十五年（1845）刻本。
③ 陈康祺撰：《郎潜纪闻》卷二，清光绪刻本。
④ 同上。
⑤ 窦光鼐：《省吾斋诗赋集》卷九《馆试列四等蒙恩》，诸城刘洪金藏清嘉庆六年（1801）家刻本。
⑥ 窦汝翀等：《东皋府君行述》，《窦氏族谱》，民国二十三年（1934）印本。
⑦ 吴仰贤辑：《小匏庵诗话》卷四，清光绪刻本。
⑧ 吴玉纶：《香亭文稿》卷二，清乾隆六十年（1795）滋德堂刻本。
⑨ 龚嘉儁修，李榕纂：《民国杭州府志》卷一百二十一，民国十一年（1922）铅印本。

试杭州府。"乾隆四十九年（1784）十一月二十二日奏《为报杭州等地生童岁试情形事奏折》："自七月初六日考试杭州府至八月十二日试竣，遂于八月二十一日按试湖州、嘉兴二府，至十月二十五日回署，复于十一月初二日按试严州府，现今试竣，即赴衢州府考试。"乾隆五十年四月初六日奏《为报衢州等地生童岁试情形事奏折》："窃臣于去岁十二月二十六日衢州试毕回署，本年正月二十七日按试金华、处州二府，现试温州府。"乾隆五十年十一月二十九日奏《为报宁波等地生童科试情形事奏折》："复于七月后科试宁波、绍兴、严州、衢州、金华五府。兹于十一月二十八日回署，科试杭州。"乾隆五十一年四月初四日奏《为报台州生童科试情形事奏折》："窃臣今年杭州府科试事竣，即按试台州府，现在试温州府，事竣即赴处州府考试。"① 从这一组奏折可以看出窦光鼐在浙江学政任上按临浙江各府州县的生员考试，日程紧凑，几乎没有休息间隙。

清统治者为甄选优秀人才进入庙堂，特别重视学政的任用，规定"学使者之职，所以考德行，讲文艺，广教化，美风俗也……特重其制，不责以民事而专命以教士"②，学政到任，只需专心处理好教育科考的工作，其他民事事务概不负责，学政每三年一任，三年任满，可以把生员中人品端方，学问优异的举荐给朝廷，一般大省荐举四五人，小省二三人，由皇帝亲自考试，酌情任用。为什么这些由学政举荐的生员，可以得到如此优厚的待遇呢？因为"学政巡历各府三年之久，日与士子相亲，考文察行，不得谓不知，但能虚公衡鉴，所举必得其人"③。与一般朝廷任命只负责某一年度科考的主考官不同，学政到任后要按临各府州县，亲自讲学，常与士子相见，并批改生员的试卷，能够了解生员的学问品行。窦光鼐为生童讲学，"口讲指画，不啻师之于门弟子，故公之教泽于浙为最深且久，浙之士亦至今思之不能忘"④。其考试童生，对于诗卷则"参较短长，酌量取录，每为详批利病，以便学习发落时复为讲说书理，传宣圣训"⑤。这与一般考官只能通过糊名的匿名试卷来判定生员优劣相比，学政对生员的熟知和评判则要可信许多。窦光鼐的儿子窦汝翼提及其父在浙江学政任上，窦光鼐"每阅卷时必逐一别其利病，故士子所学之浅深，皆得而知之"⑥。其对于"诸生之优劣，童生之去取，必亲手批示得失，每届发案之期，日以继夜，灯烛达旦，时作对语示不孝等曰：'文章千古求其是，夙夜一心惟不欺。余不负此言也。'"⑦ 所以

① 中国第一历史档案馆：《乾隆中晚期科举考试史料（上）》，《历史档案》2002年第3期。
② 陈用光：《太乙舟文集》卷四《浙江学使院题名记》，清道光二十三年（1843）刻本。
③ 素尔讷等纂修，霍有明，郭海文校注：《钦定学政全书校注》卷二十七《举报优劣》，武汉大学出版社2009年版，第102页。
④ 秦瀛：《小岘山人集》文集卷四《诸城窦公祠堂记》，清嘉庆刻增修本。
⑤ 中国第一历史档案馆：《乾隆中晚期科举考试史料（上）》《浙江学政窦光鼐为报杭州等地生童岁试情形事奏折》，乾隆四十九年十一月二十二日奏，《历史档案》2002年第3期。
⑥ 窦光鼐：《省吾斋古文集》卷八《乾隆己酉恩科浙江乡试录序》，清刻本。
⑦ 窦汝翀等：《东皋府君行述》，《窦氏族谱》，民国二十三年（1934）印本。

学政一职对于士习文风起着至关紧要的作用，学政赏识何种文风，倡导何样学风，对读书的士子来说，都如风向标一般起着引导作用。其"风声所树，凡读书士子，必皆鼓舞振兴，力学敦行，求为有用之儒，于士习人才大有裨益"①。对于读书的士子来说，高中科举进入仕途是其孜孜以求的人生道路，而各地的学政主要任务就是提拔鉴别生童之优劣，为更高级别的科考举荐人才，因此，如果学政"果能以清真雅正为宗，一切好尚奇诡之徒，无从幸售，文章自归醇正"②。窦光鼐在浙江学政任上，务"以端士习为先，以正文风为务"③，每一场科场考试，各棚考试场号，窦光鼐无不亲身巡查，"不假手员役一人，夹带文稿，量加惩儆，生童俱各畏惧守法"④。在窦光鼐治下，浙江士习文风更呈盛境。窦光鼐前后三任浙江学政，共达近 11 年之久，识拔生员人数众多，发现和培养了大量人才。

门生秦瀛提及其师窦光鼐在浙江识拔人才之功绩说："前后凡三视浙江学政，其初视浙学在丁丑戊寅间，迄今已四十年，所当时经公识拔者，今或为名公卿，位相埒，次亦历官中外，多著闻于时。其后再三至，造就益众。"⑤ 窦光鼐以其精湛的学问，廉直的品格，提拔教授了许多品学兼优的浙江士子，成为士子们学识人品得到认可的一个文化符号般的标识，受知于窦光鼐的许多学子后来成为名宦、诗人、文学家、学者、藏书家等等，在清中叶清代浙籍人物传记中常常可以看到传主受窦光鼐赏拔擢识的记载，这也是窦光鼐任职浙江学政的最大业绩之一。窦光鼐赏拔士子卓异者众多，诸如会稽莫晋，字锡三，一字裴舟，号宝斋，清乾隆六十年进士第二名，官至内阁学士，莫晋为生童时，窦光鼐正督学浙江，对莫晋很是赏识，莫晋"自为诸生及举乡会试，皆出东皋先生门，故生平瓣香，敬属诸城，学术风节，雅亦相类"⑥。不仅学业优异，而且风节与窦光鼐的清正廉直也一脉相承，为清代名宦，深受嘉庆皇帝宠信。温州瑞安人孙希旦，字绍周，号敬轩，乾隆四十三年（1778）中一甲探花，授翰林院编修，参与编纂《四库全书》。窦光鼐为浙江学政期间，极为赏识孙希旦的才华，窦光鼐身为严师，得到他的称许也非易事，但孙希旦则被窦光鼐誉称"当为古作者"⑦，且此时孙希旦"年甫及冠"，只是个二十岁出头的年轻人。《瓯海轶闻》"敬轩太史见知于窦阁学条"记载了窦光鼐与孙希旦的师生相得，"丁丑（1757）、戊寅（1758）

① 素尔讷等纂修，霍有明，郭海文校注：《钦定学政全书校注》卷二十七《举报优劣》，武汉大学出版社 2009 年版，第 102 页。

② 素尔讷等纂修，霍有明，郭海文校注：《钦定学政全书校注》卷六《厘正文体》，武汉大学出版社 2009 年版，第 30 页。

③ 窦汝翀等：《东皋府君行述》，《窦氏族谱》，民国二十三年（1934）印本。

④ 中国第一历史档案馆：《乾隆中晚期科举考试史料（上）》，《历史档案》2002 年第 3 期。

⑤ 秦瀛：《小岘山人集》文集卷四《诸城窦公祠堂记》，清嘉庆刻增本。

⑥ 张穆：《故内阁学士前仓场侍郎会稽莫公事略》，闵尔昌《碑传集补》卷三，民国十二年（1923）刊。

⑦ 孙衣言：《孙学斋文钞·敬轩先生行状》，清同治刻增修本。

间，文宗窦东皋先生视学两浙。先生以学术文章为海内宗匠，独契府君。然府君方弱冠耳，先生即以古作者相期许。至其论学微指，有他人所不得闻者，恒为府君言之，昕夕不倦。由是府君志行日益上，学业日益就"；仁和人孙同元，字雨人"受知学使窦光鼐、巡抚阮元，建诂经精舍于西湖，校辑经籍篡诂、金石志、𬨎轩录诸书"①。邱永，字星河，为诸生，文名藉甚，为学使窦光鼐所"激赏"②；陆潮，字秋江，为学使窦光鼐所"器赏"③；绍兴章炳然"为窦东皋学使所识拔，补博士弟子员"④；德清徐天骥，字德士，"己卯科试冠邑士，以诗文受知于诸城窦东皋先生"⑤；乐清翁效曾，字大成，"弱冠食饩，郡名士率推服之。山左窦东皋为海内儒宗，督学试温，得其卷，托为奇才，拔冠一黉"⑥；清阮元辑浙江地方诗歌总集《两浙𬨎轩录》⑦，其中嘉兴李旦华，缙云程文淦，会稽章太和、杨㮾皆曾受知于窦东皋，为其所识拔；上虞罗际隆，窦光鼐"遇以国士"⑧；石门吴宗元，"受知于窦东皋"⑨，名称籍然；嘉兴周汝珍，窦东皋乾隆四十九年（1784）甲辰试嘉兴府学，"奇之，冠其曹"⑩；归安诸生杨知新，字元鼎，一字拙园，"有凤好斋诗钞文钞。先后受知于王文端公，朱文正公暨窦东皋……诸先生"⑪；秀水陈徵馀，字畹兰，"甲辰选授严州府遂安县教谕，以实学敦行训士，士皆志节自砺，都宪窦东皋先生，时为学使者，深器之"⑫；钱塘汪立本，字其渊，号蔗田，"年二十三为诸生，学使者东皋窦先生制艺名海内，阅君文叹赏拔高等，补廪膳生……四十六年试礼部，遇大挑以知县分发山东屡摄定陶、淄川、清平县事，各有名绩"⑬；海宁太学生李薪圃"负盛名于乡……为名诸生，先后受知赏于文襄公钱茶山、窦东皋两前辈"⑭；常州诗人刘嗣绾"平生以文字受知诸公，如东皋窦先

① 龚嘉儁修，李楁纂：《民国杭州府志》卷一百三十八，民国十一年（1922）铅印本。
② 龚嘉儁修，李楁纂：《民国杭州府志》卷一百四十六，民国十一年（1922）铅印本。
③ 同上。
④ 绍兴县修志委员会：《绍兴县志资料》第一辑《人物列传第二编》，台湾成文出版社1983年版，第2835页。
⑤ 吴翯皋：《民国德清县新志》卷七《徐天骥传》，民国二十一年（1932）铅印本。
⑥ 鲍作雨，张振夔总修，陈纬校注：《道光乐清县志·补文苑传》，线装书局2009年版，第1178页。
⑦ 阮元辑：《两浙𬨎轩录》，清嘉庆刻本。
⑧ 吴省钦：《白华后稿》卷二十《例赠文林郎廪膳生罗君墓表》，清嘉庆十五年（1810）刻本。
⑨ 戴殿泗：《风希堂诗集·明经吴君传》，清道光八年（1828）九灵山房刻本。
⑩ 张廷济：《桂馨堂集·竹里耆旧诗·附廷济譔先生传》，清道光刻本。
⑪ 张维屏辑：《国朝诗人征略二编》卷五十六，清道光二十二年（1842）刻本。
⑫ 张雲璈：《简松草堂诗文集》文集卷三《遂安教谕陈君香圃暨弟太学生远屏合传》，清道光刻三影阁丛书本。
⑬ 许宗彦：《鉴止水斋集·山东馆陶县知县汪君墓志铭》，清嘉庆二十四年（1819）德清许氏家刻本。
⑭ 周广业：《蓬庐文钞》卷三序《太学生李薪圃先生六十寿序》，民国二十九年（1940）铅印本。

生……"① 受知于窦光鼐，得其拔识的士子遍及浙江各府州县，他的学问品行影响着两浙士习文风，成为清中叶两浙地域文化风标似的存在。

窦光鼐在浙江一任，识拔才俊，精心化育，教泽长留，深受门生爱戴。与他最相契厚的门生秦瀛，在窦光鼐去世后，与江苏巡抚费淳一起筹划把窦光鼐的长生祠位由西湖崇文书院移至杭州南屏山阳的净居庵，葺屋三楹，立祠祭祀，费淳也是窦光鼐首任浙江学政时识拔的博士弟子，"与于祭者山东运河兵备道沈君启震、刑部主事张君时风、吏部员外郎张君培、监察御史潘君庭筠，编修陈君琪，候补道许君擎，皆公前后所得士"②。清代浙江桐乡县人陆以湉《冷庐杂识》记："西湖长生祠极多，楹联佳者，莫宝斋侍郎题诸城窦东皋总宪光鼐长生位云：'怜才心事无双，教泽深长留学校。知己生平第一，师恩高厚并君亲。'"③ 莫宝斋侍郎，即窦光鼐在浙江学政任上所收门生莫晋，宝斋为其号，这一对联之所以能够在众多悼念楹联中脱颖而出，感动人心，正因其中蕴含着真挚深厚的师生情宜。

三、"越职"学政一代直臣

清中叶官场，已是弊端重重，许多官员遵行不求有功，但求无过的明哲保身原则，而窦光鼐却始终在仕途中保持着直言敢谏，执着坚守的品行。窦光鼐在浙江虽任职学政，但如他的门生秦瀛所言"世之人仅以文章称公，未为知公者也"④。清正廉直是窦光鼐仕宦的突出风格，在官场不结党营私，亦不姑息养奸，即便是自己的门生也不例外，曾有一名乡试出自窦光鼐门下的官员浙江巡抚王亶望，为官贪腐成性，窦光鼐曾以言规劝，但王亶望并无收敛，后欲以金银与窦光鼐相交通，窦光鼐则"挥其金，绝不与通"⑤。窦光鼐在浙江学政上，也以其正气促进了浙江士习官风的优化。他在浙江学政任上对浙江吏治影响最大的事情是其奏报查处浙江各府县亏空贪腐案，如果是其他学政，则或因明哲保身，或因难于坚持，任由朝廷负责此案的官员自行处理，但是窦光鼐执着坚持的性格，果敢正直的品格，却把案情的进展带离了皇帝预想中的既定进程，并最终以学政身份亲自参与案件审理，以惩贪处恶为结局，改善了浙江的吏治风气。

窦光鼐参与浙江亏空案是因一份奏折而起，而且这份奏折的内容并非是他学政一职分内之事，用乾隆的话说就是"此事之始，朕因窦光鼐为该省学政，适该省有亏空之案，因令就所见闻陈奏。此朕明目达聪，兼听并观之意耳"⑥。以学政的身份向皇帝上奏事关官风

① 刘嗣绾：《尚絅堂集》诗集卷三十六，清道光大树园刻本。
② 秦瀛：《小岘山人集》文集卷四《诸城窦公祠堂记》，清嘉庆刻增修本。
③ 陆以湉：《冷庐杂识》卷七，清咸丰六年（1856）刻本。
④ 秦瀛：《小岘山人集》文集卷五，清嘉庆刻增修本。
⑤ 同上。
⑥ 清国史馆辑：《满汉名臣传续集》第五十八卷，黑龙江出版社1991年版，第3471页。

民情的奏折，除了窦光鼐本身的仁民爱物、直言敢谏之心，更重要的是这是清代帝王为强化统治、体察民情而许可的密奏制度。清代统治者为稳固统治，在一定范围内尤其是在其亲信、信任的大臣之中，赋予臣子密奏的权限，学政一职要按临各府州县，接触当地人员范围也广，因此，康乾之际，学政也频频被赋予上奏任职地宦情民风的密奏权限。诸如雍正元年（1723）雍正帝谕四川学政任兰枝①曰："你到那里，凡大小官员的贤否，自督抚至各州县，俱要留心访察，就如设立巡按的意思。若有出色的好官密奏朕知道，如无出色的好官也就罢了。"② 又如雍正帝曾谕令山东学政王希曾曰："尔到山东，不但教士子做几篇文字，须整饬士习，严加约束，总要以实心行实事……所过地方，不但学政事务尔要留心，凡有利弊见闻既确，俱要启奏。"③ 康熙朝这一制度显然仍在延续，学政所上的折子中，除了与学政相关的事务，还常涉及地方风物民情，官场风习等。相对来说大都是关于民情状况的，窦光鼐在浙江学政任上所上折子就多有涉及，如乾隆四十九年（1784）七月初七日《浙江学政窦光鼐为报宁波等地生童岁试情形事奏折》："再，五六月间雨水调匀，禾苗盛茂，民情忭欣，地方宁谧。臣所见闻情形，合并奏闻，伏祈皇上睿鉴。"④ 乾隆四十九年（1784）十一月二十二日《浙江学政窦光鼐为报杭州等地生童岁试情形事奏折》："再，今岁秋收丰稔，统计九分有余，雨水调匀，天气和霁，地方宁谧，民情悦欣。"⑤ 关于密奏制度，皇帝所期待的，不是学政直接参与政务，而主要是了解宦情民风之意，所以乾隆五十一年查浙江钱粮亏空案，因"窦光鼐为该省学政，见闻较切，因令就所闻见，据实陈奏"⑥。"即使所言不实，亦只系风闻之奏，断不以此遽加之罪。"⑦ 然而在这个案子中，乾隆帝却遇上了一个极端认真而勇于任事的学政。窦光鼐根据自己掌握的情况上奏了浙江各府县钱粮亏空、平阳知县黄梅贪赃枉法等情状。乾隆派遣的钦差大臣阿桂、曹文埴及浙江巡抚伊龄阿调查后，却坚称并无其事，并据此弹劾窦光鼐。窦光鼐屡次上疏申辩，也被乾隆帝斥为"执辩不休"⑧。窦光鼐一向被乾隆帝称为"迂""直"的品格这次一如既往地发挥了作用，窦光鼐不屈权贵，亲往平阳查访，并最终把平阳知县黄梅贪腐的实证单据送到了皇帝面前，原本已下旨把窦光鼐押解回京，革职查办的乾隆帝，又重新下旨，令窦光鼐

① 任兰枝，字香谷，江苏溧阳人，康熙五十二年（1713）进士，清朝官吏。

② 中国第一历史档案馆编：《雍正朝汉文朱批奏折汇编》31 册，江苏古籍出版社 1991 年版，第 627 页。

③ 中国第一历史档案馆编：《雍正朝汉文朱批奏折汇编》5 册，江苏古籍出版社 1991 年版，第 758 页。

④ 中国第一历史档案馆：《乾隆中晚期科举考试史料（上）》，《历史档案》，2002 年第 3 期。

⑤ 同上。

⑥ 王先谦：《东华续录》乾隆朝，清光绪十年（1884）刻本。

⑦ 清国史馆辑：《满汉名臣传》续集第五十八卷，黑龙江出版社 1991 年版，第 3471 页。

⑧ 同上。

官复原职，并参与浙江亏空贪腐案的查办。乾隆帝曰："朕于窦光鼐始则憎之，而此时则觉其言之确凿，惟欲将黄梅劣迹彻底查办以正其罪，所谓无固无我，不存成见，前之憎窦光鼐乃憎其所可憎，今之信窦光鼐亦信其所可信也。"[1] 乾隆帝也为窦光鼐的执着公正所感，也算是个能勇于纠误的好皇帝。窦光鼐直言敢谏、为民除害的举动更是给浙江各个阶层留下了深刻影响，"两浙官吏亦咸知儆惕矣"[2]。"浙中人士，无不踊跃感泣。"[3]"浙人之感公者，不独在缙士大夫间，即下至田夫贩竖，亦无不知公名。"[4] 窦光鼐也由此成为两浙士人心目中的铁面学政。嘉兴秀水钮世楷在知道窦光鼐要被押解回京之时，曾写诗《闻窦东皋先生逮问口占》声援窦光鼐，言："也知见睍无多刻，岂有浮云可翳明。圣代自来容戆直，定教豺犴贳余生。"[5] 窦光鼐虽被证实所奏不虚，但他最终还是被解任降级，不久即以四品休致。窦光鼐坚守敢于直谏，清正廉洁的仕宦之风，凡利国利民之事，俱勇往直前，不计私利，诚为一代直臣。

四、"援古文为时文"——讲经世实学的学政

出于对明末空疏学风的反拨，明清之际一度兴起经世致用的学风，学人士子意欲在儒家经典中寻觅到济世良方。而至乾嘉时期，承平日久，对经典的研究解读日益脱离现实，形成盛极一时的考据之风，虽言"实事求是"，但实则却稽古不问今。正是在这样的背景之下，曾一度被视为取士良方的八股文弊端日显，乾隆九年"兵部侍郎舒赫德奏称，科举之制，凭文而取，按格而官，已非良法……今谓时文经义以及表判策论，皆为空言勦袭而无用者，此正不责实之过耳"[6]。乾隆屡次下旨企图扭转日趋空疏无用板滞僵化的八股文风，乾隆谕："场屋制义，屡以清真雅正为训，前命方苞选录四书言语颁行，皆取典重正大，足为时文程式。士子咸当知所崇尚矣。"[7] 又谕"司文衡职课士者，果能实心仰体，力除积习，潜心体用之学，文风日盛，真才日出矣"[8]。如何让时文即八股制义回复生气，使其真正成为国家甄选人才的良法，成为许多文章大家志于改造时文的方向，其中影响最大的改造之法，既是以古文为时文，把古文援引经义，文从字顺的内蕴、技法用之于时文。王葆心在《古文辞通义》中说："陋者援时文以为古文，高者且能援古文为时文，其派自刘海峰

---

① 王先谦：《东华续录》，乾隆朝，清光绪十年（1884）刻本。
② 窦汝翀等：《东皋府君行述》，《窦氏族谱》，民国二十三年（1934）印本。
③ 王昶辑：《湖海诗传》卷16，《续修四库全书》1626册，上海古籍出版社2002年版，第5页。
④ 秦瀛：《小岘山人集》文集卷四《诸城窦公祠堂记》，清嘉庆刻增修本。
⑤ 潘衍桐：《两浙輶轩续录》卷十三，清光绪刻本。
⑥ 素尔讷等纂修，霍有明，郭海文校注：《钦定学政全书校注》卷六《厘正文体》，武汉大学出版社2009年版，第28页。
⑦ 同上。
⑧ 同上。

（大櫆）、吴生甫倡于乾隆中叶，窦东皋应之，陈伯思、姚惜抱赓之。"① 以古文为时文是明代中叶八股文鼎盛时期的风潮，八股文成熟于明成化、弘治年间，鼎盛于正德、嘉靖时期，清代古文大家方苞言："至正嘉作者，始能以古文为时文，融液经史，使题之义蕴隐显曲畅，为明文之极盛。"② 除却引入古文写作技法之外，以古文为时文，最核心的内容既是"融液经史"，在时文中援引经史文义，以发重经世、尚实学之本意。乾隆十四年上谕："圣贤之学，行本也，文末也。而文之中，经术其根柢也，词章其枝叶也。"③ 因为对经术的推崇，乾隆帝在用人上也尤重精于经术文章之士，窦光鼐也因其学问精湛在乾隆朝深受皇帝褒嘉，"与河间纪文达昀、大兴朱文正珪、翁侍郎方纲主持文运三十年，后进望风景附，争自切劘，称极盛焉"④。窦光鼐在清中叶八股文改革中也确实发挥了举足轻重的作用，清代陈用光在《南石先生制义序》中提到："我朝李文贞公之制义以前明化治正嘉之体格倡于国初，而乾隆年间山左则窦东皋先生继之，与东皋先后同时者桐城则刘海峰大櫆、姚姬传先生鼐，长州则彭尺木绍升，新城则吾舅氏山木先生仕骥，而山左则阎怀庭循观、韩理堂梦周皆能探求经旨，传以心得，而体格则一范之以古文辞。"⑤

窦光鼐在浙江学政任上，就以改革时文、摒弃浮华士风为己任，他在《乾隆己酉恩科浙江乡试录序》中说："夫试士以制艺欲其代圣贤立言也，欲言圣贤之言而不志圣贤之志，则所学止于记词章句，揣摩帖括以希弋取科第而已，求其一言之有当于孔孟不可得也。"⑥ 所以其学政使命之一即在于使浙地"一切勦袭浮华之辞扫除力尽，要使士子知务实学"⑦。乾隆五十五年，窦光鼐在浙江学政任上上奏改革文体考课，让士子多习经史古文，以改变八股文体渐靡之风，其言："'近年文体渐靡，皆由肆习讲章，读坊刻时文所致。臣通饬各学，讲求传注，反诸身心，体验圣贤立言之旨，以前辈文为楷式，以易、诗、书、三礼、春秋左传、史记，前后汉书、五代史及昭明文选，唐宋大家古文，汇为月课，分月注册，考课功过。'上嘉之。"⑧ 窦光鼐精通经史典籍，又满怀经世之思，他的八股文写作堪称以古文为时文的典范，我们不妨看他所写的殿试策对中的一段八股制义文："为人君者，正心以正朝廷，正朝廷以正百官，正百官以正万民……长长幼幼，贵者不殊贱者之理，欣欣戚戚，愚者宁异智者之情，一起居而宛乎可接，一呼吸而悠然可通。万形之分类，真有联于

① 王葆心著，熊礼汇标点：《古文辞通义》，武汉大学出版社 2008 年版，第 55 页。
② 方苞：《钦定四书文·凡例》，崇文书局，清光绪二年刻本。
③ 素尔讷等纂修，霍有明，郭海文校注：《钦定学政全书校注》卷五《崇尚实学》，武汉大学出版社 2009 年版，第 24 页。
④ 刘光斗修，朱学海纂：《道光诸城县续志》志十三列传第一，清道光十四年（1834）刻本。
⑤ 陈用光：《太乙舟文集》卷六《南石先生制义序》，清道光二十三年（1843）刻本。
⑥ 窦光鼐：《省吾斋古文集·乾隆己酉恩科浙江乡试录序》，清刻本。
⑦ 同上。
⑧ 清国史馆辑：《满汉名臣传》续集第五十八卷，黑龙江人民出版社 1991 年版，第 3475 页。

一脉之合注者，是故民以君为心，君以民为体，相依不可离。"① 与许多内容枯燥板滞的八股文不同，窦光鼐的时文因为融注了他对儒家经史典籍的理解与古文骈散不拘、质朴自然的写作技法而显得声情并茂，流畅灵动。窦光鼐对时文的改革可谓是理论与实践并行不悖。

在浙江学政任上，窦光鼐又和与他同心同德的同僚幕宾一起推动以古文为时文的改革。乾隆丙子（1756）丁丑（1757）间，窦光鼐首任浙江学政，其时，清代著名学者、地理学家齐召南正为敷文书院山长。齐召南，字次风，号琼台，晚号息园，浙江天台人，"博学无所不通，自天文、律历，以至山川、险阻、要隘，了如指掌。深知古今治乱得失，通习掌故。于经则通汉唐以来诸家之邮，于史则兼源水、紫阳之义法"②。敷文书院，是明清时浙江杭州规模最大、影响最广的才子聚集之所，齐召南学问精湛广博，门生众多，曾创立息园学派，学派中人博治经史、天文、律历，尤精舆地之学，窦光鼐视学浙江，对齐召南的学问识见极为推服，"两先生者时过从，辄作竟日聚，城鑰已上，漏数下，两先生犹谈论未辍云"③。窦光鼐与齐召南二人，一为学政，一为书院山长，均为精通经史的方家，尚经世致用之学，时人称誉为"南齐（召南）北窦（光鼐）麗文誉，乾嘉词翰萃于此"④。他们对士子时文风习的影响可想而知。窦光鼐历任浙江学政，除结交与之志同道合的同僚，又广延幕宾，"所延幕宾皆各省名士，不惜远路厚金以聘之"⑤。在窦光鼐所延幕宾中，于时文改革一道，对窦光鼐襄助最大的莫过于桐城派代表人物刘大櫆，大櫆字才甫，一字耕南，号海峰，窦光鼐乾隆二十一年（1756）五月首任浙江学政，时年 37 岁，这一年，刘大櫆入窦光鼐学政幕，时年六十岁，其时作为桐城派的领袖人物其古文论观已很有影响。窦光鼐与以古文著称的桐城派颇有渊源，桐城派代表人物方苞、刘大櫆、姚鼐是古文大家，同时也都为时文大家。方苞较早倡导以古文为时文，刘大櫆发扬之，而窦光鼐则积极响应，正如王葆心《古文辞通义》中所言："援古文为时文，其派自刘海峰、吴生甫倡于乾隆中叶，窦东皋应之。"⑥ 窦光鼐 "与海峰论文，极为折服"⑦。更在《还过桐城忆耕南》一诗中称："之子文章绝，忘年意气亲。"⑧ 对刘大櫆其文其人均钦佩有加。刘大櫆对窦光鼐的时文也是极为赏识和肯定的，他在《东皋先生时文序》中评窦光鼐时文曰："夫以尧、舜、孔孟之

---

① 窦光鼐：《省吾斋文稿·殿试策对（乾隆壬戌（1742）科）》，清刻本。
② 徐世昌：《清儒学案》第二册卷六十八，人民出版社 2010 年版，第 1769 页。
③ 秦瀛：《小岘山人集》文集卷三《齐次风先生文集序》，清嘉庆刻增修本。
④ 陈锦撰：《补勤诗存》卷二十三捧檄集《题管敬伯司马读雪山房图卷（韫山公遗蹟题咏甚富）》，清光绪三年（1823）橘荫轩刻光绪十年增修本。
⑤ 窦汝翀等《东皋府君行述》，《窦氏族谱》，民国二十三年（1934）印本。
⑥ 王葆心著，熊礼汇标点：《古文辞通义》，武汉大学出版社 2008 年版，第 55 页。
⑦ 李富孙：《鹤徵录》，清嘉庆漾葭老屋精刻本。
⑧ 窦光鼐：《省吾斋诗赋集》卷十一，诸城刘洪金藏清嘉庆六年（1801）家刻本。

道，一身任焉，则其志越大，而力亦从之。文章末技也，于以复古奚难哉？"① 在以古文为时文的改革中二人可谓志同而道合。江苏无锡秦小岘，即是窦光鼐的门生，也曾为窦光鼐浙江学政任中的僚属，在浙江同倡以古文为时文的文风，与窦光鼐不唯有师生之谊，于文章一道亦可谓相得。秦小岘师承阳湖恽敬、武进张惠言，而恽、张二人文风渊雅，专治桐城派古文，故秦小岘之古文观，实与桐城刘大櫆、姚鼐一脉相承。清张廷济所撰浙江竹里生员周汝珍传记中言："乾隆四十九年（1784）甲辰学使东武窦东皋先生试嘉兴府学，发'吾闻其语矣'二句题君，以望见树义，文不过四百余字，机神绵远，有龙门传叙笔法，东武奇之，冠其曹，其时无锡秦小岘侍郎以中书随学幕，同读是作。嘉庆初，侍郎犹为余言之。"② 窦光鼐、秦瀛欣赏周汝珍时文"有龙门传叙笔法"，龙门，是西汉史学家司马迁的别号。龙门传叙笔法既指史传笔法，史传笔法自唐韩柳等人倡古文运动起，即在古文中广泛使用，窦光鼐在浙江学政任上，致力于以古文为时文的革新，欣赏的正是如周汝珍这样践行其道的生员士子。安徽休宁县长丰人吴云也是窦光鼐幕府中助其学政事功的名士。吴云，字润之，号玉松，寄籍江苏吴县（今江苏苏州），清乾癸丑（1793）二甲八名进士，选翰林院庶吉士，历官贵州副考官、顺天同考官、江西副考官、河南彰德府知府等职，吴云生平为人"惟务实不务名"③。其为生员时，就文名斐然，"一时督学如朱文正公、窦东皋先生、褚筠心学士、邵湘芷给谏先后延致幕中，公老于文律，澡雪审谛，划伪存真，衡鉴必当，诸公督学有声，公实赞之"④。窦光鼐在浙江学政上改革士习文风的努力和显赫政声，也确实离不开这些与他志同道合的同僚幕宾的襄助之功。

　　窦光鼐任职浙江十余年，江南柔美清丽的风光也一度感染这位铁面学政，令其流露细腻柔情的一面，其在浙江学政任上所咏诸诗句，如"细柳烟萦盖，初梅雪映衢"⑤"鱼跃能知乐，莺歌解送欢"⑥"到眼黄花嫩，连畦绿意酣"⑦"岸分红藕润，峰入白云多"⑧ 等，展现了窦光鼐沉酣于江南旖旎风光的闲雅情志，但更多的时候，他则保持着"吴戈争距跃，

　　① 刘大櫆著，吴孟复标点：《刘大櫆集》，上海古籍出版社2008年版，第92页。
　　② 张廷济：《桂馨堂集·竹里耆旧诗·附廷济譔先生传》，清道光刻本。
　　③ 王赠芳：《慎其馀斋文集》卷八《诰授中宪大夫掌山东道监察御史河南彰德府知府晋封通议大夫翰林院侍读学士玉松吴公行状》，咸丰四年（1854）留香书屋刻本。
　　④ 同上。
　　⑤ 窦光鼐：《省吾斋诗赋集》卷四《圣驾三巡江浙诗》五言八韵十八章其二，诸城刘洪金藏清嘉庆六年（1801）家刻本。
　　⑥ 窦光鼐：《省吾斋诗赋集》卷四《圣驾三巡江浙诗》五言八韵十八章其七，诸城刘洪金藏清嘉庆六年（1801）家刻本。
　　⑦ 窦光鼐：《省吾斋诗赋集》卷五《圣驾五巡江浙恭纪》五言六韵廿四章有序其十六，诸城刘洪金藏清嘉庆六年（1801）家刻本。
　　⑧ 窦光鼐：《省吾斋诗赋集》卷七《雨后同庄滋圃抚军及藩臬诸公泛舟西湖因游天竺灵隐韬光诸胜遂登北高峰三首》其一，诸城刘洪金藏清嘉庆六年（1801）家刻本。

越剑迸雄鸣"① 般的铮铮铁骨与凛然正气。窦光鼐的博学多识是其历任浙江学政的重要原因，但更重要的是他戆直忠贞的品格符合了统治阶层"先道德而后文章"学政任用原则。窦光鼐刚正不阿的品格特征在浙江学政任上得到了很好的坚守，因清代学政密奏制度的契机，他接触到浙江钱粮亏空贪渎案，因其执着正直的品格，他超越了一般学政的职守范围，最终被皇帝钦定以学政身份亲自参与案件审理，惩贪处恶，澄清吏治。窦光鼐在浙江学政任上拔识人才，教泽深长，以改革时文，摒弃浮华士风为己任，在清中叶八股文改革中发挥了举足轻重的作用，把经世致用、讲求实学的思想行之教化，付之行动，其在浙江学政一任的文化足迹足以长留青史。

参考文献：

［1］窦光鼐：《省吾斋诗赋集》，诸城刘洪金藏清嘉庆六年（1801）家刻本。

［2］窦光鼐：《省吾斋古文集》，清刻本。

［3］窦光鼐：《省吾斋文稿》，清刻本。

［4］《窦氏族谱》，民国二十三年（1934）印本

［5］宫懋让修，李文藻纂：《乾隆诸城县志》，清乾隆二十九年（1764）刻本。

［6］刘光斗修，朱学海纂：《道光诸城县续志》，道光十四年（1834）刻本。

［7］龚嘉儁修，李楁纂：《民国杭州府志》，民国十一年（1922）铅印本。

［8］素尔讷等纂修，霍有明、郭海文校注：《钦定学政全书校注》，武汉大学出版社，2009 年版。

［9］中国第一历史档案馆编：《雍正朝汉文朱批奏折汇编》，江苏古籍出版社，1991 年版。

［10］中国第一历史档案馆：《历史档案》，2002 年第 3 期。

［11］清阮元辑：《两浙𬨎轩录》，清嘉庆刻本。

［12］清潘衍桐：《两浙𬨎轩续录》，清光绪刻本。

［13］秦瀛：《小岘山人集》，清嘉庆刻增修本。

［14］刘大櫆著，吴孟复标点：《刘大櫆集》，上海古籍出版社，2008 年版。

---

① 窦光鼐：《省吾斋诗赋集》卷四《圣驾三巡江浙诗》五言八韵十八章其十一，诸城刘洪金藏清嘉庆六年（1801）家刻本。

窦光鼐与浙江府库亏空案

张　程

新华出版社

摘　要：本文论述窦光鼐在浙江学政任上，勇敢揭露浙江府库亏空的真相，并顶住巨大压力，和掩饰亏空、抵制查办的官僚集团顽强斗争的史实。文章触及窦光鼐的生平简述，追述窦光鼐刚正耿直、疾恶如仇性格的成因，并分析清朝地方府库亏空的主要原因，指出亏空问题是系统性、全面性的问题。然而，窦光鼐能够以一己之利挑战官僚集团和系统顽疾，虽然最终没能从根本上解决问题，但他表现出的高贵人品、伟大情怀，值得后人铭记。

关键词：窦光鼐；生平事迹；府库亏空

浙江府库亏空案发生在乾隆五十一年（1786），当年窦光鼐 66 岁，正在浙江担任学政。府库是中国古代官府仓库通称。亏空，就是仓库中的银子和粮食少于账面上的数目，出现了短缺。窦光鼐勇敢揭发了浙江府库亏空，之后面对压力、置身险地，强硬地坚持到底，最终迫使乾隆皇帝查办此案，处置了违法官员。

在《清史稿·窦光鼐传》①　中，此事是窦光鼐传记中浓墨重彩的一笔。但记载仍显简略，不能很好展现此事的来龙去脉。本文通过查阅《清史稿》中相关人物的传记，并结合浙江地方史志，力求还原此案原委及窦光鼐与此事的关系。

一

《清史稿》对案件的起因，语焉不详。只在窦光鼐传记中提到："浙江州县仓库多亏缺，上命察覈。"仿佛是乾隆皇帝委派窦光鼐专门去浙江查案。

事实上，乾隆皇帝早在几年前，就对南方的财政情况起了疑心。乾隆四十七年（1782），皇帝就下令浙江省清查府库亏空的情况。但是浙江方面很不积极，一直到乾隆五十一年（1786）二月，浙江巡抚福崧才递上来一份清查报告，承认浙江各地仓库钱粮亏缺三十三万余两，地方官员正全力弥补。此报告让乾隆皇帝更加疑心，将浙江巡抚福崧和浙江布政使盛柱免职，另外派了三位钦差大臣，户部尚书曹文埴、刑部左侍郎姜晟、工部右

---

① 窦光鼐史传在《清史稿》列传一〇九，本文有关窦光鼐事迹以该卷记载为准，下文不再赘述。

侍郎伊龄阿到浙江省清查亏空情况。其中，伊龄阿接任浙江巡抚。曹文埴等三人则表现得"效率"过高，二月十二日被派往浙江，三月底到四月初就连续上了三道奏折，报告浙江省的亏空情况。他们照抄了被免职的巡抚福崧的结论。乾隆很不客气地驳斥了三个人的奏折，命令他们三人认真再查。

窦光鼐就是在这个时候，介入浙江府库亏空的烂摊子的。正史中没有说明他是怎么接触到真相，为什么要参奏此事。温州民间的史志和民间传说，则提供了一种说明。说是窦光鼐在主持秀才考试的时候，有一个温州府平阳县的秀才，在考卷中揭露时任平阳知县黄梅贪赃巨万。窦光鼐经过一番思想斗争后，决定挺身而出，向乾隆参奏此事。

窦光鼐，字元调，山东诸城人；乾隆七年（1742）进士，选庶吉士，散馆授编修；大考四等，罚俸。《清史稿》说"高宗夙知光鼐，居数月，擢左中允"。乾隆皇帝很欣赏窦光鼐勇于任事的性格，破例提拔窦光鼐为左中允。窦光鼐从此之后青云直上，历任内阁学士、左副都御史。到乾隆二十年（1755），窦光鼐只用了十三年时间，就升迁到了从二品的高官。

但是，之后发生的几件事情，让窦光鼐和乾隆的关系开始疏远。窦光鼐开始遭遇仕途坎坷。第一件事情是窦光鼐担任左副都御史期间，指出不当判例应当修正。窦光鼐对此提出异议，给刑部发公文，表示反对。此举侵犯了刑部的司法实权，刑部堂官大为震惊，和窦光鼐争执不下，最后由乾隆皇帝裁决。第二件事情是，窦光鼐几年后在顺天府尹任上，恰遇京城附近蝗灾严重。窦光鼐督促老百姓消灭蝗虫。北京周边有许多满族王公和八旗子弟的庄园、田地。王公大臣和八旗子弟们拒绝处理扑灭蝗灾。窦光鼐不畏满族枉供，上奏要求不论八旗子弟还是汉族百姓，一体出力消灭蝗虫。窦光鼐的建议，遭到了一大批王公大臣的反对。这两件事情，都以御前争论的激烈形式表现出来。乾隆皇帝对窦光鼐的观感由此大为改变。

关于君臣关系的转折，《清史稿》有诸多论及："二十七年，上以光鼐迂拙""上以光鼐所见迂鄙纰缪""光鼐但拘钝无能，无大过"。综合这些论述，我们可以得出结论：乾隆皇帝认为窦光鼐顽固、迂腐，不适合担任高级职务，不再重用他。笔者认为，从这些事情可以看出窦光鼐为人处世坚持原则，刚正不阿。正是这样的性格，让窦光鼐接触到黄梅贪赃和浙江府库巨亏的事实后，不顾自己年近古稀，也不顾此事并非自己的本职工作，完全可以置之不理，而是主动招揽过来，向乾隆皇帝上了一道奏折。奏折写道："前总督陈辉祖、巡抚王亶望贪墨败露，总督富勒浑未严察。臣闻嘉兴、海盐、平阳诸县亏数皆逾十万，当察核分别定拟。"

窦光鼐指出的三个县的亏空，加在一起就超过了三十万两，和钦差大臣汇报的浙江全省的亏空持平，刚好触发了乾隆皇帝敏感的神经。于是，乾隆亲笔写下了长达一千二百字的圣旨，除了表扬窦光鼐外，就是在警告尚书曹文埴、侍郎姜晟往会巡抚伊龄阿认真察核。浙江府库亏空问题，就此从普通的核查事件升级为重大案件！

二

以巡抚伊龄阿为首的浙江地方官员，集体否认府库亏空，攻击窦光鼐诬陷他人。由伊龄阿领衔，他们多次上奏乾隆，说窦光鼐捏造事实、污蔑同僚。负责盘点浙江财政的钦差大臣曹文埴也支持伊龄阿，反对窦光鼐。曹文埴上奏乾隆，说经过认真盘查，认定浙江十一个府的仓库共亏空白银二十七万二千余两。这个数字不仅远远低于窦光鼐的揭发，甚至比一个月前浙江省承认的三十三万两的亏空数字还要小。

曹、窦两人奏折的内容有出入。谁是对的，就意味着对方在撒谎，撒谎就是欺君，是要掉脑袋的。事情发展到这一步，双方僵持不下，都说自己是对的。

窦光鼐不畏惧、不退缩，决定用事实说话。他到浙江时间不长，但从官场和民间听到了很多官员腐败的信息。窦光鼐选取了一些和亏空问题有关的例子，陆续上奏乾隆皇帝。比如：永嘉知县席世维借诸生谷输仓；平阳知县黄梅贪赃，借口弥补亏空横征暴敛，甚至在母亲去世的当天演习；仙居知县徐延翰毙临海诸生马真于狱；并及布政使盛住上年诣京师，携带巨额银两，招来物议；总督富勒浑途径嘉兴，向地方官府勒索巨额供应，地方官送到总督奴仆手中的银两就成百上千。

乾隆皇帝难辨真伪，派遣新的钦差大臣、内阁大学士阿桂前往浙江查案。阿桂精于世故，决定就事论事，把乾隆交代的事情敷衍过去就可以了，不深入追究浙江亏空问题。阿桂抓住窦光鼐的参奏都是民间舆论传闻，没有确凿证据的弱点，要他为举报提供证据，表面上看是合理的，实际上是在为难窦光鼐。窦光鼐苦于没有真凭实据，不得不处于下风。

阿桂就回复乾隆皇帝说，窦光鼐揭露的问题，提供不了证据。阿桂说盛住前往京师，携带的银子是应解参价银三万九千余两，并非他的私人财物；平阳知县黄梅为母亲的九十生日演戏，老母亲是在演戏的当天夜里去世的；仙居秀才马真与和尚赌博斗殴，被捕后自己死在了监狱里。同时，浙江地方官员也拿出证据，一一否定了窦光鼐奏折中的指控。嘉兴、衢州、严州等府官员作证说，富勒浑经过这些地方时并没有超规格接待，更没有给总督大门的看门人送成百上千的红包。

乾隆皇帝本来就信任阿桂，看了奏折后对窦光鼐失去了信任。于是在六月初，乾隆对浙江亏空案下了结论，认定浙江财政亏空白银二十五万三千七百余两。浙江的官员们看到窦光鼐已经失去了乾隆皇帝的信任，群起攻之。说窦光鼐揭露的官场黑幕完全是子虚乌有。这些告状进一步恶化了乾隆对窦光鼐的印象。在七月初三日皇帝颁布圣旨，专门痛骂窦光鼐，认定他诬告平阳知县黄梅，给予通报申斥，并要求窦光鼐"据实明白回奏"。

面对这种一边倒的形势，窦光鼐上了一道奏折，自我申辩。窦光鼐倔强地指出，钦差大臣阿桂并没有认真调查，只是派人到平阳县走了一下过场，被温州和平阳的地方官蒙蔽了。所以自己决定要"亲赴平阳，查核确实，再行回奏"。窦光鼐的公然抗旨，让乾隆大发雷霆，于闰七月初一日下谕痛骂窦光鼐"狂妄固执"。下令将窦光鼐"交部议处"，要给他严厉处分了。

窦光鼐抢在处分到来之前，赶紧调查取证。在上奏的当天晚上就奔赴千里之外的平阳。窦光鼐一开始在平阳县的明伦堂，也就是县里官办学校的教学大堂，贴出告示，要召见平阳县的秀才。秀才们虽然来了，但是迫于黄梅的淫威要么支支吾吾不敢回答，要么避重就轻。总之，窦光鼐没有得到任何证据。窦光鼐也明白秀才们的顾虑，决定换一个地方。他来到平阳县最热闹的城隍庙，贴出告示，鼓励老百姓检举揭发地方官的罪行。果然，老百姓踊跃来到城隍庙，七嘴八舌，哭诉黄梅等人的种种罪行。很多人还拿出了官府勒索摊派的告示、收据和白条等等。苍南县史志中提到了当地绅士吴荣烈等人对窦光鼐的强力支持。①

浙江亏空案发展至此，已经从一桩案件，恶化为生死攸关的权力争斗。杭州的钦差大臣阿桂和巡抚伊龄阿等人当然不会坐以待毙。伊龄阿向乾隆上了加急奏折，极力渲染窦光鼐在平阳造成的"混乱"情形。说窦光鼐因为秀才们不肯揭发黄梅，就在学堂里发怒咆哮，恐吓读书人，勒令几个读书人作伪证，诬陷黄梅。还贴出告示，骚扰百姓。

乾隆读了伊龄阿的两封奏折，再次大怒，写了一长篇圣旨，历数此案的经过，痛斥窦光鼐在浙江财政亏空问题上，争执不休，诬陷他人，又招集百姓滋事，再也不能对他姑息纵容了。乾隆宣布，将窦光鼐革职。

当时窦光鼐已经满载而归，从平阳返回了杭州。伊龄阿深知不能让窦光鼐把实地调查的情况汇报给乾隆，又一次恶人先告状，说窦光鼐在平阳严刑逼供，威胁不从命的百姓；说窦光鼐回杭州时，催逼随从昼夜兼行，导致水手堕河淹死；说窦光鼐回到杭州后，张牙舞爪，公开声称黄梅罪行累累，一定要告御状，说自己"不欲做官，不要性命"。

乾隆皇帝看了告状，更加愤怒，又下了一个圣旨，痛骂窦光鼐简直是个疯子，举止癫狂，不但有失大臣之体，而且煽动人心、破坏安定团结的大局，不可不严惩。圣旨说，仅仅把窦光鼐革职，太便宜他了，下旨让伊龄阿即刻捉拿窦光鼐，押赴京师治罪。

窦光鼐现在已经被逼到了墙角。手中的王牌得赶紧出手，不然就没有机会了。窦光鼐不敢有丝毫延迟，迅速拟了一份奏折，附上搜集到的证据，以五百里加急的快件发往北京。奏折刚发出，伊龄阿就派人来押解窦光鼐去北京治罪了。关于这个传奇情节，清朝笔记、

---

① 《苍南县志——人物》（浙江人民出版社 1997 年版）中"黄梅"条，以及苍南政府网"苍南人文""吴荣烈"条，对此事都有论述。但内容多有差异。

民间史志，都有绘声绘色的描述，虽然不可全信，但也可以折射当时的紧张形势。比如晚清笔记《清稗类钞——狱讼类之三》"浙江州县仓库亏空案"记载道：

> 窦抵杭，伊已密遣人守其衙署，忽有归安诸生王以衔、王以铻，以门生投刺来谒，入内，即脱留棉袄一件，称报老师识拔之恩。拆视之，则皆黄梅按亩勒捐之田单、印票、图书、收帖，计二千余张，密为收存者也。

乾隆皇帝最终看到了窦光鼐的奏折，说当地绅士吴荣烈等数百人提供了乾隆五十年（1785）的田单两千余件、乾隆四十七年（1782）的白条九张，黄梅借此勒索的银子数以千计。这些钱都进了黄梅自己的腰包。此外，平阳县应该储存官粮四万七千一百余石，黄梅却把官粮倒卖一空。此外，黄梅还有横征暴敛、买空卖空、敲诈富户等罪行，手段五花八门，金额超过二十万两白银。窦光鼐在奏折中说，吴荣烈等证人都愿意与黄梅对质，并随奏折附上田单、印票、飞头、谷领、收帖、催贴、借票各一份。至此，乾隆不得不承认，黄梅贪污腐败，铁证如山。

三

亏空最直观的原因就是官员贪污。但如果把亏空的原因只归咎于官员腐败，那就把这个问题简单化了。清朝府库亏空的产生，与清朝高度中央集权的财政制度有关，与缺乏灵活性的中央和地方财政分配有关，也和地方政务的繁琐、地方官员财力有限有关。它是一个系统性问题。下面，我们试举两个主要原因加以说明。

首先，清朝的财政高度中央集权，所有的钱粮收支权力都集中在中央。每年，每省除了将第二年预计支付的官员俸禄上报朝廷核算后留存，其余的任何支出都需要上报朝廷。地方一旦出现不时之需，如军需、河工、灾荒、承办差务、修缮衙门房屋等事情的时候，由于中央下拨的资金不能及时到位，或者根本得不到批准，地方政府就只能拿府库里的钱来救急。这种额外支出一旦得不到弥补就形成亏空。

其次，清王朝实行十分微薄的俸禄制度。一品官员岁俸180两，五品80两，七品45两，九品33两。这些俸禄如果仅限于养家糊口是足够的。而清朝官员权力太大、责任太重。一个县所有的行政工作，都要由知县一个人来承担。官员们必须要雇用师爷、幕僚、佣人等等，替自己出谋划策、分担工作量，方方面面都得雇佣帮手。清朝中期以后，知县上任一般都带着100人左右的幕僚和佣人。这些人干的是官府的公事，工资佣金却是官员个人支付的。这就等于是官员个人支付了整个衙门的人事开支。

长此以往，地方的亏空越来越大，成为一个全局性的、普遍存在的问题。官员们束手无策，历届相传。有时候，前任官员留下的亏空太大，下一任官员无论如何都不愿接手。比如黄梅在乾隆四十九年就被弹劾过亏空公款，遭到了撤职处分。随后浙江省先后派了金仁、汪诚先两人接任黄梅的职务。奇怪的是，金知县和汪知县两个人，到平阳县没几天，先后找借口都不干了。官场上流传说，他们两人到平阳后，看到地方财政亏空严重、账目极其混乱，都不敢接这个烂摊子。就这样，平阳知县这个职位竟然空缺了好几个月。没有办法，上司只好申请由黄梅复职，让他自己收拾平阳的烂摊子。

因此，我们不难理解，窦光鼐揭发浙江亏空为什么引起了无数官员向他施加压力？因为亏空涉及的官员太多了，难以统计的众多官员的身家、性命都牵涉其中。其中的很多官员并不是贪官污吏，而是在不合理的财政制度压迫下无奈地走了旁门左道。窦光鼐为官作文几十年，交游广阔，但是在浙江府库亏空案发生时，我们后人看不到有相熟的人站出来公开支持窦光鼐。窦光鼐几乎是以一人之力，在追究一个牵涉广泛、最得罪人的严重问题。这也是我们后人敬佩窦光鼐的地方。他在浙江府库亏空案中表现出了坚定不移的反腐决心、顽强不屈的斗争意志和舍己为公的宽广胸怀。

乾隆皇帝知道真相后，也敏锐地意识到府库亏空问题是浙江省的全局性问题。如何面对浙江省巨大的财政亏空、如何处置人数众多的官员？乾隆皇帝犹豫起来。

地方财政亏空的根源在于高度集权的财政制度，在于中央与地方的利益分配，还与财务制度、官吏待遇、监督机制等等相关联。要解决地方亏空问题，就要下放中央财权，给地方政府和地方官员与他们的责任相称的财权。简单地说，就是乾隆皇帝把钱管得太死了，他应该放手让地方官员们自主处理财政。但是几千年血淋淋的皇权斗争，告诉乾隆，财政权力是最核心的权力之一。谁控制了财权，谁就能在政治斗争中占据优势。他不可能让财政大权旁落，不可能对现行的财政制度进行根本性的改革。

但是，乾隆不能容忍官员贪污腐败。从根本上说，官员贪污，就是从乾隆的钱包里偷钱。同时，官员贪污也是造成地方财政亏空的原因之一。反贪污腐败的确能在一定程度上遏制亏空的恶化。更重要的是，把财政亏空的责任都推到贪官的身上。于是，乾隆决定把浙江府库亏空的处理，集中在黄梅一案，不扩大到浙江全省。

乾隆皇帝陆续下了多道圣旨，下令立即释放正在押解途中的窦光鼐，痛骂平阳知县黄梅劣迹斑斑、罪恶罄竹难书，要求彻底查清。阿桂、曹文埴、伊龄阿等人迅速领会了乾隆的意思，纷纷上奏，说平阳县存在严重的亏空、黄梅等贪官劣迹斑斑。黄梅最终被判斩立决。梅的儿子黄嘉图，狐假虎威，在平阳做了不少坏事，被发配新疆伊犁充军。前任浙江巡抚福菘、前任浙江布政使盛住，免去职务，接受有关部门的调查。阿桂、曹文埴等钦差大臣办事草率，回北京接受有关部门的调查处理。现任浙江温州知府被发配伊犁。前任温州知府、现任嘉兴知府也被撤职。现任温州处州道台、永嘉知县、平阳知县三人，维护黄梅，官官相护，又蒙蔽上司，得到严惩。

勇敢揭发此案的窦光鼐，回京署理光禄寺卿。回到北京后，窦光鼐依然坚持原则，刚正不阿。之后，他陆续担任过宗人府府丞、礼部侍郎、左都御史。乾隆六十年（1795），窦光鼐担任会试主考官。当时权臣和珅嫉恨窦光鼐，就向乾隆告状，说窦光鼐担任过浙江学政，会试的前两名都是浙江人，涉嫌徇私舞弊。乾隆就把窦光鼐免职，接受调查，让和珅担任殿试的考官。结果，和珅评定的第一名，正是窦光鼐录取的那名考生。窦光鼐的一场牢狱之灾，就此烟消云散。事后，乾隆勒令窦光鼐以四品官退休。不久，窦光鼐病逝于家中。

浙江府库亏空案就这样结束了。但亏空问题根本没有得到解决，财政亏空和清朝历史伴随始终，不断恶化一直到王朝灭亡。

参考文献：

［1］赵尔巽主编：《清史稿》，中华书局，1996 年版。

［2］《乾隆实录》乾隆五十一年，《中国社会科学网》http：//www. cssn. cn/。

［3］萧耘春主编，苍南县地方志编纂委员会编：《苍南县志》，浙江人民出版社，1997年版。

［4］徐珂编著：《清稗类钞》，中华书局，2003 年版。

从浙江选士看窦光鼐的治学理想和诗文观念

李晶晶

苏州大学文学院

摘　要： 窦光鼐在乾隆二十一年（1756）至二十四年（1759）、乾隆四十七年（1782）至乾隆五十一年（1786）、乾隆五十四年（1789）至乾隆五十七年（1792）三次视学两浙。乾隆二十二年（1756）、乾隆四十九年（1784）乾隆两次南巡，两浙文人献诗献赋，窦光鼐是主要的推荐者，提携了一批后学。同时，窦光鼐与两浙文人有着密切的联系，诗酒论文，相互影响。本文试图通过浙江选士这一活动，从侧面来研究窦光鼐的治学理想与诗文观念。

关键词： 窦光鼐；浙江选士；治学理想；诗文观念

一、视学两浙的经历及合作者

窦光鼐，字元调，号东皋，山东诸城人，乾隆七年（1742）进士，选翰林院庶吉士，散馆授编修，累迁内阁学士、礼部侍郎。官至左副都御使、上书房总师傅。根据《清代职官年表》从窦光鼐视学两浙的时间和合作者可以清楚地看出，如下表：

时　　间	浙江学政①	浙江巡抚②
乾隆二十一年(丙子)至乾隆二十三年(己卯)	窦光鼐(二十一年五月乙亥左副都御史差,九月壬辰留任)	杨廷璋(二十一年二月壬戌湖南布政使迁)
乾隆二十四年(己卯)	窦光鼐(九月丁卯任满)	庄有恭(四月戊午湖北巡抚改)
乾隆四十七年(壬寅)	窦光鼐(五月丁酉府丞差)	陈辉祖(九月辛亥革) 福崧(十月甲申甘肃布政使迁)
乾隆四十八年(癸卯)至乾隆五十年(乙巳)	窦光鼐(乾隆四十八年七月癸丑留任)	福崧
乾隆五十一年(丙午)	窦光鼐(闰七月己丑革)	福崧(三月辛未召回北京) 伊龄阿(三月辛未授)
乾隆五十四年(己酉)	窦光鼐(八月己巳礼部左侍郎差)	琅玕

---

① 钱实甫著：《清代职官年表》第四册,北京:中华书局1980年版,第2662页、第2663页、第2677页、第2678页、第2680页、第2682页。

② 钱实甫著：《清代职官年表》第二册,北京:中华书局1980年版,第1607—1610页、第1633—1637页。

（续表）

时　　间	浙江学政	浙江巡抚
乾隆五十五年（庚戌）	窦光鼐	海宁（八月庚戌山西巡抚改，十月壬申死）福崧（十月壬申江苏巡抚改）
乾隆五十六年（辛亥）	窦光鼐	福崧
乾隆五十七年（壬子）	窦光鼐（八月丁丑任满）	福崧（十二月丙子召回北京杀）

从上表可见窦光鼐第一次担任浙江学政是从乾隆二十一年（1756）五月乙亥到乾隆二十四年（1759）九月丁卯，此时担任浙江巡抚的是杨廷璋和庄有恭。杨廷璋，字奉峨，号玉亭，汉军镶黄旗人，世袭佐领，由笔帖式官至体仁阁大学士。窦光鼐有《杨奉峨抚军拟改凿葛铃之玛瑙坡，以书见询，赋此答之》[1] 一首，杨廷璋以改凿葛岭玛瑙坡一事询问窦光鼐，在这首诗中窦光鼐并未随意敷衍，而是审慎地说出了自己的看法："为高审所因，不得违其初。民劳而财费，况复凿山肤。"不仅在公务上有所商议，两人也在杭州游览唱和，窦光鼐有《陪杨奉峩抚军及藩臬诸公登北高峰》[2] 一诗，翻检杨廷璋《余集》则有《和窦学使北高峰元韵》[3]："笔剑纵横处，高谈话更浓。携手摩天岭，聊吟纪芳踪。搜句惭荒芜，拈须断亦从。"可见二者意气相得，关系融洽。七年之后，乾隆三十年（1765）杨廷璋出任广西时，当时任京兆的窦光鼐也有诗相赠，杨廷璋有《乙酉夏奉命赴粤西篆署，窦大京兆以十八滩诗籖见贻，依韵和之》[4]。杨廷璋多次出任封疆大吏，见多识广，老成持重，又关心民生疾苦，重视实干，与窦光鼐同气求声，共同推动了浙江文教的发展。

接替杨廷璋的庄有恭，则与窦光鼐更加契合。庄有恭，字容可，号滋圃，广东番禺人。从仕宦经历上讲，庄有恭是窦光鼐的前辈，庄有恭乾隆四年（1739）状元，窦光鼐是乾隆七年（1742）进士；庄有恭于乾隆十三年（1748）至乾隆十六年（1752）提督江苏学政，并在乾隆十五年（1751）充江南乡试正考官。这些相似的经历让二者在探讨诗文、推进文教方面更加默契，难怪乎戴殿泗曾《吴友兰（嘉猷）墓志铭（代）》形容当时两浙人文之胜："乾隆戊寅（乾隆二十三年）[5] 庄大中丞（庄有恭）抚浙，天台齐宗伯（齐召南）主敷文书院教事，学使者窦公（窦光鼐），量才校艺，甄浙水东西士，肄业其间，一时彬彬无虑数百人。"[6] 齐召南，字次风，浙江天台人，曾主教敷文书院，杭世骏称其："主敷文凡十

---

① 窦光鼐：《杨奉峨抚军拟改凿葛铃之玛瑙坡，以书见询，赋此答之》，《省吾斋诗赋集》卷九，清乾隆刻本。

② 窦光鼐：《陪杨奉峩抚军及藩臬诸公登北高峰》，《省吾斋诗赋集》卷九，清乾隆刻本。

③ 杨廷璋：《和窦学使北高峰元韵》，《余集》卷下，清道光二十五年（1845）刻本。

④ 杨廷璋：《乙酉夏奉命赴粤西篆署，窦大京兆以十八滩诗籖见贻，依韵和之》，《余集》卷下，清道光二十五年（1845）刻本。

⑤《清代职官年表》载乾隆己卯（二十四年）四月戊午才担任浙江巡抚，存疑。

⑥ 戴殿泗：《吴友兰墓志铭（代）》，《风希堂文集》卷四，清道光八年（1828）九灵山房刻本。

一年，奖励后劲，因材而笃，生徒云集，巾卷盈坐。"① 《一统志》赞其："掌教敷文书院十余年，人文蔚起。"② 窦光鼐有《雨后同庄滋圃抚军及藩臬诸公泛舟西湖，因游天竺、灵隐、韬光诸胜，遂登北高峰三首》③ 诗说："登临吾自惯，况乃际时和。""朋好多今雨，云山是旧游。"三首诗皆清新自然，处处可见诗人内心的恬静喜悦。

第一次督学浙江时，窦光鼐不仅与这些合作者相处愉快，而且因为有弟弟窦光钺及幕僚刘大櫆的陪伴，加上杭州得天独厚的美景和人文底蕴，其三年的仕宦生涯过得无比的悠游自在。在《次西堂弟雨后有怀韵》④ 说："急雨鸣残夜，萧萧破客愁。三年犹假日，一叶已惊秋。乡远甘无梦，官清得屡游。乘槎八月便，更上望涛楼。"西堂是其弟光钺的字，窦光鼐《哭亡弟西堂十首（乙酉年作）》自注："予督学河南、浙江，皆携西堂同往。"⑤ 乙酉年为乾隆三十年，故正是窦光鼐第一次督学浙江时携带光钺同往。同时在窦光鼐幕中担任幕僚的为刘大櫆。刘大魁，字才甫，一字耕南，号海峰，江南桐城生，贡生，官教谕，有《海峰诗文集》。窦光鼐有《桐城道中怀刘耕南》《还过桐城忆耕南》，两诗均为窦光鼐告祭南海时经桐城所作，不难看出窦光鼐对刘大櫆的牵挂和赏识。刘大櫆说："岁在丁丑（乾隆二十二年），东武窦公视学两浙，余在幕中。"⑥ 和睦相处的同僚，志同道合的师友和山文水润的杭州无疑都让窦光鼐有机会将自己的治学理想和诗文观念在两浙地区进行实践。

时隔二十三年，窦光鼐再次督学两浙，这次任职从乾隆四十七年（1782）五月丁酉至乾隆五十一年（1786）闰七月己丑，历时四年。但这次担任浙江巡抚的陈辉祖、福崧、伊龄阿和窦光鼐相处并不是很融洽，尤其是福崧和伊龄阿更因为乾隆五十一年（1786）的浙江亏空案而与窦光鼐结怨。福崧，乌雅氏，满洲正黄旗人。"（乾隆五十一年）旋以浙江学政窦光鼐劾平阳知县黄梅贪黩，论如律，责福崧未能发，左授二等侍卫，充和阗帮办大臣。"⑦ 伊龄阿与窦光鼐在浙江亏空案中更是屡起争执，冲突不断，在窦光鼐的《省吾斋诗赋集》中也未能看到其与这些人的应酬之作。第二次视学浙江对窦光鼐而言，并不是愉快的经历，浙江亏空案不仅使其与同僚、上级之间矛盾重重，而且一再受到乾隆帝的训斥，最终是以革职离任的，但在这一事件中体现出来的耿介务实，为国为民的品格正是窦光鼐治学理想的体现。秦瀛《都察院左都御史窦公墓志铭》中写道窦光鼐："尝言学贵有用，如

---

① 杭世骏：《资政大夫礼部右侍郎齐公墓志铭》，《道古堂文集》卷四十二，清乾隆四十一年（1776）刻本，光绪十四年（1888）汪曾唯增修本。

② 齐召南：《一统志》，《宝纶堂文钞》卷首，清嘉庆刻本。

③ 窦光鼐：《雨后同庄滋圃抚军及藩臬诸公泛舟西湖，因游天竺、灵隐、韬光诸胜，遂登北高峰三首》，《省吾斋诗赋集》卷九，清乾隆刻本。

④ 窦光鼐：《次西堂弟雨后有怀韵》，《省吾斋诗赋集》卷九，清乾隆刻本。

⑤ 窦光鼐：《哭亡弟西堂十首（乙酉年作）》，《省吾斋诗赋集》卷十二，清乾隆刻本。

⑥ 刘大櫆：《送潢序》，《海峰文集》卷三，清刻本。

⑦ 赵尔巽：《清史稿》列传一百二十五，卷三百三十八，民国十七年清史馆本。

昌黎折王庭凑，阳明平宸濠，乃真学问，故公于书无所不窥，而不屑沾沾于章句训诂。世之人仅以文章称公，未为知公者也。"①

乾隆五十五年（1790）为乾隆八旬万寿，乾隆五十四年（1789）六月窦光鼐出任巳酉恩科浙江乡试主考官，并于八月担任浙江学政。这次任职时间从乾隆五十四年（1789）八月直到乾隆五十七年（1792）八月，历时三年，而这段时间担任浙江巡抚是琅玕、海宁和福崧，福崧与窦光鼐之前就有过节，琅玕、海宁与窦光鼐相处的时间较短，窦光鼐有《祭浙江巡抚觉罗容浦海公文》。

窦光鼐三次视学两浙，"浙人之感公者，不独在缙绅士大夫间，即下至田夫贩竖，亦无不知公名"②。于是嘉庆二年浙人在西湖为窦光鼐建祠，时秦瀛任职浙西，写有《诸城窦公祠堂记》：

> 公夙以文学被圣主知遇，累主文枋。先后凡三次视浙江学政，其初视浙学，在乾隆丁丑（二十二年）戊寅（二十三年）间③，迄今已四十年，所当时经公视拔者，今或为名公卿位相埒，次亦历官中外，多著闻于时。其后再三至，造就益重。盖公之学，明体达用，闻邹鲁之绪言，而设诚致行，笃于教士，口讲指画，不啻师之于门弟子，故公之教泽，于浙为最深且久，而浙之士，亦至今思之不能忘。前公去浙，浙人设为于西湖之崇文书院，岁时瞻拜，祝公长生。……祀之日，为嘉庆二年十月朔日，与于祭者，吏部员外郎张君培、监察御史潘君庭筠、编修陈君琪、候补道许君擎，皆公前后所得士。④

秦瀛，字凌沧，号小岘，晚号遂菴，江苏无锡人，著有《小岘山人诗文集》。"瀛以乾隆甲午（三十九年）应顺天试，出诸城窦东皋先生门。"⑤ 作为窦光鼐的得意门生，秦瀛以"明体达用""设诚致行"来总结窦光鼐的治学理想，这种治学理想也体现在窦光鼐选拔士子的过程中。

二、"明体达用""设诚致行"的治学理想

中国古代的知识分子向来是以"太上立德，其次立功，其次立言"作为自己价值实现的标准，窦光鼐虽然以辞章之学见重于乾隆，名显于世人，但在其诗文集中屡屡表现出对

---

① 秦瀛：《都察院左都御史窦公墓志铭》，《小岘山人集》文集卷五，清嘉庆刻增修本。
② 秦瀛：《诸城窦公祠堂记》，《小岘山人集》文集卷四，清嘉庆刻增修本。
③ 《清代职官年表》窦光鼐初次出任浙江学政为乾隆十一年，存疑。
④ 秦瀛：《诸城窦公祠堂记》，《小岘山人集》文集卷四，清嘉庆刻增修本。
⑤ 秦瀛：《东皋先生诗钞序》，《小岘山人集》文集卷三，清嘉庆刻增修本。

"用""行"的期许。《为遵化牧靳拙圃题深柳读书图》①中写道:"读书譬山海,求之无不有。致用该钜细,要各随所取。"书中知识丰富,无所不备,但在窦光鼐看来,更重要的是能学以致用。随后窦光鼐说:"文士工撺拾,翰林侑樽酒。徒充耳目玩,不任鼎镬受。华实各有时,于中辨良莠。一命有利济,勿云患掣肘。"窦光鼐虽然是"文士""翰林",但却不甘于只是作为太平盛世的点缀,而是希望能够利济天下,所以接下来窦光鼐写道靳拙圃作为州牧的重大责任和自己作为文臣的愧疚。"虞廷方咨牧,四聪达户牖。食时民惠怀,宣亮道岂苟。古献致能远,亦在精熟后。当思讼狱息,斯人尽仁寿。愧我乏修绠,而谬享敝帚。披图见素心,飒然起衰朽。此诗质诸君,请时置座右。"从中不难看出窦光鼐对生民的关心,更希望能够为百姓做出贡献。这是对朋友的期许,而对自己的弟弟西堂则更是谆谆教诲,寄予厚望。

窦光鼐祭告南海时在途中写有《舟中寄西堂弟》②,对当时担任乐昌知县的窦光钺给予指导,"三月署海疆,政简众颇允。清白吾家训,兹义庶无陨。善治如勤农,终岁思其畛。又如医之良,寒燠慎所诊"。窦光鼐希望窦光钺能够像"勤农""良医"一样来做官,最为重要的是"独有父母心,能使众情尽"。窦光钺亡后,窦光鼐写有《哭亡弟西堂十首》③,一再称许弟弟担任知县时的政绩,"恫瘝素所秉,题章曾报嘉。敢云春有脚,已觉鼠无牙。郑国先除泽,河阳稍钟花。归来唯旧帙,吾道未疵瑕"。并且多加自注以说明。

窦光鼐在诗文集中更多次表达了读书不是为了赏风弄月,点缀太平,而是应该能够经世致用,为天下生民请命。《题书堂读易图》④写道:"悔吝慎动始,所以利攸往。小人昧所履,壮趾但用罔。俗儒泥文字,行若龟触网。君子几成务,非徒寄幽赏。"其将读易图挂在书堂,不仅是为了玩赏,更为了"连阳缅前修,书堂高可仰""愿闻先天义,濬我善机益"。在《为韦约轩廉使题其尊甫铁夫先生授经图》⑤中更是直呼"丈夫志利济,儒术效岂迂?"秦瀛在《都察院左都御史窦公墓志铭》中写道窦光鼐"尝言学贵有用,如昌黎折王庭凑,阳明平宸濠,乃真学问,故公于书无所不窥,而不屑沾沾于章句训诂。世之人仅以文章称公,未为知公者也"⑥。可以当作是窦光鼐治学理想的总结,而当窦光鼐视学两浙时,与其过往从密的齐召南可能对窦光鼐选拔士子有着影响。"诸城窦东皋先生于当时名公卿少所推服,独称先生。乾隆丙子(二十一年)丁丑(二十二年)东皋先生视学两浙,适先生为敷文书院山长。两先生者,时过从,过辄作竟日聚,城钥已上,漏数下,两先生犹谈论

---

① 窦光鼐:《为遵化牧靳拙圃题深柳读书图》,《省吾斋诗赋集》卷十二,清乾隆刻本。

② 窦光鼐:《舟中寄西堂弟》,《省吾斋诗赋集》卷十二,清乾隆刻本。

③ 窦光鼐:《哭亡弟西堂》十首,《省吾斋诗赋集》卷十二,清乾隆刻本。

④ 窦光鼐:《题书堂读易图》,《省吾斋诗赋集》卷十一,清乾隆刻本。

⑤ 窦光鼐:《为韦约轩廉使题其尊甫铁夫先生授经图》,《省吾斋诗赋集》卷十二,清乾隆刻本。

⑥ 秦瀛:《都察院左都御史窦公墓志铭》,《小岘山人集》文集卷五,清嘉庆刻增修本。

未辍云。"① 窦光鼐"独称"齐召南，两人"竟日聚"，相契如此。同时我们对二人的生平进行梳理，就会发现二人在京城时可能就已经认识。乾隆十三年，"复试翰詹各官，以召南列首，擢内阁学士，命上书房行走，迁礼部侍郎"②。而窦光鼐是"列四等，罚俸一年"③。据杭世骏《资政大夫礼部右侍郎齐公墓志铭》"十三年戊辰会试充同考官"④，窦东皋也是"十三年正月充会试同考官"⑤。齐召南"乾隆元年，廷试二等，改庶吉士，散馆授检讨"⑥，而窦光鼐是"乾隆七年进士，进庶吉士，散馆授编修"⑦。我们有足够的证据推测齐召南和窦光鼐在翰林院的时候可能已经认识了。

和窦光鼐一样，齐召南的诗文受到乾隆的赏识，是诗坛的重要人物。《清儒学案小传》说："息园词科崛起，博恰冠时。"⑧《乾嘉诗坛点将录》说："芒砀山旧头领二员：八臂哪吒齐次风，混世魔王杭堇浦。"⑨ 齐召南在经史方面的成就更值得我们注意："时天子方右文稽古，凡馆中纂修之役，如《大清一统志》《明鉴纲目》《武英殿校勘经史》诸总裁悉以委公。盖公平时于学无不博，自天文律例以至山川疆域险阻要隘，了若指掌，而又深知古今治乱得失，通习掌故，故于经则通汉唐以来诸家之邮，于史则兼涑水紫阳之义法。"⑩ 秦瀛也说齐召南："以一诸生不数年骤跻卿贰，人皆谓公特以文辞被知遇，顾公问学淹贯，世尽知之。至其立朝耿介伉直，有不愧古大臣者，虽同列或不尽知。且公位望虽显，总不出文学侍从之列。又遽乞归，未尽其用，此又天下所共惜者矣。"⑪ 从中可见齐召南与窦光鼐一样，虽然以"文人""翰林"显，但内心更向往地是能够利济天下，将所学的诗书凭自身的耿介伉直转化为实际的"行""用"。这一治学理想也体现在了窦光鼐的浙江选士过程中。他在选士时更能不拘一格，不拘泥于固有的程式，最为突出的当数对莫晋的选拔。莫晋，

① 秦瀛：《齐次风先生文集序》，《小岘山人集》文集卷三，清嘉庆刻增修本。

② 赵尔巽：《清史稿》列传九十二，卷三百五，民国十七年清史馆本。

③ 清国史馆原编：《清史列传》，见周骏富《清代传记丛刊》第98册，台北明文书局1985年版，第739页。

④ 杭世骏：《资政大夫礼部右侍郎齐公墓志铭》，《道古堂文集》卷四十二，清乾隆四十一年（1776）刻本，光绪十四年（1888）汪曾唯增修本。

⑤ 清国史馆原编：《清史列传》，见周骏富《清代传记丛刊》第98册，台北明文书局1985年版，第739页。

⑥ 赵尔巽：《清史稿》列传九十二，卷三百五，民国十七年清史馆本。

⑦ 清国史馆原编：《清史列传》，见周骏富《清代传记丛刊》第98册，台北明文书局1985年版，第739页。

⑧ 徐世昌纂：《清儒学案小传》，见周骏富《清代传记丛刊》第6册，台北明文书局1985年版，第81页。

⑨ 舒位撰，叶德辉校注：《乾嘉诗坛点将录》，见周骏富《清代传记丛刊》第19册，台北明文书局1985年版，第546页。

⑩ 秦瀛：《礼部侍郎天台齐公墓表》，《小岘山人集》文集卷五，清嘉庆刻增修本。

⑪ 秦瀛：《礼部侍郎天台齐公墓表》，《小岘山人集》文集卷五，清嘉庆刻增修本。

字锡三，一字裴舟，别署宝斋，会稽人。张穆所作的《故内阁学士前仓场侍郎会稽莫公事略》① 有着详细的叙述："诸城窦东皋先生、大兴朱文正公先后督学浙江，皆器异公，试必第一，及当选贡，因饮用班书笔误一字，文正公疑之，置弗取。东皋先生接任，乃以优生贡入成均，时乾隆五十七年也。"正是这种比较宽容的选士态度才使得窦光鼐选拔的士子中有许多能做到"行"与"用"的人才，而姚祖同是其中的代表。

姚祖同，字秉章，又字亮甫，浙江钱塘人，乾隆四十九年南巡召试，赐举人，授内阁中书，充军机章京，累迁兵部郎中，《清史稿》有传。姚祖同，"少颖悟，年十一作《游西湖序》，人服其工，二十一应科举，为学使窦公光鼐所称许"②。《清代河臣传》有传："（嘉庆）二十年出为河南布政使，限制河工提款，清厘州县交代，库储顿充。二十一年……调直隶，严查亏空……雄县、安州、高阳诸县水道淤阻，连年满溢，并遴员治理，相机疏濬。二十二年，畿辅旱灾……遍历灾区，劾属吏办振不实者，发米贾囤积数十万，责令平粜，民赖以济。二十四年擢安徽巡抚……（水灾）乘小舟巡视赈恤。"③ 可见姚祖同是尽心民事，不辞辛劳的官员，更为难能可贵的是他在办理河务中颇有实践精神，"二十五年，调河南，御疏陈政务虽多，河工为重，学习河务以履勘为先"④。无怪乎，嘉庆褒奖其："一清如水，万事认真。"⑤ 张履称其："以强干之力，精白之心，践历枢廷，洞悉机要。至秉鞭宸表，力图整顿，愿取怨于下僚，不肯苟且，且因循以致。国家有一旦卒然之患而无其备，此公之立志然也。迨简畀封圻，河防水利营伍大政，悉心筹划，必躬亲，不避艰险，虽古人戴星之勤，叱驭之勇，曾不能过。"⑥ 不算过誉之辞。

窦光鼐从"明体达用""设诚致行"的治学理想出发，提出了自己的诗文观念。庚子年（乾隆四十五年）窦光鼐在福建主持乡试时就认识到了自己作为"司文者"的责任。《乾隆庚子科福建乡试录序》：

> 窃惟制艺与古文同源流异，盖古文辞皆己出而制艺代孔孟立言，故体势不同，要其发明圣贤之道则一也。国家沿明制，用制艺取士百三十余年矣。……夫文之正伪由于士之所学，士之所学，又视司文者之所取，所取在此而欲其所学乎彼，不可得也。

① 张穆：《故内阁学士前仓场侍郎会稽莫公事略》，《殷斋诗文集》文集卷七，清咸丰八年（1858）祁寯藻刻本。
② 谬荃孙：《续碑传集》，见周骏富《清代传记丛刊》第115册，台北明文书局1985年版，第509页。
③ 汪胡桢，吴慰祖：《清代河臣传》，见周骏富《清代传记丛刊》第56册，台北明文书局1985年版，第166页。
④ 汪胡桢，吴慰祖：《清代河臣传》，见周骏富《清代传记丛刊》第56册，台北明文书局1985年版，第166页。
⑤ 谬荃孙：《续碑传集》，见周骏富《清代传记丛刊》第115册，台北明文书局1985年版，第514页。
⑥ 谬荃孙：《续碑传集》，见周骏富《清代传记丛刊》第115册，台北明文书局1985年版，第514页。

先正之文学于经史古文皆有所自得，其高下皆有定论，作者识者常若符合，故士无异趋。今人皆学于时文以为文，其本已异矣。既以此得之，即以此相授受，各安所习以为当然。……臣以为士之有志于道，不苟流俗者，天下未尝无人，而文体之散，士夫宜共引为耻。……上者理得气清，虽于先正文格未能骤至，而一切庸腐抄袭之调，浮杂芜冗之词痛为扫除，俾士子知所学。近年时文之无用而返求之于古，将文体日上，士习亦日醇。①

在这段话中窦光鼐分析了士子以时文为文导致文体日弊，提出解决的办法在于"返求之于古""于经史古文皆有所自得"，只有这样才能"代孔孟立言""发明圣贤之道"。

三、"于经史古文有所得""发明圣贤之道"的诗文观念

乾隆五十四年（1789）窦光鼐担任浙江乡试主考官，指出士子"所学止于记诵章句，揣摩帖括，以希弋取科第而已"② 的现状，并思考解决的办法，于次年复奏："近年文体渐靡，皆由肄习讲章，读坊刻时文所致，臣通饬各学讲求传注及身心体验圣贤立言之旨，以前辈文为楷式，以《易》《诗》《书》《三礼》《春秋》《左传》《史记》《前后汉书》《五代史》及《昭明文选》《唐宋大家古文汇》为月课，分月注册，考课功过，上嘉之。"③ 其中尤其值得我们注意的是"讲求传注及身心体验圣贤立言之旨"，而这样做的目的是希望士子能够"代圣贤立言""志圣贤之志"。窦光鼐并非拘泥于宋儒理学，而是要"有所自得""自谓独契圣贤之旨，故于宋儒所言指斥不遗余力，闻者往往惊骇"④。这是窦光鼐从内容上提出的要求，至于学习的对象值得我们注意的是《唐宋八大家古文汇》，秦瀛说："乾隆甲午（三十九年）试京兆……榜发出东武窦东皋先生之门，先生之言文也，必称归（有光）唐（顺之）宜。"⑤ 这里要提到一个重要人物——刘大魁。

刘大魁是桐城派的承上启下的人物，与方苞、姚鼐合称"方、刘、姚"。刘大魁虽游于方苞之门，但"为文造诣各殊，苞择取义理于经，所得于文者义法。大魁并古人神气音节得之，兼之集庄骚左史韩柳欧苏之长"⑥。窦光鼐主张士子学习的对象几乎与刘大魁所学习

---

① 窦光鼐：《乾隆庚子科福建乡试录序》，《省吾斋诗赋集》卷八，清乾隆刻本。

② 窦光鼐：《乾隆己酉恩科浙江乡试录序》，《省吾斋诗赋集》卷八，清乾隆刻本。

③ 清国史馆原编：《清史列传》，见周骏富《清代传记丛刊》第 98 册，台北明文书局 1985 年版，第 759 页。

④ 王昶：《蒲褐山房诗话》，清稿本。

⑤ 秦瀛：《王念丰制义序》，《小岘山人集》文集卷三，清嘉庆刻增修本。

⑥ 清国史馆原编：《清史列传》，见周骏富《清代传记丛刊》第 104 册，台北明文书局 1985 年版，第 887 页。

的对象是一样的，而二人交往密切。窦光鼐有《还过桐城忆耕南》："才名三李后，杰出更何人？之子文章绝，往年意气亲。追欢淇水上，惜别越江边。相忆不相见，龙眠空复春。"① 这是窦光鼐乾隆二十七年祭告南海返回（《省吾斋诗赋集》虽按体分类，但秦瀛说："今年夏，辄取向所藏先生南海纪游诗，合以瀛门人俞枋所存之作，订而刻之。"② 结合卷十一地名可推断整卷为南海纪游诗）路过刘大魁的家乡桐城时所作。刘大魁说"岁在丁丑（乾隆二十二年），东武窦公视学两浙，余在幕中"③。两人在京城时已经是莫逆之交："我昔游京师，举目无相知。骑驴觅冷炙，徒使衣尘缁。东武窦公文章伯，访我一见心莫逆。论交四海空无人，谓当置我前贤之一席。"④ 可见窦光鼐对刘大魁的推崇之意。刘大魁对窦光鼐也极为佩服，称道："东皋先生崛起东武，洞见孔孟之心意，于语言之外而尽其精，不为宋元诸儒之所屏蔽。而行之以古作者之文，其言与圣人之言相赴，不阙一义，不增一辞，炯乎如日月之光，靡不照灼，非唐归之文而唐归无以过之，超然能复古者也。"⑤ "洞见孔孟""不为宋元诸儒之所屏蔽"，刘大魁和窦光鼐不屑于宋元诸儒空谈，而希望能够直承孔孟。这些与齐召南的古文观念是一致的，他曾向秦瀛传授治学的方法："阁下教瀛以治经之法而曰文必本诸经，诚哉，阁下之言也。韩子云约六经之旨而成文，柳州亦言本之诗书礼春秋易以求道之原。"⑥ 其与窦光鼐强调的"于经史古文皆有所自得"相一致。刘大魁也认为在科举制下，士子的学识被局限于四书五经，导致文体僵化，主张向归有光、唐顺之学习，"若唐氏、归氏其资之于古者既深，则其垂之于后必远也"⑦。

窦光鼐希望士子学习圣贤，"言圣贤之言""志圣贤之志""有所得"，文章学习唐宋古文派，甚或是学习桐城派，来扭转当时"止于记诵""文体衰敝"的风气。但他也认识到"求诸场屋，盖未易得然"⑧，而且"才有短长，诗与文称者，尤不易得"⑨。当时科举考试要考诗赋，乾隆二十二年和乾隆四十九年两次南巡时，对江浙士子来说，献诗献赋更成为入仕的一条捷径。乾隆二十二年南巡命窦光鼐随驾，其间窦光鼐推荐了一批后学，或许从他们的诗歌创作中，可以看出窦光鼐的诗歌主张。

李旦华，字宪吉，号厚斋，嘉兴优贡生，良年元孙，著《青莲馆诗草》。他在《重过虎林同沈云椒作》一诗后写道："窦东皋夫子咨入成均者，六人。吴君霁、张君培、姚君梁、

① 窦光鼐：《还过桐城忆耕南》，《省吾斋诗赋集》卷十一，清乾隆刻本。
② 秦瀛：《东皋先生诗钞序》，《小岘山人集》文集卷三，清嘉庆刻增修本。
③ 刘大魁：《送潢序》，《海峰文集》卷三，清刻本。
④ 刘大魁：《寄跂三兼简沈浴鲸》，《海峰诗集》古体诗五，清刻本。
⑤ 刘大魁：《东皋先生文集序》，《海峰文集》卷四，清刻本。
⑥ 秦瀛：《答秦沧凌书附原书》，齐召南：《宝纶堂诗文钞》文钞卷六，清嘉庆二年（1797）刻本。
⑦ 刘大魁：《东皋先生文集序》，《海峰文集》卷四，清刻本。
⑧ 窦光鼐：《乾隆庚子科福建乡试录序》，《省吾斋诗赋集》卷八，清乾隆刻本。
⑨ 窦光鼐：《乾隆己酉恩科浙江乡试录序》，《省吾斋诗赋集》卷八，清乾隆刻本。

张君时风、云椒及予也。"① 据《梅里诗辑》:"乾隆丁丑壬午岁,圣驾幸杭州,宪吉两应召试,并列高等。"② 乾隆丁丑为乾隆二十二年,壬午为乾隆二十七年,二十七年窦光鼐不在浙江,故李旦华所谓"咨入成均"一事当是在乾隆二十二年。李旦华有《洞溪二贤诗》,其中《明巽隐先生程本立》写道:"先人代伟人,立身庶完善。正学崇鲁邹,劲节凛冠冕。诚能格象主,法必本经典。"③《杨园先生张履祥》中写道:"大道著孔门,忠孝本学术。"④ 对张履祥面对家国之变,能够"啮指弃诸生,褒衣犹裹血"⑤ 表达了敬佩。他称赞张履祥:"志业晚愈醇,诗书光未竭。元明超等伦,宋贤庶仿佛。即登先师堂,亦在狂狷列。"⑥ 从中不难看出李旦华认为真正的学问不是词章之学,而是能够做到"格象主""本经典",做到"忠孝",这和窦光鼐所谓"发明圣贤之道""代孔孟立言"不谋而合。同时李旦华的诗歌艺术也值得我们关注,雄浑壮阔如《邯郸马上行》:"百年楼观暮云回,一骑邯郸古道来。大漠风高飞隼急,平原日落晚鸿哀。便过漳水浮河水,却望丛台接吹台。秋草关山犹沃若,名都赵魏实雄哉。"⑦ 清丽近人如《程咸九邀过寄圃分赋》:"竹牖迎凉至,疏篱傍径开。晚风生薜荔,夜雨熟杨梅。草已三年绿,人今几度来。忘形到尔汝,把酒坐苍苔。"⑧

秦瀛在《东皋先生诗钞序》中写道:"尝问诗于先生,先生诏之曰:'诗之为道,渊源三百篇,有赋焉,有比兴焉,近今之诗有赋无比兴,此诗所以衰也。唐人诗称李杜。太白歌行得楚骚之遗,少陵则原本变风变雅而得其所为怨而不怒者。二公诗往往托物比兴,词旨荒忽,读者莫测其意之所在,而诗于是为极至焉。是故作者必其性情既厚,植之以骨干,傅之以采色,谐之以律吕,舍是以言诗,非诗也。'"⑨ 窦光鼐论诗推崇李杜,认为当时的诗"有赋无比兴"。这与齐召南的观点是相同的,其论诗主"诗言志",赞赏李杜,而无所偏执。"自束发好诵李杜诗,苦于不能尽解。往在都中友朋聚谭,闻有优劣李杜者。余曰:'杜诚不可及,自李而外可与杜颉颃者谁?'"⑩ 李旦华的《邯郸马上行》整首诗意境雄浑,尤其是"便过漳水浮河水,却望丛台接吹台",明显可见学杜痕迹。有学者指出"当句对"这种形式虽非创自杜甫,但他却是将五律中的"当句对"形式引入到七律中的第一人⑪,如《闻官军收河南河北》"即从巴峡穿巫峡,便下襄阳向洛阳"、《曲江对酒》"桃花细逐杨

---

① 李旦华:《重过虎林同沈云椒作》,阮元:《两浙輶轩录》卷三十四,清嘉庆刻本。

② 朱绪曾:《梅里诗辑》,阮元:《两浙輶轩录》卷三十四,清嘉庆刻本。

③ 李旦华:《明巽隐先生程本立》,王昶:《湖海诗传》卷三十五,清嘉庆刻本。

④⑤⑥ 李旦华:《杨园先生张履祥》,王昶:《湖海诗传》卷三十五,清嘉庆刻本。

⑦ 李旦华:《邯郸马上行》,阮元:《两浙輶轩录》卷三十四,清嘉庆刻本。

⑧ 李旦华:《程咸九邀过寄圃分赋》,王昶:《湖海诗传》卷三十五,清嘉庆刻本。

⑨ 秦瀛:《东皋先生诗钞序》,《小岘山人集》文集卷三,清嘉庆刻增修本。

⑩ 齐召南:《李太白集辑注序》,《宝纶堂诗文钞》文钞卷五,清嘉庆二年(1797)刻本。

⑪ 韩成武:《杜甫在中国诗歌史上的十个创新之举》,《济南大学学报》(社会科学版),2006年第16卷第2期,第48—54页。

花落，黄鸟时兼白鸟飞"等。这首诗将燕赵秋天傍晚的辽阔萧肃直推到读者眼前，不禁让读者一起感叹"名都赵魏实雄哉"。而《程咸九邀过寄圃分赋》则清新疏朗，写出了南方春末雨后的明媚，与杜甫《水槛遣心二首其二》一诗极似。"蜀天常夜雨，江槛已朝晴。叶润林塘密，衣干枕席清。不堪祗老病，何得尚浮名。浅把涓涓酒，深凭送此生。"两首诗都在清新明丽的风景中有着一种孤寂和落寞，只能借酒自遣。

刘大魁说"诗自五七言之体兴，历汉魏以及隋唐，而杜甫集其成。文自东汉以代降，而韩愈振其衰"①。这种"诗学杜甫，文学韩愈"的观念在乾隆时期已经深入人心，窦光鼐自然会受其影响。但窦光鼐诗学杜甫，除了杜甫是"集其成"者外，更重要的是杜甫的为国为民的家国意识和窦光鼐"立德、立功、立言"的理想相契合。而其所取士子也和他有相同的志向，所谓"志圣人之志"。吴霈，字倬云，号竹堂，钱塘人，乾隆癸未（二十八年）进士，著《晚翠楼集》。《杭郡诗续辑》："竹堂贯穿群籍，体大思精，尝读书南屏万峰山房。时吾杭名宿丁吴杭厉（当是丁敬、吴霈、杭世骏、厉鹗）诸老结社于万峰，月凡数集。学使诸城窦公按临浙西，有国士之目。"② 从这段简短的资料中不难看出吴霈学问深厚，对经史子集都有很深的研究，是以窦光鼐"有国士之目"。何况后来"自罢去功名之后，悉屏尘缘，专心坟索，诗古文词皆定楷模后进"③。所作《然犀亭》一首："日落江逾白，山多不了青。涛声与松籁，吹梦上孤亭。倦客犹高咏，空潭自蛰灵。苍茫百战地，谁拟孟阳铭？"④《广阳杂记》写道："采石矶有然犀亭，晋温峤然犀照水处，此事史载甚详。"⑤ 温峤然犀一事见《晋书》："至牛渚矶（采石矶），水深不可测，世云其下多怪物。峤遂毁犀角而照之，须臾见水族覆火，奇形异状，或乘马车，著赤衣者。峤其夜梦人谓己曰：与君幽明道别，何音相照也？意甚恶之。"⑥ 采石矶地势险要，临长江，易守难攻，自古是兵家必争之地。温峤虽处于西晋初迁之时，但是建功立业，备受重用，甚或能够"然犀照水"，但吴霈只能"倦客犹高咏"。晋王载，字孟阳。《晋书》曰："张载父收为蜀郡太守，载随父入蜀作剑阁铭。益州刺史张敏见而奇之。乃表上其文，世祖遣使镌石记焉。"⑦ 纵使不能如温峤一样建功立业，那是否能像王载一样将文辞流传后世呢？虽整首诗都在怀古，但面对古人的功业成败时自然也会将自己的身世之感代入其中。或许窦光鼐对吴霈如此看重，并不仅仅因为其贯穿群经，文采风流，更是内心共同对于建功立业、报效家国的

---

① 刘大櫆：《东皋先生文集序》，《海峰文集》卷四，清刻本。
② 潘衍桐：《两浙輶轩续录》卷九，清光绪刻本。
③ 彭蕴璨：《历代画史汇传》卷七，清道光刻本。
④ 吴霈：《然犀亭》，潘衍桐：《两浙輶轩续录》卷九，清光绪刻本。
⑤ 刘献廷：《广阳杂记》卷四，清同治刻本。
⑥ 房玄龄：《晋书》卷六十七，清乾隆武英殿刻本。
⑦ 刘知几撰，浦起龙：《通释 o 史通通释》卷五内篇，清乾隆武英殿刻本。

期许。

但我们不能也不该忽视的是窦光鼐作为衡文者，虽然有一定的自主性，但更大程度上是乾隆的代言者，其诗文观念无疑也受到乾隆"御意"的影响。窦光鼐早在乾隆九年（1744）所作的《恭和翰林院宴毕，驾幸贡院七律四首元韵》①中就写道："自古人文关国运，虚公端合体皇心。"而所谓的"皇心"则正是乾隆在御制诗中所说的"志圣贤志须当立，言孔孟言大是难"②。无论这一选拔标准是好是坏，窦光鼐作为一位实施者，无疑已经尽最大可能地挑选那些有才能的人。周春在《耄余诗话》中记叙了这样一个细节："乾隆丁丑（乾隆二十二年）学使窦东皋先生试南巡献赋之士，通省五百余人持论甚高，嫌其诗律不入格，众皆未喻边。见余保和殿试《赋得窗中列远岫（得同字）》，诗云：'列岫浮天际，吟窗一望中。收来屏障小，展去图画空。出没峰难定，参差影自同。遮栏惟秀邑，入座尽清风。爽气疏棂绕，浓云密绮通。如眉描细细，似点散濛濛。荠树深团碧，标霞浅染红。高齐环卫意，欲献紫宸宫。'辄击节叹其律细，举为多士。"③可见窦光鼐取士之严谨认真，并非随意敷衍。张廷济在《周渭洙传》中也记叙了相似的事情："乾隆四十九年（1784）甲辰学使东武窦东皋先生试嘉兴府学，发'吾闻其语矣'二句题。君以'望见'树义，文不过四百余字，神机绵远，有龙门传叙笔法，东武奇之，冠其曹。其时无锡秦小岘侍郎以中书随学幕，同读是作。嘉庆初，侍郎犹为言之。"④

四、视学十年对两浙士子之影响

窦光鼐前后三次视学两浙，时间长达十年，以"明体达用""设诚致行"的治学理想和"于经史古文有所得""发明圣贤之道"的诗文观念来教导学子，选拔人才，而且"笃于教士，口讲指画，不啻师之于门弟子"。故当窦光鼐老年与这些人相聚时，有自豪，有欣慰，更有一种不负使命的骄傲。此次集会当为乾隆五十九年（案：窦光鼐生于1720年，按中国传统，其七十五岁为1794年）。

《王述庵少司寇（王昶）蒙恩子告新正八日，余因召述庵丁丑召试同门友韦约轩护抚（韦谦恒）、吴白华少司空（吴省钦）、褚筠心学士（褚廷璋）小集，并余五人共得年三百五十有余岁，约轩赋诗纪盛，三君子皆和因次韵焉》：

老夫七十年逾五，屈指知交无几存。

---

① 窦光鼐：《恭和翰林院宴毕，驾幸贡院七律四首元韵》，张廷玉：《皇清文颖》卷九十一，清文渊阁四库全书本。

② 弘历：《御制诗》，张应昌：《诗铎》卷二十，清同治八年（1869）秀芷堂刻本。

③ 周春：《耄余诗话》卷九，清钞本。

④ 张廷济：《桂馨堂集》，清钞本。

忆昔两江叨第颂，曾抡七俊备官论。

森森朝列犹过半，衮衮流年漫沂源。

却喜称名符合数，齿当期日适开尊。①

　　"森森朝列犹过半"或略有夸张，但如秦瀛所说"所当时经公视拔者，今或为名公卿位相埒，次亦历官中外，多著闻于时"。② 如平定叛乱、致力文教的王昶，主持文衡、奖掖后进的沈初，出使琉球、不辱使命的费锡章，更能体现窦光鼐"明体达用""设诚致行"的则是以治河能臣著称的姚祖同。除了这些功成名就、名列公卿者，窦光鼐的门生中也有困顿场屋，默默无闻者，如徐传瑗。徐传瑗，字景蘧，号葵圃，天台人。乾隆丁酉（四十二年）举人。华日南曰："葵圃性高爽，年六十，犹困诸生。或言老，辄色然怒，嗜学如命，遇有诗文佳者，恒手录之。"③

　　当窦光鼐视学浙江期间值得一提的还有敷文书院，吴霁、张培、张时风、沈初、李旦华、潘庭筠、陈琪、许擎、周璠、徐傅瑗、姚祖同、费锡章、张师诚等都是出自敷文书院，据《浙江通志》所载："万松书院在万松岭，宋为报恩寺，元末废。明治十一年，右参政周木因寺址改建，规制略如学宫。"④ 这是万松书院建立之始，明代王守仁有《万松书院记》。此后书院屡毁屡建，"（康熙）五十五年，圣祖仁皇帝赐御书'浙水敷文'额，因名敷文书院"⑤。敷文书院自康熙赐书后愈受重视，"（雍正）四年谕，闻浙江敷文书院内，生童众多，每岁帑金租息仅四百余两，不敷廪饩。著加赐帑金千两"⑥。据《清通志》乾隆"御制敷文书院诗乾隆十六年七言律一首，二十二年、二十七年、三十年、四十五年、四十九年五言排律各一首，俱行书"⑦。可见乾隆每次南巡必为敷文书院赋诗，俨然是把敷文书院当作浙江文学的重镇。乾隆三十年，"（乾隆）幸敷文书院，御制诗叠韵，命公（齐召南）与学臣并诸生和诗进呈"⑧。于是"士子皆就敷文肄业，旧府（皇华馆）舍宇倾圮，仅存堂屋数楹"。窦光鼐与当时主教敷文书院的齐召南无疑推荐了两浙的学风，有利于文教的兴盛。

　　① 窦光鼐：《王述庵少司寇（王昶）蒙恩予告新正八日，余因召述庵丁丑召试同门友韦约轩护抚（韦谦恒）、吴白华少司空（吴省钦）、褚筠心学士（褚廷璋）小集，并余五人共得年三百五十有余岁，约轩赋诗纪盛，三君子皆和因次韵焉》，《省吾斋诗赋集》卷十二，清乾隆刻本。
　　② 秦瀛：《诸城窦公祠堂记》，《小岘山人集》文集卷五，清嘉庆刻增修本。
　　③ 阮元：《两浙輶轩补遗》卷七，清嘉庆刻本。
　　④ 嵇曾筠：《（雍正）浙江通志》卷一，清文渊阁四库全书本。
　　⑤ 嵇曾筠：《（雍正）浙江通志》卷一，清文渊阁四库全书本。
　　⑥ 《官修大清会典则例·礼部》卷七十，清文渊阁四库全书本。
　　⑦ 《官修清通志·金石略》卷一百二十，清文渊阁四库全书本。
　　⑧ 杭世骏：《资政大夫礼部右侍郎齐公墓志铭》，《道古堂文集》卷四十二，清乾隆四十一年（1776）刻本，光绪十四年（1888）汪曾唯增修本。

但就在窦光鼐"却喜称名符合数"的第二年，即乾隆六十年再次出任会试主考官时却遭遇了一场"意外"。姚文田在《光禄大夫礼部右侍郎王公墓志铭》中记之甚详："公领乾隆己酉（1789）乡荐，六十年乙卯（1795）捷礼部试第二。其第一人即公弟以锘，一二名皆浙卷，前此所未有。时总裁窦东皋先生谓：'论次当以文，不当以省。'故力排矣议焉，亦不意其适为兄弟也。先生硕学前辈，平居每诋诃后进，人多积愤，欲借是倾先生。虽其门下士亦有下石者，因磨勘停。以锘对策四科，又谓殿试卷过劣，不能足向例十本之数，思以此激上怒。及拆封则公实为举首。高宗纯皇帝谓读卷诸臣曰：'是天也。'于是谤焰遂熄。"① 仕宦已长达四十余年的窦光鼐当不会不懂得避嫌的重要性，但仍执意选择以"以文"作为选士的唯一标准，足可见此作为司文者的公正与公平。最后以其门生秦瀛的两首诗作为对窦光鼐治学理想与诗文理想的一个总结。

雕虫本小伎，章句良足愧。然而尼父言，文迺载道器。
六经既云亡，骩骳及五季。孟县实起衰，选言庶精粹。
吾师辨流派，大小入睹记。少步翰墨场，力拔班马帜。
绚烂归淡泊，文至道亦至。不材殿门墙，负剑惊辟咡。
祭川必先河，登堂务唶嘬。卓然群伦倡，斯文赖不坠。②

参考文献：

［1］钱实甫. 清代职官年表第四册学政年表［M］，北京：中华书局，1980.

［2］［清］窦光鼐. 省吾斋诗赋集［M］. 清乾隆刻本.

［3］［清］戴殿泗. 风希堂文集［M］. 清道光八年九灵山房刻本.

［4］［清］杭世骏. 道古堂文集［M］. 清乾隆四十一年刻本光绪十四年汪曾唯增修本.

［5］［清］齐召南. 宝纶堂文钞［M］. 清嘉庆刻本.

［6］［清］刘大櫆. 海峰文集［M］. 清刻本.

［7］［民国］赵尔巽. 清史稿［M］. 民国十七年清史馆本.

［8］［清］秦瀛. 小岘山人集［M］. 清嘉庆刻增修本.

［9］清国史馆原编. 清史列传［M］//周骏富. 清代传记丛刊第98册. 台北：明文书局，1985.

［10］［清］舒位撰，叶德辉校注. 乾嘉诗坛点将录［M］//周骏富. 清代传记丛刊第19册. 台北：明文书局，1985.

---

① 姚文田：《光禄大夫礼部右侍郎王公墓志铭》，《邃雅堂文集续编》，道光八年（1828）刻本。
② 秦瀛：《呈窦东皋师二首》其二，《小岘山人集》诗集卷五，清嘉庆刻增修本。

[11] [清] 王昶. 蒲褐山房诗话 [M]. 清稿本.

[12] [清] 阮元. 两浙輶轩录 [M]. 清嘉庆刻本.

[13] [清] 王昶. 湖海诗传 [M]. 清嘉庆刻本.

[14] 韩成武. 杜甫在中国诗歌史上的十个创新之举 [J]. 济南大学报，2006，16 (2)：48—54.

[15] [清] 彭蕴璨. 历代画史汇传 [M]. 清道光刻本.

[16] [清] 刘献廷. 广阳杂记 [M]. 清同治刻本.

[17] [唐] 房玄龄. 晋书 [M]. 清乾隆武英殿刻本.

[18] [唐] 刘知几撰，[清] 浦起龙通释. 史通通释 [M]. 清乾隆武英殿刻本.

[19] 谬荃孙. 续碑传集 [M]. //周骏富. 清代传记丛刊第 115 册. 台北：台北明文书局，1985.

[20] 汪胡桢，吴慰祖. 清代河臣传 [M]. //周骏富. 清代传记丛刊第 56 册. 台北：明文书局，1985.

[21] 吴霁. [清] 阮元. 两浙輶轩补遗 [M]. 清嘉庆刻本.

[22] [清] 嵇曾筠. （雍正）浙江通志 [M]. 清文渊阁四库全书本.

[23] 官修大清会典则例. 礼部 [M]. 清文渊阁四库全书本.

[24] 官修清通志. 金石略 [M]. 清文渊阁四库全书本.

[25] [清] 姚文田. 邃雅堂文集续编 [M]. 道光八年刻本.

[26] [清] 张廷济. 桂馨堂集 [M]. 清钞本.

[27] [清] 周春. 耄余诗话 [M]. 清钞本：卷九.

[28] [清] 张应昌. 诗铎 [M]. 清同治八年秀芷堂刻本.

[29] [清] 张廷玉. 皇清文颖 [M]. 清文渊阁四库全书本.

[30] [清] 殷斋诗文集 [M]. 清咸丰八年祁寯藻刻本.

[31] [清] 杨廷璋. 余集 [M]. 清道光二十五年刻本.

窦光鼐交游考论

张秉国

济南大学文学院

摘　要：作为乾隆年间的一代名臣，窦光鼐一生屡任学政，得士甚众。本文考察了窦光鼐的交游，共考证与其交往的前辈、同僚、门生等110余人。通过考察其交游，可见窦光鼐对当时文坛及学风的影响。

关键词：窦光鼐；前辈；同僚；门生

窦光鼐（1720—1795），字元调，号东皋，山东诸城人。乾隆七年进士，改庶吉士，授编修，迁翰林院侍读，擢内阁学士，入直南书房。提督河南学政，授左副都御史，转浙江学政，迁顺天府尹，累官至左都御史。光鼐屡任乡会试考官，历督学政，得士甚众。立朝守正不阿，风节凛然，秦瀛《都察院左都御史窦公墓志铭》称其"立朝五十年，揭揭然柴立无所顾慕，刚直不能容人，人多咀而忌之者"①。诗学杜甫，文学韩愈，造诣颇高，一时称为名笔②。有《省吾斋诗赋集》《省吾斋古文集》等。

窦光鼐立朝五十年，同年友朋众多，门生弟子遍天下，不便一一胪列，仅就有文献可征者略为爬梳。另，窦光鼐之兄弟家人，亦不在本篇范畴。

一、窦光鼐与前辈的交往

（一）窦光鼐与师辈之交游

在窦光鼐的前辈中，首先是先后成为其师的高璿、刘藻、董邦达、汪由敦、于敏中等人。

高璿（1685—1734），字齐光，号云亭，山东诸城人。康熙四十一年（1702）山东乡试中举，时年十八。雍正八年成进士，选庶吉士，授检讨。迎养母杨氏于京邸，杨氏思家，

---

① 秦瀛：《小岘山人文集》卷五，清嘉庆二十二年刻道光间补刻本。

② 陈康祺：《郎潜纪闻初笔》卷七"文章名世南北齐名者"："本朝儒臣以文章名世者，天台齐侍郎与诸城窦侍郎齐名，曰南齐北窦；河间纪文达公与嘉定钱詹事齐名，曰北纪南钱。"中华书局，1984年，第142页。

璿遂奉母归，不复出。据窦光鼐《先太夫人行状》："及六岁，从家大人馆于翰林高云亭先生。"① 可推知，雍正三年，其父窦诜携六岁的光鼐就学于高璿，后者正以举人身份在家教书。

据窦汝翼《东皋府君行述》载："辛酉，中式顺天乡试举人，座师为原任云贵总督刘公讳藻，房师即董文恪公也。"② 刘藻（1701—1766），初名玉麟，字兆麟，号素存，山东菏泽人。雍正四年举人，授观城教谕。乾隆元年举博学鸿词，授检讨，更名为刘藻。累迁左都御史、通政使、内阁学士、江苏学政、宗人府府丞、陕西布政使、云南巡抚、贵州巡抚，至云贵总督，因战败左授湖北巡抚，部议夺职，闻上怒，惶恐自杀。《清史稿》有传。乾隆六年，刘藻任顺天乡试主考，取士窦光鼐，遂结师生之谊。董邦达（1699—1768），字孚存，浙江富阳人。雍正十一年进士，改庶吉士，授编修。乾隆间，历中允、侍读学士、内阁学士，迁侍郎，历户、工、吏诸部。迁左都御史，历工、礼二部尚书。卒谥文恪。《清史稿》卷三〇五本传称其"工山水，苍逸古厚"③。乾隆初年，窦光鼐读书于京师，被董邦达招致府中，与其子董诰一起读书。乾隆六年，窦光鼐中式顺天乡试举人，董邦达成为其房师。

汪由敦（1692—1758），字师茗，号谨堂、松泉，钱塘人，原籍安徽休宁。雍正二年进士，选庶吉。三迁内阁学士，直上书房。累迁工部尚书，调刑部，兼署左都御史。升军机大臣，迁协办大学士。历工部、刑部、吏部尚书。卒赠太子太师，谥文端。《清史稿》卷三〇二本传称其"由敦笃内行，记诵尤淹博，文章典重有体"④。有《松泉诗文集》。书法秀润，有《时晴斋法帖》。窦光鼐于乾隆七年中二甲进士，汪由敦为其座师。汪由敦卒后，窦光鼐作《祭冢宰汪文端公夫子文》，其中称"嗟予小子，粗习句读；辱知公门，实自童幼。顾惟戆愚，人事搆撝；公庸礧焉，而华予陋"⑤，可见师生之谊。窦光鼐另有《祭汪师母查太夫人文》。

于敏中（1714—1779），字叔子，一字重棠，号耐圃，江苏金坛人。乾隆二年状元，授翰林院修撰。累迁侍讲，典山西乡试。累迁内阁学士、山东学政、擢兵部侍郎、刑部侍郎、军机大臣、户部尚书、协办大学士，至晋文华殿大学士兼户部尚书。卒谥文襄。有《素馀堂集》三十四卷。窦光鼐于乾隆七年中进士，于敏中为其房师（时以翰林院侍讲任会试同考），而其弟光钺则为于敏中督学山东时所取士；乾隆四十三年（1778），窦光鼐长子汝翼

---

① 窦光鼐：《省吾斋古文集》卷十一，清嘉庆六年刻本。
② 窦汝翼：《皇清诰授荣禄大夫、经筵讲官、尚书房行走都察院左都御史予四品衔休致显考东皋府君行述》，《四达窦氏族谱》本。
③ 赵尔巽：《清史稿》，北京：中华书局，1977年，第10518页。
④ 赵尔巽：《清史稿》，同上，第10458页。
⑤ 窦光鼐：《省吾斋古文集》卷十二。

参加会试中式，于敏中时为正考官，又结师生之谊。窦光鼐《省吾斋古文集》中有《祭于太夫子文》《祭大学士于文襄公夫子文》《祭师母鄂太夫人文》，《祭大学士于文襄公夫子文》称："刓辱公门，兄弟父子。弟钺一官，溘然先逝。鼐以薄陋，久蒙雕饰。忆岁湜滩，随公入直。时叨学使，训言载乞。公书条缕，皆所亲历。幸获遵循，施于河浙。至今后进，犹传圭臬。所惭愚拘，动辄自室。譬诸丹火，不化凡铁。翼儿铨材，并托郢石。成器未觏，匠门遽隔。"① 追忆了一门"兄弟父子"和于敏中的交往。

王尔鉴，字在兹，号熊峰，河南卢氏人。雍正八年（1730）进士，任山东邹县、益都县、滕县知县，济宁州知州。乾隆元年（1736），窦光鼐考中秀才，房师正是王尔鉴。乾隆十六年，王尔鉴因事降调巴县，时任翰林院侍读的窦光鼐作《送王熊峰先生谪任西川》二首送别，其一云："道屈斐萋锦，名存齐鲁东。浮云方吐月，高羽会当风。鞍马清秋里，关山白露中。平生滥推奖，此别意无穷。"②

另外，吕炽也与窦光鼐有师生之谊。吕炽（？—1778），字克昌，号东亭、闇斋，广西桂林人。雍正五年（1727）进士，选庶吉士，散馆授检讨，累迁少詹事、内阁学士、工部右侍郎，官至左副都御史。窦光鼐《省吾斋古文集》卷十二《祭副宪闇斋吕太夫子文》称："伟吾师之翊运，应中阳而雷响，占隆栋于大厦，鸠众材以增构……猥因缘于门下，聆绪言以忘陋。欣洪钟之在悬，随小大以应扣。谓典型之不远，庶嘉闻之日富。"据此可知，窦光鼐曾问学于吕炽。

总之，上述师辈，或在学术思想方面，或在科举仕途方面，都对窦光鼐的人生产生了深远影响。

（二）窦光鼐与文坛前辈之交游

另外，窦光鼐的交游中，还有不少前辈。与这些前辈的交往，不仅提升了窦光鼐的诗文造诣，也提高了他的文名。

刘大櫆（1698—1780），字才甫，又字耕南，号海峰，桐城人。清代桐城派"三祖"之一，论文强调"义事""书卷""经济"，主张"神气""音节""字句"。雍正七年（1729）、十年（1732）两赴贡生试，仅得副榜，后官黟县教谕，有《海峰诗集》十一卷、《文集》六卷、《论文偶记》等。乾隆六年（1741），窦光鼐应顺天乡试，此时刘大櫆正因方苞之荐，参加在京举行的博学鸿词考试，大约此时，窦光鼐结识了早已名满天下的刘大櫆。对古文的共同爱好，使两人很快结为忘年之交，后来窦光鼐行役南方，屡有诗怀念刘大櫆，《发清口驿望龙眠山忆刘耕南》云："海内论文友，于今复几人？重经清口路，如遇素心亲。鹿起

---

① 窦光鼐：《省吾斋古文集》卷十二。
② 窦光鼐：《省吾斋诗赋集》卷九。

仍多态，龙眠会有神。朝廷需国士，未合老风尘。"① 由"朝廷需国士，未合老风尘"可知，刘大櫆此时尚未出仕，可以推知此诗当作于乾隆二十年（1755）窦光鼐以左副都御史放浙江学政之时。另外，窦光鼐还有《桐城道中忆刘耕南》："野馆同残梦，江乡忆故人。一官犹苜蓿，三径但松筠。雾雨南溟路，关山北峡春。折梅未敢寄，细把恐伤神。"（同上卷十）又有《还过桐城忆耕南》："才名三李后，杰出更何人。之子文章绝，忘年意气亲。追欢淇水上，惜别越江滨。相忆不相见，龙眠空复春。"（卷十一）刘大櫆的诗文集中没有赠答窦光鼐之作，但有赠答其弟窦光钺的《送窦西堂归东武》二首，其一曰："携手燕台日，回头近十年。履穿伊阙洞，衣溅石梁泉。并辔春骑马，连樯夜泊船。如何舍我去，惨澹向秋天。"② 更见同命相怜的友谊。

李瀚（1711—1775），字文澜，隶汉军镶黄旗。雍正十年举人，充景山官学教习，授山东荣成知县，调诸城。后历胶州知州、武定知府，升江西布政使。乾隆四十年，授云南巡抚，行至贵州道卒。李瀚任诸城知县时，窦光鼐因丁母忧里居，李瀚常邀请光鼐赴县学论学，遂为好友。乾隆四十一年（1776），瀚子如梓、如槐请铭于窦光鼐，光鼐为作《资政大夫兵部侍郎兼都察院右副都御史云南巡抚文澜李公墓志铭》，将李瀚与王尔鉴并称："予前后识长吏，以治行称最于山左者二：其一为予丙辰房师熊峰王公，其一则公也。吾师刚明廉峻，人拟以包孝肃，而以谗踬，起知四川夔州府以卒；公以廉善历擢大藩，方受命抚滇而遽卒，未竟其施，人皆惜之。"③ 并为作《祭云南巡抚文澜李公文》（《古文集》卷十二）。

张冲之（1701—1777），字道渊，一字退圃，顺天宛平人。雍正六年以孝廉举方正，授工部主事，迁虞衡司主事。历刑部主事、江西司员外郎、户部河南司郎中，所在有政绩。乾隆二十六年，授河南南汝光道。是年秋，黄河决杨桥，帝命大学士刘统勋、兆惠往塞之，时议者欲征稿秸以塞河口，冲之力阻其议，省物料若干，大学士刘统勋、巡抚胡宝瑔称其能。后以商城县狱事坐徇庇夺职。冲之与窦光鼐交好，冲之卒，光鼐为作《中宪大夫河南南汝光兵备道退圃张君墓志铭》。并曾因张冲之之请，为冲之友人王大吕撰写《文林郎山西蒲州府永济县知县谐六王君墓志铭》。（《古文集》卷十）

名儒雷鋐也与窦光鼐交好。雷鋐（1696—1760），字贯一，一字翠庭，生于宁化城关，雍正十一年（1733）进士，改庶吉士，乾隆元年，授翰林院编修，后历通政使、浙江学政、江苏学政，至左副都御史。有《经笥堂文钞》《闻见偶录》《读书偶记》《翠庭诗集》等。《清史稿》评价其"和易诚笃，论学宗程、朱"④。乾隆二十一年（1756），雷鋐以奉养告

---

① 窦光鼐：《省吾斋诗赋集》卷十一，清嘉庆六年家刻本。
② 刘大櫆：《海峰诗集》卷六，清刻本。
③ 窦光鼐：《省吾斋古文集》卷十。
④ 赵尔巽：《清史稿》，同上，第 10282 页。

归，光鼐作《送雷翠庭副宪归养》（题注：由浙江学政告归）二首，其一云："忠孝真儒业，行藏大义归。丹心仍紫禁，白首且斑衣。秋老宾鸿度，潮平画鹢飞。早知翠华路，时菊待芳菲。"① 翌年，帝南巡，雷鋐迎谒，帝有赐诗，光鼐亦作《寿雷太夫人》诗。

杨廷璋（1688—1772），字奉峨，汉军镶黄旗人，雍正七年授工部主事，再迁郎中，授广西桂林知府。乾隆二年，擢左江道；十五年，升按察使；二十年，迁湖南布政使；二十一年，升浙江巡抚；三十三年，升直隶总督；三十六年，调刑部尚书。《清史稿》有传。杨廷璋在浙江巡抚任上，与时为浙江学政的窦光鼐有颇多交游。光鼐有《陪杨奉峨抚军及藩臬诸公登北高峰》等诗，又有《杨奉峨抚军拟改凿葛岭之玛瑙坡，以书见询，赋此答之》，其中有"民劳而财费，况复凿山肤。祸福关己求，匪直惮拮据。君子慎动始，毋为生崎"②。从中可见窦光鼐对友人的直率态度。杨廷璋有《馀集》二卷，其中有《和东皋学使北高峰元韵》二首，其二有"当门裀小草，对酒酌千钟。笔剑纵横处，高谈话更浓。携手摩天岭，联吟纪芳踪"③ 之句，可知二人相交颇深。

彭启丰（1701—1784），字翰文，号芝庭，又号香山老人，长洲人。雍正五年（1727）状元，历官修撰，入直南书房，历吏部、兵部侍郎，迁左都御史，至兵部尚书。晚年主讲于紫阳书院，有《芝庭先生集》。工诗文，钱陈群《芝庭诗文集序》称："诗典则恬雅，深得温柔敦厚之旨；文笔与年并进，宗法在昌黎、南丰间，置之荆川震川两家集中，如月印川，如车合辙。"④ 窦光鼐任顺天府尹期间，以后辈游于彭启丰之门（窦光鼐同年庄培因是彭启丰之婿）。乾隆三十一年（1766），窦光鼐与友人陪同彭启丰游京城觉生寺，彭启丰作《丙戌仲春偕裘漫士、王白斋、窦东皋游觉生寺访秀山禅师》二首，其一："树隐招提觅路行，梵天高阁记分明。马蹄得得松林度，人迹闲闲麦陇耕。一觉尘心虚晓梦，廿年弹指悟浮生。华钟静吼闲花落，洗尽春游艳冶情。"其二："山门留带前因在，索句沈吟且避嚣。瘦骨谁看同李泌，传灯还拟问参寥。味添蔬笋兼春茗，香爇栴檀透绮寮。扶杖老僧阶下揖，可能蝉蜕共逍遥。"⑤ 窦光鼐有《仲春月半陪芝庭先生大司马、漫士、白斋二少农游觉生寺即事二首次漫士少农韵》，用韵与彭诗全同，其一云："春园旋辔伴春行（小注：是日诣畅春园请安），雪尽西山照眼明。市上新蚕才鬻种（小注：二月十五日为蚕市），枝头好鸟已催耕。芳郊览历欣农事（小注：宋制以二月十五日出郊劝农），胜赏招携得友生。便与头陀成旧约，华严重抚畅幽情（小注：余以丙子游此许秀山，作《大钟歌》，至今力未暇

① 窦光鼐：《省吾斋诗赋集》卷九。
② 窦光鼐：《省吾斋诗赋集》卷九。
③ 杨廷璋：《馀集》卷下，道光二十五年刻本。
④ 彭启丰：《芝庭诗稿》，清乾隆刻增修本。
⑤ 彭启丰：《芝庭诗稿》卷十三。

也）。"① 据窦光鼐此诗，可知此次游玩在二月十五日，同行的还有裴曰修和王际华。

胡宝瑔（1694—1763），字泰舒，江南歙县人。雍正元年举人，乾隆二年考授内阁中书，充军机处章京，历翰林院侍读、福建道御史、户科给事中、顺天府丞、顺天府尹、左副都御史、兵部侍郎，出抚山西、湖南、江西、河南。卒赠兵部尚书，谥恪靖。乾隆十三年，大学士傅恒视师金川，胡宝瑔以幕僚身份从征，窦光鼐作《送胡少京兆从军金川》四首，有"授钺推元宰，筹边借老儒"（其一）、"昨闻矍铄翁，一鼓蹴羌戎。似洗武威耻，终归丞相功。谋能制骄虏，语莫惜雷同"（其二）、"幕府从筹笔，宫僚愧请缨"（其四）② 等句。

刘统勋（1699—1773），字延清，号尔钝，山东诸城人。雍正二年二甲进士，选庶吉士，授编修，先后直南书房、上书房，四迁至詹事。乾隆年间，历内阁学士、刑部侍郎、左都御史、漕运总督，历工、刑、吏诸部尚书，军机大臣，协办大学士，东阁大学士。卒赠太傅，谥文正。为一代名相，被乾隆帝誉为"真宰相"。著有《刘文正公集》。刘统勋为窦光鼐的同乡前辈，其侄孙女为窦光鼐之二儿媳。窦光鼐在《祭太傅大学士刘文正公文》中称："矧伊小子，素负迂狷，辱公奖掖，实自弱冠。"③ 可知在青年时代就曾受到刘统勋的奖掖。

二、窦光鼐与同年友朋的交往

（一）窦光鼐与同学之交游

窦光鼐读书京师时，被董邦达招致府中，与其子董诰一起读书。董诰（1740—1818），浙江富阳人，邦达子。乾隆二十八年进士，历官至文华殿大学士，军机大臣。谥文恭。另外同学的还有纪昀、陆耀等人。

纪昀（1724—1808），字晓岚，字春帆，号石云、观弈道人等，直隶献县人。乾隆十九年进士，历官至协办大学士，加太子少保，谥文达。曾为《四库全书》总纂官，著有《四库全书总目》《阅微草堂笔记》等。纪昀与窦光鼐曾共同问学于董邦达，结同窗之谊。纪昀《书陆青来中丞家书后》："乾隆戊午（1738），余与陈光禄枫厓读书董文恪公家。续而至者为窦总宪元调、刘侍郎补山、蔡殿撰季实、刘观察西野、李进士应弦及陆中丞青来。课诵之暇，辄杂坐斯与堂东厢，以文艺相质正。诸君意气飞扬，不可一世。"④

陈光禄枫厓，即陈孝泳（1715—1779），字赓言，号枫厓、松崖等，浙江嘉善人。乾隆

---

① 窦光鼐：《省吾斋诗赋集》卷九。
② 窦光鼐：《省吾斋诗赋集》卷九。
③ 窦光鼐：《省吾斋古文集》卷十二。
④ 纪昀：《纪晓岚文集》第一册，河北教育出版社1995年，第260页。

十七年中顺天乡试举人，累迁至陕西道监察御史，晋授光禄寺正卿。刘侍郎补山，当即刘星炜（1718—1772）①，字映榆，号圃三，亦号补山，武进人。乾隆十三年二甲第一名进士，改庶吉士，授编修。迁侍讲，督广东学政，转安徽学政，迁礼部侍郎，转工部。有《思补堂集》，为清代"骈文八大家"之一。刘星炜中进士时窦光鼐已任同考，故两人又成师生之谊。

蔡殿撰季实，即蔡以台（1729—?），字季实，号兰圃、小栖真樵者，嘉善人。乾隆二十二年状元。授修撰，补日讲起居注官。著有《三友斋遗稿》《姓氏窃略》。

刘观察西野，俟考。李进士应弦，俟考。陆中丞青来，即陆耀（1723—1785），字青来，又字朗夫，江南吴江人。乾隆十七年举人，十九年考授内阁中书，充军机处章京。累官至湖南巡抚。有《切问斋集》。据郭象升题《切问斋集》："富阳董文恪公邦达官京师时，招致才名卓烁之少年伴其子文恭公诰读书邸中，窦东皋、刘补山、蔡季实、刘西野、陈枫崖及郎夫、文达皆一时同学也，其后各擢高科，为大官，擅文誉，而人品、吏治卓然古人者，则朗夫先生一人而已。"②

这批同窗，后来多至显宦，董诰、纪昀历至宰相，窦光鼐至都御史，刘星炜至侍郎，陆耀至巡抚，皆跻高位。

（二）窦光鼐与同年之交游

窦光鼐与乾隆七年的进士同年多有交往，兹简要胪列如下。

张泰开（1689—1774），字履安，号有堂、乐泉，江南金匮人。乾隆七年二甲第二名，改庶吉士，授编修，历官通政使、礼部侍郎、左都御史、礼部尚书，加太子少傅，卒谥文恪。张泰开与窦光鼐同年进士，但年龄与光鼐父窦诚相仿，乾隆七年中进士时已过知命之年，但受知遇，仕途顺利。泰开卒后，窦光鼐为作《同年张文恪公制义序》："乾隆五十四年夏四月，新授南笼府知府张君械斋持其祖张文恪公制义一编，问序于予。公，予壬戌会试同年友也，是科进士额广，至三百人，馆选者五十有七人，公以宿学晚遇，荷圣主特达之知，逾格擢迁，入直尚书房，涪陟都察院左都御史。及年登八秩，蒙恩予告，晋太子少傅、礼部尚书，御制七言诗宠钱，人以为荣。"③ 与窦光鼐的科举顺利而仕途蹭蹬不同，张泰开科举不顺而晚年官运亨通。

罗暹春（1717—1782），字泰初，号旭庄，江西吉水人。乾隆七年进士，改庶吉士，授编修，历福建道御史、贵州司主事、奉天司郎中、湖北德安府知府、山东盐运使等。有

---

① 按：据《清代职官年表》，乾隆年间刘姓官至侍郎者，有刘星炜、刘秉恬、刘跃云、刘权之等，然唯有刘星炜与窦、纪等年相仿，乾隆三年（1738）同学甚有可能。

② 袁长江主编《郭象升藏书题跋》，山西古籍出版社 2007 年，第 385 页。

③ 窦光鼐：《省吾斋古文集》卷八。

《水南灌叟遗稿》。罗暹春与窦光鼐同榜而又同入馆选，相交颇笃。乾隆四十一年（1776）十月，罗暹春六十寿，窦光鼐为撰《同年罗旭庄六旬寿序》："乾隆四十一年冬十月己亥朔，为同年友罗旭庄先生六旬称庆之辰，时旭庄以湖北德安府知府计荐卓异，入都，诸同年友谋所以为寿，问序于予。"①

熊为霖，字浣青，又字鹤价、学桥，新建人。与窦光鼐是乾隆七年进士同年，改庶吉士，由编修至侍读。有《鹤峤诗钞》。乾隆四十九年，主广东粤秀书院讲席。窦光鼐有《题熊学桥同年〈秋圃分甘图〉》三首，其三云："学圃未能犹故吾，一经且喜授诸雏。拟将半幅鹅溪绢，写作金门吏隐图。"②

阎循琦（1710—1775），字景韩，号玮庭，山东昌乐人。乾隆七年进士，改庶吉士，授工部主事。历广东道御史、吏部文选司郎中、内阁侍读学士，超擢工部侍郎，迁工部尚书。卒赠太子太保，谥恭定。阎循琦与窦光鼐同年而兼老乡，相交极笃。阎循琦房师罗凤彩卒，循琦请铭于光鼐，为作《通议大夫宗人府府丞苞仪罗公墓志铭》。循琦卒，光鼐作《祭大司空玮庭阎公同年文》。

金甡（1702—1782），字雨叔，号海住，浙江钱塘人。乾隆七年状元，授修撰，三迁侍讲学士。历詹事、礼部侍郎，以疾归。金甡《静廉斋诗集》卷二三有长诗《课日同年窦东皋光鼐宗丞自闽典试回，排闼直入，剧谈良久径去，走笔纪事》："故人典试七闽回，我醉闻报更筹摧……临歧结习且论文，旧识生童无一与。窦于丙子典试浙学距今二十余年。只将杯茗佐清谈，土物分贻重我惭。"③ 可知此诗当作于乾隆四十五年窦光鼐典试福建乡试回京之时。金甡卒，窦光鼐撰《祭少宗伯海住金公同年文》。

包士瑞，生卒不详，字辑五，号介庵，顺天大兴人。乾隆七年进士，改庶吉士，授编修，官至广平府教授。遂退归于乡。窦光鼐有《祭广平府教授介庵包君同年文》："忆龙飞之七载，属礼闱之抡贤，维时同登者三百人，中外分镳，如骤如骞，而君踯躅于槐市，乃倦而知还，其韫不施，其天独全。四十年来，星移飚迁，所谓三百人者，盖已无几而仅存，而君优游日下，皓发童颜。"④ 据此可知，其卒年当在乾隆四十七年（1782）前后。

章宝传，生卒不详，字习之，一字甹山，号砚屏，归安人。乾隆七年进士，选庶吉士，授编修，历工部主事、户部山东司员外郎、吏部文选司郎中、礼科给事中等。曾参与纂修《四库全书》。窦光鼐有《祭礼科给事中甹山章君同年文》："方龙飞之七载，礼闱同登者盖三百人，瞥眼荣枯三十余年，屈指中外，无几仅存，今君又逝，曾不少延。忆君始仕，典

---

① 窦光鼐：《省吾斋古文集》卷八。

② 窦光鼐：《省吾斋诗赋集》卷十二。

③ 金甡：《静廉斋诗集》，清嘉庆二十五年姚祖恩刻本。

④ 窦光鼐：《省吾斋古文集》卷十二。

掌丝纶，既司小铨，历陟台垣，屡领五隶，饬法督奸，兼直书阁，参校秘文。"① 概可想见其仕途经历。

亢保，生卒年不详，号汾溪，蒙古正蓝旗人，亦乾隆七年进士，历常镇道监察御史、江西按察使、湖北布政使，至贵州布政使。窦光鼐有《题亢汾溪监司榷关即景图》（《省吾斋诗赋集》卷九）。

邵齐焘（1718—1768），字荀慈，号叔山，江苏常熟人。乾隆七年进士，改庶吉士，至编修。郑虎文（1714—1784），字炳也，号诚斋，秀水人。亦乾隆七年进士，改庶吉士，授编修，迁赞善，历官至广东学政。有《吞松阁集》四十卷。窦光鼐有《送邵三编修赴湖南兼寄郑八学使》："昔别如风叶，相逢适六桥。还移武林棹，更逆浙江潮。霜雪湘筠隔，关山衡雁遥。当时如见忆，为语梦魂销。"② 另有《留别同年郑炳也学使》，中有"自经梅岭度，频向海云占……话别多年驶，论诗一夕淹。文星南斗逼，春水北江添"③ 等句，可知郑虎文时任广东学政，两人此次会面"论诗一夕淹"，可见交情匪浅。

（三）窦光鼐与同僚友人之交游

窦光鼐的友人中，既有曾同朝共事的同僚，也有自少熟识的友人，兹综述如下。

介福，字受兹，号景庵，满洲镶黄旗人，雍正十一年（1733）进士。乾隆七年以侍读充陕甘提学，九年，提督安徽学院，历任礼部、吏部侍郎，乾隆十六年、十九年、二十二年连任会试考官，二十四年任浙江乡试主考，二十五年任会试考官，同年任恩科乡试顺天考官。窦光鼐有《送考试官介少宰次金坛先生韵》二首。

庄有恭（1713—1767），字容可，号滋圃，祖籍福建晋江，后徙居番禺。乾隆四年（1739），被钦点为状元；九年，迁光禄寺卿；十一年，擢内阁学士，入都迁兵部右侍郎；十三年，提督江苏学政；十五年，授户部侍郎；十六年，授江苏巡抚；二十一年，擢江南河道总督；二十四年，调浙江巡抚；二十九年，入为刑部尚书；三十年，迁协办大学士。《清史稿》有传。庄有恭任浙江巡抚时，与任浙江学政的窦光鼐发生了交集，光鼐有诗《雨后同庄滋圃抚军及藩臬诸公泛舟西湖，因游天竺、灵隐、韬光诸胜，遂登北高峰》三首，其三云："危嶂倚晴空，岧峣一迳通。缘云初历历，视下但濛濛。直讶吴山碎，遥临越纪穷。江涛流不极，日日自朝东。"④

裘曰修（1712—1773），字叔度，号漫士，又号诺皋，南昌新建人。乾隆四年（1739）进士，历翰林院编修、吏部侍郎、军机处行走，至礼、刑、工三部尚书，加太子少傅，谥

① 窦光鼐：《省吾斋古文集》卷十二。
② 窦光鼐：《省吾斋诗赋集》卷九。
③ 窦光鼐：《省吾斋诗赋集》卷十一。
④ 窦光鼐：《省吾斋诗赋集》卷九。

文达。《晚晴簃诗话》卷七九:"文达以文学受知,神解超敏,喜宾客,宏奖后进,为文章不构思,每朝廷嘉礼,辄奏赋颂。馆试所为文,词林皆奉为程式。"① 曾奉敕编《热河志》《太学志》《密殿珠林》《石渠宝笈》等,有《裘文达公诗集》《文集》,但集中无酬赠窦光鼐之作。窦汝翼《东皋府君行述》:"二十九年正月,特授顺天府尹……府君到任后,与裘文达公同心剔弊,将书吏王简等按法惩治,凡州县之贪婪不职者俱行按事参劾。"可知二人曾共事。

王际华(1717—1776),字秋瑞,又字秋水,号白斋,钱塘人。乾隆十年(1745)乙丑科探花,改庶吉士,授编修。十三年,大考翰詹,擢侍读学士、上书房行走。三迁至侍郎,历工、刑、兵、户、吏诸部。三十四年,迁礼部尚书。三十八年,加太子少傅,调户部尚书。四十一年,卒,赠太子太保,谥文庄。窦光鼐有《题王大宗伯白斋梅花画扇四绝句》,如其一云:"毫端瞥见一枝新,已觉生香欲袭人。廿四番风行入手,凭君管领百花春。"②

单烺(1708—1776),字曜灵,一字青崟,号昆崙山人,山东高密人。雍正十年(1732)举人,乾隆元年会试中式,因母丧,至四年始赐同进士出身。历龙门、抚宁知县,调宛平,升顺天府西路同知,迁广平府知府,补铜仁府知府,护理贵州粮驿道。有《大昆崙山人稿》四卷。乾隆五十七年(1792),其继室黄氏卒,其子来请墓志,光鼐为作《朝议大夫贵州铜仁府知府护理粮驿道青崟单君墓志铭》。

刘墉(1719—1804),字崇如,号石庵、穆庵、香岩、溟华、日观道人等,山东诸城人,刘统勋子。乾隆十六年(1751)进士,官至内阁大学士。为官清廉,有乃父风。卒赠太子太保,祀贤良祠,谥文清。窦光鼐受知于刘墉父刘统勋,与刘墉同乡兼姻亲(窦光鼐次子媳为刘墉之从侄女),关系密切。刘墉有《窦东皋前示谒王文成祠诗,依韵和作》:"直节损躯盖士常,那知名世久弥光。变生猝遽心无动,身到孤危气倍扬。儒释阴阳谁学伪,苗蛮抚剿亦谋长。真才本异空言托,讲席纷纭叹沸蟥。"③

钱维城(1720—1772),初名辛来,字宗磐,一字幼安,号纫庵,晚号稼轩,江苏武进人。乾隆十年(1745)状元,历官至刑部侍郎,谥文敏。工画,善诗文,有《茶山集》《茶山诗钞》《茶山文钞》《鸣春小草》等,合编为《钱文敏公全集》,于乾隆四十一年付梓,参阅姓氏中列"窦光鼐,东皋,山东诸城人"。《清史稿》称其"工文翰,画山水幽深沈厚"④。乾隆十三年八月,窦光鼐授左春坊左中允,友人钱维城授右春坊右中允,窦光鼐作《复蒙特擢左春坊左中允纪恩》一诗,中有"宫僚得同臭,天奖比连琳",自注:"钱稼轩同

① 徐世昌:《晚晴簃诗话》,华东师范大学出版社 2009 年,第 536 页。
② 窦光鼐:《省吾斋诗赋集》卷十二。
③ 刘墉:《文清公遗集》卷十一,道光六年东武刘氏味经书屋刻本。
④ 赵尔巽:《清史稿》,同上,第 10520 页。

日授右春坊右中允，亦从四等特擢。"① 从窦光鼐称钱维城为"同臭"，可知二人相交之深。乾隆三十二年（1767），窦光鼐以《太翁授经图》为父祝八十寿，未成而父卒，钱维城有《题窦京兆太翁授经图》："东皋京兆以太翁小像属余补图，将为八十寿，未成而太翁卒，题此以荐灵儿：高堂首三乐，膝下实多惧。何来千岁春，忽感风前树。琅琊窦夫子，虎观踔高步。经术即事功，道自趋庭具。燕山推老桂，月胁得仙悲。八十颜青童，一编忘日暮。传经命作绘，拟为称觞御。未得介华筵，何由企灵驭。无穷孝子意，不朽先人誉。著作本谈、彪，成书在迁、固。要知重手泽，岂独珍尺素。梦奠有遗言，披图睽言顾。"②

庄存与（1719—1788），字方耕，号养恬，江南武进人。乾隆十年（1746）榜眼，授编修，迁内阁学士；二十一年，督直隶学政；四十九年，官至礼部左侍郎。有《春秋正辞》《尚书概见》《尚书说》《毛诗说》《周官说》等，均辑入《味经斋遗书》。窦光鼐与庄存与皆任职翰林，乾隆十七年，窦光鼐充湖北乡试正考官，途中作诗《渡平靖关戏简庄方耕编修》："淮北逐雪来，淮南冲雪过。跋马困泥泞，履石兼坎坷。……我行未敢息，王命有程课。缅彼白云隈，应有幽人卧。彼我悦易观，更笑谁能那。惠施撼庄周，高论每惊座。戏假良史笔，散点寒山破。"③ 可知窦光鼐与庄存与之间的同僚情谊。

存与弟培因也与窦光鼐交好。庄培因（1723—1759），字本淳，号仲醇，乾隆十九年（1754）状元，授修撰，历官至翰林院侍读学士，乾隆二十四年病死于任上，年仅三十七岁。有《虚一斋集》。徐世昌称其："朝廷举行庆典，自祭告天地宗庙、山川百神与夫内外臣工褒恤碑祭诸文，多出其手，一时文名藉甚，然观其诗，殊少佳作，而恭和御制诗又居大半。"④ 因与窦光鼐同为乾隆七年举人，结同年之谊。庄培因病逝后，窦光鼐作《哭庄学士同年》，其二云："宿昔吴中秀，声名二俊推。只今弱一个，谁共领群才。骏足时当展，长途竟不开。秋声行雁断，总益士衡哀。"⑤ 对友人的英年早逝深感惋惜。

梁国治（1723—1786），字阶平，号瑶峰，一号丰山，浙江会稽人。乾隆十三年（1748）状元，授修撰。历国子监司业、广东道员、惠嘉潮道、粮驿道、左副都御史、吏部侍郎、山西冀宁道、湖北巡抚、湖广总督、湖南巡抚、户部侍郎、户部尚书、协办大学士、东阁大学士，卒谥文定。曾充任《四库全书》副总裁，著有《敬思堂集》。《清史稿》有传。窦光鼐《祭大学士会稽梁公文》称"忆昔与公同年订交"⑥ 之语，当是二人为乾隆六年顺天乡试同年。

---

① 窦光鼐：《省吾斋诗赋集》卷九。
② 钱维城：《茶山诗钞》卷九，乾隆四十一年刻本。
③ 窦光鼐：《省吾斋诗赋集》卷九。
④ 徐世昌：《晚晴簃诗话》，第 592 页。
⑤ 窦光鼐：《省吾斋诗赋集》卷九。
⑥ 窦光鼐：《省吾斋古文集》卷十二。

海宁（? —1790），字容浦，满州正蓝旗人，历官至浙江巡抚，赴温州督擒海盗，病卒，谥勤毅。乾隆五十五年（1790），海宁任浙江巡抚，窦光鼐时任浙江学政，不久海宁病卒，光鼐作《祭浙江巡抚觉罗容浦海公文》，记述二人结交经过："予校士嘉禾，喜迓公于入疆。辱周诤于衰朽，羡膂力之方刚。公涖浙辕，予溯桐江，握别数日，而闻公力疾登舟，防盗海洋。谓劬躬勤事，守土之常，讵意中途，哭公归舫。"①

程晋芳（1718—1784），初名廷璜，字鱼门，号蕺园，歙县人。乾隆三十六年进士，官至翰林院编修。有《勉行堂诗集》，卷二四有《三月廿三日曹慕堂光禄招同稽拙修司空、申拂珊光禄、窦东皋银台、钱箨石宫詹、钱辛楣学士、纪惺斋少仆、徐邻哉太守、曹习庵编修、范叔度舍人、梁午楼孝廉法源寺看海棠，得长歌一首》。②

窦光鼐任顺天府尹时，刘峨、李湖等亦为窦光鼐所荐举，据《东皋府君行述》载："当是时，治大兴县事者即今之河帅兰公素亭、治宛平县事者原任大司马刘公讳峨、为通水道者原任广东抚军李公讳湖，清风廉名，至今三十余年，人犹称之。"刘峨（1723—1795），字先资，号宜轩，山东单县人。入赀授知县，历通永道，迁湖北按察使、安徽布政使、广西巡抚、直隶总督，后降兵部侍郎，擢兵部尚书。乾隆六十年以疾乞休，加太子少保，卒谥恪简。窦光鼐任顺天府尹时刘峨任宛平知县，皆以清廉为时所称。乾隆五十年，时任兵部尚书的刘峨因祖父刘法顺受赠如其如官，请窦光鼐为祖父法顺撰写墓表，光鼐为撰《赠荣禄大夫兵部尚书右都御史直隶总督蕙生刘公墓表》（《省吾斋古文集》卷十一）。李湖（? —1781），字又川，南昌人。乾隆四年进士，初授山东武城知县，调郯城，累迁直隶通永道，调清河道，历直隶按察使、江苏布政使，历贵州、云南、湖南、广东等地巡抚。赠尚书衔，谥恭毅。秦瀛《都察院左都御史窦公墓志铭》载："授顺天府尹……时京县为兰公第锡、李公湖，皆经公荐举，其后官督抚，皆号称贤臣。"③

袁守侗（1723—1783），字执冲，号愚谷，山东长山人。乾隆九年举人，入赀授内阁中书，充军机处章京。历侍读、吏部郎中、江西道御史，至户部尚书、刑部尚书、直隶总督。卒赠太子太保，谥清悫。以清节著闻于时。其母七十大寿，窦光鼐为作《袁母吕太夫人七秩寿序》（《省吾斋古文集》卷八）。乾隆四十八年，袁守侗卒，光鼐作《祭直隶总督愚谷袁公文》（同上卷十二）。其弟袁守诚（1736—1781），字孝本，号曙海，乾隆十五年举人，历官至山西按察使。窦光鼐有《祭山西按察使曙海袁公文》："初君妙龄，鹿鸣来宾；中翱翔于比部，谳狱鸠工，厥猷懋焉。比由京卿特简晋臬，朝列先后，祖饯青门，予时追陪，

---

① 窦光鼐：《省吾斋古文集》卷十二。
② 程晋芳：《勉行堂诗集》，黄山书社 2012 年，第 640 页。
③ 秦瀛：《小岘山人文集》卷五。

觖矗极欢。"①

　　友人中，还有与窦光鼐自幼相知的翟建书。翟建书，字笏山，号松轩，博山西河（今属淄川）人。官至乐安教谕，有《字韵考》。弟建钺（1731—1782），字桐轩，又字西堂，与光鼐弟光钺为好友，历署长乐、海澄知县，福州通判，邵武同知，龙岩、永春、直隶州知州，官至漳州通判。光鼐为作《承德郎福建漳州府通判桐轩翟君墓志铭》，其中提到其父翟葆中曾延请光鼐父窦诚为塾师而成为世交的经过："初，督捕公以比部假归，延致先君教诸子，而予自十九岁从先君与君长兄笏山读书君家南园长松诡石之下，相与论讨为乐，时君方就傅。予仲弟西堂长君三岁，与君甚相得也。及予官翰林，督捕公再补比部，逾年卒，君年十四矣。既归，又与弟鹤山从先君与西堂共学。后笏山司铎滋阳，而西堂作宰粤东，已而西堂解职候补，年方壮，乃先先君两岁卒于予京兆署中。笏山亦以足疾假休，卒于予藻官署。鹤山仕又踬。惟君腾声闽海，上官方材君，而君又逝。"② 建屏，字宪伯，号鹤山，官至南皮知县。乾隆五十三年（1788），翟母七十大寿，光鼐以建屏之请，为作《翟母慕太宜人七秩寿序》，《序》中称："翟母慕太宜人，故太子太保漕运总督立亭公之女孙……乾隆五十三年正登七秩，春三月廿有八日庆诞之辰，吾乡亲友咸欲制屏幛，具道太宜人之顺德贞操以为寿，而问序于予。令嗣诸君尝先后从先君游，予又长君笏山同学友也，义弗敢辞……厥后长君笏山司铎乐安，叔子桐轩别驾闽漳，季子鹤山由天津盐大使擢知南皮，长孙藻作掾浮梁，季孙灏作掾顺昌。"③ 可知，翟氏一门颇为兴旺。

三、窦光鼐与门生后辈的交往

　　窦光鼐一生屡任学政，又多次担任乡会试考官：乾隆十二年丁卯科，充顺天乡试考官；十三年春戊辰科，充会试同考官；十五年，充山西副考官；十七年，充湖北正考官；二十八年，知武会试贡举；三十九年甲午科，充顺天乡试同考官；四十五年庚子科，充福建正考官；五十九年，充顺天乡试正考官；六十年，充会试正考官。一生凡六任乡试考官，两任会试考官，一任武会试考官，门生弟子遍天下。兹简要介绍。

　　（一）窦光鼐历任考官所取士

　　乾隆十二年（1747），窦光鼐充丁卯科顺天乡试同考，据窦汝翼《府君行述》："所得士则原任正白旗都统徐君树峰、嘉定守朱君讳浚等是也。"徐树峰，即徐绩，字树峰，汉军正蓝旗人，在乾隆十二年乡试中举，入赀授山东兖州泉河通判，累官至山东巡抚，转河南，召授礼部侍郎。四十七年，坐雩祭礼器误，夺官，以三品顶带往和阗办事，召授正黄旗汉

---

① 窦光鼐：《省吾斋古文集》卷十二。
② 窦光鼐：《省吾斋古文集》卷十。
③ 窦光鼐：《省吾斋古文集》卷八。

军副都统，迁正红旗汉军都统。嘉庆初，复官至宗人府府丞。窦光鼐有《题徐树峰问僧图》三首，其一云："披图一似证前因，观我须观现在身。君欲自知还自问，谈空说有总非真。"① 朱浚，生平俟考。

乾隆十三年春，窦光鼐充会试同考官，"所得士则少空刘公圃三、比部主政金公长溥等是也"②。刘公圃三，即刘星炜，已见前述，与窦光鼐曾同学，本年竟出其门下。据窦汝翼《府君行述》："（二十年）特放浙江学政，府君以端士习为先，以正文风为务，所延幕宾皆一时名彦若刘圃三、褚筠心辈矢公矢慎，审别殿最，不差毫厘。"可知刘星炜曾为窦氏幕僚。金长溥，字瞻原，歙县人。乾隆十三年进士，官至吏部主事。其子金云槐为乾隆二十六年进士，金榜为三十七年状元。

乾隆十五年（1750），窦光鼐充山西乡试副考官，"所得士共六十人，今任河帅兰公素亭、原任曹州守张公讳在者，皆以清廉名于时"③。兰素亭，即兰第锡（1736—1799），字庞章，山西吉州人。乾隆十五年举人，授凤台教谕，擢顺天大兴知县，再迁永定河道，累官至江南河道总督。乾隆二十九年，窦光鼐任顺天府尹，兰第锡时任大兴县令，以师生而兼僚友，并以清廉闻名于时。第锡父时隆卒，窦光鼐为撰《赠中宪大夫江西吉南赣宁兵备道升庵兰君墓志铭》。张在，山西人，乾隆十五年举人，官至顺天府北路同知、曹州知府。

窦光鼐是科所取士中还有秦百里。秦百里，生卒俟考，字宛来，号复堂，山西凤台人。百里于乾隆十六年中进士二甲，授翰林院编修。二十四年任贵州乡试主考，逾年提督河南学政，特授颖州府知府，卒于官。乾隆四十一年，应其兄秦学溥之请，窦光鼐为百里父秦峤（1693—1774，字方洲，一字怡园，官至户部山东司员外郎）撰《赠朝议大夫直隶正定府知府户部山东司员外郎怡园秦君墓志铭》："公子百里，予庚午典试所得士也，其兄学溥将以丙申冬十一月初九日葬公于郡城西昌村之先茔，请铭。"④ 其兄秦学溥，乾隆十七年（1752）举人，历官至正定府知府。

乾隆二十二年（1757），乾隆帝南巡，"特命府君随驾江南，公同钦派大臣阅卷，所得士则现任少空吴白华先生、少鸿胪韦约轩先生、少寇王兰泉、学士曹习庵、褚筠心也。精选敷文书院诸生送应诏试者，今之少宰沈君云椒、少廷尉童君梧冈、吏部正郎张君守田等，皆府君素所器重者也"⑤。吴白华，即吴省钦（1729—1803），字冲之、充之，号白华，江苏南汇人。二十二年，帝南巡，诏试，钦赐举人，授内阁中书。二十八年成进士，改庶吉士，授编修，擢侍读学士，历左都御史。著有《白华前后稿》六十卷，但集中无赠答窦光

---

① 窦光鼐：《省吾斋诗赋集》卷十二。
② 窦汝翼：《显考东皋府君行述》。
③ 窦汝翼：《显考东皋府君行述》。
④ 窦光鼐：《省吾斋古文集》卷十。
⑤ 窦汝翼：《显考东皋府君行述》。

鼐之作。

韦约轩，即韦谦恒（1715—1792），字慎古，号约轩、木翁，芜湖人。乾隆十六年（1751），帝南巡，召试二等；二十二年，帝南巡，赐举人，并与窦光鼐结师生之谊；二十八年癸未科（1763）探花，授翰林院编修，充《一统志》纂修。历左春坊左庶子，督学山东，晋翰林院侍读学士，提督山东学政。三十七年，出任云南按察使，补贵州，晋布政使，至贵州巡抚。后因失察，降编修，历左右春坊赞善、中允，升国子监祭酒，至鸿胪少卿。有《传经堂诗抄》。为诗专主性灵，而失之浅易。韦谦恒曾将其父所绘《授经图》示于窦光鼐，光鼐为作《为韦约轩廉使题其尊甫铁夫先生〈授经图〉》，中云："韦君从东来，示我授经图。自言我先子，抗怀希古儒……晚益耽《春秋》，辩义厘锱铢。恒也甫总角，执卷庭下趋。先子欣发蒙，绘图示勿渝。瞥眼四十载，忽如隙中驹。謦欬不可追，遗图兹重摹……韦君历玉堂，文彩翔高梧。比来任学使，海岱悬冰壶。即今简司臬，万里方南逾。"[1] 可知此诗作于乾隆三十七年（1772）韦谦恒出任云南按察使之时。

王兰泉，即王昶（1725—1806），字德甫，号述庵，又号兰泉，江苏青浦人。乾隆十九年（1754）进士，帝南巡，召试，授内阁中书，入军机处。三迁至刑部郎中，以从阿桂定两金川擢鸿胪寺卿、大理寺卿、右副都御史，外授江西、陕西按察使，迁云南、江西布政使，至刑部侍郎。辑有《金石萃编》《明词综》《国朝词综》等，有《春融堂集》六十八卷，卷十九有《闻窦东皋先生光鼐复官》："风采生平动紫宸，忍看搒克到疲民。情当孤愤身何惜，势到艰危志竟伸。自是转圜繇黼座，独怜掩泪遍冠绅。小惩大戒非无补，闻说南邦气象新。"[2] 乾隆五十一年（1786），窦光鼐因浙江平阳府库亏空案彻查县令黄梅而遭革职，后因贪腐案证据确凿而被复官为光禄寺卿、宗人府府丞，王昶此诗便作于窦光鼐复职后。

曹习庵，即曹仁虎（1731—1787），字来殷，号习庵，江苏嘉定人。乾隆二十二年（1757），帝南巡，召试一等，特赐举人，授内阁中书。乾隆二十六年进士，历官翰林院编修、侍讲学士，出督广东学政。负诗名，为"吴中七子"翘楚，著有《曹学士遗集》三十卷等。《清史稿》本传称："仁虎以文字受主知，声华冠都下，屡典文衡。诗宗三唐，而神明变化，一洗粗率佻巧之习。格律醇雅，酝酿深厚，为一时所推。"[3]

褚筠心，即褚廷璋（？—1797），字左莪，号筠心，长洲人。乾隆二十二年（1757），帝南巡，特赐举人。乾隆二十八年进士，官至翰林院侍读学士，以事降主事，乞归。为沈德潜弟子，与曹仁虎等结社，以诗名，有《西域图志》《西域同文志》《筠心书屋诗钞》等。上述诸人皆与窦光鼐结师生之谊，但大多与光鼐年龄相仿。窦光鼐有《王述庵少司寇蒙恩

---

① 窦光鼐：《省吾斋诗赋集》卷十二。

② 王昶：《春融堂集》卷十九，嘉庆十二年塾南书舍刻本。

③ 赵尔巽：《清史稿》，第 13381 页。

予告，余因召述庵丁丑召试同门友韦约轩护抚、吴白华少司空、褚筠心学士小集，并余五人，共计得年三百五十有余岁。约轩赋诗纪盛，三君子皆属和，因次韵焉》："老夫七十年逾五，屈指知交无几存。忆昔两江叨第颂，曾抢七俊备官论。森森朝列犹过半，衰衰年流漫沂源。却喜称名符合数，齿当期日适开尊。"① 可知此诗作于乾隆五十九年正月（1794），回忆自己"曾抢七俊备官论"的往事。

沈云椒，即沈初（1729—1799），字景初，号萃岩，又号云椒，浙江平湖人。乾隆二十八年（1763）榜眼，授编修，累官至户部尚书。谥文恪。工诗善书，有《兰韵堂诗集》。童梧冈，即童凤三（1736—1801），字梧冈，号鹤衔，浙江山阴人。乾隆二十二年，高宗南巡，钦赐举人，授内阁中书。二十五年进士，改翰林院庶吉士，历任广西、湖南、广东、陕甘、江西、顺天乡试正考官、学政等职，官至吏部左侍郎。秉持文政四十余年，剔除积弊，多有建树。所著有《慎独斋吟剩》。张守田，即张崇益，字自谦，号守白，别号小凤山樵，娄县人。擅制砚。

乾隆三十九年（1774），窦光鼐充顺天乡试同考官，"得士十四人，现任杭嘉湖观察使小岘秦君瀛、侍御孟岩盛君惇崇皆其选也"。②

孟岩盛君惇崇，即盛惇崇，字孟岩，一字士膺，号柳五，江南阳湖人。为乾隆甲午科顺天乡试举人，四十六年二甲第二名进士，改庶吉士，授编修。历兵部员外郎、陕西道御史、江西按察使、陕西布政使。工书善画，著有《睦园诗集》。

秦瀛（1743—1821），字凌沧，一字小岘，号遂庵，江苏无锡人。为乾隆甲午科窦光鼐所取士。乾隆四十一年以举人召试山东行在，授内阁中书，充军机章京，历官至刑部侍郎。秦瀛工文章，与姚鼐相推重。有《小岘山人集》。无锡秦氏才人辈出，秦瀛高祖松龄、堂伯祖蕙田皆为闻人。父鸿钧，号世莱先生，祖春田，号溪隐先生。瀛父鸿钧六十大寿，窦光鼐为作《味外阁古松歌》，序云："余门人无锡秦舍人小岘，属钱塘潘庶常兰公作《味外阁古松图》以寿其尊人世莱先生，阁故先生家读书处也，庭前古松一，殆数百年物。秦氏世多寿，今先生之父溪隐先生年八十余，而先生亦年六十矣。爰为作歌，以题其册。"③ 秦瀛受知于窦光鼐，赠答窦光鼐之作甚多，如《呈窦东皋师》二首其二："雕虫本小伎，章句良足愧。言惟执圣权，文迺载道器。六经既云亡，骫骳及五季。孟县实起衰，选言庶精粹。吾师辨流派，大小入睗记。少步翰墨场，力拔班马帜。绚烂归淡泊，文至道亦至。不材殿门墙，负剑惊辟呬。祭川必先河，登堂务咳蒇。卓然群伦倡，斯文赖不坠。"④ 窦光鼐卒

① 窦光鼐：《省吾斋诗赋集》卷十二。
② 窦汝翼：《显考东皋府君行述》。
③ 窦光鼐：《省吾斋诗赋集》卷十二。
④ 秦瀛：《小岘山人诗集》卷五，嘉庆二十二年刻道光间补刻本。

后，浙江为之立祠，秦瀛有《西湖窦东皋夫子祠堂落成，敬举祠事，赋此》，有句"海内苍生知姓氏，人间元气在斯文。明湖几度抢才地，依旧青山带夕曛"①。另外，秦瀛有《东皋先生诗钞序》以及《祭东皋夫子文》和《都察院左都御史窦公墓志铭》等。在《祭东皋夫子文》中，秦瀛追忆了窦光鼐对自己的知遇之恩："千载知己，公亡谁存。因念畴曩，困于风尘。峄桐半死，岱篁孤根。微公见赏，久甘沈沦。爨音遇邕，谷吹逢伦。"也记录了窦光鼐"与世牴牾，屡用屡斥""奈何斯人，反用谤伤。武叔毁尼，陈相倍良。或哂公迂，或诋公狂"② 的一生，可谓知言。

乾隆四十五年（1780），窦光鼐充福建乡试正考官，取陈从潮、林宾日、张京翰等八十五人。

陈从潮（1739—1818），字瀛士，号韩川，福建福安人。庚子科福建乡试解元。工诗文，有《韩川诗集》。

林宾日（1749—1827），原名天翰，字孟养，号旸谷，侯官人。林则徐之父。林则徐在《先考行状》中载："庚子，窦东皋先生典闽试，得府君卷，评曰'理境澄澈'，已拟元矣，而第三场以病目未与，闱中觅卷不得，叹惜久之。"③

张京翰，号西村，连城人，乾隆四十五年举人。次年，以幕僚随窦光鼐赴浙江，多有襄助。清《连城县志》载："张京翰，号西村，颖异好学……乾隆庚子乡试，受知于窦东皋先生。辛丑，窦督学浙江，邀与襄校。时浙疆大吏怙权，宰执六卿皆其党属，窦不之党，事多扞格，遂以鬻名弹评。窦即以重征控大吏，无何，朝廷径提窦入京勘问。翰诣舆前，窦曰：'君子势孤，幕友皆星散，子自为归计可耳。'曰：'弟子感师德，忍坐视耶？但得重征实证，则事白矣。请迟迟行，俟江口当有报命。'乃退，佯为售笔者，入乡市，至一斋。师外出，一学童方对题构思，请代庖，童喜诺，一挥而就。师归，童子缮呈。师异甚，穷诘之，告以故。师曰：'此君岂市侩耶？'因请见，遂以实告，获重征证而去。闻奸吏检搜甚严，虑难出境，偶行市上，忽有牵衣入铺向揖者，曰：'学政之事，愿君勿前，必有重酬。'即应之曰：'惜乎不早闻命，是据已呈学政矣。但容缓图，当可为力。'是人以为坦率，不之疑。至江口，曰：'斯证师安置，恐有不测，请善为之防。'其夜，果有贼突入船中搜检，以无所获而逸。窦至京，遂得白。大吏以下坐罪，而浙省吏治以清。"④

李元灏，字太冲，号晓台，福建邵武人。《咸丰邵武县志》卷十四《孝友》："李元灏，字太冲，号晓台。性颖异，幼时能操笔成文，长与伯兄书田、季弟元淑并有声黉序。……

---

① 秦瀛：《小岘山人诗集》卷十。
② 秦瀛：《小岘山人文集》卷六。
③ 林则徐：《林则徐全集》，海峡文艺出版社 2002 年，第五册第 445 页。
④ 清李龙官等：《连城县志》，厦门大学出版社 2008 年，第 694 页。

乾隆庚子典试，窦东皋先生得其卷，击节赏叹，以试策稍短，置副车，人皆扼擎。"①

乾隆五十九年（1794），窦光鼐充殿试读卷官，同年八月，充顺天乡试正考官，"得士黄昆望等二百三十二人"②。黄昆望，即黄焜望，字耀寰，顺天大兴人，一说浙江元和人。乾隆五十九年顺天乡试解元，嘉庆元年（1796）进士，改庶吉士，授编修。嘉庆五年任湖北乡试副考官，九年任云南乡试正考官。

乾隆六十年（1795）三月，窦光鼐"充会试正考官，所取士王君以吾等一百十四人"③。王以吾，即王以铻，字古彝，号宝华，浙江归安人。窦光鼐任浙江学政时所取士，曾协助窦光鼐调查浙江平阳县令贪腐事。是科会试，窦光鼐取其为会元，其弟以衔为第二名，因此为和珅所诬，王以铻被罚停殿试，窦光鼐获罪以四品衔休致。据《清史列传·窦光鼐传》载："六十年三月，充会试正考官。四月，谕曰：'……本年会试榜发，第一名王以铻，系浙江人，第二名王以衔，亦系浙江人。朕批阅之下，以各直省应试举子不下数千人，岂无真才足拔？王以铻、王以衔同籍联名，俨然兄弟，恰居前列，殊觉可疑。兹据钦派大臣将覆试各卷分别等第进呈，第二名王以衔覆试列在二等第四，高下尚不相悬；其王以铻竟列在三等七十一名，朕亲见批阅，疵类甚多，派出大臣校阅，甚为公当。且据磨勘大臣奏称，王以铻会试中式之卷……尤为引用不切，似此肤泛失当之卷，何以拔置第一？且所拟策题，纰缪处甚多。该考官等于抢才大典，漫不经心，殊非慎重衡文之道。窦光鼐人本拘迂，不晓事体，朕凤闻其于文艺一道，尚能留心讲习，是以派为正考官，不意其糊涂错谬，一至于此……除副考官刘跃云、瑚图礼及荐卷不当之同考官等，即照和珅等所请，交部严加议处，余著照所拟分别办理外，窦光鼐著即解任，听候部议。'"④ 殿试后，王以衔得中状元，事乃解。王以铻于嘉庆六年考中进士，选翰林院庶吉士，未散馆遂卒。工诗文。其弟王以衔（1761—1823），字署冰，一字凤丹，号勿庵，亦窦光鼐任浙江学政时所取士。乾隆六十年会试第二名，殿试中状元，授修撰，历詹事府詹事，入江苏学政，升内阁学士，迁工部侍郎，改礼部右侍郎。历典江西、顺天乡试，两次任殿试读卷官。有《闲燕斋诗存》。此事在当时影响甚大，陈康祺《郎潜纪闻》分析窦光鼐遭受弹劾的原因："窦公硕学前辈，平居每诋诃后进，人多积愤，欲借是倾公。虽其门下士，亦有下石者。"⑤

（二）窦光鼐历任学政所取士

乾隆十七年（1752），窦光鼐赴河南学政任，得士苏于洛、王辰顺等。

苏于洛，字涧东，号竹屿，河南汤阴人。乾隆四十五年（1780）进士，官宣恩知县。

---

① 李正芳修、张葆森纂：《邵武县志》，清咸丰五年刻本。
② 窦汝翼：《显考东皋府君行述》。
③ 窦汝翼：《显考东皋府君行述》。
④ 《清史列传》卷二四，中华书局，1987年，第1829—1830页。
⑤ 陈康祺：《郎潜纪闻三笔》卷二"王以铻兄弟同掇巍科"，第678页。

为窦光鼐官河南学政时所识拔。法式善《涵碧山房诗集序》称："先生髫龄嗜诗，窦东皋宗丞督学中州，称其诗似陆放翁，可谓知之深矣。"① 法式善《苏竹屿传》："方其未仕也，以《夜坐》五言诗受知于窦东皋学使，以《太公考》《龙马负图赋》受知于毕秋帆中丞。"②

王辰顺，字耕畬，号葵坞，河南西华人，乾隆三十四年（1769）举人，官南阳教谕。为乾隆十八年（1753）窦光鼐任河南学政时所取士。据《中州诗钞》载："年十七，窦东皋学使爱其才，拔冠童子军。及长，从张桐冈、钱柳圃两先生游，学益进。"③《西华县续志》卷十《艺文志》载："《葵坞遗稿》二卷，王辰顺撰……辰顺文章实为窦东皋、朱石君、冯鱼山等所称赏。"④

乾隆二十一年提学浙江，乾隆四十七年再任浙江学政，先后得士甚多。嘉庆二年，秦瀛与江苏巡抚费淳为窦光鼐建祠于西湖南岸南屏山之净居庵，并撰《诸城窦公祠堂记》，记载："公之教泽于浙为最深且久，而浙之士亦至今思之不能忘。前公去浙，浙人设位于西湖之崇文书院，岁时瞻拜，祝公长生。今公既没，余故出公之门，又适备兵浙西，将别谋所以祠公，会诸生邵志纯、孙邦治亦以是请，余以书谂诸江苏巡抚费公淳，盖公初视浙学时所尝拔为博士弟子者也。费公曰善，遂于南屏山之阳所谓净居庵者，葺屋三楹，以其中奉公栗主祀焉。祀之日为嘉庆二年十月朔日，与于祭者山东运河兵备道沈君启震、刑部主事张君时风、吏部员外郎张君培、监察御史潘君庭筠、编修陈君琪、候补道许君擎，皆公前后所得士。诸生即邵、孙两生，实董是役者也……嘉庆戊午，余建苏文忠公祠于孤山之阳，祠左别建望湖楼，以净居庵室湫狭，因于己未二月既望迁公栗主于望湖楼上，是记亦移异焉。并记。"⑤ 可知，嘉庆二年，秦瀛等为建祠于南屏山，嘉庆四年己未，又将祠迁于孤山之望湖楼。

邵志纯，字怀粹，号右庵，浙江仁和人，邵康节之后。嘉庆元年举孝廉方正，入阮元幕，编纂《两浙辀轩录》，著有《乐安书屋诗文集》。孙邦治，诸生，亦窦光鼐任浙江学政时所取士，生平俟考。

费淳（1739—1811），字筠浦，钱塘人。乾隆二十八年（1763）进士，授刑部主事，历官至工部尚书兼体仁阁大学士，谥文恪。《清史稿》有传。费淳为窦光鼐任浙江学政时所取士。

沈启震，字位东，号青斋，浙江乌镇人。窦光鼐任浙江学政时所取士，乾隆三十四年（1769）正榜进士，历官山东运河道。有《慎一斋集》。张时风，号虞琴，浙江仁和人，举

---

① 法式善：《存素堂文集》卷三，嘉庆十二年刻增修本。
② 法式善：《存素堂文集》卷四。
③ 杨淮辑：《中州诗钞》，中州古籍出版社1997年，第447页。
④ 张嘉谋等：《西华县续志》，民国印本。
⑤ 《碑传集》卷三六。

人，历官刑部主事。曾主讲杭州崇文书院。张培，生平俟考，浙江平湖人，字抱一，号画禅。善山水，官至吏部员外郎。潘庭筠，字兰公，一作兰坨，号德园，浙江钱塘人。乾隆四十三年（1778）进士，官至陕西道御史。工画能文，有《稼书堂集》。陈琪，字其玉，号清峙，又号花农，浙江海宁人。乾隆六十年（1795）恩科二甲第二名进士，授翰林院编修。许擎，生平俟考。

徐铨衡（1759—?），字康平，号回峰，浙江乐清人。其孙徐德元《聘堂公行述》载："吾祖回峰公始力学能文，年二十有八，受知窦东皋夫子，补县学生第一。"[1] 可知徐铨衡亦为窦光鼐任学政时所取士。

徐天骥（1735—1766），字德士，号松坞，德清人。乾隆二十八年（1763）进士，授云南司主事，卒于官。《德清县志》卷七本传："年十九补弟子员，作文不事雕饰，洋洋洒洒，自露性灵。己卯科试冠邑士，以诗文受知于诸城窦东皋先生。"[2]

李旦华（1738—1766），字宪吉，号厚斋，浙江嘉兴人。为窦光鼐视学浙江时所得士。李旦华有《寿窦东皋夫子四十》长诗，其中提到窦氏的影响："山斗瞻东国，文章蔚圣朝。""授经开后学，撷秀著清标。"也写对自己的知遇："复与成均选，重蒙朗鉴昭。片言知己感，献颂设弧朝。"[3]

沈可培（1737—1799），字蒙泉，号向斋，浙江嘉兴人。乾隆三十七年进士，仕至安肃知县。有《泺源问答》。为窦光鼐任浙江学政时所取士，冯浩《安肃县知县沈君可培传略》："乾隆丁丑，学使窦东皋先生取入县学。"[4] 沈可培《泺源问答》卷六亦记载作者曾向窦光鼐求教古本《大学》的问题。

应沣，字仔传，号藕庄，浙江海宁人，官训导。杭世骏之婿。据《武林坊巷志》引《张子杲跋》云："再传为外王父讳沣，字仔传，又字叔雅，幼而颖异，甫弱冠入郡庠第一，食饩，贡成均，恭逢高庙□巡，献诗册，擢二等……惟时哲匠宗工如窦东皋先生、王文端、彭文勤两相，最为激赏。厄于场屋，屡荐不售，铨得绍兴府新昌儒学训导，年已七十矣。"[5]

孙希旦（1736—1784），字绍周，号敬轩，温州瑞安人。乾隆四十三年探花，授翰林院编修，有《礼记集解》《求放心斋诗文集》等。乾隆二十二、二十三年间，窦光鼐视学浙江，对县学生孙希旦称赞有加，据孙衣言《瓯海轶闻》引《行状》："丁丑戊寅间，文宗窦东皋先生视学两浙。先生以学术文章为海内宗匠，独契府君。然府君方弱冠耳，先生即以

---

① 徐德元：《徐德元集》，线装书局 2009 年，第 212 页。
② 程森：《德清县志》，民国二十年铅印本。
③ 李旦华：《青莲馆集》，清乾隆刻本。
④ 《碑传集》卷一百七。
⑤ 丁丙：《武林坊巷志》，浙江人民出版社 1987 年，第四册第 546 页。

古作者相期许。至其论学微指，有他人所不得闻者，恒为府君言之，昕夕不倦。由是府君志行日益上，学业日益就。"①

乾隆四十九年春（1784），帝南巡江浙，窦光鼐"精选两浙诸生恭送应试，蒙恩钦取者皆两浙翘楚，即今之太史张君师诚、主政费君锡章、中翰姚君祖同、何君金也"②。张师诚（1762—1830），字心友，号兰渚，浙江归安（今湖州）人。乾隆四十九年，南巡，召试，赐举人，授内阁中书。五十五年进士，改庶吉士，授编修。历至江西、福建、江苏、广东、安徽等地巡抚。召授仓场侍郎，以病辞归。费锡章，字焕槎，号西塘，归安人。乾隆四十九年，帝南巡，召试，赐举人，授内阁中书，任军机章京，历主事、监察御史、吏科给事中，奉使册封琉球，却馈遗，为时所称。迁鸿胪寺少卿、光禄寺少卿、通政使副使、光禄卿、太常寺卿，至顺天府尹，卒于任。有《一品集》《使黔集》《续琉球国志略》《治平要略》等。姚祖同（1761—1842），字亮甫，又字秉章，钱塘人。乾隆四十九年，南巡，召试，赐举人，授内阁中书，充军机章京。以纂《剿平教匪方略》，擢四五品京堂，补鸿胪寺少卿。历通政司参议、内阁侍读学士、鸿胪寺卿，出为河南布政使，擢安徽巡抚。道光初，降太常寺卿，历至左副都御史。凡河防、水利、营伍诸大政，悉心筹划，颇有政绩。何金，浙江人，乾隆四十九年，南巡，召试，赐举人，授内阁中书，充军机章京，历官至贵州按察使。

本年被窦光鼐赏拔者还有李富孙、张廷济、周汝珍、张淮等人。李富孙，号芗沚，嘉兴人，拔贡生。张廷济《桂馨堂集》六"感逝诗"载："李兄芗沚同门，名富孙，嘉兴梅会里人，拔贡生。乾隆四十九年甲辰同出窦东皋先生门下。"③ 可知，李富孙与张廷济同为窦光鼐所赏拔。张廷济（1768—1848），原名汝林，字顺安，号叔未，一字说舟，又字作田，晚号眉寿老人，浙江嘉兴人。嘉庆三年解元。工诗词，精金石考据之学。据其《桂馨堂集》，为窦光鼐所赏拔者还有：周汝珍，字渭洙，号东杠，亦浙江嘉兴人。乾隆五十七年（1792）举人，官遂昌训导。有《舞艸堂诗文集》。《桂馨堂集》六"感逝诗"载："周翁东杠名汝珍，字渭洙……资禀过人，诗文疾敏，嘉兴府学生员。乾隆甲辰，窦文正公岁试第一，补廪膳生。壬子，中本省乡试三十八名。"张淮（1758—1822），字泉如，晚号太平黎民，县学生。《桂馨堂集》六"感逝诗"载："桐山从兄名淮，字泉如，晚号太平黎民，行三，长余十岁……兄诗文宏邑，楷书法颜平原，丙午庚戌，窦文正公案试，皆一等。"

另有常山人江维新，字绍文，岁贡生；樊树典，字殿敕，号惇斋。《嘉庆常山县志》卷八载："江维新，字绍文，阁底人，岁贡生。天分高旷，性情豪宕，下笔千言立就。……读

---

① 孙衣言《瓯海轶闻》卷二一，上海社会科学院出版社2005年，第632页。
② 窦汝翼：《显考东皋府君行述》。
③ 张廷济：《桂馨堂集》，清嘉庆刻本。

书敷文书院，齐息园、窦东皋两先生甚器之。所著有《五经释义》，惜未付梓而毁焉。""樊树典，字殿敕，号惇斋，绣溪人。砥志励行，沉酣经史，制艺独出，机杼不落恒蹊，兼善诗词，试辄高等，督学窦公以国士目之。"①

汤金钊（1749—1856），字敦甫，又字勖兹，浙江萧山人。乾隆五十九年乡试第一，嘉庆四年进士，选庶吉士，授编修，累官至协办大学士兼吏部尚书。谥文端。《中华汤姓源流》称："清乾隆五十九年（1794），汤金钊参加乡试中举人，科试督学使窦东皋取其列一等，但因其身患天花，而未能入京会试。"②

翁效曾，字大成，号稚川，浙江乐清白石人。《道光乐清县志》载："少敏悟过人，髫年能诗，时称神童。十五入邑庠，博览诸子百家书，无不融贯……为文奇矫，脱尽恒蹊，郡名士率推服之。山左窦东皋为海内儒宗，督学试温，得其卷，诧为奇才，拔冠一黉。"③

戚学标（1742—1825），字翰芳，号鹤泉，浙江太平人。乾隆四十六年（1781）进士，历官河南涉县知县、宁波府学教授等。有《鹤泉文钞》《鹤泉集杜诗》等。《台州经籍志》卷三十三载《集杜正续集》，引黄河清曰："吾友太平戚鹤泉进士有异禀，年未弱冠即受知于督学窦东皋、钱稼轩两先生。"④

王昙，一名良士，浙江秀水人。乾隆五十年举人。《国朝先正事略》称其："好游侠，通兵家言，善弓矢，上马如飞，慷慨悲歌，不可一世。著有《烟霞万古楼集》。窦东皋评所撰《西楚霸王庙碑》曰：'二千年来无此手笔矣。'"⑤

李实，字世名，又字充之，广东新会人，乾隆六十年进士。张维屏《国朝诗人徵略》引《教授李君墓志铭》："乙卯大挑一等，以知县用。公有志春闱，愿就教职。即于是科成进士，总裁窦东皋先生以为卓有先辈风度。丙辰，补肇庆府教授。"⑥

俞坊，无锡人，乾隆五十九年举人。是年窦光鼐主试顺天，取士俞坊。据秦瀛《东皋先生诗钞序》："今年夏，辄取向所藏先生南海纪游诗，合以瀛门人俞坊所存之作，订而刻之，得诗一百十首，凡三卷……坊，无锡人，甲寅先生主试顺天所得士。"⑦

章炳然，安名凤翔，字冠英，号镜蓉，后改名炳然，字慎斋。浙江会稽人。《绍兴县志资料》称："生而颖悟，过目成诵，乡党中有神童之誉……嘉庆丙辰，为窦东皋学使所识

---

① 陈珏修：《嘉庆常山县志》，道光二十八年刻本。
② 汤锦程：《中华汤姓源流》，中国文联出版社 2006 年，第 530 页。
③ 鲍作雨、张振夔：《道光乐清县志》，线装书局 2009 年，下册第 1179 页。
④ 项元勋：《台州经籍志》，民国四年铅印本。
⑤ 李元度：《国朝先正事略》卷四三，岳麓书社 1991 年，第 1146 页。
⑥ 张维屏：《国朝诗人征略》，中山大学出版社 2004 年，第 1050 页。
⑦ 秦瀛：《小岘山人文集》卷三。

拔，补博士弟子员，与马海山辈受业于同邑王本滋孝廉，学日益进。"①"嘉庆丙辰"为1796年，时窦光鼐已去世，此处记载有讹，但章炳然受窦光鼐识拔则无疑。

另外，袁枚四妹袁杼之子韩执玉亦曾为窦光鼐所识拔。《随园诗话》卷十："妹嫁韩氏，生一儿，名执玉。十四岁咏《夏雨》云：'润回青簟色，凉逼采莲人。'学使窦东皋先生爱之，拔入县学。未一年，得暴疾亡。"②

窦光鼐历任考官和学政，识才拔才，不仅极大地影响了乾隆年间的士习文风，也奠定了其文坛宗师的地位。

（三）窦光鼐与后辈交游考略

除门生外，还有一些后辈与窦光鼐交好。略考如下：

顾长绂，字修浦，江西建昌人。乾隆三十四年进士，历任户部主事、员外郎、陕西盐法道、督粮道、按察使、布政使，后因案革职。顾长绂祖母刘氏八十大寿，窦光鼐为作《顾大母刘太淑人八秩寿序》（《省吾斋古文集》卷八）。

张象津（1738—1824），字汉渡，号莪石，别号雪岚，山东新城（今桓台）人。乾隆四十五年举人，官至济宁直隶州学正。所著有《白云山房诗集》《文集》《考工释车》《等韵简明指掌图》等。有《题窦东皋先生省吾斋稿》三首，其一云："近见东皋又不同，周秦骨力汉唐风。春涛字字源头水，直映扶桑万里红。"③可知张象津对窦光鼐诗歌造诣甚为佩服。

马人龙，生卒俟考，字友夔，山东齐河人。乾隆二十六年（1761）进士，选翰林院庶吉士，授编修，历刑部主事、郎中，迁礼科给事中、御史、给事中、礼部主客司郎中。窦光鼐与马人龙从叔马淳为乾隆六年顺天乡试同年，应马人龙之请，曾为其母撰写《恭人马母吴太恭人墓志铭》（《古文集》卷十）。

莫晋（1761—1826），字锡三，号宝斋，浙江仁和人。为窦光鼐任浙江学政时所取士，乾隆六十年恩科榜眼。授翰林院编修，历仓场侍郎，左迁内阁学士。工书画，书学米芾。光鼐卒后，秦瀛等为之立祠于杭州，莫晋为题对联，《冷庐杂识》载："西湖长生祠极多楹联，佳者莫宝斋侍郎题诸城窦东皋总宪光鼐长生位云：'怜才心事无双，教泽深长留学校；知己平生第一，师恩高厚并君亲。'"④

闵惇大，字闳中，号裕仲，浙江乌程人。乾隆三十七年（1772）进士，官至翰林院编修。乾隆五十一年（1786），窦光鼐视学江左，闵惇大持其祖传《甲申十同年图》请题，光鼐因去任未题。闵惇大病逝后，为补作长诗《天顺甲申十同年图歌为闵编修惇大补作》：

① 民国《绍兴县志资料》第一辑《人物列传》，民国二十六年排印本。
② 袁枚：《随园诗话》，人民文学出版社1982年，第345页。
③ 张象津：《白云山房诗集》下卷，清道光十六年张绳武刻本。
④ 陆以湉：《冷庐杂识》卷七"西湖长生祠"，中华书局1984年，第353页。

"吴兴翰林昔谒我,示以先世同年图。我欲题诗竟未果乾隆丙午,余方视学浙江,编修持是图属题,将为题卷,会以事去任,未果,图几沦落疑有无。重兹把笔翰林殁,感今怀旧增恓吁……此图留藏重世守,宝贵讵值南国珠?翰林才华后来秀,九原不作空踟蹰。为赋长句践前约,诗成用寄丹山雏。"① 按,《天顺甲申十同年图》是明弘治十六年(1503)10 位天顺八年甲申(1464)榜进士聚会的图画,10 人是李东阳、闵珪、张达、曾鉴、谢铎、焦芳、刘大夏、戴珊、王轼、陈清,时十人已皆至高官,会于闵珪(时任太子太保刑部尚书)之第,仿唐代白居易"九老"之会,绘制《甲申十同年会图》十幅,并由李东阳作《甲申十同年会图诗序》。此图王世贞曾见过三幅,其中便有闵珪后人所藏的这幅。闵惇大所藏此图现藏故宫博物院,是目前仅存的一幅。

英和(1771—1840),幼名石桐,字树琴,一字定圃,号煦斋,满洲正白旗人。乾隆五十八年(1793)进士。历官至户部尚书、协办大学士。因监造皇陵事夺职。其《恩福堂笔记》卷下载:"余初入词垣,往谒窦东皋先生,延入厅事,公自屏后叱仆人曰:'来客携有红毡始会,否则辞之。'仆人对以有,公补服朝珠,从屏后出,行交拜礼毕命坐,开口先责曰:'先生乃翰林世家,不应首坏风气。'因请其故。则从仆人手接余原帖,示曰:'帖字过小。'其实余帖上字已径六七分。因谈时文,深慨近人不读书不讲理法出落,复及古文原委。时三伏中,自朝餐后正衣冠危坐两三时许,汗如雨下,饥肠雷鸣,乘间告退。送至门,仍曰:'将帖上字展大,明日再来。'前辈古风,于今仅见。"② 此段记载可见窦光鼐待人接物之一斑。

王灼(1752—1819),字明甫,一字悔生,号晴园,又号滨麓,安徽桐城人。乾隆五十一年举人,官东流县教谕。有《悔生文集》。王灼少受学于刘大櫆,好古文,因乃师而结识窦光鼐。王灼有《送窦东皋先生典试浙江》:"使节燕关出,仙闱越国开。云涛生海甸,紫翠落天台。绛帐秋花满,冰厅晓月来。东南盛文藻,珍重柏梁材。"③

沈清瑞(1758—1791),初名南沅,字吉人,号芷生,长洲人。乾隆四十八年江南乡试解元,乾隆五十二年进士。曾入窦光鼐幕。有《沈氏群峰集》,卷二《呈窦东皋先生》曰:"昌黎山斗人伦表,六一文章海内名。末座趋陪容贱子,中朝风雅属先生。士夸望比龙门峻,吏说官如溷水清。廿载春风重持节,越江花发待双旌。"④ 将窦光鼐比之韩愈、欧阳修,虽不无溢美,亦可见窦光鼐在当时文坛的地位。

朱铨(1760—1831),字伦甄,昆山人。《昆新两县续修合志》卷三二《人物·耆硕》

---

① 窦光鼐:《省吾斋诗赋集》卷十二。
② 英和:《恩福堂笔记》,上海古籍出版社 1985 年,第 95 页。
③ 王灼:《悔生诗钞》卷三,清刻本。
④ 沈清瑞:《沈氏群峰集》,民国二十二年印本。

载："朱铨，字伦甄……入都肄业国学，两试北闱不售。时总宪窦光鼐、阁学翁方纲、太史张问陶皆器重之，招致幕下。"① 可知朱铨亦曾受窦光鼐提携。

吴荣烈（1735—1800），字巨扬，号苣斋，浙江平阳人。官至布政使理问。《东瓯逸事汇录》下编卷二九引其子吴乃伊《筼坪纪异》："丙午，余父从窦东皋学宪抵省，为平邑盘查一案。司道州县覆审十八次，父直供不讳。后窦宪被屈晋都，诸绅士管押逆旅。余父潜往吴山问卜，拈得'春'字，断云：'三日内有三大人到，此事有生气。'不数日，钦差阿中堂全闽中丞、窦学宪来浙会讯，案定而归。"② 据此可知，吴荣烈曾在平阳亏空案中襄助窦光鼐查案。

另外，和珅与窦光鼐的交往，因关系窦光鼐名节，特为申述。和珅（1750—1799），字致斋，钮祜禄氏，满洲正红旗人。历官至文华殿大学士，封三等忠襄伯。嘉庆四年夺职，赐自尽，籍其家。窦光鼐在乾隆六十年任会试正考官，因所取第一、第二名为浙江籍同胞兄弟，而为和珅所诬，以四品致仕，足见邪正不相容。但窦光鼐曾为和珅书扇，此事在和珅败后成为洪亮吉等污蔑窦光鼐的口实，秦瀛在《都察院左都御史窦公墓志铭》后记曰："公自浙江学政以左都御史召还，一日，富阳董公手执公所书金字大扇，大学士和珅见而语董公曰：'写金字善用金无如窦东皋者。'遂取一扇，属董公代乞公书，余适趋过，董公曰：'秦君固善东皋先生者，盍属之?'因以属余请于公。公书就，授余还之，书款称'致斋相国'，自称'晚生某'，盖遵旧例。致斋，和珅号也。又一日，和珅召见，出语余曰：'子见东皋，告以有御制文命其制序。散直后，即来领。'是日，公随诣和珅宅领归，谨撰序文，越日进呈。公没后，编修洪亮吉上书言事，以前在尚书房尝被公指斥，附劾公'交结和珅，书扇称师相，身称门生'。其诬公实甚。此事关系公生平大节，不可不以辨。"陈康祺对此事颇有辨析，《郎潜纪闻初笔》移录此文，并加案语曰："诸城风节峻崿，夺情不起，自不至婹婗选懦如吴省兰辈。况小岘侍郎是时适值机庭，情景宛然，亦断非师生党护之语。惟称稚存太史因同值上斋，曾被指斥，怀挟夙怨，至诬人于盖棺论定之余，此则险巇小人之所为，于太史平生，亦殊不类。大抵总宪戆直凌人，岳岳觥觥，朝士必多未满。而与和相若离若即，又未尝不稍敛其锋棱，一时众口訾謑，遂有师相门生之谤。在太史禁廷共事，所学殊途，论古谈今，两刚必竞。一旦偶惑浮言，未遑代为剖释，褊心盛气，白简遽登，古来君子，与君龃龉，持论过中，亦所尝有。略迹原心，固无损二公品学也。"③ 其中对洪亮吉不无回护之意。又在《三笔》中说："窦洪二公，历官年月，实未同值上斋（东皋予休，在乾隆六十年，明年丙辰，北江始入书房）。惟小岘侍郎与二公皆僚故，和珅索东皋

---

① 汪堃等：《昆新两县续修合志》，光绪七年刻本。
② 陈瑞赞：《东瓯逸事汇录》，上海社会科学院出版社2006年，第678页。
③ 陈康祺：《郎潜纪闻初笔》卷十"窦东皋为和珅书扇"，同上，第211页。

书，即介小岘以通意。及北江劾窦于身后，小岘亦尚在朝，断无误信传闻一言，而诬及两友之理。幼怀为北江晚出子，或乃兄孟慈辈以诋毁窦公言多过实，已将原稿节删钦（顷考得北江实有劾窦公事，详见卷六）？"① 最后，陈康祺通过嘉庆帝的谕旨得出了答案："兹恭绎仁宗谕旨，知稚存书内所称诣事和珅者，实孙士毅、窦光鼐、李绶、吴省钦、蒋赐棨、韩鑅、吴省兰、胡长龄、汪滋畹诸人。时孙、李及窦公已物故，此外罗列贪黩诸臣，则谕旨未为宣著，盖上亦嫌其所言之过实之。"② 终于不再为洪亮吉辩护。洪亮吉虽系正人，但弹劾窦光鼐于身后，挟私报复之嫌终不能免，而窦光鼐诣事和珅的传言，终得大白于天下。

参考文献：

[1] 窦光鼐. 省吾斋诗赋集. 清嘉庆六年家刻本.

[2] 窦光鼐. 省吾斋古文集. 清嘉庆六年刻本.

[3] 秦瀛. 小岘山人文集. 清嘉庆二十二年刻道光间补刻本.

[4] 陈康祺. 郎潜纪闻初笔. 北京：中华书局，1984 年.

[5] 四达窦氏族谱. 东郭窦氏家刊本.

[6] 赵尔巽. 清史稿. 北京：中华书局，1977 年.

[7] 清史列传. 北京：中华书局，1987 年.

[8] 杨廷璋. 馀集. 道光二十五年刻本.

[9] 彭启丰. 芝庭诗稿. 清乾隆刻增修本.

[10] 刘大櫆. 海峰诗集. 清刻本.

[11] 金牲. 静廉斋诗集. 清嘉庆二十五年姚祖恩刻本.

[12] 刘墉. 文清公遗集. 道光六年东武刘氏味经书屋刻本.

[13] 钱维城. 茶山诗钞. 乾隆四十一年刻本.

[14] 王昶. 春融堂集. 嘉庆十二年塾南书舍刻本.

[15] 李正芳修、张葆森. 邵武县志. 清咸丰五年刻本.

[16] 程晋芳. 勉行堂诗集. 合肥：黄山书社，2012 年.

[17] 王灼. 悔生诗钞. 清刻本.

[18] 汪堃等. 昆新两县续修合志. 光绪七年刻本.

[19] 沈清瑞. 沈氏群峰集. 民国二十二年印本.

[20] 林则徐. 林则徐全集. 福州：海峡文艺出版社，2002 年.

[21] 钱实甫. 清代职官年表. 北京：中华书局，1980 年.

---

① 陈康祺：《郎潜纪闻三笔》卷一 "窦东皋党附和珅之传疑"，同上，第 661 页。

② 陈康祺：《郎潜纪闻三笔》卷六 "洪稚存奏劾诣事和珅诸人"，同上，第 749 页。

［22］程森. 德清县志. 成文出版社 1970 年据民国 20 年铅印本影印.

［23］碑传集. 大化书局.

［24］丁丙. 武林坊巷志. 杭州：浙江人民出版社，1987 年.

［25］汤锦程. 中华汤姓源流. 北京：中国文联出版社，2006 年.

［26］鲍作雨、张振夔. 道光乐清县志. 北京：线装书局，2009 年.

［27］项元勋. 台州经籍志. 民国四年铅印本.

［28］李元度. 国朝先正事略. 长沙：岳麓书社，1991 年.

［29］张维屏. 国朝诗人征略. 广州：中山大学出版社，2004 年.

［30］民国绍兴县志资料. 民国二十六年排印本.

［31］英和. 恩福堂笔记. 上海古籍出版社，1985 年.

［32］李龙官. 连城县志. 厦门：厦门大学出版社，2008 年.

［33］纪昀. 纪晓岚文集. 石家庄：河北教育出版社，1995 年.

［34］陈瑞赞. 东瓯逸事汇录. 上海：上海社会科学院出版社，2006 年.

［35］袁长江. 郭象升藏书题跋. 太原：山西古籍出版社，2007 年.

［36］徐世昌. 晚晴簃诗话. 上海：华东师范大学出版社，2009 年.

［37］杨廷福、杨同甫. 清人室名别称字号索引. 上海：上海古籍出版社，2001 年.

［38］杨淮辑. 中州诗钞. 郑州：中州古籍出版社，1997 年.

［39］张嘉谋. 西华县续志. 成文出版社 1968 年影印民国印本.

论窦光鼐出游琅琊台、五莲山、九仙山及其祭告南海的时间

刘家忠

潍坊学院文学与新闻传播学院

摘　要：从现存窦光鼐生前创作的诗歌作品来看，他生前确实既游览过琅琊台、五莲山、九仙山等名胜景区，又曾奉诏前往广州祭告过南海。然而目前学界对其出游琅琊台、五莲山、九仙山及其祭告南海的具体出行时间，却有着多种不同的说法。我们通过对窦光鼐游览琅琊台、五莲山、九仙山及其祭告南海期间所创作的相关诗歌的仔细爬梳与分析研究，并结合窦光鼐生平经历的相关史料，从而认定窦光鼐出游琅琊台、五莲山、九仙山的时间应是乾隆十九年九月九日，而其祭告南海的出行时间应是乾隆二十六年十二月十五日。

关键词：窦光鼐；琅琊台；五莲山；九仙山；南海

窦光鼐（1720—1795），字元调，号东皋，山东诸城人。乾隆七年进士，选翰林院庶吉士，散馆授编修，累迁内阁学士、礼部侍郎，官至左副都御使、上书房总师傅，立朝为官五十年，是清代中叶较有影响的名臣之一。从现存窦光鼐生前所创作的诗歌作品来看，他生前确实既游览过琅琊台、五莲山、九仙山等名胜景区，又曾奉诏前往广州祭告过南海。然而目前学界对其出游琅琊台、五莲山、九仙山及其祭告南海的出行时间，却有着多种不同的说法，令人难以适从。为此，笔者拟以窦光鼐游览琅琊台、五莲山、九仙山及其祭告南海时所创作的相关诗歌为主要材料，并结合窦光鼐生平事迹的相关史料，来谈一谈自己对这一问题的看法。敬请方家批评指正。

根据《清人诗文集总目提要》① 和《山东文献书目》② 的统计，目前流传下来的有关窦光鼐诗文集的清刻本大约有七八种：一是《省吾斋进呈稿》（不分卷，乾隆间刻本，现藏南京图书馆）；二是《东皋先生诗集》（一册，三卷，嘉庆三年无锡秦氏刻本，现藏青岛市图书馆）；三是《省吾斋稿》（四卷，嘉庆间刻本，现藏青岛市图书馆）；四是《省吾斋文集》（二册，不分卷，嘉庆间刻本，现藏青岛市图书馆）；五是《省吾斋文稿》（四册，不分

---

① 柯愈春著：《清人诗文集总目提要》（上），北京古籍出版社2001年版，第673页。
② 王绍曾主编：《山东文献书目》，齐鲁书社1993年版，第388页。

卷，光绪间刻本，现藏青岛市图书馆）；六是《省吾斋诗赋集》（十二卷，嘉庆六年窦汝瑄刻本，现藏山东艺术学院图书馆、山东省博物馆、青岛市图书馆）；七是《窦东皋应制集》（三册，不分卷，现藏青岛市图书馆）。此外，还有中国社会科学院民族研究所藏的钞稿本《省吾斋文集》（四册，不分卷）。

窦光鼐生前所创作的诗歌作品，主要保存在上述诸多清刻本中的《东皋先生诗集》和《省吾斋诗赋集》之中。由窦光鼐门生秦瀛刊刻于嘉庆三年夏天的《东皋先生诗集》，无疑是一个较早的本子。但这个本子仅有22页，分为上中下3卷，共收录窦光鼐生前所创作的诗歌110首。而由其子窦汝瑄刊刻于嘉庆六年的《省吾斋诗赋集》，问世虽晚，但应是目前收录窦光鼐诗歌作品最多的本子。该本共分为12卷，其中4—12卷所收皆是诗歌。本文立论所依据的相关诗歌，即以《省吾斋诗赋集》所收为主，同时参以《东皋先生诗集》。

窦光鼐的纪遊诗歌，颇具有诗史的特点。不但其诗歌大多以包含有时间、地点、人物、事件等信息的词语为标题（如《梅花亭》《九日同西堂登琅琊台观日出得见海市，次东坡先生登州海市原韵》）；而且其于诗题或诗句之后多附小注，来补记一些时间、地点、人物、事件类等与诗歌创作相关联的讯息（如《十二月十五日奉命祭告南海，恭纪庆典，光群望怀柔到海涯，独欣衔凤诏兼得遂乌私》一诗，既于诗题之后增附小注"时西堂弟迎家大人至粤，寓居广州"；又于"早知飞鸟迥，想见舞衣斑"句之后增附小注"闻西堂弟署登迈，受代，二月应至广州"）。这类诗题或小注，皆是作者本人所起、所加，真实可信。不仅有助于读者更好地理解诗歌内容，而且为后人考查窦光鼐一生的游走轨迹与交友状况提供了难得的第一手资料，因此有着极高的文献价值。

一、从窦光鼐诗歌，看其出游琅琊台、五莲山、九仙山的时间

从窦光鼐现存的纪遊诗歌作品来看，其生前确实游览过老家诸城周边的琅琊台、五莲山、九仙山等景点。然而《清史稿》《山东通志》《诸城县志》《清代七百名人传》等史志类书籍所载之窦光鼐列传，却均未提及此事。目前学界对这一问题除张崇玖、窦学义二先生有所研究外，亦少有人给予过关注。张、窦二先生认为，窦光鼐游览琅琊台、五莲山、九仙山的时间，应是在其丁母忧而家居期间的乾隆二十年春天。其所撰《窦光鼐传》云：乾隆十七年八月，在京担任内阁学士兼礼部侍郎的窦光鼐被诏命出京任河南学政。乾隆十八年五月，其母因病去世，窦光鼐由河南学政任上请假回家为母守孝。乾隆十九年，"会南书房缺人"，皇上想提前启用窦光鼐被窦光鼐谢绝。乾隆二十年"春天，窦光鼐游览了五莲山、九仙山、琅琊台等名胜，写下了一些脍炙人口的诗篇，其中有《九日同西堂登琅琊台观日出得见海市，次东坡先生登州海市原韵》《同西堂游五莲山，从弟光彤适至，同登作歌一首》等。五月服满，即将离诸城赴京司职，写下了《留别邑中亲友》诗……表达了对家

乡无比怀念和对乡亲恋恋不舍的情怀"①。

然而，即使撇开具体的年份不论，仅就窦光鼐出游琅琊台、五莲山、九仙山的季节来看，张、窦二先生所提出的"春天"说，似乎就很有问题：

一是与窦光鼐相关纪遊诗中所说的出游时间难以吻合。

《东皋先生诗集》（上卷）共收存有关窦光鼐出游琅琊台、五莲山、九仙山的诗歌15首。依次是：《九月六日晚抵西堂书馆率成绝句》《重阳前一日同西堂赴琅琊台口号》《宿琅琊台山寺》（2首）、《琅琊台》《九日同西堂登琅琊台观日出得见海市，次东坡先生登州海市原韵》《再叠前韵》《同西堂游五莲山，从弟光彤适至，同登作歌一首》《登望海峰》《由光明寺出西风门》《登九仙山》（2首）、《余登从寿岭，西堂至万寿峰即住，弗能从，次日余独往天井，戏成五言》《游天井（一名白龙潭）》《还自天井》②。而《省吾斋诗赋集》（卷九）共收存有关窦光鼐出游琅琊台、五莲山、九仙山的诗歌34首。除收有《东皋先生诗集》所存的全部15首外，还分别于《九月六日晚抵西堂书馆率成绝句》之后增收《晨起赏菊，西堂欲移植于南城寓所，赋诗却之》，于《同西堂游五莲山，从弟光彤适至，同登作歌一首》之后增收《东盘路》（2首）、《五莲山杂咏十二首》（望海峰、大悲峰、天竺峰、太乙池、织女洞、拜经堂、五老峰、钵盂峰、香炉峰、藏龙峰、五莲峰、挂月峰），于《由光明寺出西风门》之后增收《缆马峰》，于《登九仙山》（2首）之后增收《万寿峰》《老母阁（亦名菩萨阁）》，还于《还自天井》之后增收《宿横翠轩口号》，共计19首。

从这两个本子所收存的相关诗歌的题目顺序与诗题中所谈及的时间，我们不仅可以断定被张崇玖、窦学义二先生用作论据的《九日同西堂登琅琊台观日出得见海市，次东坡先生登州海市原韵》一诗题目中所说的"九日"，显然就是农历秋天的九月九日，而非春天某月的九日；而且还可以清楚地弄明白窦光鼐此次出游琅琊台、五莲山、九仙山的日期和游走路线：

农历九月初六，窦光鼐前往其弟窦光钺（西堂）书院，与之相约重阳节一起出游，晚上宿住西堂书院；九月初七，晨起携光钺一同赏菊；九月初八，携光钺一同前往琅琊台，晚上留宿于琅琊台山寺；九月初九，重阳节当日兄弟二人同登琅琊台观看日出，并看到了难得一见的海市。此后，二人又结伴前往五莲山、九仙山游览，其中还在五莲山与堂弟窦光彤相遇而三人结伴同游过。

由此看来，窦光鼐出游琅琊台、五莲山、九仙山的时间，实际上是九九重阳时节。若以季节来论，则显然是在"秋天"，而绝非是张崇玖、窦学义二先生所说的"春天"也。

---

① 张崇玖、窦学义编著：《窦光鼐传》，西泠印社出版社2007年版，第74页。
② 秦瀛编：《东皋先生诗集》，嘉庆三年刻本；见韩寓群主编：《山东文献集成》（第三辑第三十册），山东大学出版社2009年版，第784—788页。

论窦光鼐出游琅琊台、五莲山、九仙山及其祭告南海的时间

二是与窦光鼐相关纪游诗中所描述的景象季节明显不符。

在《省吾斋诗赋集》所收存的有关窦光鼐出游琅琊台、五莲山、九仙山的系列纪游诗中，我们于《九月六日晚抵西堂书馆率成绝句》一诗之后，还发现了《东皋先生诗集》所未曾收录的《晨起赏菊，西堂欲移植于南城寓所，赋诗却之》一诗，内容如下：

> 披衣起看菊，不信是寒花。（菊肥如牡丹）
>
> 更对南山近，应怜秋色赊。
>
> 物生元有域，吾道本无家。
>
> 翻笑陶居士，东篱漫自诨。①

从这首"赏菊"诗，我们发现，窦光鼐出游琅琊台、五莲山、九仙山之前，先于九月六日晚抵达其弟书馆，第二天早晨与其弟一同赏菊。而生活常识告诉我们，菊花的花期多是在秋冬季节。所以在文人的笔下，常常又把菊花称作"寒花"。窦光鼐诗中亦称菊花为寒花。也正是因为菊花这清寒傲雪的品格，所以中国人自古就有重阳节赏菊的习俗。如果说窦光鼐游览琅琊台、五莲山、九仙山的季节是在春天，那么又怎么会有这赏菊之举和惜菊之作呢？

此外，本诗之后，我们还在窦光鼐出游琅琊台、五莲山、九仙山所创作的系列纪游诗中，发现了许多带有景物描绘的诗句。如：

（1）"借问惠连秋底事，一帘灯影对黄花。"（《九月六日晚抵西堂书馆率成绝句》）

"秋底事"已明"秋"言；而作者于灯影之下、窗帘之外所见之"黄花"，自然就是其诗中所言次日晨起所赏之"菊花"也。况且，在文人的笔下，早就有把菊花称作黄花的习惯。

（2）"二毛羞道插黄花，却喜登高访海槎。"（《重阳前一日同西堂赴琅琊台口号》）

古人于重阳节之际，本来就有登高望远、赏菊与头簪菊花之习俗。此时的窦光鼐虽已头有白发（二毛），不好意思再在人前头插菊花，但仍喜登高望远，所以才会有这次秋游之举。

（3）"山月悬秋影，松风会晚潮。"（《宿琅琊台山寺》）

此句不但已明言秋，仅这"山月悬秋影"，本即是秋夜一景。

（4）"径迥霜叶积，步移石状换。"（《由光明寺出西风门》）

"霜叶"本指经霜的叶子，"霜叶红于二月花"，自然亦是秋天一景。

---

① 窦汝璋编：《省吾斋诗赋集》，嘉庆六年刻本；见韩寓群主编：《山东文献集成》（第三辑第二十八册），山东大学出版社 2009 年版，第 370 页。

（5）"寒雁鸣南飞，相与随聚散。"（《由光明寺出西风门》）

大雁南飞之时，自在深秋之际。哪有大雁春天向南飞的？

（6）"凉飚振林树，柯叶如惊秋。"（《登九仙山》）

"凉飚"一词，原本就是用来形容秋风而非春风的。汉代班婕妤的《团扇歌》中早已有"常恐秋节至，凉飙夺炎热"的诗句。

（7）"挥手揽皓魄，振衣拂白露。"（《登九仙山》）

衣结白露，说明气温已低。此事亦多见于秋冬季节。

通过以上对窦光鼐相关诗句中所描绘景物的分析，我们亦不难看出其诗歌中所描写的皆是秋冬景象，而非春天应有之景。因此也可以肯定，窦光鼐游览琅琊台、五莲山、九仙山的季节当是秋天，而非春天。

基于以上两方面论证，我们可以断定：窦光鼐出游琅琊台、五莲山、九仙山的时间，当是某年的九月初九；当是一次应古人重阳节登高之俗的"秋游"之举，而非一次踏青的"春游"之旅。

明确了窦光鼐出游琅琊台、五莲山、九仙山的季节，我们再来探讨窦光鼐游览琅琊台、五莲山、九仙山的具体年份问题。

既然"春天"说站不住脚，那么"乾隆二十年春天"说自然也就无法成立。从其子窦汝翼所撰《皇清诰授荣禄大夫经筵讲官尚书房行走都察院左都御史予四品衔休致显考东皋府君行述》所云"二十年五月，服阕，特命补授都察院左副都御使"① 来看，乾隆二十年五月，窦光鼐已经丁母忧期满而被召回京了。那么，窦光鼐出游琅琊台、五莲山、九仙山的时间，究竟是哪一年呢？

从上述诗歌所记，我们知道，窦光鼐出游琅琊台、五莲山、九仙山时，是携弟窦光钺一同从诸城出发的。因此，对窦光鼐出游琅琊台、五莲山、九仙山具体年份的确定，也就必须要满足一个基本条件：即这一年的重阳节前后兄弟二人必须同在诸城。明确了这一前提，我们再去围绕窦光鼐相关诗歌，去爬梳兄弟二人各自的人生轨迹，就可以探寻出其出游琅琊台、五莲山、九仙山的具体年份。

（一）从窦光钺方面来看，二人出游琅琊台、五莲山、九仙山的时间，最晚不会晚于乾隆二十五年。

窦光鼐作诗喜附小注的这一习惯，真是可以帮我们不少大忙。从其《哭亡弟西堂十首》（乙酉年作）其四之小注"辛巳会试榜后，选下第举人，西堂蒙恩以知县分发广东""西堂先拣发云南，以亲老得改近省"，其八之小注"西堂初摄登迈，令裁减折漕浮价，邑人呼为

---

① 窦汝翼撰：《皇清诰授荣禄大夫经筵讲官尚书房行走都察院左都御史予四品衔休致显考东皋府君行述》，见《诸城窦氏族谱》，民国二十二年刻本。

青天。继知乐昌，邑人呼为赛包老云"，其五之小注"西堂涖乐昌一年，大吏题讲宝授"①，《十二月十五日奉命祭告南海，恭纪庆典，光群望怀柔到海涯，独欣衔风诏兼得遂乌私》一诗之小注"时西堂弟迎家大人至粤，寓居广州""闻西堂署登迈，受代，二月应至广州"②以及《哭亡弟西堂十首》其五之小注"以公捐三十金修道署，吏议降一级离任，复来京师谒选，寓余顺天府署"，其一之小注"五月十六日，西堂卒于京师，停棺至九月始得东归"③，《哭亡室张夫人》一诗之小注"乙酉西堂弟故"④ 等等材料，我们可知：窦光钺是乾隆二十六年春天参加礼部会试（所以会试又称为礼闱，又称为春闱）下第而以举人身份取得知县任职资格而被派往广东的（这一点，与窦光鼐在《先府君行状》中所记之"二十六年，亡弟光钺蒙恩以知县分发广东，亦奉府君往"⑤ 完全一致）。乾隆二十六年秋冬之时，窦光钺人在广东，年底已在登迈知县任上。此后虽又改任乐昌知县，但直到乾隆三十年，窦光钺才因"捐三十金修道署，吏议降一级"，而从乐昌县令任上离任回到北京候职。归京之后不久的窦光钺，就不幸染病而死在窦光鼐的顺天府署中了。直至同年九月，才得归葬于老家诸城。

由此来看，自乾隆二十六年春天始，一直到死，都是或在广东、或在北京的，皆不具备出游琅琊台、五莲山、九仙山的时间条件。所以我们说其出游琅琊台、五莲山、九仙山的时间，只能是在乾隆二十六年之前。

此外，从窦光鼐《哭亡弟西堂十首》其九之小注"予督学河南、浙江，皆携西堂同往"来看，乾隆二十年到乾隆二十四年，窦光钺亦不具备出游琅琊台、五莲山、九仙山的时间条件。

（二）从窦光鼐方面来看，其出游琅琊台、五莲山、九仙山的时间，最早不会早于乾隆十九年。

前文已言，窦光鼐游览琅琊台时曾写下了《九日同西堂登琅琊台观日出得见海市，次东坡先生登州海市原韵》《再叠前韵》两首诗歌。在诗中窦光鼐不仅描写了海市的壮丽神奇，也诉说了因海市须臾即逝而引发的人生感慨。其中有这样两句诗："我游宦海已十载，汝亦奔走营斗钟。"从这两句诗，我们发现，游览琅琊台、五莲山、九仙山之时，窦光鼐已

① 窦汝瑄编：《省吾斋诗赋集》，嘉庆六年刻本；见韩寓群主编：《山东文献集成》（第三辑第二十八册），山东大学出版社 2009 年版，第 389 页。

② 秦瀛编：《东皋先生诗集》，嘉庆三年刻本；见韩寓群主编：《山东文献集成》（第三辑第三十册），山东大学出版社 2009 年版，第 791 页。

③ 窦汝瑄编：《省吾斋诗赋集》，嘉庆六年刻本；见韩寓群主编：《山东文献集成》（第三辑第二十八册），山东大学出版社 2009 年版，第 389—390 页.

④ 秦瀛：《东皋先生诗集》，嘉庆三年刻本；见韩寓群主编：《山东文献集成》（第三辑第三十册），山东大学出版社 2009 年版，第 801—802 页.

⑤ 窦光鼐撰：《先府君行状》，见《诸城窦氏族谱》，民国二十二年刻本。

为官十年！而从现有的史料来看，窦光鼐是"乾隆七年进士，选庶吉士。散馆授编修"①（《清史稿》《清代学者像传合集》《清代七百名人传》均如是说。而《山东通志》《诸城县续志》则少"散馆"二字，误也）。从严格意义上来讲，清代"庶吉士"并不是官职。按照清朝的制度，每届科举会试之后，会从二、三甲新进士中选取五十人左右为庶吉士，入翰林院庶常馆学习，称为"馆选"。学习一般为期三年，期间由翰林院经验丰富的教习教授各种知识。待三年期满后，进行考核，称为"散馆"。成绩优异者留任翰林，授编修或检讨，成为翰林，称"留馆"，自此才算正式步入仕途。而窦光鼐虽是乾隆七年入选翰林院庶吉士的，但是在乾隆十年才被授职编修。所以，窦光鼐的宦海生涯，应该说乾隆十年才算正式开始。从乾隆十年算起，历十年，若以年头计，即是乾隆十九年，若以周年计，则是乾隆二十年。所以，我们说窦光鼐出游琅琊台、五莲山、九仙山的时间，最早不会早于乾隆十九年。

基于以上两点，窦光鼐兄弟二人出游琅琊台、五莲山、九仙山的年份，也就只有可能出现在乾隆十九年至乾隆二十五年之间了。而这一时间段内，窦光鼐自乾隆二十一年五月八日起，任浙江学政，人在杭州，直至乾隆二十四年九月任满才得以返京。乾隆二十五年，人在北京，仍任都察院左副都御史，八月十三日还蒙恩特旨、参加了庆祝皇上五十寿诞的庆典。所以说，自乾隆二十一年至乾隆二十五年，窦光鼐皆没有在老家诸城的可能。这样算来，窦光鼐出游琅琊台、五莲山、九仙山的时间，也就只能是在乾隆十九、二十两年了。然从《清代七百名人传》所记之窦光鼐乾隆"十八年丁母忧，二十年服阕"、窦光鼐《先太夫人行状》所云之"母卒于乾隆十八年五月二十二人申时"、其子窦汝翼所撰《皇清诰授荣禄大夫经筵讲官尚书房行走都察院左都御史予四品衔休致显考东皋府君行述》所云"二十年五月，服阕，特命补授都察院左副都御使"② 等资料来看，窦光鼐虽乾隆十八年五月起即在老家诸城为母守孝，但乾隆二十年五月已服阕而返回北京了。所以，乾隆二十年秋季，窦光鼐亦不可能出游琅琊台、五莲山、九仙山。由此看来，也就只有"乾隆十九年"才既符合兄弟二人同在诸城这一基本条件，又符合窦光鼐诗中所言"我游宦海已十载"这一说法了。

通过以上论证，我们可以断定，窦光鼐出游琅琊台、五莲山、九仙山的时间，应是乾隆十九年农历九月九日。

二、从窦光鼐诗歌，看其远赴广州祭告南海的出行时间与路线

窦光鼐奉诏祭告南海一事，《清史稿》中其列传不载。宣统《山东通志》、道光《诸城

---

① 赵尔巽等撰：《清史稿》（第 36 册），中华书局 1977 年版，第 10791 页。

② 窦汝翼撰：《皇清诰授荣禄大夫经筵讲官尚书房行走都察院左都御史予四品衔休致显考东皋府君行述》，见《诸城窦氏族谱》，民国二十二年刻本。

县续志》《国朝先正事略》等方志所载其列传及秦瀛所撰之《都察院左都御史窦公墓志铭》虽均记有此事，然大多仅以"寻遣祭告南海"① "命祭告南海"② 等词语概略提及此事而已，而对于其祭告南海的时间，各本均未提及。今可见提及窦光鼐祭告南海具体出行时间的材料，大致有三、四种：

一是窦光鼐自己所撰《先府君行状》中所言："（乾隆）二十六年，亡弟光铖蒙恩以知县分发广东，亦奉府君往。是岁，不孝告祭南海，觐府君于广州。"③

二是其子窦汝翼所撰《皇清诰授荣禄大夫经筵讲官尚书房行走都察院左都御史予四品衔休致显考东皋府君行述》一文中所说："（乾隆）二十七年，奉旨以对品另用。十一月，奉命往南海祭告。地方大吏馈送土仪者，皆婉却之。"④

三是《清史列传·大臣画一传档正编·窦光鼐》及蔡冠洛编著之《清代七百名人传》中所载："（乾隆）二十七年三月，奉旨：窦光鼐识见迂拙，不克胜副都御史，著以对品另用。十一月，命署内阁学士，祭告南海。"⑤

从这三组材料所记来看，关于窦光鼐祭告南海的出行时间，就有两种不同的说法：一说是在乾隆二十六年，具体月份不详；一说是在乾隆二十七年十一月。两种说法孰对孰错，叫人难以适从。

要想解决这个问题，我们还得从窦光鼐流传下来的诗歌作品中去寻找答案。

从《东皋先生诗集》和《省吾斋诗赋集》所存诗歌来看，窦光鼐在前去广州祭告南海的往返途中，创作了大量的纪游诗。其中《东皋先生诗集》中卷存 64 首，而《省吾斋诗赋集》十、十一两卷存 86 首，依次是：

《十二月十五日奉命祭告南海，恭纪庆典，光群望怀柔到海涯，独欣衔（衔）凤诏兼得遂乌私》《晚渡卢沟》《赵北口晚行》《董子祠》《周倏侯祠》《景州除夕》《壬午元旦次德州》《鲁连村》《重题鲁连村》《马周墓》《留侯祠》《陈思王墓》《兖州道中次少陵韵》《徐州渡河》《彭城怀古》《谒包孝肃公祠)》《桐城道中怀刘畊南》《张中丞祠》《渡江》《过东林寺)》《樟树镇》《雨上十八滩》《张文献公祠》《过大庾岭即日登舟寄西堂弟》《望韶石)》《夜过弹子矶》《登观音岩》《过英德南山入浈阳峡》《晚渡大庙峡》《抵清远作》《登浴日亭次东坡

① 秦瀛著：《小岘山人诗文集》，见纪宝成主编：《清代诗文集汇编》（407 册），上海古籍出版社 2010 年版，第 596 页。

② 赵佑撰：《窦东皋先生事略》，见李元度著：《国朝先正事略》（下册），岳麓书社 1991 年版，第 1120 页。

③ 窦光鼐撰：《先府君行状》，见《诸城窦氏族谱》，民国二十二年刻本。

④ 窦汝翼撰：《皇清诰授荣禄大夫经筵讲官尚书房行走都察院左都御史予四品衔休致显考东皋府君行述》，见《诸城窦氏族谱》，民国二十二年刻本。

⑤ 王钟翰点校：《清史列传·大臣画一传档正编二十一》（第六册），中华书局 1988 年版，第 1815 页；蔡冠洛编著：《清代七百名人传》，北京市中国书店 1984 年版，第 182 页。

韵》《再叠前韵》《咏南海庙木棉花》《广南怀古》《祭告南海礼成恭纪五十韵》《韩碑》《铜鼓》《咏海珠石》《觐家大人于西堂省馆，闻西堂不日当至志喜之作》《登越秀山》《登镇海楼》《五仙观》《光孝寺吊虞仲翔》《题熊监司韶石理琴图》《题曲江观鱼图》《题书堂读易图》《题南轩习射图》《题梅岭赏雪图》《留别同年郑炳也学使》《福将军苏制府讬抚军祖席留别》《史布政来按察熊监司祖席留别》《二月二十四日登舟侍家大人海珠寺》《泊舟珠浦》《侍家大人泊舟佛山寺待西堂不至》《侍家大人三水道中作》《侍家大人登昆都山作》《拜别家大人登舟有作》《待西堂弟不至解缆北上怅然有感》《抵清远峡怀西堂弟》《游峡山寺》《钓鱼石上作》《题二禹祠》《发清远峡抵黄石矶》《虞夫人祠》《雨入浈阳峡》《还过南山作》《还过观音岩作》《清溪雨泊》《弹子矶》《舜祠》《修仁道中》《舟中寄西堂弟》《归度大庾岭》《舟发大庾》《下十八滩》《吉水道中》《吉水道中阻风》《黄金江口野泊》《闻鹧鸪》《登滕王阁》《道中见杜鹃盛开而叹之，仆夫折数枝来献，把玩移时感而有作》《发清口驿望龙眠诸山忆刘畊南》《还过桐城忆畊南》《少陵台》。

上述诗歌，以时间为序，真实地记录了窦光鼐祭告南海的往返路线及其一路之上的所见、所闻、所感。因此，通过对窦光鼐这些纪游诗的解读，我们就可以明确窦光鼐祭告南海的出行时间，还原其南海之行的行走路线。

第一，从《壬午元旦次德州》一诗，我们可以明确得知窦光鼐的祭告南海之行，乾隆二十七年大年初一已经到达山东德州，因此又怎么会是"乾隆二十七年十一月"才出发呢？所以，"乾隆二十七年十一月"一说根本站不住脚。

第二，同理可知，窦光鼐在《壬午元旦次德州》一诗之前创作的《十二月十五日奉命祭告南海，恭纪庆典，光群望怀柔到海涯，独欣衔风诏兼得遂乌私》一诗题目中所说的"十二月十五日"，理应就是乾隆二十六年十二月十五日。而这自然就是窦光鼐祭告南海之行的真实出发日期。

第三，从《十二月十五日奉命祭告南海，恭纪庆典，光群望怀柔到海涯，独欣衔（衔）风诏兼得遂乌私》诗中所作小注"时西堂弟迎家大人至粤，寓居广州"（《省吾斋诗赋集》作"时家大人在西堂舍，寓居广州"）、"闻西堂署登迈，受代，二月应至广州"[1]和《哭亡弟西堂十首》其四之小注"辛巳会试榜后，选下第举人，西堂蒙恩以知县分发广东"[2]来看，十二月十五日，窦光鼐接到祭告南海的诏令时，已得知先期到达广东的窦光钺刚到登迈县署报到并和前任完成了交接（旧时谓官吏任满由新官代替为受代）。而窦光钺是

---

① 秦瀛编：《东皋先生诗集》，嘉庆三年刻本；见韩寓群主编：《山东文献集成》（第三辑第三十册），山东大学出版社 2009 年版，第 791 页。

② 窦汝瑄编：《省吾斋诗赋集》，嘉庆六年刻本；见韩寓群主编：《山东文献集成》（第三辑第二十八册），山东大学出版社 2009 年版，第 389-390 页。

辛巳年（即乾隆二十六年）以"下第举人"身份选拔为知县而分发到广东的。所以，窦光鼐的祭告南海之行也只能是在乾隆二十六年岁末，而非乾隆二十七年十一月。因为乾隆二十七年十一月，窦光钺已做登迈县令近一年，又怎么会是刚刚"受代"呢？

基于以上三方面论据，我们可以肯定地说，窦光鼐祭告南海的出发时间，既不是乾隆二十七年十一月，也不是乾隆二十六年十一月，而应当是乾隆二十六年十二月十五日。所以以往所说的两种观点均不准确。

明确了窦光鼐祭告南海的出行时间，我们围绕窦光鼐的上述诗歌，还可以还原出其前往广州祭告南海的行走轨迹与路线：

乾隆二十六年十二月十五日，窦光鼐奉命祭告南海，从北京出发，渡卢沟，经河北之赵北口、枣强、景州，乾隆二十七年正月初一到达山东德州。然后经山东荏平、东阿、兖州而进入江苏。从江苏徐州渡过黄河而进入安徽。经安徽合肥、桐城、安庆皖口，渡过长江而进入江西。过江西庐山、樟树镇，经赣江过大庾岭而进入广东韶州。然后过韶州而至英德，过英德南山、经北江而渡过中宿、大庙、浈阳三峡到达清远，最后从清远到达广州，于南海神庙祭拜南海之神祝融。祭告礼成之后，前往窦光钺广州省馆而拜见父亲。二月二十四日开始，又陪同父亲乘船游览了海珠寺、佛山寺、昆都山等景点。三月三日，始终未能等到弟弟的窦光鼐，只好无奈地与父亲告别而解缆北上，踏上了返京的旅途。

参考文献：

［1］柯愈春著：《清人诗文集总目提要》（上），北京古籍出版社，2001 年版。

［2］王绍曾主编：《山东文献书目》，齐鲁书社，1993 年版。

［3］韩寓群主编：《山东文献集成》（第三辑），山东大学出版社，2009 年版。

［4］纪宝成主编：《清代诗文集汇编》（第 407 册），上海古籍出版社，2010 年版。

［5］李元度著：《国朝先正事略》（下册），岳麓书社，1991 年版。

［6］蔡冠洛编著：《清代七百名人传》，北京市中国书店，1984 年版。

［7］王钟翰点校：《清史列传》（第六册），中华书局，1988 年版。

［8］赵尔巽等撰：《清史稿》（第三十六册），中华书局，1977 年版。

［9］张崇玖、窦学义编著：《窦光鼐传》，西泠印社出版社，2007 年版。

［10］《诸城窦氏族谱》，民国二十二年刻本。

窦光鼐传记资料辑要

王伟波

昌邑市博物馆

摘　要：窦光鼐是清代名臣，著名学者。但长期以来，针对他的研究一直相对薄弱，其中一个重要的原因是其传记资料分散，一般研究者不宜查找。兹予广泛搜辑，择其精要，去其重复，按照家传、史传、别传、附录分类整理，以方便利用。

关键词：窦光鼐；传记；资料

一、家　传

1. 窦汝翼撰：《皇清诰授荣禄大夫经筵讲官尚书房行走都察院左都御史予四品衔休致显考东皋府君行述》

呜呼，痛哉！府君遽弃不孝等而长逝耶。不孝汝翼等晨昏依侍，窃见府君体素康强，精神健矍，虽迩年时患腹泻，而寝食起居俱如平时。今夏予告家居，犹手不释卷，著作罔辍，讵意脾泄增剧，复感风寒，医治难瘳，遂至不起。汝翼等猝遭凶变，抱恨终天。呜呼，痛哉！顾念府君由词林荷圣主特达之知，洊陟正卿，服官中外五十余年，其嘉言懿行彰彰在人口者，若不及时纪述，则汝翼等罪戾滋大。用敢泣血和墨，追述梗概，以冀当代大人先生采览焉。

府君姓窦，讳光鼐，字元调，号东皋，世为诸城巨族。高祖考石卿公，以文行著于邑乘，因府君贵，诰赠荣禄大夫、礼部右侍郎加一级。高祖妣臧氏、李氏，俱诰赠一品夫人。曾祖考永庵公，孝友端方，乡党称慕，识者以为阴德垂裕，子孙必有昌者，以府君贵，诰赠荣禄大夫、礼部右侍郎加一级。曾祖妣牛氏、沈氏俱诰赠一品夫人。祖考瑶圃公，乾隆甲子科举人，沈潜古籍，种德植行，有古人风，以府君贵，诰赠荣禄大夫、礼部右侍郎加一级。祖妣张氏，诰赠一品夫人，生府君兄弟三人。

府君行一，幼即聪颖。五岁，随先大父学，每课百余行，读一两回即能成诵。七岁，能属文，斐然可观。九岁，出应童子试，老师宿儒咸叹为凤慧，忘年就正焉。十五岁，补博士弟子员，虽甫列黉门，而缙绅先生无不啧啧称羡，为先大父贺曰："异日文章华国，扶大雅之轮者，其在斯人乎?"十七岁，丙辰中式本省乡试副榜。十九岁，吾母张夫人来归。

是时，府君随先大父馆谷于外，家綦贫，吾母张夫人孝敬不匮，克勤克俭，殚心竭力以事先大母，使府君无内顾忧。廿二岁，辛酉中式顺天乡试举人，座师为原任云贵总督刘公讳藻，房师即董文恪公也。廿三岁，壬戌会试中式，座师为汪文端公，房师即于文襄公也。殿试二甲进士，钦点庶吉士。

乾隆十年，授职编修，职《续文献通考》纂修官。府君尝覃思古圣贤之学，博落慎取，大要以"不自欺"为本，考研宋五子之书，而绝去门户意见。曰："儒者之书，要折中于圣人，毋随人耳食也。"故说书务析白文，依类引证，期于人人共晓而止。肆力于秦汉唐宋古大家，而约六经以成文。尤精制艺，必以明之王守溪、唐荆川、茅鹿门、归震川各名家较高下，惬心当意而后已。平居以廉洁持躬，以方严植品，孑然孤立，人皆知之，亦无敢干以私者。

十二年丁卯科，充顺天乡试同考官，所得士则原任正白旗都统徐君树峰、嘉定守朱君讳浚等是也。

十三年春戊辰科，充会试同考官，所得士则少空刘公圃三、比部主政金公长溥等是也。御试翰詹于乾清宫，阅卷者以府君不合时宜，置四等，蒙皇上特恩，开坊升中允。

十五年，充山西副考官，所得士共六十人，今任河帅兰公素亭、原任曹州守张公讳在者，皆以清廉名于时。

十六年，升授侍读，进《恭纪圣驾南巡赋》，蒙恩奖谕。

十七年，充湖北正考官，取士四十八人。三月，升授侍读学士，六月，御试翰詹于正大光明殿，试以《纳凉赋》《风动万年枝诗》《董江都天人三策》，府君名居一等第二名，特授内阁学士兼礼部侍郎、南书房行走。八月，特放河南学政。

十八年，丁先大母艰，哀毁柴立，昼夜号泣，经理丧葬。府君当官孤直，一介不妄取，既葬之后，乃借屋居住，设帐授徒，讲论不倦。

二十年五月，服阙，特命补授都察院左副都御使。未几，特放浙江学政。府君以端士习为先，以正文风为务，所延幕宾皆一时名彦，若刘圃三、褚筠心辈，矢公矢慎，审别殿最，不差毫厘。

二十二年丁丑，圣驾南巡浙江，蒙恩赐御制诗曰："两浙山川常毓秀，诸生月旦汝司文。从来士习民成俗，最彼行知尊所闻。见外发中务清正，涵今茹古去纤纷。曰公似矣曰明要，吁俊纾予一念殷。"两江诸生恭应召试，特命府君随驾江南，公同钦派大臣阅卷，所得士则现任少空吴白华先生、少鸿胪韦约轩先生、少司寇王兰泉、学士曹习庵、褚筠心也。精选敷文，书院诸生送应召试者，今之少宰沈君云椒、少廷尉童君梧冈、吏部正郎张君守田等，皆府君素所器重者也。

二十六年，署兵部左侍郎，知武会试贡举。府君在法司，凡刑部命盗各案顶案办理，与《律例》本文有未协者，府君执《律例》正文，与秦文恭公彼此签商改正者，不啻百余件。后因议奏秋审案件，部议降调，奉旨："著销去加二级，仍降一级留任。"

二十七年，奉旨以对品另用。十一月，奉命往南海告祭，地方大吏馈送土仪者，皆婉却之。十二月，特旨署内阁学士兼礼部侍郎。

二十八年，充殿试读卷官。

二十九年正月，特授顺天府府尹。畿辅为首善之地，京兆乃表率之员。前任不能体此，听从书吏高下其手，弊端丛杂。府君到任后，与裘文达公同心剔弊，将书吏王简等按法惩治，凡州县之贪婪不职者，俱行按事参劾，奏请交部办理，一切苞苴屏绝不行。当是时，治大兴县事者，即今之河帅兰公素亭，治宛平县事者，原任大司马刘公讳峨，为通水道者，原任广东抚军李公讳湖，清风廉名，至今三十余年，人犹称之。

三十二年秋，丁先大父忧，官囊萧然，惟书帙数簏而已。二十四州县以分金来奠者，府君曰："为大吏者，患不能安贫耳。吾自为翰林以至京兆，未尝受人财，今乃以亲没为利乎?"悉却之。二十年瓶米时罄，吾母张夫人祁寒暑雨，数米称薪，夙夜替襄，虽乡饔不给，而府君处之恬然也。

三十三年，吾母张夫人即世，府君自此鲜内助矣。

三十五年服阕，补授顺天府府尹。本年五月，京畿蝗蝻为灾，府君督扑，冒雨冲暑，备极劳瘁。因旗庄不出夫协扑，与直督杨廷璋折辩获谴，以四品京堂用。八月革职。十二月，奉上谕："窦光鼐究系迂拘，尚非大过，所有通政司副使员缺，著加恩补授，钦此。"

三十六年春，圣驾东巡，汝翼随山左诸生恭应召试，汝翼蒙恩取第二名，赏给举人，著一体会试。府君喜曰："汝勉之，不辱科名即为孝矣。"

三十八年四月，扈跸热河山庄，恭和御制诗篇，时蒙谕奖。六月，补授宗人府府丞。八月，稽查右翼宗学。是年，继母刘夫人来归。

三十九年甲午科，充顺天乡试同考官，得士十四人，现任杭嘉湖观察使小岘秦君瀛、侍御孟岩盛君惇崇皆其选也。冬，钦派往吉林等处告祭。

四十一年春，圣驾东巡，汝翼随山左及江浙举贡诸生恭应召试，汝翼蒙恩取一等第二名，特授内阁中书。府君诫之曰："薇垣清秘，汝当勤慎供职，以报主知也。"秋，宗人府奏明开馆恭修《玉牒》，黄档房清书誊录正额十二人，本府于各部院所送善本笔帖式内挑取充当，又有二十八名帮写，向由各旗候选笔帖式及国子监官学生内挑取。府君以为于各处泛为收罗，不若即于宗学学生内清字端楷者挑取，较之他手更为明晰，而宗学学生知上进有路，益加奋勉。于是专折奏请，蒙恩允行，钦派王大臣公同先试取二十余人焉，嗣后恭修《玉牒》即此为例。府君任府丞十有三年，每逢公事，必认真办理，尝语不孝等曰："古人云：一命之荣于人，必有所济。当官者，不可忽此言。"四十三年戊戌科会试，汝翼中式殿试二甲进士，特授庶吉士。府君曰："翰林乃清华之选，汝宜敦品励行，方不负主恩，余与小子共勉之。"

四十四年二月，充《四库全书》馆总阅，同办《日下旧闻考》。十二月，同办《明史》。

四十五年庚子科，充福建正考官，取陈从潮等八十五人。

四十七年四月，继母刘夫人即世。五月，特放浙江学政。

四十八年七月，奉旨仍留学政之任。

四十九年春，圣驾六巡江浙，蒙恩赐御制诗曰："士习民风首，端方系厥司。况兹文盛处，所重行修时。熟路轻车试，迪人克已为。前车应鉴已，自立尚勤思。"精选两浙诸生恭送应试，蒙恩钦取者皆两浙翘秀，即今之太史张君师诚、主政费君锡章、中翰姚君祖同、何君金也。是年，纳庶母孙氏焉。

五十一年正月，特升吏部右侍郎，此二次至浙江，所延幕宾，皆各省名士，不惜远路厚金以聘之。而诸生之优劣，童生之去取，府君必亲手批示得失，每届发案之期，日以继夜，灯烛达旦，时作对语示不孝等曰："文章千古求其是，夙夜一心惟不欺。余不负此言也。"本年春，奉旨查办浙江亏空，平阳县令黄梅亏空最多，而以弥补为名，实为贪婪之首。府君思惩一儆百，因具实参劾，复将黄梅按亩科敛之田单印恭呈御览，奉旨随大学士公阿、江苏巡抚闵鹗元公同审办黄梅，定拟具奏，而两浙官吏亦咸知儆惕矣。八月，特谕署光禄寺卿。九月，补授宗人府府丞，仍署光禄寺卿事。十月，稽查右翼宗学。

五十四年四月，充殿试读卷官，六月，特谕升授礼部右侍郎，充浙江正考官，取汪润之等九十四人。八月，放浙江学政，凡考试、生童、规矩、关防，一如往昔，而精神较前不逮矣。府君每考试必分廉金购人参，日服二三钱，方能竣事，虽三为浙江学政，而宦资空乏者，以府君近年著作及阅卷等事必需参剂扶助之也。

五十七年七月，特旨升授左都御史。十一月，到京复命，天颜有喜。十二月，特命在阿哥书房总师傅上行走。府君谓不孝等曰："余本山左孤寒，赋性迂拘，幸际昌期，蒙皇上格外优容体恤，超越寻常，五夜自思，惟有不欺心，存天理，矢心冰洁，以仰报天恩栽培曲成之至意。"又曰："总宪之官，言责綦重，尽职维艰。为大臣者，若以风闻不实之事入告，是为沽名鬻直，吾不为也。"

五十八年正月，奉旨以原衔署经筵讲官。

五十九年四月，充殿试读卷官。八月，充顺天乡试正考官，得士黄坤望等二百三十二人。十二月十三日，奉旨以原衔充经筵讲官。

六十年三月，充会试正考官，所取士王君以铻等一百十四人，闱中阅卷凡经目者，每卷必亲笔批阅，殚竭心力，日用参剂扶助，犹与同考诸公讲计题旨、书理，至数夜不寐，而精神益不能支矣。复命召对时，适左腿筋转倾跌，不能起立，复因覆试中式贡士及磨勘试卷，部议革职，蒙恩加四品衔休致。

府君在内廷行走前后几三十年，每得御制诗文，必敬书恭跋进呈，均蒙赏收。至端阳节，则蒙赐葛纱、羽扇、香牌等件。年终则蒙赐福字、如意、绢纸等件。尝顾不孝等曰："寒士遭逢圣恩稠叠，荣幸之至，实出望外，余恭荷之，尔子孙慎守之，勉图成立，竭忠效力，即不负主上矣。"

笃爱兄弟，敦睦宗族。二叔父光钺、三叔父光册，俱先府君殁。侄辈稚幼，贫无以立，府君捐俸为之延师诵读，闻汝瑛、汝廷弟入泮，喜动颜色曰："二弟、三弟有子嗣书香矣。"性尚俭约，无金玉锦绣之好，虽一衣一饭，必戒子孙惜福。呜呼，痛哉！不孝等窃冀竭愚营职，庶几万一以为慰，讵意府君猝然即世，不孝等业行无状，愆尤丛积，明神降罚，殃及所生，尚忍言哉？尚忍言哉？

府君卒于乾隆六十年九月二十二日未时，距生于康熙五十九年十月初二日亥时，享年七十有六。乾隆元年丙辰科副榜，辛酉科举人，壬戌科进士，钦点庶吉士，授编修，历任中外官至左都御史、经筵讲官、尚书房总师傅上行走，诰授荣禄大夫。配先母张太夫人，玉林公女，诰赠一品夫人。继配刘太夫人，兵科给事中厚田公妹，诰赠一品夫人，俱先府君卒。子男六：长即不孝汝翼，乾隆戊戌科进士，宗人府主事，娶张氏，国学生□□公女，先府君卒，继娶包氏，广东肇罗道讳素公侄女、讳□□公女；次汝瑄，国学生，娶刘氏，吏部尚书石庵公侄女、橡村公女；次汝潢，国学生，娶李氏，宁波府同知驭千公女；汝咸娶孙氏，太原府知府越新公女；皆吾母张夫人所出也。次汝翀，娶孔氏，鲁峰公女，继母刘夫人出。汝翮幼，庶母孙氏出。女四：长适刑部福建司员外郎乘千李公子通政司经历尧；次适汀州府知府王天木公孙增闻，顺德县县丞；次未字；俱先府君卒，吾母张夫人出。次许字山西道监察御史杜稷山之弟，庶母孙氏出。孙男十一：鹤龄，汝瑄出，娶王氏，元宏公女；次庆龄，汝瑄出；次士英，汝翼出；次乔龄，汝咸出；次延龄，汝潢出；次昌龄，汝咸出；次贵龄，汝瑄出；次志伊、士功，汝翼出；祥龄，汝咸出；士安，汝翼出。孙女十二：长适国子监司业黄讳寿龄，汝潢出；次适候选州同知李讳肇桂，次适刑部陕西司主事周讳廷森，俱汝翼出。次许字国学生陈讳汝功，汝瑄出；次许字癸卯科举人李讳世桂之子，汝潢出；次许字候选员外郎李讳琬之子，汝瑄出；次许字大理寺评事林讳树昆之子，汝咸出；余俱未字。曾孙女一，鹤龄出。

不孝汝翼等苫块昏迷，语无伦次，伏冀当代大人先生赐之铭诔，以光泉壤，则不孝等世世子孙感且不朽。

不孝：汝翼、汝瑄、汝潢、汝咸、汝翀、汝翮泣血谨述。

赐进士出身、诰授光禄大夫、经筵讲官、太子少保、南书房行走、军机大臣、户部尚书加二级、军功加六级、受业董诰顿首拜填讳。①

2. 蒋诗撰:《行状》

公讳光鼐,字元调,号东皋,山东诸城人。幼负绝人之资,家贫贷书以读,览即成诵。年十二,读《文选》,遂为《琅琊台赋》,观察某奇之。十五,为诸生。丙辰,年十七,中本省乡试副榜。辛酉,举顺天乡试。壬戌,成进士,为庶吉士,散馆授编修。戊辰,御试翰林于乾清宫,迁右中允。累迁翰林院侍读学士,御试一等,迁内阁学士,视学河南。丁母忧归。服阕,授都察院左副都御使,视学浙江。差旋,与刑部争秋谳,吏议镌级,上许留任。复奉命以对品用,祭告南海,寻署内阁学士。越二年,授顺天府府尹。在任四年,丁父忧。服除,仍授府尹。会蝗灾,公亲捕之,以旗庄不出丁协捕,与总督奏辨褫职。不数月,起为通政司副使,迁宗人府府丞。为府丞者十年,复视学浙江,旋擢吏部右侍郎。会清查浙江仓库,有旨询公,公以实闻。复为宗人府府丞,寻擢礼部侍郎,又视学浙江。越三年,以左都御史内召为上书房总师傅。乾隆甲寅,充顺天乡试正考官。乙卯,充会试正总裁,以磨勘所录首卷语疵,降四品衔,予休致。

公立朝五十年,以刚直闻,持品不挠,独立不惧,惟以诚悃荷圣主知。生平不名一钱,处己极约,既贵,敝衣恶食如穷诸生。为文追两汉,熟精《文选》,理多古文奇气,时艺取法先正,得士最盛。士谒与谈,既起,犹立语移晷,刺刺不休。

娶张氏,继刘氏,俱赠一品夫人。子六:汝翼,乾隆戊戌进士,由庶吉士为宗人府主事;汝瑄、汝璜、汝渊,皆国学生;汝翀、汝翩。女四人,嫁娶皆名族。孙十一人,孙女十二人。

以乾隆六十年九月二十二日卒,年七十有六。著有《东皋文集》《东皋诗赋集》《省吾斋稿》。

诗乡试出公门下,公子汝瑄属为状,谨具任官事迹如右。谨状。②

3. 秦瀛撰:《都察院左都御史窦公光鼐墓志铭》

乾隆六十年,诸城窦公以磨勘事罢左都御史任,居京师,以病卒。明年为嘉庆元年,其孤汝翼等归公之丧,将以某月某日葬公于诸城某山之原。汝翼先期邮公状寓书于杭,属铭公之墓。瀛辱公知最深,不敢辞。

公讳光鼐,字元调,号东皋。曾祖某,祖某,父诜,乾隆甲子举人,皆以公赠荣禄大

① [民国]窦人桢修:《诸城窦氏族谱》卷首,民国二十二年(1933)复新石印局石印本。窦汝翼,字佑民,号芝轩,窦光鼐长子。乾隆三十六年诏试一等第二名,钦赐举人。四十一年钦赐内阁中书,四十三年进士,钦点翰林院庶吉士。历任宗人府主事,以清勤称。丁父忧,哀毁卒,年五十二。

② [清]李桓辑:《国朝耆献类征初编》卷八十七《卿贰》四十七,清光绪间湘阴李氏刻本。蒋诗,字秋吟,浙江仁和人。嘉庆十年进士,由翰林院编修迁御史。著有《秋吟诗钞》《沽水杂咏》《榆西仙馆初稿》。

夫、礼部右侍郎。曾祖妣臧氏、李氏，祖妣牛氏、沈氏，妣张氏，皆赠一品夫人。

公幼负绝人之资，家贫，贷书于人，览即成诵。一日读《文选》，即操笔为《琅琊台赋》，监司某公见而大称赏之，时公年甫十二耳。十五，补博士弟子员，旋中丙辰本省乡试副榜。辛酉，举顺天乡试。壬戌，会试中式，入翰林院庶吉士，散馆授编修。戊辰御试翰林、詹事府等官于乾清宫，阅卷者列公四等。向例，大考惟高等得迁官，后等改官，降黜有差。上知公，特迁公为中允，盖公被上知遇自此始。未几，累迁至翰林院侍读学士，御试一等，特迁内阁学士，出为河南学政，丁内忧归。逾年，会上以南书房缺人，命山东巡抚传旨起公，公泣辞曰："光鼐方在衰绖，不敢奉诏。"巡抚属公陈谢，公又曰："不祥姓氏，不敢自陈，敬烦公代奏。"上闻而趣之。服除，补都察院左副都御使，视学浙江。任满还，以与刑部争秋谳事，吏议镌级，上许留任如故。属有章知邺者，构蜚语陷公，上知公深，奉命以对品用，寻遣祭告南海，所至却地方赆遗。先是，公弟光钺令于粤，适荣禄公至粤，公以是得觐荣禄公。时公方欲有所陈奏，出奏稿呈荣禄公，荣禄公趣公上之。会天子南巡幸，公诣杭州行在，将复命，而已奉有回京之旨，不果上。无何，命署内阁学士。越二年，授顺天府府尹。畿辅丛弊久，吏胥多因缘为奸。公受事，苟苴屏绝，惩其尤数人。劾州县之不职者二三人。时京县为兰公第锡、李公湖，皆经公荐举，其后官督抚，皆号称贤臣。任京兆四年，丁外忧归。服除，再补原官。蝗蝻灾，公报闻，亲捕之。因旗庄不出丁协捕，与督臣奏辨褫职。不数月，上又起公为通政司副使，迁宗人府府丞。公为府丞最久，凡十年。复视学浙江，特擢公为吏部右侍郎。会上遣大臣清查浙江州县仓库，并有旨问公，公以实告，且以平阳令黄梅科敛病民，条其状以上，论者诬公，几不测。公复侃侃奏论，上卒直公，按治黄梅而还公官。复授宗人府府丞，擢礼部侍郎，又出为浙江学政。越三年，以左都御史召还，在尚书房总师傅上行走。盖上稔公老成，冀以学问资辅导。公在禁近，上制文字，辄命公阅，公撰文以进，必因事纳忠，无蘦言。乾隆六十年，充会试正总裁，以所录首卷多语疵，被勘议落职，仅降四品衔，予休。而公于是亦既老且病矣。

公生平不讲学，而仁谊道德之旨不言躬行，尤严析义利，而要之以"毋自欺"。立朝五十年，揭揭然柴立无所顾慕，刚直不能容人，人多咀而忌之者。惟以诚悃荷圣主知，屡起屡仆，卒蒙保全，而究亦未竟其施。尝言："学贵有用，如昌黎折王庭湊，阳明平宸濠，乃真学问。"故公于书无不窥，而不屑沾沾于章句训诂。世之人仅以文章称公，未为知公者也。然即公文章，亦足见公学之有本。盖公诗似少陵，古文如昌黎，制义则发挥圣贤义理，自成一家之文云。

公得士最盛，公之门历官中外、位公卿者甚众。乾隆己亥有浙江巡抚某朝京师，某故贪墨吏，而其乡试出公门，与公遇于直房，公以言规之，某怫然。时公之父亡，谒公而厚致馈遗，公挥其金，绝不与通。无何，某果败。

公性开荡，遇同列下辈，乐善泛爱，言无所不罄。每与客谈，客起，犹立语移晷，刺刺不能休。瀛侍公稍晚，而公于瀛尤厚。公亡，盖知我者鲜矣！

公处己约，敝缊恶粟如穷诸生，岁入瘠田以赡贫宗，人有所请，不吝。此皆细行，不足重。惟公生平大节，虽公所未尝告人与人所不及知者，不能具书。而按公之状，参以瀛之所尝闻于公者，略为诠次，已足以想见公之为人。

公初娶张氏，继刘氏，俱赠一品夫人。子六：长即汝翼，乾隆戊戌进士，宗人府主事；汝瑄、汝璜、汝咸，皆国学生；张出。汝翀，刘出；汝翩，侧出。女四人，嫁娶皆名族。孙十一人，孙女十二人。

公之生以康熙五十九年十月初二日，卒以乾隆六十年九月二十二日，年七十有六。著有《东皋诗文集》《应制集》《省吾斋稿》。

铭曰：维执不婴，选愞所雠。飞谋钓谤，弗改其辀。厥施未究，曷云其休。其学则昌，祛垢豁督。包罗旁魄，蹑韩轶欧。公实知我，以铭公幽。

公自浙江学政以左都御史召还。一日，富阳董公手执公所书金字扇，大学士和珅见而语董公曰："写金字善用金，无如窦东皋者。"遂取一扇属董公代乞公书。余适趋过，董公曰："秦君固善东皋先生者，盍属之。"因以属余请于公。公书就，授余还之。书款称"致斋相国"，自称"晚生某"，盖遵旧例。"致斋"，和珅号也。又一日，和珅召见出，语余："子见东皋，告以有御制文，命其制序，散直后即来领。"是日，公随诣和珅宅领归，谨撰序文，越日进呈。公没后，编修洪亮吉上书言事，以前在尚书房尝被公指斥，附劾公交结和珅，书扇称"师相"，身称"门生"，其诬公实甚。此事关系公生平大节，不可以不辨。瀛又记。①

按：以上收录 3 篇。《行述》出于窦光鼐长子窦汝翼之手，提供了窦光鼐一生的基本履历。《行状》《墓志铭》撰者蒋诗、秦瀛均为窦光鼐门生，其内容主要是根据《行状》而来。

二、史　传

1. 佚名：《清史列传·窦光鼐》

窦光鼐，山东诸城人。乾隆七年进士，改庶吉士，散馆授编修。十三年正月，充会试同考官。六月，大考四等，罚俸一年。八年，擢左中允。十五年，充山西乡试副考官。十

---

① ［清］秦瀛撰：《小岘山人文集》卷五，清嘉庆二十二年刻道光间补刻本。又见《碑传集》卷三十六、《国朝耆献类征初编》卷八十七《卿贰》四十七。秦瀛（1743—1821），字凌沧，一字小岘，号遂庵，江苏无锡人。乾隆三十九年为窦光鼐所取士。四十一年以举人召试山东行在，授内阁中书。充军机章京，历官至刑部侍郎。著有《小岘山人诗文集》等。

六年，迁翰林院侍读。十七年二月，擢侍读学士。六月，大考一等，擢内阁学士，入直南书房。充湖北乡试正考官，旋提督河南学政。十八年，丁母忧。二十年，服阕，授左副都御使，寻提督浙江学政。

二十二年，上南巡，有临海县训导章知邺以光鼐不准进献诗册，欲图讦告，经光鼐访闻奏参，谕传赴宫门考试。旋以该训导诗词鄙俚，且检阅呈内有"西陲用兵，久稽成功，情愿从军"等因，命革知邺职，派侍卫伊德解往辟展军营效力，赐光鼐诗曰："两浙山川常毓秀，诸生月旦汝司文。从来士习民成俗，勖彼行知尊所闻。见外发中务清正，涵今茹古去纤棼。曰公似矣曰明要，吁俊纾予一念殷。"

二十六年八月，九卿秋谳会议，光鼐以广西省犯追贼殴毙之陈父悔不宜入情实，贵州省犯逞凶毙命之罗阿扛不宜入缓决，两议具请刑部。奏入，谕曰："昨刑部奏九卿会审将广西陈布统案内之陈父悔改入情实，而窦光鼐立意两议之处，具折奏闻，已有旨传谕该堂官等，令其虚心持正定议，不必彼此徒事争执。今复据奏称窦光鼐将本案故杀之陈布统并欲改入缓决，并将贵州省罗阿扛一案牵引比拟，并抄录原签附折具奏。会谳大典，理应虚公核定。果有拟议未协，不妨平心商榷，务归明允。即使意见不能强同，原可两议具请，候朕酌夺。今观窦光鼐议帖，因己见参差，竟至以笔舌忿争，哓哓不已。此等习气在前明弊政时，视为固然，以致各立门户，大坏朝政；今当纪纲肃清之日，一切案牍，朕无不折衷裁处，窦光鼐岂得逞臆侈滕口说，致乖政体？但签内称刑部删去黄父亦亦赴村探听一节，则系本案是否窃贼要据，招册何以不入？又罗阿扛一案，何以定议缓决，与前案轻重不符？以窃贼杀人而议缓，何以服守禾杀贼而改实者？朕观窦光鼐虽不无气质用事、口舌纷争之失，而刑部先后两奏，迹似豫为张本。其中情节曲直，亦或有不足服窦光鼐之心者。著将此折交与大学士来保、史贻直，协办大学士梁诗正，将两案审拟各原稿，详悉确核，秉公定议具奏。"来保等议以陈父悔系随众加殴，应改入情实，而陈布统之有心毙命，与罗阿扛之无心斗杀，均应悉如部议。且刑部称此二案窦光鼐业已画题，何得又请改拟奏上？上命光鼐明白回奏。寻奏："陈布统、罗阿扛两案异议处，本系签商，并非固执，因会议时言词过激，致相抵牾，刑臣遽将签出未定之稿先行密奏。臣未能降心抑气，与刑臣婉言，咎实难辞，请将臣交部严加议处。"谕曰："此事在刑部以两议未奏之案，节次具奏，诚未免有先发制人之意。但国家会谳大典，窦光鼐竟气质自用，甚至纷呶谩骂而不自知。设将来与议者，尤而效之，于国宪朝章尚可为训耶？是刑部有所不合，究不若窦光鼐之甚。窦光鼐著交部严察议奏，刑部堂官著交部察议。窦光鼐折并发。"部议降三级调用，命销去降二级，仍降一级留任。

十月，奏："事主擅杀窃盗律止杖徒，近来各省问刑衙门，多以窃盗拒捕而被杀，比罪人不拒捕而擅杀，皆以斗论。遂于律应斩决斩候之贼犯，致有轻纵而例得勿论，及罪止杖徒之事主，并拟绞抵，殊非禁暴之意。应请各遵律例及新准御史蒋嘉年条奏贼犯持杖拒捕，捕者格杀之，不论事主邻佑，俱照律勿论例画一办理。"下部议行。十二月，谕曰："朕前此南巡，有浙江临海县训导章知邺，以学政窦光鼐不准进献诗册，妄欲捏词叩阍，经学政等访闻奏参，当令革职。命侍卫伊德带往辟展效力，俾伊悉知军营情形，果如所言否。比因军务久竣，此等无知之人，别无可效用之处，因传谕安泰查伊在彼果能痛加惩警，安分悔过，即传旨加恩，令回籍。如有违犯字迹，即一面看守，一面奏闻，另降旨定夺。乃据查到《章知邺笔札》记载，丛杂乖张，如妄引关帝、文昌、鬼神梦呓之谈，已足为人心风俗之累，然其词不过止于荒诞；至所著《讨奸邪窦光鼐》一篇，则竟捏造悖逆之言，一皆托诸窦光鼐之口，伊转为之加以驳诘。是其居心奸险，计图栽害。此等如鬼如蜮伎俩，岂能逃朕洞鉴乎？窦光鼐不过一庸懦之人，且现在居官，断不敢为此！即使窦光鼐果有此言，亦初未必笔之于书也；而章知邺则已明目张胆，公然列之于著录，实恶逆之尤！著将该犯章知邺即于辟展地方正法示众，以儆奸顽。并将此通行传谕知之。"二十七年三月，奉旨："窦光鼐识见迂拙，不克胜副都御使之任，著以封品另用。"十一月，命署内阁学士，告祭南海。二十八年，充殿试读卷官。

二十九年，授顺天府府尹。三十二年，丁父忧。三十五年三月，服阕，补原官。五月，奏："童生冒籍，必交通廪生；廪生之优劣，惟凭教官申送；易滋弊窦。查府丞一官，承办事件无多，应责成实心查核，其入籍满二十年者，令族亲邻佑各具甘结；如查察不实，将具结人一并治罪。再审问时，例派满、汉御史，遇可疑者，饬该县确查详覆，不实例处该县，如未经驳查，事后发觉，将该御史一并议处。冒籍既清，应试者少，其有事故不及与县试者，应照乡试录遗之例，于按临之先，府丞移会御史，汇齐补考，不符取额，宁阙毋滥。"下部议行。闰五月，因武清、东安二县飞蝗蔓延，不能率属搜捕，奉旨降为四品京堂，仍交部严加议处。部议上，命于补官日，降三级，从宽留任。六月，奏："武清等处蝗蝻，业经查捕净尽，新授府尹裘曰修现赴天津捕蝗，谨差官赍送印信。适闻三河、怀柔二县俱有飞蝗，拟即日往捕。"得旨，准其前往。复奏："近京州县，旗地多于民地，请嗣后捕蝗，令民人佃种旗地者，一体拨夫应用。"朱批："所奏是，著照所请速行。"寻谕曰："前据窦光鼐奏民人佃种旗地之户，请一体拨夫扑捕蝗蝻一折，因其所奏近理，即批交部照所请行，并谕地方偶遇捕蝗，不独旗佃与民田通力合作，即大粮庄头亦应一体派拨。其直隶向来作何办理，著杨廷璋查明具奏，及派往捕蝗之侍卫索诺木策凌等回京，询其实在情形。据称所到之处，不独旗佃出夫办公，即王公所属旗人，亦悉协力捕蝗等语。旋据该督覆奏，自方观承任内设立护田夫一项，不拘旗民均令出夫，现仍照旧办理，因节次令窦光鼐明白回奏。窦光鼐坚执臆见，谓询之三河、顺义两县，及东路同知，皆云旗庄并不出夫，即周元理亦有旗庄不肯借用口袋之语，哓哓置辩。因复降旨杨廷璋，令将所奏情节再行覆查。今窦光鼐到京回奏，则以前次所设护田夫未经奏明，不能一体遵照为词，其说支离更甚。试问总督旧定章程，通行阖省，顺属官民岂独不遵条教，府尹亦岂得诿为不知？况窦光鼐所指三河、顺义二县即系府尹所辖，如有司阳奉阴违，自当随时参劾，即无此例，而府尹奉差捕蝗，亦理应派夫护田，其有佃户人等倚恃旗业声势，不受约束，窦光鼐目击其情，无难询明何人庄业，列名指参，即内如大学士傅恒、尹继善，外如总督杨廷璋，推而上之，以至亲王等，皆无可畏忌。窦光鼐若早据实举出，朕必且深为嘉予，并将袒庇庄佃之王大臣严加议处。乃并不能指实一人，而徒硁硁胶执不已，于事何当？其意不过欲借题发挥，逞弄笔墨，妄以强项自命，冀见许于无识之徒。且以总督杨廷璋既不无瞻徇旗庄，即承旨之军机大臣有旗产者，亦未免意存袒护。以此曲为解嘲，自文其过。此等伎俩，岂能于朕前尝试乎？因令窦光鼐随军机大臣进见，面为询问，伊亦自称在三河、顺义不行指名具奏，实属无能，难以再为支饰。近京旗民交涉事件，在国家初定鼎时，或有旗人强占民田，及将各项差派专委居民承办者。今阅百数十余年，屡经整饬，政纪肃清，无论旗庄各户不敢不安分守法，即王公大臣亦不敢怙势庇佃，欺压平民，自图诡避差役，而国家法在必行，又岂肯听其纵放礼法，稍为曲徇乎？朕办理庶务，一秉大公至正，中外臣民宜无不共见共知。即此事之是非曲直，适就前后事理为衡断，并未尝豫设成见，而窦光鼐偏执邀名之隐微，亦不能逃朕洞鉴。特为明白宣示，将此通谕知之。"七月，奏："护田夫之法，有不可行者。查原议三家出一夫，免其门差。臣按册计之，大、宛二县，约出夫七千五六百名。此数千人，巡捕半年，荒废本业，衣食无资。造册免差，胥吏必缘以为奸。且捕蝗宜众而时速，若按三家一人之例，必至缓不及事。臣谨上捕蝗事宜数条：一、人夫不必预设，但查清保甲，临时酌拨；一、必用村庄近地之人，方得实用；一、本牌头按村之大小，酌设每县不过数十人；一、各村田野，令乡地牌头，劝率田户，自行巡查；一、蝗蝻生发，一面报官，牌头即率居人齐集往捕，扑灭者赏，隐匿者治罪；一、器莫善于条拍，宜豫制以便应用；一、蝻子宜开沟围逼，用土掩埋；一、收买之法，止宜用之老幼妇女，若强壮之人，总以直前追捕为得力。"谕曰："据窦光鼐回奏，派拨旗庄人夫一事，请将顺义县知县王述曾、三河县知县周世沄解任，并传东路同知刘羿、北路同知张在赴军机处质问等语。所奏胶执支离，尤属不晓事理。此次直属拨夫捕蝗，无论地方官原系循照旧规，旗庄民田均匀派用，即如窦光鼐所云旗庄之夫或不到场，难而较迟。据此已足为均派之明验，更何事哓哓置喙？虽该督杨廷璋查询时，该同知、知县等稍为迁就其词，亦属情理所有，于事本无关紧要。若因语言传述参差小节，遽令两县、两厅同时解任，徒致旷废公务，殊属无谓。设因此归案赴质之故，并将窦光鼐褫职封簿，又复成何政体？且亦不值如此张大其事。至窦光鼐另折所称护田夫一项，以若辈尽力巡查，且至荒废本业，复为鳃鳃过计，以衣食无由取给为虞，所见更为迂鄙。护田夫之设，不过令于蝻子萌生时，各随本处田地搜查，或遇蝗蝻长发，会力扑捕，并非使之长年株守田畔，于三时农业概行抛荒也。即如设兵防守汛地，亦第于汛内轮番侦逻稽查，又岂责其终日登高瞭望，方为斥堠？若如窦光鼐之论，直是跬步难行，有不闻而失笑者乎？窦光鼐前此覆奏，惟知因事借题，造作尘腐空文，自为解嘲地步，今又将派夫一节，连篇累牍，铺张条奏，而于事体之可行不可行，全无理会。其拘墟蟉輵之处，正复不胜指摘，犹且始终坚执臆说，牢不可破。向固知其仅一硁硁之小人，毫无能为，乃不意执迷纰缪若此。且以空言折辨，互相指斥，渐成门户，乃前明陋习，此风断不可长！窦光鼐著交部严加议处。"八月，革职。十二月，谕曰："窦光鼐前因捕蝗一事，照部议革职，但究系拘钝无能，尚无大过。所有通政司副使员缺，著加恩令其补授。"三十八年四月，擢光禄寺卿。六月，迁宗人府府丞。八月，稽查右翼宗学。三十九年，命告祭吉林等处。四十五年，充福建乡试正考官。

四十七年五月，授浙江学政。四十九年，上南巡，赐诗曰："士习民端首，风方系厥司。况兹文盛处，所重行修时。熟路轻车试，迪人克己为。前车应鉴已，自力尚勤思。"五十一年正月，擢吏部右侍郎。是年，查办浙江亏空。四月，光鼐奏："浙江各州县仓库亏缺，未补者多。盖因从前督抚陈辉祖、王亶望贪墨败露时，督臣富勒浑并未彻底查办，只据司道结报之数，浑同立限，遇有升调事故，辄令接任之员出结，办理颠顼。臣闻嘉兴府属之嘉兴、海盐二县，温州府属之平阳县亏数皆逾十万。当查何员亏缺，分别定拟。去岁杭、嘉、湖三府歉收，仓内有谷可粜者无几。浙东八府，岁行采买，惟折收银两，以便挪移。"奏入，上嘉其公正，命尚书曹文埴、侍郎姜晟前往，会同巡抚伊龄阿彻底清查，严参办理，又命光鼐会同查办。五月，奏："仙居、黄岩等七县，前任知县亏空数目，多至累万，全未弥补，以致后任不敢接收交代。永嘉县知县席世维借生监谷输仓备查；平阳县知县黄梅借亏空名色，科敛累民，丁忧演戏，殊非人类；仙居县知县徐延翰监毙临海县生员马真，殊干法纪。再藩司盛住上年进京，携资过丰，外间颇有烦言。又督臣过往嘉兴、岩、衢，上下各地方供应浩繁，门包或至千百。"奏入，上命大学士阿桂由南河驰驿赴浙江督办。寻覆奏查办过海盐、桐乡、嘉兴等六州县仓谷，有缺数百石至百余石者，惟桐乡县仓内实无储谷，所有之谷借自社仓，又借米三千石开报平粜，掩饰一时。再查范公塘堤工，向派各州县承修，请嗣后责成海塘大员督率海防同知承修。再于沙滩地多栽芦草，三年之后以苇易柴，取用甚便。上命阿桂、曹文埴等逐一核办。谕曰："据阿桂奏查询仓库情形，及窦光鼐所称，盛住上年进京，携带过丰各节，已于折内详晰批示。如窦光鼐原奏永嘉、平阳二县借谷勒派之事，阿桂面询该学政，系何人告知，该学政不能记忆姓名。是窦光鼐既欲于朕前见长，又恐得罪众人，实属进退无据。至所称盛住进京携带银两，及总督收受属员门包各节，询之该学政，亦不能指实。阿桂等传询盛住，则因上年进京时，有应解参价银三万九千余两，盛住自行装匣携带。到京后，即赴广储司兑交有案。是盛住携带银两，系属官物，岂可指为赃私之证？而窦光鼐因见所带银匣数多，遂疑盛住私资，若如此疑人，天下竟无一清廉之官矣，尤为可笑。至总督藩司收受属员门包馈送，事关大员婪索，若无确据，何得率行陈奏？乃询问该学政，毫无指实，是竟系信口诬人，若窦光鼐欲诬人谋反，不论其实有无，将人治罪，有是理乎？此案若非朕特派阿桂前往查办，则窦光鼐与曹文埴等争执攀引，即经年之久，办理亦不能完结，更复成何事体！今阿桂与曹文埴等公同面询，逐层驳诘，俱确有可据，窦光鼐竟不能复置一词。现复檄调嘉兴府属州县质询，自可无难得实。至富勒浑家人在粤，招摇滋事，及在浙省有无勒索门包之处，阿桂现在提集富勒浑进京时经过之嘉兴、岩、衢各地方官到省，剀切开导，令其据实供出，该州县等知事难掩饰，自必和盘托出，所办尤为得其要领。"

　　七月，阿桂等奏查明永嘉、平阳等县实无挪移勒派之事。平阳县知县黄梅丁忧演戏一节，查系该县为伊母庆九十生辰，于演戏之夜，痰壅猝故。谕曰："据阿桂等奏，查明黄梅为伊母演戏庆寿，伊母于是夜痰壅身故。是其演戏在未丁忧之前，况伊母年已九旬，风烛无常，猝然身故，亦属情理所有。此事关系名节，窦光鼐辄行入告，并不确细访查，若此事果实，则真如原奏所称行同禽兽，不齿于人类矣！该学政不顾污人名节，以无根之谈，冒昧陈奏，实属荒唐！窦光鼐著饬行。"闰七月，复奏前任仙居县知县徐延翰监毙生员马實，各上司展转徇庇，并未审出实情。谕曰："朕详阅此案情节，马實身为生员，伙合匪徒陈天河、邵能文等，向各僧寺吊纸图谢，又嫌谢钱数少，诬首赌博，复与僧人斗殴，实属胶庠之败类，其罪亦应满徒。该县徐延翰将马實掌责收禁，并无不合，至马實在监病故，屡经验明确实，系死于病，非死于伤。其徐延翰倒填详报月日，又不关传尸亲，眼同相验收殓，规避讳饰之咎，实所难辞。将来议处，尚不止于革职，亦足以服尸亲之心。乃窦光鼐必欲加该县徐延翰重罪，将奏折与曹文埴阅看，声言：'汝办理此案，若不将徐延翰照故勘滥禁治以重罪，我必将汝奏参。'并令告知阿桂、伊龄阿等语。是其袒护劣衿，偏执己见，不自知其言之狂妄若此。设如所言，将来劣生必致武断乡曲，目无官长，适足以成恶习而长刁风，尚复成何政体耶？又窦光鼐覆奏平阳县知县黄梅母丧演戏，系阖邑生童所言；及平阳县亏空，自黄梅始。该员以亏空之多，久居美缺，纵令伊子借名派索滥用，而抗不弥补，且指阿桂等于议处亏空一案，轻重失平。夫阿桂等业将乾隆四十三年以后历任各员，拟以革职，暂行留任，按照在任月日分赔，勒限一年不完，照虚出通关律治罪。黄梅之罪，亦与他州县相仿。若独予从重，不特无以服其心，天下有此办事之法乎？至所奏母丧演戏一节，前经查明，系本年正月黄梅为伊母庆九十生辰演戏，伊母一时痰壅，适于是夜猝故，而窦光鼐尚固执前言。夫人子即忤逆不孝，母丧不知悲哀，亦断无迫不及待，于母死之日，演戏为乐者。况黄梅之母，年已九旬，风烛无常，于演戏之时，猝然身故，亦属情理所有。此事关系名节，古云善善欲其长，恶恶欲其短。窦光鼐系读书之人，亦何必污人名节，致禽兽之不若耶？据称派往之司员海成为地方官所朦，今伊竟亲自赴平阳县访查，如果能查明，自当另办。若至生事，陵夷地方官，是伊自取咎耳。且阿桂、曹文埴、伊龄阿屡蒙任使，皆系素能办事之人。朕之信窦光鼐，自不如信阿桂等。即令窦光鼐反躬自问，亦必不敢自以为在阿桂等上也。今窦光鼐之固执己见，晓晓不休者，以为尽职乎？以为效忠乎？且窦光鼐身任学政，校士是其专责，现当宾兴大典，多士守候录科，平阳去省往返二千余里，该学政必欲亲往访查，而置分内之事于不办，殊属轻重失当。且其固执辩论，意在必伸其说，势必蹈明季科道盈廷争执，各挟私见，而不顾国是之陋习，不可不防其渐。窦光鼐著交部议处，并将此通谕知之。"又谕曰："前据窦光鼐奏，平阳县知县黄梅丁忧演戏一事，该府范思敬曾面禀前抚福崧，以接任之员，不受交代，俟查明严参。又该员亏空之数甚多，抗不弥补，调任温州府方林亦尝赴省揭参等语，当即降旨询问福崧。兹据福崧奏称，在浙时并未闻有黄梅丁忧时演戏之事，该府范思敬亦未面禀。至亏缺一案，时刻严催，仅据该府方林等以催迫太甚，诚恐有累闾阎，禀请展限，亦未据揭报等语。是此事范思敬等从前并未具禀福崧，何以窦光鼐称曾禀福崧，竟似福崧亦知其事者然。窦光鼐惟以先入之言为是，不加详查，率行诬攀渎奏，其意何居？著将福崧原折发与窦光鼐阅看，令其据实明白回奏，勿再仍前固执，自干咎戾也。"部议以光鼐袒庇劣生，擅难职守，例应革职。

抚臣伊龄阿参奏窦光鼐于未到平阳之先，差人招告；既到，则招集生童，发怒咆哮，用言恐吓，并勒写亲供，锁拿书役，用刑逼喝。谕曰："生监把持唆讼，学政方为约束之不暇，而窦光鼐乃招告于未到之先，逼吓于已到之后，咆哮发怒，纷纷若狂，实属大辜厥职。若生监等因此挟制官长，颠倒是非，适足以长恶习而助刁风，而窦光鼐执意妄行，竟欲以生监笔据为验。是其举动乖张瞀乱，朕亦不能为之曲庇矣。窦光鼐科分较深，学问亦佳，从前未经升用，即因其性情偏执，遇事辄挟私见，是以迟迟耳。近念其学问尚优，历俸最深，仍用至侍郎、留学政之任，理宜安分守职，承受朕恩。乃于浙省一案，执辩不休，无故陷人于悖逆名节有亏之事。今复招集生监，逼令指实，而置目前科录之事于不办，徒令阖省生监守候多时，几误场期。如此，若再姑容，则何以为旷职生事者戒？窦光鼐著交部议。"部议革职。伊龄阿复奏光鼐在平阳县城隍庙多备刑具，追究书吏生监平民，一概命坐；及由平阳回省，携带多人，晓晓执辩。谕曰："此事之始，朕因窦光鼐为该省学政。适该省有亏空之案，因令就所见闻陈奏。此朕明目达聪、兼听并观之意耳。即使所言不实，亦只系风闻入奏，断不以此遽加之罪。今伊所称黄梅丁忧演戏各款，皆节外生枝，况业经阿桂等审系窦光鼐误听虚诬，朕亦未加之谴责，窦光鼐当知感激朕恩，安静供职，乃现届宾兴大典，多士在省城守候录科，伊竟亲赴平阳咆哮生事，而置目前录科之事于不办，是以将伊革职。此窦光鼐自贻伊戚，其罪并不在于言事不实也。兹复据伊龄阿奏，窦光鼐回省时携带丁忧典史，及生监等多人，以为证佐，且言不欲作官、不要性命等语。看来窦光鼐竟系病疯，是以举动癫狂若此。伊于黄梅丁忧演戏一节，始则误听人言，欲以忤逆不孝之事污人名节；今赴平阳访系此事属虚，复言黄梅任内另有别项款迹，以实其说。如此乖张瞀乱，不但有乖大臣之体，且恐煽惑人心，以致启生监平民人等讦告官长效尤滋事之风，不可不严行惩儆。仅予革职，不足蔽辜，窦光鼐著拿交刑部治罪。"

光鼐寻奏："臣亲赴平阳县，绅士民人呈送五十年派捐田单二百余张，供称知县以弥补亏空为名，计亩派捐，每田一亩捐大钱五十文，给官印田票一纸，与征收钱粮无异。又呈送供票九张，共计大钱二千一百千文。四十四年、四十七年两次勒捐富户，自一百余千至三十、五十千不等。每岁采买仓谷并不给价，有飞头、印票、谷领、收帖各名色，该县在任八年所侵吞谷价与勒捐之钱，计赃不下二十万。且于颁赏老民钱及廪生廪饩亦未给发。至其母丧演戏，缘欲缓报丁忧，借演戏以便催粮。家人窃物外逃，事遂泄漏，邑人皆知。今将田单、印票、飞头、谷领、收帖、催帖、借票，各拣一纸进呈。"谕曰："前据伊龄阿奏，窦光鼐回省携带生监多人，以为质证。举动癫狂，且恐煽惑人心，启讦告抗官之渐，是以降旨将窦光鼐拿交刑部治罪。今观窦光鼐所奏，又似黄梅实有勒派侵渔之事，且有田单、印票、借票、收帖各纸，确凿可据，岂可以人废言？前因浙省勒限弥补亏空，恐该州县中有不肖之员，藉端勒派，扰累闾阎，屡降旨饬禁。今黄梅借弥补勒令输捐，既已勒捐仍不弥补，以小民之脂膏肥其欲壑，婪索不下二十余万。似此贪官污吏而不严加惩治，俾得网漏吞舟，不肖之徒转相效尤，于吏治大有关系。若窦光鼐果有贿买招告，及刑逼取供各情节，一经质询得实，则其获戾更重。今观其呈出各纸，此事不为无因，又有原告吴荣烈等随伊到杭，愿与黄梅对质。若朕惟阿桂、曹文埴、伊龄阿之言是听，而置此疑案，不明白办理，不但不足以服窦光鼐之心，且浙省现值乡试，生监云集，众口藉藉，将何以服天下舆论？此事关系重大，不可不彻底根究，以服众惩贪。阿桂现已起程，在途接奉此旨，仍著回至浙江秉公审办。此时窦光鼐业已由浙起解，阿桂于途次遇见，即将伊带回浙省，以便质对。此案若止派阿桂，伊受朕深恩为大学士，自不肯心存回护，但究系原审之人，著添派闵鹗元会同审办。闵鹗元系科目出身，久任巡抚，办事认真，且籍隶浙江，见闻更为真切，自当秉公，无所回护。该抚现在江宁监临乡试，著布政使长麟驰驿前往，代办监临事宜，闵鹗元即回至苏州，候阿桂经过时，一同驰往，务将窦光鼐折内所奏勒派贪黩各款，逐一根究。其称黄梅缓报丁忧，借演戏以便催粮，似非人情所有。且此案内紧要关键，亦不止此，阿桂、闵鹗元总须将黄梅勒捐派累实在情形，审讯明确，且窦光鼐进呈田单、印票、飞头、谷领、收帖、借票各件，俱系黄梅勒派勒借及采买仓谷不发价值、虚填收领确实凭据，窦光鼐进呈者，不过每样各检一纸，其存留浙省者甚多。以此观之，则伊龄阿不免为属员所欺矣。此事却有关系，欺伊龄阿尚可，朕与阿桂可受其欺乎？必应审明，朕不回护，惟有大公至正而已。闵鹗元亦应如此。阿桂等到彼，止须就此各项字帖，并吊齐控案，逐款根究，即无难水落石出。况票内一半钤有官印及伊私用图记，断非捏饰，黄梅如果有种种劣迹，即应审明定罪，以儆奸贪，不可颟顸完结，致滋物议也。"

九月，谕曰："前因浙省仓库亏缺，不能依限弥补，特派大臣前往查办。并因窦光鼐为该省学政，闻见较切，因令就所闻见，据实陈奏，此朕兼听并观之意。嗣据窦光鼐覆奏浙属之嘉兴、海盐等县仓库亏缺，浮于报明之数，并以平阳县知县黄梅丁忧演戏，列款入奏。朕以其不避嫌怨，曾褒其公正。迨阿桂等查明该省亏缺，较原报之数有减无增，所参黄梅款迹谓系窦光鼐误听人言，实无其事，而窦光鼐执辩不休。且据伊龄阿两参，窦光鼐自赴平阳，招集生监，逼写亲供，咆哮生事。其时朕以此案业经阿桂等审明，窦光鼐固执己见，聚集生童招告，恐煽惑人心，致启讦讼之风。窦光鼐不得为无罪，是以将伊革职拿问。此政体国法必当如此办理，非朕之憎窦光鼐也。嗣复据窦光鼐将黄梅贪黩款迹，逐一查出，并将借票、捐单呈览，赃款确凿，是其言并非无据。而阿桂等前此在浙查办，竟为地方官瞒过；伊龄阿又复听信属员一面之词，受其怂恿，遽尔冒昧参奏，不可不彻底根究。因即降旨将窦光鼐宽释，令阿桂带同窦光鼐回至浙江，并派闵鹗元会同前往查办。兹据阿桂等将黄梅在任婪索各款，严切审讯，黄梅勒借吴荣烈等钱二千一百千文，又侵用田单公费钱，暨朋帖采买一万四千余千文，而于原报亏缺谷价仅弥补四千余两，仍未依限补足。是窦光鼐所奏，惟黄梅匿丧演戏，及侵用廪生饩粮，并短发老民银两三款属虚，余三款已为确实。是伊从前冒昧固执之咎，尚属可宽。现在陆锡熊已出学差，所有光禄寺卿，著加恩令窦光鼐署理，即行来京供职。至黄梅于乾隆四十三年调任平阳县，在任八年，种种贪黩营私，历任上司漫无觉察，实难辞咎。但四十三年以后浙省督抚，如王亶望、陈辉祖俱已另案治罪，法无可加，惟福崧在巡抚任，已历数年，乃于此等劣员黩法侵贪，并不据实参奏，岂可复膺封疆之任？前任藩司盛住所属州县钱粮，是其专责，伊在浙较之福崧尤为最久，亦复置若罔闻，姑容阘冗，是盛住亦不应仍任织造。伊等现交部严议，自系革任革职，难逃宽宥。福崧著先革去翎顶，盛住亦著革去翎顶，俱著来京候旨。至伊龄阿于黄梅婪索一案，虽非其任内之事，但轻听属员之言，两次将窦光鼐冒昧参奏，是其错谬，已自请交部严加议处，著在任听候部议。其余失察之各上司，俱著交部查取职名，分别严加议处。朕办理庶务，一秉大公至正，总期案情核实，从不稍存成见，诸臣功过，惟视其人之自取。除将阿桂等审拟一折，交军机大臣会同行在该部核议具奏外，将此通谕知之。"寻奉旨，阿桂、曹文埴、姜晟、伊龄阿俱著交部严加议处。

十月，授宗人府府丞，仍署光禄寺卿事务。十二月，部议光禄寺供奶饼缺额，降一级留任。五十四年四月，充殿试读卷官。六月，擢礼部侍郎。奏安徽学政编修徐立纲人品声名平常，询督臣书麟、抚臣陈用敷有据，降立纲以司务、博士等官用。是月，充浙江乡试正考官。八月，提督浙江学政。五十五年，奏："近年文体渐靡，皆由肄习讲章，读坊刻时文所致。臣通饬各学讲求传注，反诸身心，体验圣贤立言之旨，以前辈文为楷式，以《易》《诗》《书》《三礼》《春秋左传》《史记》《前后汉书》《五代史》及《昭明文选》、唐宋大家古文，汇为月课，分月注册，考课功过。"上嘉之。五十七年五月，擢左都御史。十一月，命在上书房总师傅上行走。五十八年四月，充殿试读卷官。五十九年八月，充顺天乡试正考官。十二月，充经筵讲官。

六十年三月，充会试正考官。四月，谕曰："朕办理庶务，往往天牖朕衷，几先洞烛。本年会试榜发，第一名王以铻，系浙江人，第二名王以衔，亦系浙江人。朕批阅之下，以各直省应试举子，不下数千人，岂无真才足拔？王以铻、王以衔同籍联名，俨然兄弟，恰居前列，殊觉可疑。兹据钦派大臣将覆试各卷分别等地进呈，第二名王以衔覆试列在二等第四，高下尚不相悬；其王以铻竟列在三等七十一名。朕亲加披阅，疵累甚多，派出大臣校阅，甚为公当。且据磨勘大臣奏称，王以铻会试中式之卷，第二艺参也鲁比内，用'一日万几一夜四事'等字样，于先贤身分，尤为引用不切，似此肤泛失当之卷，何以拔置第一？且所拟策题，纰缪处甚多。该考官等于抡才大典，漫不经心，殊非慎重衡文之道。窦光鼐人本拘迂，不晓事体，朕夙闻其于文艺一道，尚能留心讲习，是以派为正考官，不意其糊涂错缪，一至于此。且初九日正主考出闱覆命，召见时，窦光鼐不特奏对不明，跪起兼至倾跌，是其年老昏愦，岂可复膺风宪之任？除副考官刘跃云、瑚图礼及荐卷不当之同考官等，即照和珅等所请交部严加议处。余著照所拟分别办理外，窦光鼐著即解任，听候部议。"寻予四品衔休致。九月，卒。①

2. 朱方增辑：《从政观法录·左都御史窦光鼐》

窦光鼐，山东诸城人。乾隆七年进士，改庶吉士，散馆授编修。四十七年五月，以宗人府府丞任浙江学政。五十一年，擢吏部右侍郎。

是年，查办浙江亏空。光鼐奏："浙省各州县仓库亏缺未补者多，盖因从前督抚陈辉祖、王亶望贪墨败露时，督臣富勒浑并未彻底查办，只据司道结报之数混同立限，遇有升调事故，辄令接任之员出结办理颠顸。臣闻嘉兴府属之嘉兴、海盐二县，温州府属之平阳县亏数皆逾十万，当查何员亏缺，分别定议。去岁杭、嘉、湖三府歉收，仓内有谷可粜者无几，浙东八府，岁行采买，惟折收银两以便挪移。"奏入，上嘉其公，命尚书曹文埴、侍郎姜晟前往，会同巡抚伊龄阿彻底清查，又命光鼐同办。光鼐奏："仙居、黄岩等七县，前任知县亏空多至累万，以致后任不敢接收交代。永嘉县知县席世维借生监谷输仓备查。平阳县知县黄梅借亏空名色，科敛累民，丁忧演戏。仙居县知县徐延翰监毙临海县生员马真。又督臣过往嘉兴、岩、衢上下游地方，供应繁浩，门包或至千百。"奏入。上命大学士阿赴

① ［清］佚名纂：《清史列传》大臣画一传档正编二十一，中华书局 1987 年版。又见《满汉大臣列传》卷五十八、《国朝耆献类征初编》卷八十七《卿贰》四十七。

浙江查办，寻奏查明永嘉等县实无那移、勒派之事；平阳知县黄梅丁忧演戏一节，系该县为伊母庆九十生辰，于演戏之夜痰壅猝故。窦光鼐奏请亲赴平阳访查，部议以擅离职守，革职。嗣抚臣伊龄阿参奏："光鼐于未到平阳之先，差人招告。既到，则在平阳县城隍庙多备刑具追究，书吏、生监、平民一概命坐。及由平阳回省，携带多人，哓哓执辩。"奏入，命将窦光鼐拿交刑部治罪。光鼐寻奏："臣亲赴平阳，该县绅士、民人呈送五十年派捐田单二百余张，供称知县以弥补亏空为名，计亩派捐，各田一亩捐大钱五十文，给官印田票一纸。又呈送借票九张，共大钱二千一百千文。又四十四年、四十七年两次勒捐富户，自一百余千至三五十千不等。每岁采买仓谷，并不给价，有飞头票、谷领、朋帖各名色，且于颁赏老民钱及廪生廪饩，亦未给发。今将田单、印票、飞头、谷领、收帖、催帖各拣一纸进呈。"奏入，上以阿桂起程在途，命回浙严办，并添派江苏巡抚闵鹗元会同审理，光鼐亦回浙候质。阿桂等将黄梅勒借等款鞫实伏法。光鼐授宗人府府丞，仕至左都御史。[1]

3. 朱学海纂：《（道光）诸城县志·列传》

窦光鼐，字元调，前志长琰曾孙。乾隆七年进士，改庶吉士，授编修，历迁内阁学士兼礼部侍郎。母忧服阕，授都察院左副都御使，改正《律例》之未协者百余事。守兵部左侍郎，奉命祭南海，却馈不受。授顺天府尹，惩治奸书王简等，举劾州县溺职吏，辇毂一清。父忧服除，仍授府尹。京畿蝗，冒暑雨督捕，因旗庄不出夫，与直督疏辩获谴，左迁通政司副使，历宗人府丞。宗人府开馆修《玉牒》，旧清书誊录于各部院笔帖式及国子监官学生考取，光鼐奏请专取宗学，俾知上进有路，益加奋勉，遂为例。充《四库全书》总阅，同修《日下旧闻考》。迁吏部右侍郎，历礼部右侍郎，晋左都御史，为尚书房总师傅。六十年为会试大总裁，坐覆试贡士磨勘，免官。旋卒，年七十六。光鼐学问精赡，言词清古，值国家承平久，天子雅重经术文章之士，朝廷有大典礼，光鼐进诗赋铭颂，辄蒙褒嘉。与河间纪文达昀、大兴朱文正珪、翁侍郎方纲主持文运三十年，后进望风景附，争自切靡，称极盛焉。性介特，父卒时，以金赙者，悉却之。曰："吾自为翰林至京兆，未尝受人财，岂以亲没为利乎？"久宦京朝，至饔飧不给，其清节尤为世所重云。[2]

4. 李元度辑：《国朝先正事略·窦东皋先生事略》

窦公光鼐，字元调，号东皋，山东诸城人。幼有神童之目，家贫贷书于人，览辄成诵。

① ［清］朱方增辑：《从政观法录》卷二十九，《四库未收书辑刊》，北京出版社 2000 年版。朱方增（？—1830），字虹舫，浙江海盐人。嘉庆六年进士，选庶吉士，授编修。典云南乡试，迁国子监司业。二十年，入直懋勤殿，编纂《石渠宝笈》《秘殿珠林》。寻督广西学政，累迁翰林院侍读学士。道光四年，大考第一，擢内阁学士。典山东乡试。七年，督江苏学政。十年，卒。熟谙朝章典故，辑国史名臣事迹为《从政观法录》。

② ［清］刘光斗等修，朱学海纂：《（道光）诸城县续志》列传第一（志十三），清道光十四年刻本。朱学海，陕西富平人，举人，候选知县，授韩城教谕。著有《屏山文集》。

年十二，读《文选》，即操笔为《琅琊台赋》，寻补弟子员。乾隆七年进士，选庶吉士，授编修。十三年，御试翰詹，阅卷者列先生四等。故事，大考置劣等，降黜有差。先生奉特旨，迁右中允，生平被上知自此始。累迁侍读学士，御试一等，晋内阁学士，督学河南，忧归。起补副都御使，督浙江学政。还朝，以争秋谳事，吏议镌级，诏留任。命祭告南海，所至却馈遗。寻授顺天府尹，屏绝苞苴，锄猾吏，龁权贵，劾州县之尤不职者。时京县为兰公弟锡、李公湖，皆经公荐擢，后官督抚有名。居四年，坐事免。起通政司副使，迁宗人府丞。复视学浙江，擢吏部右侍郎。会诏遣重臣清厘浙属仓库，并有旨问先生。先生以实告，且劾平阳令黄梅科敛病民状，为梅所反噬，大吏右之诬陷，先生几不测。复侃侃论列，上卒直先生，还其官，梅按治如律。调礼部侍郎，又出为浙江学政。晋左都御史，命充上书房总师傅。凡御制诗文，辄命先生阅，因事纳忠，无謇言。六十年，典会试，以所录首卷多语疵被勘议，降四品衔，予休。

先生立朝五十余年，揭揭然柴立无所附，惟以诚悃结主知。尝言："学贵有用，如昌黎折王庭凑，阳明平宸濠，乃真学问。"故于书无所不窥，而风节尤挺劲。司文枋所取皆知名士，每试陵闱艺出，学者奉之如泰山北斗。诗宗少陵，古文法退之，制艺如古传注，深得立言之旨。工檗窠书，望而知为端人正士。论诗谓："渊源三百篇，近人有赋而无比兴，此诗之所以衰也。"所著有《省吾斋诗文集》。卒年七十有六。①

5. 孙葆田等纂：《（光绪）山东通志·列传》

窦光鼐，字元调，号东皋，诸城人。乾隆七年进士，改庶吉士，授编修。十三年，御试翰詹，特擢右中允。累迁至内阁学士，视学河南，丁内忧归。逾年，会南书房缺人，上命山东巡抚传旨起光鼐，光鼐固辞不起。服阕，补都察院左副都御使，视学浙江。任满还京，以与刑部争秋谳事，吏议镌级，特旨留任。寻遣祭告南海，所至却地方馈遗。越二年，授顺天府府尹，惩治奸书王简等，劾州县溺职，辇毂一清。丁艰服阕，补原官。京畿蝗，冒雨督捕，因旗庄不出夫，与直督疏辨褫职。不数月，起为通政司副使。迁宗人府府丞，凡十年。复视学浙江，擢吏部右侍郎。会上遣大臣清查浙江州县仓库，并有旨问光鼐。光鼐以实告，且条上平阳令黄梅科敛病民状，论者诬光鼐，祸几不测。光鼐奏辩不挠，卒得直。授礼部侍郎，又视学浙江。越三年，以左都御史还京，充上书房总师傅。六十年，充会试正总裁，以所录首卷多语疵，被勘落职，以四品衔休致。卒年七十六。

光鼐生平不讲学，而躬行尤严析义利，而要之以"毋自欺"。立朝五十年，揭揭然柴立

---

① ［清］李元度辑：《国朝先正事略》卷四十二《文苑》，台湾文海出版社 1967 年版。李元度（1821—1887），字次青，又字笏庭，湖南平江人。以举人官黔阳县教谕，历仕至贵州布政使，卒于任。著有《国朝先正事略》《天岳山馆文钞》《天岳山馆诗集》《四书广义》《国朝彤史略》《名贤遗事录》《南岳志》等，主纂（同治）《平江县志》《湖南通志》。

无所顾慕。尝言："学贵有用，如昌黎折王庭凑，阳明平宸濠，乃真学问。"光鼐诗学少陵，古文学昌黎，制艺则发挥圣贤义理，自成一家。巡抚某，墨吏也。朝京师，厚致馈遗，光鼐挥其金不与通。父卒时，以金赙者，悉却之，曰："吾自通籍至京兆，未尝受人财，岂以亲殁为利乎？"久宦京朝，穷约如诸生，岁入以赡贫宗，其清节惠德如此。《国史》有传。①

6. 叶衍兰辑：《清代学者像传·窦光鼐》

窦光鼐，字元调，号东皋，山东诸城人。幼有神童之目，家贫，贷书于人，览辄成诵。年十二，读《文选》，即操笔为《琅琊台赋》。乾隆七年进士，选庶吉士，散馆授编修。十三年，大考翰詹，阅卷者思中伤之，列名四等，奉特旨以中允升用，先生被纯庙知遇自此始。寻迁侍读学士，复遇大考，列一等，晋内阁学士，督河南学政，丁忧归。起补副都御使，督浙江学政。还朝，以争秋谳事，吏议镌级，诏留任。命祭告南海，所至却馈遗。寻授顺天府尹，屏绝苞苴，锄猾吏，龁权贵，劾州县之不职者。时京县为兰公第锡、李公湖，皆经先生荐擢，后官督抚有名。居四年，坐事免。起通政司副使，迁宗人府丞。复督浙江学政，擢吏部右侍郎。会诏遣重臣清厘浙属仓库，并有旨诘问学臣。先生以实告，且劾平阳令黄梅科敛病民状，为梅所反噬，大吏右之诬陷，先生几不测。复侃侃论列，高宗卒直先生，还其官，梅按治如律。未几，调礼部侍郎，复授浙江学政。晋左都御史，命充上书房总师傅。凡御制诗文辄命先生阅，因事纳忠，无不尽言。六十年，充会试总裁，以所录首卷多语疵被勘议，降四品衔，予休。

先生立朝五十余年，风节挺劲，揭揭然柴立无所倚。和珅深嫉之，叠次倾轧，而卒不能动移。屡司文枋，所取皆知名士，学者奉之如泰山北斗。诗宗少陵，文法昌黎。工擘窠书，状貌严整，望而知为端人正士。所著有《省吾斋诗文集》若干卷。卒年七十有六。②

7. 赵尔巽等纂：《清史稿·列传》

窦光鼐，字元调，山东诸城人。乾隆七年进士，选庶吉士，散馆授编修。大考四等，罚俸。高宗夙知光鼐，居数月，擢左中允。累迁内阁学士。二十年，授左副都御史，督浙江学政。上南巡，临海县训导章知邺将献诗，光鼐以诗拙阻之。知邺欲讦光鼐，光鼐以闻。上召知邺试以诗，诗甚拙，且言原从军。上斥其妄，命夺职戍辟展。后数年，上欲赦知邺

① ［清］杨士骧修，孙葆田纂：《（光绪）山东通志·列传》，上海古籍书店1991年版。孙葆田（1840—1911），字佩南，荣成人，晚年寄居潍县。同治十三年进士，授刑部主事。光绪八年授安徽宿松知县，分校江南乡试。调署合肥知县，免归。历主山东尚志书院、河南大梁书院。曾两度总纂《山东通志》。著有《孟子编略》《校经室文集》《汉儒传经考》《岁余偶录》《曾南丰年谱》《孟子编略》《两传经考》《毛尚书奏稿》等。

② ［清］叶衍兰辑：《清代学者像传》，《清代学者像传合集》，上海古籍出版社1989年版，第176页。叶衍兰（1823—1897），字南雪，号兰台，广东番禺人。咸丰二年举人，六年进士，改翰林院庶吉士。历官户部江西司主事、贵州司员外郎、云南司郎中，官至军机章京，直枢垣二十余年。后请疾归里，主讲越华书院。著《秋梦庵词》《海岳楼诗》，为清代词坛"粤东三家"之一。

还，而知郧妄为悖逆语，欲以陷光鼐，上乃诛之。

光鼐学政任满，还京师。秋谳，光鼐以广西囚陈父悔守田禾杀贼，不宜入情实；贵州囚罗阿扛逞凶杀人，不宜入缓决：持异议，签商刑部，语忿激。刑部遽以闻，上命大学士来保、史贻直，协办大学士梁诗正覆核，请如刑部议，且言光鼐先已画题，何得又请改拟。上诘光鼐，光鼐言："两案异议，本属签商，并非固执。因会议时言词过激，刑部遽将签出未定之稿先行密奏。臣未能降心抑气，与刑部婉言，咎实难辞，请交部严加议处。"上以"会谳大典，光鼐意气自用，甚至纷呶谩骂而不自知。设将来预议者尤而效之，于国宪朝章不可为训"。命下部严议，当左迁，仍命留任。光鼐疏言："事主杀窃盗，律止杖徒。近来各省多以窃盗拒捕而被杀，比罪人不拒捕而擅杀，皆以斗论，宽窃盗而严事主，非禁暴之意。应请遵本律。"议行。

二十七年，上以光鼐迂拙，不胜副都御史，命署内阁学士。授顺天府府尹。坐属县蝗不以时捕，左迁四品京堂，仍留任。旋赴三河、怀柔督捕蝗，疏言："近京州县多旗地，嗣后捕蝗，民为旗地佃，当一体拨夫应用。"上从所请，以谕直隶总督杨廷璋。廷璋言自方观承始设护田夫，旗、民均役。上复以诘光鼐，召还京师，令从军机大臣入见。问："民为旗地佃，不肯拨夫应用，属何人庄业?"光鼐不能对，请征东北二路同知及三河、顺义知县质证。退又疏请罢护田夫，别定派夫捕蝗事例。上以光鼐所见迂鄙纰缪，下部议，夺职。

居数月，谕光鼐但拘钝无能，无大过，左授通政司副使。再迁宗人府府丞。复督浙江学政，擢吏部侍郎。浙江州县仓库多亏缺，上命察核。光鼐疏言："前总督陈辉祖、巡抚王亶望贪墨败露，总督富勒浑未严察。臣闻嘉兴、海盐、平阳诸县亏数皆逾十万，当察核分别定拟。"上嘉其持正，命尚书曹文埴、侍郎姜晟往会巡抚伊龄阿及光鼐察核。

旋疏劾永嘉知县席世维借诸生谷输仓；平阳知县黄梅假弥亏苛敛，且于母死日演剧；仙居知县徐延翰毙临海诸生马寘于狱；并及布政使盛住上年诣京师，携赀过丰，召物议；总督富勒浑经嘉兴，供应浩烦，馈阍役数至千百。上命大学士阿桂如浙江按治。阿桂疏言盛住诣京师，附携应解参价银三万九千余，非私赀；平阳知县黄梅母九十生日演剧，即以其夕死；仙居诸生马寘诬寺僧博，复与斗殴，因下狱死。光鼐语皆不仇。光鼐再疏论梅事，言阿桂遣属吏诣平阳谘访，未得实，躬赴平阳覆察。伊龄阿再疏劾光鼐赴平阳刑迫求佐证诸状，上责光鼐乖张瞀乱，命夺职，逮下刑部。光鼐寻奏："亲赴平阳，士民呈梅派捐单票，田一亩捐大钱五十；又勒捐富户数至千百贯；每岁采买仓谷不予值。梅在县八年，所侵谷值及捐钱不下二十万。母死不欲发丧，特令演剧。"上以光鼐呈单票有据，时阿桂已还京师，令复如浙江秉公按治，并命江苏巡抚闵鹗元会谳，以光鼐质证。阿桂、鹗元疏言梅婪索事实，论如律。上以光鼐所奏非妄，命署光禄寺卿，阿桂、文埴、晟、伊龄阿皆下部议。旋擢光鼐宗人府府丞。迁礼部侍郎。复督浙江学政。再迁左都御史。

六十年，充会试正考官，榜发，首归安王以锯，次王以衔，兄弟联名高第。大学士和珅素嫉光鼐，言于上，谓光鼐迭为浙江学政，事有私。上命解任听部议，及廷试，和珅为读卷官，以衔复以第一人及第，事乃解。命予四品衔休致。卒。①

按：以上收录 7 篇。《清史列传》所录来自于《满汉大臣列传》，《满汉大臣列传》所录则来自嘉庆朝国史馆根据《清高宗实录》相关资料所撰传记，字数约万字，广泛收录了相关奏折与上谕，是记录窦光鼐生平最为核心的资料之一，后出的其他史传则多由此约编而成。

三、别 传

1. 秦瀛撰：《诸城窦公祠堂记》

诸城窦公由乾隆壬戌进士入翰林，官至都察院左都御史。乾隆乙卯降四品衔休致，未及归，没于京师邸第。

公夙以文学被圣主知遇，累主文枋，前后凡三视浙江学政。其初视浙学，在乾隆丁丑、戊寅间，迄今已四十年所。当时经公识拔者，今或为名公卿，位相埒，次亦历官中外，多著闻于时。其后再三至，造就益众。盖公之学明体达用，阐邹鲁之绪言，而设诚致行，笃于教士，口讲指画，不啻师之于门弟子，故公之教泽于浙为最深且久，而浙之士亦至今思之不能忘。

前公去浙，浙人设位于西湖之崇文书院，岁时瞻拜，祝公长生。今公既没，余故出公之门，又适备兵浙西，将别谋所以祠公。会诸生邵志纯、孙邦治亦以是请，余以书谂诸江苏巡抚费公淳。盖公初视浙学时，所尝拔为博士弟子者也。费公曰："善！"遂于南屏山之阳，所谓净居庵者，葺屋三楹，以其中奉公栗主祀焉。祀之日为嘉庆二年十月朔日，与于祭者：山东运河兵备道沈君启震、刑部主事张君时风、吏部员外郎张君培、监察御史潘君庭筠、编修陈君琪、候补道许君擎，皆公前后所得士，诸生即邵、孙两生，实董是役者也。

先是乾隆丙午浙江清查案起，公方在浙，上有旨询问公，公直言无隐，且纠平阳令黄梅贪黩侵渔诸不法状，上韪公言，而置黄梅于法，以是浙人之感公者，不独在缙绅士大夫间，即下至田夫贩竖，亦无不知公名。公讳光鼐，字元调，号东皋，世称东皋先生。其他生平节概，见余所为公墓志铭。

嘉庆戊午，余建苏文忠公祠于孤山之阳，祠左别建望湖楼，以净居庵室湫隘，因于己

---

① ［民国］赵尔巽等纂：《清史稿》卷三百二十二《列传》一百九，中华书局 1977 年版。赵尔巽（1844—1927），字次珊，祖籍奉天铁岭，隶汉军正蓝旗。曾任四川总督、湖广总督、东三省总督、清史馆馆长。遗著有《刑案新编》《赵留守攻略》等。

未春二月既望，迁公栗主于望湖楼上，是记亦移昇焉。并记。①

2. 吴锡麒撰：《祭窦东皋先生文》（代）

呜呼！烂繁星以昭夜兮，揭卿月之孤光。受金法于风后兮，躬执矩而为方神。默凝其梗梗兮，义锵声以璜璜。朝骖余之鸣凤兮，夕将骖乎神羊。嗽沆瀣而折若木兮，垲浮云而上翔。阆元宿于辰尾兮，焱回回其孔扬。惟夫子之韫灵兮，齐崧高之骏极。降鹅冠以酾词兮，曰谪自陈芳之国。沐日浴月以生百宝兮，华裾袭而翠织。云弸奋其怒霆兮，洩万古于胸臆。引谟觞而斟酌兮，蓝二酉以娱其赠弋。内纯终其领闻兮，外神禫而无饰。循规度之汪汪兮，亮苏世以为德。方河鲤之跋浪兮，倏尺木之阶升。踵柯亭刘井而扬罜兮，宛蹑蓬岛而上登。炼寒清以为质兮，洛乎埒实于条冰。照春坊之宝字兮，硐莲锷之棱棱。试畿辅而奏绩兮，冈陶诞突盗之不惩。宗二星其彪列兮，爰俾子卫为之丞。逮升华于乌府兮，知非尧其莫胜。丝以沤而愈洁兮，镜乃磨而益澄。终保全而牲植兮，赖圣主之曲矜。尝詘要而桡胭兮，惟心署其兢兢。念雅声之远姚兮，嗟时俗之璨乔。工蒲苇之柔从兮，不能利跂以自洁。故君子之用世兮，恒绳墨之先设。准六经为淳制兮，庶齐度于先哲。奏七始华始之和音兮，非蛙咬之取悦也。涓众蔓而选休成兮，嘉兰莒之可折也。信闭门而造车兮，行千里而一辙也。泝浙江兮，汤汤。望吴山兮，嶈嶈。再三留兮，使节。往复照兮，文昌。始董众而飑夔兮，群倾叶而晞阳。及庆云之将返于霄汉兮，又因风而回翔。纷鸾凤之万举兮，翅翩翔其相望。岂禹行而舜步兮，徒修襮而外章。府然若渠匽壅栝之于己兮，乃宗原应变之各得其方。愧季材之玷乎大匠兮，眇朱儒之为柱。告缗惟以春及兮，复申之以化雨。身非颜而受铸兮，敢以卓而鸣苦。瞻梁木其墒霓兮，将干鼓而干舞。胡殷奠之在楹兮，谓广桑待而未为主。令恒干之永藏兮，贞大寿于终古。耿丹诚其不沫兮，结还云之缕缕。感丝竹于平生兮，灵放佛其在户。托旨酒以布兰生兮，幸鉴诚于芳北。呜呼！尚飨。②

3. 秦瀛撰：《祭窦东皋夫子文》

岁在癸丑，别公都门。立语移晷，色霁且温。讵阅两稔，溘归泉原。凶讯忽至，已矣何言？千载知己，公亡谁存？因念畴囊，困于风尘。嶧桐半死，岱篁孤根。微公见赏，久甘沈沦。爨音遇邕，谷吹逢伦。幸从公游，长衔公恩。哲人胡萎，实怆我魂。既哭其私，并为公惜。公之笃生，拔起东国。乡称邻鲁，心许尚稷。蹇蹇谔谔，五岳崷岉。如朱丝绳，邦之司直。善类延颈，金人屏息。始掌邦宪，既匡既救。已尹京兆，甄淑别慝。视学涮中，

① 《小岘山人文集》卷六。
② ［清］吴锡麒撰：《有正味斋骈体文》卷二十四，嘉庆刻本。吴锡麒（1746～1818），字圣征，号谷人，钱塘（今浙江杭州）人。乾隆四十年（1775）进士，翰林院庶吉士，授编修。两度充会试同考官，擢右赞善，入直上书房，转侍讲、侍读，升国子监祭酒。生性耿直，不趋权贵，名著公卿间。后以亲老乞养归里，讲学终老。著有《有正味斋集》，另有《有正味斋文续集》《有正味斋尺牍》《有正味斋曲》《有正味斋南北曲》《有正味斋诗》《有正味斋诗集》《有正味斋赋稿》等。

弹劾贪墨。人皆议公，谓越其职。帝曰咨汝，去其螟螣。与世牴牾，屡用屡斥。耿耿忠诚，天子所识。匪掖而升，匪击而踣。苍蝇璧玷，众口金烁。非遭圣人，畴鉴白黑。公之学问，撷经之精。嬴刘而降，群言披猖。公也知言，狂澜用障。周情孔思，吾道光明。大放厥辞，黄钟雷硠。羲娥荡魄，牛斗燿芒。万怪皇惑，百川汪洋。俛睨诸子，支流断潢。海内名士，悉登门墙。曹刘目短，籍湜走僵。罕窥公奥，尠升公堂。奈何斯人，反用谤伤。武叔毁尼，陈相倍良。或哂公迂，或诋公狂。公但一笑，游乎帝乡。维公佩服，蕙兰菌桂。骑龙上升，素车朱轊。詄荡阊阖，九天云翳。水蜮腹蛇，潜藏沙汭。公其逍遥，何有芥蒂？感念平生，临风雪涕。南屏岧峣，西湖溶滚。公所旧莅，魂兮来憩。卮酹载陈，公尚饮醊。以侑馨香，黄蕉丹荔。乌虖哀哉！①

4．英和撰：《恩福堂笔记》

余初入词垣，往谒窦东皋先生，延入厅事，公自厅后叱仆人曰："来客携有红毯始会，否则辞之。"仆人对以"有"。公补服朝珠从屏后出，行交拜礼毕，命坐，开口先责曰："老先生乃翰林世家，不应首坏风气。"因请其故，则从仆人手接余原帖，示曰："帖字过小。"其实，余帖上字已径六七分。因谈时文，深慨近人不读书，不讲理法出落，复及古文原委。时三伏中，自朝餐后，正衣冠危坐两三时许，汗如雨下，饥肠雷鸣。乘间告退，送至门，仍曰："将帖上字展大，明日再来。"前辈古风，于今仅见。②

5．昭琏撰：《啸亭杂录》

仕宦最久

窦东皋尚书任宗人府府丞二十三年，刘秉权任户部郎中三十二年，吉通政兆熊任通政司正使十四年，吉大司成善任祭酒二十年，皆仕途中之最久者也。③

窦东皋

余幼时闻韩旭亭先生言，当代正人以窦东皋为最。时阅其劾黄梅匿丧奏疏，侃侃正言，心甚钦佩，以为虽范正文、孔道辅无以过之。后入朝，闻成王言，公迂暗不识政体，素恶宋儒书，明道、晦庵诸先生至加以菲言置之。又以方正学为元恶大憝，致兴靖难之祸，其议论殊为怪诞。又晚年以仕途蹭蹬故，乃拜和相为师，往谒其门，至琢姓名于玉器献之，

---

①《小岘山人文集》卷六。

②［清］英和撰：《恩福堂笔记》，北京古籍出版社1991年版，第46—47页。英和（1771—1840）：姓索绰络氏，字树琴，号煦斋，满洲正白旗人。乾隆五十八年进士，历仕乾、嘉、道三朝，官至协办大学士，军机大臣。著有《恩福堂笔记》《恩福堂诗钞》《恩福堂年谱》。

③［清］昭梿撰：《啸亭杂录》卷九，上海古籍出版社2012年版，第196页。昭梿（1776－1833），字汲修，自号汲修主人。努尔哈赤次子礼亲王代善六世孙，袭父爵，封康亲王。嘉庆二十一年，坐凌辱大臣，滥用非刑，夺爵，圈禁三年。半年后释放，但未复爵。精通满洲民俗和清朝典章制度，故后文稿多散失，后由端方搜集整理，编为《啸亭杂录》十五卷。

以博其欢。希上赐紫禁城骑马，日跨胡床于家中，以勋其劳，颇为舆人姗笑。又素善青乌术，以诸城县应出二辅臣，及闻刘文清公以事降黜，大喜过望，置酒欢宴终日，殊乏大臣之度。后闻蒋孝廉棠言亦然，故并录之，以俟考焉。①

6. 王培荀撰：《乡园忆旧录》

东皋先生制艺一本先正，浑灏古茂之气追踪归太仆、张啸苏，拟之华岳三峰。当圣驾巡幸浙江，作赋用古韵，汪洋浩瀚，五色陆离，如读两京三都之作，见者钦为三代法物。著诗不多，刊落浮华，骨力苍坚，卓然拔出流俗之外。屡视学浙江，当时文人揣摩风气，破必三句，承题二三行，小讲二句，竞为短篇。所谓世人但学兰亭面，欲换凡骨无金丹也。在吾邑为人书屏，书法亦苍劲，与齐次风召南、刘廷槐耕南善二公皆一时宗匠。先生有冯敬通之恨，殁后家人几无以为生。闻浙人云：试归安时，即乙卯会题，二王皆居二等。及礼闱，乃莫之或先，又从落卷搜出，难免物议。然谓先生爱才之过有之，至纳贿作弊决其必无，历司文柄，一贫如洗，先生身后之穷，讵非为代白其谤欤？本朝制艺推李文贞公光地，与先生论者莫能轩轻。②

窦东皋先生光鼐幼从太翁馆吾邑。翟氏园素有鬼，天晚时人不敢入。同学辈戏引入，闭其门，及出，众问所见，曰："无他，有群鬼呼大人。"遂戏以大人呼之。官果至都宪，屡掌文衡。乾隆乙卯主礼闱，王以琅王以衔兄弟中第一第二，殆如郊祁盛事。因忤和珅意，谓元文有窦字似关节，又俱从落卷中搜出，可疑，策题亦多误。上谓："其文即佳，亦不应兄弟联名。且元文'参也鲁'句，有云'日有万几，思兼四事'，此等典故，人君可用，曾子人臣，亦孝子也，不应用。"置之榜末，窦亦降四品京官。及殿试，皇上钦定状元仍以衔也，众论乃息。③

窦东皋先生光鼐任浙江学政时，署中一小儿常供给使，偶遣移一物，辞曰不能，问何故，自言为前学使之僮，殁而魂留，有形无质也。不知鬼何以白日现形，毫不畏人，然先生非造言者。④

7. 王昶辑：《蒲褐山房诗话》

窦光鼐，字元调，诸城人。乾隆七年进士，官至左都御史。有《东皋先生诗集》（选十四首）。

先生性情伉直，遇事敢言，而尤以文学受知。大考翰林第一。不两载间，晋内阁学士，直南书房。屡荷文衡之命。其再使浙江也。发平阳重征之案，几为交构者所中，幸得实上

① 《啸亭杂录》卷九，第 208 页。
② ［清］王培荀撰：《乡园忆旧录》卷二，清道光二十五年刻本。王培荀，号雪峤，淄川人。道光元年举人，署荣昌县知县。著有《寓蜀草》《听雨楼随笔》《乡园忆旧录》等。
③ 《乡园忆旧录》卷二。
④ 《乡园忆旧录》卷六。

闻。诏令覆审，乃置县于法。浙中人士，无不踊跃感泣，而先生还朝晋总宪，兼直上书房。盖皆荷圣明如神之照也。然先生自谓独契圣贤之旨。故于宋儒所言，指斥不遗余力，闻者往往惊骇。至诗非所属意也。其后偃蹇以殁。门人秦君瀛置其栗主于西湖望湖楼。且哀其诗而刻之。①

按：以上收录 10 则。其笔记野史部分需要分析利用。如《啸亭杂录·仕途最久》所载："窦东皋尚书任宗人府府丞二十三年。"窦光鼐于乾隆三十八年六月授宗人府丞，乾隆四十七年五月再任浙江学政。五十一年九月因黄梅案调任，再任宗人府丞，至五十四年四月，三任浙江学政。累计在宗人府丞任内共 12 年，非 23 年。窦光鼐一生持正，得罪人较多，故其身后毁之者多有。关于窦光鼐依附和珅事，其门生秦瀛曾专门撰文为之辩诬（见前文）。秦瀛作为当事人，所记事实清楚，自为不刊之论。而《啸亭杂录·窦东皋》一则所载，想必也只是谣传而已。另，张鹏展《国朝山左诗续钞》、王赓言《东武诗存》、陈康祺《郎潜纪闻》、张维屏《国朝诗人征略初编》、窦镇《国朝书画家笔录》、徐世昌《晚晴簃诗汇》等均有窦光鼐小传，因内容重复，故不录。

四、附 录

1. 窦光鼐撰：《先府君行状》

呜呼，痛哉！府君来署甫一岁，遽捐馆舍，不孝光鼐奉侍无状，不可为人，追数侃侬，呼抢何及？痛惟府君生平种德绩学，纂述训典，于古义应不朽。不孝心识愦迷，言弗能文，顾不敢以虚美失实致蹈矫诬，谨就瞻依所及，诠次梗概，冀有道能文者采择焉。

府君姓窦氏，讳诜，字斯和，号瑶圃，先世山海关人，明洪武中迁居诸城之东关。历六世至衡庵公，讳昂，以经学知名，仕开平卫教授。晚致仕，与缙绅齿德九人结社，邑侯王三锡高其行，为绘像勒石焉。衡庵公生少衡公，讳钦，仕武陟县知县，有惠政，邑人立庙祀之。少衡公生乐源公，讳如洙，仕安福县训导。乐源公生先高王父元辅公，讳赞机；元辅公生先曾王父石卿公，讳长琰；皆诸生，文行著于邑乘。曾王父石卿公诰赠通议大夫、都察院左副都御使，先曾王母李太夫人诰赠淑人。先曾王父卒时，先王父永庵公兄弟四人俱幼无依，独依先曾王母李淑人。进离多难，家业渐落，乃寄居马耳山阴之大珠村。及长，与先四叔祖衣庵公勤力孝养，置田二区，一近城南，一在西郭埠。西郭埠田下下，先王父

---

① ［清］王昶辑：《蒲褐山房诗话》卷一，台北广文书局 1962 年版。王昶（1724－1806），字德甫，号述庵，一字兰泉，又字琴德，江苏青浦人。清乾隆十九年（1754）进士，授内阁中书，入军机处，擢刑部郎中。以从阿桂平定大小金川，擢鸿胪寺卿，升大理寺卿、都察院右副都御使。外任江西、陕西按察使，迁云南、江西布政使，仕至刑部侍郎。著有《春融堂集》，辑有《金石萃编》《湖海诗传》《湖海文传》《明词综》《国朝词综》等。

择取之，因家焉。先四叔祖得城南田，稍增益之，曰："吾不可独丰。"遂与先伯祖承庵公、先三叔祖脧庵公均分焉。

先王父永庵公讳宏祚，诰赠奉政大夫、翰林院侍读加一级，晋赠通议大夫、都察院左副都御使，初娶先王母诰赠淑人牛太夫人，早卒，继娶先王母诰赠淑人沈太夫人，生府君兄弟五人，府君第三。幼入乡塾，年十有六，始就学于同邑张毓蒙先生。居三年，先生自以为弗及也。府君益自力于学，遂补诸生食饩，每试多冠邑士，然应举辄不利。乾隆九年，中式举人，年已五十有七矣。

府君自弱冠受知于学使北平黄昆圃先生，有国士之目。及三十有三，始生不孝光鼐。又九年，复生亡弟光钺，皆繇褓褓学语，教之识字为文。至是，不孝光鼐已于前两年蒙主上恩，擢翰林，府君乃以官卷获书。明年应会试，不第。又三年，亡弟光钺举于乡，府君与同应会试，复不第。十有六年，恭遇覃恩，诰封奉政大夫、翰林院侍读加一级，乃不复应试。二十六年，复遇覃恩，晋封通议大夫、都察院左副都御使。先是府君尝谓不孝曰："吾梦人持红旗来报，谛视旗上乃'殊遇'二字，出门见两大旗署'都察院'字，从者促予行，予亟入室治装而不见汝母也。及是受封，乃悟'殊遇'云者。"恭遇圣母皇太后七旬万寿，荷锡类之殊恩，而吾母果已不及见也。府君曰："人生各有定分，类然知此，可无复以得失动心矣。"

府君性至孝，先王父亟称之，尝语人曰："先人以孝传五世，能继之者三儿也。"尝馆于天溪村，一日早起心动，亟归省，则先王父以是日得疾。府君与先母侍汤药三年，忧瘵柴立，先王父执手与诀，语载先母《行述》中。先王父方疾，即命府君兄弟分爨。及殁，府君力营丧葬，葳事，遂大窭。故分田仅四十亩，强半荒蔓，乃谋与先四叔子光公并力耕垦，会秋大熟，乃能自存活。

府君与兄弟友爱，老而弥笃，值康乏力赡之，诸侄辈皆从受业，列诸生数人。

府君初留意选学，尤工制艺，后乃覃思古圣贤之学，博落慎取，务自得之，大要以"不自欺"为本，而推以及与人。尝考研宋五子之书，而绝去门户意见，曰："儒者之言，各有得失，要折中于圣人，毋徒随人耳食也。"又尝谓："先儒训诂，苦为说者所部乱。"故说书务析白文，依类证引经训，于人人共晓而止。平生友教甚众，一遇以至诚，随材质高下，多所成就。有来就正者，批阅指示，逞逞各有所得。同时文士多以卖文获利者，乡人需焉。或以尝府君，府君笑曰："吾固遇，士安能为此商贾之行乎?"居贫数十年，不孝方通藉，府君犹资馆谷给朝夕。近虽幸以禄养，然犹时时典质，箧笥屡空，而未尝一钱苟取于人也。与人处，温温善下，不为崖岸，而未尝有以邪枉干也。性泊然，无所嗜，惟嗜读书，然家故无书，尝向人家借书抄读之，及授徒四方，辄就馆中所有书手录成帙，凡数百卷。晚年欲付剞劂，虑其散而无纪也，复择其言之最醇及事之关于治乱大义者，分类撢摘，汇为数十卷,名曰《与知录》,又别为《玉毂集》。去岁五月,府君至署,指谓不孝曰:"吾不获仕,不能有功泽及人,顾念凤者读书之艰难,勉为此,以惠寒俊尔。然抉择未精,搜罗未备,予精力尚可用,倘假予二三年不死,则犁然矣。"自是日,取书卷讨论之,课孙之暇,必纂千余言为日课。不孝以节养为言,则曰:"予自从所好尔。"乘间复言之,则曰:"人生不可一日偷闲,恐为天地间一蠹,如伊川所呵也。"

本年六月十九日,暑甚,府君纂书课毕,复拈《四书》题文一首示诸孙,夜而疾作。至七月四日夜,乃曰:"人言将死见鬼神,殆不然,吾比日瞑目所见,无非书卷,殆将由此去耶?"寻谓不孝曰:"汝祖临终以予未有子嗣为忧,今诸孙颙颙,汝复宦达荷主恩,予寿八十,复何憾?惟汝素性铿执,信己过深,恐于事物有滞疑,当思虚己受人,方能任天下之事。诸葛武侯集众思,广忠益,此可为法。"又举《大学注》"忠信"二义云:"勉行此,可以终身。"不孝泣拜受命,而府君已溘然长逝矣。呜呼,痛哉!

府君素无疾,惟气呃,间时一发,未尝为患也。是夜方寝而寐,呼不孝曰:"汝睡熟耶?户外金声甚厉,有人告急事再三,汝不闻之耶?"不孝曰:"无闻也。"因问:"汝近日公事无误耶?"不孝曰:"无有也。"已而呃作,小大便并结,三日变为痢,痢已又为溺血,然烦燥减矣。越五日,复呃,遂作喘,不孝更延医药,府君曰:"毋,予昨梦人告急事者,告以病也。行军闻鼓声则进,闻金声则止,予宜知止矣。"卒喘甚,而血不止。医谓:"心火溢于膀胱使然。"呜呼,痛哉!

忆不孝自六岁从府君受四子书,即为说义利诚伪之辨曰:"君子、小人,分途在此。"稍长,授以经史,曰:"君子穷理治事、修己济物之方,皆具于此。"维时,不孝方锐意取科第,凡口耳所得,以资文章论说而已。及不孝居翰林,亡弟光钺方从府君治举子业,有传言不孝持论好异者,府君手书责之,寄《家训》一卷以为警。其明年,府君至都,见不孝所为文字,喜曰:"所见近正矣。人乃以为异,顾汝与人议论好胜,宜亟除之。"后不孝蒙恩入直内廷,洊列九卿,历任河南、浙江学政,旨奉府君署中,随事禀承,提撕有加焉。二十六年,亡弟光钺蒙恩以知县分发广东,亦奉府君往。是岁,不孝告祭南海,觐府君于广州,言及章知邺造语裁害事,府君泫然流涕曰:"主上知汝深矣!加恩至矣!予从邸抄捧读谕旨,焚香北向九叩首,感激过于受封也。今予随汝弟之任所,汝居言路,亟图报效,毋以老夫为念矣。"不孝至徐州,遂以调用离任。既复,特命署内阁学士,寻授顺天府尹。不孝窃喜与亡弟光钺并沐逾格之恩,又幸府君康强,获见不孝兄弟之竭愚营职,庶几万一,以为慰藉。讵意亡弟中道摧陨,而府君亦相继即世,悠悠苍天,乃至斯极?不孝业行无堪,愆尤丛积,明神致罚,当于其躬,顾蕳移咎同体,殃及所生,每一念及,五内分裂。

方亡弟病革时,自以不获终事府君为恨。不孝为言:"汝若不讳,吾当乞假送汝归,即终养也。"及府君书至,则曰:"吾尚能就养。"比至署,见不孝枉然异于曩时,乃谓曰:

"汝以丧弟致累心体，直未晓定命耳。"因言君子用情处事，皆制以义理，不可逞情任意，至于失节。不孝微窥府君意，洒如也。

今春三月，不孝次子汝瑄将归娶妇，府君忽谓之曰："与汝同归，可乎?"不孝曰："儿亦同归矣?"府君艴然曰："何遽及此? 吾为汝留一岁。"窃计府君以冬仲降诞，方绘为《授经图》，冀届期饮酒为欢，讵知祝嘏未成，而眠褫先告。不孝自惟进不能载采宣化，效涓尘之溢；退不能决计归养，慰乡土之思，尸禄迁延，安贪天贶，事与愿乖，糜身无补，尚忍言哉? 尚忍言哉?

府君卒于乾隆丁亥七月初五日寅时，距生于康熙戊辰十一月初三日辰时，享年八十。乾隆甲子举人、诰封奉政大夫、翰林院侍读加一级，晋封通议大夫、都察院左副都御使、举乡饮大宾，所著有《与知录》若干卷、《玉穀集》若干卷、《家训》一卷、《瑶圃文集》三卷，不孝行校酬付梓。

配先母张太夫人，五余公女，诰封宜人，晋赠淑人，先府君十四年卒。

子男三：长即不孝光鼐，乾隆壬戌进士、顺天府府尹、内廷行走，娶张氏，县学生玉林公女；次光钺，丁卯举人、乐昌县知县，先府君二年卒，娶张氏，乾知公女；次光册，娶王氏，国学生其东公女。女二：长适县学生□□张公子宪淮；次适商河县训导中黄张公子宪石。孙男七：长汝翼，国学生，娶张氏，又韩公女；次汝瑄，娶刘氏，经筵讲官、太子太保、东阁大学士兼礼部尚书、管理刑部事务、兼翰林院掌院学士延清公侄孙女、橡村公女；次汝潢，娶李氏，宁波府同知驭千公女；次汝咸，未聘；俱不孝光鼐出。次汝瑛，光册出；次汝廷，光钺出；次汝珙，光册出；俱未聘。孙女七：长适刑部福建司员外郎乘千李公子国学生尧，先府君三年卒；次适汀州府知府天木王公孙国学生□□公子国学生增闻；次未字；俱不孝光鼐出。光钺出者一，光册出者三，俱未字。曾孙女二：如翼出者一，如潢出者一，俱幼。

不孝光鼐泣血谨述。①

2. 窦光鼐撰：《先太夫人行状》

呜呼，痛哉! 吾母近年虽婴疾，自去秋已渐愈可，不孝光钺以今春拜违膝下，奉母谕努力襄试，事距告逝才两月耳。不孝光鼐等承凶千里，竟不获视含敛，怀痛终天，号泣星奔，匍匐丧次，乃以行状请于家大人。家大人谓不孝光鼐曰："汝母平生食贫，而励汝等以学，汝幸成立，今汝母殁，汝不可以无述也。"不孝饮泣受命，谨叙述万一，备作者采择。

母姓张氏，世居诸城。外王父讳福庆，外王母王氏，生子女四，母其第三女也。年二十有一归家大人，不逮事先王母诰赠宜人沈太夫人，事先王父诰赠翰林院侍读永庵公孝谨，

① [清] 窦光鼐撰：《省吾斋古文集》卷十，民国九年石印本。又见《（民国）诸城窦氏族谱》卷首。

先王父于诸子妇中，常因事举以为式。先王父疾病，吾母与家大人侍汤药三年。比先王父病且革，念家大人未有子嗣，握手泣曰："愿汝他日有子，事汝亦如汝夫妇所以事予，予无憾地下矣。"时家大人兄弟既析爨，室无儋石储，吾母佐家大人以丧以葬，致尽哀礼。然自是家益困，尝日不能再举火，吾母处之怡如也。

年三十有三生不孝光鼐，方学语，辄教之识数百字。及六岁，从家大人馆于翰林高云亭先生家。人谓母曰："能离舍乎？"母曰："男儿终不畜于家，何吝也？"家大人命不孝省亲，逾一二时，母辄促之行。人曰："汝甫一子，宁不爱怜之耶？"母曰："此吾所以爱之也。爱而不劝之学，何以望其成人乎？"人曰："尚幼耳，稍假之何妨？"母曰："不然，儿子读书，正须自幼习之。习于勤，洎其长，犹或惰也；习于惰，蔑或勤矣。"因谓不孝曰："吾闻学在不舍，而不见夫鸡之覆卵耶？覆而不舍，应时则雏焉；时覆之，时舍之，则寒暖失节，必少成而多坏。"不孝以告家大人，家大人曰："小子识之，此言虽近，而可通于圣人，汝服以终身可也。"

后三年，生不孝光铖，亦从家大人受学。家大人困诸生三十余年，携不孝兄弟友教四方，岁时一至家，未尝问有无。母持家政，躬箴纫浣漱，虔羞羹醯豆笾，不致家大人有内顾忧。每闻不孝兄弟学业有进，则喜溢颜色，不则寝食废然。不孝兄弟常惭恧无所容，以故专力自奋于学。

乾隆七年，不孝光鼐成进士，改翰林院庶吉士，遂得迎养。逾一年，以婚嫁故归里。其明年，家大人举于乡。又三年，不孝光铖举于乡。又明年，不孝光鼐复蒙恩擢左中允。母以不孝年少荷主知，再三寄训淬勉焉。然自是疾洊至，不复能就养京师。山左值岁歉，家有薄田半荒蔓，不能给朝夕。不孝间缩俸邮寄，吾母必量分诸伯叔之乏匮者，而己食其粃。曰："吾不独饱也。"十有六年冬，不孝光鼐晋擢翰林院侍读，恭逢圣母皇太后六旬万寿，覃恩中外，于是吾母诰封宜人。已而不孝光鼐复蒙不次之擢，凡八阅月再迁而至内阁学士兼礼部侍郎，入直内廷。又阅月，复命提督河南学政。陛辞之日，面奉恩谕，给假半月归省。不孝光鼐自癸亥冬违吾母，至是十年，得假归拜于床下。母故而嘻曰："吾儿果践吾梦。然忆所见，止于斯，恐不及见汝之报效主上也。"语讫，泪潸潸下。母常言不孝生时，先夜梦一达官拥綵载入门，自言告假省亲，至是须眉冠服皆验，故云然。居旬日，母促治装，不孝犹豫未决。母曰："汝受皇上厚恩，岂容恋家庭，作儿女态耶？且予疾良已。"因执不孝裾，令启视肌胃，且曰："吾数年来濒于危者数矣，然以贫故，待禄而养，不令汝尽知之也。今喘息而饭有加，体日生肌，殆有天幸也。"及行，母肩舆送至门外，勉之曰："勿忧，明春予偕汝弟往视汝，亦欲观汝政也。"讵意斯言遂成永诀耶？呜呼，痛哉！

先是，王父之丧，母劳瘁过甚，因致成疾，每冬月发咳十数日辄止，未甚为害也。近年增剧以喘，去秋稍间。会不孝光鼐请假至，母抱诸孙置膝曰："吾以喜愈疾矣。"冬十月，不孝光鼐奉家大人之任，而留不孝光钺、光册奉侍。今春三月，不孝光钺又奉母命至署。五月，家大人自署归，甫二十日，母疾复作，竟不起。时不孝光鼐按试至许州，方日夕倦，凭案假寐，闻母称去者再。不孝应声而哭，声萦户外，比讣闻，即是日是时也。

母性俭素，不喜华饰，自奉甚约，而笃于周急。不孝幼时常忆吾母比岁自纫旧衣，适有新布一匹，欲以为冬衣，及腊，家大人自馆归，吾母仍衣旧衣，有补绽痕。叩之，曰："伯兄出无衣，已为制袍矣。吾妇人，衣敝无害也。"平生居己处人，多类此事，家大人敬以终身。与姊姒无间言，育诸妇如女子，而训以勤。常自操作，及贵犹然。课臧获有法，而恤其饥寒，甚至自佃妇稚儿皆善遇之。救疾患如不及，及丧，有衰百钱致奠者，入哭皆有余哀。

母卒于乾隆十八年五月二十二日申时，距生康熙二十七年八月初八日亥时，得年六十有六。诰封宜人，例封夫人。子男三，长即不孝光鼐，乾隆壬戌进士、内阁学士兼礼部侍郎、提督河南学政、纪录一次、内廷行走。娶张氏，县学生玉林公女。次光钺，乾隆丁卯举人，娶张氏，乾知公女。次光册，娶王氏，其东公女。女儿，长适张宪淮，次适张宪石。孙男四：汝翼、汝瑄、汝瑛、汝咸，俱不孝光鼐出，未聘。孙女四，不孝光鼐出者二，光册出者二，俱未字。

不孝光鼐泣血谨述。[①]

3. 秦瀛撰：《东皋先生诗钞序》

瀛以乾隆甲午应顺天试，出诸城窦东皋先生门。尝问诗于先生，诏之曰："诗之为道，渊源三百篇，有赋焉，有比兴焉。近今之诗，有赋无比兴，此诗所以衰也。唐人诗称李杜，太白歌行得楚骚之遗，少陵则原本变风、变雅，而得其所谓怨而不怒者。二公诗往往托物比兴，词旨荒忽，读者莫测其意之所在，而诗于是为极至焉。是故作诗者，必其性情既厚，植之以骨干，傅之以采色，谐之以律吕。舍是言诗，非诗也。"既而先生以所为诗示瀛，瀛乞付诸梓。先生却之曰："此后死者责。"自后二十年，先生不常为诗，并不肯出诗示人，而先生以乙卯秋殁矣。今年夏，辄取向所藏先生《南海纪游诗》，合以瀛门人俞坊所存之作，订而刻之，得诗一百十首，凡三卷。诗虽不多，而先生之性情见焉。至诗之所以工，则已具于先生言诗之旨。而瀛幸出先生门，是先生之诗或有待以传，固瀛责也。俞坊，无锡人，甲寅先生主试顺天所得士。

嘉庆三年六月上浣，受业无锡秦瀛序。[②]

4. 王以衔撰：《省吾斋古文集·省吾斋诗赋集跋》

自古大儒挺生，本诸躬行，措于事业，发乎文章，上为国家黼黻，下为士林楷模，诚

---

① ［清］窦光鼐撰：《东皋先生诗集》卷首，清嘉庆三年无锡秦氏刻本。又见 ［清］秦瀛：《小岘山人文集》卷三。

② ［清］窦光鼐撰：《东皋先生诗集》卷首。又见 ［清］秦瀛：《小岘山人文集》卷三。

盛事也。惟吾东皋夫子味道之腴，执经之心，其立身本末，赫赫在人耳目，故文章彪炳，称大著作。况遭际盛隆，道德绚思，天庭掞藻，更足凌前人。衔幸得厕门墙而窥涯涘，试为扬推一二，其何敢辞。忆己酉之秋，始谒夫子于浙江省垣，夫子蔼乎其容可亲也，及论古今学术渊源并其流弊，则如登泰岱而望渤澥矣。自是谒见之余，屡畅厥旨，衔窃然疑，憬然悟，逮得全集读之，益叹夫子不我欺也。盖夫子诗文出入汉唐，其赋则上轶班张矣。守一理而贯通之，破万卷以神明之，元气充周，自度越寻常万万。吁！夫子往矣，遗稿多散失，松庭世兄搜求哀缉，寿诸梨枣，人之读其集者，百世下犹觌面也，况今日哉！衔得附名卷末，沐润垂声，是则衔之深幸也夫。

嘉庆六年二月上浣，受业王以衔顿首谨跋。①

按：以上收录4篇。窦光鼐所撰《先府君行状》《先太夫人行状》两篇，颇多涉及其家族及家庭情况，也记录了自己的部分经历，秦瀛、王以衔序跋，则关系到其文学成就，是窦光鼐传记资料的有益补充。

参考文献：

［1］［清］佚名纂：《清史列传》，中华书局，1987年版。

［2］［清］朱方增辑：《从政观法录》，《四库未收书辑刊》，北京出版社，2000年版。

［3］［清］张维屏辑：《国朝诗人征略初编》，清道光十年粤东省城超华斋刻本。

［4］［清］窦镇辑：《国朝书画家笔录》，清宣统三年文学山房活字本。

［5］［民国］赵尔巽等纂：《清史稿》，中华书局，1977年版。

［6］［清］李桓辑：《国朝耆献类征初编》，清光绪间湘阴李氏刻本。

［7］［清］佚名辑：《满汉大臣列传》，民国间东方学会铅印本。

［8］［清］钱仪吉纂：《碑传集》，中华书局，1993年版。

［9］［清］李元度辑：《国朝先正事略》，台湾文海出版社，1967年版。

［10］［清］叶衍兰辑：《清代学者像传》，《清代学者像传合集》，上海古籍出版社，1989年版。

［11］［清］刘光斗等修，朱学海纂：《（道光）诸城县续志》，清道光十四年刻本。

［12］［清］杨士骧修，孙葆田纂：《（光绪）山东通志》，上海古籍书店，1991年版。

［13］［民国］窦人桢修：《诸城窦氏族谱》，民国二十二年（1933）复新石印局石印本。

［14］［清］昭梿撰：《啸亭杂录》，上海古籍出版社，2012年版。

---

① ［清］窦光鼐：《省吾斋古文集·省吾斋诗赋集》，清嘉庆六年慎德堂刻本。王以衔（1761—1823），字署冰，号勿庵，浙江归安（今浙江吴兴）人。乾隆六十年（1795）状元，授翰林院修撰，仕至礼部右侍郎。

［15］［清］王赓言辑：《东武诗存》，清嘉庆二十五年刻本。

［16］［清］张鹏展辑：《国朝山左诗续钞》，清嘉庆间刻本。

［17］［清］王培荀撰：《乡园忆旧录》，清道光二十五年刻本。

［18］［清］王昶辑：《蒲褐山房诗话》卷一，台北广文书局，1962 年版。

［19］［清］英和撰：《恩福堂笔记》，北京古籍出版社，1991 年版。

［20］［民国］徐世昌辑：《晚晴簃诗汇》，中华书局，1990 年版。

［21］［清］窦光鼐撰：《东皋先生诗集》，清嘉庆三年无锡秦氏刻本。

［22］［清］窦光鼐撰：《省吾斋古文集·省吾斋诗赋集》，清嘉庆六年慎德堂刻本。

［23］［清］窦光鼐撰：《省吾斋古文集》，民国九年石印本。

［24］［清〕秦瀛撰：《小岘山人文集》，清嘉庆二十二年刻道光间补刻本。

［25］［清］吴锡麒撰：《有正味斋骈体文》，清嘉庆刻本。

［26］杜连喆、房兆楹编，引得编纂处校订：《三十三中清代传记综合引得》，中华书局，1987 年版。

窦光鼐年谱

刘 洪 强

山东师范大学文学院

窦光鼐的生平履历清晰而又复杂。作为清廷大员,《清史稿》《清史列传》《山东通志》《国朝先正事略》等都有其传记,各种方志如《诸城县志》《杭州府志》都有关于他的记载,其余史乘如《清实录》(乾隆朝)、《东华续录》(乾隆朝)也有详细的记录。而窦氏家谱及他自己写的《先府君行状》《先太夫人行状》以及他儿子们写的《行述》及门生如秦瀛《祭窦东皋夫子文》也把他的人生勾勒出了大概。所以从这一点说,他的生平是清晰的。

但窦光鼐又是清中叶有影响的名臣、文学家,对当时及后世的政治与文学均有广泛影响,他热心提拔后进,所以他的生平交游也是相当广泛复杂的。

窦光鼐年谱之类的著作,就我知道的,大概只有两部作品。一是张崇玖、窦学义两先生的《窦光鼐传》。此书有"家世考略""年谱""交游""传说"等,还附录了不少评价材料。一是窦学义先生的《窦光鼐》。此书分为四章,分别是"大事年表""传记与其他""传说与演义""文章精选"。这两部书内容丰富,材料翔实,对我们研究窦氏家族尤其是窦光鼐都是非常有益的。

但是随着科技的发展、大数据时代的到来、新材料的出现,尤其是材料比以前更容易获得,窦光鼐年谱比以前应该而且可以做得更细致一些。

笔者尝试着做《窦光鼐年谱》,也发现了一些新材料。但是由于本人水平及各种原因,这个年谱做得很不好。许多材料没有来得及整理,比如那彦成《阿文成公年谱》、王先谦《东华续录》中的窦氏材料,窦光鼐生平大事如奏参黄梅案等都没有厘清。方志中有不少窦光鼐赏识学子及表彰烈女节妇的材料,有些因为没法编年也没有收入。也偶尔发现窦光鼐的佚文,这些都没有整理收入进来。

本年谱参考了张崇玖、窦学义两先生《窦光鼐年谱》,致以谢忱。张先生年谱讲得比较详细的,本年谱就少讲。但作为年谱有些材料必须加以采用,如果相同,也非有意袭用,情势不得不同;如果不同,也非有意标新,情势不得不异。有些材料张先生年谱有的,我并没有收入进来,原因或是我没有看到材料,或是我没有弄清楚材料。特此说明。

凡　例

1. 本文以窦汝翼等《行述》为本，参考窦光鼐《先府君行状》《先太夫人行状》《清史稿》《清实录》（乾隆朝）及师友诗文集等，力求反映窦光鼐的生平概貌。对他人与窦氏唱和，有的材料较为罕见，为减少读者翻检之劳，故一般均为抄录。

2. 为避免繁琐，不设"时事"一栏。窦氏世系由于家谱等详载且今人考辨甚详，故略，本文径从窦光鼐出生开始。

3. 本文史料矛盾之处，略加考证，不能辩明者，一律存疑。

4. 本文于窦光鼐诗文等有具体年月日明确或可考者一般胪列；师友作品提到窦光鼐时，除特别常见者外，全部加以移录，以省阅者翻检之力。

5. 本文有年月日可考之事，均按时间顺序排列。日期不详者，列于月内，月份不详者，以季节来标明，日期、季节等都不详者列于年末，年份不详者，参酌谱主的活动，列于可能的年代。

6. 本文涉及窦氏友朋，其生平小传，一般按方志或工具书加以介绍，不敢掠美。

7. 本文所用窦光鼐的作品主要为上海古籍出版社影印清乾隆刻本《省吾斋古文集》十二卷与《省吾斋诗赋集》十二卷，出自《清代诗文集汇编》第 347 册。

8. 后面附主要征引资料。

1720 年，庚子，康熙 59 年，1 岁

十月初二日亥时出生于山东诸城。窦汝翼等《皇清诰授荣禄大夫、经筵讲官、尚书房行走、都察院左都御史、予四品衔休致显考东皋府君行述》（下简称《行述》）："府君姓窦，讳光鼐，字元调，号东皋，世为诸城巨族……府君生于康熙五十九年十月初二日亥时。"

窦光鼐，字元调，号东皋，人称东皋先生，父诜，母张氏。

1724 年，甲辰，雍正 2 年，5 岁

幼即聪明，本年随父读书。窦汝翼等《行述》："幼即聪颖，五岁随先大父学，每课百余行，读一两回即能成诵。"秦瀛《都察院左都御史窦公墓志铭》（下简称《墓志铭》）："公幼负绝人之资，家贫，贷书于人，览即成诵。"① 窦光鼐《先府君行状》："皆繈褓，学语教之，识字为文。"②

1725 年，乙巳，雍正 3 年，6 岁

---

① （清）秦瀛：《小岘山人文集》，上海古籍出版社影印清嘉庆二十二年刻、道光间补刻本，《清代诗文集汇编》第 407 册，第 595 页。下引本文不出注。

② 民国二十二年（1933）《诸城窦氏族谱》本。

是岁随父学习四子书。窦光鼐《先府君行状》:"不孝自六岁从府君受四子书,即为说义利诚伪之辨。"

是年随父亲到高璿家。窦光鼐《先太夫人行状》:"方学语辄教之,识数百字,及六岁从家大人馆于翰林高云亭先生家。"① 张崇玖等《窦光鼐年谱》认为本年窦氏"从师于高璇受业"。从材料上看并无此事。《诸城县志》"列传"第八:"高璿(1685—1734),字齐光,山东诸城人,雍正八年(1730)成进士,时年46岁。年五十卒。"② 《东武诗存》卷五上:"高璿,字齐光,号云亭,雍正庚戌进士,官翰林院检讨,有《警泄堂诗集》。"③

窦光鼐《先太夫人行状》:"家大人困诸生三十余年,携不孝兄弟友教四方。"从这里看出,当是随父亲坐馆,而非拜师学艺。

1726 年,丙午,雍正 4 年,7 岁

本年能属文。窦汝翼等《行述》:"七岁能属文,斐然可观。"

1728 年,戊申,雍正 6 年,9 岁

应童子试。窦汝翼等《行述》:"九岁出应童子试,老师宿儒咸叹为夙慧,忘年就正焉。"

二弟光钺生。

窦光鼐《先府君行状》:"府君……及三十有三,始生不孝光鼐,又九年,复生亡弟光钺。"

道光《诸城县续志》"列传"第一:"光钺字西堂,由举人为乐昌知县,勤于听断,审结积案数百。守澄迈,人呼为青天,补乐昌,又呼为赛包老云。坐出钱三万修道署镌级,未几卒,年三十八。"④

1731 年,辛亥,雍正 9 年,12 岁

读《文选》,作《琅邪台赋》。秦瀛《墓志铭》:"一日读文选,即操笔为《琅邪台赋》,监司某公见而大称赏之,时公年甫十二耳。"

1734 年,甲寅,雍正 12 年,15 岁

考中秀才。窦汝翼等《行述》:"十五补博士弟子员。"秦瀛《墓志铭》同。《东武诗存》"先生少有神童之目,入泮食饩,年未十五"⑤。

1736 年,丙辰,乾隆元年,17 岁

本年参加山东乡试,中式副榜。窦汝翼等《行述》:"十七岁,丙辰,中式本省乡试副榜。"

---

① 民国二十二年(1933)《诸城窦氏族谱》本。

② 乾隆《诸城县志》,中华书局 2003 年版,第 762 页。《诸城县志》作"高璿",张崇玖等《窦光鼐年谱》作"高璇"。

③ (清)王赓言纂《东武诗存》,中华书局 2003 年版,第 238 页。

④ (清)刘光斗等修,朱学海纂《诸城县续志》,成文出版社有限公司影印道光十四年刊本,第 321 页。

⑤ (清)王赓言纂《东武诗存》,中华书局 2003 年,第 294 页。

秦瀛《墓志铭》"旋中丙辰本省乡试副榜"。《省吾斋古文集》卷十《资政大夫兵部侍郎兼都察院右副都御史云南巡抚文澜李公墓志铭》："予前后识长吏，以治行称最于山左者二，其一为予丙辰房师熊峰王公，其一则公也。"[1] 王尔鉴，字在兹，号熊峰，河南卢氏人，雍正八年进士。[2]

1738 年，戊午，乾隆 3 年，19 岁

读书博山崔家。《省吾斋古文集》卷十《承德郎福建漳州府通判桐轩翟君墓志铭》："初，督捕公以比部假归，延致先君教诸子，而予自十九岁从先君与君长兄笏山读书君家南园长松诡石之下，相与论讨为乐。"[3] 翟建书，字笏山，号松轩，淄川人，例贡，官滋阳训导、乐安教谕。翟建铖，字西堂，淄川人，例贡，拣发福建，以府通判补用。[4]

王培荀《乡园忆旧录》卷二："窦东皋先生光鼐，幼从太翁馆吾邑，翟氏园素有鬼。天晚时，人不敢入，同学辈戏引入，闭其门。及出，众问所见。曰：'无他，有群鬼呼大人。'遂戏以大人呼之，官果至都宪，屡掌文衡。"[5] 光鼐入翟氏园大约在此年。

与纪昀等问学于董邦达。

纪昀《书陆青来中丞家书后》："乾隆戊午，余与陈光禄枫厓读书董文恪公家。续而至者，为窦总宪元调、刘侍郎补山、蔡殿撰季实、刘观察西野、李进士应弦及陆中丞青来。课诵之暇，辄杂坐斯与堂东厢，以文艺相质正。诸君各意气飞扬，不可一世。"[6] 董邦达，字孚存，号东山，浙江富阳人，雍正癸丑进士，官礼部尚书，直走南书房，谥文恪。

纪昀认识窦光鼐当在此年。在《阅微草堂笔记》中窦光鼐还给纪昀讲过自己在任浙江学政时发生的一则故事[7]。纪昀还评点过窦光鼐诗《屈刀为镜》："着意'屈'字，'为'字不泛填，'刀镜'故事，极为警切。句句是刀，不杂用一剑事，亦细腻。"[8]

本年娶妻张氏。

窦汝翼等《行述》："十九岁，吾母张夫人来归。是时，府君随先大父馆谷于外。"窦光鼐《先太夫人行状》"（光鼐）娶张氏县学生玉林女"。

1741 年，辛丑，乾隆 6 年，22 岁

参加顺天乡试中举人。窦汝翼等《行述》："廿二岁辛酉，中式顺天乡试举人，座师为原任

① 窦光鼐：《省吾斋古文集》，上海古籍出版社影印清乾隆刻本，《清代诗文集汇编》第 347 册，第 325 页。
② （清）王政修、王庸立、黄来麟纂《滕县志》，清道光二十六年刻本，卷六。
③ 《清代诗文集汇编》第 347 册，第 328 页。
④ （清）王赠芳等修，冷烜纂《济南府志》，道光二十年刻本，卷四三。
⑤ （清）王培荀：《乡园忆旧录》，齐鲁书社 1993 年版，第 93 页。
⑥ （清）纪昀：《纪晓岚文集》第一册，河北教育出版社 1995 年版，第 260 页。
⑦ （清）纪昀：《纪晓岚文集》第二册，河北教育出版社 1995 年版，第 334 页。
⑧ （清）纪昀：《纪晓岚文集》第二册，河北教育出版社 1995 年版，第 202 页。

云贵总督刘公讳藻，房师即董文恪公也。"

1742 年，壬戌，乾隆 7 年，23 岁

参加会试中式。窦汝翼等《行述》："廿三岁壬戌，会试中式。座师为汪文端公，房师即于文襄公也。殿试二甲进士，钦点庶吉士。"汪由敦，号谨堂，休宁人，《明史》纂修官，进士①。于敏中，字叔子，江苏金坛人，卒谥文襄。

五月丙申。窦光鼐等新进士引见。

《清实录》卷一六六："内阁、翰林院带领新进士引见。得旨。一甲进士金姓、杨述曾、汤大绅均已经授职。其二甲三甲进士张进、张泰开、钟凤翔、蔡云从、姚范、孙廷槐、朱佩莲、丁居信、凌镐、朱盛江、徐玮、罗暹春、查库兰、蔡时田、经闻、王铤、杜若拙、郑有则、惠元士、金洪、丛中芷、胡泽潢、廖芳莲、劳通、熊为霖、熊元龙、潘伟、邵齐焘、李清时、郑虎文、李应熙、朱履端、吴鹏南、阎循琦、王康佐、李金台、陈桂洲、王太岳、刘炳、窦光鼐、庄有信、德保、盛格、顾汝修、戈岱、周世紫、觉罗奉宽、田沇、蒋辰祥、周孔从、王世仕、何绍东、黄遇隆、刘锡龄俱著改为庶吉士。"②

1743 年，癸亥，乾隆 8 年，24 岁

七月作《盛京恭谒祖陵大礼庆成赋》。《皇清文颖》卷五十载窦光鼐《盛京恭谒祖陵大礼庆成赋》："乾隆八年秋七月，皇帝时巡于东，祗谒三陵，缵旧服也。"③ 关于此赋所作时间，可从赋开头时间及赋中"惟我皇上……盖八年于兹矣"推出，在乾隆八年七月或略后。

1744 年，甲子，乾隆 9 年，25 岁

十月庚午，乾隆幸翰林院，为柏梁体，窦光鼐等联句。《清实录》卷二二七："复为柏梁体。御制首句曰：重开甲子文治昌……窦光鼐、凌镐、罗暹春……以次赓续成章。"④

1745 年，乙丑，乾隆 10 年，26 岁

五月庚寅，授职编修。任《续文献通考》纂修官。窦汝翼等《行述》："乾隆十年授职编修，职《续文献通考》纂修官。"

《清实录》卷二四一："庚寅。内阁翰林院带领壬戌科散馆修撰、编修、庶吉士引见。得旨。清书庶吉士罗暹春、邵齐焘、窦光鼐、王以昌俱著授为编修。"⑤

1747 年，丁卯，乾隆 12 年，28 岁

本年，窦光鼐仍任翰林院编修。

四月辛未在选拔各省乡试考官时列二等。《清实录》卷二八八："辛未。谕：此次考试各省

---

① （清）郑沄修、（清）邵晋涵撰（乾隆）《杭州府志》，清乾隆四十九年刻本，卷八二。
② 《清实录》，中华书局影印本 1986 年版，第 10295 页。下引本书不出注。
③ 故宫博物院编《皇清文颖》第四册，海南出版社 2000 年版，第 175 页。
④ 《清实录》，第 11120－11121 页。
⑤ 《清实录》，第 11281 页。

乡试正副考官，列一等之周渼、金姓……二等之彭端淑、窦光鼐、胡泽潢……著于十三日带领引见。"① 叶树望《藏书之富甲越中——黄澄量与五桂楼》称窦光鼐曾经点评彭端淑的诗："当时一批诗人、文人如胡天游、窦东皋……皆以彭诗为楷模，各家均有点评。"②

八月，充顺天乡试同考官③。

窦汝翼等《行述》："十二年丁卯科，充顺天乡试同考官。"

光鼐二弟光钺中举人。

《东武诗存》卷六上："窦光钺，字西堂，号菊村，诜子，乾隆丁卯科举人，官乐昌县知县，有惠政，邑人为立生祠。"④

1748 年，戊辰，乾隆 13 年，29 岁

四月，窦光鼐任戊辰科会试同考官。窦汝翼等《行述》："十三年春戊辰科，充会试同考官。"

六月庚申窦光鼐大考四等。《清实录》卷三一六："谕：昨于乾清宫考试翰林詹事等官，朕亲加详阅。按其文字优劣，分为四等……四等朱佩莲、杨述曾、谢溶生、史贻谟、邵齐焘、秦镛、刘元熙、周玉章、阮学浚、李友棠、孙廷槐、徐开厚、肇敏、窦光鼐、赖翰容、钱维城、李金台、郑虎文……"⑤

清陈康祺《郎潜纪闻》卷二"大考升降之例"："国家故事，大考翰詹，惟一等及二等前数名得迁擢，稍后或被文绮之赐，中、赞以上列三等末，率改官降黜，编、检夺俸。至四等则无不降斥者。乾隆戊辰大考，诸城窦总宪光鼐，时官编修，名列四等，上凤知公，特迁为右中允，异典也。公古文学昌黎，时文夭矫，成一家言，居官亦鲠直清介，为时名臣。甚矣高宗皇帝之知人也。"⑥

法式善《陶庐杂录》卷一：钱稼轩、窦东皋二先生皆由四等开坊。东皋先生留馆诗云："不才宜下考，圣主念孤臣。薄罚甘从众，例皆罚俸。强吟怯向人。文章终报国，宠辱岂关身。却恨读书晚，论年已后旬。时年二十有九。"擢左中允诗："词曹犹幸厕，夔下敢求音。讵意中阳照，偏荣小草心。宫僚得同臭，天奖比连琳。钱稼轩同日授右春坊右中允。亦从四等特擢。登选逾常格，衔恩愧转深。"⑦

赵慎畛《榆巢杂识》上卷《翰林散馆》："窦东皋光鼐，山左人散馆之次年，大考四等，奉特

① 《清实录》，第 11943 页。
② 叶树望：《藏书之富甲越中——黄澄量与五桂楼》，《图书馆杂志》1986 年第 4 期。
③ 张崇玖、窦学义：《窦光鼐年谱》，第 59 页。
④ （清）王赓言《东武诗存》，中华书局 2003 年版，第 301 页。
⑤ 《清实录》，第 12380—12381 页。
⑥ （清）陈康祺：《郎潜纪闻初笔》，中华书局 1984 年版，第 37 页。
⑦ （清）法式善：《陶庐杂录》，中华书局 1959 年版，第 19 页。

旨有坊缺出，开列在前，即升补宫允，尤为异数。"①

何圣生《檐醉杂记》卷二："以大魁而改部员，为前后所罕有。惟乾隆十三年诸城窦东皋光鼐名列大考四等，奉特旨迁中允，乃异数也。"②

1749 年，己巳，乾隆 14 年，30 岁

作《乾隆圣武诗》。《省吾斋诗赋集》卷三《乾隆圣武诗》有"己巳三月，振旅告祭"，可知作于 1749 年。③

1750 年，庚午，乾隆 15 年，31 岁

七月甲寅充山西副考官。《清实录》卷三六八："编修庄有信为山西乡试正考官。左中允窦光鼐为副考官。"④ 窦汝翼等《行述》："十五年，充山西副考官。"

1751 年，辛未，乾隆 16 年，32 岁

五月作《圣驾南巡赋》。《省吾斋诗赋集》卷一《圣驾南巡赋》："乾隆十有六年春正月，皇帝有事于南狩，礼既仁洽。越四月旋跸。"⑤

十二月辛丑为湖北乡试正考官。

《清实录》卷四〇四："侍读窦光鼐为湖北乡试正考官。编修庄存与为副考官。"⑥

冬天窦光鼐升翰林院侍读。

窦光鼐《先太夫人行状》："十有六年冬，不孝光鼐晋擢翰林院侍读。"

1752 年，壬申，乾隆 17 年，33 岁

六月擢为内阁学士及礼部侍郎。《清实录》卷四一七："癸丑。谕：昨于正大光明殿考试翰林詹事等官，朕亲加详阅。按其文字优劣，分为四等，一等汪廷玙、窦光鼐、杨述曾三员。……窦光鼐著补授内阁学士兼礼部侍郎……命内阁学士窦光鼐、侍讲庄存与、编修钱汝诚在南书房行走。"⑦

《诸城县志》卷三："十七年夏旱，六月以翰林院侍读学士窦光鼐为内阁学士兼礼部侍郎。"⑧

八月乙未，赴河南学政。《清实录》卷四二〇："乙未，命内阁学士窦光鼐提督河南学

---

① （清）赵慎畛：《榆巢杂识》，中华书局 2001 年版，第 75 页。
② （清）何圣生：《檐醉杂记》，《云在山房丛书三种本》，山西古籍出版社 1996 年版，第 36 页。
③ 《省吾斋诗赋集》，《清代诗文集汇编》第 347 册，第 373 页。
④ 《清实录》，第 13257 页。
⑤ 《省吾斋诗赋集》，第 351 页。
⑥ 《清实录》，第 13717 页。
⑦ 《清实录》，第 13870—13871 页。
⑧ （清）宫懋让修，（清）李文藻纂（乾隆）《诸城县志》，乾隆二十九年刊本。

政。"① 《哭亡室张夫人十首》自注:"壬申秋,予赴河南学政。"② 《续河南通志》卷四四 "提督学政"记:"窦光鼐,山东诸城人,进士,以内阁学士兼礼部侍郎提督学政,乾隆十 七年任。"③ 窦汝翼等《行述》:"十七年充湖北正考官,取士四十八人。三月升授侍读学 士;六月御试翰詹于正大光明殿,试以《纳凉赋》《风动万年枝诗》《董江都天人三策》,府 君名居一等第二名,特授内阁学士兼礼部侍郎、南书房行走。八月特放河南学政。"

八月十五日后作《夜亮木赋》。《省吾斋诗赋集》卷一《夜亮木赋》:"湦滩纪岁,时维仲秋, 皇帝乘金令而临紫塞僡山庄,而驻彩斿,有夜亮之异木。"④ 《皇清文颖续编》卷三十八 《夜亮木赋》:"壬申之岁,八月仲秋,皇帝乘金令而临紫塞僡山庄,而驻彩斿感亮木,而命 篇诏从臣而均赋,微臣后至,荣叨简素,侔义揣称。敢陈其度。"⑤ 与此文字不同。

是年称赞苏涧东诗似陆游。清法式善《存素堂文集》卷三《涵碧山房诗集序》:"先生髫龄 嗜诗,窦东皋宗丞督学中州,称其诗似陆放翁,可谓知之深矣。"⑥

《存素堂文集》卷四《苏竹屿传》:"方其未仕也,以《夜坐》五言诗受知于窦东皋学使。"⑦ 苏于洛,字涧东,竹屿其字,河南人,乾隆三十五年举人,乾隆四十五年进士。为县令, 有政声,有《涵碧山房诗集》。

此年称王五云为奇才。光绪《永城县志》卷二三:"王五云,字霞远,乾隆癸酉拔贡,性敏 异,读书目数行下,贡成均时,受知于学使诸城窦东皋,先生叹为奇才。"⑧

1753 年,癸酉,乾隆 18 年,34 岁

按试许州,二月或三月,拔王辰顺童子冠军。杨淮辑《中州诗抄》:"王辰顺,字耕畲,号 葵邬,西华人。乾隆戊子举人,官南阳教谕……年十七,窦东皋学使爱其才,拔冠童子 军。"⑨ 按,窦光鼐任河南学政时为 1752 年 8 月,1753 年 5 月母亲去世丁忧,而清朝的童 子试一般在二月,所以此事当在此年。窦光鼐《先太夫人行状》:"今春(1753 年)三月, 不孝光鼐按试至许州。"

四月按试陕州。清马荣祖《力本文集》卷六附有窦光鼐所作《荆山书院记》:"癸酉四月, 余按试陕州,闻而叹曰:'此流俗所视为不急之务,而循吏之所尤用心也。'他郡邑尽如侯

① 《清实录》,第 13909 页。
② 《省吾斋诗赋集》,第 457 页。
③ 乾隆《续河南通志》,乾隆三十二年刻本。
④ 《省吾斋诗赋集》第 357—358 页。
⑤ 故宫博物院编《皇清文颖续编》第六册,海南出版社 2000 年版,第 206 页。
⑥ (清)法式善《存素堂文集》,上海古籍出版社影印清嘉庆十二年程邦瑞扬州刻增修本,《清代诗 文集汇编》435 册,第 352 页。
⑦ (清)法式善《存素堂文集》,第 374 页。
⑧ (清)光绪岳廷楷修(清)胡赞采、吕永辉纂(光绪)《永城县志》,光绪二十九年刊本。
⑨ (清)杨淮辑《中州诗抄》,中州古籍出版社 1997 年版,第 447 页。

所措注，于为政也何有？余与侯在都门晨夕过从，缔交最笃，相知最深。"① 马荣祖（1686—1761），字力本，号石莲，江苏江都人，雍正十年（1732）举人，乾隆元年（1736）举博学鸿词。设荆山书院②。

五月二十二日母亲去世。窦光鼐《先太夫人行状》"母卒于乾隆十八年五月二十二日申时"，《送西堂枢归里三首》其三"归魂应侍母先慈于癸酉弃世"。

1754 年，甲戌，乾隆 19 年，35 岁

丁忧在家，乾隆想让光鼐夺情起复，拒绝。《郎潜纪闻初笔》卷九"窦总宪泣辞夺情"："诸城窦总宪，乾隆间由阁学出为河南学政，丁忧归。甫逾年，上以南书房缺人，命山东巡抚传旨起公。公泣辞曰：'光鼐在衰绖中，不敢奉诏。'巡抚属公陈谢。公又曰：'不祥姓氏，不敢内陈，敬烦代奏。'上闻而韪之。"③

1755 年，乙亥，乾隆 20 年，36 岁

本年授左副都御史。《清史稿》卷三二二："二十年，授左副都御史。督浙江学政。"④

本年王灼有《送窦东皋先生典试浙江》诗。

《悔生诗钞》之《送窦东皋先生典试浙江》："使节燕关出，仙闱越国开。云涛生海甸，紫翠落天台。□帐秋花满，冰壶晓月来。东南盛文藻，珍重柏梁材。"⑤ 王灼，字明甫，一字滨麓，晚号晴园，又号悔生，安徽桐城人，有《悔生文集》。⑥ 此诗作年不清楚，姑系于此年。

1756 年，丙子，乾隆 21 年，37 岁

仲春游觉生寺，许下秀山作《大钟歌》。窦光鼐《省吾斋诗赋集》卷九《仲春月半，陪芝庭先生大司马、漫士、白斋二少农游觉生寺，即事二首，次漫士少农韵》有注："余以丙子游此，许秀山作《大钟歌》，至今力未暇也。"⑦ 此句有歧义。可作两种解释，第一种，光鼐曾于丙子年来过，今天又重游，想起丙子年许下作《大钟歌》；第二种，光鼐今年游觉生寺，并许下作《大钟歌》，但过了多日，未作。这样一来，《仲春月半，陪芝庭……》此诗就不容易系年，姑系于此年。彭启丰，字芝庭，雍正间状元，有《芝庭先生集》。彭启丰之子彭绍升《二林居集》卷六《先尚书故旧门生手帖目录叙》："而翰简阙如，抑或记室代笔

---

① （清）马荣祖：《力本文集》，上海古籍出版社影印乾隆十七年马氏石莲堂刻本，《清代诗文集汇编》第 259 册，第 303 页。

② 《清代诗文集汇编》第 259 册，第 261 页《力本文集》前面作者介绍。

③ （清）陈康祺：《郎潜纪闻初笔》，中华书局 1984 年版，第 208 页。

④ （清）赵尔巽等《清史稿》，中华书局 1977 年版，第 10791 页。

⑤ （清）王灼：《悔生诗钞》，南开大学图书馆藏本。

⑥ 柯愈春：《清人诗文集总目提要》，北京古籍出版社 2001 年版，第 889 页。

⑦ 《省吾斋诗赋集》，第 443 页。

不足录，可录者独窦元调、宋仲良一二贴而已。"①

裘曰修，字叔度，一字漫士，江西新建人。王际华，字秋瑞，号白斋，浙江钱塘人。

五月乙亥任浙江学政。《清实录》卷五一二："提督浙江学政著窦光鼐去。"②

《清实录》卷五一三："（五月丁亥）以原任内阁学士窦光鼐为左副都御史。仍赴浙江学政之任。"③

九月壬辰留浙江学政任。《清实录》卷五二一："谕：各省学政，已届期满。直隶学政著庄存与去。……浙江学政窦光鼐……俱著仍留原任。"④

秋天，送雷鋐归养。《省吾斋诗赋集》卷九《送雷翠庭副宪归养由浙江学政告归》："忠孝真儒业，行藏大义归。丹心仍紫禁，白首且斑衣。秋老宾鸿度，潮平画鹢飞。早知翠华山名路，时菊待芳菲。"⑤ 光鼐又有《寿雷太夫人》："谒来绛帐仰慈仪，彤管欣传不我欺。挽鹿勤将少君并，丸熊辛遣谕蒙知。三驺誉望称家训，两浙湖山有赐诗。归去临汀秋正好，琼筵采舞镇相宜。"⑥《清史稿》卷二九○："十四年乞假省母，十五年还京，命督浙江学政，十六年上南巡，赐以诗，谓：'浙江近福建为汝便，养母也。'……二十一年乞养母归。"⑦

《清实录》卷五一二："乙亥，又谕：据浙江学政雷鋐奏称，母年已届八旬，俟科试事竣，于九月内送母过岭登舟后，报满进京，恳恩归养等语。雷鋐著准其终养，即由浙省侍母回籍，不必来京。"⑧ 雷鋐（1697—1760），字贯一，号翠庭，福建宁化人，十五年，督浙江学政。次年调江苏。十八年，擢副都御史，仍留督学。复调浙江。二十一年，乞养老母归。精理学。《清史稿》有传。⑨

十月陪浙江巡抚杨廷璋登北高峰。《省吾斋诗赋集》卷九《陪杨奉峨抚军及藩臬诸公登北高峰》："晨策凌湖湄，寻云陟北峰。南中天气佳，十月不知冬。攀林叶未凋，企石磴弥重。半跻蹋回首，绝顶闻风钟。吴山倏下列，指点分纤秾。天日西北来，百里飞云龙。郎当矫两翼，左出兹为宗。江潮动溟渤，为我开心胸。小憩当山门，振衣倚青松。连吟得谢客，芳渌盈瑶钟。坐久雾逾披，日夕黛更浓。访古传高塔，浩劫无留踪。废兴固物理，感喟竟

---

① （清）彭绍升：《二林居集》，上海古籍出版社影印清嘉庆四年味初堂刻本，《清代诗文集汇编》第397册，第430页。

② 《清实录》，第15078页。

③ 《清实录》，第15087页。

④ 《清实录》，第15177页。

⑤ 《省吾斋诗赋集》，第440页。

⑥ 《省吾斋诗赋集》，第440页。

⑦ 《清史稿》，第10282页。

⑧ 《清实录》，第15078页。

⑨ 钱仲联主编《中国文学家大辞典·清代卷》，中华书局1996年版，第832页。

何从。"① 杨廷璋《和东皋窦学使北高峰元韵》:"兴到凌云路,同来上北峰。寒暄候诧异,严壑早知冬。豹骇石磊磊,狮蹲磴重重。云里觅游屐,风头听远钟。郎当甘在下,鹫岭不称秤。三折钱塘水,天目跃飞龙。栖霞应扈跸,灵竺本正宗。海天湖月阔,旷我淡荡胸。不睹七级塔,惟遗百尺松。当门祵小草,对酒酌千钟。笔剑纵横处,高谈话更浓。携手摩天岭,联吟纪芳踪。搜句惭荒芜,拈须断亦从。"②

此年,刘大櫆入窦光鼐幕。《刘大櫆集》附《刘海峰简谱》:"乾隆二十一年丙子,应聘入浙江学政幕,当在此年或下年。"按,刘大櫆何时入窦氏幕,不详。张崇玖等《窦光鼐年谱》亦列在此年。刘海峰与窦光鼐交情至深。刘海峰有《东皋先生时文序》,还与窦光鼐的弟弟有交往,有《旅馆次窦西堂韵》《送窦西堂归东武二首》。窦光鼐有《桐城道中怀刘耕南》③《发清口驿,望龙眠诸山,忆刘耕南》《还过桐城忆耕南》等诗④。李富孙《鹤徵录》有"海峰学于望溪,能自成一家。诸城窦东皋与海峰论文,极为折服"⑤。窦东皋评刘大櫆文章"悲歌慷慨""淋漓激昂"⑥。

1757 年,丁丑,乾隆 22 年,38 岁

在浙江学政任上。得士沈可培。冯浩《安肃县知县沈君传》:"乾隆丁丑,学使窦东皋先生取入县学。"沈可培,字蒙泉,号向斋,浙江嘉兴人。赐同进士出身,任安肃县知县⑦。沈可培《洙源问答》卷六曾提到"窦东皋":"问窦东皋先生讲大学尊崇古本而以章句为非,古本果可兼从欤? 答曰:'古本大学自所谓诚其意以下至此,谓知本,以上文气不贯,郑注简略,孔疏亦精浅,且一一归之。释诚意而置明德新民至善于不论,似大学一书,只有诚意一纲领矣。今就考定今文读之《康诰》曰章四明字一皆字必归之。释明德盘铭章五新字一是故字必归之。释新民乃有所附丽,至邦几章十止字一至善字不归之。释止至善则全无着落,诚意只言不诈伪,亦属卤莽。'"⑧

此年得士李旦华。李旦华《青莲馆集》中杨谦撰《厚斋行略》:"丁丑学使窦公三试冠其曹,与当湖沈编修初并有国士之目。"⑨ 李旦华(1737-1766),字宪吉,号厚斋,进士,有《青莲馆集》。

---

① 《省吾斋诗赋集》,第 440—441 页。

② (清)杨廷璋:《余集》,上海古籍出版社影印清道光二十年刻本,《清人诗文集汇编》第 266 册,第 329 页。

③ 《省吾斋诗赋集》,第 445 页。

④ 《省吾斋诗赋集》,第 454 页。

⑤ 转引周中明《桐城派研究》,辽宁大学出版社 1999 年版,第 195 页。

⑥ 转引吴孟复《桐城文派述论》,安徽教育出版社 1992 年版,第 35 页。

⑦ 嘉兴文化广电新闻出版局《嘉兴历代碑刻集》,群言出版社 2007 年,第 618 页。

⑧ (清)沈可培:《洙源问答》,《四库未收书辑刊》七辑第 11 册,第 551 页。

⑨ (清)李旦华:《青莲馆集》,乾隆刻本,复旦大学藏。

作应制试。《省吾斋诗赋集》卷八《恭和御制敷文书院四叠旧作六韵元韵》："讲舍亲临屡，联篇焕至文。誉髦尽周士，光被仰尧君。职忝膠庠率，心铭牖迪勤。敷言勗修已，往训励尊闻丁丑御制敷文书院，诗有还应尊所闻句。经史探源远，妍华戒志纷，湖山兹萃秀，正业喜同群。"① 敷文书院，浙江的著名书院，乾隆曾多次在此召试浙江文人。

九月癸卯，窦光鼐奏民间有读禁书者。《清实录》卷五四六："谕军机大臣等，据杨廷璋、窦光鼐奏，金华县生员陈邦彦手批《纲鉴辑略》一书。内有本朝初年尚书明季伪号等语。此书既有逆迹，该生辄敢手加披阅，实属狂悖。自应严惩示儆，至此书传刻已久，其原辑之朱璘谅已物故，所载序文，亦难辨真赝，姑免其逐一根究。著传谕该抚等，祇将该生从重办理。其坊市印板，并民间所藏，遍行查出销毁，所有刷印发卖等人，俱不必查办可也。"② 可知在九月癸卯之前窦氏奏闻此事。

此年拔士柴大纪。姜裕智《台湾镇总兵柴大纪》："大纪自幼聪颖，应童子试时，督学窦东皋见他身体魁梧，气宇不凡，就对他说，你的文章不错，完全可以考中秀才、举人。但是我喜欢你的仪表，将来一定可以成为良将，国家的栋梁。你愿意弃文习武吗？……柴大纪高高兴兴地回答道：好。乾隆二十二年（1757），丁丑武科，柴大纪名列榜首。"③ 按，柴大纪，浙江江山人，武进士，曾任台湾镇总兵。笔者未能找到原始出处，然作者必有据。窦氏称赞柴大纪具体时间不详，姑列于此年。

此年得士应澧。《武林坊巷志》第四册："外王父讳澧，字仔传，又字叔雅。幼而颖异，甫弱冠，入郡庠第一，食饩，贡成均，恭逢高庙□巡，献诗册，擢二等，拜大段荷包之赐。惟时哲匠宗工如窦东皋先生，王文端、彭文勤两相，最为激赏。"④ 按，乾隆南巡在1757年。

此年得士翁效曾。道光《乐清县志》："翁效曾，字大成，号稚川，白石人，少敏悟过人，髫年能诗，时称神童。……弱冠食饩，郡名士率推服之。山左窦东皋为海内儒宗，督学试温，得其卷，托为奇才，拔冠一黉。时中丞柏公以督剿海寇驻温，公特袖其文示之，咸击节称赏，拟待以优贡，备文申送，为猾胥所扼，赴试逾期，公大为扼腕。"⑤

本年称赞县学生孙希旦。孙衣言《瓯海轶闻（上册）》引《行状》："丁丑、戊寅间，文宗窦东皋先生视学两浙。先生以学术文章海内宗匠，独契府君。然府君方弱冠耳，先生即以古作者相期许。至其论学微指，有他人所不得闻者，恒为府君言之，昕夕不倦。由是府君志

① 《省吾斋诗赋集》，第430页。
② 《清实录》，第15559页。
③ 衢州市政协文史资料委员会编《衢州文史资料》第29辑《衢州名人》，香港天马图书有限公司2003年，第257页。
④ （清）丁丙：《武林坊巷志》第四册，浙江人民出版社1987年版，第546页。
⑤ （清）鲍作雨（道光）《乐清县志》，线装书局2009年版，第556—557页。

行日益上，学业日益就。"①

孙衣言《逊学斋文钞》卷六《敬轩先生行状》："先生孙氏，讳希旦，字绍周，自号曰敬轩。……年十二，补县学生。后数年，诸城窦东皋先生视浙学，少许可，独奇先生，以谓当为古作者，时先生年甫及冠。"② 孙希旦（1736－1784），字绍周，号敬轩，瑞安人，乾隆四十三年进士，参加编纂《四库全书》的工作。窦氏何时赞许孙希旦不详，姑系于此年。

1758 年，戊寅，乾隆 23 年，39 岁

任浙江学政。民国《杭州府志》卷一八："窦光鼐山东诸城人，乾隆壬戌进士，二十三年以内阁学士任。"③

为捐田义举张以玢赐扁。光绪《浦江县志》卷四："张氏文武生员岁考路费（薛志）。乾隆二十一年八月，贡生张以玢将己田五十亩捐入学宫，以为文武生员岁考路费。由学牒县，由县申府，准作义作。二十三年学宪窦光鼐按临金华岁试，通学连名请奖，当蒙给扁风励，并勒石明伦堂，以垂永久。"④

赏识朱竹友。清沈叔埏《颐彩堂文集》卷十四《朱竹友明经暨配孙孺人墓志铭》："年二十补诸生，受知于诸城窦东皋总宪。"⑤ 由《墓志铭》知，朱星炜（1739—1795），字垂青，又字乙青，号竹友，海盐人。

表彰节妇。光绪《奉化县志》卷二九："周氏竺应珍妻周村人，年二十二夫亡无子。孝养舅姑，时舅年已七旬，复纳妾生子光，周为抚之成立，乾隆二十三年学使窦光鼐给额奖之乾隆志参采访。"⑥

1759 年，己卯，乾隆 24 年，40 岁

友人庄培因死，有诗悼念。《省吾斋诗赋集》卷九《哭庄学士同年》："死别真难测，离星怅越滩。寝苦归故里，凶问讶初寒。蓉镜悬无色甲戌状元，冰壶委欲残福建学政。临琴怀子敬，回首涕沈澜。"庄培因（1723—1759）⑦，字本淳，江南阳湖人，1754 年状元。1759 年卒于福建学政任上。

十月李旦华为窦氏做寿诗。李旦华《寿窦东皋夫子四十》："山斗瞻东国，文章蔚圣朝。盛明崇鼓吹，黼黻起云宵。夫子神仙侣，传家世德遥。授经开后学，撷秀著清标。东观追班

① （清）孙衣言：《瓯海轶闻（上册）》，上海社会科学院出版社 2005 年版，第 632－633 页。

② （清）孙衣言：《逊学斋文钞》，上海古籍出版社影印清同治十二年刻增修本，《清代诗文集汇编》第 662 册，第 439 页。

③ （民国）龚嘉儁修、李楁纂（民国）《杭州府志》，民国十一年铅印本。

④ （清）张景青（光绪）《浦江县志》，民国五年（1916）黄志瑢再增补铅印本。

⑤ （清）沈叔埏：《颐彩堂文集》，上海古籍出版社影印清嘉庆二十三年沈维鐈刻本，《清代诗文集汇编》第 390 册，第 171 页。

⑥ （清）李前泮、张美翊纂（光绪）《奉化县志》，清光绪三十四年刊本。

⑦ 江庆柏：《清代人物生卒年表》，人民文学出版社 2005 年版，第 170 页。

赋，南薰和舜韶。兰陔承作述，桓翼共扶摇。大雅端推是，斯文信不祧。德晖看凤翥，藻辩拟龙雕。纶阁频簪笔，春台早珥貂。直庐晨穆穆，银漏夜迢迢。迁转头衔贵，清华品望超。中丞班最肃，南省节重邀。越水清冰皎，吴天化雨调。隄虹霏玉麈，岸柳迓星轺。教育心常乐，甄陶士不祧。曲真分雅俗，云拨息氛嚣。每忆鸾旂幸，初逢杏雨飘。祥飚移翠幰，凤盖拥荃荛。尺有全材度，弓偏下士招。提携凭玉铉，栽植到风条。行幄题诗罢，花砖宿霭消。抠衣仍袗褐，归计狎山樵。寒屋频催箭，秋风愧射雕。蓬门长寂历，逵路忆岧峣。剑气谁开匣，桐音莫辨焦。车前非騕褭，枝上似鹔鹴。困学惭樗散，温言接绛绡。拈毫来使院，击钵记凉宵。复与成均选，重蒙朗鉴昭。片言知己感，献颂设弧朝。绿醑三升满，丹枫十月饶。采衣颜蔼蔼，紫绶影影影。祝嘏陈三叠，题笺遍六桥。量才多杞梓，作赋逊兰茗。霖雨需良辅，台阶晋上僚，他年趋朵殿，拜手续长谣。"①

本年赏识徐天骥。许宗彦《徐天骥传》："徐天骥字德士，号松坞，恕斋之孙，芑泉次子也……年十九，补弟子员。作文不事雕餙，洋洋洒洒，自露性灵，己卯科试冠邑士，以诗文受知于诸城窦光鼐先生。庚辰举于乡，辛巳会试录取内阁中书，癸未成进士。"②

本年擢李旦华入成均。杨谦《厚斋行略》："己卯试于乡不利，窦公深加惋惜，遂与吴进士霁、沈编修初、张中翰培、姚孝廉梁、张孝廉时风以优生贡入成均。公语曰：'若年最少，然语学问断推第一，虽清问及之，可入奏也。'"③

李旦华《重过虎林同沈萃岩作》有注："时东皋夫子咨入成均者六人，吴君霁、张君培、姚君梁、张君时风、萃岩及余也。"④

杨钟羲《雪桥诗话续集》卷六："厚斋名旦华，秋锦先生元孙也。淹贯史事，学使雷贯一取冠一郡。丁丑、壬午召试皆在一等。己卯，窦东皋以优生咨入成均，与当湖沈文恪并有国士之目。"⑤

本年窦光鼐因清严而被人设局陷害。左宗棠《答徐小云理卿》说："惟在浙时闻浙人言，前窦东皋先生光鼐视学浙江时，官吏憎其清严，亦曾以船政败其素节。以此知浮名累人，失足即同瓦裂，不容不慎也。"⑥ 由姜鸣《本来钟鼎若浮云——宝廷娶江山船女之谜》推测，窦氏由于清严，被人用船家女设美人计，而窦落入局中。⑦ 此事发生的时间等细节还要详

---

① （清）李旦华：《青莲馆集》，乾隆刻本。

② 吴鬻泉等修，程森等纂《德清县志》，成文出版社影印民国二十（1931）年铅印本1970年版，第460页。

③ （清）李旦华：《青莲馆集》，乾隆刻本。

④ （清）李旦华：《青莲馆集》，乾隆刻本。

⑤ （清）杨钟羲撰集《雪桥诗话续集》，北京古籍出版社1991年版，第362—363页。

⑥ （清）左宗棠：《左宗棠全集》，岳麓书社1996年版，第783页。

⑦ 《历史学家茶座》，2011年第2期。

考，姑系年于此。

本年表彰孙氏。民国《镇海县志》卷三十："白氏双节孙氏，儒士白光监妻，年二十八而夫卒，守节四十八年卒。孙氏白光进妻，二十八而夫卒，守节三十三年。二孙以姊妹为妯娌，同年守寡，乾隆十年邑令王梦弼以'松柏同贞'表之，二十四年学使窦光鼐给以'冰雪同怀'额，道光三十年旌。"①

1760 年，庚辰，乾隆 25 年，41 岁

十月，与同僚审案。《明清史料己编》第十本"七一、刑部等衙门副奏折"："乾隆二十五年十月日，刑部尚书鄂弥达、尚书臣秦蕙田、左侍郎臣伊禄顺、右侍郎臣熊学鹏、都察院左都御史臣德明、左都御史臣刘纶、左副都御史臣德尔敏、左副都御史臣赫庆、左副都御史臣窦光鼐、左副都御史臣张泰开、大理寺卿臣七达色、卿臣王会汾、少卿臣德成、少卿臣顾汝修。"②

1761 年，辛巳，乾隆 26 年，42 岁

八月秋谳中光鼐意气用事。《清实录》卷六四三："谕军机大臣等，刑部奏，秋审广西省陈布统故杀黄父亦案内之陈父悔。九卿议改情实，惟窦光鼐坚执不肯画题等语。会谳大典惟期准法持平，原非一人臆见，所可意为出入。窦光鼐原不甚晓事，岂可以其持议参差，徒事哓哓争执，有乖政体。"③ 从中可知，此事当发生在此日之前。《清实录》卷六四四亦有类似记载。④

十一月作《皇太后七旬万寿赋》。《皇清文颖续编》卷四十窦光鼐《皇太后七旬万寿赋·序》："皇帝御极之二十有六年，岁在辛巳，冬十有一月，恭逢我圣母皇太后七十万寿，于时人和年稔，王道博洽，率土之臣，咸应顺德，奉职来贺。"⑤

十二月，诬告窦光鼐的临海训导章知邺正法。《清实录》卷六五〇："戊辰。谕：朕前次南巡，有临海训导章知邺以学政窦光鼐不准进献诗册，妄欲捏辞叩阍。经学政等访闻参奏，当令传赴宫门考试，其诗俚浅荒鄙，不堪入目。……所称讨奸邪窦光鼐一篇，则竟捏造悖逆之言，一皆托诸窦光鼐之口。伊转为之加以驳诘，是其居心奸险，计图栽害。此等如鬼如蜮伎俩岂能逃朕洞鉴乎？窦光鼐不过一庸懦之人，且现居官，断不敢为此。即使窦光鼐有此言，亦初未笔之于书也……将该犯章知邺，即于辟展地方正法示众，以儆奸顽。"⑥

---

① 洪锡范等修，王荣商等纂（民国）《镇海县志》，民国二十年（1931）铅印本。
② 转引沈云龙《近代中国史料丛刊续编》第 85 辑，台湾文海出版社 1981 年版，第 238－239 页。
③ 《清实录》，第 16947 页。
④ 《清实录》，第 16951 页。
⑤ 故宫博物院编《皇清文颖续编》，海南出版社 2000 年版，第 6 册，第 245 页。
⑥ 《清实录》，第 17030 页。

十二月己卯，奉旨祭告南海。《清实录》卷六五〇："副都御史窦光鼐致祭南海。"①

除夕在景州。《省吾斋诗赋集》卷十《景州除夕》："星轺衮衮阅邮亭，除岁弓高西日暝。宸极回瞻当北斗，庭闱遥望指南溟。连程雪色催头白，永夜灯华照眼青。寄语承明鹓鹭侣，好裁嘉颂贴椒屏。"② 景州，今河北衡水景县。

1762 年，壬午，乾隆 27 年，43 岁

元旦在德州。光鼐《省吾斋诗赋集》卷十《壬午元旦次德州作》："积雪明幾甸，征人感岁华。迎春拈柏叶，把酒问椒花。津口水犹壮，齐城日稍斜。南滇天外眼，迢递上星槎。"③

三月六日游广东清远峡，并写诗。民国《清远县志》卷一九："乾隆二十七年三月六日，还经清远峡留止住宿，得诗十首，书与峡山寺存之，东武窦光鼐。"④

三月庚申对品另用。《清实录》卷六五七："窦光鼐识见迂拙自是，不宜副都御史之任，著以对品另用。"⑤

《清史稿》卷三二二："二十七年，上以光鼐迂拙，不胜副都御史，命署内阁学士。授顺天府府尹。"⑥

九月乙卯下部严议。《清史稿》卷一二："以窦光鼐于会谳大典，纷呶谩詈，下部严议。"⑦

十二月丁未任内阁学士。《清实录》卷六七七："原任副都御史窦光鼐署内阁学士。"⑧

1763 年，癸未，乾隆 28 年，44 岁

四月丁未充殿试读卷官。《清实录》卷六八五："礼部右侍郎双庆、内阁学士窦光鼐为殿试读卷官。"⑨《行述》："二十八年充殿试读卷官。"

正月六日重华宫侍宴。金甡《静廉斋诗集》卷九《侍宴聊句和诗纪恩二首，敬用御制元韵》诗后小注："是日上自紫光阁还重华宫，召南书房、尚书房诸臣傅恒、来保、刘统勋、梁诗正、陈惠华、刘纶、董邦达、彭启丰、观保、于敏中、张泰开、王际华、钱汝诚、窦光鼐、王会汾病未预、金甡、倪承宽、蒋楒、边继祖、卢文弨等二十人恩赐茶宴。命同赋《岁朝图》，联句七言排律。韵毕，续发御制七律二首，命即席和进。其分用之砚即拜赐捧出，仍

---

① 《清实录》，第 17037 页。

② 《省吾斋诗赋集》，第 444 页。

③ 《省吾斋诗赋集》，第 444 页。

④ （民国）谢祖安修，（民国）朱汝珍纂，（民国）《清远县志》，民国二十六年（1937）铅印本。

⑤ 《清实录》，第 17107 页。

⑥ 《清史稿》，10792 页。

⑦ 《清史稿》，第 456 页。

⑧ 《清实录》，第 17322 页。

⑨ 《清实录》，第 17416 页。

加赏画卷、小荷包各有差。臣姓得金星歙石蕉林砚一方，小荷包一对，谨记。"① 卷九的诗作于癸未，又从诗前的作品来看，此诗作于癸未正月六日。

1764 年，甲申，乾隆 29 年，45 岁

正月乙未擢为顺天府尹。《清实录》卷七〇二："以候补三品京堂窦光鼐为顺天府府尹。"②《诸城县志》卷三："二十九年春正月己未以左副都御史窦光鼐为顺天府府尹。"③

五月妾李氏亡。《省吾斋诗赋集》卷十二《九月一日改葬李氏女志感有作》小注："女以甲申五月病亡，今五年余始得改卜。"

九月癸亥因审案事，乾隆称窦光鼐"拘迂无识"。《清实录》卷七一八："而适于此时，乘间更易章程，冀以示从宽而博众誉。在拘迂无识如窦光鼐辈，未必不谬相推许，以今年秋审为办理独佳。"④

弟西堂生子。《省吾斋诗赋集》卷十二《哭亡弟西堂十首乙酉年作》其十"遗言伤子幼子汝斑甫周岁"，可推知西堂此年生子。

十一月丁丑之前窦光鼐奏皇帝出行时地方供应之弊端。《清实录》卷七二三："总理行营王大臣等奏，据钱汝诚、窦光鼐奏称，查乾隆二十七年，驾幸江浙，臣衙门循照二十三年南巡办理规条……"⑤

1765 年，乙酉，乾隆 30 年，46 岁

八月乙酉为顺天乡试监临官。《清实录》卷七四二："顺天乡试以户部左侍郎管、顺天府府尹事裴曰修、府尹窦光鼐为监临官。兵部尚书彭启丰为正考官，兵部右侍郎钟音为副考官。"⑥

作哭弟西堂诗。《省吾斋诗赋集》卷十二《哭亡弟西堂十首乙酉年作》。

1766 年，丙戌，乾隆 31 年，47 岁

仲春，与友人彭启丰、裴曰修、王白斋游觉生寺。清彭启丰《芝庭诗稿》卷十三《丙戌仲春，偕裴漫士、王白斋、窦东皋游觉生寺，访秀山禅师二首》："树隐招提觅路行，梵天高阁记分明。马蹄得得松林度，人迹闲闲麦陇耕。一觉尘心虚晓梦，廿年弹指悟浮生。华钟静吼闲花落，洗尽春游艳冶情。山门留叶前因在，索句沉吟且避嚣。瘦骨谁看同李泌漫士自言秀山曾许有出世姿，传灯还拟问参寥。味添蔬笋兼春茗，香爇栴檀透绮寮。扶杖老僧阶

① 金姓：《静廉斋诗集》，上海古籍出版社影印清嘉庆 25 年姚祖恩刻本，《清人诗文集汇编》第二九九册，第 153—154 页。
② 《清实录》，第 17598 页。
③ 乾隆《诸城县志》，乾隆二十九年刊本。
④ 《清实录》，第 17762 页。
⑤ 《清实录》，第 17809 页。
⑥ 《清实录》，第 18016 页。

下揖，可能蝉蜕共逍遥。"①

五月父亲到河南。见窦光鼐《先府君行状》。十二月左右，窦光鼐提出"满州教官严加管教生员"。《清实录》七七四："礼部等部议覆，顺天府府尹窦光鼐奏称，顺天府学满洲都官二员，本为管辖八旗生员而设。惟是近京五百里内，皆有汉军及驻防满洲，一切稽查考课鞭长莫及等语，应如所请。嗣后在京八旗文武生员责成满洲教官实心督率。"② 窦氏提出此事当在十二月庚子前。

为节妇翁氏撰写《贞寿序》。光绪《永嘉县志》卷二十："廪生叶孟宁妻翁氏，南湖人，青年守节。乾隆三十一年，氏六旬生辰，学政窦光鼐为撰《贞寿序》见《叶氏家谱》。"③

1767 年，丁亥，乾隆 32 年，48 岁

在河南学政任上。七月父卒。见窦光鼐《先府君行状》、窦汝翼等《行述》等。

钱维城作诗悼念窦父。钱维城《茶山诗钞》卷九《题窦京兆太翁授经图有序》："东皋京兆以太翁小像属余补图，将为八十寿，未成而太翁卒，题此以荐灵几。

高堂首三乐，膝下实多惧。何来千岁椿，忽感风前树。琅琊窦夫子，虎观踔高步。经术即事功，道自趋庭具。燕山推老桂，月肋得仙处。八十颜青童，一编忘日暮。传经命作绘，拟为称觞御。未得介华筵，何由企灵驭？无穷孝子意，不朽先人誉。著作本谈彪，成书在迁固。要知重手泽，岂独珍尺素。梦奠有遗言，披图睗言顾。"④

1769 年，己丑，乾隆 34 年，50 岁

此年窦光鼐丁父忧在家。

1770 年，庚寅，乾隆 35 年，51 岁

三月癸未任顺天府尹。《清实录》卷八五四："服阙顺天府府尹窦光鼐为原官。"⑤

闰五月乙未，因捕蝗事降职。《清实录》卷八六〇、八六一、八六二均有记载。《顺义县志》卷十六："三十五年六月谕，前据窦光鼐奏民人佃种旗地之户请一体拨夫捕蝗虫摺，因其所奏近理，即批交部照请行，并谕地方。偶遇地方捕蝗，不独旗佃与民田通力合作，即大粮庄头亦应一体派拨，询之三河、顺义两县及东路同知，皆云旗庄并不出夫，三河、顺义二县即系府尹所辖，如有司阳奉阴违，自当随时参劾。"⑥

---

① （清）彭启丰：《芝庭诗稿》，北京出版社影印清乾隆间刻增修本，《四库未收书辑刊》第 9 辑第 733 页。

② 《清实录》，第 18344 页。

③ （清）张宝琳修、王棻等纂（光绪）《永嘉县志》，光绪八年刻本。

④ （清）钱维城：《茶山诗钞》，北京出版社影印清乾隆四十一年眉寿堂刻本，《四库未收书辑刊》第 10 辑第 14 册，第 617 页。

⑤ 《清实录》，第 19506 页。

⑥ （民国）礼阔泉等修，（民国）杨德馨纂（民国）《顺义县志》，民国二十二年（1933）铅印本。

七月革职。《清实录》卷八六四："窦光鼐著交部严加议处。寻议窦光鼐前后条奏派拨旗庄扑蝗等事，执迷纰缪。请照例革职。得旨，窦光鼐著革职。"①《行述》说八月，不知孰是。

十二月左授通政司副使。《清实录》卷八七四："窦光鼐前因捕蝗一事，照部议革职。但究系拘钝无能，尚非大过。所有通政使司副使员缺，著加恩令其补授。"②

此年王昶有诗安慰。王昶《春融堂集》卷十九《闻窦东皋先生光鼐复官》："风采生平动紫宸，忍看掊克到疲民。情当孤愤身何惜，势到艰危志竟伸。自是转圜繇黼座，独怜掩泪遍冠绅。小惩大戒非无补，闻说南邦气象新。"③ 揣摩此诗当作于此年。

1771 年，辛卯，36 年，52 岁

秋天作诗和乾隆作《普陀宗乘庙碑记》。《省吾斋诗赋集》卷八《恭和御制普陀宗乘庙即事元韵》："大慈广覆化无为，土尔扈归天佑之。适届普陀延国庆，遂教藩附谒牟尼。柔怀宁假三乘力，巡省还临七宝枝。巍焕帝功成不有，冲撝情见圣人词。"普陀宗乘庙建于 1771 年，乾隆在乾隆三十六年秋月撰《普陀宗乘之庙碑记》④。

十月，为皇太后写诗庆生。《省吾斋诗赋集》卷五《恭庆圣母崇庆慈宣康惠敦和裕寿纯禧恭懿安祺皇太后八旬万寿诗》："乾隆三十有六年冬十有一月辛酉恭逢圣母皇太后八旬万寿……"⑤

乾隆（1711—1799）六十大寿，作诗祝贺。《省吾斋诗赋集》卷五《诗献进圣寿无疆词》⑥。

1772 年，壬辰，37 年，53 岁

三月友人张西铭之三子樻来拜访。民国《高密县志》卷十五载窦光鼐撰《张母单孺人寿序》："予自少时以翰林官京师，获交海内贤豪，与高密张君西铭尤善……三子樻，临朐广文也，行已训士有法度。先是乾隆辛卯举于乡，明年春会试来谒予。具道贤尊即世太孺人最钟爱之，然恪守遗训，为之请严师，择益友，朝夕督责，未尝有姑息意。"⑦ 窦光鼐与张西铭是为好友，张氏的三子樻 1772 年拜访过窦光鼐，后来其孙星炜 1789 年也来拜访窦氏。

三月二十三日，与友人游法源寺看海棠。

程晋芳《勉行堂诗集》卷二十四《三月廿三日曹慕堂光禄招同嵇拙修司空、申拂珊光禄、窦东皋银台、钱箨石宫詹、钱辛楣学士、纪惺斋少仆、徐邻哉太守、曹习庵编修、范叔度

---

① 《清实录》，第 19666—19667 页。

② 《清实录》，第 19786 页。

③ （清）王昶：《春融堂集》，上海古籍出版社影印清嘉庆十二年塾南书舍刻本，《清代诗文集汇编》第 358 页，第 217 页。

④ 转引兰晓东编著《承德寺庙概览》，中国戏剧出版社 2008 年版，第 83—84 页。

⑤ 《省吾斋诗赋集》，第 389 页。

⑥ 《省吾斋诗赋集》，第 384 页。

⑦ （民国）余有林、（民国）曹梦九修，（民国）王照青纂，（民国）《高密县志》，民国二十四年（1935）铅印本。

舍人、梁午楼孝廉法源寺看海棠得长歌一首》："眼中簿领纷填簇，奚暇寻芳适兰竺？尺简招携赖故人，已是花开十分足。三株锦树涨天红，半亩闲园掩苔绿。倘迟昕夕始来兹，一错宁容百回赎？无题艳体肖矜妍，有限青阳愈韶淑。镂刻繁枝想化工，次第调停费寒燠。染雨烘烟又几时，人自匆匆春岂促？善却梅花聘亦佳，华严富贵成新局。司空见惯居恒近拙修司空寓斋去寺最近，学士谈余典尤熟。佳蔬制自老僧厨，幽鸟能歌法王曲。古贤秉烛追良夜，惟是尊生摆拘束。匪特怜春惜晚花，偕游大半颠毛秃。花光逾润烟逾澹，始识斜阳挂疏木。马首方东展后期，朱藤已覆松间屋。"① 按，《勉行堂诗集》卷二十四收程晋芳《南曹暇稿》，起辛卯七月，尽壬辰六月，可知此诗所作为 1772 年。曹学闵（1720—1788），字孝如，号慕堂，汾阳人，乾隆十九年进士，官宗人府府丞。有《紫云山房诗钞》。

教诲方炜。方濬师《蕉轩随录》卷一："公生平以廉洁自持，在都受业于窦东皋先生，能尽得所学。乾隆壬辰，公初捷南宫，东皋先生谓公曰：'谢侍郎墉慕君久矣，思欲收君门下，君盍往谒之？'侍郎文名藉甚，若得其揄扬，鼎甲可望也。公以为在京十余年，于侍郎从无一面，今方通籍，遂有干谒，殊失平日所守，竟毅然不顾。"② 方炜，号半园主人、余斋公，《蕉轩随录》作者方濬师的伯曾祖，进士。

1773 年，癸巳，38 年，54 岁

闰三月戊子为光禄寺卿。《清实录》卷九三一："以通政司副使窦光鼐为光禄寺卿。"③

六月乙亥为宗人府府丞。《清实录》卷九三六："以光禄寺卿窦光鼐为宗人府府丞。"④

九月乙酉受命修《日下旧闻考》。《清实录》卷九四三："谕：现在纂订《日下旧闻考》，著窦光鼐随同校办。"⑤ "日下"指京师，清初学者朱彝尊撰《日下旧闻》四十二卷，窦氏等人在此基础上又增加资料修成此书，共一百二十卷。此年当是准备，正式修书要到 1774 年。

此年撰《永康县学宫建修碑记》。光绪《永康县志》卷十五收有窦光鼐撰《永康县学宫建修碑记》："我皇上御极三十有二年，尚端裔孙秉璋以文庙建置岁久……予按试，经由学侧。教谕方卓然具道其事，请为之记，而予未暇也。后三年，予复使浙，又三年，试峻丽水学，教谕应正录其志乘碑记可稽者以呈予。予惟自古设学以明人伦……"⑥

刘统勋卒，光鼐有《祭太傅大学士刘文正公文》及挽联等。

《榆巢杂识》下卷："窦东皋先生挽刘文正公联云：'岱色苍茫众山小，天容惨淡大星沉。'

① （清）程晋芳：《勉行堂诗集》，黄山书社 2012 年版，第 640 页。
② （清）方濬师：《蕉轩随录》，中华书局 1995 年版，第 22 页。
③ 《清实录》，第 20737 页。
④ 《清实录》，第 20811 页。
⑤ 《清实录》，第 20978 页。
⑥ （清）李汝为等修，潘树棠撰（光绪）《永康县志》，民国二十一年（32）重排印本。

一时推为绝作。"① 关于此联的作者，众说不一。②

1774 年，甲午，乾隆 39 年，55 岁

八月顺天乡试同考官，得士秦瀛。秦瀛《小岘山人诗文集》卷三《东皋先生诗钞序》："瀛以乾隆甲午应顺天试，出诸城窦东皋先生门。尝问诗于先生。先生诏之曰：'诗之为道，渊源三百篇，有赋焉，有比焉。近今之诗有赋无比兴，此诗所以衰也。唐人诗称李杜，太白歌行得楚骚之遗，少陵则原本变风变雅，而得其所谓怨而不怒者。二公诗往往托物比兴，词旨荒忽，读者莫测其意之所在，而诗于是为极至焉。'"③ 从中可窥窦氏诗文观。

八月庚子受命从落卷挑选写字漂亮者抄写《四库全书》等。《清实录》卷九六五："莫若于发榜后即在落卷内，择其字画匀净，可供钞录者，酌取备用，较为省便。著交曹秀先、嵩贵同派出之同考官窦光鼐、吴玉纶、周于礼、赵佑、戈源、善聪留住贡院。将未经取中之南北中皿，弥封墨卷，公同繙阅，挑取五六百卷，交与吏部。"④

是年，窦光鼐、朱筠等奉敕修撰《日下旧闻考》。

1775 年，乙未，乾隆 40 年，56 岁

八月十日前为友人袁守侗之母吕太夫人撰寿文。《长山县志》卷十二《袁母吕太夫人七十寿序》署名"内阁学士窦光鼐诸城"。关于此文作年，《序》内并没有明言，《序》中说"晋封一品太夫人，今年正登七秩，八月十日庆诞之辰"，《序》后附有户部郎中袁守侗附记"乾隆四十六年圣驾西巡驻跸保阳，太夫人时七十六岁"⑤，则此《序》作于乾隆四十年，《窦光鼐年谱》定于乾隆三十七年，不知何据⑥。

九月九日与孔继涵登斗南阁。清孔继涵《红桐书屋诗集》卷三《乙未重九同窦东皋府丞光鼐登斗南阁》："金碧焜煌俨玉楼，参差凤翅舞秋秋。为寻日下添新考，特访琳宫最上头。木叶经霜应翠减，丛柯逢闰更阴稠。金元故址东西隔，好订琼华碧浪流。"⑦

孔继涵（1739—1784），字体生，一字浦谷，红桐书屋为其书名，山东曲阜人，乾隆二十五年中举人，三十六年成进士，官户部河南司主事，钦授朝仪大夫。⑧

1776 年，丙申，乾隆 41 年，57 岁

奉命祭吉陵广宁等地。"皇上平定两金川之四十有一年献俘告庙，受万国贺恩，自赏赉蠲免

---

① （清）赵慎畛：《榆巢杂识》，中华书局 2000 年版，第 141 页。

② 孙建顺：《纪晓岚秘史：附纪晓岚联语辑证》，现代教育出版社 2010 年版，第 110 页。

③ 《小岘山人诗文集》，第 507 页。

④ 《清实录》，第 21301 页。

⑤ （清）倪企望修，（清）锺延瑛（清）徐果行纂，（嘉庆）《长山县志》，清嘉庆六年刻本。

⑥ 张崇玖、窦光义：《窦光鼐传》，西泠印社出版社 2007 年版，第 106 页。

⑦ （清）孔继涵：《红桐书屋诗集》，上海古籍出版社影印清乾隆刻微波榭遗书本 2011 年版，《清代诗文集汇编》第 395 册，第 133 页。

⑧ 王琳主编《山东分体文学史·散文卷》，齐鲁书社 2005 年版，第 561 页。

赦眚，以下有差。又恭逢圣诏，荷承天休，百神效顺，海内乂安，复举行致祭五岳四渎、历代帝王陵寝之事。于是天下共五十九处，分为六路。俱择公卿之通经术、识礼义者以往。五月十日礼部大臣敬将各部院衙门堂官职名暨祭处所，各缮清单恭呈御览，本日奉硃笔圈出。窦光鼐往祭吉陵广宁等处，长白山之神、北海之神、北镇之神、辽太祖陵等四处。"①
钱维城《钱文敏公全集》由眉寿堂刻印出版，窦光鼐参阅。钱维城（1720—1172），有《钱文敏公全集》，眉寿堂本，乾隆丙申年镌，《茶山诗钞》卷五。参阅姓氏，窦光鼐东皋山东诸城人②。

1779 年，己亥，乾隆 44 年，60 岁

二月充《四库全书》总阅。《清实录》卷一○七六："谕曰：皇八子永璇、皇十一子永瑆著充四库全书馆正总裁。谢墉、周煌、达椿、汪廷玙、钱载、胡高望、窦光鼐、曹文埴、金士松、李汪度、朱珪、倪承宽、吉梦熊著充四库全书馆总阅。书成时与总裁一体列名。"③
十二月辛丑，同办《明史》。《清实录》卷一○九六："《明史》著添派王杰、窦光鼐同办。"④

1780 年，庚子，乾隆 45 年，61 岁

四月己巳任福建乡试正考官。《清实录》卷一一○五："宗人府府丞窦光鼐为福建乡试正考官。"⑤ 窦汝翼《行述》："四十五年庚子科，充福建正考官，取陈从潮等八十五人。"《晚晴簃诗汇》卷一○二："陈从潮，字瀛士，福安人，乾隆庚子举人，有《韩川诗集》。"⑥
四月病，刘芬代为命题阅卷。同治《南昌府志》卷四十五："刘芬字湘畹，新建人，天姿俊逸，过目不忘，乾隆丙子由拔贡领解。丁丑成进士，授礼部主事，洊升本部员外郎中转御史，掌工科给事中。裘文达曰修尝谓刘仪部品学兼优，可为师法。遣子行简、行恕，孙元复、增寿从学焉。庚子偕窦光鼐典试福建，入闱窦病，命题阅卷皆芬任之。榜发，学使朱筠曰：'三年校士，于此今一网打尽矣。'官京职三十余年，敝车羸马，处之恬然，屡保外任，不就，后以目眚乞归。彭文勤元瑞语人曰：'吾与湘畹为贫贱交，见其终始一节，可称完人县志。'"⑦
此年称赞林宾日文章。林则徐《先考行状》："乾隆丁酉，先姚陈太夫人来归。逾年，府君

① （清）张世法纂修，（乾隆）《房山县志》，清乾隆四十一年刻本传钞本。
② （清）钱维城《钱文敏公全集》，眉寿堂本，乾隆丙申年镌，《茶山诗钞》卷，北京出版社《四库未收书辑刊》第 10 辑第 14 册，第 429 页。
③ 《清实录》，第 22983 页。
④ 《清实录》，第 23246 页。
⑤ 《清实录》，第 23335 页。
⑥ （清）徐世昌编《晚清簃诗汇》，中华书局 1990 年版，第 4333 页。
⑦ （清）许应鑅、王之藩修，曾作舟、杜防纂（同治）《南昌府志》，清同治十二年刻本。

县试冠军，受知于学使沈云椒先生，补弟子员。庚子，窦东皋先生典闽试，得府君卷，评曰：'理境澂澈。'已拟元矣，而第三场以病目未与，闱中觅卷不得，叹惜久之。"① 林宾日，字孟养，号阳谷，福建侯官人，民族英雄林则徐之父。

回京师后拜访老友金姓。清金姓《静廉斋诗集》卷二十三《课日同年窦东皋光鼐宗丞自闽典试回，排闼直入，剧谈良久径去，走笔纪事》："故人典试七闽回，我醉闻报更筹催。凌晨适就书院课，呼儿肃谒邀徘徊。松冈日上诸生集，键户题封劾冬蛰。空山人静谷神应平，驺唱如将排闼入。我思此局祗文会，过客暂通或无害。启关延坐就东房，文堂铺席鱼鳞妨。别久会艰来不意，意满口重何由详。京华冠盖忘名氏，但问同年复谁是。星沉雨散总消磨，跛曳仅存王芥子太岳由滇藩降编修。争如此地兰谱繁，尔我尚赢国云浦栋方伯郑诚斋赞善孙芥舟廷槐观察。未得畅留十日饮，明朝何遽帆影骞。奉命骁征宜速去，亦有咨诹不敢语。临歧结习且论文，旧识生童无一与窦于丙子典浙学，距今二十余年，祗将杯茗佐清谈，土物分贻重我惭。便绕南山趋北郭，西湖小住当去穷探。来不迎兮去不送，一番良觌多如梦。暮归草草述成诗，北望长怀辄吟讽。"②

本年得士李元灏。民国《重修邵武县志》卷三十："李元灏，字太冲，号晓台。性颖异。幼时能操笔成文，长与伯兄书田、季弟元淑并有声黉序。其为文也，寝食诸大家，又能自断町畦，邑人士竞为传诵。乾隆庚子典试，窦东皋得其卷，击节赏叹，以试策稍短，置副车。性尤孝。其母老而失明，服侍不离左右。"③

本年得士张京翰。《连城县志》："张京翰，号西村，颖异好学……乾隆庚子乡试，受知于窦东皋先生。辛丑，窦督学浙江，邀与襄校。时浙疆大吏怙权，宰执六卿皆其党属，窦不之党，事多扞格，遂以鬻名弹劾。窦即以重征控大吏，无何，朝廷径提窦入京勘问。翰诣舆前，窦曰：'君子势孤，幕友皆星散，子自为归计可耳！'曰：'弟子感师德，忍坐视耶？但得重征实证，则事白矣。请迟迟行，俟江口，当有以报命。'乃退，佯为售笔者，入乡市，至一斋。师外出，一学童方对题构思，请代庖。童喜诺，一挥而就。师归，童子缮呈。师异甚，穷诘之，告以故。师曰：'此君岂市侩耶！'因请见。遂以实告，获重征证而去。闻奸吏检搜甚严，虑难出境，偶行市上，忽有牵衣入铺向揖者，曰：'学政之事，愿君勿前，必有重酬。'即应之曰：'惜乎不早闻命，是据已呈学政矣；但容缓图当可为力。'是人以为坦率，不之疑。至江口，曰：'斯证师安置，恐有不测，请善为之防。'其夜，果有贼突入船中搜检，以无所获而逸。窦至京，遂得白。大吏以下坐罪，而浙省吏治以清。"④

① （清）林宾日：《林宾日日记》，江苏古籍出版社 2000 年版，第 3—4 页。
② （清）金姓：《静廉斋诗集》，第 286 页。
③ （民国）秦振夫等修，朱书田等纂（民国）《重修邵武县》，中国地方志集成本，上海书店出版社 2001 年版，第 965 页。
④ （清）李龙官等《连城县志》，厦门大学出版社 2008 年版，第 694 页。

1782 年，壬寅，乾隆 47 年，63 岁

五月丁酉提督浙江学政。《清实录》卷一一五六："命宗人府府丞窦光鼐提督浙江学政。"①
《杭州府志》卷十八："窦光鼐以乾隆四十七年宗人府府丞任。"②

赏识严冠《木雁赋》。《书画篆刻实用辞典》："严冠（活动于清代乾隆、嘉庆年间）字四香。所居曰'木雁斋'。仁和诸生。善诗。画工梅花……嘉庆壬申（1812）年刻'木雁斋'朱文印，款跋中说：'余少时应试作《木雁赋》，为东皋先生所赏，屈指三十余年矣。'著有《茶寿盦诗稿》。"③ 年代不详，姑列于此年。

1783 年，癸卯，乾隆 48 年，64 岁

五月二日，与浙江抚臣等地审理"楼绳等呈首《河山氏谕家言》暨《巢穴图略》案"。

《清朝文字狱档》之"浙江巡抚福崧摺奏军机处档""臣谨会同闽浙总督臣富勒浑、浙江学政抚臣窦光鼐恭摺具奏，伏祈皇上睿鉴。谨奏乾隆四十八年五月二日"④。

七月癸丑留浙江学政任。《清实录》卷一一八五："谕曰：各省学政，现届差满，应行更换之期。顺天学政金士松、浙江学政窦光鼐、山东学政赵佑、河南学政李棨俱著留任，毋庸更换。"⑤

本年得士孙祖铎。《孙衣言孙诒让父子年谱》有孙衣言"述洙堂府君项太夫人行事"云："大父幼颖异，九岁能属文，然不为场屋计，乾隆四十八年，窦东皋先生视浙学，乃补县学生第一，年二十六矣。"⑥ 孙祖铎，字政敷，号洙堂，邑庠生。孙衣言之祖父，孙诒让之曾祖父。

1784 年，甲辰，乾隆 49 年，65 岁

春，乾隆南巡到杭州，赐诗。乾隆《赐浙江学政窦光鼐》："士习民风首，端方系厥司。况兹文盛处，所重行去声修时。熟路轻车试，窦光鼐向年曾任浙江学政，士习民风，是其熟悉也。迪人克己为。前车应鉴已，窦光鼐前任浙江学政时，有训导章知邺以窦光鼐不准伊进献诗册，欲捏词叩阍呈内，有'西陲用兵，久稽成功，情愿从军'之语。其狂诞亦无可道，以其欲从军，即发往辟展效力。嗣复据该处驻札大臣安泰奏查章，知邺笔札有'讨奸邪窦光鼐文捏造悖逆'之言，托讲窦光鼐之口，则其居心奸险，实为恶逆之尤，因即于辟展地方将章知邺正法，以示惩儆。然亦窦光鼐平时不能自立约束属员所致也。自立尚勤思。"⑦ 此诗《行述》亦有，然无小注。

① 《清实录》，第 24012 页。
② 龚嘉儁修、李楁纂（民国）《杭州府志》，民国十一年（1922）铅印本。
③ 岑久发主编《书画篆刻实用辞典》，上海书画出版社 1988 年版，第 518 页。
④ 上海书店出版社《清代文学狱档》，上海书店出版社 2007 年版，第 466—468 页。
⑤ 《清实录》，第 24394 页。
⑥ 孙延钊：《孙衣言孙诒让父子年谱》，上海社会科学院出版社 2003 年版，第 32 页。
⑦ 王国平主编《西湖文献集成》第 1 册，浙江出版社 2004 年版，第 1204 页。

春天，聘请沈清瑞为幕僚。清石韫玉《独学庐初稿》卷二《闻芷生入浙应窦东皋学使之聘奉寄》："碧幢旆旆驻江汀，镣院花深画户扃。两浙中分衣带水，三台旁见玉衡星。西泠烟月新诗本，北地文章旧典型。知否马鞍山色里，有人春夜赋云停。"① 沈清瑞，字吉人，又字芷生，吴郡长洲人，乾隆癸卯乡举第一名，丁未进士，死时不到四十岁，沈起凤之弟。有《沈氏群峰集》。生平见石韫玉《沈氏群峰集序》。

沈清瑞《沈氏群峰集》卷二《呈窦东皋先生》："昌黎山斗人伦表，六一文章海内名。末座趋陪容贱子，中朝风雅属先生。士夸望比龙门峻，吏说官如涮水清。廿载春风重持节，越江花发待双旌。"② 按，窦光鼐聘沈清瑞不知何年，但可大体推算出。沈氏中举为1783年秋天，中进士在1787年春天，所以沈氏入幕只能在1784年到1786年之间。姑定于此年。

此年得士叶机。《岱山镇志》卷二十叶熊《山府君行述》："甲辰岁试受知于窦东皋学使，补博士弟子员，五月，先大父患虚气足肿之症。"③ 叶机，字宗藩，号莱山。

本年拔袁枚外甥韩执玉入县学。袁枚《随园诗话》卷十："妹嫁韩氏，生一儿，名执玉。十四岁咏《夏雨》云：'润回青簟色，凉逼采莲人。'学使窦东皋先生爱之，拔入县学。"④ 此事具体时间不详，姑列于此年。

与吴见楼按试处州。张作楠《梅簃随笔》："吴见楼郡伯于乾隆甲辰乙巳间，佐学使窦东皋先生光鼐按试处州。"⑤ 吴光悦，字见楼，江苏阳湖人，进士。

此年得士李同门、张廷济等。清张廷济《桂馨堂集》"感逝诗"："李兄芗沚同门，名富孙，嘉兴梅会里人，拔贡生。乾隆四十九年甲辰同出窦东皋先生门下，道光二十三年癸卯除夕卒，年八十。"⑥

此年得士周渭洙。张廷济《桂馨堂集》"竹里耆旧诗"有咏《周渭洙》诗："东君静者心，获赏窦东皋师与曹文正相国。长安驴车共，括苍山云高。文度年不永，遗草空诗骚曰琳字匠门。近嗣孙枝秀，犹见威凤毛芝田字秀三。"诗前有序："周渭洙，名汝珍，号东杠，乾隆五十七年壬子举人，遂昌学官，年八十五住溪东。"张廷济《谳先生传》："乾隆四十九年甲辰，学使东武窦东皋先生试嘉兴府学，发'吾闻其语矣'二句题，君以望见树义。文不过四百余字，机神绵远，有龙门传叙笔法，东武奇之，冠其曹，其时无锡秦小岘侍郎以中书

① （清）石韫玉：《独学庐初稿》，上海古籍出版社影印清写刻独学庐全稿本2011年版，《清代诗文集汇编》第447册，第38页。

② （清）沈清瑞：《沈氏群峰集》，复旦大学图书馆藏，民国二十二年（1933）重印于上海，第8页。

③ （民国）汤浚纂《岱山镇志》，《中国地方志集成》本，乡镇志专辑25，上海书店1992年，第548页。

④ （清）袁枚：《随园诗话》，浙江古籍出版社2011年，第203页。

⑤ （清）张作楠：《梅簃随笔》，柯愈春编纂《说海》本，人民日报出版社1997，第1657页。

⑥ （清）张廷济：《桂馨堂集》，上海古籍出版社影印清道光刻本，《清代诗文集汇编》第490册，第471页。

随学幕，同读是作。"①

本年作《谒王成公公祠》，刘墉有和诗。

窦氏服膺阳明，曾说："学贵有用，如昌黎折王庭凑，阳明平宸濠，乃真学问。"②《省吾斋诗赋集》卷十二《谒王成公公祠》："真材名世建非常，御墨荣褒俎豆光。早岁昌言犹凤铄，乘时历试果鹰扬。盈廷讼避杨张幻，谋道源寻思孟长。祇以学徒尚鹿洞，讹言今始息蜩螗。"③

刘墉《刘文清公遗集》卷十一《窦东皋前示谒王文成公祠诗依韵和作》："直节捐躯盖士常，那知名世久弥光。变生猝遽心无动，身到孤危气倍扬。儒释阴阳谁学伪，苗蛮抚剿亦谋长。真才本异空言托，讲席纷纭叹沸螗。"④ 时间不详，姑定于此年。

表彰节妇叶氏。光绪《慈溪县志》卷三六："翁子兼妻叶氏守节四十二年，四十九年学使窦光鼐奖……陈继文妻袁氏守节五十七年并，五十五年学使窦光鼐奖；陈子隆妻董氏守节五十三年，五十六年学使窦光鼐奖。"⑤

1786 年，乙巳，乾隆 50 年，66 岁

本年在浙江任上。撰《乾隆圣典恭赋三首》。窦光鼐《省吾斋诗赋集》卷二《乾隆圣典恭赋三首序》："臣光鼐顿首言：臣伏见皇帝陛下即位五十年，道洽时康，顺气昭登，诸福总集。正月六日依康熙壬寅故事，特举千叟宴。越月丁亥，临新建辟雍，释奠讲学，又越月辛亥，亲耕耤田。三月之内，大礼并举。"⑥ 此文在《皇清文颖续编》卷四七为《三大礼赋》⑦。

本年取士徐铨衡。徐炯文《聘堂公行述》："吾祖回峰公始力学能文，年二十有八，受知窦东皋夫子，补县学生第一。"⑧ 孙衣言《回峰公传》："（徐铨衡）年二十八，窦光鼐学使岁试童子，题为'无攻人之恶'，公（徐铨衡）试艺作攻讦阴私解。学使奇之，冠其军。"⑨ 徐铨衡（1759—约1827），字康平，号回峰⑩。

1786 年，丙午，乾隆 51 年，67 岁

① （清）张廷济：《桂馨堂集》，上海古籍出版社影印清道光刻本，《清代诗文集汇编》第 490 册，第 459 页。
② （清）秦瀛《墓志铭》。
③ 《省吾斋诗赋集》第 459 页。
④ （清）刘墉：《刘文清公遗集》，上海古籍出版社影印清道光六年刘氏味经书屋刻本，《清代诗文集汇编》第 348 册，第 66 页。
⑤ （清）杨泰亨：（光绪）《慈溪县志》，清光绪五年刊本。
⑥ 窦光鼐：《省吾斋诗赋集》，第 359 页。
⑦ 故宫博物院编《皇清文颖续编》，海南出版社 2000 年版，第 7 册，第 1 页。
⑧ （清）徐炯文：《徐炯文集》，线装书局 2009 年版，第 212 页。
⑨ 转引（清）徐炯文著《徐炯文集》，线装书局 2009 年版，第 205 页。
⑩ 转引（清）徐炯文著《徐炯文集》，线装书局 2009 年版，第 204 页。

正月辛酉为吏部右侍郎。《清实录》卷一二四七："宗人府府丞窦光鼐为吏部右侍郎。"①

正月癸亥不再担任右侍郎之职，仍浙江学政任。《清实录》卷一二四七："谕曰：窦光鼐著仍留浙江学政之任。所有吏部右侍郎事务著李绥暂行兼署。"②

四月左右奏浙省各州县仓库亏缺。《清实录》卷一二五二："又谕：据窦光鼐奏，浙省各州县仓库亏缺。未补者多。"③ 记载四月乙酉朝廷已经知道此事，所以窦氏奏闻当在此前。

四月己丑奉命查办浙省仓库亏缺一案。《清实录》卷一二五三："又谕曰：德成奏浙省仓库亏缺一案。据学臣窦光鼐奏称，嘉兴、海盐、平阳、三县缺数已有三十余万，通省亏缺，自不止此。与曹文埴等所奏迥不相同。请将此案即令窦光鼐会同曹文埴等彻底清查等语。所奏是。朕意原欲如此办理。窦光鼐现任浙省学政，其于该处仓库亏缺情形见闻自当确实，方行陈奏。此案即著窦光鼐会同曹文埴等秉公据实彻底查办。所有德成原摺并著发交曹文埴等阅看。"④

四月因窦光鼐为学政，又正值乡试，所以派阿桂处理浙江案子。《清实录》卷一五二四："但窦光鼐系该省学政，现在科试未竣，且届乡试之年，抡才大典未便贻误。著传谕窦光鼐仍即按期考试，未经考竣府分。所有盘查事件，现在已派阿桂驰赴浙省督办。"⑤《清史稿》卷十五："乙酉，浙江学政窦光鼐奏嘉兴、海盐、平阳三县亏空各逾十万，郡县采买仓储，俱折收银两，以便挪移。命曹文埴等严查覆奏。赈山西代州等六州县水灾。己丑，命窦光鼐会同曹文埴等查办浙江亏空。"⑥

五月奏富勒浑家人索贿。"今据窦光鼐所奏，则此事已属有据。"⑦

七月左右奏黄梅母丧演戏。《清实录》卷一二五八："其窦光鼐所奏，平阳县知县黄梅丁忧演戏一节。查系本年正月，黄梅为伊母庆九十生日演戏，伊母一时痰壅，适于演戏之夜猝故。而窦光鼐称伊母死之后，在署演戏。……窦光鼐辄行入告，并不确细访查。若此事果实，则真如原奏所称，行同禽兽，不齿于人类矣。该学政不顾污人名节，以无根之谈，冒昧陈奏，实属荒唐。窦光鼐著饬行。仍令据实明白回奏。"⑧

民国《平阳县志》卷三八："乾隆五十一年闰七月，浙江提督学政窦光鼐奏参平阳知县黄梅亏空勒借及母丧演戏事，大学士阿桂覆奏以为不实。"⑨

———————————

① 《清实录》，第 25263 页。

② 《清实录》，第 25263 页。

③ 《清实录》，第 25343 页。

④ 《清实录》，第 25347 页。

⑤ 《清实录》，第 25359 页。

⑥ 《清史稿》，第 536 页。

⑦ 《清实录广东史料》，广东省地图出版社 1995 年版，第 45 页。

⑧ 《清实录》，第 25416 页。

⑨ 符璋、刘绍宽：(民国)《平阳县志》，民国十四年（1925）铅印本。

十月辛亥为宗人府府丞。《清实录》卷一二六六："以署光禄寺卿窦光鼐为宗人府府丞。"①
此年应澧听到窦光鼐被逮后有诗。《两浙輶轩续録》卷十三有应澧《闻窦东皋先生逮问口
占》："帝咨民瘼到儒英，丹地期纡一片诚。对簿诏方收李固，报刊碑人肯讼阳城。也知见
睨无多刻，岂有浮云可翳明。圣代自来容戆真，定教狴犴贳余生。"应澧字仔传，号叔雅，
一号藕泉仁和岁贡，官安吉教谕，著《闇然室诗存》十二卷②。

1787 年，丁未，乾隆 52 年，68 岁

是年窦光鼐仍任宗人府府丞，署光禄寺卿事务。本年李宪乔赠诗。

李宪乔《留上窦东皋宗丞十八韵》："长孺卧闺阁，退之羞佩冠。由来抱孤性，祇合作闲官。
直去方乘马，朝回独绕栏。图书勤点勘，衣带任疏宽。赋岂长杨讽，歌拟废瑟叹。自怜遭
主圣，非不惜才难。铸鼎象魑魅，淬锋诛猾奸。一朝归近秘，四海阻听观。贱子本疏阔，
有怀兴儒顽。僻吟偏近岛，上国喜逢韩。慕道时通谒，信心非妄干。许论尝世苏，未以众
人看。读史轻孔张，拟骚悲椒兰。匡床容并坐，旧卷每同摊。类辱称名姓，无成铩羽翰。
心期卒夙业，分合出长安。敢效群趋异，转伤孤立寒。感深属千载，无取涕汍澜。"③

李宪乔，字子乔，号少鹤，山东高密人，高密三李之一，其他二李为其兄宪暟、宪暠。从
诗中"淬锋诛猾奸"似乎作于窦光鼐参奏知县黄梅后。姑系于此年。

1788 年，戊申，乾隆 53 年，69 岁

是年窦光鼐仍任宗人府府丞。

1789 年，己酉，乾隆 54 年，70 岁

二月己亥见乾隆。《清实录》卷一三二二："吏部带领三品京堂宗人府府丞窦光鼐等十二员
引见。"④

四月丙午为殿试读卷官。《清实录》卷一三二七："以大学士嵇璜、和珅，吏部尚书彭元瑞、
左都御史李绶、礼部侍郎邹奕孝、刑部侍郎姜晟、内阁学士图敏、宗人府府丞窦光鼐为殿
试读卷官。"⑤

六月乙丑为礼部右侍郎。《清实录》卷一三三二："乙丑，调礼部右侍郎邹奕孝为工部右侍
郎。以宗人府府丞窦光鼐为礼部右侍郎。"⑥ "己巳……以礼部侍郎窦光鼐为浙江乡试正考

① 《清实录》，第 25591 页。
② （清）潘衍桐辑《两浙輶轩续録》，《续修四库全书》第 1685 册，第 317—318 页。
③ （清）李宪乔：《少鹤先生诗钞》，上海古籍出版社影印西安郡斋刊本，《清代诗文集汇编》第 439
页，第 28—29 页。
④ 《清实录》，第 26556 页。
⑤ 《清实录》，第 26628 页。
⑥ 《清实录》，第 26699 页。

官。编修程昌期为副考官。"①

六月甲戌，乾隆问窦光鼐各省学政居官如何。《清实录》卷一三三三："又谕：今日召见窦光鼐，询及各省学政居官如何。"②

八月己巳任浙江学政。《清实录》卷一三三七："谕：各省学政。现届应行更换之期。除安徽学政秦潮、湖南学政张姚成俱系本年补放，毋庸更换外。顺天学政著刘墉去，江苏学政著胡高望去，浙江学政著窦光鼐去。"③ 民国《杭州府志》卷十八"窦光鼐乾隆五十四年以礼部侍郎任。"④

建"凌霄一鹗坊"。

民国《建德县志》卷六："凌霄一鹗坊，在县北里何庄，清乾隆己酉浙江学政窦光鼐为经魁洪文中建。"⑤

友人张西铭长孙星炜来谒。

民国《高密县志》卷十五载东武窦光鼐撰《张母单孺人寿序》："其长孙星炜以己酉选拔贡入成均，复来谒予，并知丁未进士胡公，系太孺人长婿，由寒素进擢高科，一皆太孺人赐也。"⑥

1790 年，庚戌，乾隆 55 年，71 岁

赏识何煊。王赠芳《云南巡抚萧山何公行状》："（何煊）颖悟过人，七岁，能审音律，年十七，以诗赋受知学使窦东皋先生。"按，何煊"生于乾隆三十九年十一月初五日"⑦，则"十七岁"时为 1790 年。何煊（1774—1837），浙江萧山人，进士，曾任云南巡抚。

相传窦光鼐给乾隆作八十寿联。《楹联丛话全编》引《东望望阁随笔》云："乾隆五十五年，纯庙八旬万寿。窦少宰东皋先生进楹帖一联。最全圣意。句云：'天数五，地数五，五十五年，五世一堂，共仰一人有庆；春八十，秋八十，八旬八月，八方万国，咸呼万寿无疆。'按：予《丛话》卷二所载彭文勤之联与此大同小异，而此所载似更简老，所述撰人亦不同，可重录也。"⑧ 按，这类对联的作者多传闻异词，录此备考。

十二月，奏考试作弊。《清实录》卷一三六九："谕军机大臣曰：窦光鼐奏，考试衢州金华府，查办夹带顶替各案。"⑨

---

① 《清实录》，第 26703 页。

② 《清实录》，第 26709 页。

③ 《清实录》，第 26783 页。

④ 龚嘉儁修、李榕纂（民国）《杭州府志》，民国十一年（1922）铅印本。

⑤ 夏日璈等修、王韧等纂（民国）《建德县志》，民国八年（1919）铅印本。

⑥ （民国）余有林、曹梦九修，王照青纂（民国）《高密县志》，民国二十四年（1935）铅印本。

⑦ 《续碑传选集》，台湾文献史料丛刊，台湾大通书局，第 58—63 页。

⑧ （清）梁章钜：《楹联丛话全编》，北京出版社 1996 年版，第 254 页。

⑨ 《清实录》，第 27282 页。

表彰节妇蒋氏。光绪《奉化县志》："蒋氏庄奇恩妻曹村人，年二十七奇恩亡，遗孤文斗在怀，蒋苦节抚孤，年七十四卒，乾隆五十五年，学使窦光鼐以冰雪为心奖之。"①

1791 年，辛亥，乾隆 56 年，72 岁

正月二十四日为《两汉策要》作跋。文曰："赣郡守竹轩张君过浙，携《两汉策要》后函示予索跋。批阅数四，自八册至十四册，一气挥洒，无意求工，而结体道逸，宛似吴兴。卷末不署姓名。当属元人手录读本耳……乾隆五十六年正月二十四日东武窦光鼐跋。"②《书林清话》卷七："乾隆五十八年，如皋张氏以毛本重刻，摹仿极工。前附有翁方纲题，后附梁同书、窦光鼐、周骏发、朱钰、姚棻、邵齐熊诸跋。"③

表彰节妇。光绪《奉化县志》："严氏举人瑞隆女，年十九归王家楷柏坑人，未几家楷病且剧，谓严曰：我死汝将何如？严断发誓曰，九京相见，以此为质，家楷亡，严守节至七十四岁，临殁谓家人曰，余发犹在，过尔翁地下庶几不食吾言矣，语毕而逝。乾隆五十六年学使窦光鼐给松筠同贞额，吴尚知为撰传，采访。同上。"④

1792 年，壬子，乾隆 57 年，73 岁

六月作《永康县学宫建修碑记》。光绪《永康县志》卷十五收有窦光鼐撰《永康县学宫建修碑记》，末尾"乾隆五十七年六月记"⑤。

八月辛未为左都御史。《清史稿》卷十五："纪昀为礼部尚书，窦光鼐为左都御史。"⑥

八月癸酉任都察院左都御史。《清实录》卷一四一〇："都察院左都御史员缺，著窦光鼐补授。"⑦

十一月戊午因学问尚优，著在阿哥书房总师傅上行走。《清实录》卷一四一七："戊午。谕曰：窦光鼐学问尚优，著在阿哥书房总师傅上行走。"⑧

此年为和珅书扇。秦瀛《小岘山人集》卷五《墓志铭》：

公自浙江学政以左都御史召还。一日富阳董公手执公所书金字扇，大学士和珅见而语董公曰："写金字，善用金，无如窦东皋者。"遂取一扇，属董公代乞公书。余适趋过，董公曰："秦君固善东皋先生者，盍属之？"因以属余请于公。公书就，授余还之。书款称"致斋相国"，自称"晚生某"，盖遵旧例。致斋，和珅号也。又一日，和珅召见，出语余曰："子见

① （清）李前泮、张美翊纂（光绪）《奉化县志》，清光绪三十四年刊本。
② （宋）陶叔献辑《两汉策要》，《四库未收书辑刊》参辑第 16 册，第 294—295 页。
③ 叶德辉：《书林清话》，华文出版社 2012 年版，第 174 页。
④ （清）李汝为等修、潘树棠撰（光绪）《永康县志》，民国二十一年（1932）重排印本。
⑤ （清）李汝为等修、潘树棠撰（光绪）《永康县志》，民国二十一年（1932）重排印本。
⑥ 《清史稿》，第 554 页。
⑦ 《清实录》，第 27874 页。
⑧ 《清实录》，第 27979 页。

东皋告以有御制文，命其制序，散直后即来领。"是日，公随诣和珅宅，领归，谨撰序文。
越日，进呈。公没后，编修洪亮吉上书言事，以前在尚书房尝被公指斥，附劾公交结和珅，
书扇称师相，自称门生，其诬公实甚。此事关系公生平大节，不可以不辨。瀛又记。
窦光鼐浙江学政以左都御史召还为乾隆五十七年。

本年得士朱铨。光绪《昆新两县续修合志》卷三十二《人物·耆硕》："朱铨，字伦甄……
遂入都肄业国学，两试北闱不售。时总宪窦光鼐、阁学翁方纲、太史张问陶皆器重之，招
致幕下。"①

本年得士潜山张绹。朱康宁《张氏父子与经学》："张绹，乾隆三十三年（1786）拔贡，在
以后的岁考、科考中，他都名列前茅，终以拔贡之萃选赴朝考，不第。他趁在京师期间，
持所写论文请教于前辈名流。东阁大学士、太子太保刘统勋和左都御史窦光鼐阅其论文，
皆倍加赞赏。"② 张绹，安徽潜山人，经学家。

窦光鼐修《绍兴府志》成。《绍兴府志》有乾隆五十七年刻本，就为窦光鼐所修。③

1793 年，癸丑，乾隆 58 年，74 岁

春，和御制诗。《省吾斋诗赋集》卷八《恭和御制癸丑春帖子元韵》："轩图占丑纽，木德辟
蒙鸿。吉亥天门启，迎来气自东。祀灶韶先至，徵祥味作甘。牵牛阳出昌，恰副史公谈。
连圻瑞雪积先春，计日条风信到人。毫念为民筹稼穑，故将丰屡报嘉辰。"④

四月壬午为殿试读卷官。《清实录》卷一四二七："壬午，命大学士公阿桂、大学士王杰、
礼部尚书纪昀、左都御史窦光鼐、吏部侍郎金士松、礼部侍郎刘权之、兵部侍郎玉保、内
阁学士瑚图礼为殿试读卷官。"⑤

五月为李绶选择墓地。纪昀《纪文达公遗集》文集卷十六墓志铭祭文《都察院左都御史杏
浦李公合葬墓志铭》："乾隆辛亥正月，左都御史李公卒于位。越岁正月，元配马夫人继卒。
癸丑五月，孤子之栻等乞窦公东皋相地于黄庄。"⑥ 李绶（1713—1791）字佩廷，号杏浦，
又别号竹溪，学者称杏浦先生，宛平人，乾隆元年举人，十六年进士，历任编修、左都御
史等。

英和夏天见光鼐。英和《因福堂笔记》："余初入词垣，往谒窦东皋先生，延入厅事，公自

① （清）李福沂、汪堃等纂修（光绪）《昆新两县续修合志》，中国地方志集成，江苏古籍出版社影印本 1991 年版，第 553 页。
② 安庆市地方志编纂委员会编《安庆人物传》，黄山书社 2001 年版，第 302 页。
③ 杨念群：《儒学地域化的近代形态：三大知识群体互动的比较研究》，三联书店 1997 年版，第 550 页。
④ 《省吾斋诗赋集》，第 433 页。
⑤ 《清实录》，第 28106 页.
⑥ 纪昀：《纪晓岚文集》第一册，河北教育出版社 1995 年版，第 341 页。

屏后叱仆人曰:'来客携有红毯始会,否则辞之。'仆人对以有。公补服朝珠从屏后出,行交拜礼毕,命坐,开口先责曰:'老先生乃翰林世家,不应首坏风气。'因请其故,则从仆人手接余原帖,示曰:'帖字过小。'其实,余贴上字已径六七分。因谈时文,深嘅近人不读书,不讲理法出落,复及古文原委。时三伏中,自朝餐后,正衣冠危坐两三时许,汗如雨下,饥肠雷鸣。乘间告退,送至门,仍曰:'将帖上字展大,明日再来。'前辈古风,于今仅见。"① 英和,姓索绰络氏,字树琴,号煦斋,满州正白旗人,乾隆五十八年进士。②《恩福堂年谱》:"五十八年……殿试,二甲第二十五名,朝考,钦取第十五名,引见,改庶吉士。"③

在京师别秦瀛。秦瀛《小岘山人文集》文集卷六《祭窦东皋夫子文》:"岁在癸丑,别公都门,立语移晷,色霁且温。"④

1794 年,甲寅,乾隆 59 年,75 岁

八月庚申顺天乡试正考官。《清实录》卷一四五八:"顺天乡试以刑部右侍郎宗室僧保住、礼部左侍郎刘权之为监临官。左都御史窦光鼐为正考官,兵部左侍郎玉保、太常寺卿署左副都御史方维甸为副考官。"⑤《听雨丛谈》卷十:"五十九年甲寅恩科乡试。顺天主考:总宪窦光鼐、兵侍郎玉保阆峰、副宪方维甸。顺天主考玉保与山东正考官少宗伯铁保兄弟同典试。"⑥

十二月丙寅充经筵讲官。《清实录》卷一四六六:"以左都御史窦光鼐充经筵讲官。"⑦

光鼐为张氏作寿序。

民国《高密县志》卷十五载东武窦光鼐撰《张母单孺人寿序》:"是岁甲寅,行年七十矣,贵而能勤,富而能俭。"⑧

此年得士汤金钊。《中华汤姓源流》:"清乾隆五十九年(1794)汤金钊参加乡试中举人,科试督学使窦东皋取其列一等,但因其身患天花,而未能入京会试。"⑨

本年评王昙《谷城西楚霸王墓碑》。王昙《文集》卷一《谷城西楚霸王墓碑》后附:"班固父子之废《项王本纪》,微特王之罪人,亦孔子之罪人也。灭六国,燔六经。项不灭秦,而

---

① 英和:《恩福堂笔记》,北京古籍出版社 1991 年版,第 46—47 页。
② 英和:《恩福堂笔记》,北京古籍出版社 1991 年版,《出版说明》。
③ 英和:《恩福堂笔记》,北京古籍出版社 1991 年版,第 340 页。
④《小岘山人诗文集》,第 630 页。
⑤《清实录》,第 28476 页。
⑥(清)福格:《听雨丛谈》,中华书局 1984 年版,第 209 页。
⑦《清实录》,第 28609 页。
⑧(民国)余有林、(民国)曹梦九修,(民国)王照青纂(民国)《高密县志》,民国二十四年铅印本。
⑨ 汤锦程:《中华汤姓源流》,中国文联出版社 2006 年版,第 530 页。

鲁之庙堂、车服、礼器有存焉乎？鲁诸生为王三年服，城守不下，尊孔子也，非私项王也。司马迁以项王功高，故加于《孔子世家》之上，而进之三皇五帝殷周之后，固何人斯，而黜王本纪？宜其狴犴瘐死，而王之神灵，亦于是乎暗哑咤叱三百年于吴兴之堂矣。汉章帝以班固为叶公龙，郑渔仲以固之比迁如龙之与猪，其信然欤。是碑作于二千余之后，盖断自二千余年以来，无此手笔。东皋窦光鼐。"① 此文不知作于何时，王昙文章中出现"乾隆五十九年"当作于此年或以后。郑幸《王昙年谱简编》系于此年②，可从。

1795 年，乙卯，乾隆 60 年，76 岁

三月丁巳为正考官。《清实录》卷一四七四："以礼部侍郎铁保署，副都御史方维甸为会试知贡举。左都御史窦光鼐为正考官，内阁学士瑚图礼、礼部侍郎刘跃云为副考官。"③

四月因考试事奏对，见皇帝时跌倒，解职。《清实录》卷一四七六："窦光鼐人本拘迂，不晓事体，朕夙闻其于时艺一道，尚能留心讲习，是以派为正考官。不意其糊涂错谬，一至于此。且初九日主考出闱复命，召见时窦光鼐不特奏对不明，跪起兼至倾跌。是其年老昏愦。……窦光鼐著即解任，听候部议。"④

会试取浙江王以铻、以衔兄弟，受到和珅攻击。《清史稿》卷一〇八："乾隆六十年乙卯，会元为浙江王以铻，第二名即其弟以衔，帝心异之。正总裁侍郎窦光鼐素与和珅不协，且以诋诃后进忤同列，均欲藉以倾之。因摘两人闱墨中并有'王道本乎人情'语，以为关节。抑置以铻榜末，停其殿试，降光鼐四品休致，镌副总裁侍郎刘跃云、祭酒瑚图礼四级。及廷试传唱，以衔第一，上意释然。谕廷臣曰：'此亦岂朕之关节耶？'"⑤

《听雨丛谈》卷十："六十年乙卯恩科会试。总裁：左都御史窦光鼐、礼侍刘（曜）[跃]云、兵侍瑚图礼。中式一百十人。会元王以铻，即状元王以衔之胞弟。探花潘世（鐄）[璜]，即癸丑状元潘世恩之同祖弟。榜眼莫晋有书名。"⑥

《啸亭续录》卷七："勿庵（王以衔）貌丰伟，胸无城府，待下最宽，屡为奴隶所侮，不甚较也。少家贫窭，不能供饘粥，窦东皋先生颇赏鉴之，乙卯岁，物色得之。故人颇有间言，窦公为之黜职，其后廷对第一，浮议乃息。"⑦

拔士章炳然。《绍兴县志资料》第一辑"人物列传"："章炳然：公姓章，初名凤翔，字冠英，号镜蓉，后以太和名登贤书，服官时又改名炳然，字慎斋，会稽人……嘉庆丙辰为窦

① （清）王昙：《王昙诗文集》，郑幸点校，人民文学出版社 2014 年版，第 271 页。
② （清）王昙：《王昙诗文集》，郑幸点校，人民文学出版社 2014 年版，第 439 页。
③ 《清实录》，第 28717 页。
④ 《清实录》，第 28747 页。
⑤ 《清史稿》，第 3163—3164 页。
⑥ （清）福格：《听雨丛谈》，中华书局 1984 年版，第 209 页。
⑦ （清）昭梿：《啸亭杂录》，中华书局 1980 年版，第 538 页。

东皋学使所识拔，补博士弟子员，与马海山辈受业于同邑王本滋孝廉。"① 按，嘉庆丙辰为
1796 年，此时窦氏已死，姑列于 1795 年。

得士李实。张维屏《国朝诗人徵略》引《教授李君墓志铭》："乙卯大挑一等，以知县用。
公有志春闱，愿就教职。即于是科成进士，总裁窦东皋先生以为卓有先辈风度。丙辰，补
肇府教授。"李实，字世名，号充之，广东新会人，乾隆六十年进士，官教授，有《宝研堂
文集》《锄月轩诗钞》②。

九月二十二日卒，享年 76 岁。《行述》："府君卒于乾隆六十年九月二十二日未时。"秦瀛
《东皋先生诗集·序》："先生以乙卯秋殁矣。"③

参考文献：

[1]《诸城窦氏家谱》，民国二十二年（1933）刻本。

[2] 赵尔巽等《清史稿》，中华书局，1976 年。

[3]《清实录》，中华书局影印本，1986 年。

[4]《清代诗文集汇编》，上海古籍出版社，2011 年。

[5]《山东文献集成》，山东大学出版社，2011 年。

[6]《中国地方志集成》，江苏古籍出版社等。

[7]《续修四库全书》，上海古籍出版社，2002 年。

[8]《四库未收书辑刊》，北京出版社，1997 年。

[9]《中国基本古籍库》电子版。

[10]《雕龙——中国日本古籍全文检索数据库》网络版。

---

① 绍兴县修志委员会：《绍兴县志资料》，成文出版社 1983 年版，第 17 页。
② （清）张维屏《国朝诗人徵略》，中山大学出版社 2004 年版，第 1050 页。
③《小岘山人诗文集》，第 507 页。

窦光鼐存世著作的版本学考察

王承略　　王域铖

山东大学儒学高等研究院

摘　要：论文系统考述窦光鼐存世的不同著作、不同版本的异同、刊刻年代、流传情况，为窦光鼐的研究打下坚实的文献学基础。主要结论有：《清代诗文集汇编》影印上图藏《省吾斋古文集省吾斋诗赋集》，被认定为清乾隆刻本，实乃嘉庆刻本；《省吾斋古文集省吾斋诗赋集》的初印本，经作者后人编校，应是十二卷足本，但书板流传至慎德堂，已有残缺，故国图、上图、南图所藏，均非完帙，慎德堂当在歙县，不在广东；山图藏《省吾斋文稿》四册，因"光绪庚寅孟秋侄元孙耕校补"牌记被删，故被误著录为道光本；青图藏《窦东皋应制诗》三册，书衣题为"东皋诗"，实为南图藏《省吾斋进呈稿》之增补本，《窦东皋应制诗》与《东皋诗》当为后人误题；《省吾斋进呈稿》可能为窦光鼐生前陆续自刻而成，随刻随印，故版心不一，各本收录作品数量也不同；《东皋先生诗集》三卷，为秦瀛及其门人俞坊将二人所存窦氏之诗汇编而成，故从收诗数量上看，少于《省吾斋诗赋集》，内容上则主要是纪行之作。

关键词：窦光鼐；《省吾斋古文集省吾斋诗赋集》；《省吾斋文稿》；《省吾斋进呈稿》；《东皋先生诗集》

窦光鼐（1720—1795），字元调，号东皋，山东省诸城人。乾隆七年（1742）进士，授编修，官至左都御史。历督学政，得士位至公卿者甚众。窦氏立朝五十年，风节挺劲，无所阿附。其学问精湛，博学多才，精通经史，诗赋尤佳，文词清古，留下著作数种。窦光鼐与刘墉同为清代诸城文化的重要代表人物，但遗憾的是，学界对窦光鼐的研究尚显不足，尤其是对其著作的文献学考察较少关注。各种书目对窦光鼐著作的著录情况也不尽准确、全面。有鉴于此，本文拟对窦光鼐著作的版本进行研究，系统考述窦光鼐存世的不同著作、不同版本的异同、刊刻年代、流传情况，为窦光鼐的深入研究，打下坚实的文献学基础。

一　省吾斋古文集十二卷省吾斋诗赋集十二卷

此书藏于国家图书馆（以下简称国图）、上海图书馆（以下简称上图）、南京图书馆（以下简称南图）、华东师范大学图书馆等处。

南图藏《省吾斋古文集省吾斋诗赋集》，清嘉庆六年（1801）刻本，四册，两册为古文集，两册为诗赋集，无书名页，均为半页十一行行二十一字，双行小字同，左右双边，白口，单鱼尾，版心镌卷数、页数及"省吾斋古文集"或"省吾斋诗赋集"。钤"汉阳叶名沣润臣甫印""嘉惠堂丁氏藏书之印""八千卷楼""八千卷楼丁氏藏书印""光绪壬辰钱塘嘉惠堂丁氏所得"等印。诗赋集与古文集卷末均有"男汝瑄仲宝氏校刊，孙婿洪洞陈汝功、孙鹤龄仙禽编辑，庆龄、椿龄同校字"。诗赋集后有王以衔跋：

> 自古大儒挺生，本诸躬行，措于事业，发乎文章，上为国家黼黻，下为士林楷模，诚盛事也。惟吾东皋夫子味道之腴，执经之心，其立身本末，赫赫在人耳目，故文章彪炳，称大著作。况遭际盛隆，道德绚思，天庭抡藻，更足凌前人。衔幸得厕门墙而窥涯涘，试为扬推一二，其何敢辞。忆己酉之秋，始谒夫子于浙江省垣，夫子蔼乎其容可亲也，及论古今学术渊源并其流弊，则如登泰岱而望渤澥矣。自是谒见之余，屡畅厥旨，衔窃然疑，憬然悟，逮得全集读之，益叹夫子不我欺也。盖夫子诗文出入汉唐，其赋则上轶班张矣。守一理以贯通之，破万卷以神明之，元气充周，自度越寻常万万。吁！夫子往矣，遗稿多散失，松庭世兄搜求哀缉，寿诸梨枣，人之读其集者，百世下犹觌面也，况今日哉！衔得附名卷末，沐润垂声，是则衔之深幸也夫。嘉庆六年二月上浣受业王以衔顿首谨跋。

王以衔（1761—1823），字署冰，一字凤丹，号勿庵。浙江归安（今湖州市）菱湖镇人。乾隆六十年（1795），王以衔与兄王以铻参加会试，以衔获第二，以铻获第一，当时正考官即为窦光鼐。和珅素嫉窦光鼐，借此事诬陷光鼐取士不公，窦光鼐因此而落职、降级休致，并于数月后病逝。后经殿试，王以衔获状元。王以铻亦于嘉庆六年（1801）参加恩科获取进士。此事与窦光鼐关系较大，故附录于此。

古文集与诗赋集均按类编次，如古文直接标有颂、跋、论辩碑记、墓志铭、墓表行状、祭文等类，诗虽未标明分类，但可明显分为进呈诗、应制诗、普通诗、题画诗、赋得诗等。每一类中，则略按创作时间排列。

南图另藏有《省吾斋集》三册，书衣作是题，但书名页分别题作"嘉庆辛酉春镌省吾斋古文集慎德堂藏板"和"嘉庆辛酉春镌省吾斋诗赋集慎德堂藏板"，检其内容与版式，与四册本《省吾斋古文集省吾斋诗赋集》一致，唯此古文集缺九至十二卷，故仅有三册。

上图藏《省吾斋古文集省吾斋诗赋集》，经影印收入《清代诗文集汇编》第347册，流传较广，但此本存在不少问题，主要有：

1. 此本被认定为清乾隆刻本①。但从时间上看，此书所收诗文有作于乾隆六十年

---

① 《清代诗文集汇编总目录·索引》，上海古籍出版社2011年版，第46页。

（1795）者，如《恭跋御制四得论》云："岁在乙卯，恭逢乾隆六十年国庆。"所以此书不大可能刻于乾隆年间。从版本特征上看，笔者将其与南图藏嘉庆六年本比对，二者不仅字体、行款完全一致，而且板框缺口情况也基本相同，显系同一版本。盖因此本缺书名页和王以衔跋，致版本鉴定有误。

2. 此本古文集卷一第一页和第二页的前半页，字体与全书不同，系经补配而成。

3. 此本诗赋集缺卷一第一至四页，第五页亦残缺严重，虽经修复，残字甚多。不仅如此，经与他本比对可知，该页后半页实为卷一第四页的前半页。

4. 此本诗赋集缺最后一页，该页有《赋得残月如新月得新字》诗和"男汝瑄仲宝氏校刊，孙婿洪洞陈汝功、孙鹤龄仙禽编辑，庆龄、椿龄同校字"。

值得注意的是，国图、上图、南图所藏几种《省吾斋古文集省吾斋诗赋集》均缺古文集第五六七卷以及第八卷前两页，且均为慎德堂藏板。除窦光鼐此书外，"慎德堂藏板"之书尚有几种，如《医林枕秘保赤存真》，光绪二年（1876）刻，书名页题"慎德堂藏板"，卷一题"婺源余含棻梦塘甫著辑，男士标用之、殿英小亭、文英遵武、侄丽元介石仝参订，再侄显廷廉斋校"；又如上图藏《曹江孝女庙志》，清康熙二十七年（1688）刻，书名页题"慎德堂藏板"，每卷题"通议大夫广东按察使司按察使里人沈志礼范先氏修刻"，沈津先生以为"据沈氏自序及夏氏凡例，此书应刻于广东……慎德堂当沈氏所有"[1]。依沈津先生所言，则慎德堂在广东。但《省吾斋古文集省吾斋诗赋集》和《医林枕秘保赤存真》均为作者后人校订，一在诸城（今属山东），一在婺源（今属江西），何以皆送至广东刊刻？恐不合情理。清代程国彭著《医学心悟》，有雍正刻慎德堂印本，收入《续修四库全书》第一○二四册，题"徽郡慎德堂珍藏"。徽郡即安徽歙县，该慎德堂应即是"慎德堂藏板"之慎德堂。如此，则以上三种"慎德堂藏板"之书，均为歙县慎德堂据所藏旧板，重新印刷。初印之《省吾斋古文集省吾斋诗赋集》，经作者后人编校，应是十二卷足本，但书板流传至慎德堂，已有残缺，所以几种《省吾斋古文集省吾斋诗赋集》均缺三卷。

《清人别集总目》单独著录有《省吾斋古文集》四卷，藏于南图，据笔者核查，此四卷本就是清嘉庆六年刻《省吾斋古文集省吾斋诗赋集》的古文集一至四卷，并非另有四卷本《省吾斋古文集》。

二 省吾斋文稿不分卷

此书藏于山东省图书馆（以下简称山图）、青岛图书馆（以下简称青图）等处。

青图藏《省吾斋文稿》元亨利贞四册，书名页题"省吾斋文稿道光壬午年侄汝钧重

---

① 沈津：《中国珍稀古籍善本书录》，广西师范大学出版社2006年版，第125页。

镌"，有牌记"光绪庚寅孟秋侄元孙耕校补"。全书可分为两部分：第一部分为《论文五则》，收录窦光鼐对八股文的见解。《论文五则》半页六行行二十字，四周双边，版心空白，仅镌"论文五则"及页数。第二部分为《省吾斋稿》，收录窦光鼐拟墨之作，篇后有本人或他人的点评。《省吾斋稿》半页九行行二十五字，无界行，四周单边，版心空白，仅镌"省吾斋稿"及页数。《省吾斋稿》字体较劣，远不及《论文五则》。又，《省吾斋稿》板框大小不一，且无规律，框高有相差约2厘米者，少数页面字体亦与全书差别较大，或为光绪十六年补刻。

《省吾斋稿》前有目录，半页九行（字数不便统计），无界行，左右双边，单鱼尾，版心仅镌目录页数。

山图藏道光本《省吾斋文稿》四册，经笔者与青图藏本比对，二者完全相同，因山图藏本"光绪庚寅孟秋侄元孙耕校补"牌记被删，故被误著录为道光本。

山图另藏《省吾斋稿》一册，实即《省吾斋文稿》残册。《论文五则》部分，版式与道光刻光绪校补本《省吾斋文稿》完全相同，字体亦相类，但笔力有所不及。《省吾斋稿》部分，与此类似。该本《省吾斋稿》与道光刻光绪校补本《省吾斋文稿》均避"玄"字讳，缺末笔，不避"宁"字讳，但该本《省吾斋稿》作"寍"，道光刻光绪校补本《省吾斋文稿》作"寧"。

三 省吾斋进呈稿不分卷

此书藏于南图。二册，白纸精印，无书名页、牌记、序跋、目录等。半页十行行十九字，四周单边，版心不统一。首页钤"八千卷楼丁氏藏书印"。该书收录《圣驾南巡赋》《献进乾隆圣武诗》《平定西域颂》《献进圣寿无疆词》《平定两金川大功告成恭纪五古二百韵有序》《圣驾六巡江浙恭颂》等六篇作品，皆为窦氏进呈御览之作，最晚者作于清乾隆四十九年（1784）。

据《山东文献书目》《清人别集总目》等书，青图藏《窦东皋应制诗》三册。此书书衣题为"东皋诗"，但经笔者检视，此书实为南图藏本《省吾斋进呈稿》之"增补本"，版式情况相同，少《献进乾隆圣武诗》，多《恭庆圣母崇庆慈宣康惠敦和裕寿纯禧恭懿安祺皇太后八旬万寿诗》《圣驾五巡江浙恭纪》《乾隆圣典恭赋》《恭庆皇上八旬万寿万万寿颂》《圣驾重幸江浙诗》等篇，最晚者作于清乾隆五十五年（1790）。从所收篇什体裁看，包括诗、赋、颂，因此，该书应题作《省吾斋进呈稿》。《窦东皋应制诗》与《东皋诗》当为后人误题。《山东文献集成》据青图藏本影印，题作《窦东皋应制集》，从内容上看，"进呈稿"较"应制集"更合理。

青图藏本用纸远不及南图藏本，且有模糊不清之处，当为较后印之本。综合来看，《省吾斋进呈稿》可能为窦光鼐生前陆续自刻而成，随刻随印，故版心不一，各本收录作品数量也不同。

四　东皋先生诗集三卷

此书藏于青图，书衣题"窦东皋先生诗集全三卷"，书名页题"东皋先生诗集无锡秦氏藏板"，半页九行行二十一字，四周单边，白口，单鱼尾，版心镌"东皋先生诗集"及卷数、页数。全书一册，分上中下三卷，前有秦瀛序：

> 瀛以乾隆甲午应顺天试，出诸城窦东皋先生门。尝问诗于先生，先生诏之曰："诗之为道，渊源三百篇，有赋焉，有比兴焉。近今之诗，有赋无比兴，此诗所以衰也。唐人诗称李杜，太白歌行得楚骚之遗，少陵则原本变风变雅而得其所谓怨而不怒者，二公诗往往托物比兴，词旨荒忽，读者莫测其意之所在，而诗于是焉极致焉。是故作诗者必其性情既厚，植之以骨干，傅之以采色，谐之以律吕。舍是言诗，非诗也。"既而先生以所为诗示瀛，瀛乞付诸梓，先生却之曰："此后死者责。"自后二十年，先生不常为诗，并不肯出诗示人，而先生以乙卯秋殁矣。今年夏，辄取向所藏先生《南海纪游诗》合以瀛门人俞坊所存之作，订而刻之，得诗一百十首，凡三卷。诗虽不多，而先生之性情见焉。至诗之所以工，则已具于先生言诗之旨。而瀛幸出先生门，是先生之诗或有待以传，固瀛责也。俞坊，无锡人，甲申先生主试顺天所得士。嘉庆三年六月上浣受业无锡秦瀛序。

秦瀛（1743—1821），字凌沧，一字小岘，号遂庵，江苏无锡人。乾隆三十九年（1774）举人，乾隆四十一年（1776），召试山东行在，授内阁中书，充《一统志》纂修。历官浙江按察使、浙江布政使。官至刑部侍郎。嘉庆十五年（1810），以目疾归籍。重修《无锡县志》。有《小岘山人诗文集》《已未词科录》《遂庵日知录》《重订淮海公年谱》《政余偶存》等。乾隆三十九年（1774）甲午科，窦光鼐为顺天乡试同考官，取士十四人，秦瀛即为其中之一。

据秦瀛序，此书为秦瀛及其门人俞坊将二人所存窦氏之诗汇编而成，故从收诗数量上看，少于《省吾斋诗赋集》，内容上，主要是纪行之作。此书所收诗，大体按写作时间排列，但与《省吾斋诗赋集》顺序不尽相同，个别诗题亦略有差异，如《省吾斋诗赋集》作《是日复游大慈寺虎跑泉陶庄花港诸胜得诗四首》，《东皋先生诗集》作《九月廿六日游大慈寺虎跑泉陶庄花港诸胜得诗四首》。

综上所论，窦光鼐存世著作（不包括散见作品）主要有《省吾斋古文集省吾斋诗赋集》

《省吾斋文稿》《省吾斋进呈稿》《东皋先生诗集》等四种，前两种均为窦氏后人刊刻，第三种可能为作者自刻，第四种为作者门人刊刻。一些目录著作中，收录了窦光鼐其他著作，其实为以上四种著作之别本，并非另有其书。

参考文献：

［1］清代诗文集汇编总目录·索引［M］. 上海：上海古籍出版社，2011.

［2］沈津. 中国珍稀古籍善本书录［M］. 桂林：广西师范大学出版社，2006.

［3］王绍曾等. 山东文献书目［M］. 济南：齐鲁书社，1993.

［4］李灵年等. 清人别集总目［M］. 合肥：安徽教育出版社，2000.

［5］袁行云. 清人诗集叙录［M］. 北京：文化艺术出版社，1994.

［6］中国古籍总目编纂委员会. 中国古籍总目·集部［M］. 北京：中华书局，2012.

在"宫廷现场"和"文学现场"中

——论清代诗人窦光鼐

罗时进

苏州大学文学院

摘　要：清代诗歌史汪洋浩瀚、难窥涯涘。部分诗人居于波峰之上，后人放眼可见，但更多的作者，甚至一些当时颇有地位和影响的作者，在文学史大潮的跌宕演漾中被淹没，窦光鼐正是一位在清代诗歌史上"失踪"的诗人。长期以来窦氏之所以未能进入研究者的视野，主要原因盖在于"宫廷诗人"的"身份"。但"宫廷诗人"是一个集合广泛的群体，且他们的创作内容与风格也绝非"宫廷"一语可以概之。对窦光鼐我们应从其知识结构、学行品格、人生经历和写作实际出发，以宫廷现场和文学现场为依据，区别文学与非文学的畛域，做出客观具体的分析，看到他对清诗发展的贡献，找到他在清诗发展史上不应忽略的位置。

关键词：清诗史；窦光鼐；文章报国；诗性书写

　　清代诗歌史汪洋浩瀚、难窥涯涘。部分诗人居于波峰之上，后人放眼可见，但更多的作者，甚至一些当时颇有地位和影响的作者，在文学史大潮的跌宕演漾中被淹没。可以说，清代诗歌研究在相当长的时间内，都是一个既需要深入探讨已经进入史册的诗人，又需要不断发现、打捞未被注意过的重要诗人的过程。其实发现窦光鼐并不困难，其各种文本基本完整保存并流传，另外王昶《湖海诗传》和王赓言《东武诗存》中选录了他的作品，晚清徐世昌编纂《晚晴簃诗汇》也存录其部分佳制。长期以来窦氏之所以未能进入研究者的视野，主要原因盖在于"宫廷诗人"的"身份"。但"宫廷诗人"是一个集合广泛的群体，且创作内容与风格也绝非"宫廷"一语可以概之，应从诗人之学行品格、人生经历和写作实际出发，以宫廷现场和文学现场为依据做出客观具体的分析。以下从三个方面略加讨论。

一、知识结构与人格特质之关联

　　知识结构对于个人而言，是其总的知识体系的构成，由知识面向与知识量所体现。这种构成既是个人素养的表征，也必然影响其视野胸襟与人格特征。这是因为知识不是具体的技能，自身具有相当高的信念度（degree of belief），这种信念度达到一定的程度便成为某种理性，而人格特征与其行为表现都是"知识——理性"所浸润的自然。

张之洞在《书目答问》中谈到传统文人的知识构成以及与经世实践的关系说："由小学入经学者，其经学可信；由经学入史学者，其史学可信；由经学、史学入理学者，其理学可信；以经学、史学兼词章者，其词章有用；以经学、小学兼经济者，其经济成就远大。"①窦光鼐的知识结构在传统士人中是比较典型的，这在他乾隆五十五年（1790）作为浙江学政的上奏中可见一斑：

> 近年文体渐靡，皆由肆习讲章，读坊刻时文所致。臣通饬各学讲求传注，反诸身心，体验圣贤立言之旨，以前辈文为楷式，以《易》《诗》《书》《三礼》《春秋左传》《史记》《前后汉书》《五代史》及《昭明文选》、唐宋大家古文，汇为月课，分为注册，考课功过。②

此奏为"上嘉之"，可见对其倡导力行的知识体系的肯定。这里已经涵盖了经学、史学、理学、词章，但未见提及小学著作。据秦瀛所撰《都察院左都御史窦公光鼐墓志铭》："公于书无不窥，而不屑沾沾于章句训诂。"不过在晚清马春溪的《西园文集》中记载了窦光鼐在宫中与乾隆帝之间的一次特殊交往，能在一定程度上反映其知识取向，其中涉及小学知识：

> （光鼐）冬夜阅《汉书》，至萧何追韩信处，已二更矣。因天寒甚，遂解衣就寝。席未及暖，忽有圣旨到，宣之上殿。乃急起，著朝衣朝冠，疾趋赴君命。缘宫门亦已封锁，由称杆入之。趋至御桌前，双膝跪倒，口称："万岁，夜间宣臣，有何要事？"上徐曰："非有要事。朕有一字不识，左为竖心，右为'安'字，应读何音，作何解？"窦奏云："去竖心，添'革'字，音安，为马鞍之'鞍'。去竖心，添才手，音暗，为按摩之按，按察之按。《史记·平原君传》'毛遂按剑而前'，亦即此字也。又阿葛切，通遏，止也。《诗·大雅·皇矣》：'以按徂旅。'去竖心，添木字，乃'案'之或体，与'木'字在下同，为几案之案，问案之案。又叶伊甸切，音宴，欧阳修读书诗：'初与两军交，乘胜方酣战。至哉天下乐，终日在书案。'因'战'在去声'霰'韵，'案'在去声'瀚'韵，故须从'战'字，读'宴'音也。《后汉书·梁鸿传》：孟光'举卞齐眉'，此'案'则为有脚之托盘，故可'举'也。至于圣上下问之字，臣读书甚少，曾未之见。"上笑云："此联心中所拟之字，未知果有此字否？故召卿问之。"既又曰：

① 张之洞著，范希曾补正：《书目答问补正》，江苏古籍出版社 2000 年版，第 302 页。
② 清国史馆辑：《满汉名臣传》续集五十八卷，黑龙江人民出版社 1991 年版，第 3475 页。

"宰相需用读书人，如卿之学，真不减宋之窦仪矣。"①

　　此事马春溪在《西园文集》中以"轶事"标目，其"轶事"共四则，其他几则所涉之事基本可考，相信此事亦有所据，并非耳食之言。而在这一记载中可以看出，窦光鼐的知识结构中是包含深厚的小学修养的。虽然我们很难清楚地了解窦光鼐是否是由小学而入经学、史学、理学，继而兼及词章之学的，但他主张"学贵有用，如昌黎折王廷凑，阳明平宸濠，乃真学问"②，倒是可以体现出其治学的经世致用指向。在一定意义上，与张之洞所云之知识体系的内在递进关系正相切合。

　　上引马春溪《西园文集》所载之事很能反映窦光鼐之诚悃品行，也可以帮助我们理解其作为学者学贵有用之知识取向与真实说直之为人性格的某种关联。学品与人品是否完全统一，这是需要具体分析的，但知识结构、知识规范对人生信念、行为意向具有某种程度的影响，则毋庸置疑；至少我们从窦光鼐的学行之"信"与为人之"真"中，是可以清楚地看到脉络相通的。

　　窦氏之人格特质可以"高鸣常向月，善舞不迎人"拟之。需要说明的是，"高鸣常向月，善舞不迎人"并非窦光鼐的自述，而是清初顺治帝诏试《咏鹤诗》秦松龄的诗句。其时顺治帝读之以"此人必有品"而置第一。窦光鼐曾为门人、秦松龄后代秦瀛作《味外阁古松歌》颂秦氏家风，其中有"月明松底白鹤叫，芝草五色花茸茸"③的描写，所用即当年秦松龄作"高鸣常向月，善舞不迎人"以示清正的典故。从《味外阁古松歌序》和诗中所喻看，窦光鼐对清初秦氏家族先贤的名言与事迹极为熟谙和赞赏，其平生行谊，尤其是作为宫廷文人之处世确实与此契应。

　　"高鸣常向月"是窦光鼐长期身居高位，且常被恩渥奉侍乾隆左右之必然；"善舞不迎人"则体现其为人之本质特性。窦光鼐入仕极早，自乾隆二十七年（1742）年23岁进士登第初为翰林，至乾隆六十年（1795）休致，任朝官半个多世纪，位在四品至二品之间，此非"善舞"者所不能。然其习儒守礼，廉正清拔，坚毅刚拙，有着"不迎人"的秉性。史家称其"立朝五十年，风节挺劲，揭揭然柴立无所倚。和珅深嫉之，叠次倾轧，而卒不能动移"④。"风节挺劲，揭揭然柴立无所倚"，极能道出窦氏之人格形象。

　　"叠次倾轧"，涉及乾隆二十六年（1761）窦氏在都察院左副都御史任上九月秋谳会议意气用事，据理力争而被告"纷呶谩骂"；乾隆五十一年（1786）擢升吏部右侍郎后受命查

① 马春溪：《西园文集》，清抄本。
② 秦瀛：《小岘山人集》文集卷五《都察院左都御史窦公光鼐墓志铭》，清嘉庆刻增修本。
③ 窦光鼐：《味外阁古松歌》，《东皋先生诗集》，清嘉庆三年（1798）刻本。
④ 叶衍兰、叶恭绰：《清代学者像传合集》，上海古籍出版社1989年版，第176页。

办浙江亏空及其平阳知县黄梅等人贪墨之事，陷于被地方恶势力反诬的不测之祸；乾隆六十年（1795）出任会试大总裁后出现首录卷争议的官场危机等，而"卒不能动移"则与乾隆帝对窦光鼐特殊的知遇有关。史载："（光鼐）年十二读《文选》，即操笔为《琅琊台赋》。乾隆七年进士，选庶吉士，散馆授编修。十三年，大考翰詹，阅卷者思中伤之，列为四等，奉特旨以中允升用，先生被纯庙知遇自此始。"① 这是一段对窦氏终身之情感倾向起极大影响的经历，他在《馆试列四等，蒙旨留馆纪恩》诗中记录了这一非同寻常的人生事件：

> 不才宜下考，圣主念臣孤。薄罚甘从众（例皆罚俸），强吟怯向人。文章终报国，宠辱岂关身。却恨读书晚，论年已后洵（时年二十有九）。②

这首诗的本事是，乾隆十三年（1748）窦氏依例参加翰林官大考，以赋、诗各一篇为主，或加试论或疏一篇。按例一等者予以超擢，二等前列者量升一阶，三等后者降阶录用，或分别罚俸一二年，四等降调或休致。窦光鼐名列四等，不但未降黜，反而升迁为左中允，这种情况在当时，甚至在有清一代都实为异数。商衍鎏先生认为这是因为"高宗知其平日才学"③，而更重要的原因其实还是他能"以诚悃结主知"④。

正是这种极为特殊的超擢使窦氏终生感戴无已，这也在很大程度上决定了他作为宫廷文人"文章终报国"的使命感和局限性。其平生作有大量的应制类诗和文，其数量在有清一代也是相当可观的，而文学价值却较为有限。在这方面，与其说他无法超越应制文体的规定性，还不如说他无法超越官僚体制，无法超越宫廷环境，更无法超越深受圣德恩渥的自我。

二、"文章报国"之外的"诗性书写"

"文章终报国"是窦光鼐文学创作的出发点与特征性的一个方面，但并不能涵盖他的全部作品。"志于道、据于德、依于仁、游于艺"⑤ 在他身上有着完整的体现，虽然在宫廷台阁他极少谭文论艺，特意淡化"游于艺"的色彩，而一旦因某种原因离开京师，走出宫廷，便自然流露出文人本色，突显出诗性书写的面貌。这部分作品是窦光鼐诗的精华所在，是其自立诗人之林，秀出乾隆诗坛的重要表征，值得我们充分注意。

---

① 叶衍兰、叶恭绰：《清代学者像传合集》，上海古籍出版社 1989 年版，第 176 页。
② 窦光鼐：《恭和御制仲春经筵元韵》，《省吾斋诗赋集》卷九，清嘉庆六年（1801）家刻本。
③ 商衍鎏：《清代科举考试述录及有关著作》，百花文艺出版社 2004 年版，第 169 页。
④ 李元度：《国朝先正事略》卷四十二，清同治刻本。
⑤ 刘宝楠：《论语正义·述而》卷八，中华书局 1990 年版，第 257 页。

窦光鼐与宫廷无关或相对脱离宫廷环境的作品，其内容涉及亲人孝弟、山水风物、友朋交往、行旅生活、咏史怀古以及种种遭际感怀。如果说阅读其大量的宫廷写作，给人以身处云端、瑞气缭绕却远离人间、脱离真实的感觉的话，当离开宫廷之后，我们看到诗人回归生活本真，其作品中万象含蕴，具有了现实世界的气息，跳动着血肉丰满的生命灵魂。

他有不少感怀亲人的作品。对亲人的情感是评价人性品质、测量人性温度的基本标尺。窦光鼐初学语时辄受母教，六岁从父读四子书，自幼感受严慈亲情，三十三岁时母亲卒世，其哀毁骨立。后来他出任河南、浙江学政，皆迎养父亲于署中。兄弟三人中光鼐为长兄，诸胞弟及从弟皆受其笃爱。在其诗集中涉笔亲人的作品每见，而几乎所有的亲情诗皆为离开宫廷所作，这为我们了解诗人性情提供了极有价值的参照。如《留别邑中亲友》：

久客旷田里，归来朋旧寡。艰难营窀穸，血泪洒原野。菽水奉严亲，宗族恋乡社。茅庐敝无完，将雏苏台下。晨炊迟远雁，夜栖寄邻瓦。同怀各谋食，岁时返奠斝。亲串结新欢，殷勤通借假。问字来诸生，颇亦富文雅。感此亦经年，欲别未忍舍。时菊耀离筵，芳樽渌盈把。日暮出郭门，揽辔谢送者。野昏初星曙，沙白寒濑泻。征夫怀远路，北风嘶斑马。①

诗中有"将雏"句，谓挈子而至当年由苏轼修葺的超然台，辄必为婚后数年之事。据"艰难营窀穸，血泪洒原野"与"感此亦经年，欲别未忍舍"句，大致可以推知该诗是乾隆十八年（1753）其母病逝，光鼐回诸城守制后的作品。具体说，应是他乾隆二十年（1755）起复即将离开家乡时留别亲友所作。在诸城期间他曾教授当地童生，故有"问字来诸生，颇亦富文雅"的记述。然这类描述文字的一丝生意都湮没在无尽的沉哀中。几年山左遭逢自然灾害，乡邑凋敝不堪，一片萧索凄凉，亲友流离失所，令人感伤。而"菽水奉严亲"所表达子欲养而亲不待之情与血泪洒落原野的哀毁更有痛彻魂消的感染力。末句"征夫怀远路，北风嘶斑马"是其宫廷诗中难以出现的意象，在此处正可关合"欲别未忍舍"句意，进一步营造出郁寂悲慨的诗情氛围，亦形象道出亲友之情深。

窦氏诗集中一些表达昆季友於的作品可自成一个系列，颇为引人注意。其中与弟光钺（字西堂）交往的作品最多，如《暮春登陶然亭忆西堂弟》《九月六日晚抵西堂书馆率成绝句》《晨起赏菊，西堂欲移植予南城寓所，赋诗却之》《重阳前一日同西堂赴琅琊台口号》《同西堂游五莲山，从弟光彤适至，同登作歌》《余登从寿岭，西堂至万寿峰，即往弗能从，次日余独往天井，戏成五言》《次西堂弟雨后有怀韵》等。乾隆二十六年（1761）光鼐奉旨

---

① 窦光鼐：《留别邑中亲友》，《省吾斋诗赋集》卷九，嘉庆六年（1801）刻本。

祭告南海，恰好光钺以举人铨选任广东澄迈县知县，并迎奉其父随往。光鼐顺路觐亲并看望西堂弟，其间亲情之作颇多。《过大庾岭即日登舟寄西堂弟》云："横浦千山外，梅花万里余。岭云连越秀，江涨下扶胥。"昆弟之情以眼前之景相喻，生动可感。《侍家大人登昆都山作》云："忆弟不成眠，归舟系驿边。还扶慈竹杖，迴望夜郎天。万里西江水，三春峡口烟。凭高辨帆色，恐有南海船。"八句诗笔笔与严亲、兄弟关联，近扶慈杖，远望风物，无不渗透感情。其门生阮元对窦氏可谓深知，谓其"入侍庭帏，则以伦常为乐"①，此行光鼐尚有《觐家大人于西堂弟省馆，闻西堂不日当归志喜之作》《侍家大人三水道中作》《二月二十四日登舟侍家大人珠海寺》《拜别家大人登舟有作》等，每一篇字里行间都流淌着浓厚的孝慈亲情。

西堂弟不幸于乾隆三十年（1765）早卒，光鼐不胜悲哀，作《哭亡弟西堂》十首和《送西堂枢归里》三首，有云："执手竟长别，伤心万事非。含将异乡饭，敛典故时衣。少壮身何在，门闾望转违。摧残有如此，恨不早言归。"②"久客魂仍滞，缁尘变素帷。即今秋已暮，谁与汝同归？岁月冰霜逼，关山故旧稀。冀儿未解事，此去暂依依。"③骨肉相连，损伤与俱；执手长别，哀恸楚切。这样的作品读之，因披肝沥胆之情真切而具有了撼动人心的艺术魅力。将一系列悼亡诗与《得家书志喜》等作品并观，可以看出窦光鼐内心如一池春水，亲人的悲与喜如风吹过，便卷起情感的波澜，痛苦与欢乐都跳跃着动人的诗意。

其诗集中山水风物之作亦夥。真正的诗人都具有山水情结，走向自然的愿望来自于内心深层的驱动，而江山之助是托物感兴的条件，也是成就诗人之必要。光鼐出生于近海邻山风光雄丽的山左诸城，琅琊台、五莲山、九仙山、白龙潭、密水以及浩渺无际的大海所天造地设的环境使他性爱自然。而在长期的宫廷生涯中他"常处顺之时行矣，未尽所乐"④，只有回到故乡自然环境中，方能满足用诗笔写遍家乡雄奇山水的愿望，一逞诗人性情。

琅琊台是流传着远古神话并镌印着苏轼登观屐迹的胜景，少年时他即以《琅琊赋》显示出卓荦超拔的才华，从宫廷返籍流连期间曾反复歌咏而留下名篇。《九日同西堂登琅琊台观日出得见海市，次东坡先生登州海市元韵》云：

---

① 阮元：《先师东皋窦光鼐先生行乐图赞》，张崇玖、窦学义：《窦光鼐传》，西泠印社出版社2007年版，第367页。

② 窦光鼐：《哭亡弟西堂》（十首其二），《东皋先生诗集》卷下，嘉庆三年（1798）刻本。

③ 窦光鼐：《送西堂枢归里》（三首其一），《东皋先生诗集》卷下，嘉庆三年（1798）刻本。

④ 阮元：《先师东皋窦光鼐先生行乐图赞》，张崇玖、窦学义：《窦光鼐传》，西泠印社出版社2007年版，第367页。

秦东之门天地空，海峤夜阑星柳中。坐待晓霜望旭日，岂谓蜃市浮蛟宫。城阙嵯峨市阛接，虹桥西出疑鬼工。迤南林岑幻烟雨，谁搜渊潜惊蛰龙。但愁咫尺沧海换，欲将浩劫询天翁。欻忽旸谷吐高焰，翔乌抟鷟争长雄。羲和廻鞭破混沌，乾端轩豁坤倪穷。圆规上下闪馀暎，流霞倒影何冲融。鼐也劳生走南北，恰来及此灵为钟。东坡五日此祷请，尚夸神报彼独丰。长言强拟和白雪，尘匣久愧蒙青铜。云帆耸天未敢渡，会遣灵若输长风。①

五莲山也是窦氏向往之地，曾作《五莲山杂咏》绝句十二首，这里不妨一读《五莲峰》"巨灵高掌远摩空，手劈双莲华岳通。玉井千年青不谢，还分一瓣拓天东"四句，无论声韵、神思、气象，在山水绝句中都足称上品，而诗人犹嫌不够，再以五言排律形式将故乡的自然造化载入诗册。《登望海峰》云：

诸峰皆嶻绝，东峰独可上。朝来缘翠微，振衣披榛莽。到顶得石棚，小住骋退赏。东南指沧瀣，一气接沆漭。初晖散馀霞，云外浮晃朗。想见至人心，天渊与浩广。世路隘蜗角，蛮触各争长。而我于其间，委怀任俯仰。每虑尤悔集，有如鸟避网。适来豁远眸，胸尘一涤荡。即此得玄珠，无劳问象罔。②

如果说从组诗可以看出光鼐熔自然与传说于一炉描写故乡山水的非凡笔力的话，五律之作则在奇异山景的描写中内涵了人生感悟，潜蕴着比兴寄托。在艺术上，七绝以奇崛豪放见长，五律以沉郁顿挫取胜，俱见诗人性情之本色及诗性表现之奇绝。

与故乡山海壮丽雄奇的景观描写形成对比的是南海之行和浙江学政任上所作的富有南方情韵的山水诗。《还过南山作》云："漠漠南山雨，横江望转奇。薰弦何处是，流水至今疑。列岫云相乱，连宵风倒吹。底须留使节，应为惜峨眉。"③《雨后同庄滋圃抚军及藩臬诸公泛舟西湖，因游天竺、灵隐、韬光诸胜，遂登北高峰》云："危嶂倚晴空，岧峣一径通。绿云初历历，视下但濛濛。直讶吴山碎，遥临越纪穷。江涛流不极，日日自朝东。"④前首诗题下自注："山有鸣弦峰，相传舜南巡尝弹琴于此。阮亭谓即峨眉冈也。"诗人用灵心妙腕将一个远古传说幻化为眼前山水奇景；后一首诗人凌空眺望，尽览吴越，仰望与俯

---

① 窦光鼐：《九日同西堂登琅琊台观日出得见海市，次东坡先生登州海市元韵》，《东皋先生诗集》卷上，嘉庆三年（1798）刻本。

② 窦光鼐：《登望海峰》，《东皋先生诗集》卷上，嘉庆三年（1798）刻本。

③ 窦光鼐：《还过南山作》，《东皋先生诗集》卷中，嘉庆三年（1798）刻本。

④ 窦光鼐：《雨后同庄滋圃抚军及藩臬诸公泛舟西湖，因游天竺、灵隐、韬光诸胜，遂登北高峰三首》，《省吾斋诗赋集》卷九，嘉庆六年（1801）刻本。

视之不同的云态山色以及"直讶"云云，同样意在表现山水之奇异。但与山左海山描写相异的是，这种"江南化"的山水诗更注重细描和格律，更多秀句警语，诗性特征更为明显了。

显然，窦光鼐有着敏感丰富的文人襟怀和发幽腾华的文学表现力，熟悉各种体式，兼擅不同题材，融汇唐宋之风，诗才足称卓荦，也确实创作了不少佳作。如果其人生道路更多地通向民间，接近自然，则其"诗人之诗"不惟数量更多，亦必更瑰奇多姿，且更引人瞩目。

三、"宫廷现场"与"文学现场"之畛域

应该如何总体评价窦光鼐的诗歌创作，这是一个较为复杂的问题。其复杂性在于窦光鼐进入统治集团太早而致仕极晚，长期行走内廷，迭掌文衡，其生命历程中缺少了一般诗人所具有的社会基层生活情感的积淀，缺少了一般意义上的文学环境。但他平生向往着对"宫廷文人"的突破，珍惜同人文化圈的文学气息，更珍惜宫廷之外的一切诗性因素。因此对窦光鼐的评价应有"宫廷现场"和"文学现场"两种客观依据。

当然，区分"宫廷现场"与"文学现场"正如区分"文章报国"与"诗性书写"一样，是较为困难的，因为"宫廷现场"与"文学现场"并非二元对立，其畛域在一定程度上是重合交叉的，而"文章报国"也不排除"诗性书写"的因素，"诗性书写"中也可能具有"报国"的意涵。但通观窦光鼐的诗歌创作我们应该承认，在他的内心深处是将宫廷看作自己履职的环境，而在宫廷之外方回过神来真正进入文学状态。正因为这样，时人将他的宫廷写作专门编为《窦东皋应制诗》，而主要写于宫廷之外的作品另编为《东皋先生诗集》，两者区隔分明，其中所潜涵的某种价值判断颇耐人寻味。

前文指出窦氏性格诚悃坚毅，每每正直谠论，无私无忌而不免意气用事。他因"讵意中阳照，偏荣小草心"的"登选逾常格"而终身"衔恩愧转深"。① 平生修身履义，忠实于宫廷文人的侍从职责，并将应制、恭和这样特定文事做到极致，在这一过程中赢得了乾隆帝的信任，加深了君臣遇合程度。但在乾隆帝面前他绝非唯唯诺诺专意奉迎，在内心真诚地将帝王、朝廷、统治集团的利益统一起来，为此而坚持所当坚持。这种坚持恰恰在一定程度上揭开了统治集团的种种矛盾乃至黑幕，引起最高统治者与利益集团内部的不满，故而又不免屡遭斥责黜降。即使在经义讲论上，他"自谓独契圣贤之旨，故于宋儒所言指斥不遗余力，闻者往往惊骇"②，也表现出坚持本真的学术品格和思想者的风范，这在以翰林院出身为主的台阁阶层也是相当特立独行的了。

---

① 窦光鼐：《擢左中允诗》，《省吾斋诗赋集》卷九，嘉庆六年（1801）刻本。
② 王昶：《蒲褐山房诗话》，《清诗纪事》（乾隆卷）第八册，江苏古籍出版社1989年版，第5261页。

在巍峨森严的天阖内，凡特立独行者便成孤峰特嶂，意味着自我悬隔，所以在紫宫除部分门生和极少数同僚之外，在整体上他没有"以文会友，以友辅仁"的条件，更不可能赓歌酬诗以通其志。现在能够发现的他与人进行文会场合的酬唱是在宫廷生活的最晚期（也是辞世的前一年），且与会的王昶、韦谦恒等皆为其门人。① 还有一个事实非常耐人寻味：窦光鼐深谙诗歌，但在宫廷却极少谈艺，甚至有意避免论诗。张鹏展《国朝山左诗续钞》载："李少鹤云：'先生以经术文章为海内山斗。乔于丙申赴都，始得拜识，谈论常竟日，顾未尝一言及诗。'"② 这便是后人所了解的窦氏的诗学观，唯见于门人秦瀛《东皋先生诗集序》的原因。进一步说，也是窦氏在宫廷之内较少诗性书写的原因。

走出天阖，离开了宫廷环境，窦光鼐内心的诗神便活跃起来。如果我们客观地将其制艺之文以及学术文章为海内宗匠的地位与宫廷现场相联系的话，他在诗坛的交游和影响则主要是在离开宫廷后形成的。王昶《湖海诗传》卷九选录了窦氏十二题十四首诗，为《登九仙山》《游天井》《韩碑》《送胡少京兆从军金川》《送王熊峯先生谪任西川》《夜过弹子矶》《雨入浈阳峡作》《还过观音岩作》《吉水道中》《抵清远作》《登浴日亭次东坡韵》《登越秀山》，除《送胡少京兆从军金川》外，俱为宫廷之外所作；徐世昌《晚晴簃诗汇》卷七十七选录了窦氏七首诗，为《登五莲山望海峰》《游天井》《还自天井》《桐城道中怀刘耕南》《夜过弹子矶》《登浴日亭次东坡韵》《乙酉除夕》。这些作品或写于家乡，或写于出任乡试官旅途，或写于南海之行，或为在顺天府尹任上追悼亡弟，毫无例外都是宫廷之外的作品；同样清人王赓言《东武诗存》卷六辑存了窦氏五十首诗，亦几乎全部为离开宫廷的作品。同时代和后世选家看到并公允称道天阖之外的窦氏作为"诗人"的存在，这也是今天我们评价东皋诗的认识基础。

清代诗人，在整个中国诗歌史上是距离我们最近的一个时代性群体。他们写作的作品比以往任何一个朝代的诗人保存得都完整一些。从文献学上来说，这是一件好事，但从文学评价角度来看，却因为缺少了筛汰机制而增加了一定的难度。在这个问题上，我们对操持诗歌之选政者是应该表示敬意的，他们基本确定了诗人写作的环境，区别了文学与非文学的畛域，用标本性的作品揭示出作者诗性的一面。正是在这一基础上，我们可以整体观照窦光鼐"全人"，而从其"全部作品"中去除对"宫廷诗人"的某种成见，看到他对清诗发展的一些贡献，找到他在清诗发展史上不应忽略的位置。

---

① 窦光鼐：《王述庵少司寇蒙恩予告新正八日余因召述庵丁丑召试同门友》，《省吾斋诗赋集》卷十二，嘉庆六年（1801）刻本。

② 钱仲联：《清诗纪事》（乾隆卷）第八册，江苏古籍出版社 1989 年版，第 5262 页。

参考文献：

［1］窦光鼐：《省吾斋诗赋集》，诸城刘洪金藏清嘉庆六年家刻本。

［2］窦光鼐：《省吾斋古文集》，清刻本。

［3］窦光鼐：《省吾斋文稿》，清刻本。

［4］窦光鼐：《东皋先生诗集》，清嘉庆三年刻本。

［5］《窦氏族谱》，民国二十三年（1934）印本。

［6］秦瀛：《小岘山人集》，清嘉庆刻增修本。

［7］李元度：《国朝先正事略》，清同治刻本。

［8］王赓言：《东武诗存》，中华书局，2003 年版。

［9］王昶：《湖海诗传》，商务印书馆，1936 年版。

［10］徐世昌：《晚晴簃诗汇》，中国书店，1988 年版。

［11］钱仲联：《清诗纪事》，江苏古籍出版社，1989 年版。

［12］商衍鎏《清代科举考试述录及有关著作》，百花文艺出版社，2004 年版。

余事作诗人，端然少陵风

——窦光鼐"宗杜"探微

袁 茹

苏州大学中国语言文学博士后流动站

摘 要：窦光鼐在政治上成就突出，思想人格与诗圣杜甫异代对接。窦光鼐遵从儒家道统，讲究忠君重义报国，气貌端然，庄重整肃，宛然少陵风神。在诗歌方面，窦光鼐是"余事作诗人"，处处以杜甫为宗，艺术成就虽达不到杜甫之高度，但表现出自己的诗歌风貌；且在杜甫诗歌接受方面表现为面面俱到，随处可见；主要表现为对杜甫诗歌的化用，从诗意、句法、字句等方面借用，融合到自己的诗歌之中，端然少陵诗风。从这些方面可以看出窦光鼐诗歌创作渊源，了解东皋诗"宗杜"的特点。

关键词：唐诗；清诗；杜甫；窦光鼐；宗杜

中国古代诗歌巅峰在唐，唐后之诗人创作不可能一空依傍。杜甫为诗歌之集大成者，宋代以后又被尊为"诗圣"，为诗家之宗祖，更为此后诗人尊崇学习，清人"宗杜"更是普遍。尤其在沈德潜（1673—1769）的倡导之下，馆阁诸臣以唐诗为宗，朝野之下，诗坛悉宗杜甫，山东诸城政治家兼诗人窦光鼐（1720—1795）之"宗杜"也在此背景之下。其"宗杜"不仅表现在对于杜诗艺术的继承，还表现在对杜甫其人的宗尚，"宗杜"之表现很是全面，在清代"宗杜"诗人群体中表现突出。本文即从窦光鼐"宗杜"的角度展开论述，力求从细微之处了解窦光鼐"宗杜"之具体表现，进一步了解窦光鼐其人其诗的特征，此亦为清代"宗杜"大背景下研究窦光鼐"宗杜"意义之所在。

一、"文臣"与"诗圣"的异代对接

杜甫的影响决非局限于诗国，也决非局限于文学范围，而是广泛地进入了中华民族文化形态的各个领域，具有深远的文化意义。"杜甫的文化意义更重要的深层次的体现却是无形的，那就是对民族性格的潜移默化。"[1] 杜甫坚定踏实的人生态度，推己及人的仁爱精神，以天下为己任的责任感及忧国忧民的忧患意识，成就了他的"诗圣"风貌，影响一代又一代的文人，窦光鼐自然亦在其中。首先我们来看窦光鼐与杜甫在思想人格上的异代对

---

① 莫砺锋：《杜甫评传》，南京大学出版社 1993 年版，第 417 页。

接表现在何处。

(一) 窦光鼐和杜甫在思想人格上的异代对接

窦光鼐(1720—1795),字元调,号东皋,山东诸城人。乾隆七年(1742)进士,选翰林院庶吉士,散馆授编修,累迁内阁学士、礼部侍郎,官至左副都御史、上书房总师傅。为官五十年,"凡六任典试,四任学政,一任总裁,其历掌文衡,前后朝士,无出其右者"①。窦光鼐与杜甫,一个是清代位高权重、仕途相对顺利的文臣,一个是唐代仕途蹭蹬、几乎终生布衣的诗人,相距千年,他们对接于何处?在于其人格思想,在于其诗歌。杜甫不仅仅是一位诗人,他对于政治的热情和向心力,以及短暂的政治体验,使得他的思想境界和诗歌都达到很高的层次。杜甫自觉地承担起社会责任,他的精神也相应崇高起来,这种精神境界也是和窦光鼐能异代对接的地方。窦光鼐从政时间太长,政治挤占了他创作的时间和精力,干扰他诗心之表现,但没有阻碍他成为诗人。窦光鼐学问精湛,博学多才,精通经史,诗赋尤佳,文词清古,素有"才子"之称,不是一般意义上的风流袅娜的才子,而是有作诗才情同时又认真严肃的端然君子,尽职尽责的文臣,他的内心深处有一颗细腻的诗心,而这是与诗人杜甫异代对接突出之处。

康乾盛世,宗杜所强调的是学习杜甫"一饭未尝忘君"的忠心,而这一点在窦光鼐身上体现也非常明显。在窦光鼐眼里,乾隆是周文王、大禹之类的君主,和杜甫对唐太宗、玄宗的评价相同。杜甫的理想是"窃比稷与契""致君尧舜上,再使风俗淳",杜甫理想的治世,就是贞观和开元。杜甫《有事于南郊赋》称颂玄宗,是借用上古三代之名,而实质却是略加理想化的贞观开元之治。与李白对圣主的态度不同,李白的"恭维"是对儒家意义上圣主内涵的改写,杜甫的圣主,是让皇帝信任其诚心。康乾盛世在政治上一度算是扎实稳健,在政事用人方面,对于封建时代的人才有吸引和鼓舞的作用,窦光鼐和杜甫一样,对于皇帝的称颂是发自内心的,真诚的,不是阿谀奉承的,不是为了个人的利益。乾隆皇帝礼遇窦光鼐,信任有加,窦光鼐《馆试列四等蒙旨纪恩》一诗就有记载:"不才宜下考,圣主念孤臣。薄罚甘从众,强吟怯向人。文章终报国,宠辱岂关身。却恨读书晚,论年已后沟。"② 窦光鼐回报皇帝的自然是感恩戴德,忠心耿耿,窦光鼐诸多的应制诗与一生之所为就体现这一点。因此窦光鼐在《梅花亭》中明确表明"恭维圣主意,异代犹如此",《送雷翠庭副宪政归养》中说"忠孝真儒业,行藏大义归。丹心仍紫禁,白首且斑衣",这正是窦光鼐耿耿忠心的真实写照。杜甫《秦州见敕目薛三据授司议郎毕四曜除监察与二子有故远喜迁官兼述索居凡三十韵》中有"文章开窔奥,迁擢润朝廷"句,用在窦光鼐身上也很

---

① 吴仰贤:《小匏庵诗话》(卷四),清光绪刻本。

② 本文所引窦光鼐诗均出自《省吾斋诗赋集》十二卷,见《清代诗文集汇编》(347 册),上海古籍出版社 2011 年版,第 267 页—464 页。以下所引窦诗均不再出注。

适合，因为窦光鼐的文章"足为朝廷生色"①。

　　窦光鼐和杜甫一样都是具备良臣之节的端人正士。每一个时代的士大夫阶层都有忠奸贤不肖，窦光鼐是一位有着以天下为己任之使命感的士大夫，他对自身的人格力量充满自信，追求外部事功，也注重内心修养。窦光鼐自信赞赏自己的"忠信"，在《闻鹧鸪》说"吾行仗忠信，天意遣优游"，在《舟中寄西堂弟》说"清白吾家训，兹义庶无陨"，把清正廉洁作为自己家族要世代遵守的标准，说明他无时无刻不从人格上严格要求自己，严格做到"慎独"，是儒家思想精神的信奉者和实践者。窦光鼐是端谨忠勤、匡益济时、清廉正直的治世之臣，"先生性情伉直，遇事敢言，而尤以文学受知……其再使浙江也，发平阳重徵之案，几为交构者所中，幸得实上闻，诏令复审，乃置于法，浙中人士无不踊跃感泣。而先生还朝，晋总宪，兼直上书房，盖皆荷圣明如神之照也。然先生自谓独契圣贤之旨，故于宋儒所言指斥不遗余力，闻者往往惊骇"②。《道光诸城县续志》记载窦光鼐："性介特。父卒，时以金博者，悉却之……其清节尤为世所重。"③ 秦瀛在《都察院左都御史窦公墓志铭》中也提到窦光鼐"祭告南海，所至，却地方赂遗"④。

　　杜甫短暂的为官生涯，亦是"临大节而不可夺"的君子，即使因房琯之事为朝廷疏远几乎定为死罪也无所畏惧。清蒋士铨评价杜甫："先生不仅是诗人，薄宦沉沦稷契身。"（《南池杜少陵祠堂》）⑤《新唐书》中说杜甫"数尝寇乱，挺节无所污"，杜甫很多的咏物诗都是写自己的抱负和气节。如《房兵曹胡马》抒写自己人中君子的情志，杜甫多次在自己的诗歌中提到"修竹"的意象，"日暮倚修竹"，肯定的就是竹子一般的气节。窦光鼐也被人赞赏为"风节挺劲"："东皋素英迈，尝言：学贵有用，如昌黎折王庭凑，阳明平宸濠，乃真学问。故于书无所不窥，而风节尤挺劲……诗宗少陵，古文法退之，制艺如古传注，深得立言之旨。工擘窠书，望而知为端人正士。"⑥ 赵佑对窦光鼐的评价是"先生立朝五十余年，揭揭然柴立无所附，惟以诚悃结主知"⑦。诚悃，真心诚意；柴立，如枯木般独立，或瘦瘠，清瘦柴立。这一形象与杜甫相似，无所附，不是没有所附之处，而是不屑附之于谁，即使面对的是皇帝，杜甫也会坚持自己的观点。

　　作为儒家思想的忠实践行者，窦光鼐和杜甫都一样具备仁爱之心。杜甫的仁爱精神，体现在深爱着他的妻子儿女和弟妹等亲人，推向朋友，至于天下苍生，一切生命。窦光鼐

---

① 杨伦笺注：《杜诗镜铨》（卷六），清乾隆五十七年阳湖九柏山房刻本。
② 王昶：《蒲褐山房诗话》，清稿本。
③ 《中国地方志集成·道光诸城县续志》，凤凰出版社 2004 年版，第 395 页。
④ 王昶：《湖海文传》（卷五十六），清道光十七年经训堂刻本。
⑤ 蒋士铨：《忠雅堂文集》（卷二），清嘉庆刻本。
⑥ 徐世昌：《晚晴簃诗汇》，中华书局 1990 年版，第 3190 页。
⑦ 李元度：《国朝先正事略》（卷四十二），清同治刻本。

虽然不能做到和杜甫完全一致，但他也是仁爱至亲人朋友、天下苍生。如窦光鼐有《得家书至喜》《哭亡弟西堂十首》《送西堂枢归里三首》《侍家大人登昆都山作》等多首怀念弟弟的诗，杜甫亦有很多首忆弟诗。窦光鼐诗《西平道中》中体现出来的忧民之心和杜甫"穷年忧黎元，叹息肠内热"遥遥对接。窦光鼐在"朔风吹阴雪"中出发到南州，看到"春融半成水，活活萦道周"，立刻想到百姓的农事，于是"不辞行役艰，庶几滋田畴"；看到"麦陇稠"就觉得很高兴，想起自己早年到河北地带，"旱甚穷三秋。比复患涨溢，桑田生鳝鳅"，窦光鼐"感彼不遑寐，耿若怀隐忧"，这不就是另外一个"穷年忧黎元，叹息肠内热"的诗人杜甫？窦光鼐很多应制诗中对于皇权的称颂，并不影响对于其诗中忧念黎民百姓的感情的理解，这两者看似矛盾的，其实两者集中于窦光鼐的仁者之心。作为统治阶层，维护某一个阶层的利益，为某一个阶层说话，即使有怜悯同情，也会把这种感情限制在这个总体利益框架之下，心有恻隐之心而不为其出言发声。而窦光鼐能发声并有所行动，这一点与杜甫也是对接的，只是相对来说，窦光鼐的诗歌缺少杜甫诗歌的强烈的批判精神，这当然和窦光鼐的为宦经历与所处的和平时代有关。

以上这些相同点，无一不证明，窦光鼐与杜甫之间异代对接之处甚多。

（二）"余事作诗人"的窦光鼐与诗人杜甫的异代对接

窦光鼐不像王安石、苏轼那样是杜甫的异代知己，因为窦光鼐没有足够与之抗衡的文学成就，但窦光鼐是有文学才能的大臣，其诗歌创作处处"宗杜"之倾向足以表现出其与杜甫异代对接之处。

窦光鼐即使在诗歌上"宗杜"并且创作出 200 多首艺术水平较高的诗歌，但是他对诗歌并不是非常在意，是"余事作诗人"。在世人眼里，他的文章名气也远远高于他的诗歌。如乾隆一朝窦光鼐"叠司文枋，所取皆知名士，每试牍闱艺出，学者奉之如泰山北斗"①，被时人奉为泰山北斗的是其制艺之文章，不是诗。由于他的学问精湛，每逢盛典，皇帝便令其作词赋铭颂；御制诗文，都令他校阅。窦光鼐与纪文达、朱正文、翁方纲等名流在朝主持文运三十年，极有造诣，对清代文化的发展影响深远。张鹏展《国朝山左诗续抄》："李少鹤云：'先生以经术文章为海内北斗。乔于丙申赴都，始得拜识，谈论常竟日，顾未尝一言及诗。'后于友人处见数十篇，皆其少作耳。然骨力坚卓，得少陵之意。犹可想见其为人也。"② 说明窦光鼐在当时的影响不是以诗闻名朝野，而是以经术文章。也说明窦光鼐自己对诗歌关注度不是很高，与同乡高密诗人李子乔谈论一整天，"未尝一言及诗"。窦光鼐门人秦瀛在《东皋先生诗抄序》中说："先生以所为诗示瀛，瀛乞锓诸板，先生却之曰：

---

① 钱仲联：《清诗纪事》（第二册），江苏古籍出版社 1989 年版，第 5262 页。
② 钱仲联：《清诗纪事》（第二册），江苏古籍出版社 1989 年版，第 5261－5262 页。

'此后死者责。'自后二十年，先生不常为诗，并不肯出诗示人。"① 说明窦光鼐对于诗歌创作的慎重，并不是把主要的创作精力与兴趣放在诗歌创作之上。

窦光鼐的家族传统不是倾心于作诗，而是关注于清白做官做人，在《舟中寄西堂弟》中说"清白吾家训，兹义庶无陨"，把"清白"作为自己的家风要全家族来遵守。窦光鼐因为时代、家族和五十年入仕为官的经历，给人的第一个印象是文臣。而杜甫有两个家族传统：一个是"奉儒守官"，天宝九载（750），杜甫在《进雕赋表》中说："臣之近代陵夷，公侯之贵磨灭，鼎铭之勋不复焜耀于明时。自先君恕、预以降，奉儒守官，未坠素业矣。"另一个是"诗是吾家事"。窦光鼐不像杜甫将"奉儒守官"和"作诗"两者并重，但是他还是用创作实践证明了其遵从的也是两个传统：为官与作诗。所以从诗歌这个方面来说，即使窦光鼐是"余事作诗人"，再加上他诗歌创作处处以杜甫为宗，两者之间在诗歌方面的对接之处还是非常多的。"自宋以来，历元明清，才人辈出，而所作不能出唐宋之范围，皆可分唐宋之畛域"②，集唐诗艺术之大成而又启宋诗风气之开端的杜甫就势必成为后代诗人的不祧之祖，作为儒家思想的奉行者，窦光鼐宗杜也是很必然的。对窦光鼐诗歌之"宗杜"，评论者多有论述，如秦瀛《都察院左都御史窦公墓志铭》："盖公诗似少陵，古文如昌黎，制义则发挥圣贤义理，自成一家之文。"③ 张鹏展在《国朝山左诗续钞》中即称窦氏诗风"骨力坚卓，得少陵之意"④，而"骨力坚卓"也正是杜甫诗歌的特征。如浦起龙赞杜甫《过郭代公故宅》"笔笔坚卓"⑤。"光鼐诗宗少陵，古文法退之，与齐召南齐名一时，有'南齐北窦'之目。"⑥ 不仅如此，窦光鼐常常直接在诗中表现对杜甫倾慕，如《少陵台》《兖州道中次少陵韵》《重过张文献公祠》等，都表达了"怀贤少陵意"的感情。

二、窦光鼐诗歌"宗杜"之表现

在窦光鼐大部分诗歌中，几乎随处可见与杜甫诗歌相似的影子，化用杜甫之诗例归纳如下：

（一）与杜诗用同样的字结尾

窦光鼐《徐州渡河》有"独夜洪涛岸，微风一叶舟"，杜甫《旅夜书怀》有"细草微风

① 秦瀛：《小岘山人集》（文集卷三），清嘉庆刻增修本。
② 周振甫，冀勤：《钱钟书〈谈艺录〉读本》，中央编译出版社 2013 年版，第 454 页。
③ 王昶：《湖海文传》（卷五十六），清道光十七年经训堂刻本。
④ 钱仲联：《清诗纪事》（第二册），江苏古籍出版社 1989 年版，第 5262 页。
⑤ 浦起龙：《读杜心解》（卷一），清雍正二年至三年浦氏宁我斋刻本。
⑥ 刘锦藻：《清续文献通考》（卷二七六），民国景十通本。

岸，危樯独夜舟"①，分用"岸""舟"作诗句尾字。

窦光鼐《赵北口晚行》："短景三冬尽，长风万里生。林边月全黑，沙际雪微明。斑马嘶相顾，栖乌冻屡惊。燕南连赵北，水腹正峥嵘。"其中"林边月全黑，沙际雪微明"与杜甫《春夜喜雨》"野径云俱黑，江船火独明"两句都用同样的"黑""明"字结句。

窦光鼐《曲江道中》："斜照开濛里，重荫复武溪。丹歌飑树迥，翠羽拂沙低。诗有江山助，帆将暮雾迷。欲寻丞相宅，平圃乱莺啼。"其中"丹歌飑树迥，翠羽拂沙低"与杜甫《奉赠太常张卿垍二十韵》"气得神仙迥，恩承雨露低"，都是用"迥""低"作为诗句尾字。

窦光鼐《兖州道中次少陵韵》："鲁郡维桑近，荒城揽辔初。春回残雪近，风定过云徐。坟壤侯封旧，山川圣里余。秦碑还在望，立马独踟蹰。"与杜甫《登兖州城楼》的韵"东都趋庭日，南楼纵目初。浮云连海岱，平野入青徐。孤嶂秦碑在，荒城鲁殿余。从来多古意，临眺独踟蹰"相同。

窦光鼐《游峡山寺》"下寺云全暗，孤舟火独明"，与杜甫《春夜喜雨》"野径云俱黑，江船火独明"后一句用字相似，且写的景物也相似。

（二）融合化用杜甫和友人的互赠之诗

窦光鼐在化用杜甫诗歌时，有时将杜甫和友人互赠之诗融合起来一起化用，如杜甫和李白、杜甫和高适的诗歌。

窦光鼐《发清口驿望龙眠诸山忆刘耕南》："海内论文友，于今复几人。重经清口路，如遇素心亲。鹿起仍多态，龙眠会有神。朝廷需国士，未合老风尘。"这首诗来自于杜甫和高适之间的互赠诗歌：杜甫虽然和高适对待哥舒翰的态度不同，但是肯定高适为国士所知，高适则觉得愧对杜甫对自己的期望，感慨于自己"书剑老风尘"的命运。窦光鼐用这两首诗的意思来感叹刘耕南也像高适写诗时感叹自己"老风尘"的命运。"朝廷需国士"来自杜甫《送高三十五书记十五韵》："借问今何官？触热向武威？答云一书记，所愧国士知。人实不易知，更须慎其仪！十年出幕府，自可持军麾。此行既特达，足以慰所思。""未合老风尘"出自高适《人日寄杜二拾遗》："人日题诗寄草堂，遥怜故人思故乡。柳条弄色不忍见，梅花满枝空断肠。身在远藩无所预，心怀百忧复千虑。今年人日空相忆，明年人日知何处。一卧东山三十春，岂知书剑老风尘。龙钟还忝二千石，愧尔东西南北人。""素心"虽然出自陶渊明《移居》中的"闻多素心人"，虽然在杜甫诗歌中没有运用，但是"素心之乐"在杜甫诗中却被反复咏叹，如杜甫《过南邻朱山人水亭》，《杜诗镜铨》评价为："前半写地，后半写人，想见幽居素心之乐，字字有余味。"②

---

① 本文所引杜甫诗歌，全部引自《杜诗详注》，清仇兆鳌注，中华书局，1979 版。以下杜甫诗歌不再出注。

② 杨伦笺注：《杜诗镜铨》（卷十一），清乾隆五十七年阳湖九柏山房刻本。

窦光鼐《少陵台》："重登东郡路，还问少陵台。泗水冰方涣，岱宗云或开。鹓鸿飞不下，燕雀语能猜。李白未可遇，鲁门愁举杯。"杜甫《寄李十二白二十韵》中有："醉舞梁园夜，行歌泗水春。才高心不展，道屈善无邻。"窦光鼐想到了杜甫和李白同游山东，应该是认为杜甫也和其笔下的李白一样"才高心不展"度过了一生。

（三）化用杜甫全诗的意境、题材与诗意

窦光鼐《桐城道中怀刘耕南》"折梅未敢寄，细把恐伤身"，这一句用的是折梅寄远的典故，意思全部化用杜甫《和裴迪登蜀州东亭送客逢早梅相忆见寄》："东阁官梅动诗兴，还如何逊在扬州。此时对雪遥相忆，送客逢春可自由？幸不折来伤岁暮，若为看去乱乡愁。江边一树垂垂发，朝夕催人自白头。"

窦光鼐《重登陶然亭》："游子悲佳节，凭高复此亭。芦依秋岸白，山似故园青。独把杯中物，相逢水上萍。那堪邻笛奏，日暮隔林听。"在意象和诗意上化用杜甫《秋兴八首》全篇。如"丛菊两开他日泪，孤舟一系故园心"，窦光鼐与杜甫一样写的是秋日登高思念故乡的感情，"已映洲前芦荻花"，窦光鼐写的意象也有芦；杜甫秋日登高听到的是"悲笳"，即"山楼粉堞隐悲笳"，窦光鼐登高思乡听到的是"邻笛奏"。虽然登高的地方不同，但是其中的意象与感情有刻意的相连。

窦光鼐《送王熊峰先生谪任西川》："浮云方吐月，高羽会当风。鞍马清秋里，关山白露中。"写的是秋夜月出之景物，"浮云方吐月"，杜甫《月》中也有"四更山吐月"正是"天寒耐九秋"之际；而"关山白露中"与杜甫《洞房》描绘的"园陵白露中"的秋景又十分相似。

窦光鼐《游天井》："游子追险绝，造物秘灵境。"写游子追寻险境而险境深藏不露需要细细发现，在用字和用意上与杜甫《铁堂峡》中"山风吹游子，缥缈乘险绝。峡形藏堂隍，壁色立积铁"相似。

窦光鼐《道中见杜鹃盛开而叹之仆夫折数枝来献把玩移时感而有作》："杜鹃有佳色，亦媚艳阳天。底事劳攀折，恐终成弃捐。士为知己死，物用不才全。二柄吾何执，重拈意惘然。"杜甫的《病马》《铜瓶》都包含着"恐终成弃捐"的意思在内。"此诗托意人君始用其才，终乎弃捐而失之寡恩也。"①

窦光鼐《留别邑中亲友》："久客旷田里，归来朋旧寡。艰难营窀穸，血泪洒原野。菽水奉严亲，宗族恋乡舍。茅庐敝无完，将雏苏台下。晨炊迟远雁，夜栖寄邻瓦。同怀各谋食，岁时返奠斝。亲串结新欢，殷勤通假借。问字来诸生，颇亦富文雅。感此亦经年，欲别未忍舍。时菊耀离筵，芳樽渌盈把。日暮出郭门，揽辔谢送者。野昏初星暃，沙白寒濑

① 蔡梦弼笺：《杜工部草堂诗笺》（卷十六），古逸丛书覆宋麻沙本。

泻。征夫怀远路，北风嘶斑马。"乍读这首诗好像在读"三吏三别"，诗歌开始写自己久客归乡，和《无家别》相似："寂寞天宝后，园庐但蒿藜。我里百余家，世乱各东西。存者无消息，死者为尘泥。贱子因阵败，归来寻旧蹊。"窦光鼐"血泪洒原野"即化用《垂老别》中的"流血川原丹"。另外，窦光鼐《留别邑中亲友》又在诗意上与杜甫《羌村三首》相似，《羌村三首》"峥嵘赤云西，日脚下平地。柴门鸟雀噪，归客千里至"，与《留别邑中亲友》都是写诗人归家的片段。

窦光鼐《十六日夜作》："退直联鞍马，春街足管弦。连宵灯自好，今夜月仍圆。似照关山阔，巧当河汉悬。几多生死泪，暗洒蓟门边。"全部诗意化用杜甫《吹笛》："吹笛秋山风月清，谁家巧作断肠声。风飘律吕相和切，月傍关山几处明。"

窦光鼐《戏咏秃笔》："太息中书老，封城曾拜嘉。只今毛发改，已觉岁年赊。操简多遗憾，临池独叹嗟。非时难浥露，到眼易生花。管自分麟角，床虚缕碧牙。三朋往得怪，十瓷积何加。妙异含云雾，枯同折荻葭。徒劳免冠谢，敢许尽心夸。述事知无用，酬功亦有涯。交情应见矣，天道信然耶。画壁神犹竦，题诗手但叉。伯施如见遇，还欲走龙蛇。"此诗来源于杜甫《题壁上韦偃画马歌》："戏拈秃笔扫骅骝，欻见麒麟出东壁。"窦光鼐为端正君子，难得有戏说之笔，背后一定有隐情；或是窦光鼐在仕途受挫之时，又年岁老大，与老年杜甫流落他乡不能实现自己的理想却执着追求的精神相通。如"只今毛发改，已觉岁年赊"即是说明自己年岁老大，青春年华不再，又以虞世南之典故，说明自己年事虽高还可笔走龙蛇。

窦光鼐《出七里泷上滩作》："征帆火急戴星奔，溯濑南迤验涨痕。病来浃背汗犹热，风到打头朝复昏。伏枕滩声疑过雨，奋篙人语似惊猿。此行自识多言戒，敷奏其如舌尚存。"与杜甫《夜归》"夜来醉归冲虎过，昏黑家中已眠卧。傍见北斗向江低，仰看明星当空大。庭前把烛嗔两炬，峡口惊猿闻一个。白头老罢舞复歌，杖藜不寐谁能那"诗意和部分字句相似。窦光鼐和杜甫写的都是病中戴星出发。另有杜甫《早发射洪县南途中作》"征途乃侵星，得使诸病入"，杜甫《发秦州》"磊落星月高，苍茫云雾浮"，亦是日暮孤帆戴星中途出发。且杜甫的诗歌中很多次用到"伏枕"。如《移居夔州作》："伏枕云安县，迁居白帝城。"

窦光鼐《还过桐城忆耕南》："才名三李后，杰出更何人？之子文章绝，忘年意气亲。追欢淇水上，惜别越江滨。相忆不相见，龙眠空复春。"杜甫《奉赠射洪李四丈》："丈人屋上乌，人好乌亦好。人生意气豁，不在相逢早。南京乱初定，所向邑枯槁。游子无根株，茅斋付秋草。东征下月峡，挂席穷海岛。万里须十金，妻孥未相保。苍茫风尘际，蹭蹬骐□老。志士怀感伤，心胸已倾倒。"杜甫多次在诗歌中赞叹其朋友有"意气"，然后二人因为意气相投成为朋友，如《奉赠萧二十使君》《春日戏题恼郝使君兄》《赠李十五丈别》，

"人生意气合，相与襟袂连"，窦光鼐《醉歌行·赠公安颜少府请顾八题壁》中的交友标准也与杜甫相像。窦光鼐和刘耕南是忘年交，"意气亲"因意气相交，杜甫与李明甫也是意气相投，所以不遗憾相逢太晚。

窦光鼐诗歌中多处写到自己的妻子兄弟，亲情是其诗中的主要题材，这与杜甫诗歌的关注点也相似。窦光鼐有《哭亡弟西堂十首》和《送西堂枢归里三首》，首首悲痛哀绝。另有悼亡诗《哭亡室张夫人十首》和《十月十六日葬张夫人两首》。杜甫的诗歌中多有想念弟弟妹妹的诗歌，也常常出现"稚子"，如《狂夫》"厚禄故人书断绝，恒饥稚子色凄凉"，《江村》《进艇》《自阆州领妻子却赴蜀山行三首》中都出现"老妻""稚子"，如窦光鼐《得汝翼书》："汝归书不至，书至转增伤。屋漏多年雨，春残隔日粮。老亲犹强饭，稚子始扶床。白骨仍侨寄，何言返故乡。"屋漏，是杜甫诗歌中常见的，逢雨必屋漏。《茅屋为秋风所破歌》中的"床床屋漏无干处"，五古《大雨》"敢辞茅屋漏，已喜黍豆高"。

杜甫有很多首忆弟诗，《杜诗镜铨》中评价："邵子湘云：'忆弟诸作，全是一片真气流注。'"[1] 窦光鼐与其弟窦光钺感情也甚笃，有《暮春登陶然亭忆西堂弟》《次西堂弟雨后有怀韵》《过大庾岭即日登舟寄西堂弟》《觐家大人于西堂弟省官闻西堂不日当至至喜之作》《待西堂弟不至解缆北上怅然有作》《抵清远峡怀西堂弟》《舟中寄西堂弟》等忆弟诗，且在字句上也有借用之现象。如窦光鼐《侍家大人登崑都山作》："忆弟不成眠，归舟系驿边。还扶慈竹杖，回望夜郎天。万里西江水，三春峡口烟。凭高辨帆色，恐有海南船。"与杜甫《舍弟观归蓝田迎新妇》"东望西江水，南游北户开""满峡重江水，开帆八月舟"等句有相似之处。

表达故旧稀少的感情。窦光鼐《送西堂枢归里三首》："久客魂仍滞，缁尘变素帷。即今秋已暮，谁与汝同归？岁月冰霜逼，关山故旧稀。翼儿未解事，此去暂相依。"其中的"故旧稀"写的是友情的缺失，杜甫也在诗歌中屡屡表达故旧稀少的感情，在字句上亦有相同之处。如杜甫《雨》："时危觉凋丧，故旧短书稀。"《寄张十二山人彪三十韵》："时来故旧少，乱后别离频。"杜甫《投简成华两县诸子》："乡里儿童项领成，朝廷故旧礼数绝。"杜甫在长安十年，朝廷中的老朋友也礼数断绝，杜甫感叹自己这样的人自然会被时人遗弃，与时不合。

（四）化用杜诗部分字词

窦光鼐亦如杜甫喜欢炼字，尤其是一些动词形容词。如窦光鼐《是日复游大慈寺虎跑泉陶庄花港诸胜得诗四首》其四"岸容惊柳变，秋意趁鱼闲"，其中"趁鱼"来自杜甫《重过何氏》"花妥莺捎蝶，溪喧獭趁鱼"。窦光鼐《天竺灵隐韬光诸胜遂登北高峰》其三"直

---

① 杨伦笺注：《杜诗镜铨》（卷三），清乾隆五十七年阳湖九柏山房刻本。

讶吴山碎，遥临越纪穷"，其中"直讶"来自杜甫《奉观严郑公厅事岷山沱江画图十韵》"直讶杉松冷，兼疑菱荇香"。

窦光鼐《次西堂弟雨后有怀韵》"急雨鸣残夜，萧萧破客愁"，其中愁之"破"字，杜甫曾两次用到，如《自京赴奉先县咏怀五百字》"放歌破愁绝"，《诸将》"将军切莫破愁颜"。

窦光鼐《还望南山》："薰弦何处是，流水至今疑。列岫云相乱，连宵风倒吹。底须留使节，应为惜峨眉。"其中"流水至今疑"把水拟人化，变得"疑惑"，似杜甫《夔州歌》"巫峡曾经宝屏见，楚宫犹对碧峰疑"，写楚宫对山之疑。"连宵风倒吹"出自杜甫《风雨看舟前落花戏为新句》"风妒红花却倒吹"。

窦光鼐《晚渡卢沟》"万里兹程始，西风亦壮哉"，杜甫诗歌中喜欢用"壮哉"，如《上白帝城》"勇略今何在，当年亦壮哉"；杜甫《晚晴》"高唐暮冬雪壮哉，旧瘴无复似尘埃"，《戏题王宰画山水图歌》"壮哉昆仑方壶图"。

窦光鼐与杜甫使用相同的叠词。窦光鼐《还过观音演示岩作》："归舟还小憩，宿雾白纷纷。"与杜甫《陪郑广文游何将军山林》（之九）"绤衣挂萝薜，凉月白纷纷"相似。

窦光鼐《题芦汀落雁图》"披图羡杀随阳雁，个个联飞下远洲"，杜甫《屏迹》《秋野》《见萤火》等诗中多处用到"个个"这样的口语俗词，如"砧响家家发，樵声个个同"。（《秋野》其五）

窦光鼐《雨入浈阳峡作》："江涨水茫茫，孤舟怯夜凉。侵晨石花细，比日钓丝长。崖洗烟同碧，沙倾雾更黄。"是窦光鼐在广东所写，杜甫未到广东，所以不可能有相同山水特征的风景诗，但都是写雨水洗刷过后的山崖之景物，所以"崖洗烟同碧"与杜甫《独坐》"双崖洗更青"相似；江水都用"茫茫"来修饰，如杜甫《城上》"风吹花片片，春动水茫茫"。

窦光鼐《雨上十八滩》"低空寒淰淰，浮屿近茫茫"与杜甫《放船》"江市戎戎暗，山云淰淰寒"两句用字相似。

窦光鼐《东盘路》（其二）："松间石罅水潺潺，叠嶂连林相后先。每到浓荫一留憩，不知身在几重天。"其中"松间石罅水潺潺"就是整合了杜甫《雨》"潺潺石间溜，汩汩松上驶"两句而来。

窦光鼐《咏署中美人蕉》"重露添珠泪，霏烟点绛唇"，其中"重露珠泪"来自杜甫《倦夜》"重露成涓滴，稀星乍有无"。

窦光鼐《登浴日亭次东坡韵》"扶胥南下水如天，倚棹孤亭黄木湾"，杜甫《小寒食舟中作》中有"水如天"："春水船如天上坐，老年花似雾中看。"

窦光鼐《将赴平阳经富春江作》："东瓯署犹剧，首路重徘徊。"与杜甫《木皮岭》"首路栗亭西，尚想凤凰村”相似。

窦光鼐《华发》：“华发随年短，新蟾照影孤。庭花春欲尽，池草夏先枯。寐少悭成蝶，啼多怕听鸟。衰颜明镜里，相对一增吁。”与杜甫《春望》“白头搔更短”形象相同，杜甫诗歌中多次出现“衰颜”，如《晚晴》：“照我衰颜忽落地，口虽吟咏心中哀。”

窦光鼐《藩臬及同事诸公招宴小有天园得诗两首》“出郭眄松岭，开筵当慧峰。山光团绿竹，秋色乱芙蓉。酒借林泉入，脍因池鲫供。明湖比西子，淡扫若为容”中“山光团绿竹，秋色乱芙蓉”一联化用杜甫诗句。前一句出自杜甫《屏迹三首》（其二）“竹光团野色，舍影漾江流”，后一句出自杜甫《重题郑氏东亭》“华亭入翠微，秋日乱清晖”。

窦光鼐《夜过弹子矶》有“江流催地转，石气与天高”，杜甫《八阵图》有“江流石不转”，《柴门》有“石乱上云气”。

窦光鼐《渡平靖关戏简庄方畊编修》：“跋马困泥泞，履石兼坎坷。峤穿望冥阨，诸关雄其左。山长天与白，溪过风转大。间程匪云远，仆夫倦寒饿。我行未敢息，王命有程课。缅彼白云隈，应有幽人卧。彼我傥易观，更叹谁能那。惠施撼庄周，高论每惊座。戏假良史笔，散点寒山破。”杜甫不仅有《幽人》诗，诗歌中也多次出现“幽人”，如杜甫《野望因过常少仙》“落尽高天日，幽人未遣回”，《行次昭陵》《苦竹》中均有“幽人”意象。

窦光鼐《乙酉除夕》：“守岁炉存火，登盘味只辛。即辞今夕腊，无那故园春。盥荐添亡弟，音书滞老亲。强欢裁吉语，掩泪已沾巾。”“守岁炉存火”“音书滞老亲”出自杜甫《对雪》：“瓢弃樽无绿，炉存火似红。数州消息断，愁坐正书空。”杜甫《赠韦赞善别》：“江汉故人少，音书从此稀。”“掩泪已沾巾”出自杜甫《自京窜至凤翔喜达行在所》（其二）“喜心翻倒极，呜咽泪沾巾。”

窦光鼐《侍家大人登昆都山作》：“万里西江水，三春峡口烟。”杜甫有《舍弟观归蓝田迎新妇》：“东望西江水，南游北户开。”其中“西江水”相同。

窦光鼐《东盘路》（其一）：“缘云几曲破苍苔，无数虬松拥翠来。蹊径绝时风又转，中天别有画屏开。”唐代诗人中，杜甫是最喜欢用“无数”的，如杜甫《三绝句》“无数春笋满林生”，《卜居》“无数蜻蜓齐上下”。

窦光鼐《壬午元旦次德州作》：“积雪明畿甸，征人感岁华。迎春拈柏叶，把酒问椒花。”杜甫《十二月一日》诗之一：“未将梅蕊惊愁眼，要取椒花媚远天。”《元日示宗武》：“处处逢正月，迢迢滞远方。飘零还柏酒，衰病只藜床。”诗歌中提到了“柏叶酒”和“椒花”。

窦光鼐和杜甫一样，关心民生，窦光鼐即使在游玩的时候都要想到农事。如《仲春月半陪芝庭先生大司马漫士白斋二少农游觉生寺即事二首次漫士少农韵》：“市上新蚕才鬻种，枝头好鸟已催耕。”杜甫《洗兵马》有“田家望望惜雨干，布谷处处催春种”，都是写鸟儿催耕。

窦光鼐《修仁道中》"阮醒犹对酒，谢梦不成诗"与杜甫《远怀舍弟颖观等》"对酒都疑梦，吟诗正忆渠"中"对酒""梦"等用字相同。

窦光鼐《丁亥元旦》："漏转灯花喜，朝回柏叶新。尤欣颂椒岁，正及采兰辰。列秩陪三事，高堂届八旬。传经倩图绘，鹤发定传神。"杜甫《独酌成诗》："灯花何太喜，酒绿正相亲。醉里从为客，诗成觉有神。"杜甫《人日》："尊前柏叶休随酒，胜里金花巧耐寒。"

（五）句法一致，句首或句中用字相同

窦光鼐《宿琅琊台山寺》："山月悬秋影，松风会晚潮。声吹旸谷动，势挟北溟遥。蜃化楼居换，虫缘壁字凋。客心同逝水，入夜最魂销。"杜甫《三川观水涨二十韵》"声吹鬼神下，势阅人代速"，句首"声吹""势"用字相同。王嗣奭曰："此诗之佳在摹写刻深。如'声吹''势阅'二句无人能道，然终与唐人分道而驰。比之画马，他人皆画肉，而公则画骨。此其超出唐人者，肉易识，骨不易识也。"[1]

窦光鼐《夜过弹子矶》"江流催地转，石气与天高"，与杜甫《江涨》"大声吹地转，高浪蹴天浮"句式相同，部分字词相同。

窦光鼐《送胡少京兆从军金川》（其四）："杂种那高垒，天河已洗兵。笳吟云栈落，剑倚雪山清。"其中提到的"杂种那高垒"与"笳吟云栈落"，与杜甫《留花门》"哀笳曙幽咽""胡尘踰太行，杂种抵京室"部分字句和意境相似。"杂种那高垒"一句与杜甫《秦州见敕目薛三璩授司议郎毕四曜除监察与二子有故远喜迁官兼述索居凡三十韵》中"杂种虽高垒"仅一字之差。《送胡少京兆从军金川》（其四）中的"剑倚雪山清"与杜甫《奉送郭中丞兼太仆卿充陇右节度使三十韵》"松悲天水冷，沙乱雪山清"相比，显然是窦光鼐借用而来。

窦光鼐《登越秀山》"镇海楼头过雨痕，越王台上俯朝暾"，与杜甫《返照》"楚王宫北正黄昏，白帝城西过雨痕""镇海楼头过雨痕"与"白帝城西过雨痕"句法一致，"过雨痕"相同。

窦光鼐《秋圃》："久雨荒秋圃，寒花隐短篱。馨香徒自惜，采摘欲谁遗？径积先零叶，庭余半死枝。蝉声引愁绪，尽日理如丝。"借用杜甫以下诗句：《忆舍弟消息》："两京三十口，虽在命如丝。"《病橘》："萧萧半死叶，未忍别故枝。"《薄暮》："寒花隐乱草，宿鸟择深枝。旧国见何日，高秋心苦悲。人生不再好，鬓发白成丝。"《薄游》："病叶多先坠，寒花只暂香。"

窦光鼐刚刚服完丧写的诗《跋马》（时新免丧）："跋马欲奚适，归来惟病身。晨昏双泪

---

① 仇兆鳌注：《杜诗详注》（卷四），清文渊阁四库全书本。

眼，天地一穷人。"读来与杜甫《旅夜抒怀》"名岂文章著，官应老病休。飘飘何所似，天地一沙鸥"诗意相似，"天地一穷人""天地一沙鸥"句法一致，用词相似。

窦光鼐《是日复游大慈寺虎跑泉陶庄花港诸胜得诗四首》（其一）："碧树明湖外，青云赤嶂西。峰回全隐寺，谷断更寻蹊。竹霭留僧语，泉声送马蹄。犹闻传祖塔，白鹤向来栖。"其中数句均出自杜甫诗歌，如"碧树明湖外，青云赤嶂西"，句法意思都是化用杜甫《晴》"碧知湖外草，红见海东云"而来，与杜甫《宿白沙驿》"驿边沙旧白，湖外草新青"亦相似；"谷断更寻蹊"与杜甫《自阆州领妻子却赴蜀山行三首》"栈悬斜避石，桥断却寻蹊"用字相似；"泉声送马蹄"与杜甫《将赴成都草堂途中有作先寄严郑公五首》"野店山桥送马蹄"句法相同。

窦光鼐《还自天井》"日下伏云峰，山晚叶半赤。返照翻过鸟，暝色随归客"，与杜甫的《光禄坂行》《石柜阁》中部分字句相似。如《光禄坂行》："山行落日下绝壁，西望千山万山赤。树枝有鸟乱鸣时，暝色无人独归客。"《石柜阁》中"季冬日已长，山晚半天赤""清晖回群鸥，暝色带远客"，两次用到"暝色归客"。

窦光鼐《西平道中》"朔风吹阴雪，送我趋南州"与杜甫《陪郑广文游何将军山林十首》（其六）"风磴吹阴雪"仅一字之差。

（六）借用上下句分嵌"一、三"字句式

窦光鼐《咏署中美人蕉》："冰署甘蕉植，嘉名托美人。分丛元入夏，吐艳欲娇春。向日嫣宜笑，迎风怯效颦。翠身罗袖薄，红腻玉肌匀。几朵婵娟影，兼围细弱身。莲中标品格，掌上讶丰神。重露添珠泪，霏烟点绛唇。心同西美结，色是正阳珍。雨破巫山梦，香生洛浦尘。一缄常暗折，三径俨横陈。开扇思佳制，裁书想旧因。当门应见妒，值槛自相亲。脉脉情何极，盈盈意未伸。酡颜浑得醉，愁枕乍忘嗔。揽镜霜华似，临窗月态真。画眉殊未解，愧对晚妆新。"其中"一缄常暗折，三径俨横陈"上下句分嵌"一、三"字的句式为老杜七次用到。如杜甫《假山》"一匮功盈尺，三峰意出群"，《奉送苏州李二十五长史丈之任》"一毛生凤穴，三尺献龙泉"，《即事》"一双白鱼不受钓，三寸黄甘犹自青"，《赠王二十四侍御契四十韵》"一别星桥夜，三移斗柄春"，《奉赠王中允》"一病缘明主，三年独此心"，《天宝初南曹小司寇舅于我太夫人堂下累土为山……》"一匮功盈尺，三峰意出群"，《赠李十五丈别》"一日两遣仆，三日一共筵"。

（七）将杜甫之诗句或缩或扩为己所用

窦光鼐《送胡少京兆从军金川》（其三）有"落日明寒水，惊风动大旗"是从杜甫《后出塞》（其二）"落日照大旗"一句扩句而来，本诗中的"擒王或用奇"来自杜甫《前出塞》（其六）有"擒贼先擒王"。

窦光鼐《暮春登陶然亭忆西堂弟》："伏枕念春尽，登临怀抱开。忽惊池草满，不见惠

225

连来。望远云难定，愁多雁亦哀。倾壶拼一醉，独把复停杯。"不仅杜甫诗歌中多次出现"伏枕"的形象，且"登临怀抱开"就是将杜甫《秋尽》"怀抱何时得好开"缩句而来。

窦光鼐《九月六日晚抵西堂书馆率成绝句》"重罗山晚欲接鸦，哑哑归飞带月斜"，即借用杜甫《复愁》（二）"昏鸦接翅归。月生初学扇"部分字句，将杜甫之句拓展开来，并且都是描绘山晚斜月鸦归的景象。

窦光鼐《景州除夕》："星辂衮衮阅邮亭，除岁弓高西日暝。宸极回瞻当北斗，庭阙遥望指南溟。连程雪色催头白，永夜灯华照眼青。寄语永明鹓鹭侣，好裁嘉颂贴椒屏。"其中"宸极回瞻当北斗"与杜甫《哭台州郑司户苏少监》"白首中原上，清秋大海隅。夜台当北斗，泉路觅东吴"中的"夜台当北斗"相似。"连程雪色催头白"为杜甫《和裴迪登蜀州东亭送客逢早梅相忆见寄》"此时对雪遥相忆"及"朝夕催人自白头"整合而成。"连程雪色催头白，永夜灯华照眼青"以"白头"与"眼青"相对，明显也是化用杜甫《秦州见敕目薛三璩授司议郎毕四曜除监察与二子有故远喜迁官兼述索居凡三十韵》中"别来头并白，相见眼终青"而来。老杜这两句诗不断被后人化用，如《东坡别集》诗评云："'别来头并白，相见眼终青。'此老杜句也。'读书头欲白，相对眼终青。''身更万事已头白，相对百年终眼青。''看到白头知我老，平生青眼为君明。''故人相见尚青眼，新贵即今多黑头。''江山万里俱头白，骨肉十年终眼青。''白头违国士，青眼酒罇开。'此坡谷所为也。"①

三、窦光鼐诗歌"宗杜"之特征

（一）窦光鼐"宗杜"，融合唐宋学杜之所长

窦光鼐学杜的特点，是融合唐宋学杜之所长，在创作中体现出唐诗和宋诗之特点。唐人学杜之风格，宋人学杜之方法论。窦光鼐从方法论的角度学杜诗之风格，最终不像唐人自成一家之风格，也不像宋人学杜不似杜，而是学到了杜诗的风格和方法。符葆森《国朝正雅集》引《石溪舫诗话》称赞窦光鼐："先生五律清雄，不愧名家。"② 窦光鼐的诗歌风格被评价为"清雄"，集中了杜甫诗歌风格"清丽"与"雄奇"两个方面。窦光鼐大量化用杜甫诗句，几乎是"无一字无来处"，正是江西诗派宗杜的特征，但是不像江西诗派化用太过用力。

（二）窦光鼐"宗杜"，化用杜甫诗句与诗意，融合无间

从上文所引窦光鼐化用杜诗句之多的现象可见其"宗杜"的刻意性，千余首杜诗似乎在窦光鼐作诗的时候随时浮现在脑海中，随时化用到自己的诗歌中。这种化用，有的地方很明显，但是大多数并不是为了借用而借用，而是融合在自己的诗歌中且能达到融合无间

---

① 高楚芳注：《集千家注杜诗》（卷七），清文渊阁四库全书本。
② 钱仲联：《清诗纪事》（第二册），江苏古籍出版社 1989 年版，第 5261 页。

的效果。尤其是将杜甫的数句诗整合为新的诗句的现象，如窦光鼐《东盘路》（其二）"松间石罅水潺潺，叠嶂连林相后先"，其中"松间石罅水潺潺"就是整合了杜甫《雨》"潺潺石间溜，汩汩松上驶"两句而来。还有化用杜甫数首诗意整合为一首诗的，如窦光鼐《留别邑中亲友》："久客旷田里，归来朋旧寡。艰难营窀穸，血泪洒原野。"这首诗是从杜甫《无家别》《垂老别》《羌村三首》三首诗意化用而来，如"归来朋旧寡"化用"寂寞天宝后，园庐但蒿藜。我里百余家，世乱各东西。存者无消息，死者为尘泥。贱子因阵败，归来寻旧蹊"；"血泪洒原野"即化用《垂老别》中的"流血川原丹"；《留别邑中亲友》写的是诗人归家的片段，《羌村三首》亦然，如"峥嵘赤云西，日脚下平地。柴门鸟雀噪，归客千里至"，类似以上特征的例子在窦光鼐诗歌中俯拾即是。

（三）窦光鼐"宗杜"，学习杜甫之练字与写作方式

杜甫讲究练字，"语不惊人死不休"，这种对于炼字的执着也被窦光鼐学习，他不仅化用杜甫诗歌中的字词，并且在诗歌宛然少陵之风时，有自己的特色。窦光鼐《宿琅琊台山寺》（其二），可以混杂在少陵诗歌之中而不易被察觉出："山月悬秋影，松风会晚潮。声吹旸谷动，势挟北溟遥。蜃化楼居换，虫缘壁字凋。客心同逝水，入夜最魂销。"其中一连串的动词分布全篇，如"悬、会、吹、挟、换、凋"，携领全篇之意气，将山寺的幽远旷逸之境描绘得生动形象，如在画中，也能体会出诗人在欣赏静谧之景时内心的波动，这是眼前美景给予诗人的触动，所以才会总结最后两句"客心同逝水，入夜最魂销"。如果说这类诗描绘的景物与杜诗相似而使诗歌面貌更似杜诗，那么可以选择窦光鼐在乾隆二十六年（1761）到广东祭海时所写的山水诗，了解窦光鼐宗杜之余有自己的独特风貌。窦光鼐笃信"诗有江山助"（《曲江道中》），因此把所到之处欣赏到的美景都引入诗中，如《雨入浈阳峡作》，浈阳峡在广东英德，有自己的地域特征——秀、奇、险、幻："江涨水茫茫，孤舟怯夜凉。侵晨石花细，比日钓丝长。崖洗烟同碧，沙倾雾更黄。"其中所用的"怯"，把夜深孤舟处于奇险之境的心理感受描摹到位；描写广东特有石花之"细"，比之于钓丝，俨然孤舟独钓者；"碧""黄"等字，写出当地特有的烟雾之景，是窦光鼐自己的感受与审美，用字方面似老杜又是自己的特色。

窦光鼐学习杜甫诗歌的写作方式，在题画诗的继承上可见一斑。窦光鼐有二十首题画诗，杜甫的题画诗有二十一首，而杜甫现存诗歌约是窦光鼐的五倍。作为宗杜的诗人，如此大比例的题画诗，在宗杜方面具有怎样的特色，的确有值得探讨的必要。总体上看，窦光鼐的题画诗不如杜甫水平之高，不像杜甫能穷尽每幅画之妙，虚实结合，注重艺术。窦光鼐题画诗更多注重思想性与应酬，在用词上也鲜少化用杜诗，但学习了杜甫题画诗注重画外立意、"不粘画上发议论"，在画中寄托自己感情的写作方式，即沈德潜所云："唐以前

未见题画诗，开此体者，老杜也。① 其法全在不粘画上发论，如题画马、画鹰，必说到真马、真鹰，复从真马、真鹰发出议论。后人可以为式。"②

窦光鼐题画诗的"不粘画上发议论"，表现在几乎处处有我在，表达自己观画时的感受，议论从画中来，不是一味对画本身进行描摹。如《题春林逸兴图》："我亦有夙因，复兹育箭篠。适及发生长，披览湖镜晓。拟倩长康笔，著我绿烟杪。"《题椿萱并茂图》："予亦逾古稀，效颦忘衰丑。惟孝中事君，致身觊猷守。"《题王大宗伯白斋梅花画扇四绝句》（其三）："画师意匠花时会，我亦同观现在身。"窦光鼐《题冶亭阆峰二学士联床对雨图》，将铁保、玉保二人比作苏轼兄弟，自谦"吾衰才力薄"，对方"命笔多自哂，多言破凡例"。杜甫高于其他题画诗人之处在于他能够超越画面的形似，将自己的感情寄托其间，而将画意深化，这样，画就不仅仅是画，而是成为一种寄托，一种象征。窦光鼐《题梅岭赏雪图》"未许攀条赠，双清惬素期"由梅花的高洁想到自己的人格高洁，和杜甫一样，将自己的感情寄托在其中。"双清"谓思想及行事皆无尘俗气，与杜甫《屏迹》诗之二"杖藜从白首，心迹喜双清"情感相同。窦光鼐《题熊监司韶石理琴图》，原画就是一幅弹琴图，开头："仪凤已云逝，大雅谁继作。我欲宾虞舜，韶石空峇崿。"韶石是广东曲江县的山岩，传说舜游登此石，奏《韶》乐，窦光鼐借此石把自己"我欲宾虞舜"的理想寓意诗中。

窦光鼐题画诗中的议论各有特点。窦光鼐所题的《中兴瑞应图》是画工之画，画工之画目的是穷尽其态，不似文人画，注重立意为先，而窦光鼐却在题画工之画时，能画外立意。原画为南宋初画院待诏萧照奉命绘制的《中兴瑞应图》，是以宋高宗授意宠臣曹勋编写所谓"瑞应"故事为题材，标榜他登上宝座乃是"上天照鉴，应运而兴，非群策群力之所能争"。但窦光鼐没有表现画中原有的主题，而是用一半篇幅写貌完毕，后半即在阐发议论，首先想到了"岳家军朱仙，黄龙期直赴"，要直捣黄龙府收复半壁江山时，高宗"却畏二帝归，班师找如鹜"，批评宋高宗不愿迎二帝回京，戳穿了这幅画所要表达的谎言，批判性很强，真正达到了窦光鼐诗歌结尾所提到的"歌诗拟麟经，贬严斧钺寓"，表现的是与杜诗相同的批判精神。窦光鼐《题蝴蝶图》由蝴蝶想到庄周梦蝶，赞赏画者"笔端栩栩欲传神"，由蝴蝶翩翩飞舞想到它"却羡漆园观物化"，由"双蝶飞飞意自由"想到"梦觉观同尽乐游"。窦光鼐《题熊学桥同年秋圃分甘图》由熊浣青这张图想到了他的《金门归隐图》"拟将半幅鹅溪绢，为作金门吏隐图"，画外立意，不着重写貌。

（四）窦光鼐"宗杜"之缺憾

后人对前人的学习与继承，目的都不是模仿，而是要以借鉴为手段来实现超越。但窦

---

① 杜甫之前已有人作过题画诗（见刘继才《杜甫不是题画诗的首创者》，《辽宁大学学报》1981年第2期），但是使得题画诗达到一定的艺术水平并对后人产生巨大影响的则首推杜甫。

② 霍松林校注，沈德潜：《说诗晬语》（卷下），人民文学出版社1998年版，第245页。

光鼐之"宗杜"化用杜甫诗句如此之多，自然会给读者留下模仿的嫌疑，又因炼字功夫偶有欠佳之处，其捉襟见肘之缺憾便偶有体现。如窦光鼐《樟树镇》"古镇询樟树，名因所建传。犹闻誓师日，讲席多列贤。名士青田并，言儒鹿洞沿。千秋尊庙食，吠怪笑徒然"，《题天中书院》"明代真儒谁比肩，姚江端合继青田。闻声吠怪谁多口，不废天中南斗悬"，多次用到"吠怪"。犹如窦光鼐题画诗中多次用到"披图"一词，如《题徐树峰问僧图》"披图一似证前因，观我须观现在身"，《题芦汀落雁图》"披图羡杀随阳雁，个个联飞下远洲"，在选字练字上似乎不是非常在意，这当然也和窦光鼐"余事作诗人"有关。

在学习杜甫题画诗时，窦光鼐缺乏杜甫诗歌之生动与穷形尽相，与其注重思想的传播与应酬有关。如杜甫题画诗中松的形象如在目前："两株惨裂苔藓皮，屈铁交错回高枝。白摧朽骨龙虎死，黑入太阴雷雨垂。"（《戏为韦偃双松图歌》）"阴崖却承霜雪干，偃盖反走虬龙形。"（《题李尊师松树障子歌》）杜甫咏画马、画鹰的最大特点是以实物写画中物，并由此引申议论，真物和画中物往往结合无间。故朱鹤龄说："咏画鹰而及真鹰，咏画鹘而及真鹘。咏画马而及真马，公诗格往往如是。"① 而窦光鼐题画诗达到如此艺术效果的要少一些。《题芦汀落雁图》一诗从写貌与抒发议论方面，是题画诗中的精品，"霜外芦花满眼秋，断云一片锁寒流。披图羡杀随阳雁，个个联飞下远洲"，前两句把画中景描摹清楚，后两句从画中原本气定神闲的落雁入手，抒写它们羡慕远处"联飞下远洲"的大雁，议论角度巧妙，使全诗很有意趣，但明显的是对于画之貌描摹还是简单了些。窦光鼐有些题画诗也鉴于绘画题材的限制，几乎没有对画面的描摹，很少有对绘画艺术的发现与赞赏，而多在发议论表达题画之目的。如《题冶亭阆峰二学士联床对雨图》，全诗意在表达对铁保、玉保两兄弟感情的颂扬，却没有具体描绘画面。又有《题诵先图》，先是感念"汪君念祖德，诵先绘图像"，为影像题诗，"披观再三叹，想见孝思盛"，最后说明自己题画目的是"多君思象贤，题诗励忠说"，这些缺憾自然也与原画的题材有关。

综上所述，可见清人窦光鼐"宗杜"之表现，在其人，在其诗，全面而深入，细微而具体，山东人窦光鼐在清代诗坛"宗唐宗宋"之争中，应该是"宗唐"一方最有力的代言人。

参考文献：

［1］赵尔巽. 清史稿［M］. 北京：中华书局，1977.

［2］沈德潜. 说诗晬语［M］. 霍松林，校注. 北京：人民文学出版社，1998.

［3］窦光鼐. 省吾斋诗赋集［G］//清代诗文集汇编（第 347 册）. 上海：上海古籍出

① 仇兆鳌注：《杜诗详注》（卷十一），清文渊阁四库全书本。

版社，2011.

    ［4］仇兆鳌，注. 杜诗详注［M］. 北京：中华书局，1979.

    ［5］莫砺锋. 杜甫评传［M］. 南京大学出版社，1993.

    ［6］吴仰贤. 小匏庵诗话［O］. 清光绪刻本.

    ［7］杨伦，笺注. 杜诗镜铨［O］. 清乾隆五十七年阳湖九柏山房刻本.

    ［8］王昶. 蒲褐山房诗话［O］. 清稿本.

    ［9］刘光斗，朱学海. 中国地方志集成·道光诸城县续志［G］. 南京：凤凰出版社，2004.

    ［10］王昶. 湖海文传［O］. 清道光十七年经训堂刻本.

    ［11］蒋士铨. 忠雅堂文集［O］. 清嘉庆刻本.

    ［12］徐世昌. 晚晴簃诗汇［O］. 北京：中华书局，1990.

    ［13］李元度. 国朝先正事略［O］. 清同治刻本.

    ［14］钱仲联. 清诗纪事［M］. 南京：江苏古籍出版社，1989.

    ［15］秦瀛. 小岘山人集［O］. 清嘉庆刻增修本.

    ［16］周振甫，冀勤. 钱钟书《谈艺录》读本［M］. 北京：中央编译出版社，2013.

    ［17］浦起龙，注. 读杜心解［O］. 清雍正二年至三年浦氏宁我斋刻本.

    ［18］刘锦藻. 清续文献通考［M］. 民国景十通本.

    ［19］蔡梦弼，笺. 杜工部草堂诗笺［O］. 古逸丛书覆宋麻沙本.

    ［20］仇兆鳌，注. 杜诗详注［O］. 清文渊阁四库全书本.

    ［21］高楚芳，注. 集千家注杜诗［O］. 清文渊阁四库全书本.

骨力坚卓意得少陵

——论乾隆名臣窦光鼐诗歌风尚

史哲文

苏州大学文学院

摘　要：在康乾诗风开始分疆别垒时，窦光鼐有别诸派，并不偏颇一家，以宗杜诗风立于文苑。而其诗风在康乾时期特别是乾隆朝，受到地域文化与家族文化双重熏染，影响其一生。窦光鼐继承儒家传统的人格精神与诗歌宗尚交融一体，呈现出深沉博赡的诗学风貌与介特中正的人格特征，同时其诗歌又反映出窦光鼐受宠于乾隆帝谨言慎行的人格多面性，其不仅与朝臣互有唱和，与寒门士子也有所交往，在有清文坛确有一席之地。

关键词：窦光鼐；杜甫；诗风；地域文化；家族文化

窦光鼐（1720—1795），字元调，号东皋，山东诸城人。乾隆七年（1742）进士，选翰林院庶吉士，散馆授编修，累迁内阁学士、礼部侍郎，官至左副都御史、上书房总师傅。六任典试，四任学政，历掌文衡，得士最盛，曾任《四库全书》总阅官。"夙以文学被圣主知遇"①，为官秉公，为人介正，以刚直闻名，"学问精赡，文词清古"②，"本朝儒臣以文章名世者，天台齐侍郎与诸城窦侍郎齐名，曰南齐北窦，河间纪文达公与嘉定钱詹事齐名，曰北纪南钱"③，与齐召南并称"南齐北窦"，五十年屹立乾隆朝而不倒，颇受弘历赏识，乾隆朝文学艺术盛极与之倡导不无关系，对有清一代文化发展诚有一定影响。有《省吾斋古文集》十二卷，《省吾斋诗赋集》十二卷存世。《清史稿》卷三二二、《清史列传》卷一二有传。目前学界对窦光鼐研究稀见，即便涉及也仅聚焦其为官清正的史学意义阐述，其诗作的文学价值却鲜有探讨，还原文学的历史文化背景，并将其与文学紧密联结，确有其必要性，这又必然囊括时代环境、政治形态、地域家族诸方面，而正是着眼于此，研究文学创作个体、文学文本、文学现象才有可能回到历史现场。而恰恰被忽视的窦光鼐诗风宗向，则需要从康乾年间，特别是乾隆朝的时代、空间与个人三个维度进行研究。

---

① ［清］秦瀛：《小岘山人文集》，嘉庆二十二年刻道光间补刻本，卷四。
② ［清］刘光斗修，朱学海撰：《道光诸城县续志》，南京：凤凰出版社，2006年版，第395页。
③ ［清］陈康祺：《郎潜纪闻》，光绪刻本，卷七。

一、地域家族文化对窦光鼐诗风的熏染

应当说，从地域文化与家族文化两方面入手探究窦光鼐诗风的形成是必要的方向。地域文化对文学创作者、文学作品的影响显然具有深远的影响，而"地域传统的建构一方面表现为一定空间内的时间链，另一方面又表现为对着空间存在的诗歌内容的积累和认同"①。故而我们认为，阐述地域文化应当从研究对象的籍贯出生地与对象仕官交游地域两方面进行地域文化上的探讨。而首先聚焦到窦光鼐出生成长的地域——山东诸城，古称东武，地处齐鲁，始为东武、平昌、诸县三县；春秋时处于齐鲁两国交界；秦代博士卢敖避难于诸城故山（今为卢山）；汉高祖封郭蒙为东武侯，后归琅琊郡；东汉改琅琊国；北齐并三县为东武县；隋改为诸城县，归密州；明清属青州府。陈寅恪先生在分析唐代地域文化时，便列山东文化、关中文化与江南文化为鼎足。"齐鲁皆周之方伯，国势相埒，鲁公治鲁，太公治齐，报政迟速不同，同归于道。"② 儒家文化尤其在山东这一特定地域积淀下厚重的文化土壤，并在齐鲁大地潜移默化着千年来的宗脉家庭，这样地域文化与家族文化便坚牢地结合成富于儒家精神的文化有机体。而窦光鼐年少的桑梓记忆在多年后回乡时便以浓郁喷薄的情感投射在诗作中，这种籍贯所在地的地域文化回归又在时间与空间上重新交汇，而且尤以再次离别故土时最为浓烈：

> 久客旷田里，归来朋旧寡。艰难营窀穸，血泪洒原野。菽水奉严亲，宗族恋乡舍。茅庐敝无完，将雏苏台下。晨炊迟远雁，夜栖寄邻瓦。同怀各谋食，岁时返莫寡。亲串结新欢，殷勤通借假。问字来诸生，颇亦富文雅。感此亦经年，欲别未忍舍。时菊耀离筵，芳樽渌盈把。日暮出郭门，揽辔谢送者。野昏初星曙，沙白寒潍泻。征夫怀远路，北风嘶斑马。③

此应为乾隆十八年（1753）返乡丁母忧之时所作，这种目睹家乡窘状，顿生物是人非之感，并结合诸城当地的风物人情，采用写实笔法，通过细致的观察描述构成社会生活的生动体现，颇有纪实诗史之风。事实上，康熙朝各府州县已现巨额亏空，山东省自康熙四十八年（1709）至六十一年（1722）共亏空白银六十余万两。④ 雍正朝官吏徇私舞弊，"每

---

① 蒋寅：《清代文学论稿》，南京：凤凰出版社，2009 年版：第 73 页。
② 《孔子变齐鲁论》，［清］窦光鼐：《省吾斋古文集》，乾隆刻本，卷九。
③ 留别邑中亲友，［清］窦光鼐：《省吾斋诗赋集》，乾隆刻本，卷九。
④ 陈桦：《多元视野下的清代社会》，合肥：黄山书社，2008 年版，第 42 页。

年盘查，曲相徇隐，至官当易任，不得不参，又复颠倒年月，互相展转"①，乾隆朝表面上一派风光盛世，实则百姓已陷入颠沛流离之苦，所谓鼎盛之时的乾隆三十九年（1774）山东寿张县爆发王伦起义，震动京畿。"艰难营窀岁，血泪洒原野"正是当时农村景象的如实书写。"久客旷田里，归来朋旧寡""亲串结新欢，殷勤通借假"与杜甫《羌村》中"柴门鸟雀噪，归客千里至""父老四五人，问我久远行"所描绘的村里景象为近，"茅庐敝无完，将雏苏台下"亦与杜甫《征夫》"十室几人在，千山空自多"贫苦生计有如出一辙的萧索意境。

其次从窦光鼐入朝进京，又辗转四方，到外放河南、浙江任官，远至岭南祭告，立朝五十年之久，这一条地域文化描述线索也应值得关注。自清代定鼎北京，至康雍乾三朝，不但将儒学立为正统，而且清帝亲自"钦定""御纂"的注经作品之多，亦为历代所仅见，特别到乾隆朝，种类数量前所未有。究其原因，一是统治者意图统一文风，束缚思想；二是乾隆自诩文治武功"十全老人"，俨然以帝王与教主的双重身份自居，故而儒教教主身份对儒家思想推崇备至的同时，又以清帝王身份严厉打压异己，以至文字之祸前所未见之炽。因此康乾时期国家意识形态形成的都城地域文化已深深影响窦光鼐，并逐渐改变其思想发展走向，他也曾感慨"十年回首梦魂销，拙宦无心学避嚣"②，在这样的都城官僚体系下，窦光鼐作为乾隆赏识的长于应制赞赋的御用文官，一方面儒家入世思想影响下的人格理想要求其积极参与政事，另一方面，天子脚下，民众尚不敢妄言，何况以诗文受赏识的人臣。窦光鼐大考仅中四等，例皆罚俸，受乾隆帝特擢才得以擢左中允，感恩戴德之心在其诗赋集中体现较为显著：

> 词曹犹幸厕，夔下敢求音。讵意中阳照，偏荣小草心。官僚得同臭，天奖比连琳。登选逾常格，衔恩愧转深。③

清代翰林院官员自侍讲学士、侍读学士以下，编修、检讨以上；詹事府自少詹事以下，中允、赞善以上，每隔数年不定期临时召集考试，总共四等，称为大考。故而称颂皇恩浩荡之下，东皋儒家诗教匡补时弊思想影响下的诗风难以公开显露，这也正是其作诗论诗数量不多的原因之一。张鹏展《国朝山左诗续钞》载"李少鹤云：先生以经术文章为海内山

---

① ［清］蔡仕舢：《为圣治正际重熙官守宜遵化一事》，中国第一历史档案馆，《雍正朝汉文朱批奏折汇编·第一辑》，南京：江苏古籍出版社，1991年版，第60页。

② 《仲春月半陪芝庭先生大司马漫士白齐二少农游觉生寺即事二首次漫士少农韵》，［清］窦光鼐：《省吾斋诗赋集》，乾隆刻本，卷九。

③ 《复蒙特擢左春坊左中允纪恩》，［清］窦光鼐：《省吾斋诗赋集》，乾隆刻本，卷九。

斗。乔于丙申赴都，始得拜识，谈论常竟日，顾未尝一言及诗。"① 可见两方面相互抵牾，展现出极为矛盾的境地，他自己也曾喟叹"强欢裁吉语，掩泪已沾巾"②，如乾隆二十六年（1761）窦光鼐奉命前往南海祭告，光鼐从北京出发，经卢沟、赵北口、德州、东阿、兖州、彭城、庐州、桐城、庐山、修水、英德、清远、至广州，一路下来所写诗作气势风采与在京所作诗风极为不同。因此在《省吾斋诗赋集》中，窦光鼐的应制谢恩诗歌与自作游历诗歌呈现出反差甚大的风貌，而集中到都城这一地域，这种矛盾显现得更为明晰，如其在北京时所作：

> 天为宸游特放晴，楼台无地想登瀛。山环三面冕旒拱，堤控六桥箫鼓迎。俯槛游鳞总知乐，开帘绵羽亦言情。春湖烟景供诗句，可似辋川图画精。③
>
> 游子悲佳节，凭高复此亭。芦依秋岸白，山似故园青。独把杯中物，相逢水上萍。那堪邻笛奏，日暮隔林听。④

两首诗一为奉和应制，一为怀乡独临，题材同为写亭，而气象却大相径庭，几乎同样的山水景色，在诗人笔下却展现出完全不同的意境。在后一首诗中更是直接道出"山似故园青"，即使身处都城，每每登亭望乡，家乡诸城的地域文化便又以跨越时空的形式重新进入窦光鼐长居帝京谨慎忧惧的心中，流于笔下则又焕发出久违的光彩，显现出两种地域文化杂糅的情势。然而，都城儒官地域文化影响下，窦光鼐奉和赞颂的惯性思维也不免导致在其出行诗作中出现迂讷之句：

> 晓发邢州道，却来宋公里。宋公不可作，古亭空崷崪。世俗贵婤婹，今昔共一轨。夫子岂不伟，谠议排金闼。其始人未信，崇情托芳蕊。兹亭存兹名，流传盖虚尔。万乘昨经过，感叹良有以。宸章留镌刻，举类兼远迩。小臣行于役，再拜欣仰止。恭惟圣主意，异代犹如此。直绳无枉木，矧伊楠与梓。汉廷无颇牧，文帝但拊髀。终然得亚夫，异世整国纪。兹亭石不磨，凡百慎倾耳。⑤

固然我们在这首同样是写亭题材的诗中可以明显地看见"小臣行于役，再拜欣仰止""恭惟圣主意"之类惯常歌颂之句，这是国家意识形态影响下的都城地域文化必然产物，然

---

① 钱仲联：《清诗纪事》，南京：凤凰出版社，2004年版，第5262页。
② 《乙酉除夕》，［清］窦光鼐：《省吾斋诗赋集》，乾隆刻本，卷十二。
③ 《恭和御制湖心亭元韵》，［清］窦光鼐：《省吾斋诗赋集》，乾隆刻本，卷七。
④ 《重登陶然亭》，［清］窦光鼐：《省吾斋诗赋集》，乾隆刻本，卷九。
⑤ 《梅花亭》，［清］窦光鼐：《省吾斋诗赋集》，乾隆刻本，卷九。

而不能忽视的是在诗中所流露出的正统儒家入世报国的积极思想，这也正是窦东皋受故乡地域文化熏陶之深的体现。因此其诗风的形成"不但与国家意识形态和道德文明的'在地化影响'有关，也与地方自然生态环境有关，与地方民情习尚有关"。① 从上述三首题材相同而思想情感截然相异的诗作中可以看出，如果说都城地域文化是从外围加于窦光鼐身上，令其入朝为官不得不接受而逐渐形成习惯性思维，那么其故乡地域文化所展现出顽强而自觉表露的内指性特征则是窦光鼐终其一生或隐或现，却始终影响其诗风的重要因素。

而从家族文化着眼，罗时进先生即认为文化家族在家风、家学、家脉三个方面对文学发展有重要影响。诸城窦氏家族于明初由山海关迁居诸城，窦光鼐在其文集中便有详细记录：

> 先世山海关人，明洪武中，迁居诸城之东关，历六世至衡庵公讳昂，以经学知名，仕开平卫教授，晚致仕，与缙绅齿德九人结社，邑舍王三锡高其行为，绘像勒石焉。衡庵公生少衡公讳钦，仕武陟县知县，有惠政，邑人立庙祀之。少衡公生乐源公讳如洙，仕安福县训导。乐源公生先高王父元辅公讳赞机。元辅公生先曾王父石卿公讳长琬。皆诸生，文行著于邑乘。曾王父石卿公遗赠通议大夫、都察院左副都御史。②

至光鼐祖父窦宏祚，孝悌忠义，勤劳宽厚，《道光诸城县续志》载其"九岁失怙，与兄弟力田养母，既析爨，家稍丰，乃割半以与兄弟。康熙四十三年，饥民蜂起为盗，劫宏祚衣粮殆尽，官捕数十人，将寘之法，宏祚仍力为乞免"③ 可见一斑；窦东皋《先府君行状》中也载"先曾王父（窦长琬）卒时，先王父永庵公（窦宏祚）兄弟四人俱幼无依，独依先曾王母李淑人，遭离多难，家业渐落，乃寄居马耳山阴之大珠村。及长，与先四叔祖衣庵公勤力孝养，置田二区，一近城南，一在西郭埠，田下下，先王父择取之因家焉。先四叔祖得城南田，稍增益之，曰，吾不可独丰，遂与先伯祖承庵公、先三叔祖飚庵公均分焉"④。祖妣牛氏、沈氏。父窦诚，字斯和，妣张氏。家风是家族的文化旗帜，由上述内容来看，窦光鼐先辈窦昂、窦钦、窦长琬、窦宏祚等人一脉相承下来的家风确呈绵延之态，窦光鼐也在诗中曾告诫其弟"清白吾家训，兹义庶无陨"⑤，显示出他对家风传承的重视。

而家学则是一个家族成为文化家族的源泉，上文引述"衡庵公讳昂，以经学知名，仕

---

① 罗时进，《地域·家族·文学——清代江南诗文研究》，上海：上海古籍出版社，2010 年版，第 3 页。

② 《先府君行状》，［清］窦光鼐：省吾斋古文集，乾隆刻本，卷十一。

③ ［清］刘光斗修，朱学海撰：《道光诸城县续志》，南京：凤凰出版社，2006 年版，第 415 页。

④ 《先府君行状》，［清］窦光鼐：《省吾斋古文集》，乾隆刻本，卷十一。

⑤ 《舟中寄西堂弟》，［清］窦光鼐：《省吾斋诗赋集》，乾隆刻本，卷十一。

开平卫教授，晚致仕，与缙绅齿德九人结社"，可见窦昂不但治经闻名，亦结交耆贤，效香山之九老会，窦长琬以"文行著于邑乘"。而至窦光鼐父亲窦诜，其贤达博文，"博达善属文，为诸生受知于学，使北平黄叔琳，有国士之目"①，有《清健斋制义》四册，《与知录》数十卷，又别为《玉谷集》，窦诜对窦光鼐"龆龀褓褓学语，教之识字为文"②。窦光鼐自幼聪颖，张维屏《国朝诗人徵略》有言："公幼负绝人之资，家贫，贷书于人，览即成诵。一日读《文选》，即操笔为《琅琊台赋》，时年甫十二耳。"③ 这种奇才不仅是先天所赐，更与东皋幼年醇正家学影响难以分而视之，可以说，窦氏家风家学早有传承。

家脉则是在血缘的线性传承下，向外延伸的手足姻娅家族系统，"如果说家风对文学家的影响在于精神方面，家学对文学家的影响在文化修养、创作内容及文学品格方面，那么家脉则是在组织形态和互动势态上直接影响文学创作"④。光鼐弟光钺、光册，从兄复中、光迪、维经、光焘，从弟光彝、光彤、光宇、光旂、光绪。窦光钺，字西堂，乾隆十二年（1747）举人，有清正勤政之名，"勤于听断，审结积案数百，守澄迈，人呼为青天，补乐昌，又呼为赛包老"⑤。窦光鼐与窦光钺感情颇深，《省吾斋诗赋集》有《暮春登陶然亭忆西堂弟》《九月六日晚抵西堂书馆率成绝句》《重阳前一日同西堂赴琅琊台口号》《九日同西堂登琅琊台观日出得见海市次东坡先生登州海市元韵》《同西堂游五莲山从弟光彤适至同登作歌一首》等。窦光鼐在《哭亡弟西堂十首》中自注，其督学河南、浙江皆偕光钺同往，可见情深意切。后窦光钺官赴海南，兄弟宦途天各一方，相见谈何容易。窦光钺于乾隆三十年（1765）去世后东皋不仅作《哭亡弟西堂十首》，篇幅所限不一一列出，仅录一首，而悲情自见：

> 役役终何事，回思亦惘然。浮生常道路，送死但诗篇。禄命悭天意，声名短寿年。遗文盈箧在，进泪未能编。⑥

还有《送西堂枢归里三首》，可见悲恸之深，全集仅题名提及窦光钺者就有二十六首；与光彤交游仅见"彤也意气颇豪麤，奋勇先登如执枹"⑦ 句；其余兄弟未见交游诗歌记载。

---

① ［清］刘光斗修，朱学海撰：《道光诸城县续志》，南京：凤凰出版社，2006 年版，第 412 页。

② 《先府君行状》，［清］窦光鼐：《省吾斋古文集》，乾隆刻本，卷十一。

③ 钱仲联：《清诗纪事》，南京：凤凰出版社，2004 年版，第 5262 页。

④ 罗时进：《地域·家族·文学——清代江南诗文研究》，上海：上海古籍出版社，2010 年版，第 6 页。

⑤ ［清］刘光斗修，朱学海撰：《道光诸城县续志》，南京：凤凰出版社，2006 年版，第 395 页。

⑥ 《哭亡弟西堂十首（其八）》，［清］窦光鼐：《省吾斋诗赋集》，乾隆刻本，卷十二。

⑦ 《同西堂游五莲山从弟光彤适至同登作歌一首》，［清］窦光鼐：《省吾斋诗赋集》，乾隆刻本，卷九。

窦光鼐妻张氏、刘氏，生有六子，长子汝翼，为乾隆戊戌（1778）进士，宗人府主事，《省吾斋诗赋集》中有《得汝翼书》与《得家书志喜》：

> 汝归书不至，书至转增伤。屋漏多年雨，春残隔日粮。老亲犹强饭，稚子始扶床。白骨仍侨寄，何言返故乡。①
>
> 献岁筹归养，为书慰老亲。那知望八日，喜趁帝城春。即遣翼儿往，应占修禊辰。欢颜承膝下，学舞不嫌频。②

一悲一喜，皆如亲临。还有汝瑄、汝璜、汝咸，皆为国学生，以上四人为张氏所生，汝翀为刘氏所生，汝翩为侧出。有孙十一人，孙女十二人。窦光鼐与张氏感情颇好，张氏去世东皋作《哭亡室张夫人十首》：

> 中宵不能寐，伏枕感鸡鸣。起视竟何见，抚棺空复情。夫人皆有死，观我本无生。可奈诸儿女，朝朝唤母声。（其一）③

还有《十月六日葬张夫人二首》，用情至深感人肺腑。应当说，文学创作一旦渗入血缘关系，便将亲缘纽带联结得更为紧密，文学对家族的双向影响由是可见，并由此生发出的情感也更为真挚动人。在诗人与亲人的文学交流中看不见平常无奇的简单叙事咏物，而展现在读者眼前的往往是诗人心灵深处对血缘的珍视与不舍，特别是寄居他乡收到家书时，以及与亲人生离死别之时，这种动人心魄的思念情感更与无奈现实交织碰撞，展示出大悲大喜激荡人心的审美体验。因此由地域与家族两支线索探究窦光鼐的诗风形成，可以整理出一条较为清晰的研究脉络。

二、康乾诗坛中的窦光鼐宗杜诗歌倾向

唐宋两代，历六百余年，其文学发展浩浩汤汤，一脉相承，集中到诗歌发展史上，唐诗和宋诗却以朝代为界被人为地割裂开来，在后世诗界出现"尊唐贬宋"和"扬宋抑唐"两股学术思潮相互对立，各标轩轾，显示出互有消长的态势，形成诗史上著名的"唐宋诗之争"。至明末公安、竟陵，及由明入清的钱牧斋等人开始反思七子因袭模拟的弊病，从而对极度宗唐的诗坛宗风有所修正。此后在黄宗羲、吴之振及宋荦等人力主下，清初宗宋风

---

① 《得汝翼书》，［清］窦光鼐：《省吾斋诗赋集》，乾隆刻本，卷十二。
② 《得家书志喜》，［清］窦光鼐：《省吾斋诗赋集》，乾隆刻本，卷十二。
③ 《哭亡室张夫人十首》，［清］窦光鼐：《省吾斋诗赋集》，乾隆刻本，卷十二。

气逐步上升，终于在康熙年间形成宋诗热潮，是为唐宋诗之争历史上首座宗宋的高峰。不过一味宗宋，则与一味宗唐同样会导致弊端丛生，于是诗歌创作粗疏之风渐起。而清代诗坛至康乾之际，诗人们不得不重新反思，以在唐宋宗尚的彷徨中寻求当时诗坛再次前进的舵向。"这一次反思，实际上带有双重反思的性质，即对刚刚过去的宋诗热潮与明代宗唐风潮的同时思索。"① 是故在康乾时代唐宋诗之争的大环境下，窦光鼐历乾隆全朝，可以说完全见证了康乾诗坛宗唐宗宋的风争，乾隆前中期以沈德潜、厉鹗二人为首的宗唐宗宋两大诗派彼此对立，又兼有袁枚、张问陶倡性灵别立一家，虽有融通唐宋之意，却非当时所谓正音。乾隆后期翁方纲所倡，宗宋思潮逐渐占据主流，纵观乾隆一朝，宗唐宗宋两股诗学宗尚力量呈云谲波诡之画面，"宗唐宗宋主要取决于其家族、地域传统及个人趣味，这使诗坛格局变得错综复杂，时尚总是在对立和冲突中形成，而诗坛总体呈现开放和多元化的态势"②，而窦光鼐并不偏执于一方，建立起独立于唐宋诗争之外的诗歌风貌。

那么，既不偏于宗唐，又不偏于宗宋，在清代诗风尚未完全确立之时，东皋如何能够在诗坛文苑屹立长达数十年则是我们所关心的问题。其实当时诗界风向嬗易之际，窦光鼐立足于推崇杜诗这一诗歌习尚。以宗杜为诗风宗向目标，正是正统规矩的诗学宗向，实则在源头上联结了唐诗与宋诗两大诗学阵营。关于康乾之时的诗风宗向，沈曾植就"认为乾隆前后诗坛'格调'空腔、'性灵'油滑……循规蹈矩，是正宗的诗派"③。从一个侧面显示出窦光鼐于文坛上正宗的诗风。然而，此处"循规蹈矩"并非是死守陈旧，而应是理解为继承文脉道统下的诗歌风尚，相比于新立旁派，这种"循规蹈矩"更是一种对正统诗学理念的坚守。秦瀛在《东皋先生诗钞序》中有：

> （东皋）先生诏之曰：诗之为道，渊源三百篇。有赋焉，有比兴焉。近今之诗有赋无比兴，此诗所以衰也。唐人诗称李杜，太白歌行得楚骚之遗。少陵则原本变风变雅，而得其所谓怨而不怒者。二公诗往往托物比兴，词旨荒忽，读者莫测其意之所在。而诗于是为极至焉。是故作诗者必性情既厚，植之以骨干，傅之以采色，谐之以律吕。舍是言诗，非诗也。④

可见窦光鼐的诗学观念继承了儒家诗学传统，他称赞杜甫诗继承《诗经》怨而不怒的诗教正统观念，并认为虽然李杜并称，不过青莲仅源于《离骚》，而少陵直接继承了诗三百

---

① 王英志：《清代唐宋诗之争流变史》，北京：人民文学出版社，2012年版，第230页。
② 蒋寅：《清代文学论稿》，南京：凤凰出版社，2009年版，第98页。
③ 魏中林：《钱仲联讲论清诗》，苏州：苏州大学出版社，2004年版，第50—51页。
④ ［清］秦瀛：《小岘山人文集》，嘉庆二十二年刻道光间补刻本，卷三。

的正源。儒家传统中"正得失，厚人伦，美教化，移风俗"的史官文化反映到杜诗上，清晰地呈现出"诗史"的壮阔画面，杜诗中所生发的仁爱生民、入世报国的情怀，也必然会引起深染儒家思想的窦光鼐产生由衷共鸣，"对杜甫诗的尊崇，正反映出古代文人士大夫对以儒学精神为内涵的史官文化的认同"①。他立足诗体正道，通过宗杜而直接贯通到诗歌源头，达到取法乎上的目的，放眼到整个诗歌发展史上，杜甫空前绝后的地位也为东皋诗学宗向的正统地位找到了理论依据。并且，窦光鼐宗杜并没有走向繁琐穿凿杜诗史学考证的稽古左道，而是在创作中体会并交融杜诗的情感体验，这一点在乾隆朝考据学风渐盛的背景下是为难能可贵。而且社会情绪的产生和消解在文学作品中有直接的体现，在其数起数落的官场震动经历中，也更能与少陵沉郁顿挫的诗风相互吸引。

然而需要注意的是，窦光鼐与清初宗杜风尚的出发点尚有不同，由明入清之初，大批遗民降臣深入骨髓的儒家士人节义精神尚未消失，对汉民族王朝的依恋感也仍然浓厚，进入清中期的文人心态已与清初诗坛依托杜诗而生发出的胸怀故国、复明抗争情怀大为不同。清代杜诗的宗向，多有考究典故名物的热衷，自是与康雍乾文网渐密有关，如康熙朝黍离之悲仍在不少文学作品中抒发，而乾隆时已难见诸诗篇。而自《全唐诗》《唐宋诗醇》等书的修纂中，也能看出官方意在强调杜诗中所谓"温柔敦厚"一面，政治力量对诗学发展走向的引导不可忽视，也正是由于多种因素混合影响，才使得清代各家诗风呈示蔚为大观的面貌。

同时，必须加以指出的是，在乾隆诗坛中，窦光鼐以宗杜而衍发强调道统中正的诗学立场，虽与沈德潜"温柔敦厚"的格调诗学倾向似有相近，但细辨却并非如此，甚至二者在本质上有相异之处。沈德潜乃执掌文坛多年之格调宗主，为窦光鼐前辈，同朝为官时东皋亦有和韵归愚之作。然而，上文窦光鼐郑重指出"少陵则原本变风变雅"，沈德潜则认为"子美诗每从风雅中出"②，变风变雅与风雅一字之差，但他们最为深刻的分歧就在于前者为刺而后者为美，包蕴了以刺讽为动机的变风、变雅内涵也正是杜诗价值所在。窦光鼐在这里并不盲从当时主流，而是显示出独特的认识。沈德潜提倡"去淫滥以归雅正，于古人所云微而婉、和而庄者，庶几一合"③ 的温顺诗学态度，他认定杜甫"无怨怼之词，有'迟迟我行'之意，可谓温柔敦厚矣"④，康乾以来的官方意识形态也将变风、变雅所包含的忧思感愤之情加以排除，"显然，'温柔敦厚'的诗教，是不愿意或者不能将'变风变雅'之作概括进去，而这恰是诗变的关键，也是诗歌更新的外在动力"⑤，因此窦光鼐称杜甫

---

① 罗时进：《唐诗演进论》，南京：江苏古籍出版社，2001 年版，第 64 页。
② ［清］沈德潜：《说诗晬语》，霍松林校注，北京：人民文学出版社，1979 年版，第 252 页。
③ ［清］沈德潜：《唐诗别裁集》，北京：中华书局，1975 年版，第 1 页。
④ ［清］沈德潜：《唐诗别裁集》，北京：中华书局，1975 年版，第 29 页。
⑤ 曹胜高：《中国文学的代际》，北京：商务印书馆，2013 年版，第 477 页。

"原本变风变雅"实际上已经意识到变风、变雅的重大意义。放眼开来，将文学史向后推演不过数十年，清中期诗坛对变风、变雅正统性的论争，更彰示出窦光鼐在乾隆盛世已然产生虽与当时诗风相异却顺应历史潮流的超前思考。

东皋宗杜，从审美风格来看，他偏好选取描绘体现阳刚雄浑美感的意象，而又间有清辞，如其《登浴日亭次东坡韵》：

> 扶胥南下水如天，倚棹孤亭黄木湾。海外初收鳌背雨，云中稍辨虎头山。即看铜鼓添沙棱，岂有丹炉驻玉颜。我欲骑鲸攀若木，偏悬五色十洲间。①

这些雄阔的意象彼此间是作者思维的跳跃性往复驰骋，由此联结从而使得个体意象聚为一体，而熔铸成整体的审美价值则超越了简单的叠加意义。并且诗作中大跨度的时空结构，也一并与阅读者带来俯仰开阔、目不暇给的艺术张力，相似的还有"香炉留战色，白马拥归魂。豹虎莽戎尽，狮羊滩石蹲"②"宁知片帆驶，只讶万山奔。天柱邀鸿下，昆仑竝鹘骞"③。这也正是少陵诗风中甚为重要的审美观感，不过不得不承认的是，杜诗浑涵茫茫的集汇大成之气力，以及艺术与现实博大的双重容量不仅是东皋，更是杜甫之后千百年绝大多数诗人绝难以模仿到位的，乾隆一朝窦光鼐"学者奉之如泰山北斗，诗宗少陵"④，显然得到时人称许，已属难得。

从诗作体例来看，东皋对杜甫各体兼宗而五律五古为最。七言特别是七律则大多数集中在奉和应制诗中，多显表面上的华贵雍容，难见真情实感。自作七言数量不多，上文所引《登浴日亭次东坡韵》外，偶有"巨灵高掌远摩空，手劈双莲华岳通"⑤"地连五岭分鹏背，雨带三江下虎门"⑥"冠山百雉带波罗，叠构觚棱南斗摩"⑦ 之句，但雄奇声势外似有刻意铺张之痕，不加赘述。少陵诗作存世以五律所作最多，杜甫五言律诗六百三十首，五言古诗二百六十三首，超过杜集存诗半数，而五言诗也正是其艺术功力与审美经验极大开拓的范式所在。符葆森《国朝正雅集》引《石溪舫诗话》赞赏窦光鼐五律诗作，有"先生五律清雄，不愧名家"⑧ 之语。东皋也在五律上学杜最肖，数量颇多，如窦光鼐直接在诗

---

① 《登浴日亭次东坡韵》，[清]窦光鼐：《省吾斋诗赋集》，乾隆刻本，卷十。
② 《虞夫人祠》，[清]窦光鼐：《省吾斋诗赋集》，乾隆刻本，卷十一。
③ 《下十八滩》，[清]窦光鼐：《省吾斋诗赋集》，乾隆刻本，卷十一。
④ [清]李元度：《国朝先正事略》，长沙：岳麓书社，1991年版，第1121页。
⑤ 《五莲峰》，[清]窦光鼐：《省吾斋诗赋集》，乾隆刻本，卷九。
⑥ 《登越秀山》，[清]窦光鼐：《省吾斋诗赋集》，乾隆刻本，卷十。
⑦ 《登镇海楼》，[清]窦光鼐：《省吾斋诗赋集》，乾隆刻本，卷十。
⑧ 钱仲联：《清诗纪事》，南京：凤凰出版社，2004年版，第5263页。

中表现对杜甫倾慕的即有：

鲁郡维桑近，荒城揽辔初。春回残雪近，风定过云徐。坟壤侯封旧，山川圣里余。秦碑还在望，立马独踟蹰。①

归路仍梅岭，横云峡寺开。北枝花自落，南海燕还来。蜀道他年泪，秦关历劫灰。怀贤少陵意，驻马重徘徊。②

重经东郡路，还问少陵台。泗水冰方涣，岱宗云或开。鹓鸿飞不下，燕雀语能猜。李白未可遇，鲁门愁举杯。③

"五字诗，其点化在一字间，而好恶不同。"④ 窦光鼐喜炼五言，多有创意造言之处，与少陵不少篇章亦有承接之感，如其《宿琅琊台山寺》其二，全篇以悬、会、吹、挟、换、凋等动词串联，反衬标彰出山寺所特有幽远旷逸之境：

山月悬秋影，松风会晚潮。声吹旸谷动，势挟北溟遥。蜃化楼居换，虫缘壁字凋。客心同逝水，入夜最魂销。⑤

而杜甫有《夜宴左氏庄》，同样是以暮夜入诗，全诗意境以落、张、流、带、烧、引等动词连缀，以动写静，反而展现出流动的宁谧诗意：

风林纤月落，衣露净琴张。暗水流花径，春星带草堂。检书烧烛短，看剑引杯长。诗罢闻吴咏，扁舟意不忘。

两相比照，东皋学杜的有意用心明晰可见，不单其五律，其五古用词也十分讲究，不过体现在古体中，更多的是巉岩刻峭的审美感受，充满刚峻之气，呈现出力量浑成之美，同样与少陵炼字如出一辙，有显而易见的继承指向，如其《游天井》：

游子追险绝，造物秘灵境。始下九仙麓，槛出书库顶。诘屈度牛浔，溪回觉道永。稍出石门隘，已怖风色猛。湍瀑会群壑，硖角刷诸岭。北汇二龙潭，上者为天井。东

① 《兖州道中次少陵韵》，[清]窦光鼐：《省吾斋诗赋集》，乾隆刻本，卷十。
② 《重过张文献公祠》，[清]窦光鼐：《省吾斋诗赋集》，乾隆刻本，卷十一。
③ 《少陵台》，[清]窦光鼐：《省吾斋诗赋集》，乾隆刻本，卷十一。
④ [清]薛雪：《一瓢诗话》，杜维沫校注，北京：人民文学出版社，1979年版，第130页。
⑤ 《宿琅琊台山寺·其二》，[清]窦光鼐：《省吾斋诗赋集》，乾隆刻本，卷九。

练百丈悬，浮云双塔迥。势挟河汉落，气浸毛发冷。环峰作藻干，圆停绝繘绠。俯崖窥半壁，阴鉴洞内景。相传是海眼，地底通溟涬。有时沃骄阳，霖雨应祷请。沉牲终不受，澹濒涵宁静。适来惊渊潜，殷雷晨一警。岂谓感鬼神，兹游固多幸。夕晖余照曜，延伫惜俄顷。①

下录老杜《万丈潭》以作比照，揽实事实景入华藻之中，俨然金鸩擘海：

青溪合冥莫，神物有显晦。龙依积水蟠，窟压万丈内。跼步凌垠堮，侧身下烟霭。前临洪涛宽，却立苍石大。山色一径尽，崖绝两壁对。削成根虚无，倒影垂澹濒。黑如湾澴底，清见光炯碎。孤云倒来深，飞鸟不在外。高萝成帷幄，寒木累旌旆。远川曲通流，嵌窦潜泄濑。造幽无人境，发兴自我辈。告归遗恨多，将老斯游最。闭藏修鳞蛰，出入巨石碍。何事暑天过，快意风雨会。

而从语词效习来看，杜甫用词精当简省，为后世称誉甚多，窦光鼐诗歌宗杜在语词习尚上亦有体察，如东皋《夜过弹子矶》一诗有“江流催地转，石气与天高”②，少陵《八阵图》有“江流石不转”，《柴门》有“石乱上云气”；东皋《过张文献公祠》有“开元忆盛遭”③，少陵《忆昔二首》有“忆昔开元全盛日”；东皋《送胡少京兆从军金川·其三》有“落日明寒水，惊风动大旗”“擒王或用奇”④，少陵《后出塞·其二》有“落日照大旗”，《前出塞·其六》有“擒贼先擒王”；东皋《徐州渡河》有“独夜洪涛岸，微风一叶舟”⑤，少陵《旅夜书怀》有“细草微风岸，危樯独夜舟”等等不再逐句举例。应当说这种摹拟单看上去有一定痕迹可见，但是这正体现出窦光鼐对杜甫的专宗，而实际上从东皋诗作的整体来看，这些语句用在其中并不显突兀佶屈，而是显现出有机融合的博赡风貌。

需要承认的是，窦光鼐诗中好用虚词，将原本连贯的诗意割裂。以虚字入诗虽未尝不可，但“选字避纯熟，固矣。而于不经意语助虚字，尤宜措意，必使坚重稳老，不同便文，随意带使”⑥，如上文“即看铜鼓添沙棱，岂有丹炉驻玉颜”“相传是海眼”“有时沃骄阳”，则显选字功力不足。并且，从当时时代环境角度来看，由于清代科举对文人诗才的削弱，“吾辈少习举子业，穷年矻矻，何暇问诗古文词。即颇能旁及者，大率习之不专，则所致亦

---

①《游天井》，[清]窦光鼐：《省吾斋诗赋集》，乾隆刻本，卷九。
②《夜过弹子矶》，[清]窦光鼐：《省吾斋诗赋集》，乾隆刻本，卷十。
③《过张文献公祠》，[清]窦光鼐：《省吾斋诗赋集》，乾隆刻本，卷十。
④《送胡少京兆从军金川》，[清]窦光鼐：《省吾斋诗赋集》，乾隆刻本，卷九。
⑤《徐州渡河》，[清]窦光鼐：《省吾斋诗赋集》，乾隆刻本，卷十。
⑥[清]方东树：《昭昧詹言》，汪绍楹校点，北京：人民文学出版社，1961年版，第222页。

浅"①。固然清代科举对文人诗才的负面影响较明代而言已有很大改观，但是仍不可忽视，前文已述东皋大考仅中四等，略可管窥；其次窦光鼐久居馆阁，在清代都城文化圈压抑之下，久承皇命，气力贯注诗中略显游弱，显然不能与少陵相埒；再次，清人作诗也多有"凡诗中活套，如'剩有''无那''试看''莫教''空使''还令'等救急字眼，不可屈指数，无处不可扯来，安头找脚"② 之弊，有清诗坛背景下，窦光鼐亦受其病。这种表面上的"断"并未造就断中有续之意，反而流于俗滑，削弱了全诗气韵贯通的审美感受。

客观评价窦光鼐瓣香少陵，其虽有遗风，但其并未完全继承子美诗歌中最为深刻的精髓。杜甫立足于亲身经历的基础上，其突出的写实精神与深切的人道主义关怀，在杜甫的文学作品中所蕴积的丰沛情感是经历无论是深度还是广度皆大起大落的社会震荡才得以孕育而生的。窦光鼐身处盛世庙堂，诚然也意识到"变风变雅"的积极意义，对现实也有一定的书写，如其亲眼所见久旱又遭雨涝而作"比复患涨溢，桑田生鳝鳅。感彼不遑寐，耿若怀隐忧"③，然而其没有也无法真切体验社会政治的变动，这一点是无法回避的问题。不过嘉道之前，也鲜有诗人，特别是朝中文臣能够觉察到即将袭来的硝烟炮火，窦光鼐确也难以免俗，这也正是其诗歌价值的缺陷所在。不过，"中国古代诗歌发展史演进到乾隆时期，诗歌理论上片面地宗唐或主宋及创作实践中单一地师唐或法宋都暴露出自身无法克服的弊病"④。窦光鼐并不偏于格调专法盛唐，不学宋调，亦不与性灵同流，在乾隆后期至嘉庆朝，融合唐宋诗风的思潮逐渐高涨，窦光鼐于乾隆一朝以宗杜诗风自立又兼有融会味道，或自觉或不自觉间已有导夫先路之隐意。

三、窦光鼐诗歌对其人格特征的多面呈示

诗歌格调与创作者的人格态度绝难割裂开来，从诗歌中表达出的人格精神上说，杜诗所呈现出的沉郁顿挫，内省外忧的诗歌氛围，已体现出博大的儒家仁爱精神和难得的家国忧患意识。方东树就赞扬杜甫"志气以稷、契、周、孔为心，全与屈子同"⑤。稷、契乃上古贤臣，稷为唐虞臣，后被尊为谷神，"禹思天下有溺者，由己溺之也。稷思天下有饥者，由己饥之也"（《孟子·离娄下》），契曾协助夏禹治水，杜甫自己也曾在《自京赴奉先县咏怀五百字》一诗中有"许身一何愚，窃比稷与契"的名句。杜甫将稷契作为人生的方向，用毕生的文学创作践行着这一目标。而窦光鼐同样抱负远大，早在青年时便"素英迈，尝

① ［清］叶映榴：《叶忠节公遗稿》，乾隆十年刊本，卷一。
② ［清］叶燮：《原诗》，霍松林校注，北京：人民文学出版社，1979年版，第75页。
③ 《西平道中》，［清］窦光鼐：《省吾斋诗赋集》，乾隆刻本，卷九。
④ 王英志：《清代唐宋诗之争流变史》，北京：人民文学出版社，2012年版，第358页。
⑤ ［清］方东树：《昭昧詹言》，汪绍楹校点，北京：人民文学出版社，1961年版，第217页。

言士当求有用，如昌黎折王庭凑，阳明擒宸濠，乃为真学问"①。由此体现出齐鲁地域传统与窦氏家族文化所传承下的儒家入世报国的积极人生态度。诗歌的体格与创作主体的人格应该是一以贯之的，韩愈在《答李翊书》里就有"仁义之人，其言蔼如也"，在窦东皋诗作里即有明显体现。张鹏展在《国朝山左诗续钞》中即称窦氏诗风"骨力坚卓，得少陵之意"②，这种反映在文学创作上的坚卓骨力，所体察出的人格精神即是刚直风骨，因此，窦东皋的刚毅人格折射到诗歌宗尚上，其宗杜诗风的形成是必然的成果。他坚守儒家道统的人格坚持反映到为官之道上即是甘守清廉，在诗中说"乡远甘无梦，官清得屡游"③，在南下广东祭海途径庐州时也作《谒包孝肃公祠》：

> 包公峭直树英声，故里经临为驻旌。遗像千秋瞻岳立，当时一笑比河清。阎罗自昔惩关节，妇女犹今识姓名。敬把余风励顽儒，炷香聊荐寸心诚。④

窦光鼐仰慕包公之情油然可见，所谓见贤思齐，包拯的人格精神也正是窦光鼐所欲学习坚持的，其父亡时，多有人送礼赍金，被东皋严词回绝，其家中本不富裕，"予病形骸累，家贫生死妨"⑤，人情来往却也耿介拒之。他也自知"顽儒"，其性格孤高，"立朝五十年，揭揭然柴立无所顾慕，刚直不能容人，人多咀而忌之者。惟以诚悃结主知"⑥。窦光鼐自己也在诗中感慨"独立茕茕影，嫦娥未解怜"⑦，然而在乾隆朝，虽然不攀附显贵，清廉为官，但不与人群的性格态度多少也会影响其人生轨迹的走向。

故而其浮沉宦海，屡起屡踬。王昶《蒲褐山房诗话》载窦东皋事迹："先生性情伉直，遇事敢言，而尤以文学受知。大考翰林第一，不两载间，晋内阁学士，直南书房，屡荷文衡之名。其再使浙江也，发平阳重徵之案，几为交构者所中，幸得实上闻，诏令复审，乃置于法，浙中人士无不踊跃感泣。而先生还朝，晋总宪，兼直上书房，盖皆荷圣明如神之照也。然先生自谓独契圣贤之旨，故于宋儒所言指斥不遗余力，闻者往往惊骇。至诗非所属意也。其后偃蹇以殁，门人秦君瀛置其栗主于西湖望湖楼，且哀其诗而刻之。"⑧ 徐世昌《晚晴簃诗汇》也载窦光鼐："大考居下等，特擢中允，以副审视学浙江。还与刑部争秋谳，

---

① 钱仲联：《清诗纪事》，南京：凤凰出版社，2004 年版，第 5262 页。

② 钱仲联：《清诗纪事》，南京：凤凰出版社，2004 年版，第 5262 页。

③ 《次西堂弟雨后有怀韵》，［清］窦光鼐：《省吾斋诗赋集》，乾隆刻本，卷十。

④ 《谒包孝肃公祠》，［清］窦光鼐：《省吾斋诗赋集》，乾隆刻本，卷十。

⑤ 《送西堂枢归里三首（其三）》，［清］窦光鼐：《省吾斋诗赋集》，乾隆刻本，卷十二。

⑥ 《都察院左都御史窦公墓志铭》，［清］秦瀛：《小岘山人文集》，嘉庆二十二年刻道光间补刻本，卷五。

⑦ 《元夕书怀（其一）》，［清］窦光鼐：《省吾斋诗赋集》，乾隆刻本，卷十二。

⑧ 钱仲联：《清诗纪事》，南京：凤凰出版社，2004 年版，第 5261—5262 页。

改京兆。又以捕蝗与制府互扞，罢。起官宗丞者十年，再视学浙江，论州县仓库亏空，复与疆吏相执奏，为所中，再罢。再起，又授宗丞，贰春官，三视学浙江。入长御史台，典会试。归安王宝华以锴、凤丹以衔兄弟联名榜首，和相欲以此陷之，廷试凤丹第一，为和相所定，乃不能复有言，然东皋卒以此镌秩去官。洪北江上成亲王书，谓东皋颇附和相，和相方龃龉之不违。秦小岘已辨之，是也。"① 东皋六任典试，四任学政，一任总裁，屡起屡落，蹭蹬官场，由王昶、徐世昌所录可见窦光鼐刚正耿直的为人为官态度。而《晚晴簃诗汇》中所谈及洪亮吉弹劾窦光鼐依附和珅之事，秦瀛在《都察院左都御史窦公墓志铭》中即为窦光鼐辩诬，乃是当时和珅慕东皋金字扇面，乞得其书法，窦光鼐遵旧例自称晚生，后遂被洪亮吉弹劾其拜和珅为师，自称门生，殊为可笑。乾隆朝和珅权倾一时，阿谀攀附大有人在，而窦光鼐仅因题款便被弹劾，确是莫须有之名。事实上，作为清史正统的《清史稿》载："大学士和珅素嫉光鼐，言于上，谓光鼐迭为浙江学政，事有私。"② 由此观之，和珅与窦光鼐素为不和，东皋依附和珅之言也就不攻自破。实则窦光鼐为人耿介，不能容人，不免与人结怨，暮年因坐科考案受贬应与性格也不无关系，但不能因被劾而否定其节。

其实窦光鼐也并非绝对固执封闭，不与人交往。窦光鼐小沈德潜五十六岁，长翁方纲十三岁，长朱珪十一岁，长纪昀四岁，同朝为官确有交际。在朝还与齐召南、裘曰修、彭启丰等人为友，偕游作诗有"芳郊览历兴农事，胜赏招携得友生"③ 句，亦见雅兴，全无孤高之感。此外如东皋送别饯行有《送王熊峰先生谪任西川》《送胡少京兆从军金川》等，亦见深谊：

> 道屈斐萋锦，名存齐鲁东。浮云方吐月，高羽会当风。鞍马清秋里，关山白露中。平生滥推奖，此别意无穷。④

除与相同旨趣同僚交游外，窦光鼐身处馆阁之中又能与寒士交好。刘开《吴生甫先生传》记载："刘海峰先生始以古文为时文，窦东皋阁学应之，其体则取之震川，其气则取史汉八家，其义则取六经以及宋五子，尊之曰四书文，而不敢目为时艺。"窦光鼐与桐城刘大櫆交往应甚笃切，《省吾斋诗赋集》即有三首：

> 野馆回残梦，江乡忆故人。一官犹苜蓿，三径但松筠。雾雨南溟路，关山北峡春。

① 钱仲联：《清诗纪事》，南京：凤凰出版社，2004 年版，第 5262—5263 页。
② 赵尔巽：《清史稿》，北京：中华书局，1977 年版，列传一百九。
③《仲春月半陪芝庭先生大司马漫士白齐二少农游觉生寺即事二首次漫士少农韵》，［清］窦光鼐：《省吾斋诗赋集》，乾隆刻本，卷九。
④《送王熊峰先生谪任西川（其一）》，［清］窦光鼐：《省吾斋诗赋集》，乾隆刻本，卷九。

折梅未敢寄，细把恐伤身。①

　　海内论文友，于今复几人。重经清口路，如遇素心亲。鹿起仍多态，龙眠会有神。朝廷需国士，未合老风尘。②

　　才名三李后，杰出更何人。之子文章绝，忘年意气亲。追欢淇水上，惜别越江滨。相忆不相见，龙眠空复春。③

　　其一为其前往广东祭海初停桐城所作，其二为祭告完毕回京经龙眠山所作，其三为返京复经桐城再次思念故友而作。可以看出窦刘二人绝不是逢场假意之交，然而岁月荏苒，正是"同来玩月人何在，风景依稀似去年"（赵嘏《江楼感旧》），不过此番离别已是生死两隔。东皋慨叹"海内论文友，于今复几人"，这种韶华疾逝，知己不存的孤苦之感寄托于"相忆不相见，龙眠空复春"之景，空有春归龙眠群山，却是人面桃花复不相见，可以想见在习乎歌颂升平的馆阁之外，惯于介特柴立的外壳之下，窦光鼐饱含风霜的笔端蕴聚何等真情挚谊。所谓人以群分，从刘海峰之为人也可窥窦东皋人格品质一斑。第三首中有"之子文章绝，忘年意气轻"句，刘大櫆长窦光鼐二十二岁，诚为忘年之交。海峰文才虽扬名天下，却屡未中第，然而窦光鼐视其为"文友""国士"尤为灼见，故而东皋以贤为友是可体察。《国朝先正事略》载窦光鼐"制艺如古传注，深得立言之旨"④，可以说，立德、立功、立言是怀有文士之心的知识分子的毕生追求，然而立德大贤殊为难得，立功建业亦在少数，这样立言便成为士人们坚定的信念。刘大櫆与窦光鼐虽政治地位有别，然而在儒家立言心态指向上是保持高度一致的，从这一点来看，东皋以诚待友，不偏不倚的人生交友态度亦为可敬。

　　值得我们注意的是，窦光鼐咏物诗中有《戏咏秃笔》可作其人生写照：

　　太息中书老，封城曾拜嘉。只今毛发改，已觉岁年赊。操简多遗憾，临池独叹嗟。非时难沾露，到眼易生花。管自分麟角，床虚镂碧牙。三朋往得怪，十瓮积何加。妙异含云雾，枯同折荻葭。徒劳免冠谢，敢许尽心夸。述事知无用，酬功亦有涯。交情应见矣，天道信然耶。画壁神犹竦，题诗手但叉。伯施如见遇，还欲走龙蛇。⑤

　　咏物诗作古来有之，而诗意主要集中在描绘对象的形与神两个方面，窦光鼐推崇杜诗，

① 《桐城道中怀刘耕南》，[清] 窦光鼐：《省吾斋诗赋集》，乾隆刻本，卷十。
② 《发清口驿望龙眠诸山忆刘耕南》，[清] 窦光鼐：《省吾斋诗赋集》，乾隆刻本，卷十一。
③ 《还过桐城忆耕南》，[清] 窦光鼐：《省吾斋诗赋集》，乾隆刻本，卷十一。
④ [清] 李元度：《国朝先正事略》，长沙：岳麓书社，1991年版，第1121页。
⑤ 《戏咏秃笔》，[清] 窦光鼐：《省吾斋诗赋集》，乾隆刻本，卷九。

前文已引其歆慕少陵"诗往往托物比兴，词旨荒忽，读者莫测其意之所在"。杜甫也存不少咏物佳作，而以秦州为线，前期多集中咏鸟马，后期则扩大对象，苦竹、空囊、促织、铜瓶等等无不入诗，"轩墀曾不重，翦伐欲无辞"（《苦竹》）、"清商欲尽奏，奏苦血沾衣"（《秋笛》）、"久客得无泪，放妻难及晨"（《促织》），表现手段沉郁内敛，句句咏物，而句句又不离人。到东皋这里，其咏物存诗虽然不多，而此诗形神兼具，颇有老杜遗风，似为贬谪时所作，有以笔喻己之意，在衰朽困顿之年又与暮岁之时的杜甫寻得精神上的某种契合。所谓"观物取象"，在该诗中已不光是以目观物，而是以心观物，更是透过物象以心观己。"只今毛发改，已觉岁年赊"双关道出笔毫与人发的年衰岁换，其中回忆昔时光景自不用说，最后用虞世南之典，暗喻自己年事虽高还可笔走龙蛇，审美风格瘦硬顿挫，情感表述婉深曲折，而从诗歌格调上看，虽稍有哀悯之嫌，不过也正映衬出窦光鼐坚定入世的儒家传统人格。

此外，前文已述，窦光鼐自家族地域文化熏染下，与家人或交流或祭奠的诗作也诠释出东皋对故乡与亲人的丰沛感情，可以说官场外能够触动其内心深处的情绪除了与贤相交的友情，还有对桑梓亲情的眷恋，其母去世时，窦光鼐也曾感叹"薄宦犹京国，家山直海滨"①。故而，以窦光鼐对与儒家道统承继相辅相成的诗风格调，进而从文本深挖到其人格，我们不难发现，东皋清廉为官自不必赘言，除此之外，虽有在帝国朝廷效力多年的官僚型文人典型特征，即恭迎圣主、感恩颂德之举，也同时具有孑然柴立之骨，这里应有两方面原因：一是窦光鼐素来性格伉直不阿，不与权佞结党；二是立朝五十载，弘历对窦光鼐恩威并施，东皋不愿也不敢产生旁骛杂念。但是在其如此近于迂讷麻木的外壳包裹之下，却能在其诗集的吉光片羽中逸宕出鲜明浓烈的情感，不仅流动在与自己心灵契合的挚友知交身上，也融汇在血浓于水的亲缘脉络中，这种温暖的人性情怀恰如清风为研究者吹去些许历史的尘埃。

可以这样说，着眼于康乾时期特别是乾隆一朝，当时文坛诗风开始分疆别垒的嬗易之际，窦光鼐有别诸派，并不偏颇格调、性灵、肌理等诸家，更立于唐宋诗争之上，以宗杜诗风自屹诗坛。而其诗风同时也受到地域文化与家族文化双重浸染，其中桑梓与都城，入朝与外放，两条文化线索亦均贯穿东皋终生。在儒家传统理想照耀下，窦光鼐恪守的人格精神与其诗歌宗尚交融一体，其人格介特中正，其诗风深沉博赡，呈现出统一的风貌，在有清一代文坛实有一席之地。

---

① 《哭亡弟西堂十首（其七）》，[清] 窦光鼐：《省吾斋诗赋集》，乾隆刻本，卷十二。

参考文献：

［1］［清］秦瀛：《小岘山人文集》. 嘉庆二十二年刻道光间补刻本.

［2］［清］刘光斗修，朱学海撰：《中国地方志集成·道光诸城县续志》. 南京：凤凰出版社，2006 年.

［3］［清］陈康祺：《郎潜纪闻》. 光绪刻本.

［4］蒋寅：《清代文学论稿》. 南京：凤凰出版社，2009 年.

［5］［清］窦光鼐：《省吾斋古文集》. 乾隆刻本.

［6］［清］窦光鼐：《省吾斋诗赋集》. 乾隆刻本.

［7］陈桦：《多元视野下的清代社会》. 合肥：黄山书社，2008 年.

［8］中国第一历史档案馆：《雍正朝汉文朱批奏折汇编·第一辑》. 南京：江苏古籍出版社，1991 年.

［9］钱仲联：《清诗纪事》. 南京：凤凰出版社，2004 年.

［10］罗时进：《地域·家族·文学——清代江南诗文研究》. 上海：上海古籍出版社，2010 年.

［11］王英志：《清代唐宋诗之争流变史》. 北京：人民文学出版社，2012 年.

［12］魏中林：《钱仲联讲论清诗》. 苏州：苏州大学出版社，2004 年.

［13］罗时进：《唐诗演进论》. 南京：江苏古籍出版社，2001 年.

［14］［清］沈德潜：《说诗晬语》. 霍松林校注. 北京：人民文学出版社，1979 年.

［15］［清］沈德潜：《唐诗别裁集》. 北京：中华书局，1975 年.

［16］曹胜高：《中国文学的代际》. 北京：商务印书馆，2013 年.

［17］［清］李元度：《国朝先正事略》. 长沙：岳麓书社，1991 年.

［18］［清］薛雪：《一瓢诗话》. 杜维沫校注. 北京：人民文学出版社，1979 年.

［19］［清］方东树：《昭昧詹言》. 汪绍楹校点. 北京：人民文学出版社，1961 年.

［20］［清］叶燮：《原诗》. 霍松林校注. 北京：人民文学出版社，1979 年.

［21］赵尔巽：《清史稿》. 北京：中华书局，1977 年.

［22］［清］刘开：《刘孟涂集》. 道光六年刊本.

窦光鼐山水诗探析

马腾飞

苏州大学文学院

摘　要：诸城名宦窦光鼐为乾隆一朝著名的文章矩手，与齐召南并称"南齐北窦"。今存有《省吾斋古文集》《省吾斋诗赋集》各十二卷，集中除却馆阁奉和的应制诗文外，留下了大量的歌咏山水的诗歌作品。这些诗歌大多是作者为宦浙江、广东等地的山水记录，多有划刻精工、元气淋漓之佳作。其山水篇什，融汇前人，形神兼具，有着很高的艺术成就。李元度《国朝先正事略》称其："诗宗少陵，古文法退之"，由此可见杜甫、韩愈二家对其影响之深远。对照其山水诗，亦可发现其诗学法乳杜甫、韩愈、苏轼等唐宋诸大家，可谓善学古人者。从其山水诗作的统计与评析出发，考察其对前人诗风的继承，可以进一步还原这位乾隆诗坛作手的艺术地位。

关键词：窦光鼐；山水诗杜；韩诗风；苏轼

　　我国的山水诗夙为大宗，汉魏以来，山水已然成为古代诗人情感寄托的绝佳载体。经过南朝谢、鲍、何、阴诸家的拓展，山水诗在唐宋时期迎来了高峰，无论是迁客骚人，或是江湖游子，徜徉山水之时，都留下了许多瑰奇动人的篇章。在实际创作上，清人更是集山水诗歌之大成，主要体现在山水题材的开疆拓宇，以及表现手法的空前完善之上。这一点，有学者已经指出："山水自然题材的作品是清诗史上最富意蕴和神采的部分之一。"①而山水与诗人的联系，清人也做出了全面的总结与阐释，沈德潜在《芳庄诗序》中写道："江山与诗人，相为对待者也。江山不遇诗人，则巉岩瀄汩，天地纵与以壮观，终莫能昭著于天下古人之心目；诗人不遇江山，则虽有灵秀之心，俊伟之笔，而孑然独处，寂无见闻，何由激发心胸，一吐其堆阜灏瀚之气。惟两相待、两相遇，斯人心之奇际乎宇宙之奇，而文辞之奇得以流传于简墨。"② 清人心目中，诗人之于山水乃是相辅相成，交相辉映，这反映了清人对山水之重视。作为乾隆朝的文章名臣，窦光鼐集中大量的山水诗歌堪称江山与心胸的诗情碰撞，也阐释了清人对前人融汇生新的诗学选择。

---

① 罗时进编选：《山水诗选·前言》，南京：凤凰出版社 2012 年版。
② 潘务正、李言校点：《沈德潜诗文集》北京：人民文学出版社，2011 年，1525 页。

一、傲骨崚嶒：磊落人格与奇伟山水的统一

自唐以来，随着五七言古近体诗的日趋完备，山水诗歌在表现手法的多样性上有了充分而长足的发展，既有李杜韩苏笔下的雄奇阔大之胜景，亦不乏王孟韦柳那曲折幽深的咏叹风致，这在风格上大致行成了对立互补的两大派别。特别是宋代苏轼将哲思融于山水篇什中，取得了相应的成功，在表现之工，刻画之细上，还是不逊前人，并有所发展。元明以降，虽然各家各派均做了各种尝试与努力，但在山水刻画的整体风格上已经很难突破，因此，借鉴前人，融汇生新成了清人的最佳选择。李白有着轩然高耸的山水清音，但其诗天才高妙，不主故常，难以仿效。杜甫、韩愈诗风侧重于对风景的刻画描摹，诗笔细腻而狠重，同时亦不乏瑰奇之想象。故而自诞生之时起，杜、韩之诗风即为历代文人所熟悉借鉴，可谓沾溉词人，非一代也。乾隆时期，著名诗人窦光鼐的山水诗作成就比较瞩目，其诗笔学杜韩，而得畅遂于苏轼，堪称法乳前人，融汇生新的典型代表。

窦光鼐字元调，号东皋，山东诸城人。乾隆七年进士，选庶吉士，散馆授编修。窦光鼐一生几经宦海沉浮，历任内阁学士、左副都御史、浙江学政、署光禄寺卿、宗人府府丞、礼部侍郎、左都御史、提督浙江学政、顺天府尹、光禄寺卿、福建乡试正考官等，督学浙江期间还曾擢吏部侍郎。东皋一生，立朝凡五十余年，其仕途虽看似显达，但细考其生平亦是几经迁谪，历览沧桑。东皋生于康熙五十九年，卒于乾隆六十年，是生于康熙，长于雍正，仕于乾隆的典型文臣。乾隆朝是其政治、文学生活时期的主体时段，可谓巧合，他的生命也伴随着乾隆朝一同落下帷幕。因此，无论其政治生涯，抑或是诗文创作，无一不深深带有乾隆一朝的深刻印记。当时正值海内生平，在沈德潜的倡导之下，馆阁诸臣率为唐音，故而朝野之下，诗坛悉宗杜甫，这本是顺理成章之事，但窦光鼐却不局限于此。张鹏展《国朝山左诗续抄》记载李少鹤语云："于友人处见数十篇，皆其少作耳。然骨力坚卓，得少陵之意。犹可想见其为人也。"符葆森《国朝正雅集》引《东武诗存》云其："诗拟韩、苏，有过之无不及也。"通过前人描述可知，窦光鼐的宗杜，能够进而宗法韩、苏，体现了宽泛的诗学取向。

陈衍论及清代前期宋诗派时曾断言："有清一代，诗宗杜韩者，嘉、道以前唯一钱箨石侍郎。"① 从整体诗风以及变革精神上来看，这样的论断大致是正确的。但自乾隆中后期起，钱载入直上书房，将京师诗坛引入了杜韩一派的清新峭刻之风。此外，钱载在京交游相当广泛，与永瑆、翁方纲、姚鼐乃至王昶、钱大昕等人均有来往，翰苑馆阁之间，诗酒流连之际，钱载个性鲜明的杜韩风格在京师诗坛颇为夺目，无疑可浸染一代之风气。窦光

---

① 陈衍：《近代诗钞》，祁隽藻条，上海：商务印书馆，1935 年。

鼐与钱载曾同著充四库全书馆总阅，二人虽无直接往来，但杜、韩诗风实际上渐已沾溉朝野。

窦光鼐步入诗坛，面对着前人巨大丰厚的遗产，进行了有选择的继承，杜甫、韩愈、苏轼是窦光鼐的主要宗法对象。早在清初，叶燮提倡宋诗，尊杜甫为冠，又称韩愈、苏轼才力可与杜甫鼎足而三。叶燮同时不忘交代，韩苏二家"皆本于杜，细览杜诗，知非韩苏创为之也"①。可见清人已经注意到韩愈对于杜诗奇险一脉的继承性，正如汪立铭《白香山诗集序》所云的"白得杜之正，韩得杜之变"②。稍后赵翼《瓯北诗话》的论述可以作为杜韩诗风的定义与总结："至昌黎时，李杜已在前，纵极力变化，终不能再辟一径，惟少陵奇险处，尚有可推扩。故一眼觑定，欲从此辟山开道，自成一家，此昌黎注意所在也。"③ 所谓"少陵奇险处"的推扩，正是韩愈诗风形成之关键所在，韩愈也凭此开辟疆土，在诗风上得以与杜甫并称。宋代之后，苏轼将想象与哲思融于山水篇什中，取得了相应的成功，同时，在景物的表现之工，刻画之细上，苏轼能够承接前人，并有所发展。因此，窦光鼐能够将诗学品质聚焦到杜甫、韩愈、苏轼这三位杰出诗人身上，并非偶然。

此外，窦光鼐学行深纯、性情伉直的儒者风范，使之于杜甫、韩愈、苏轼等大家，有着悠然心会的契合与领悟。早在南宋，朱熹即提出："于汉得丞相诸葛忠武侯，于唐得工部杜先生、尚书颜文忠公、侍郎韩文公，于本朝得故参知政事范文正公。此五君子，其所遭不同，所立亦异，然求其心，则皆所谓光明正大、疏畅洞达、磊磊落落而不可掩者也。"④ 杜甫、韩愈早已成为古代士大夫所钦佩的道德楷模。窦光鼐立朝五十余年，其德行与文章最受人称道，作为孔孟之乡走出的才子俊彦，东皋的直节与操守颇受当世所推许瞩目。昭槤曾记载："余幼时闻韩旭亭先生言，当代正人以窦东皋为最。时阅其劾黄梅匿丧奏疏，侃侃正言，心甚钦佩，以为虽范文正孔道辅无以过之。"⑤ 以范仲淹、孔道辅方之窦光鼐，可谓推崇备至，然观东皋一生行迹，可知并非虚美之词。如其任顺天府尹之时，即惩治奸邪，玩忽职守者多受其查处，任上又删改不当律令达百余条。在代理兵部左侍郎奉命祭南海之时，地方官吏竞相送礼，皆以严词拒绝。其父病故时，有人以厚金相赠，亦婉言相拒。等步入晚年，又与气焰熏天的权臣巨饕和珅相抵牾，甚至险因其谗言而得祸⑥，可知东皋的直节锋芒颇为奸佞所忌，观其一生，风骨凛然，其清廉操守堪称名臣之典范。

作为廉吏、能吏的同时，窦光鼐亦是乾隆朝的文章重臣。其少年之时即有神童才子之

---

① 叶燮：《原诗·外篇上》，北京：人民文学出版社，1979 年。
② 汪立名：《白香山诗集序》，载汪刊《白香山诗集》，四部丛刊本。
③ 赵翼：《瓯北诗话》卷三，北京：人民文学出版社，2013 年。
④ 朱熹：《晦庵先生朱文公文集》卷七十五，《王梅溪文集序》，四部丛刊影明嘉靖本。
⑤ 昭槤：《啸亭杂录》，卷九，清抄本。
⑥ 赵尔巽《清史稿》列传一百九，民国十七年清史馆本。

誉，长而精于经史，于诗赋尤佳，深受乾隆帝所器重。每逢盛大礼仪，东皋多奉命作辞赋铭颂，润色鸿业。乾隆帝本人的御制诗文，亦曾奉命校阅，足见其诗文造诣。由于在京日久，东皋与纪昀、朱珪、翁方纲等显宦名流在朝主持文运达数十年，李元度《国朝先正事略》多有所载，并称其："于书无所不窥，而风节尤挺劲……每试牍闱艺出，学者奉之如泰山北斗。"①吴仰贤《小匏庵诗话》卷四亦载："入词垣后以诗文受主知。凡六任典试，四任学政，一任总裁，其历掌文衡，前后朝士，无出其右者。"今存窦光鼐诗歌作品大都保存在《省吾斋诗赋集》中，凡十二卷，大部分是奉和应制之作，辞气安闲，雍容典雅，不离台阁体的范畴。作为深受帝王赏识的文章之臣，应制之作占了东皋诗集的一至八卷，古人向来以"气冲星象表，词感帝王尊"（杜甫《奉留赠集贤院崔于二学士》）为豪，窦光鼐躬逢康乾盛世，鼓吹鸿业、润色生平是其作为文章之臣的分内之事，而抒写中怀，发诸吟咏的诗人之笔，则主要体现在最后的三卷诗内，这其中山水诗的成就格外瞩目。

　　窦光鼐用心于山水诗作，首先体现在夺目的数量上，虽然《省吾斋诗赋集》后三卷的存诗量并非是庞大数字，共计两百五十余首，其中山水纪行诗就占了一百一十余首，几欲占其半。从质量上看，这些山水纪行诗置于窦诗全集中亦皆属上乘，王昶《湖海诗传》选录了乾隆时期同时代著名诗人的代表篇章，窦光鼐诗作共有十二题十四首入选，其中山水诗足足占有十首之多。近代徐世昌所编《晚晴簃诗汇》录其诗七首，六首为山水诗。应该说，无论身前身后，诗坛最为推许的是其山水诗作。从体裁上看，这些入选的诗歌古体、律诗兼有，皆是精心结撰之佳篇。近代张维屏《国朝诗人征略》摘录其佳句三联："猿鸟各成性，松篁俱好音""密林交石气，空峡转江声""地连五岭分鹏背，水带三江下虎门"②，也均出自于诗人的山水名篇。吴仰贤《小匏庵诗话》亦摘其山水诗作两联，并称赞："《夜过弹子矶》云：'江流催地转，石气逼天高。'《游峡山寺》云：'密林交石气，空峡转江声。'句法甚健。"前人着眼点皆在于此，亦足见东皋于山水诗作之用心。通过前人所引的这几联妙句可知，在摹山状水之时，诗人对于前人诗风的追步与掌握也同样发挥得淋漓尽致，同时，诗人笔下刚健峻嶒的山水奇景与其忠介亢直的儒者性情达到了和谐的统一。

　　当然，清代山水诗的兴盛，与词臣辗转一生的行迹是密切相关的。清代舆图之辽阔，远迈汉唐，词臣或随驾出巡，或奉命出使，抑或遭受贬谪遣戍，皆能饱览所经历的山川风物，新的疆域风采无一不可纳入诗料。窦光鼐一生宦海沉浮，除在京师任职外，曾三赴浙江担任学政，其间还曾奉命远赴广东祭告南海，丰富的阅历极大地拓展了其诗笔。京师雄踞燕地，形胜壮于天下，浙江秀于东南，山水清幽妙绝，而广东地处南壤，亦多炎嶂奇峰，此三处皆是人文荟萃，且风景殊异的山水仙都，奇山异水自然成为了诗人迁谪行旅中的最

―――――――――――――――

① 李元度：《国朝先正事略》，卷四十二，长沙：岳麓书社，1991年，1121页。
② 张维屏：《国朝诗人征略》，卷三十一，清道光十年刻本。

佳题材。值得一提的是，窦光鼐本人仕宦南北之时，其山水诗风所彰显出不同的面貌。我国舆图辽阔，地分南北，而东皋一生为宦，辗转飘零，其处于北方的燕地京师、家乡诸城与在南方的浙江、广东时所作的山水诗篇能够应情应景而显示出不同的诗学品质。东皋处北方之时，多豪放浑成之作，其诗多出为七绝，七古。而南方诸篇愈加精工镂刻，不乏细致入微的清远之作，多出为五律，五古。如其在游览家乡五莲山所作的一组七绝："五朵东南第一峰，沧波日夜浸芙蓉。似闻风雨诸天上，万里寒潮度暮钟。"① "巨灵高掌远摩空，手劈双莲华岳通。玉井千年青不谢，还分一瓣拓天东。"② 此类作品多清雄峻拔，直追李白之境。

南方多清远入微之景象，东皋同样能够纳入诗中，与在北方所作的泼墨重彩相比，更多的是平远超旷之景象。如《钓鱼石上作》："见说江鱼美，临渊不下钩。却依一片石，回望百花洲。盈把搴金粟，支颐数白鸥。碧湾凝定水，柔橹莫深愁。"③ 与其北方山水诸篇，有着较为明显的差异。需要注意的是，诗人南北风格的不同并无直截明显的分割，而是随着诗人的辗转踪迹，逐步浸润渐变形成的一个内在差异的过程。

二、雄豪刚健：东皋诗笔下的奇峻之美

窦光鼐为宦日久，多滞留盘桓于京师，作为封建君主的文章辞臣，东皋一面受恩优渥，一面又有其作为文臣的无奈之处，侍奉乾隆帝这样的酷刻雄猜之主，其诗才不免受到一定的拘束。而宦海生涯中的浙江、广东之行无疑拓宽了诗人的眼界与诗笔，因此，诗人作于浙、粤之篇什在集中占有重要的地位。今存《省吾斋诗赋集》卷九至卷十为诗人盘桓京师，重返故乡，远至浙地、南粤等地的纪行篇章，更多的是瑰诡奇观的山水记录。

唐宋诸大家中，杜甫、韩愈等人的诗风堪称雄奇刚健之美的典范代表，苏东坡比较韩、柳二家之时曾指出："退之豪放奇险则过之，而温丽情深不及也。"实则道出了韩愈力大思雄，刚猛无俦的诗风特点。而这种诗风是缘于杜甫，经韩愈之手变其本而加其厉的。窦光鼐在诗风的选取上，无疑继承了杜韩二家刚健之美的特性，在山水题材上，诗人有意识地选取气象雄阔、挺拔峻伟的景色入诗，与诗人本身刚亢正直的性格形成对照。大江黄河、高山巨峡皆是东皋一再歌咏的对象，写下了《渡河》《西平道中》《应山道中》《东盘路》《登望海峰》《晚渡卢沟》《徐州渡河》《登观音岩》《过英德南山入浈阳峡》《晚渡大庙峡》等刚猛无俦的作品。即便是景色秀妍的浙中山水，在诗人笔下依旧是那样的奇伟不凡，如《湖海诗传》所选取的《游天井（一名白龙潭）》：

---

① 窦光鼐：《望海峰》，《省吾斋诗赋集》卷九《五莲山杂咏十二首》，清乾隆刻本。
② 窦光鼐：《五莲峰》，《省吾斋诗赋集》卷九《五莲山杂咏十二首》，清乾隆刻本。
③ 窦光鼐：《省吾斋诗赋集》卷九，清乾隆刻本。

游子追险绝，造物秘灵境。始下九仙麓，槛泉书库（峰名）顶。西行得牛涔，幽寻问天井。杖策半缺折，溪径犹榛梗。局身缘峻崿，步涩觉道永。稍出石门隘，已怖风色猛。湍瀑回群壑，硖角会诸岭。仰睎练峰嵌，转睨龙塔迥。势挟河汉落，气侵毛发冷。黑云闭霭对，白日匿晶影。俯崖窥半壁，阴鉴洞内景。想见虚无底，积水藏溟涬。有时沃骄阳，霖雨应祷请。沉牲终不受，澹濑涵渊静。适来惊蛰潜，殷雷晨一警。岂谓感鬼神，兹游固多幸。西晖余照曜，延伫惜俄顷。①

这是诗人浙江任上所作的一首五古，声调、辞气上很明显都继承了杜韩诗风阳刚之美的特性，"势挟河汉落，气侵毛发冷""黑云闭霭对，白日匿晶影"等诗句皆拗折透劲，气势雄壮奇伟，成功地展现出白龙潭雄奇险怪，幽僻阴森的独特之景。从造语上看，虽过于堆垛质实，缺少清空流转，但从表现手法到风格与杜韩均无疑是一脉相承的。

又如其远赴广东祭告南海时所作的《弹子矶》：

危矶俯浈江，千仞削青壁。直上绝附攀，肘腋带虹霓。蛟龙深窟蟠，嘘浪相荡激。不知混沌始，谁奏开凿绩？苔花绣五纹，皱透剧剞劂。钟乳长于人，葳蕤垂莲苾。阴液滋玉髓，不雨常自滴。洞穴横半天，谽谺中闃寂。有时通灵籁，千嵓转霹雳。传闻唐寇乱，弹丸兹穿击。粤人侈新语，荒唐孰剖析？我来日方晏，咫尺缺良觌。归舟及晓泊，空翠如何摘？苍鹰飏高孔，嗷嗷意求敌。崩崖岌欲动，仰睨增怵惕。触石俄寸肤，层巅倏幂历。精灵逞怪变，奇赏慰远适。倘逢鹤上仙，凌风振璠籤。②

弹子矶是浈江一带著名的险峻之处，雄居上游，俯视江面。清初顾祖禹在《读史方舆纪要》中记载："在县北六十里，一名轮石山，高数十丈，壁立江浒，崖半有窝，高广数尺。"③ 屈大均的《广东新语》所记颇为详细："有曰弹子矶者，远望之，一峰锐竦，欹壁千仞，绝似太华南峰之背，上有穴，亦与肥遗穴相似，云黄巢弹子所穿，是中空洞，一声入之，如震雷盘旋石腹，四山传响。壁上花木，与石色青白红紫相间，若锦屏。其南有数十峰，亦皆绝壁，乳下滴，半空沾濡，时时坠一巨石，与惊湍日夜舂击。过此又有数峰相连，一壁横出，高广不及弹子矶，而迤逦若层城，盖皆与弹子矶本一圆峰，而削其半以为

① 王昶：《湖海诗传》，卷九，清嘉庆刻本。
② 窦光鼐：《省吾斋诗赋集》卷九，清乾隆刻本。
③ 顾祖禹：《读史方舆纪要》卷一百二，清稿本。

壁者，此巨灵斧凿之迹也。"①

对照顾祖禹的史笔以及屈大均的散文实录，可以发现窦光鼐的诗笔写实功力是如此不凡，其写景刻画之细腻，使读者如在目前。诗人状如此嵌崟险峻之景，狮子全力搏兔之貌亦可得见：开头两句用粗笔，描画出弹子矶壁立千仞的雄奇，继而移步换景，将矶上之景一一呈现，既有苔花、钟乳、瑶草等细节，又有洞穴、岩石、层颠等大景观，妍媸巨细，靡不毕现。同时又叙述了弹子矶的传闻，其上洞穴乃是唐末黄巢所弹穿，历史与现实的时空在此交错，最后诗人凭借此奇山异水展开想象，以游仙之语结束全诗。

细读内容我们还可发现，全诗选取的多是刚猛奇崛的物象，动词亦多选取削、激、刿、剔等镌刻尖新的字样，以造成硬语盘空的效果，同时诗人的想象是那样的险怪奇崛，如："蛟龙深窟蟠，嘘浪相荡激""苍鹰飏高孔，嗷嗷意求敌"等诗句，因此整首诗的力度充沛，全篇盘旋着跳跃动荡的韵律与节奏。同时，诗中又不乏主观意识的融入，诸如"崩崖炭欲动，仰睨增怵惕""精灵逞怪变，奇赏慰远谪"等句，全诗神似杜甫入蜀之后的风格，更近于韩诗。无论是从题材、用字、想象，还是场景的安排、转换等几方面来看，窦光鼐对于杜韩诗风的全面掌握，可谓得心应手。而状此难写之景，使读者如在目前，亦以杜韩诗风为佳，大匠轮斤，自然神完气足。

遍观全集，可发现窦光鼐诸体皆工，又以五律为最长，入选湖海诗传的十五首作品中，五律便有七首，几占其半。窦光鼐以五律写山水，感情充沛，景象雄奇扩大，同样充满回旋着沉郁顿挫之气。如果说他的五古诗风偏倾向于韩愈，那五律则主要继承了杜甫的风格。比如同样是写弹子矶，作为五律表现，在窦光鼐笔下却直是另外一种风味：

> 日下碧峯暮，山寒苍鹘号。江流催地转，石气与天高。直想移灵鹫，何年断巨鳌。客帆不得泊，敧枕送惊涛。②

此诗题名《夜过弹子矶》，所展现的是弹子矶的暮夜景色。首联先交代日暮之时，助以苍鹘之哀号，全诗笼罩着苍凉悲怆的基调。中间领联堪称妙句，与杜诗《江涨》中的"大声吹地转，高浪蹴天浮"可谓异曲同工，吴仰贤在《小匏庵诗话》中称赞"句法甚健"。而领联想象亦奇警，篇尾以枕上听涛作结，使读者若闻风涛之声，不绝于耳。此诗是窦光鼐的力作，置之杜诗中，几可乱真。又如同在广东时所作的《雨入浈阳峡作》：

> 西壁巉无路，南天隘此门。迭空浮雨气，迸水泻云根。滩厉牛仍斗（峡中两石如

① 欧初，王贵忱主编：《屈大均全集》第四册，人民文学出版社 1996 年版，第 63 页。
② 窦光鼐：《省吾斋诗赋集》卷九，清乾隆刻本。

牛斗状曰牯牛滩），江寒鹭不翻。樵歌闻谷口，稍稍见前村。①

五律篇幅较五古为短，而力量也更为集中。在中间两联中，宜纳入气象宏大之景，同时思虑低徊沉郁，声调抑扬顿挫，用字亦千锤百炼，非凡的感染力即得以喷薄而出，这是老杜诗风的正眼法藏，窦光鼐可谓得其神髓。较之五律，窦光鼐七律创作在数量上稍有不及，然而亦时有山水佳篇，如《登浴日亭次东坡韵》：

扶胥南下水如天，倚棹孤亭黄木湾。海外初收鳌背雨，云中稍辨虎头山。即看铜鼓添沙棱（南海庙前涨沙数十里名铜鼓沙），岂有丹炉驻玉颜（东望白云山有安昌期丹灶）。我欲骑鲸攀若木，偏悬五色十洲间。②

又如《登越秀山》：

镇海楼头过雨痕，越王台上俯朝暾。地连五岭分鹏背，水带三江下虎门。歌舞岁时人代换（山后为歌舞冈），东南市舶岛夷繁。颇闻利病关丝禁，尚待咨询达帝阍。③

这两首七律依然是作于广东之时，整体风格亦是学杜，对仗工稳，语言凝练，给人以千锤百炼之后的浑成之感。二诗堪称窦光鼐七律山水之能品，当时王昶所编的《湖海诗传》，乃至近代的《晚晴簃诗汇》皆有入选。"海外初收鳌背雨，云中稍辨虎头山""地连五岭分鹏背，水带三江下虎门"等联尤为时人所称道。

清前期诗宗杜韩者，前有叶燮，后有钱载，杜韩诗风渐渐浸润到庙堂与江湖之间。窦光鼐可谓正逢其时，而杜、韩诗风在其诗笔下又有着明确的分工，可以说，东皋近体山水大气磅礴，瓣香老杜，而他的五古新奇奥衍，用字佶屈聱牙，陆离光怪，往往有学韩的奇险倾向。

三、畅遂韩苏，奥衍畅达

以文为诗是杜甫、韩愈诗风中的显著特征，同样被窦光鼐所继承，自杜甫《北征》等诸篇发轫，韩愈《南山诗》《山石》等山水诗歌的继承与拓展，以文为诗的表现手法在山水诗作中日益丰富，甚至波及宋诗，苏轼、黄庭坚、陆游等大家以多收此沾染。尤其是苏轼

---

① 窦光鼐：《省吾斋诗赋集》卷十，清乾隆刻本。
② 王昶：《湖海诗传》卷九，清嘉庆刻本。
③ 王昶：《湖海诗传》卷九，清嘉庆刻本。

的七古山水,他的《游金山寺》《百步洪》《登州海市》诸篇,同样堪称杜韩诗风的嫡传。在沿袭了杜甫、韩愈、苏轼一脉所开辟的道路上,窦光鼐是善学古人者。

李元度《国朝先正事略》云窦光鼐"诗宗少陵,古文法退之"①,其实韩愈对窦光鼐诗歌影响之巨,并不亚于古文。尤其是他以七言古体写山水,更是得之于韩愈随意赋形,以文为诗的妙处。窦光鼐曾与其弟光钺,从弟光彤共游五莲山,其山地处东鲁,奇峰林立,万木葱茏,乃海隅名胜,其间怪石嶙峋,悬泉飞瀑,同时胜景与远古传说并存,想在一篇诗中表现如此之多的内容,并提炼出理趣意味,确为不易。窦光鼐沿袭了韩愈《山石》散文布局之章法,作七古长歌一首:

> 我观东海谈蓬壶,三山微茫疑有无。揭来系马五莲下,果然面见真匡庐。山僧袈裟轻野凫,相将一笑山之隅。西堂仰望色已怖,屐齿未移先叹呼。我亦倚杖自太息,病足须倩山灵扶。彤也意气颇豪粗,奋勇先登如执枹。洞水岩松递留憩,云梯石磴争盘纡。直造上界琳琅都,天竺柱天尤绝殊。二十六峰各俯仰,下视一色青模糊。就中架阁当云衢,环山涌翠若委输。山僧采山得兼味,杂陈杞蕨飨雕胡。林香花气共吞吐,巢鸟堦鹤相鸣呼。西山忽已匿红日,晴霄稍已种白榆。虚窗延月连床橱,高枕宛然仙侣俱。五老婆娑龐眉攒,太乙之水天瓢斟。织女手持七裹图,银汉照烂不可摹。(山有五老峰、太乙池、织女洞诸胜)怳怳惊起悸魂魄,萧萧夜籁吹笙竽。人生梦觉成今古,世间忧乐惟须臾。此身未分谢驰驱,且乘风泛五石瓠。迟我言归四十载,共来此地餐云腴。②

为方便比较,现将韩诗《山石》列于窦诗之后:

> 山石荦确行径微,黄昏到寺蝙蝠飞。升堂坐阶新雨足,芭蕉叶大栀子肥。僧言古壁佛画好,以火来照所见稀。铺床拂席置羹饭,疏粝亦足饱我饥。夜深静卧百虫绝,清月出岭光入扉。天明独去无道路,出入高下穷烟霏。山红涧碧纷烂漫,时见松枥皆十围。当流赤足踏涧石,水声激激风吹衣。人生如此自可乐,岂必局束为人羁。嗟哉吾党二三子,安得至老不更归。③

---

① 李元度:《国朝先正事略》卷四十二,长沙:岳麓书社,1991年版,第1121页。

② 窦光鼐:《同西堂游五莲山,从弟光彤适至同登,作歌一首》,《省吾斋诗赋集》卷九,清乾隆刻本。

③ 陈伯海编:《唐诗汇评》中册,杭州:浙江教育出版社,1995年版,第1649页。

窦诗篇幅较长，但与韩诗在脉络上为近。《山泾草堂诗话》分析《山石》章法云："'山石'四句，到寺即景。'僧言'四句，到寺后即事。'夜深'二句，'宿寺'写景。'天明'六句，出寺写景。'人生'四句，写怀结。"① 窦光鼐此篇完全借鉴了韩愈《山石》的移步换景之法，堪称以文为诗的典型作品。诗人以时间顺序为经，移步换景展开画卷，结尾归结于人世须臾与江山永恒的思考，使全篇焕发了诗性哲理，这与韩愈《山石》的篇章结构如出一辙。我们分析窦诗脉络时也可仿造《山泾草堂诗话》云："'我观'六句，言入山即景；'西堂'十四句，言攀岩登山；'山僧'四句，言用斋；'西山'十句，言日暮至夜景；'人生'六句，写怀结。"此外，"彤也意气颇豪粗""且乘风泛五石瓠""迟我言归四十载"等句式是以散文句法入诗，却又丝毫不失诗意，可见窦光鼐对于"以文为诗"的写法是深会于心的。

前人研究已经表明，以文为诗的首创者实际为杜甫。② 方东树论杜诗云："洁净，远势，转折，换气，乘落，参活语，不使滞笔重笔，一气浑转中留顿挫之势，下语必惊人，务去陈言，力开生面，此数语，通于古文作字。"方东树同时还注意到了杜韩二家的共通之处，即《昭味詹言》卷九云："杜、韩两家……笔性选字，造语隶事，则各不同。而同于文法高古，奇态变化，壮浪纵宕，横跨古今。"方氏为桐城派古文大家，文章之法熟稔于心，对杜韩诗风中"以文为诗"的把握精准而到位。

后世诸诗家有的沿袭着杜甫、韩愈所开辟的路数，取得了相应成功，正如清人田雯所云："今之谈风雅者，率分唐、宋而二之。不知杜、韩海内俎豆久矣。梅、欧、王、苏、黄、陈诸家，亦无不登少陵之堂，入昌黎之室。"入宋以后，苏轼的七古长篇尤其堪称杜韩诗风的嫡传，技巧上也更为纯熟妥帖，以文为诗到了苏轼笔下，才真正做到了皮毛落尽，精神独存。苏轼避免了韩愈某些篇章故意追求散文化而落入"押韵之文"的弊端，其写景体物，均能做到意到笔随，触处成春。早在南宋，刘辰翁已经意识到了以文为诗发轫于杜甫，变化于韩、苏的衍变过程，他在《赵仲仁诗序》指出："杜虽诗翁，散语可见，惟韩、苏倾竭变化，如雷霆、河、汉，可惊可快，必无复可憾者，盖以其文人之诗也。"③ 因此，杜韩诗风的集大成者，实际是宋代的苏轼。东坡七古能够熔杜韩之长，运以自己的妙喻奇思，将杜韩诗风提炼上升至新的高度，这与窦光鼐对杜韩诗风的追求显然是一致的。

窦光鼐诗风总体近于唐，但他同样对苏诗用功颇深，其诗集中追次古人韵之作并不多，即便次韵杜诗也是偶一为之，相比较之下，其诗集中追和苏诗的作品却往往得见，且多为山水诗。如《自金山放舟至焦山用东坡韵》（卷九）、《九日同西堂登琅琊观日出得见海市次

---

① 汪佑南：《山泾草堂诗话》，民国二十四年刻本。
② 许总：《杜甫以文为诗论》，《学术月刊》1983 年第 11 期。
③ 刘辰翁：《须溪集》卷六，清文渊阁四库全书本。

东坡先生登州海市韵》，以及此篇的《再叠前韵》，兹举其后者：

> 屡仪夜陟凌遥空，海天苍茫元气中。怪底海市炫霜曙，乍疑翠水环瑶宫。半入南极烟雨暝，欲欣真宰难为工。东直扶桑赤波绕，层城人出骖双龙。登州旧祀广德王，灵亦绝倒东坡翁。蓬莱琅琊各壮观，神若何意争两雄。太虚偶然作形色，亿千幻界谁能穷。须臾浮云共变灭，但见日旭升光融。我游宦海已十载，汝亦奔走营斗钟。适睹蓬壶示现象，径途宛识如新丰。尘颜一破相视笑，我汝举类铜山铜。阅时随遇互长短，如斯聚散任天风。①

为方便比较，下面附上苏轼的原作：

> 东方云海空复空，群仙出没空明中。荡摇浮世生万象，岂有贝阙藏珠宫。心知所见皆幻影，敢以耳目烦神工。岁寒水冷天地闭，为我起蛰鞭鱼龙。重楼翠阜出霜晓，异事惊倒百岁翁。人间所得容力取，世外无物谁为雄。率然有请不我拒，信我人厄非天穷。潮阳太守南迁归，喜见石廪堆祝融。自言正直动山鬼，岂知造物哀龙钟。伸眉一笑岂易得，神之报汝亦已丰。斜阳万里孤鸟没，但见碧海磨青铜。新诗绮语亦安用，相与变灭随东风。②

　　苏轼于韩愈用心颇深，此作亦是步武韩诗，苏诗的章法安排亦借鉴了韩愈七古《谒衡岳庙遂宿岳寺题门楼》，但变韩愈的眩怪逞险、恣意翻腾为舒缓流荡，因此作品最后流露着平和疏畅，而非韩愈原作的剑拔弩张，这也是苏轼本人对于杜韩诗风的继承与开拓。窦光鼐的和作同样抓住了这一点，窦诗通篇想象奇特，感慨深沉，虚实转折皆神似苏诗原作。可见窦光鼐与苏轼一样，对于前人诗风的掌握是具有选择性的。杜甫写景手法高超细致，往往能穷形极相，然部分篇章不免失于力猛气尽，韩愈恣意求险，时而落入炫奇逞怪，以骇人耳目为能。窦光鼐在一定程度上避免了前人诗风的这些极端显著的个性，甚至时而在篇章中时而加入清空平易之句或者超凡出尘之想象，使全诗虽硬语盘空而不流于艰涩，这使得他的山水诗能取杜韩之长而删汰其弊，故而其诗往往能近于苏轼。

　　窦光鼐古文本深受韩愈影响，因此在文章的谋篇布局、起承转合上往往能尽得其妙。除古文外，窦光鼐本身还是乾隆朝作赋的文章矩子，他的制艺更是被当时人奉为泰山北

---

① 窦光鼐：《省吾斋诗赋集》卷九，清乾隆刻本。
② 查慎行注，王友胜校订：《苏诗补注》卷二十六，南京：凤凰出版社 2013 年版。

斗。① 这样一位文章大家，将行文之法映射到他的诗歌上，或以赋为诗，或以散文为诗，自是顺理成章。但是总体而言，窦诗山水刻画之功力，逊于杜甫，措辞之狠重，弱于韩愈，想象之瑰奇又未能超出苏轼，因此，窦诗在个性上并不如杜、韩、苏等唐宋大家突出，这一点毋庸讳言。但窦诗能够总诸家之长，在乾隆诗坛上无愧于作手的地位。

结语

杜、韩、苏轼的诗风作为一种特定的诗学范畴，在清代广为人习，并直接导致了宋诗派的诞生。正确把握清人对杜甫、韩愈、苏轼三家诗学的沿袭因陈，对于清代的宋诗学研究具有重要的意义。窦光鼐的山水诗作正是运用此类诗风的典型代表，无论是对于刚健雄奇之美的偏好，还是险怪、力沉的措辞造语，抑或是以文为诗的奥衍畅达，窦光鼐山水诗中的律诗古风成功再现了杜韩苏一派的独造之境，同时，他的山水七绝遒劲超迈，不下唐人，同样值得我们注意。

窦光鼐曾强调："作诗者必性情既厚，植之以骨干，傅之以采色，谐之以律吕。舍是言诗，非诗也。"这是博宗各家后的夫子自道，大体与沈德潜格调派为近，却又不为其囿。所谓的骨干、采色、律吕，即是对诗歌内容、辞采、声韵的要求，对照到他的山水诗作上看，大体是能行其道的。窦诗以杜为骨，以韩苏为肌理风神，远非格调派所能拘。实际上，此类诗风是窦诗山水刻画的主体风格，而并不能是代表全部，窦诗中也有许多轻松明快的七绝山水，往往能得太白之神韵，而非杜、韩、苏轼所能牢笼。如其在家乡所作的《五莲山杂咏十二首》七绝组诗，同样气力遒劲，若纳须弥于芥子。此类作品方之长篇古风正如小幅册页之与巨幅山水，都是诗人转益多师所获的成果。

参考文献：

［1］［宋］朱熹：晦庵先生朱文公文集，四部丛刊影明嘉靖本。

［2］［宋］刘辰翁：须溪集，清文渊阁四库全书本。

［3］［清］仇兆鳌注：杜诗详注，北京：中华书局，1979 年版。

［4］［清］查慎行注，王友胜校订：苏诗补注，南京：凤凰出版社，2013 年版。

［5］［清］叶燮：原诗，北京：人民文学出版社，1979 年版。

［6］［清］赵翼：瓯北诗话，北京：人民文学出版社，2013 年版。

［7］［清］窦光鼐：省吾斋诗赋集，清乾隆刻本。

［8］［清］王昶：湖海诗传，清嘉庆刻本。

---

① 李元度《国朝先正事略》载东皋名望云："每试牍闱艺出，学者奉之如泰山北斗。"

〔9〕〔清〕昭梿：啸亭杂录，卷九，清抄本。

〔10〕〔清〕张维屏：国朝诗人征略，清道光十年刻本。

〔11〕〔清〕汪佑南：山泾草堂诗话，民国二十四年刻本。

〔12〕〔清〕李元度：国朝先正事略，长沙：岳麓书社，1991 年版。

〔13〕〔民国〕陈衍：近代诗钞，上海：商务印书馆，1935 年版。

〔14〕〔民国〕赵尔巽：清史稿，民国十七年清史馆本。

〔15〕王贵忱编：屈大均全集，北京：人民文学出版社，1996 年版。

〔16〕陈伯海编：唐诗汇评，杭州：浙江教育出版社，1995 年版。

〔17〕罗时进编：山水诗选，南京：凤凰出版社，2012 年版。

〔18〕潘务正、李言校点：沈德潜诗文集，北京：人民文学出版社，2011 年版。

〔19〕许总：杜甫以文为诗论，学术月刊，1983 年第 11 期。

窦光鼐诗歌发微

石 玲

山东师范大学文学院

摘 要：窦光鼐是清代乾隆朝重臣，每逢朝廷大典，乾隆皇帝便命其作词赋铭颂，甚至连乾隆皇帝本人的御制诗文也请他校阅。他的诗歌成就长期以来为其政绩所掩。他的诗歌数量虽然不多，但私人化程度比较高，感情真挚，表达真率，是台阁身份诗人中创作成就高并独具创作特色的诗人。

关键词：窦光鼐；省吾斋诗赋集；至情至性；儒家诗学传统

窦光鼐（1720—1795），字元调，号东皋，山东省诸城人。乾隆七年（1742）进士，改庶吉士，散馆授编修。作为清代中期乾隆一朝的重臣，窦光鼐历任庶吉士、编修、左中允、内阁学士、左副都御史、浙江学政、吏部侍郎、署光禄寺卿、宗人府府丞、礼部侍郎、左都御史、提督浙江学政、顺天府尹、光禄寺卿、福建乡试正考官等职务，立于官场长达半个世纪，深受乾隆皇帝弘历的器重。他以清明廉正、刚直不阿、博学多才名垂于青史，《清史稿·列传》一百九有传。

实际上，窦光鼐不止政绩突出，官位显赫，同时还聪颖博学，精通经史，并有"才子"的美誉。他长于制艺（即明、清时期科举考试规定的文体八股文），屡掌文衡，先后四次出任乡试正考官、一次任会试总裁、三次任殿试读卷官，在清代科举考试铨选方面发挥了很大的作用；同时，窦光鼐还参与了《四库全书》的编纂，与纪昀、朱文正（朱珪）、翁方纲等人主持文运三十年；还曾出任上书房总师傅，为太子（也就是后来的嘉庆皇帝）师；每逢朝廷大典，乾隆皇帝便命其作词赋铭颂，甚至连乾隆皇帝的御制诗文，也请他校阅、品评……不难看出，窦光鼐的影响所及，有遍及全国各地的万千学子，也有皇帝、太子等等；他的所作所为不仅在乾隆一朝影响甚大，而且还有深远的历史意义。凡此种种，窦光鼐如果没有极为深厚的学养作为基础、作为支撑，那简直是无法胜任，也是无法想象的。

在这里，我们要说的是，窦光鼐不仅仅是朝廷重臣，一个学问精湛、才华横溢的重臣，主持科举考试、参与编纂《四库全书》、充任上书房总师傅……同时，他还是一个诗人。而我们在这里要强调的，就是他作为诗人的一个方面。

当然，窦光鼐余事做诗人，确实不以文学著名，但不可否认，其突出的政绩在很大程度上遮掩了他的诗歌成就。毋庸讳言，他的《省吾斋诗赋集》（也包括《省吾斋古文集》）

中确实"多半为进御之作",御用的成分很大。但若从其诗歌作品来考察,他最有成就、最有价值的部分恰恰是那些"进御之作"以外的诗作。这些诗作与其他台阁诗人相比,洋溢着真挚的性情,同时也呈现出窦光鼐作为诗人的才华。窦光鼐是一个理性感性并重的人,除了铁面无私、刚正不阿的一面,还有至情至性的一面,具有丰富的情感世界。我们在这里要讨论的,就是窦光鼐私人化的那部分诗作。

窦光鼐行世诗作主要见于《省吾斋诗赋集》《东皋先生诗集》等。正如秦瀛在《东皋先生诗集·序》所言:"诗虽不多,而先生之性情见焉。"① 这作为台阁身份的诗人来说,是极其难能可贵的。②

我们注意到,窦光鼐门人秦瀛《东皋先生诗集·序》中有这样一番话:

> 既而先生以所为诗示瀛,瀛乞付诸梓,先生却之曰:"此后死者责。"自后二十年,先生不常为诗,并不肯出诗示人,而先生以乙卯秋殁矣。今年夏,辄取向所藏先生《南海纪游诗》合以瀛门人俞坊所存之作,订而刻之,得诗一百十首,凡三卷。

由此可知,窦光鼐"不常为诗""不肯出诗示人",又不肯付梓刊行,也就是说,他并不经常作诗,除非有情志表达的需要;他的诗是真实情感的载体,是写给自己的写心之作,是不打算刊行而公布于世的,所有这些都说明,窦光鼐诗歌私人化程度很高,不存在以诗歌博取声名的功利动机,这或许就是窦光鼐诗歌感情真挚、至情至性的重要原因之所在。

窦光鼐立于官场五十年,多次主持全国科考,甚至还受到皇帝的青睐,还是"一代帝王师",在官本位的文化背景下,这是何等的风光、荣耀!而在窦光鼐的诗歌中,我们会在字里行间读出他风光后面的一个真实的灵魂。诸如故园之思、风尘契阔、孤独冷寂、手足挚情、夫妻之情等等,都在他的诗里得以表现,如《重登陶然亭》一诗:

> 游子悲佳节,凭高复此亭。芦依秋岸白,山似故园青。独把杯中物,相逢水上萍。那堪邻笛奏,日暮隔林听?

通篇低徊着浓浓的宦游于外的游子佳节思乡的思绪。第二句中的"复"字用得很出彩,传达出作者离乡既久、反复为其折磨的乡愁。登高所见,是秋风中摇曳的水边白苇,还有如同家乡一样的青山:诗人的思绪已经回到远方的故园,他只有借酒排解自己强烈的思乡之情;在不堪之中,树林那边又响起悠悠的笛声,落日中独立的游子归思难收。诗的最后

---

① (清)秦瀛《东皋先生诗集·序》。
② 同上。

两句，用羌管悠悠的艺术通感，有力地强化了情绪的表达，含蓄而绵长。

在窦光鼐的心里，故乡、故园并不是一个抽象的概念，而是切切实实的存在，有着他魂牵梦绕的挂念，因为这里连着他浓浓的亲情。他在《得汝翼书》（汝翼是诗人长子，笔者注）一诗中写道：

> 汝归书不归，书至转增伤。屋漏多年雨，春残隔夜粮。老亲犹强饭，稚子始扶床。白骨仍侨寄，何言返故乡！

当心中企盼的儿子的家书到来，得知的却是家中雨滴老屋，春粮几乎告罄，那里生活着诗人至为牵挂的老父、稚子！自己却侨寄他乡，淹留官场，归期遥遥。很难想象，作为顺天府尹的窦光鼐家中竟然如此贫寒！但应该指出的是，这完全不是诗人的矫情、作态。据载，窦光鼐为官十分清廉，时时严于律己，《东皋府君行述》谓窦光鼐"平居以廉洁持躬，以方严植品孑然孤立，人皆知之，亦无敢干以私者"。譬如，乾隆十八年（1753）时任河南学政的窦光鼐丁母忧时，曾向邻居借屋居住；乾隆二十六年（1761），窦光鼐奉命祭告南海之时，地方官员馈送当地土产、特产，他一概婉言拒绝；乾隆三十二年（1767），其父窦诜去世，时任顺天府尹的窦光鼐丁父忧期间，从不接受别人的馈赠："吾自通籍至京兆，未尝受人财，岂以亲殁为利乎？"①《山东通志》谓其"久宦京朝，穷约如诸生，岁入以赡贫宗，其清节惠德如此"②。清贫之中对家人的关切和牵挂，更显示出窦光鼐人格的高洁，令人肃然起敬。

窦光鼐一生五十年行走官场，据说还曾两次被抄家③，我们完全可以想见其百味杂陈的人生历程。在无限风光的后面，有其高处不胜寒的孤独冷寂，他在诗中流露出这样的情绪：

> 久雨荒秋圃，寒花隐短篱。馨香徒自惜，采摘欲谁遗。径积先零叶，庭余半死枝。蝉声引愁绪，尽日理如丝。（《秋圃》）

花圃因雨而荒，花带寒意隐隐透出短篱，寒花虽然馨香自己却无心采摘，树叶零落堆积，庭院中徒余凋零的树枝，秋蝉的鸣叫只会平添愁绪……诗人在对荒、寒的景物的描写中，吐露的是绵绵不尽的愁绪和落落无俦的孤独。可以想见，在他荣耀显赫的光环后面，

---

① （清）窦汝翼：《东皋府君行述》。
② 见《山东通志·列传·窦光鼐》。
③ 窦学义主编：《窦光鼐》，潍坊市新闻出版局准印证（2002）第033号，第58页。

有多少无法言说的孤独和无奈。

铁面无私、重情重义构成了窦光鼐性格的两个主要方面。诗中所表现的是性情中人的窦光鼐，至真而本色。检阅窦光鼐的诗歌作品可以发现，他平生只为一个人写下很多诗篇，这个人就是他的二弟窦光钺。

窦光鼐与二弟窦光钺之间的手足之情非常深挚。窦光钺（1729—1765），字西堂，号菊村，小窦光鼐九岁。乾隆十二年（1747）山东乡试第二十七名举人，历任广东澄迈、乐昌知县。窦光鼐自幼与他感情深笃，《省吾斋诗赋集》收录了多首写给二弟西堂的诗篇：譬如，《同西堂游五莲山从弟光彤适至同登作歌》《过大庾岭即日登舟寄西堂弟》《待西堂不至解缆北上怅然有作》《抵清远峡怀西堂弟》《舟中寄西堂弟》《哭亡弟西堂十首》《送西堂柩归里》等等。诗中记录他们共同的踪迹，而更多的是对他的思念，还有对他的伤悼。

窦光钺于乾隆三十年（1765）在京候选期间病逝，时年只三十七岁。窦光鼐悲恸万分，长歌当哭，先后写下《哭亡弟西堂十首》《元夕书怀》等诗作。其《元夕书怀》诗写道：

> 丧亡余旧泪，节序转新年。忍见团圞月，寒浮潋滟天。九原终不作，千里望依然。独立茕茕影，嫦娥未解怜。（其一）
> 仲氏吾家秀，伤春最尔思。今宵杯独把，昨岁月同窥。圆桂无凋叶，黄杨有断枝。夜深灯烬暗，犹似对月时。（其二）

在正月十五元宵节之夜，诗人茕茕独立，不忍抬头看天上的一轮圆月，心中满满是孤独冷寂悲伤；睹月思人，又想起故去的二弟，去年还同望元夜明月，而如今却阴阳两隔了。可在哥哥的心里，似乎还在与二弟千里共婵娟。在其二弟离世前后的那几年，窦光鼐的几个亲人先后离去：乾隆二十九年（1764）他的大女儿故去，翌年五月二弟光钺故去，十月夫人张氏故去，两年后的乾隆三十二年，其父窦诜故去，窦光鼐是一个非常重感情的人，亲人的离去，其内心的悲伤可想而知。

窦光鼐对友情也极为珍视，如他的《桐城道中怀刘耕南》一诗写道：

> 野馆回残梦，江乡忆故人。一官犹苜蓿，三径但松筠。雾雨南溟路，关山北峡春。折梅未敢寄，细把恐伤神。

感情真挚、深沉，丝毫没有矫饰。刘耕南就是乾隆间影响巨大的古文流派"桐城派"的领军人物刘大櫆，乾隆二十一年（1756）窦光鼐以左副都御史差浙江学政时，曾聘其为浙江学政幕僚①。

窦光鼐的诗歌不以数量见长，他的私人化题材的诗作数目有限，佳作屈指可数，但我们不能不承认，他的诗歌还是相当有造诣、有成就的，这并不因为我们讨论窦光鼐而溢美。其诗歌最能打动人心的地方，是作品中洋溢着的深沉真挚、朴素无华的感情，这在我们上面分析的几首诗中可以明显地感受到。作为一个台阁身份的诗人，这一点尤其可贵。

综观窦光鼐诗歌创作可以看出，无论从精神风貌还是创作风格都受到了杜甫的影响。清代李元度在《国朝先正事略》中指出，窦光鼐"诗宗少陵"②，这是符合窦光鼐诗歌创作的实际情况的，其诗作沉郁的风格确实有杜甫遗风。

单从窦光鼐诗题来看就有《兖州道中次少陵韵》《少陵台》等与杜甫相关的命名，当然，这只是表层的现象，更深层次的则是处事态度、人格修为、精神气质上的相通，一种建立在儒家学说基础上的精神、行为与表达的综合状态。这与孔孟故乡的山左文化有关，也与诸城一带的乡邦诗风有关。

在窦光鼐所处的乾隆时期，在诸城附近的高密活跃着高密诗派，力倡学习张籍和贾岛，该派主要代表人物李怀民曾经这样解释尊崇张籍和贾岛的动机和用意：

> 余读贞元以后近体诗，称量其体格，窃得两派焉：一派张水部，天然明丽，不事雕镂而气味近道，学之可以除躁妄，祛矫饰，出入风雅；一派为贾长江力求险奥，不吝心思而气骨凌霄，学之可以屏浮靡却熟俗，振兴顽懦。③

由此看来，李怀民诗学主张的核心是对"风雅""气骨"的倡导，而所谓"风雅""气骨"正是建立在儒家思想观念基础之上的正统的诗歌传统，注重的是儒家传统观念基础上的耿介傲岸正直的理想人格及其外化于诗歌的"气骨"。根据现存的文献记载，窦光鼐与"高密三李"之一的李宪乔是有交集的。张鹏展《国朝山左诗续抄》中云："李少鹤云：先生以经术文章为海内北斗。乔于丙申赴都，始得拜识，谈论常竟日，顾未尝一言及诗。后于友人处见数十篇，皆其少作耳。然骨力坚卓，得少陵之意。犹可想见其为人也。"④ 而窦光鼐的诗学观念也是建立在儒家诗学传统之上的。秦瀛《东皋先生诗钞序》中有这样一番话：

① 张崇玖窦学义编著：《窦光鼐传》，西泠印社出版社，2007年，第76页。
② （清）李元度：《国朝先正事略》卷四十二《文苑》。
③ （清）李怀民：《重订中晚唐主客图说》，见《重订中晚唐主客图》，清咸丰四年赵氏补刊本。
④ （清）张鹏展：《国朝山左诗续抄》。

尝问诗于先生，先生诏之曰："诗之为道，渊源三百篇。有赋焉，有比兴焉。近今之诗，有赋无比兴，此诗所以衰也。唐人诗称李杜，太白歌行得楚骚之遗。少陵则原本变风变雅而得其所谓怨而不怒者。二公诗往往托物比兴，词旨荒忽，读者莫测其意之所在。而诗于是为极至焉。是故作诗者必性情既厚，植之以骨干，傅之以采色，谐之以律吕。舍是言诗，非诗也。"①

从中可见，窦光鼐称赞杜甫诗继承了《诗经》的正统，并认为李杜虽然并称，但青莲仅源于《离骚》，而少陵则直接诗三百的风雅正源。窦光鼐诗歌的诗性特征在很大程度上也正是得益于比兴手法的自觉运用，有意境，有韵致，有美感。

不仅如此，窦光鼐还间学苏轼，我们在他的诗作中能够看到苏东坡的影子，譬如，他的《九日同西堂登琅琊台观日出得见海市次东坡先生》《自金山放舟至焦山用东坡韵》《登浴日亭次东坡韵》《同西堂游五莲山从弟光彤适至同登作歌》等诗作，气势充沛、开阖自如，皆可捕捉到东坡的气息。

从时代的角度考察，窦光鼐诗歌还有一点也特别值得肯定，那就是能够摆脱当时盛行的考据风气的影响，没有佶屈聱牙、卖弄学问的时弊。他学识渊博，于书无不窥，而且特别擅长制艺，这些都很容易导致其诗歌的学人化倾向，他之所以能够不受时代风气的裹挟，概因其"不肯沾沾于章句训诂"，也与他自幼颖悟过人、不失灵性的禀赋有关。

总而言之，窦光鼐诗歌洋溢着真情与才气，在继承儒家诗学传统的框架中转益多师，成为清代台阁诗人中真气才气俱佳的佼佼者，在整个清代诗人创作中，也自具面目，独树一帜。

参考文献：

［1］《清代诗文集汇编·省吾斋诗赋集》，上海古籍出版社，2010 年版。

［2］《东皋先生诗集》三卷，清嘉庆刻本。

［3］李怀民：《重订中晚唐主客图》，清咸丰四年赵氏补刊本。

［4］张鹏展：《国朝山左诗续抄》，《山东文献集成》第一辑第 42 册，山东大学出版社，2007 年版。

［5］李元度：《国朝先正事略》，清同治刻本。

［6］张崇玖、窦学义编著：《窦光鼐传》，西泠印社出版社，2007 年版。

---

① （清）秦瀛《东皋先生诗集·序》。

读窦光鼐的悼亡诗

王恒展

山东师范大学文学院

　　摘　要：清代乾隆年间名臣窦光鼐不但是一位著名的政治家、学者，也是一位著名的文学家、诗人。他的《省吾斋诗集》中不乏优秀的诗歌作品，尤其是其中的两组十二首悼亡诗。这些作品不但情真意切，动人心弦，而且长于用典，充分体现出作者学富五车的文臣特色。这种对妻子的彻骨之情，对家人的执着之爱，推而广之，便是儒家的仁爱思想。正是这种思想，使窦光鼐成为一代名臣。

　　关键词：窦光鼐；悼亡诗

　　被嘉庆皇帝誉为"天下文官祖，一代帝王师"的乾隆名臣窦光鼐，在政治、学问等诸方面的成就与地位自不必说，在文学方面的成就尤其在诗歌方面的成就也很值得研究。其风靡一时、传颂大江南北的《别蛮诗》：

　　　　馆阁居官久寄就，朝臣承宠出重城。
　　　　散心萧寺寻僧叙，闲戏花轩向晓行。
　　　　情切辞亲催寸草，抛撇朋辈譬飘萍。
　　　　生逢盛世识书士，蛮貊氓民慕美名。

　　除此之外，通读其《省吾斋诗集》，亦不乏优秀的抒情诗篇。尤其是其中那些怀念亲人、悼念亲人的作品。在这些怀念亲人、悼念亲人的作品中，令人印象最深，几能催人泪下的，便是其中的十二首（《哭亡室张夫人十首》《十月十六日葬张夫人二首》）悼念其亡妻张夫人的悼亡诗。

一

　　在中国文学史上，"悼亡诗"是一个专用名词，专指悼念亡妻的诗词。西晋潘安仁妻亡，赋悼亡诗三首，情真意切，为古代文学名篇。《昭明文选》卷二三《诗·哀伤》收之，其一云："荏苒冬春谢，寒暑忽流易。之子归穷泉，重壤永幽隔。私怀谁克从？淹留亦何益？黾勉恭朝命，回心反初役。望庐思其人，入室想所历。帷屏无仿佛，翰墨有馀迹。流芳未及歇，遗挂犹在壁。怅恍如或存，周遑忡惊惕。如彼翰林鸟，双栖一朝只。如彼游川鱼，比目中路析。春风缘隙来，晨霤承檐滴。寝息何时忘，沉忧日盈积。庶几有时衰，庄缶犹可击。"游国恩等《中国文学史》分析云："'帷屏'四句写物在人亡之感，'春风'四句写沉浸于之中不觉冬去春来的感受，都很动人。后人写哀念亡妻的诗也都用'悼亡'为题，是受了他的影响。"① 在科举时代，向来有"文选烂，秀才半"的说法。窦光鼐作为一个科举成名的封建文人，受其影响，理所当然。其实，何止是第一首？第二首中的"辗转眄枕席，长簟竟床空。床空委清尘，虚室来悲风。独无李氏灵，仿佛睹尔容。抚衿长叹息，不觉涕霑胸"，第三首中的"念此如昨日，谁知已卒岁。改服从朝政，哀心寄私制。茵帱张故房，朔望临尔祭。尔祭讵几时，朔望忽复尽。衾裳一毁撤，千载不复引。曡曡期月周，戚戚弥相愍。悲怀感物来，泣涕应情陨"等等，亦情感真挚，戚戚动人。相信能感动历代读者，其中当然包括窦光鼐这样的性情中人。

二

第二个对窦光鼐的悼亡诗影响较大的应该是宋代的大文豪苏轼。苏轼的妻子王氏卒于宋英宗治平二年五月。（1065 年。其本集《亡妻王氏墓志铭》："治平二年五月丁亥，赵郡苏轼之妻卒于京师。其明年六月壬子，葬于眉之东北彭山县安镇乡可龙里先君夫人墓之西北。"② 十年之后的宋神宗熙宁八年（1075）正月二十日夜，四十岁的苏轼在密州知州任所梦见了王氏，情不能禁，写下了传诵千古、催人泪下的悼亡名词《江城子·乙卯正月二十日夜记梦》。其词云：

> 十年生死两茫茫，不思量，自难忘。千里孤坟，无处话凄凉。纵使相逢应不识，尘满面，鬓如霜。夜来幽梦忽还乡，小轩窗，正梳妆。相顾无言，惟有泪千行。料得年年肠断处，明夜月，短松冈。

密州即今山东省诸城市，恰恰是窦光鼐的故乡。作为无书不读的"天下文官祖，一代帝王师"，相信读了前代父母官这样的悼亡名作，绝不可能不为之动容，绝不可能不受到影响。

三

清乾隆三年（1738），十九岁的窦光鼐与同县普庆村诸生张琳初（字玉林）之女结婚。

① 游国恩等主编《中国文学史》第一册，第 266 页，人民文学出版社 2002 年 7 月第二版。
② 转引自唐圭璋先生《宋词三百首笺注》第 61—62 页。上海古籍出版社 1979 年 9 月新 1 版。

（窦光鼐长子窦汝翼等《行述》云："十九岁，吾母张夫人来归。是时，府君随先大夫馆于外。家綦贫，吾母张夫人孝敬不匮，克勤克俭，殚心竭力，以事先大母，使府君无内顾之忧。"）乾隆六年（1741）中顺天乡试第十二名举人。次年会试中式五十七名贡士，殿试中式二甲二十二名进士。是后除乾隆十八年丁母忧在家三年外，大都在外为官。乾隆三十三年，与之共同生活了三十年的张夫人去世，四十九岁的窦光鼐悲痛欲绝，写下了催人泪下的悼亡诗——《哭亡室张夫人十首》。其第一首曰：

> 中宵不能寐，伏枕感鸡鸣。
> 起视竟何见，抚棺空复情。
> 夫人皆有死，观我本无生。
> 可奈诸儿女，朝朝呼母声。

详其内容，显然是实情实感，非切身经历，不能为此。前四句当是写实，可见当时作者情景。后四句则显然是作者当时的心理活动。而接下来第二首开头的一个"忆"字，则清楚地说明第二首和第三首是作者"抚棺空复情"时的回忆，是追述亡室张夫人的生前事迹。其第二首云：

> 忆自执笲始，慈颜怜色柔。
> 牵裾别壬岁，卧病感辛秋。
> 竟践白衣谶，应从元圃游。
> 夜台勤定省，话我雪白头。

"执笲"意指结婚。《礼·昏义》云："妇执笲，枣栗段脩以见。《释文》释'笲'云：'器名。以苇若竹为之，其形如莒，衣之以青繒，以盛枣栗腶脩之属。'"因为古代新妇要给翁姑执笲进果，所以作者首先想到夫人新婚时的情形，想到了母亲对夫人温柔性格的喜爱。接下来的两句因为写张夫人的两件具体事情，别人很难理解，所以作者自注说："壬申（乾隆十七年，1752）秋，予赴河南学政任，闻先慈病癥，乞假省觐。夫人留侍。先慈命夫人先赴署。送至里门，执手拜别，遂成永诀。""辛巳（乾隆二十六年，1761）秋，夫人病不知人，翌日乃苏。云至一山上，见殿宇壮丽，内有三神位，虚东一位。侍者亟请就位。先慈继至，言吾儿家事未了，须待异日。白衣来副未。去岁七月，夫人梦旌旍羽軿拥门，有使来，曰迎夫人，白衣副位也。觉，甚恶之。三日，犯失血症，遂不起。时先府君丧未终，果符白衣之兆。"后面的四句，则显然是想象夫人与作者父母在阴间的生活情景。而第三首则是追忆夫人的勤俭持家及与作者的情投意合。诗云：

> 僻性辞炎热，与君冰雪期。
> 家贫劳自惯，宦拙畜偏宜。
> 晚计侵多病，新巢借一枝。（自注：高家庄新居，夫人旋里所置。）
> 只今摇落尽，谁共岁寒时。

四

从第二首到第八首是这一组悼亡诗的第二部分。第四首云：

> 晨起践霜露，谁与共豆笾。
> 几筵一以设，泪落晚风前。
> 濯溉从新妇，芼羹犹故桮。
> 箧中褕翟在，褶叠已经年。

诗中的"豆笾"即古代祭祀时用的"笾"和"豆"。豆是古代的一种食器，多以陶或木制成，形状像高足杯，后多用作祭祀时的祭器。笾则是古代祭祀燕享时用，以盛果脯等的竹编食器，形制如豆，可容四升。因为笾和豆都是祭祀的礼器，后因以"笾豆"代指祭祀。由此可见，诗的前四句是写作者在妻子去世后从早到晚的情形和思想。"濯溉从新妇"句后，作者自注："儿汝琯、汝璜娶妇未久。"显然是写夫人去世，洗衣、做饭只能依靠新娶的儿媳。而"芼羹犹故桮"则显然写盛饭的食器仍然是原来夫人使用过的旧食器（芼羹，用蔬菜和肉末做的粥。这里代指食物。桮，一种柳条编制的食器）。而"箧中褕翟在，褶叠已经年"二句，则明写睹物生情，暗示了对亡室张夫人的思念之情。接下来的三首，显然都是对张夫人的沉痛悼念（箧，一种竹编的小箱子，这里代指盛衣服的箱子。褕翟，也写作"褕狄"，本指古代王后的祭服。后来也可代指贵族妇女穿的祭服。《诗·鄘风·君子偕老》："其之翟也。"汉毛亨《传》："褕翟、阙翟，羽饰衣也。"汉郑玄《笺》："侯伯夫人之服，自褕翟而下，如王后焉。"）。第五首曰：

> 他时宁母切，凶问促斯征。
> 一恸心肝拆，频年死丧并。
> 杜衾犹铁冷，潘壁已尘生。

> 临奠走垂白，空伤冰玉情。

"一恸心肝拆"句后，作者注曰："庚辰（清乾隆二十五年，1760）夏，外姑凶问至京，夫人亟奔丧，遂患肝气痛，后变失血症。""频年死丧并"句后，作者注曰："甲申（清乾隆二十九年，1764）大女故，乙酉（清乾隆三十年，1765）西堂弟故，丁亥（清乾隆三十二年，1767）先府君弃世。"再加上乾隆三十三年（1768）张夫人去世，四十九岁的窦光鼐在五年中竟然接连失去了四位亲人，打击之大，心情之糟，可以想见！"杜衾"，典出杜甫诗《茅屋为秋风所破歌》，"潘壁"典出潘岳《悼亡诗》即上文所引"流芳未及歇，遗挂犹在壁"句。诗的末句作者自注："时外舅玉林公七十有五岁矣。"玉林公即窦光鼐的岳父、亡室张夫人的父亲张琳初。可见末二句是写白发人送黑发人的人间悲剧。第六首曰：

> 老亲惜暂别，春宴许陪随。
> 讵识死生诀，犹为秋夏期。
> 过驹无驻景，断瑟有哀丝。
> 膝下团圆语，三年不忍追。

诗后作者自注："丁亥（清乾隆三十二年，1767）二月，夫人将归里，期以中秋回署，为先君庆祝八旬。临行设筵，先君命阖家陪侍，曰：'今日做一团圆会。'讵意先君以七月初五告终。夫人亦以次年七月廿二日弃世。"阅此，则全诗内容可知。第七首曰：

> 白骨须安厝，青鸟故滞留。
> 眼枯儿女病，力倦死生浮。
> 萍梗身难息，冰霜岁已遒。
> 小园素所爱，分定敢多求。

"安厝"，即安葬。厝，停柩待葬。"青鸟"，指使者。典出《山海经·大荒西经》和汉班固《汉武故事》。《山海经》曰："沃之野有三青鸟，赤首黑目。一名曰大鵹，一名曰少鵹，一名曰青鸟。"注："皆西王母所使也。"《汉武故事》载："七月七日，上于承华殿斋。日正中，忽见有青鸟从西来。上问东方朔。朔对曰：'西王母暮必降尊像。'……有顷，王母至，乘紫车，玉女夹驭，载七胜，青气如云，有二青鸟如鸾，夹侍王母旁。""冰霜"句后，作者自注："拟于冬至后赴京。"末句后亦自注："卜葬南园。"显然是追悼安葬张夫人的前前后后（关于安葬张夫人，将于后文详论）。第八首则是这一部分的总结，痛悼亡室张夫人。诗云：

> 左氏有娇女，怜如盈掌玑。
> 吹箫终不返，逝水竟同归。
> 恩爱今知妄，形容早觉非。
> 孤魂两耿耿，地下合相依。

五

最后两首是这组悼亡诗的结束部分。力写作者在夫人去世以后的"聊复养残生"。第九首云：

> 除服情应制，入门愁转侵。
> 自怜年半百，生事未关心。
> 零杂偏盐米，凄清更杵砧。
> 同怀摧仲氏，五载共沉吟。

"除服"，又称"除丧"，指除去丧礼之服。《礼·丧服小记》："故期而祭，礼也；期而除丧，道也。"可见诗的前两句写除去丧礼之服以后，思念亡室张夫人的感情理应得到一定的控制，但是一进家门，愁思反而袭上心头。为什么呢？原因即诗的中间四句：因为自己虽然年过半百，但日常生活的事情从来没有放在心上。现在张夫人去世，一切柴米油盐酱醋茶的日常琐事，偏偏都摆在了面前。听到远处传来的阵阵捣衣声，想到去世的夫人，更觉凄清难耐。（杵，古代舂米或捣衣用的木棒。砧，捣衣石。）末二句作者自注："乙酉哭西堂弟，有诗十首。"也就是说，再想到先前去世的弟弟，想到上文所述的五年之中去世的四位亲人，怎能不令人沉吟悲痛呢！这组悼亡诗的最后一首，即第十首云：

> 汝死魂难妥，吾衰病易成。
> 悲风入庭树，五夜尽涛声。
> 无力谈蒙叟，何心学子荆？
> 书签兼药裹，聊复养残生。

情投意合，含辛茹苦的张夫人去世，作者当时只有四十九岁，诗人自然会设身处地地想到夫人的难舍难离！外舅玉林公时七十有五岁尚"临奠走垂白"，诗人自然也会想到夫人对年迈父亲的惦念。所以称"汝死魂难妥。""吾衰病易成"是写作者之况。试想：一个五十岁的人，五年之中接连失去了四位亲人，上有父亲，中有弟弟和妻子，下有女儿，这样的连续打击，能不"吾衰病易成"吗？"悲风入庭树，五夜尽涛声。"是实写作者当时的悲痛，以至彻夜难眠（五夜，指一整夜。古代一夜分甲、乙、丙、丁、戊五个时辰，又称"五更"）。"无力谈蒙叟，何心学子荆"二句，是借古以喻今。"蒙叟"指战国时的庄子。庄子名周，为蒙地人，故后人多称庄子为蒙叟。叟，对男性老年人的尊称。因为庄子悟透了人生，所以妻子去世之后，不但没有悲痛，反而鼓盆而歌。窦光鼐是一个性情中人，无论如何也做不到庄子那样，所以说"无力谈蒙叟"。"子荆"指西晋著名文人孙楚。在中国历史上，孙楚是著名的性情中人。据《晋书》列传第六十二《孙楚传》记载："初，楚与同郡王济友善。济为本州大中正，访问铨邑人品状。至楚，济曰：'此人非卿所能目，吾自为之。'为状楚曰：'天才英博，亮拔不群。'楚少时欲隐居，谓济曰：'当欲枕石漱流。'误云'漱石枕流。'济曰：'流非可枕，石非可漱。'楚曰：'所以枕流，欲洗其耳；所以漱石，欲砺其齿。'……初，楚除妇服，作诗以示济，济曰：'未知文生于情，情生于文。览之凄然，增伉俪之重。'"其《除妇服诗》云：

> 时迈不停，日月电流。
> 神爽登遐，忽已一周。
> 礼制有叙，告除灵丘。
> 临祠感痛，中心若抽。

又，《世说新语·伤逝》亦载其好友王武子去世，孙楚往吊，为学驴鸣事。窦光鼐无书不读，当此之时，自然会联想到与自己感同身受的孙楚。但当时他又怎能有如此心情？所以说"何心学子荆。"末两句"书签兼药裹，聊复养残生。"是对全诗的总结，也是对自己在妻子去世后晚年生活的想象。

六

除去上述悼亡诗《哭亡室张夫人十首》外，《省吾斋诗集》此后还有一组两首悼念亡室张夫人的悼亡诗——《十月十六日葬张夫人二首》。其一云：

> 霜宵寂历夜台深，堂斧封成月欲沉。
> 到此忧劳亦云已，年来亡丧镇相寻。

274

平生蝴蝶庄周梦，半生梧桐白傅心。

剪纸寒原浇斗酒，白头踯躅涕能禁。

详其内容，显然是在埋葬亡室张夫人的当时写成。阴历的十月十六日已是深秋，夜晚相当寒冷，故称"霜宵"。"寂历"，寂静、空旷的样子。夫人已去，这自然是作者的切身感觉。"夜台深"，指坟墓很深。夜台，坟墓。唐李白《哭宣城善酿纪叟》诗："夜台无晓日，沽酒与何人？"即此意。"堂斧封成月欲沉"句后作者自注："封筑竟夜始成。""堂斧"，指坟墓。堂，指四方形的高土堆。斧，指下宽上窄的长方形土堆。语出《礼记·檀弓上》："昔者夫子言之曰：'吾见封之若堂者矣……见若斧者矣。从若斧者焉。'"郑玄注："堂，形四方而高……斧，形旁杀。"也就是说，等张夫人的坟墓筑成，天已经快亮了（阴历十月十六日夜月落，天已拂晓）。"到此忧劳亦云已"，指张夫人安葬入土，一生的忧劳终于结束了。"年来亡丧镇相寻"指上文所述的五年四位亲人去世的事情。"镇"，常常的意思。"平生蝴蝶庄周梦"，形容人的一生像做了一个梦一样，即人们常说的"人生如梦"。"蝴蝶庄周梦"，典出《庄子·齐物论》："昔者庄周梦为胡蝶，栩栩然胡蝶也……俄然觉，则蘧蘧然周也。不知周之梦为胡蝶与，胡蝶之梦为周与？"后来因称梦为"蝴蝶梦""蝶梦"或"庄周梦"等等。"半生梧桐白傅心"，意思是张夫人虽然去世了，但自己对亡妻的思念却会像白居易的《长恨歌》写的一样，"天长地久有时尽，此恨绵绵无绝期。""半生梧桐"，典出宋贺铸的悼亡词《鹧鸪天》。词云：

重过阊门万事非，同来何事不同归。

梧桐半死清霜后，头白鸳鸯失伴飞。

原上草，露初晞，旧栖新垅两依依。

空床卧听南窗雨，谁复挑灯夜补衣。

这是贺铸五十岁左右妻子赵氏去世时写的悼亡词，情真意切，催人泪下。与苏轼的悼亡词《江城子》（十年生死两茫茫）堪称有宋一代悼亡词的双璧。此后，诗词中多称中年丧妻为"梧桐半死""半死梧桐"或"半生梧桐"等等。窦光鼐的妻子张氏去世时，窦光鼐恰恰四十九岁，与贺铸丧妻时差不多，同病相怜，所以想起了贺铸，所以用他的悼亡词意境写自己当时的感情。"白傅心"，白居易《长恨歌》所表达的情感与心态。"白傅，唐代著名诗人白居易。唐开成初，白居易授同州刺史，不拜，改太子少傅。所以后来诗文中常省称白居易为白傅。"剪纸寒原浇斗酒，白头踯躅涕能禁。"是写作者在凄冷寂静的旷野里为亡室张夫人焚烧纸钱，斟酒祭奠，踟蹰徘徊，不禁老泪纵横的凄惨情景。"剪纸"亦称"刻纸"，这里指为亡人烧化的纸钱。寒原，指凄冷寂寥的原野。其二云：

> 小园经构已三春，爱向松阴抚老鳞。
>
> 那识谶言徵后死，果然妖梦践前因。
>
> 新巢半结诸雏在，故鬼相依仲氏邻。
>
> 地下无须伤久别，百年我亦暂时人。

　　诗中"故鬼相依仲氏邻"句后，作者自注曰："乙酉夏四月，夫人归里。五月十六日，西堂（作者二弟）弃世。是夕，夫人晏坐假寐，梦西堂排户入，曰：'我死矣，在你东间葬我便好。'及戊子夏六月，予守制家居，欲为西堂觅葬地。夫人适至南园古松下，谓予曰：'不必远出，俟我先死，与二弟同葬此树下可矣。'予曰：'焉知谁死先后？'答云：'君有寿相，固当后死。'至是安葬西堂，穴果在东。始知前梦后语皆谶也。"视此，全诗内容一目了然。"小园"，埋葬张夫人的南园。"老鳞"，指古松的树皮。因形似鱼鳞，故称。"谶言"，指后来果然应验的预言。"诸雏"，指作者尚未成年的孩子们。"仲氏"，指作者的二弟西堂。仲，古指排行老二。

　　综上所述，可见窦光鼐在极度悲痛的境况之下写诗，仍能信手拈来地使用大量典故。可以说涉及经史子集的方方面面。恐非学富五车，不能为此。此可见乾隆朝一代名臣，文坛泰斗之一个方面。读《清史稿·窦光鼐传》唯见其性格耿直，博学多才，风节劲挺，无所阿附，清正廉洁，不畏权贵，爱国爱民，忠于职守等优秀品格。然而读其诗文，尤其是他的悼亡诗，则见其情真意切，多情多义。正应了人们常说的一句话——"多情未必不丈夫。"其实，正是这种对亲人的多情多义，才成就了他的乾隆名臣的伟大功业。儒家文化讲推恩，即孟子所谓："老吾老以及人之老，幼吾幼以及人之幼。"[①] 窦光鼐饱读经书，在乾隆朝曾任翰林院侍读、内阁学士、礼部侍郎、浙江学政、殿试阅卷官、会试正考官等职，是一个典型的儒家名臣。他之所以能够名垂青史，正是儒家文化哺育的结果。观其悼亡诗，正能够说明这一点。乾隆皇帝曾经赐诗表彰窦光鼐。有清一代，请问谁能有如此恩荣！诗云：

> 两浙山川常毓秀，诸生越旦汝司文。
>
> 从来士习民成俗，勖彼行知尊所闻。
>
> 见外发中务清正，涵今茹古去织纷。

---

　　① 《孟子·梁惠王上》。

曰公似矣曰明要，签后纾予一念殷。

参考文献：

［1］游国恩等主编《中国文学史》，人民文学出版社，2002 年版。

［2］张崇玖，窦学义编著《窦光鼐传》，西泠印社出版社，2007 年版。

［3］梁萧统编，唐李善注《昭明文选》，中华书局，1977 年版。

［4］纪宝成主编《清代诗文集汇编》第 347 册，窦光鼐《省吾斋诗赋集》，上海古籍出版社，2010 年版。

［5］赵尔巽主编《清史稿·窦光鼐传》，上海古籍出版社，上海书店《二十五史》本。

［6］唐圭璋《宋词三百首笺注》，上海古籍出版社，1979 年版。

窦光鼐进呈经义述评

焦桂美

山东理工大学文学院

摘　要：窦光鼐于乾隆十年至十三年为翰林院编修期间，蒙诏进呈经义。他精心选择《周易》之《履》"上天下泽，履。君子以辨上下，定民志"、《贲》"观乎人文，以化成天下"、《尚书》之《大禹谟》"嘉言罔攸伏"、《洪范》"皇建其有极。敛时五福，用敷锡厥庶民。惟时厥庶民于汝极，锡汝保极"、《无逸》"严恭寅畏，天命自度"、《诗经·大雅·生民之什》之《泂酌》及《礼记·孔子闲居》之"奉三无私，以劳天下"等七条，以遵礼、纳言、敬天、亲民、修德、律己为旨归，阐发对君主的期许及其治世理想。其尊崇程朱的基本倾向，既是对宋代以来经筵制度的继承，更是基于乾隆早年醉心于程朱的引领。窦光鼐引史证经，具有借古讽今之价值；援本经、他经或他书释经，展示了其对经典的熟悉程度及其融会贯通、娴熟运用的能力。乾隆皇帝对窦光鼐的了解、信任与倚重，与其早年进呈经义的经历当不无关联。

关键词：窦光鼐；进呈经义；内容；特点；影响

窦光鼐（1720—1795），山东诸城人，字调元，号东皋，世称东皋先生。乾隆七年（1742）进士，官至左都御史、上书房总师傅。历督学政，所得士，位至公卿者众。窦氏立朝五十年，风节挺劲，无所阿附，深受乾隆器重。其经术文章，学有渊源。诗宗杜甫，文学韩愈，制义发挥圣贤义理，自成一家。著有《省吾斋古文集》《省吾斋诗赋集》等，无经学专著。乾隆十四年（1749）敕编《御览经史讲义》，收窦光鼐经学讲义七篇，涉及《周易》《尚书》《诗经》《礼记》四经，藉之可略窥其治世理想、治经方法及乾隆早年的学术旨趣。

一、窦光鼐经义之内容

《御览经史讲义》三十一卷，收自乾隆二年至乾隆十四年间翰林詹事六科十三道诸臣三百余人轮奏之经史讲义七百一十六篇，一般一人一篇，也有一人数篇者。由窦光鼐一人独收七篇，可推知其经义水平当为时之翘楚。

窦光鼐所呈经义，皆题"编修臣窦光鼐"，知为其官翰林院编修时进呈。窦光鼐为乾隆七年壬戌科二甲二十二名进士，选庶吉士，三年后散馆授编修，乾隆十三年（1748）擢左中允，则进呈经义为乾隆十年（1745）至十三年（1748）为翰林院编修时事。此将窦氏所呈七篇经义内容略述如下。

第一篇为卷二《周易》"上天下泽，履。君子以辨上下，定民志"，此出《履》卦《象》辞。窦光鼐沿先儒"履"为"礼"说，因礼的本质是"辨尊卑，别等级，使上不逼下，下不僭上"①，故据《履》之卦体、卦象，阐发了"君子观《履》之象"、以"礼"安上治民之理：

> 臣谨按：《履》卦，乾上兑下，乾为天，兑为泽，上下之正理也。人之所履，当如是，故取其象而为履。履者，礼也，安上治民，莫善于礼，故君子观《履》之象，而以辨上下，定民志也。②

窦光鼐引程颐《易传》、荀子说（见下）进一步阐发，认为古时公卿大夫而下，位各称其德，人各止其分，"故皆有定志而天下之心可一"③；后世交骛于利，而物常不赡于欲，"则人人有不可盈之愿"④，致"天下不可得而治矣"⑤。

窦光鼐指出观象于《履》，使尊卑有序、贵贱有等，以"礼"维护社会秩序，才能上下相安而不至于乱：

> 使百姓晓然，皆知夫上之为上，下之为下，若天泽之不可相越也，而僭侈之志不生矣；皆知夫上之使下，下之事上，若天泽之不可相无也，而忠顺之志不忘矣。夫是之谓志定。志定则耳目无所惊，而手足有所措。其为欲易养，其为物易给也。虽有悍强之人，亦有以相安而不至于乱。⑥

第二篇为卷五《周易》"观乎人文，以化成天下"，此出《贲》卦《象传》："刚柔交错，天文也。文明以止，人文也。观乎天文，以察时变。观乎人文，以化成天下。"意谓"文"有天文，有人文，观天文可知四时变迁，观人文可教化天下。贲意为文饰。"文明以止"，谓人类的文饰表现为文明而能止于礼仪。窦光鼐专释"人文"。其以朱熹"'止'，谓各得其分"⑦ 说切入，为本条确立了论说主旨。"各得其分"即遵守"礼"的规定。

---

① 孔颖达等：《礼记正义·曲礼上》，中华书局 1987 年版《十三经注疏》，第 1231 页。
② 乾隆敕编：《御览经史讲义》，上海古籍出版社 1987 年版《文渊阁四库全书》，第 722 册 303 页。
③ 《御览经史讲义》，《文渊阁四库全书》第 722 册 303 页。
④ 《御览经史讲义》，《文渊阁四库全书》第 722 册 304 页。
⑤ 《御览经史讲义》，《文渊阁四库全书》第 722 册 304 页。
⑥ 《御览经史讲义》，《文渊阁四库全书》第 722 册 304 页。
⑦ 《御览经史讲义》，《文渊阁四库全书》第 722 册 407 页。

窦光鼐认为人文主要表现为人伦与制度两个层面，荀子所谓"圣也者，尽伦者也。王也者，尽制者也"①。人伦存于君臣父子兄弟夫妇之间，人别其分，物饰有度，方能化行天下：

> 古之圣王，观乎人之有君臣，而明其朝觐燕飨，以止于义也。观乎人之有父子，而明其寝膳问省，以止于亲也。观乎人之有兄弟，而明其奉几执酱，以止于序也。观乎人之有夫妇，而明其亲迎合卺，以止于别也。以为是足以厌天下之心，而观吾化之成矣。既而犹虑其未足以厌天下之心，而观吾化之成也，则又为之彫琢刻镂，黼黻文章，以饰其目；为之疏房檖，越席床第，以饰其体；为之钟鼓管磬，羽籥干戚，以饰其乐；为之寝兕持虎，蛟韅弥龙，以饰其威；为之笾豆樽俎，毛炰截羹，以饰其爱敬之情；为之宾主介绍，筐篚玉帛，以饰其交会之节。使天下之人，得其养而好其别，安其身而深思其意，至于步骤驰骋，方皇周浃，鼓舞之而不倦，日用之而不知也，故曰欲观圣王之迹，则于其粲然者矣。②

制度建设自唐虞迄商周亦以文相尚，并渐趋于文。窦光鼐引苏辙、孔子说证之：

> 苏辙曰："历观唐虞至于商周，未尝一日而不趋于文也。"由今考之，明俊德，亲九族，平章百姓，协和万邦，陶唐氏之文也。徽五典，叙百揆，宾四门，命九官，有虞氏之文也。六府孔修，庶土交正，祗台德先，不距朕行，夏后氏之文也。率民事神，先罚后赏，商之文也。尊礼尚施，赏罚用爵，列周之文也。孔子曰："周监于二代，郁郁乎文哉！"盖亦以为王道之盛，其文理当极于是焉耳。③

《贲》卦提倡文饰，但主恰如其分，过则适得其反。窦光鼐据此阐发"文明以止"之理：

> 至于后世，文久而息，节奏久而绝，而议者乃以为用文之弊。夫使古圣王而不用文也，则万物之不得其理久矣。且以《贲》卦论之，六五为贲之主，以敦本而终吉，上九居贲之极，以返本而无咎，此乃所谓文明以止之人文也。后人不思，饰质以为文，而灭质以为文，至或盛威仪以求至理，骛繁缛而待太平，及其用之不效而乃归过于文，

---

① 《御览经史讲义》，《文渊阁四库全书》第 722 册 407 页。
② 《御览经史讲义》，《文渊阁四库全书》第 722 册 407 页。
③ 《御览经史讲义》，《文渊阁四库全书》第 722 册 408 页。

不亦惑乎？①

可以看出，此篇与上篇阐述角度虽异，其理则一：上藉《履》卦论尊卑有序，不可僭越；此借《贲》卦言文明以止，不可逾分，皆强调"礼"的制约作用。

第三篇为卷十《书经》"嘉言罔攸伏"，出《大禹谟》。窦光鼐借舜言广纳嘉言、舍己从人则"野无遗贤，万邦咸宁"之论，阐发"嘉言罔攸伏"乃帝王致治之本的道理：

> 禹之祗承于帝，曰："后克艰厥后，臣克艰厥臣。"而舜之答禹，首以"嘉言罔攸伏"为言，此可以知帝王致治之本矣。夫舜以濬哲温恭之德，广敷奏明试之治，岂真有或伏之嘉言乎？而犹谆谆于此者，何也？盖天下之理，虽圣人亦有所不能尽，而日用饮食之事，虽愚夫可以与知。②

窦光鼐又引《礼记·中庸》"舜好问而好察迩言"，《尚书·洪范》"汝则有大疑，谋及乃心，谋及卿士，谋及庶人，谋及卜筮"，《诗经·大雅·板》"询于刍荛"文及太宗广纳嘉言事，陆贽、魏徵之说，得出"兼听则明，偏听则暗，尽下则兴，矜己则败"③及"嘉言罔攸伏"为"真万世之金鉴也夫"④之结论。

第四篇为卷十三《书经》"皇建其有极。敛时五福，用敷锡厥庶民。惟时厥庶民于汝极，锡汝保极"，此出《尚书·洪范》。窦光鼐取朱熹以"皇"为"君"、"极"为"准则"之释，明"建极"即确立以人君为至极的根本标准。认为人君只有具备"天下之至德"，才能"为天地人之心"⑤"建其有极""敛时五福"并普赐五福于臣民，臣民才会保其所赐之准则。

第五篇为卷十四《书经》"严恭寅畏，天命自度"，此出《尚书·无逸》。窦光鼐以"周公称无逸之君，首及中宗，而称中宗之德，必以严恭寅畏为先"⑥入题，解"严恭寅畏"之旨在"敬而已矣"⑦。认为敬是礼的根本精神，所谓"礼主于敬"。强调为人主者心怀虔敬，敬畏天命，严以律己，勤勉不怠，方可长治久安："天之视听在民，治民祗惧，不敢荒

① 《御览经史讲义》，《文渊阁四库全书》第722册408页。
② 《御览经史讲义》，《文渊阁四库全书》第723册54页。
③ 《御览经史讲义》，《文渊阁四库全书》第723册55页。
④ 《御览经史讲义》，《文渊阁四库全书》第723册55页。
⑤ 《御览经史讲义》，《文渊阁四库全书》第723册229页。
⑥ 《御览经史讲义》，《文渊阁四库全书》第723册262页。
⑦ 《御览经史讲义》，《文渊阁四库全书》第723册262页。

宁，则亦敬而已矣。"①

第六篇为卷十八《诗经》："泂酌彼行潦，挹彼注兹，可以餴饎。岂弟君子，民之父母。泂酌彼行潦，挹彼注兹，可以濯罍。岂弟君子，民之攸归。泂酌彼行潦，挹彼注兹，可以濯溉。岂弟君子，民之攸塈。"此为《诗经·大雅·生民之什·泂酌》。诗借把废置的流潦之水舀过来为己所用，喻君王对远土之民如施以仁义，他们便会感恩戴德、心悦诚服地前来归附。窦光鼐藉此阐发的是君主视民如子、民则爱之如父母的道理。在"君子以父母自处，而备尽其鞠育之诚；民各以子自处，而相忘于怙恃之德"② 的相互关系中，窦光鼐认为前者是后者的前提，君主只有修德知戒，"履极盛之势而保之以戒惧，德惟日新，道以时升"③，才能赢得民心，国治邦安。

第七篇为卷二十三《礼记》"奉三无私，以劳天下"，出《礼记·孔子闲居》。奉，奉行。三无私，指天无私覆，地无私载，日月无私照。窦光鼐认为帝王只有像天地日月那样无私，勤勉修德，敬天亲民，才能"天下会归，如影如响"④。指出求本逐末是修德的基本途径，敬为德之聚，为本："夫敬，德之聚也。"⑤ "何谓本？曰敬而已矣。敬则静，静则虚，虚则公，公则以无私劳天下，而我无事矣。"⑥

由上可见，窦光鼐所进经义以遵礼、纳言、敬天、亲民、修德、律己为旨归，阐发了其对君主的期许及其治世理想。

窦光鼐经义呈现的思想，既体现了毕谊等大臣进呈经义的初始意愿，又契合了总理此事之大臣制定的基本要求。乾隆二年（1737），毕谊奏上《请缮进经史以资圣治疏》，希望史臣"取经史诸书及古来奏议，不论卷帙，亦毋拘忌讳，日派二人，缮写数幅，依时进呈"，以便乾隆听政之余"必赐披览，率以为常，更不间断"，旨在"弼成君德""发圣性之高明，致治功于尧舜"⑦。进讲内容、字数等不能随心所欲，总理此事之大臣曾为设置标准：字数上，"约以千言为度"⑧；内容上，"《诗》《书》《易》《礼记》《周礼》，择有关于天德王道者；《春秋》三传，择圣人定是非之难辨以植纲常者"⑨。在这个基本原则下，具体条目的选择就比较自由了："经史奏议，随意敷陈，不必各项俱备，亦不必拘经文次序及时

---

① 《御览经史讲义》，《文渊阁四库全书》第 723 册 263 页。
② 《御览经史讲义》，《文渊阁四库全书》第 723 册 407 页。
③ 《御览经史讲义》，《文渊阁四库全书》第 723 册 407 页。
④ 《御览经史讲义》，《文渊阁四库全书》第 723 册 568 页。
⑤ 《御览经史讲义》，《文渊阁四库全书》第 723 册 568 页。
⑥ 《御览经史讲义》，《文渊阁四库全书》第 723 册 568 页。
⑦ 贺长龄辑：《清经世文编》卷九《请缮进经史以资圣治疏》，中华书局 1992 年版，第 22—23 页。
⑧ 《御览经史讲义》，《文渊阁四库全书》第 722 册 126 页。
⑨ 《御览经史讲义》，《文渊阁四库全书》第 722 册 126 页。

代先后。所录皆古人成言,可无忌讳。"① 但要求大臣"各就所见,缮写封进,不得彼此商酌"②。窦光鼐进呈的七篇经义,就是在遵循以上要求的基础上进行的阐发。他着重宣扬礼、敬、德,期望以天道、德行制约皇权的膨胀,并寄托自己对圣明君主的殷切期待及致君尧舜的凌云壮志。

二、窦光鼐经义之特点

窦光鼐精选七条经义,敷陈义理。立足程朱,兼引孔荀等说是窦氏经义的基本倾向;借鉴史事,援引经典是窦氏讲经的主要方法。下略述之。

(一)尊崇程朱,兼引孔荀

我们看到,窦光鼐所上七篇经义,体例大约是"或标举经文,下列先儒义疏,而阐明其理蕴"③,此乃当时进呈通例。窦光鼐所采先儒之说以程朱为主,兼及孔子、荀子、董仲舒、苏辙等。如《周易·履》"上天下泽,履。君子以辨上下,定民志",窦光鼐认为诸儒说中,程颐最备,因引其说:

> 尝考诸儒之说,莫备于程《传》。《传》曰:"古之时,公卿大夫而下,位各称其德,终身居之,得其分也。士修其学,学至而君求之,非有预于已也。农工商贾勤其事,而所享有限,故皆有定志,而天下之心可一。后世自庶士至于公卿,日志于尊荣,农工商贾,日志于富侈,亿兆之心,交骛于利,天下纷然,如之何其可一也?"④

此引程《传》言古时各阶层皆安其分,故秩序井然,天下一心;后世追逐荣利,致天下纷争,民心不一。其对等级制度的认同,实际是对礼制的推崇与维护。

《尚书·洪范》"皇建其有极",自孔安国传训"皇极"为"大中",诸儒多承其说。朱熹则另立新义,释为"皇者,君之称也;极者,至极之义,标准之名"⑤,"皇极"意谓以人君为至极之标准。窦光鼐以朱说为旨,根本原因在于朱说对作为至极标准的人君并非无限制、无条件,而是有着极高的道德要求:人君必顺五行,敬五事,以修其身;厚八政,协五纪,以齐其政,才能成为至极之标准,才能得民追随并使之归化于此皇极。这些要求对帝王具有鉴古知今之意义。

---

① 《御览经史讲义》,《文渊阁四库全书》第 722 册 126—127 页。
② 《御览经史讲义》,《文渊阁四库全书》第 722 册 127 页。
③ 《御览经史讲义》,《文渊阁四库全书》第 722 册 132 页。
④ 《御览经史讲义》,《文渊阁四库全书》第 722 册 303 页。
⑤ 《御览经史讲义》,《文渊阁四库全书》第 722 册 229 页。

《尚书·无逸》"严恭寅畏，天命自度"，窦光鼐引谢良佐"敬是常惺惺法"① 说以释"敬"义。据朱熹注"惺惺乃心不昏昧之谓"②"只收敛身心，整齐纯一，不恁地放纵，便是敬"③，知"敬"要求人心时时处于警醒状态，不可昏昧、懈怠、放纵。窦光鼐引用谢说，阐发的是心中怀敬方能遵守礼仪之理。

窦光鼐援引朱熹《周易本义》释《贲》"文明以止"的"止"："以卦德言之，'止'谓各得其分。"④"各得其分"既为人文教化之原则，亦为窦光鼐立说之根本。

在立足程朱的基础上，窦光鼐也引孔、荀、董仲舒、苏辙等说。如其阐发《无逸》"严恭寅畏，天命自度"，认为天人一理，"知天则知人，知命则知性"⑤，欲明"天命"，当"返求诸身"⑥。其引孔子说明"自度"的实质是守"礼"："孔子曰：'非礼勿视，非礼勿听，非礼勿言，非礼勿动'，此自度之实也。"⑦《履》"上天下泽"条，引荀卿"势位齐而欲恶同，物不能赡则必争"⑧ 说，阐发"两贵不相事，两贱不相使"⑨ 之理，旨在为等级制存在的合理性寻求依据。《无逸》"严恭寅畏，天命自度"条，引董仲舒"天人一也"⑩ 说，释知天即知人之理："人之受命，化天之四时。人生有喜怒哀乐，春夏秋冬之类也。"⑪《贲》"观乎人文，以化成天下"条，引唐吕温说明《易》所谓文"犹曰万物各得其理"之意："文者，言错综庶绩，藻绘人情，如成文焉，以致其理。"⑫ 又引孔子、苏辙说阐释唐虞至商周制度之文（见上），旨在说明"盖亦以为王道之盛，其文理当极于是焉耳"⑬。《洞酌》引苏辙《古今家诫》，阐发君爱民犹父母之爱子、爱之深而虑之精之理："虽行潦之陋而无所弃，犹父母之无弃子也。父母之于子也，爱之深，故其为之虑事也精。以深爱而行精虑，故其为之避害也速，而就利也果。"⑭《洪范》"嘉言罔攸伏"条，引陆贽、魏徵说，明君主广纳嘉言、虚己受人之重要。陆曰："君人者以众智为智，以众心为心，恒恐一夫不

① 《御览经史讲义》，《文渊阁四库全书》第 722 册 263 页。
② 吕柟：《朱子抄释》卷一"刘砥问谢子惺惺之说"条，《文渊阁四库全书》第 715 册 255 页。
③ 黎靖德编：《朱子语类》卷十二，《文渊阁四库全书》第 700 册 186 页。
④ 《御览经史讲义》，《文渊阁四库全书》第 722 册 407 页。
⑤ 《御览经史讲义》，《文渊阁四库全书》第 723 册 262 页。
⑥ 《御览经史讲义》，《文渊阁四库全书》第 723 册 262 页。
⑦ 《御览经史讲义》，《文渊阁四库全书》第 723 册 263 页。
⑧ 《御览经史讲义》，《文渊阁四库全书》第 722 册 304 页。
⑨ 《御览经史讲义》，《文渊阁四库全书》第 722 册 303 页。
⑩ 《御览经史讲义》，《文渊阁四库全书》第 723 册 262 页。
⑪ 《御览经史讲义》，《文渊阁四库全书》第 723 册 262 页。
⑫ 《御览经史讲义》，《文渊阁四库全书》第 722 册 407 页。
⑬ 《御览经史讲义》，《文渊阁四库全书》第 722 册 408 页。
⑭ 《御览经史讲义》，《文渊阁四库全书》第 723 册 406 页。

尽其心，一事不得其理。"① 魏曰："君虽圣哲，犹当虚己以受人，故智者献其谋，勇者竭其力。"②

可以看出，窦光鼐征引前儒之说，《周易》不用王弼及汉人注，《尚书》不取孔安国、郑玄说，《诗经》不采毛传郑笺，《礼记》不用郑注，所引乃孔子、荀子、董仲舒、吕温、苏辙、程颐、谢良佐、朱熹、蔡沈等，而以程朱一派为主。据此可知，窦光鼐阐发经义，走的不是传统经学家治经的路数，他注重的是阐发经典中蕴涵的义理，援引的也主要是思想家型的阐经者的见解。

窦光鼐的经义之所以尊崇程朱，有远因，有近因。远因是进呈经义从性质上说属于经筵进讲，而经筵制度成型于宋代，以理学为根基，与理学同生共荣。乾隆早期的进呈经义继承了宋代以来经筵进讲的做法，以程朱学说为旨归。

近因则是清代前期以理学为官方学术，乾隆早年亦醉心于程朱，乾隆对进呈经史的倾向因此有明确要求。他曾批评前两年"诸臣条举经史，各就所见为说，未有将宋儒性理诸书，切实敷陈"③，于五年（1740）下诏要求"诸臣研精宋儒之书"④，"明体达用，以为启沃之资。治心修身，以端教化之本"⑤。

窦光鼐七篇经义突出的尊崇程朱之色彩、治心修身之内容正是践行了乾隆的指导思想。这也是当时所有进呈经义之共性。随着汉学的兴起，稍后进入了考据学独大的阶段，理学黯然失色，乾隆提倡理学的言论几无再现。帝王的好恶是封建社会学术发展的风向标。乾隆此后对理学的废弛，同样引导着时代学术之走向，窦光鼐也由早期立足程朱转向"不为宋元诸儒之所屏蔽"⑥"故于宋儒所言，指斥不遗余力"⑦。从这个意义上说，窦光鼐等进呈的经义也是了解乾隆早期学术倾向的重要资料。

（二）以史证经

以史事证经是经典诠释的常用方法，窦光鼐亦采用之。如"嘉言罔攸伏"条，窦光鼐以唐太宗虚心求谏为"贞观致治之本"，阐释君主广纳群言的重要性：

唐太宗贞观元年制：谏官随宰相入阁议事，论者以为贞观致治之本。又尝谓萧瑀

---

① 《御览经史讲义》，《文渊阁四库全书》第 723 册 55 页。

② 《御览经史讲义》，《文渊阁四库全书》第 723 册 55 页。

③ 第一历史档案馆编：《乾隆朝上档谕》，档案出版社 1991 年版，第 1 册 353 页。

④ 《乾隆朝上档谕》，第 1 册 353 页。

⑤ 《乾隆朝上档谕》，第 1 册 353 页。

⑥ 刘大櫆：《海峰文集》卷四《东皋先生时文序》，上海古籍出版社 2002 年版《续修四库全书》，第 1427 册 406 页。

⑦ 王昶：《蒲褐山房诗话》，清稿本。

曰："朕以弓矢定四方，识之犹未能尽，况天下之务乎？"乃命京官五品以上更宿中书内省，数延见，问民疾苦，政事得失。夫五品以上，其人未必皆贤。即云贤矣，其所见讵必有加于太宗哉？而太宗孜孜求之，若不及然，故其时房、杜、王、魏之徒，绳愆纠谬，辅赞政事。虞、褚、姚、欧之属，更日入直，商确古今。至于治成道洽，史书大有二十余年几致刑措。君子不以多诸臣辅治之力，而以美太宗听言之功，夫非其明效大验耶？①

窦光鼐释"严恭寅畏，天命自度"引"史称桑谷共生于朝，大戊惧而修德"② 及魏徵《谏太宗十思疏》明人君当敬天修德、正己知止之理：

> 唐贞观十一年，令百官上封事。魏徵疏曰："见可欲则思知足，将兴缮则思知止，处高危则思谦降，临满盈则思抑损，遇逸乐则思撙节，在宴安则思后患，防壅蔽则思延纳，疾谗邪则思正己，行爵赏则思因喜而僭，施刑罚则思因怒而滥。"③

总结历史经验教训，为现实政治服务，本是经筵进讲的重要目标。进呈之初，乾隆尚鼓励大臣针对现实各抒己见，后来却明令禁止在进呈经义中议论政事，曾于九年（1744）下诏："朕令翰林科道轮进讲章者，原以讲明义理、裨益学问也。若臣工有欲行陈奏之事，自应明白直陈于君上之前。何得借讲书之名，以巧用其术？"④ 又于十一年（1746）再次降谕："朕命翰林科道官轮日进讲经史，本欲讲究经术，阐明义理，以淑身心，以鉴兴废，而诸臣讲论往往滥入条陈，若实有裨政务，则亦何害？要不当借端立说，以逞私见也。"⑤ 既不得联系现实阐发经义，窦光鼐等采取以史证经之法，更具鉴古知今之价值。

（三）以经证经

以经证经或以其他典籍证经也是经典阐释的常用方法。窦光鼐七篇经义，援引《周易》《尚书》《礼记》《荀子》《剧秦美新》等，或本经互证，或以他经证本经；或明征，或暗引；或直接引用，或约而言之，方式多样，融会贯通。如《易·贲》"上天下泽，履。君子以辨上下，定民志"，窦光鼐释"履"为"礼"："履者，礼也，安上治民，莫善于礼，故君子观

---

① 《御览经史讲义》，《文渊阁四库全书》第 723 册 55 页。
② 《御览经史讲义》，《文渊阁四库全书》第 723 册 263 页。
③ 《御览经史讲义》，《文渊阁四库全书》第 723 册 263 页。
④ 《清高宗实录》卷二百二十四"乾隆九年九月"下，台湾华文书局总发行，出版时间不详，第 3275 页。
⑤ 盛康辑，《清朝经世文编续编》卷一"圣学"，（台北）文海出版社 1972 年版，第 167—171 页。

《履》之象，而以辨上下、定民志也。"① 训"履"为"礼"，"履""礼"互训，源自《说文解字》《白虎通义》《礼记》等。《说文解字》云："礼，履也，所以事神致福也。从示从豊，豊亦声。"②《白虎通义·情性》云："礼者，履也，履道成文也。"③《礼记·祭义》云："礼者，履此者也。"④ 窦光鼐选择《履》卦，正是重其合于礼制，藉之宣扬尊卑有序的合理性，故引《礼记》强调"礼"禁乱止邪、徙善远罪的重要作用："《记》曰：'夫礼禁乱之所由生，犹坊止水之所自来也。'又曰：'礼之教化也微，其止邪也于未形，使人日徙善远罪而不自知也，是以先王隆之也。'"⑤

"嘉言罔攸伏"条，引《礼记·中庸》《尚书·洪范》《诗经·大雅·板》阐发广纳嘉言之义："《中庸》曰：'舜好问而好察迩言。'《洪范》曰：'汝则有大疑，谋及乃心，谋及卿士，谋及庶人，谋及卜筮。'《诗》曰：'询于刍荛。'"⑥

"严恭寅畏，天命自度"条，援经分释"严恭寅畏"之义。引《礼记·表记》释"严"、引《诗经·大雅·荡之什·抑》释"恭"、引《尚书·舜典》释"寅"、引《周易·震》释"畏"："严则庄重，《礼》所称'庄敬日强'是也。恭则谦抑，《诗》所称'温温恭人，维德之基'是也。寅则钦肃，《书》所称'夙夜惟寅'是也。畏则戒惧，《易》所称'恐惧修省'是也。合之则一，敬而已矣。"⑦

以上数例均明确标注出处，也有笼统言之者。如"严恭寅畏，天命自度"条，云《诗》《书》所载古之生安者、学利者、困勉者之自度，皆以敬为主："抑考《诗》《书》所载，古人所以自度者有三焉。'不识不知，顺帝之则'，生安者之自度也；'检身若不及'，学利者之自度也；'若虞机张，往省括于度，则释'，困勉者之自度也。而皆以敬为主。"⑧ 其中，"不识不知，顺帝之则"，出《诗经·大雅·文王之什·皇矣》；"与人不求备，检身若不及"，出《尚书·伊训》；"若虞机张，往省括于度，则释"，出《尚书·太甲上》。窦光鼐仅以"抑考《诗》《书》所载"统言之，未明确标注。

窦光鼐也有引他书证经而不作标注者，如《贲》"观乎人文，以化成天下"，窦文之"文久而息，节奏久而绝"⑨，出《荀子·非相篇》"文久而息，节族久而绝"。杨倞注："言

① 《御览经史讲义》，《文渊阁四库全书》第 722 册 303 页。
② 许慎：《说文解字》，中华书局 2014 年版，第 1 页。
③ 班固：《白虎通义》，《文渊阁四库全书》第 850 册 52 页。
④ 《礼记正义·祭义》，第 1598 页。
⑤ 《御览经史讲义》，《文渊阁四库全书》第 722 册 304 页。
⑥ 《御览经史讲义》，《文渊阁四库全书》第 723 册 55 页。
⑦ 《御览经史讲义》，《文渊阁四库全书》第 723 册 262 页。
⑧ 《御览经史讲义》，《文渊阁四库全书》第 723 册 263 页。
⑨ 《御览经史讲义》，《文渊阁四库全书》第 722 册 407 页。

礼文久则制度灭息，节奏久则废也。"① 知"节族"即"节奏"也。窦氏于此约《荀子》说而未标。其释《泂酌》，有"夫履极盛之势而保之以戒惧，德惟日新，道以时升，将使万世得以戴巍巍，履栗栗，臭芳烈，含甘实，镜纯粹之至精，流惠恺于无极，斯天下之上则已，由斯以谈，则成周之盛，至今存也"②。其中"将使万世"以下至"斯天下之上则已"，约扬雄《剧秦美新》而未标。扬文曰："令万世常戴巍巍，履栗栗，臭馨香，含甘实，镜纯粹之至精，聆清和之正声，则百工伊凝，庶绩咸熙，荷天衢，提地厘，斯天下之上则已，庶可试哉。"③

援本经、他经或他书释经，不仅增加了窦氏经义渊雅蕴藉之意味，更重要的是展示了其对诸经的熟悉程度及其融会贯通、娴熟运用的能力。

三、进呈经义对窦光鼐之影响

进呈经义对窦光鼐应该产生了重要影响。乾隆当初命群臣进呈经义的初衷有二：一是"本欲讲究经术，阐明义理，以淑身心，以鉴兴废"④，这是乾隆为提高自身修养计；二是希望通过披览大臣经义，考其学识、心性，为国家选拔人才，"在朕广揆群言，可以因事监观，随时触发。而览诸臣所进，亦可考验其学识，或召见讲论，则性资心术，并因此可觇"⑤，"因言观人，究悉诸臣学识之高下，心术之真伪"⑥。相比之下，后者更为重要。由窦光鼐这一个案可以看出，乾隆的意愿应该在很大程度上得以实现。

我们读窦光鼐传记，能深切感受到乾隆对窦光鼐的了解、信任与爱护。窦光鼐并不长于吏治，如乾隆十三年（1748），御试翰詹，窦光鼐为四等，罚俸。乾隆二十六年（1761），当窦光鼐从浙江学政任满还京、参与秋谳会审时，因两起案件的处理意见与刑部官员不合，发生激烈冲突。窦光鼐"语忿激"⑦，乾隆云其"意气自用，甚至纷呶谩骂而不自知"⑧，光鼐亦自谓"臣未能降心抑气，与刑部婉言"⑨。由此可见，窦光鼐秉性耿直，胸怀坦荡，言辞率真，疾恶如仇。这种性情本难立足官场，窦光鼐于宦海中亦数遭挫折，但他却往往能于降中反升，化险为夷，这与乾隆皇帝对他的知遇密不可分。乾隆十三年，窦光鼐大考

---

① 王先谦撰，沈啸寰、王星贤点校：《荀子集解》，中华书局 2013 年版，第 93 页。
② 《御览经史讲义》，《文渊阁四库全书》第 722 册 407 页。
③ 扬雄撰、郑朴编：《扬子云集》，《文渊阁四库全书》第 1063 册 110 页。
④ 《乾隆朝上档谕》，第 2 册 139 页。
⑤ 《清高宗实录》卷三十九"乾隆二年三月"下，第 732—733 页。
⑥ 《清高宗实录》卷三百三十三"乾隆十四年正月"下，第 5030 页。
⑦ 赵尔巽等：《清史稿》，中华书局 1998 年版，第 10791。
⑧ 《清史稿》，第 10792 页。
⑨ 《清史稿》，第 10792 页。

失利，"故事，大考置劣等，降黜有差"①，结果却出人意料："高宗夙知光鼐，居数月，擢左中允。"② 窦光鼐未降反升的直接原因是"高宗夙知光鼐"。乾隆了解窦光鼐的途径可能并不唯一，但此时的窦光鼐初入仕途，刚刚做了三年翰林院编修，期间进呈的这七篇经义，应是乾隆知遇光鼐的重要原因。更重要的是，光鼐自此为乾隆所知："盖公被上知遇自此始。"③ 窦光鼐与刑部发生冲突后，乾隆命下部严议，"当左迁，仍命留任"④。乾隆二十七年（1762），"上以光鼐迁拙，不胜副都御史，命署内阁学士"⑤。窦光鼐曾于三河、怀柔二县督捕蝗，因得罪权贵，被夺职，"居数月，谕光鼐但拘钝无能，无大过，左授通政司副使。再迁宗人府府丞。复督浙江学政，擢吏部侍郎"⑥。由以上数例，可以看出乾隆对窦光鼐的品性、长短有着很深的了解。正是乾隆的知遇，窦光鼐最终以守正不阿、反腐抗贪、清正廉洁的操守和精赡的学问垂名青史。

综上所述，窦光鼐于乾隆十年至十三年为翰林院编修期间，蒙诏进呈经义。他精心选择《周易》之《履》"上天下泽，履。君子以辨上下，定民志"、《贲》"观乎人文，以化成天下"、《尚书》之《大禹谟》"嘉言罔攸伏"、《洪范》"皇建其有极。敛时五福，用敷锡厥庶民。惟时厥庶民于汝极，锡汝保极"、《无逸》"严恭寅畏，天命自度"、《诗经·大雅·生民之什》之《泂酌》、《礼记·孔子闲居》之"奉三无私，以劳天下"等七条，以遵礼、纳言、敬天、亲民、修德、律己为旨归，希望君主明是非得失之体，知治乱兴亡之故。究其实质，乃藉经义资治当世。窦光鼐尊崇程朱的基本倾向，既是对宋代以来经筵制度的继承，更是基于乾隆早年醉心于程朱的引领。窦光鼐对经义的阐发并无新见，他采用的引史证经、经典互证等方法亦为前儒及同时进呈大臣所泛用，但他的阐发契合了乾隆明义理、淑身心、鉴兴废的意愿，更让乾隆藉之了解了窦光鼐的品性、学识。窦光鼐此后虽浮沉于宦海，终成为一代名臣，与乾隆的知遇密不可分。乾隆早年对进呈经义大臣的了解与识拔，为朝廷培养、储备了一批学高品端的优秀人才，为乾隆盛世奠定了基础，窦光鼐为其中之一。

参考文献：

[1] 陈东：《乾隆朝进呈讲义始末考》，《清史研究》，2010 年第 3 期。

---

① 李元度辑：《国朝先正事略·窦东皋先生事略》，《续修四库全书》第 539 册 115 页。
② 《清史稿》，第 10791 页。
③ 秦瀛：《都察院左都御使窦公光鼐墓志铭》，中华书局 2008 年版《碑传集》，第 1054 页。
④ 《清史稿》，第 10792 页。
⑤ 《清史稿》，第 10792 页。
⑥ 《清史稿》，第 10792 页。

窦光鼐"素恶宋儒"辩

——兼论窦氏经学倾向

王宪明

潍坊学院文学与新闻传播学院

摘　要：窦光鼐经学根柢宋儒，兼容并蓄；对乾隆朝崛起的公羊学派（常州学派），也有所响应。由于他"好胜"强辩，富批评精神，人们对他的学术倾向，多有误解。

关键词：窦光鼐；经学；宋儒；常州学派

一、窦光鼐"素恶宋儒"说之由来

乾隆朝反腐名臣窦光鼐，曾被誉为一代正人之最。但古语云"皎皎者易污"，攻击、诋毁他的人也不少。其中清嘉庆年间曾以暴戾虐下被革爵圈禁的礼亲王昭梿，是最有才的一个。《啸亭杂录》卷九《窦东皋》一则，最为人熟知：

> 余幼时闻韩旭亭先生言，当代正人以窦东皋为最。时阅其劾黄梅匿丧奏疏，侃侃正言，心甚钦佩，以为虽范文正、孔道辅无以过之。后入朝，闻成王言，公迂暗不识政体，素恶宋儒书，明道、晦庵诸先生至加以菲言詈之。又以方正学为元恶大憝，致兴靖难之祸，其议论殊为怪诞。又晚年以仕途蹭蹬故，乃拜和相为师，往谒其门，至琢姓名于玉器献之，以博其欢。希上赐紫禁城骑马，日跨胡床于家中，以勘其劳，颇为舆人姗笑。又素善青乌术，以诸城县应出二辅臣，及闻刘文清公以事降黜，大喜过望，置酒欢宴终日，殊乏大臣之度。后闻蒋孝廉棠言亦然，故并录之以俟考焉。①

昭梿在文中先扬后抑，对窦光鼐的诋毁，涉及性格、学术、操守诸多方面，其中最荒谬的"拜和相为师"说，秦瀛《诸城窦公墓志铭》，陈康祺《郎潜纪闻初笔》等，早已驳正。关于学术方面，尚无人为之一辩——当然，从今天的角度说，如果窦光鼐真的恶宋儒，斥程朱，并不有损形象，甚至值得表彰。君不见窦光鼐学生高鹗所编定的《红楼梦》中，探春只批评了朱子《不自弃》一句"虚比浮词"，至今仍被古典文学权威们反复引用，作为

---

① 昭梿：《啸亭杂录》，中华书局1980年版，第294页。

《红楼梦》反理学、反封建的刚性证据。如果直恁詈骂程朱，其进步超前，岂是寻常了得。

昭梿关于窦光鼐种种传闻，主要来自 "成王"，也就是乾隆帝第十一子成亲王永惺。乾隆间窦光鼐长期在宗人府任职，并曾任上书房总师傅，常给宗室、皇子讲学，永惺确与窦光鼐有过从。窦光鼐《省吾斋古文集》中有《十一阿哥启》，就是回答这位书法大师对《论语》"有妇人焉" 理解的相关疑惑。

> 谨启：石庵说《论语》"有妇人" 句，盖本诸顾炎武《日知录》，谓乱臣十人，皆在戎行，太姒邑姜必不从军旅之事，亦必不并数之以足十臣之数。牝鸡之晨，方以用妇人为纣罪，乃周之功业，必藉妇人，此理之不可通，或文字传写之误。云云。鼐以为殷以妲己亡，周以女德兴，《诗》二南美后妃之大化，《大雅》《大明》《绵》《思齐》诸篇，咏歌周姜任姒世德，恶知武王所谓十乱中必不应有妇人耶？刘侍读以为子无臣母之义，《易》文母以邑姜治内治外，大义可通。顾氏书生，所见或拘，而犹云阙疑，亦读书之一法；石庵则谓古篆 "妇" "殷" 相近，当是 "殷" 之讹，以胶鬲实之。鼐虽未学古篆，而殷人胶鬲之说，断不敢妄为附会也。①

所谓 "石庵" "刘侍读"，为窦光鼐表兄和翰林后辈刘墉（刘墉长窦光鼐一岁，但中进士入翰林院晚于窦光鼐十年，给窦光鼐书札援清朝官场惯例，称窦为 "前辈" 或 "老前辈"）。刘统勋、刘墉父子，亦先后为上书房总师傅。

"有妇人焉"，出自《论语·泰伯》，原文为："舜有臣五人而天下治，武王曰，予有乱臣十人，孔子曰，才难，不其然乎？唐虞之际，于斯为盛，有妇人焉，九人而已。" 查朱子《四书章句》，对这句话阙疑未注，其《论语精义》引程颐之说："伊川解曰，舜有臣五人，而武王有乱臣十人，以唐虞之际，方之周为盛也，然又有妇人焉，惟九人耳，才之难得如此。妇人，邑姜也。" 而未下断语，可能也只作为参考。

关于 "有妇人焉" 一句的争论，由来已久，明末清初人周亮工《书影》卷三就录有多人对这句话的不同解释，并断以己意：

> 马旻狭之骊曰：乱臣十人，有妇人焉。注曰邑姜，盖臆说也。近有著《识小编》者，谓 "妇" 当作 "殷"，殷人者，胶鬲也。按殷亡鬲遯，实未臣周，此不足辩；而妇之必非邑姜，则不可不辩也。"予有乱臣十人"，武王行间誓师之言，此十人必尽在左右。以闺中之妇，褒誉于虎貔熊罴之列，其何以服众心乎！且武王数受之罪曰 "牝鸡

---

① 窦光鼐：《省吾斋古文集》卷八，国家图书馆藏嘉庆六年（1801）刻本。

之晨，惟家之索"。夫商以妇灭，而周乃以妇兴乎！即邑姜虽贤，不过如太姒之克勤克俭，克逮克容，如《葛覃》《卷耳》《樛木》《螽斯》诸诗尽之矣，岂参闺外之谋，或躬擐甲胄于疆场锋镝之间也！成王《大诰》曰：爽邦由哲，亦惟十人，迪知上帝命。成王曷敢斥言其母，直与诸臣伍耶！此其大证明据也。学者读书明理，所不知者何妨阙焉。献子五友而忘其三，孟子大贤也。①

窦光鼐与周亮工观点稍有异同，但均就事论事，非与宋儒为难。与家传宋学的刘墉相比，窦光鼐甚至是为朱子辩护。而震钧《天咫偶闻》中又有这样的记载：

> 尝见成邸与刘文清公书札云，闻之窦东皋先生言：《论语》"有妇人焉"，当作"有殷人焉"，古篆"殷"与"妇"相近而讹。成邸颇不以为然，云：亦尝留心篆、籀，"妇"与"殷"殊不相近，云云。此事未知文清如何回答？惜不得其复札一证之。②

震钧把窦光鼐驳斥的观点，当成窦氏自己的观点。他自称亲见书札，犹如此错乱颠倒；耳食传闻者，更不知伊于胡底。

二、窦氏学术渊源与其宋学根柢

窦光鼐作为乾嘉之际代表性学人之一，要搞清他的经学倾向，既要略知清代中国学术发展大势，还要清楚窦光鼐家乡诸城及其周边地区的学术氛围，更要看窦氏家学对他的影响。

清代近三百年经学，凡经数变。开国之初，承明末风气，陆王心学仍有一定势力；康熙朝由于"理学皇帝"玄烨的倡导，程朱理学有复兴之势；乾嘉之际，则考证之学（汉学）极盛，程朱之学，消沉不振；清朝后期，汉学保持其优势，但宋学有一定反弹，同时今文经学又崛起——这也是古代经学的终结。

就清代总的学术趋势看，汉学强而宋学弱。但山东情况有所不同。自明季临朐冯裕、安丘马从龙等传陈宪章（白沙）、吕坤（心吾）之学，渊源有自，薪传不绝，且发展脉络较清晰。清代前期以安丘为中心，代表人物有安丘刘源渌、张贞，诸城丘志广、王钺、张侗，高密单若鲁、潍县杨青黎、姜国霖、刘以贵，昌乐周士宏，胶州法若真等；中后期以潍县麓台、潍阳二书院为中心，代表人物有潍县韩梦周，昌乐阎循观，诸城王蒬绪，安丘李漋、李大本，高密单为濂、单作哲，胶州法坤宏等；晚清会通理学与今文经学，以潍县张昭潜，

---

① 周亮工：《书影》，中华书局 1958 年版，第 70—71 页。
② 震钧：《天咫偶闻》卷六，北京古籍出版社 1982 年版，第 143 页。

德州梁鸿翥等为代表。

清代宋学有南北之分，诚如江藩在《宋学渊源记》中所说，北方学者具有"质直好义，身体力行"的特点，与南方学者的"习尚浮夸，好腾口说，其弊流于释老"① 大不相同。北方学者的这一特点是由其时代特点和地域特点所决定的，因而其成就与影响也与南方学者相差甚大。较典型的如《清史稿·儒林传》和江藩《国朝宋学渊源记》中都立传的姜国霖，他以孝行卓著闻名，几乎没有什么著述。

山东清代的宋学家和汉学家，大都没有标榜门户的倾向，而是能兼收并蓄，求同存异，取长补短。像明季山东新城王之垣为维护程朱理学，将王学激进派、同时也是明末道德灾变的推波助澜者何心隐特别料理例子，几乎没有。清末民初史学大家柯绍忞自胶州移家潍县孝子里，是出于对姜国霖的仰慕；《说文》宗师王筠致朝鲜学者金善臣书，也反对"守汉以薄宋"②。宋学家张贞《杞纪》，实事求是，体大思精，放在汉学著述中，毫不逊色。被称为清三百年经师殿军的宋书升，对宋学乡贤韩梦周、阎循观也非常顶礼。甚至出现了"山左独盛"的金石学名家多出于宋学世家（如刘喜海、王锡棨、王森文、陈介祺、王懿荣等）的独特现象。

清代中叶汉学极盛时，山东宋学者能以宋学博闻守约、秉要执中的优点，纠正汉学琐碎钉饾、玩物丧志之弊，对当时的政治、社会风俗也有很大的影响。以所谓"海岱高门第"诸城刘氏为例，清初先后延刘源渌师友、弟子马天撰（翼辰）、李漋（若千）、李大本（立斋）为西席，名贤辈出，而且"近世言家法者，首推东武刘氏"③。刘棨、刘统勋、刘墉都服膺宋儒，且以宋儒秉要执中、纲举目张见之行事，为缔造、维持所谓"盛世"局面，贡献不菲。高出某些琐碎钉饾、玩物丧志的汉学家，不可以道里计。

就清代山东宋学家的地域分布，以今潍坊市各县最为集中。《清史稿·儒林传》所列十人，潍坊有七人。至于江藩《国朝宋学渊源记》出现名字的山东清代宋学家（刘源渌、姜国霖、周士宏、阎循观、韩梦周），竟全是潍坊籍。山东有宋学倾向的政治家（所谓理学名臣）潍坊籍也最多，除刘统勋、刘墉父子外，还有冯溥、陈官俊等——窦光鼐自然也是其中佼佼者。这与该地是山东重要的农业区（俗谚所谓"要想吃饭，诸安二县"），生活安定，世家群体众多，宗法观念根深蒂固也不无关系。

窦光鼐家族，分布于诸城、安丘之交，正清代前期山东理学之中心。籍贯安丘的著名史学家赵俪生教授在《山东乡邦文献考察小记》对说自己邻邑诸城清代"搞义理的，仅见

---

① 江藩：《国朝宋学渊源记》卷上之末"记者曰"，上海书店出版社1983年版，第12页。
② 王筠著，屈万里、郑时辑校：《清诒堂文集》，济南，齐鲁书社1987，第244页。
③ 李漋：《质庵文集·槎河山庄记》，山东图书馆藏稿本。

张侗"①，这是他偶尔失察。但就是张侗家族，与诸城窦氏渊源最深，窦光鼐之妻张氏，即张侗近支后人。诸城另一理学代表人物王钺，曾为窦光鼐曾祖父窦长琰的词集作过序，王钺所出之诸城相州王氏，与窦氏亦姻亲稠叠。诸城理学世家丘橓家族，与窦氏也是世交，《东武诗存》卷一有窦长琰《闻海石邱二兄归将省不果》七律一首。丘海石名石常，明末安丘理学家马从龙弟子，著名理学家吕坤之再传弟子，诗与丁耀亢齐名，同时与外甥王钺折辈切磋理学。窦光鼐与同时诸城及周围各县理学人物也交往频繁，他弱冠即受理学名臣刘统勋赏识，乾隆朝鲁中理学代表人物，与窦光鼐同府的昌乐阎循观，为窦光鼐同年好友阎循琦的堂弟。窦光鼐的好友兼幕僚桐城四祖之一的刘大櫆，也仰慕程朱学行。窦光鼐《省吾斋文稿》中《天命之谓性》后有刘大櫆批云："经传及汉宋儒者论性精微之旨，融贯在心，尽赴腕下，而笔力高古，足以达之具此能事，乃可代圣贤立言。"② 其实汉儒论性之语不多，仍偏在宋儒。

窦光鼐在《先府君行状》中述其父窦诜学术："府君初留意选学，尤工制艺，后乃覃思古圣贤之学，博落慎取，务自得之大要，以不自欺为本，而推以及于人。尝考研宋五子之书，而绝去门户意见，曰：'儒者之言，各有得失，要折中于圣人，毋徒随人耳食也。'……不孝自六岁从府君受四子书，即为说义利诚伪之辨，曰：'君子小人分途在此。'"③ 窦汝翼为窦光鼐所作《行述》也说窦光鼐"考研宋五子之书，而绝去门户意见"④。所谓"四子书"，即《红楼梦》中少年贾宝玉连小注都大致背得出的《大学》《中庸》《论语》《孟子》，自朱子从《礼记》中取出《大学》《中庸》两篇谊注之后，方有"四子书"之名；所谓"宋五子"即北宋五位名儒周敦颐、程颢、程颐、邵雍、张载，朱熹之学所从出。

窦光鼐六岁（1725）时，与父亲一起从学高璇（字齐光，号云亭，雍正八年进士，曾官翰林院检讨），高璇亦宋学派。解瑶《松斋遗文》卷下有《祭翰林检讨齐光高公文》⑤，提及作者康熙癸未（1702）到窦光鼐岳家放鹤园，在张子云（张佳）翁斋初识高璇。二十年后雍正元年癸卯（1723），解瑶又到放鹤园，与高璇等举行九老会，在座的还有"金琢庵"，即《聊斋志异·金和尚》中被漫画化的"金举人"昆山人金奇玉，在当时的诸城实际上是德高望重的乔寓"龙溪学士"，按照一般的研究，他应该早死数十年了。金奇玉与宋学家刘棨是好友，曾随刘到宁羌任，并与孔尚任一起助刘棨编纂《宁羌州志》。这都是物以类聚。

① 赵俪生：《赵俪生文集》第四卷，兰州大学出版社 2002 年版，第 510 页。
② 窦光鼐：《省吾斋文稿》亨集，刘洪全藏清道光壬午（1822）刻本。
③ 窦光鼐：《省吾斋古文集》卷十一。
④ 窦汝翼等：《皇清诰授荣禄大夫经筵讲官上书房行走都察院左督御史予四品衔休致显考东皋府君行述》，刘洪金藏清代抄本。
⑤ 高洪钧等编：《明清遗书五种·松斋遗文》，北京图书馆出版社 2006 年版，第 107—108 页。

清代科举考试，《四书》是必修课，《五经》是选修科目，任选其一（乾隆五十三年乡试《五经》"分年轮试"之前），窦光鼐乡试履历自述"习《诗经》"①。《五经》中，只有《诗经》用朱熹《诗集传》，《周易本义》参用程朱，其他诸经，朱子没有染指。窦光鼐中进士之前的经学，实专精朱熹《诗集传》。窦光鼐诗文中"三百篇"典故，信手拈来，如盐化水；他的应制文章，数量很大，文风高华典重，亦颇得《雅》《颂》神髓。

窦光鼐《省吾斋古文集》卷五《恭跋〈御制经筵讲义〉》，引朱子注《中庸》"至诚无息"一句之"无虚假，自无间断"，与弘历以《易》乾象诠《中庸》相发明，并赞弘历"乃复即朱熹注语，推论致曲之事，为学圣者示求诚之方，斯《洪范》所谓皇极之敷言为彝训者乎"。《四库全书》子部收入《御览经史讲义》一书（与窦光鼐所跋弘历同学作业《御制经筵讲义》不是一回事），其中录窦光鼐七篇，多引朱子之说相发明，偶有异同，说得也比较委婉。这些庙堂文章没有收入窦光鼐文集，也可能有馆阁近臣做了手脚。

不管怎样，无论从窦光鼐乡学祖传，还是师友君臣之讲习，大都根柢于宋儒之学。说他"素恶宋儒"，实在严重违背事实，过甚其词。

予智自雄，党同伐异，这种习气在宋儒身上较为突出。宋代曾在窦光鼐故乡任密州太守、又为窦光鼐素所倾仰的苏轼为其中代表。熙宁旧党，他是干将；元祐蜀党，他是魁首。苏轼在诸城修建的超然台，其实是他联络旧党，对正在积极推行新政的改革派进行舆论攻击的据点之一。窦光鼐有《恭跋御制〈反苏轼超然台记说〉》，附和弘历批评苏轼"狂简"，但仍称赞苏轼"胸次浩然，不以得失利害动其心"②。这与一般喜爱苏轼过分的人一样，未免皮相之见。天才洋溢的苏轼及其党徒之所以标榜"超然"，其实是因为看到新党得手，酸热交加，牢骚太盛。宋儒彼此相"恶"，而受宋儒习气影响的窦光鼐对苏轼等人，却有些好之而不甚知其恶。

三、窦光鼐与乾隆朝崛起之今文经学

诸城北部接近安丘的锡山脚下，有孔子女婿公冶长墓，此地在西汉时为琅邪郡姑幕县治南郊。有学者认为公冶长就是今文经学经典《春秋公羊传》作者公羊高的父亲，甚至径呼公羊高为"孔子的外孙"③。虽然此论有待商榷，但姑幕确是汉代《春秋》公羊学重镇。《后汉书·承宫传》，姑幕有徐子盛，"以《春秋》经授诸生数百"，承宫牧猪（与公羊学前辈公孙弘操业相同）过息庐下，乐其业，因就听经，遂请留门下，后为经师名臣。承宫属

---

① 无名氏：《青州莱州朱卷合集》第一册，国家图书馆藏本。
② 窦光鼐：《省吾斋古文集》卷四。
③ 张祥平：《经典复杂科学周易论语大学中庸的推理和应用》，中国社会科学出版社 2013 年版，第339 页。

公羊《春秋》严氏学派，估计姑幕徐子盛也属此派。严氏学派创始人严彭祖为董仲舒三传弟子，而董仲舒曾任胶西相，与姑幕地缘相近，其学出自公羊寿。姑幕周围各县公羊学大师不少，东武贡禹，安丘甄宇、周泽为其中佼佼者。明万历《诸城县志》卷七《人物》所载通公羊《春秋》者还有四人，其中王中、公孙文，与承宫同属严氏学派，左咸属颜氏（颜安乐）学派。

公羊学作为一个学派，汉代以后消沉千年，直到清乾隆年间常州学派的崛起，其学复振，成为"一代学术转捩之枢"①。公羊学派"以经议政"的传统及其强烈的批判精神和变革思想，为晚清以来各种变法、革命思潮推波助澜，成为中国传统经学终结的璀璨晚霞。

常州与姑幕有些渊源，《晋书·徐邈传》："徐邈，东莞姑幕人也。祖澄之为州治中，属永嘉之乱，遂与乡人臧琨等率子弟并闾里士庶千余家，南渡江，家于京口。"晋明帝时，因其人民在今江苏省武进县西南侨置姑幕县，属南徐州。宋《咸淳毗陵志·古迹》中载："大姑城、小姑城在县西南六十里。"据清代常州无锡人顾祖禹《读史方舆纪要》，此二城即东晋时侨置之东莞所属莒县、姑幕等县旧地②。南迁的领袖人物徐邈，应该就是汉时严氏公羊《春秋》经师徐子盛族人。

至于清代常州公羊学派开山祖庄存与（古有"庄严一家"之说，公羊《春秋》严氏学派较盛），则是出生于姑幕故县的窦光鼐好友与翰林后辈。乾隆十七年（1752）初，两人被任命为是年二月举行的湖北恩科乡试正副考官，来去皆同行，《省吾斋诗赋集》卷九有《度平靖关戏简庄方耕编修》五古二首，写于赴鄂途中。第二首有"惠施撼庄周，高论每惊座"③之句，可见两人长途论学，甚为投契。窦光鼐是较早与闻常州学派"非常异议"并予以欣赏的学者。以窦光鼐脾气，如果他认为庄存与的观点是异端邪说（如同保守派云），不会说"高论每惊座"，而应该拍案而起，直斥其非。

随着公羊学为士林所重，西汉公羊学理论体系的发现或创立者董仲舒也逐渐代替许慎、郑玄，成为清代学界新的旗帜。杨钟羲《雪桥诗话》卷十一："自庄方耕宗伯喜谈微言大义，予廷、申受皆庄氏甥，推衍遗绪，学者多言西汉，龚、魏从而昌大之，许郑之风微，而新周改制之说起矣。"④所谓"新周改制"，出典董仲舒《春秋繁露·三代改制质文》篇，也是公羊学最基本的理论概念。

在汉以后很多人眼中，董仲舒难与贾谊、东方朔、两司马辈争席，甚至不如剧秦美新、政治节操有瑕疵的扬雄更为知名。同为汉朝今文经学大师，董仲舒的地位长期比不上晚辈

① 梁启超：《近代学风的地理分布》，《饮冰室合集》文集之四十。
② 顾祖禹：《读史方舆纪要》卷二十五。争论《文心雕龙》作者刘勰出生地者，亦多涉及大姑、小姑二城。
③ 韩寓群等编：《山东文献集成》第三辑第二十八册，山东大学出版社 2007 年版，第 370 页。
④ 杨钟羲：《雪桥诗话》，北京古籍出版社 1989 年版，第 504 页。

何休。何某的《春秋公羊解诂》完整地被收入《十三经注疏》，而作为何注"所本"的董仲舒《春秋繁露》，东汉以后，多就散佚。后人掇拾，已难见完璧。

韩愈《原道》述儒家道统传承次第："尧以是传之舜，舜以是传之禹，禹以是传之汤，汤以是传之文武周公，文武周公传之孔子，孔子传之孟轲。轲之死，不得其传焉。荀与扬也，择焉而不精，语焉而不详。"① 文中只字没提董仲舒。而柳宗元甚至斥董仲舒"天人感应"之类学说"其言类淫巫瞽史，诳乱后代，不足以知圣人立极之体"②。

宋儒孙明复《董仲舒论》："孔子而下，至西汉间，世称大儒者，或曰孟轲氏、荀卿氏、扬雄氏而已。以其立言垂范明道救时，功丰德巨也。至于董仲舒，则忽而不举。"③

清代中叶，董仲舒的行情逐渐看涨，这也与帝王的好尚有关。乾隆帝早年欣赏董子，居潜邸时所作《日知荟说》就言："夫湛深经术，孰有过于仲舒者！"④ 乾隆七年二月的经筵上说："夫万民之心，一大君之心也。董子曰：'君心正而天下莫不归于正。'"⑤ 据钱大昕为庄有恭（亦窦光鼐好友）所作墓志："上御极之四年，诏以廷试进士，撰拟颂联，献谀非体，且启请托之弊，命大臣集议，制策当取通达治体，以汉晁错、董仲舒、唐刘蕡、宋苏轼为式。于是番禺庄公以第一甲第一人登第。读卷日，拆号得公名，天颜喜甚。引见，授翰林院修撰，入直南书房。"⑥ 武进庄氏与庄有恭同谱连宗，得其风气，乾隆十一年庄存与探花及第，乾隆十九年乃弟庄培因状元及第，皆得益于精通董学（在这之前乾隆元年庄存与亲家翁刘纶中博学鸿儒一等一名亦沾光不少，后刘纶之孙、庄存与外孙刘逢禄发扬光大公羊学）。在刘逢禄的学生魏源、龚自珍以后，董仲舒开始取代许郑成为学术界新旗帜。晚清将今文经学推向高峰的康有为作《春秋董氏说》，直欲奉董子夺孟轲之席："若微董生，复安窥孔子之大道哉！"⑦

如果说清儒过甚地对程朱吹毛求疵，有对于清朝统治者"佯浮慕"程朱，阉割程朱，借力打力，钳制天下的逆反（程朱地下有知，当含笑赞许），那么风起玉堂青萍之末，逐渐耸动天下的今文学派过分地推尊董子，则应不乏"顺水推舟"（乾隆喜欢董仲舒，除了仰慕汉武帝的好大喜功和猎奇心理，也许因董学许夷狄进于中国的变通思想，能为清廷合法地位辩护），将经学引向社会批判、政治变革甚至革命之路。对于毗陵学者，则又近绍晚明东林学派之风。明末砥柱天下的东林党，与清末雷霆万钧的今文经学，都源于常州府数县，

① 韩愈：《原道》，《韩愈全集》卷一，上海古籍出版社1997年版，第121—122页。
② 柳宗元：《贞符》，《柳宗元集》，中华书局1979年版，第30页。
③ 曾枣庄等编：《全宋文》第十册，巴蜀书社1990年版，第258页。
④ 爱新觉罗·弘历：《日知荟说》，中州古籍出版社1994年版，第183页。
⑤《清实录》第一一册，中华书局1985年版，第25页。
⑥ 陈文和主编：《嘉定钱大昕全集》第九册，江苏古籍出版社1997年版，第706页。
⑦ 康有为：《春秋董氏学·自序》，中华书局1990年版，第1页。

这也并非巧合。而研究常州词派、诗派、阳湖文派，也不能忽视这方面的影响。

曾与乾隆朝公羊派宗主庄存与论学的窦光鼐，在历代先儒中，对董仲舒评价很高。《省吾斋诗赋集》卷十《董子祠》诗云：

> 代有贤良举，空闻射策新。重经读书处，想见下帷人。气象殊匡、郑，渊源嗣孟、荀。遗编讨《繁露》，万古一涓尘。

《公羊传》主要成于士气昂扬、思想自由的战国时期，生当其时的孟子、荀子亦皆有纵横家风范。董子文较之汉初贾谊，渐见汉人浑厚，但《国策》遗风仍存。从《董子祠》诗中看，窦光鼐对董仲舒学术个性不仅了解，而且推崇至极。其常州得意门生秦瀛《西湖窦东皋夫子祠堂敬举祀事赋此》①诗有"东国谁寻董相坟"之句，拟窦光鼐于董仲舒，窦氏地下有知，当稍有惶恐。

今文经学重演绎发挥和形上探讨，虽与以形下名物考证为重的古文经学同属汉学，但在学术方法乃至价值取向等方面，与宋学反而更接近。朱子称董仲舒为"汉儒最纯者"②，清代今文大师皮锡瑞《经学通论》论《春秋》第一篇题目便是《论〈春秋〉大义在诛讨乱贼，微言在改立制，孟子之言与公羊合，朱子之注深得孟子之旨》③。这也是有宋学根柢的窦光鼐容易对公羊学产生好感的原因。饱受考证派压抑的宋学派在清末有所反弹，与此也应有关系。

《公羊传》作者为齐人，齐地方仙神道思想自然有所渗入，对此，董仲舒没有批判，甚至踵事增华，且见之行事。《汉书·董仲舒传》："仲舒治国，以《春秋》灾异之变推阴阳所以错行，故求雨，闭诸阳，纵诸阴，其止雨反是。"颜师古注："谓若闭南门，禁举火，及开北门，水洒人之类是也。"对这些东西，清代公羊学家仍没有割爱，庄存与《春秋正辞·奉天辞第一》连篇累牍，堪称代表。窦光鼐师法董仲舒，也有过迁之处。如按董仲舒理论，求雨闭南门，开北门（估计只适用于求雨的坛庙），没有北门怎么办，窦光鼐犟劲上来了：那就爬窗子。当年在上书房对窦光鼐老师严格要求不甚受用的小同学颙琰即帝位后，对已经过世的老师吹毛求疵。嘉庆十二年（1807）四月，有这样一段"上谕"：

> 光禄寺卿钱楷奏，京师春夏以来，雨泽稍稀，请循照《汉书》求雨闭阳纵阴之说，将现在正阳门外修筑之石道，暂停工作，以期甘霖速沛一折。五行生克制胜，虽见诸

① 秦瀛：《小岘山人诗集》卷十，清嘉庆二十二年（1817）刻本。
② 朱熹：《朱子语类》卷六十二。
③ 皮锡瑞：《经学通论》，中华书局1954年版，第261页。

传记，大率经生强为傅会，其事多迂窒不可行。即如《汉书》求雨注内所称闭南门禁举火之类，此或在一乡一邑，尚可遵循偶一为之，至京师都会之地，车马辐辏，行旅络绎，又岂能拘泥陈言，概行禁止？设令正阳、崇文、宣武三门暂闭数日，尚复成何政体！从前窦光鼐惑于此说，竟有不开房门，从窗牖行走之事，岂非大笑谈乎？朕现因京城雨泽愆期，昕夕斋心默祷，惟期勤修实政，敬迓天和。若谓将现在所修之石道暂停工作数日，遂可以立沛甘霖，恐感应之理，未必在此。所奏应毋庸议。①

嘉庆帝之论，固为高大上，但公羊学家宣扬阴阳灾异之说，与儒家一般神道设教观念，主要是警戒没有世俗权力限制的专制君主。庙堂宫廷，岂少后门哉！窦光鼐爬窗子之说，估计是对抬杠皇子说的气话。如果颙琰小同学当年在上书房再这样问窦老师："窗子太小怎么办，没有窗子又如何？"估计不挨板子，也要罚站。

窦光鼐及常州"戆翰林"集中的翰林院，对天下学术文风有示范作用。据梁章钜《归田琐记》回忆嘉庆七年（1802）他参加殿试，读卷官朱珪（刘统勋门生）曾拟擢梁卷为第一，"因余文中能用《春秋繁露》语也"②。窦光鼐的学生、庄存与翰林后辈、程本《红楼梦》的修订者（或曰后四十回作者）高鹗，与常州大族恽氏联络有亲（传为曹雪芹祖父的曹寅与常州学人交往更多，其生母与常州大族顾氏同宗，曹寅与窦光鼐表祖王沛憬还是连襟，而王沛憬侄女嫁庄存与弟子孔广森的堂弟孔广栋），也推崇董子。

高鹗会试卷后，有大总裁窦光鼐批语："抑扬尽致，波澜老成。"其后还有"本房总批"："精骛八极，心游九垓。崇论闳议，悉从理窟中探出真髓。所谓态和音雅，酝酿深醇，此文境中最上乘也。诗词古藻，经义淹通。三场综江都之博议，兼子瞻之名言，斯真学有本原，语无枝叶。"③文中"江都"，也是指董仲舒。董仲舒任江都王相早于任胶西王相。

《红楼梦》第二回"正邪两赋"论，研究者多以为是作者借贾雨村之口阐述作者的哲学观、人性论。文中所列"应运而生"的"大仁者"清单"尧、舜、禹、汤、文、武、周、召、孔、孟、董、韩、周、程、张、朱"，差不多就是儒家道统传授简表。"正邪两赋"在性善性恶争论了两千多年的中国，不过老生常谈。将董仲舒与孔、孟等人并列，这在《红楼梦》之前，似乎尚未见到过。《红楼梦》中有大量灾异描写（最典型的是冬行春令之海棠花妖），如探讨其寓意，董仲舒的《春秋繁露》和庄方耕的《春秋正辞》察五行祥异，也许比胡适推崇的所谓科学实证更有帮助。董仲舒《天人三策》中的"天"，必然地有神学倾向，而与胡适之徒膜拜的"自然主义"无甚账算。

---

① 《清实录》第三十册，中华书局 1986 年版，第 340—341 页。
② 梁章钜：《归田锁记》，中华书局 1981 年版，第 106 页。
③ 顾廷龙主编：《清代朱卷集成》，第四册高鹗履历，台湾成文出版有限公司 1992 年版。

《红楼梦》最后一回写贾政（字存周，其名其字亦出典于《春秋繁露·三代改制质文》，其斋号梦坡，令人联想起庄存与之学成于常州东坡书院，苏轼与董仲舒为古今学文兼擅的代表，曾计划终老常州，与"胶西"也有瓜葛）自南京紧急回都城，却北辕南辙到了毗陵驿；前文没说他与常州人有何交游，但这时却派出很多家人上岸投帖，辞谢朋友（以贾政的处世态度，不应该是利益相关，而当为道义相劝）。而他那娇生惯养的宝贝儿子竟突然有了特异功能，穿着那著名的阔斗篷，赤着双脚在运河岸边茫茫雪地中与父亲相见，然后与一僧一道飘然而去，留下一片光明空阔。斯文绝续，世运剥复之际，"谁与我游兮，吾谁与从"①，似有夫子知我罪我之意焉。

窦光鼐《先府君行状》说他从六岁始，便自父受《四书》，究"义利诚伪之辨"，审"君子小人分途"。此实窦氏一生学行纲领，亦董子"明谊正道"之抓手。乾隆中叶以后，刘统勋等老成凋谢，和珅等佞幸进用，弘历倦勤（搞文字狱除外），好大喜功，靡费无度，上下征利，世风一变。此亦公羊学产生的重要背景。魏源《武进庄少宗伯遗书序》："君在乾隆末，与大学士和珅同朝，郁郁不合，故于《诗》《易》君子小人进退消长之际，往往发愤慷慨，流连太息，读其书可以悲其志云。"②《红楼梦》开卷首回，甄士隐邀贾雨村到自己书斋中品茶闲话，以消永昼，方谈得三五句话，忽家人飞报"严老爷来拜"，甄士隐连忙辞别贾雨村，与严老爷应酬，而贾雨村在书房隔窗与丫鬟娇杏非礼目成。甄士隐（名费）、贾雨村（名化）分别为君子、小人化身，皆出典《中庸》，所谓"君子之道，费而隐""小人行险以侥幸"，而"严老爷"则是严义利诚伪之辨，严君子小人之辨。甄士隐本"通财"之义资助贾雨村，特言"弟虽不才，'义利'二字，却还识得"。他对贾雨村"利以养其体，义以养其心"③，永不言弃的觉迷和拯救，遂成为中国文学史上最伟大的文化寓言之一④。即使我们不清楚窦光鼐与《红楼梦》作者、编者们的多重关系，也会感到他们的心灵旷世相感，神光离合。

四、窦光鼐治学的开放性

窦光鼐的学术倾向与和他同乡且年龄相当，并有多重亲戚关系的刘墉接近。他们都根柢宋学，而开放兼容。两人学术渊源，进退出处也有重合处。他们都是翰林出身，一起编纂过一些朝廷大典，都做过上书房总师傅。由于他们曾在堪称"汉学总部"的四库全书馆供职，也都被人错指为考证学家——他们与攻击宋学最卖力的纪昀私交也都不错。

---

① 曹雪芹、高鹗：《红楼梦》第一百二十回。本文引《红楼梦》，皆从程甲本，不再出注。
② 魏源：《魏源集》上册，中华书局 1976 年版，第 238 页。
③ 董仲舒：《春秋繁露·身之养重于义》。
④ 参见拙文《"严老爷"寓意》，《红楼梦学刊》，2011 年第 5 辑。

王国维在《国朝汉学派戴阮二家之哲学说》中慨叹："雍、乾以后，汉学大行，凡不手许慎，不口郑玄者，不足以与于学问之事。于是昔之谈程、朱、陆、王者，屏息敛足。不敢出一语。至乾、嘉间，而国朝学术与东汉比隆矣。"① 其中的"王"，是指明代集心学之大成的王守仁，在清代，他被汉学家埋汰得比程朱更不堪。但窦光鼐和刘墉都对王阳明敬礼有加。刘墉收藏王阳明一方铜印，其得意门生苏州人王芑孙《观石庵先生所藏阳明山人铜印歌》七古长歌最后云："知公必有心印在，鸿蒙一气中流通。直寻仙佛本来意，以证濂、洛希微衷。"可见刘墉对宋明儒学的态度。窦光鼐《省吾斋诗赋集》卷十二有《谒王文成公祠》，诗云：

> 真才名世建非常，御墨荣褒俎豆光（原注："乾隆十六年，圣驾南巡，特颁祠额，衔书'名世真才'四字。"）。早岁昌言犹凤铎，乘时历试果鹰扬。盈廷讼避杨张幻，谋道源寻思孟长。祗以学徒沿鹿洞，讹言今始息蛛蜋。

在窦光鼐眼中，王阳明越濂、洛而接思、孟，较之刘墉师徒评价，更上一层。《刘文清公遗集》卷十一有《窦东皋前（辈）示谒王文成公祠诗依韵和作》：

> 直节捐躯盖士常，哪知名世久弥光。变生猝遽心无动，身到孤危气倍扬。儒释阴阳谁学伪？苗蛮抚剿亦谋长。真才本异空言托，讲席纷纭叹沸蜋。②

王阳明之学与董仲舒也有相通处，都重视形上内容，都重视发挥主观能动性；从另一方面，对阴阳五行学也都有些兴趣。这些，也是窦光鼐和刘墉的共同点。窦刘对攻击王阳明者都有微词，但相对于他们共同的朋友——"桐城四祖"之一的刘大櫆，都比较含蓄。刘大櫆《奉题学使所得王新建印章次原韵》③（为时任安徽学政的刘墉作）有"后来小生肆掊击，连结鸡雌排虎雄"之句，未免张牙舞爪，意气用事。

如果说刘墉与窦光鼐取舍方面有差异，那就是刘墉不甚讲究辞章之学，而窦光鼐在这方面却颇下工本。民国刘大同所编《刘石庵公（墉）家书真迹》收有刘墉写给诸弟的《家言》，其中一段文字其实就是批评汉学兼批评专意词章之士："又有一种自负名流，究心注疏，贯穿群言，而于圣道无所会心，亦与流浪词章者等耳。"④ 刘墉的散文确实不怎样，

---

① 王国维：《静庵文集》，辽宁教育出版社 1997 年版，第 95 页。

② 刘墉：《刘文清公遗集》，卷十一，清道光六年（1827）刊本。

③ 刘大櫆：《海峰诗集·古体诗五》，《续修四库全书集部》第 1427 册，第 616 页。

④ 刘大同：《刘石庵公家书真迹》影印本，见沈云龙等编《近代中国史料丛刊》第 72 辑 711 册，台湾文海出版社 1966 年版，第 8—9 页。

乾、嘉间名人碑版，多请窦光鼐撰文而由刘墉书丹。窦光鼐书法也自成家，如著名学者李文藻父李远墓志铭，由纪昀撰文，窦光鼐书丹。

窦光鼐应该是义理、考证、词章并重，在这方面，他与至今仍说不清是散文流派还是学术流派的桐城派接近。"桐城四祖"，与诸城关系都很密切。诸城及邻县高密，方苞弟子众多，与窦光鼐有姻亲关系的王氏就有王柽（方苞所谓"山东二圣木"之一）、王元默、王中孚等多人，甚至嫁到诸城王家的高密媳妇单为娟，因其父兄与方苞关系密切，也被列入桐城传述的行列。刘大櫆曾为窦光鼐幕僚，也是窦光鼐最知心的朋友。戴名世出刘统勋叔父刘果门下，姚鼐则出刘统勋门下。其中尊程朱为父师的姚鼐因刘统勋去世，被排挤出《四库全书》馆，对《四库全书》编纂和清代学术的走向都有重要影响。

窦光鼐《省吾斋诗赋集》，应酬之作不是很多，但关于刘大櫆的篇什不少，且大都一往情深。卷十一《发清口驿望龙眼诸山忆刘耕南》云："海内论文友，于今复几人？重经清口路，如遇素心亲。鹿起仍多态，龙眠会有神。朝廷需国士，未合老风尘。"

刘大櫆长窦光鼐二十余岁，性颇狂傲，但对窦光鼐才学甚是欣赏。其《东皋先生时文序》云："东皋先生崛起东武，洞见孔孟之心意于语言之外，而尽其精微，不为宋元诸儒所屏蔽，而行之以古作者之文。"[①] 两人皆根柢宋学，但能折衷历代名儒，拿出自己见识。刘大櫆为方苞之徒，姚鼐之师，他不像方苞那样为维护程朱到处找人干架，也不像尊程朱如父师的姚鼐那样对程朱谬误处尊亲避讳，他对程朱某些观点的批判，大胆尖锐，超出时辈。封建社会最高道德之一"忠"，在他眼里不值钱，他以为君臣只是一种"共事"关系，食君之禄，并非受君之恩。[②] 他的《读伯夷传》与窦光鼐《伯夷叔齐论》，一唱一和，皆斥伯夷谏武王伐纣不足信，而勇敢地为武王"弑君"（除独夫民贼）辩护，较之《红楼梦》中贾宝玉质责意气用事的"文死谏"之徒"置君于何地"，更进一步。

窦光鼐与刘大櫆更投契的是对"古文"的崇尚，他们两人是乾隆朝"以古文为时文"风气的鼓吹者。窦光鼐借助他长期为学政，主持乡会试，以及他对乾隆帝的影响，将这种风气向全国推广。《省吾斋古文集》卷七《谢典试浙江事竣即奉差该省学政折》内云：

> 近年文体渐靡，皆由诸生肄习讲章，读坊刻时文所致。臣以为宜先正所学，通饬各学及各府书院，令诸生勿得沿习讲章旧误，其有关禁例者，务尽销毁，惟讲求传注，反诸身心，体会圣贤立言之旨，兼阅前辈时文为楷式，以《易》《书》《诗》三经，《春秋》三传，三《礼》、《史记》、前后《汉书》、《五代史》及昭明《文选》、唐宋诸大家古选、《御选唐宋文醇》汇为月课，令有志上进之士将所诵习何经何史古文何篇汉魏唐

---

① 刘大櫆：《海峰文集》卷四，《续修四库全书集部》第1427册，第406页。
② 刘大櫆著，吴孟复标点：《刘大櫆集》，上海：上海古籍出版社，1990年版，第38页。

宋诗何家，分阅注册，考课功过，诸生所学既富，撷华采实，各以所得者立言，文体自正，而士习亦自端。以仰副我皇上寿考作人之至意。

据《清史列传·窦光鼐传》，乾隆帝"嘉之"。窦光鼐增加考生课业负担的提案不仅关系"文体"，而且关系"经术"。

窦光鼐治学还有一重要特点，就是倡导躬行，学贵有用。清宣统《山东通志》卷一七五窦光鼐传概括其学行云："光鼐生平不讲学而躬行，尤严析义利，而要之以毋自欺。立朝五十年，揭揭然柴立，无所顾慕。尝言：'学贵有用，如昌黎折王庭凑，阳明平宸濠，乃真学问。'光鼐诗学少陵，古文学昌黎，制艺则发挥圣贤义理，自成一家。"窦光鼐做过经筵讲官、上书房总师傅，数任学政，学是要讲的。倡导躬行、有用，应该是他讲学的重要内容。在这一点上，有些接近颜李学派。且颜李学派在诸城也小有影响。颜元的两大弟子李塨、王源都与诸城学界有联系（桐城派班首方苞自称收伏了这两个人，有些强奸人意），李塨曾与窦光鼐岳家人张侗通信论学，王源则与窦光鼐儿女亲家诸城王氏连宗，窦光鼐表祖王沛憻（刘墉姑丈）刊印王钺的《世德堂遗书》，特请"宗人"王源之子王兆符校订。本来山东学者就如江藩在《宋学渊源记》中所说，具有"质直好义，身体力行"的特点，与颜李学派重视实践、事功接近。但窦光鼐的"有用"，自然比墨守苦修的颜元要宽泛得多。

综上所述，窦光鼐治学门径甚宽、兼收并蓄，这在另一方面也使他学问不免庞杂，家法混乱。吴汝纶曾批评窦光鼐好友刘大櫆"其学不如望溪之粹"，窦光鼐的学术光谱比刘大櫆更复杂些。浙江学人周春在私人信件中将窦光鼐与纪昀并称为"传经蟊贼"①，可能与此不无关系。

五、窦氏个性对其学术表述的影响与人们的误解

俗话说"无风不起浪"，永惺、昭梿说窦光鼐"素恶宋儒"，也并非毫无风影，只是他们很可能把窦光鼐对宋儒有针对性的、情绪化的具体的批评驳正，当成整体的、定性的批判和否定。

还有一句俗语是"知子莫若父"，窦诜对窦光鼐个性的认识及对他学术方面的批评，对我们也很有启发。窦光鼐《先府君行状》云："及不孝居翰林，亡弟光钺方从府君治举子业，有传言不孝持论好异者，府君手书责之，寄《家训》一卷以为警。其明年，府君至都，见不孝所为文字，喜曰：'所见近正矣！人乃以为异，顾汝与人议论好胜，宜亟除。'"还述及其父临终时又叮咛："惟汝素性砭执，信已过深，恐于事物有滞碍。当思虚己受人，方能

---

① 潘承厚：《明清藏书家尺牍》第三册周春致吴骞书，1941年珂罗版。

任天下事。诸葛武侯集众思，广忠益，此可为法。"

窦诜所说窦光鼐"持论好异"，可能是指他有时驳正集宋儒之大成的朱子传注而言。《省吾斋古文集》卷九《伯夷叔齐论》《吴泰伯论》《孔子变齐鲁论》《正名论》《管仲相桓公集注论》《舜不告而娶辩》等篇，专与朱子《四书章句》为难。有意思的事，窦光鼐专精朱熹《诗集传》，但文集中没有专篇驳难，可能《诗集传》本非朱子殚心之作，诸儒聚讼已久。而《四书章句》为朱子一生丹诚神血所凝，自称理会四十年。汉学激进派纪昀一生对程朱之学冷嘲热讽，有触必发，但他无论在庙堂文章《四库全书总目提要》还是在稗史小说《阅微草堂笔记》中，都一再说宋儒于《四书》，用一生精力，字斟句酌，"断非汉儒所及"。若能攻斑索垢，岂不更容易出彩？这也是窦光鼐"好胜之心"的表现。有时窦光鼐言论非常尖锐，如《吴泰伯论》说朱熹之说"害道甚大"，《孔子变齐鲁论》说程朱之论"于圣人之言，直犹墙面也"。我们完全可以推想，窦光鼐原作，较之领受父训之后改正，和子孙刊印之前惧祸润色之后的文字，更有煞头。他在对皇子和诸生讲学时随机阐发，也应更锋芒锐利，甚至浙江临海训导章知邠《讨奸邪窦光鼐》文中所述"悖逆"之语，即使乾隆帝也认为窦光鼐会说而不敢公然笔之于书。但也不能说窦光鼐就是"素恶朱子"。

朱子虽然一生精力贯注《四书》，但距古人已远，文献残阙，制度文物有不及详者。《四书》作者皆山东人，好近取其譬，生于闽南的朱子对齐鲁风物民俗，有些隔膜，如他对《孟子·离娄下》"徒杠""舆梁"的解释，费力不小，但可能齐鲁间文盲农夫都会嘲笑他强作解事。再就是一切制度，久必生弊（菩萨所谓一切药皆能杀人），不能因某制度不适用于后世，便予以否定，更不能将对某些制度末流弊端的批判，转向朱子。还有，任何学术，久必生弊，都需要纳新通变，否则便失去活力。

清代中叶知识分子，对宋儒说三道四是常事，即使宋学派对此也很淡定。窦长琰好友宋学派刘翼明《海上随笔·若愚轻议朱子》云：

> 智上人自渠丘而涓村，自涓村而九仙，往返半月。丘慎清甚重之，欲借其出世之字号以见意，自名曰济拙，自号曰若讷。虽胸中有故，亦附近朱蓝之意也。灯下忽谈及新安注毛诗，大为潦草。慎清作色，不应者久之。至明日，而愠意犹未能解。则曰："师兄之议考亭，是亦不可以已乎？"予当下心服而无言焉。退后自思，喜驳先贤，此后儒之习气也，况紫阳夫子其说诗，实有不可驳者乎？于智公，见义气之坦（稿本原作"真"，圈改），于慎清，见体认之深。①

---

① 刘翼明：《海上随笔》，《山东文献集成》第三辑第 23 辑第 402 页。

若愚，为明青州衡王之后，入清出家法庆寺为僧，后居安丘儒林庄关帝庙，"天象、地理、医卜、星命之学，无不精核而卒不以传人，与青州薛仪甫善"①。丘慎清即窦长琰所谓"二兄"丘海石之子丘元武。刘翼明对坚守朱子和批评朱子者，都能欣赏，可谓达人。

一代帝王弘历有时也对朱子吹毛求疵，窦光鼐《省吾斋文集》卷四有《恭跋御制五说》，附和弘历批评诸儒对《诗经·凫鹥》的解释，既斥郑玄之非，又说朱子"附会""妄言"。弘历还有专门批判程颐的大作《书程颐论经筵劄子后》，对程子卫道统、抑君权的进步言论大放厥词。与窦光鼐一起编《四库全书》的纪昀，更是无所顾忌，他的《题〈阅微草堂笔记〉》"寄语洛闽诸弟子，稗官原不入儒家"，其轻薄挑衅，情见乎词。

吴敬梓在《儒林外史》第三十四回杜少卿针对自己所著《诗说》（《诗经》为全椒吴氏家传之学，与诸城窦氏略同）与朱子有异而解释说："朱子解经，自立一说，也是要后人与诸儒参看，而今丢了诸儒，只依朱注，这是后人固陋，与朱子不相干。"《儿女英雄传》第三十九回安学海过阙里而讲《论语》，有这样一段高论：

> 大凡我辈读书，诚不得不详看朱注，却不可过信朱注。不详看朱注，我辈生在千百年后且不知书里这人为何等人，又焉知他行的这桩事是怎的桩事，说的话是怎的句话？过信朱注，则入腐障日深，就未免离情理日远。须要自己拿出些见识来读他，才叫作不枉读书。

此等议论，足以服人。说《儒林外史》反孔孟、反理学者亦可休矣。窦光鼐的"异议"，其实就是自己"拿出些见识来"，只是他没有必要太动肝火。对于朱熹这样伟大的学者，如果与窦光鼐同时，他可能会将自己解经的"未安处"向窦光鼐虚衷请益。从另一方面说，朱子被推尊得越厉害，他学说中的谬误的危害越严重，越有必要强调指出，窦光鼐这样的人未始非朱子之功臣。

说到乾隆朝，人们往往与文网森严、思想禁锢等联系起来。其实只要不触及华夷忌讳，或涉嫌攻击朝廷，无论文学还是学术，话语空间是广大的，表述方式也相对丰富。否则乾隆朝便不会成为中国传统文化百川汇海的时代。乾隆帝对学术和文学的好尚，为历代帝王所罕见。窦光鼐所属的翰林群体，虽然后人视之为御用文人集团，"雄才大略"的弘历也未尝不倡优蓄之（当然同时也能相对包容），但却集中了那个时代最优秀的知识分子，执文统、学统之权衡。他们对最高统治者轻重斤两，好尚偏颇较外人清楚；他们对时政的批判，较山林愤青，有时更能深重肯綮。

---

① 清道光《安丘新志》卷二十五《方外传》。

就窦光鼐气质来看，他是一个非常典型的"胆汁质"类型人物，情绪容易冲动，有攻击性，一旦冲动，言行便容易过头，难以自制。《清史列传·窦光鼐传》中乾隆帝批评窦光鼐个性偏颇处数以十计（好苛察、逞聪明的弘历堪称第一个窦光鼐研究专家），词汇亦颇丰富："迂拙""迂拘""拘钝""偏谬""狂妄""固执""偏执""笔舌忿争""坚守臆说""性情偏执""气质用事""气质自用""逞臆奢谈""纷哕谩骂""哓哓不休""硁硁小人""拘钝鞪鞪""执意妄行""发怒咆哮""执迷纰缪""乖张瞀乱""冒昧固执""糊涂错谬"……虽然弘历对窦光鼐不无偏见偏听偏信，但从这些评价仍可以略见窦光鼐性格一些侧面。如此脾性之人，一旦与刘大櫆这等愤世嫉俗的失意之徒共鸣，发作得尤其厉害。窦光鼐在朝廷做风闻言事、摘奸发伏的御史，堪当其选——明代士风亢阳，这种人泛滥成灾，在万马齐暗的清代则殊胜稀有，且大都厉而无咎，传中乾隆三引明代科道陋习警戒窦光鼐注意"国宪朝章""政体国法""大臣之体"（窦光鼐门生高鹗编订的《红楼梦》中贾宝玉对猛拼斗气，有失中庸，孤立君亲，误国误民的"文死谏，武死战"之徒的批判，也是针对明代士大夫），其实对他敢于直言，未尝不感到稀罕，且骂且优容且重用。窦光鼐如果做调和鼎鼐的台辅重臣，就勉为其难了，所以窦光鼐在仕途上没有他的翰林后辈刘墉、王杰等走得远。窦光鼐一生最出彩的揭发黄梅案，以"不欲做官，不要性命"的勇气，步步惊心，电闪雷鸣，撕开乾隆朝腐败的冰山一角，让老虎王乾隆帝（弘历派卖人参敛财，并允许有过错的督抚输银三万两到他的小金库广储司赎罪，养虎为患，是贪腐肆虐的主要原因）、大老虎和珅、中老虎伊龄阿等一起现形，甚至差点让德高望重、力持大体的名臣阿桂晚节不保，得益于他这种性格；至于他晚年主持乾隆六十年（1795）会试，明知会元、亚元王以铻、王以衔是自己学生而且是兄弟，仍坚持填榜，导致物议纷纷，几乎性命难保。这招险棋臭棋，同样与其个性有关。比较其同乡前辈刘统勋任乾隆二十六年（1761）殿试阅卷大臣，谨慎防嫌，想方设法不让才高天下的门客赵翼入甲榜①一事，窦光鼐的确太任性了。这种个性在其学术表述上自然也有所表现，也是引发人们对他误解的重要原因。

其实朱子生平，亦偶伤偏颇。他曾自我检讨"某气质有病，多在忿懥"②。在对待苏轼的态度上特别明显。他在一封私信《与汪尚书》中说东坡之学"害天理，乱人心，妨道术，败风教"③，尽出王安石之下，俨然要将东坡摈诸八荒之外（估计是因汪尚书对苏轼推尊过甚，有意矫枉）。但总的看他对东坡还是褒多贬少，有时甚至矢口赞叹："东坡解经（一作"《尚书》"），莫教说着处，直是好，盖是他笔力过人，发明得分外精神。""当时游其门者，

---

① 赵翼《檐曝杂记》卷二《辛巳殿试》述之甚详，中华书局 1982 年版（与姚元之《竹叶亭杂记》合刊），第 26 页。

② 朱熹：《朱子语类》，卷一百四。

③ 朱熹：《晦庵集》卷三十，文渊阁《四库全书》本。

虽苦心极力学得他文词言语，济得甚事，如见识，自是远不及。"①

窦光鼐在《伯夷叔齐论》中对朱子《论语》注采苏轼《武王论》贬低周武王不满，他武断地认为苏轼《武王论》为伪作，然后批评朱子："朱子素与苏子异党为敌，而独以此篇之旨注《论语》，则尤不可解也。"但在《御览经史讲义》卷六讨论《尚书·洪范》对"皇极"的解释，窦光鼐对朱熹摈落诸儒之说，"独取苏氏《书传》"进行发挥，又表示赞同。《大学》云"好而知其恶，恶而知其美者，天下鲜矣"，唯大学者而时中庸，不会一直被主观偏见蒙蔽。窦光鼐在官场斗争中，有时也讲究策略（他的"气质用事"有时是烟幕弹）；在学术研究中，他有时也能自我反思，纠正偏颇。

窦光鼐好友阎循琦之堂弟阎循观《西涧草堂文集》卷一有《文士诋先儒论》，指出文士好对程朱"寻衅索疵"，除了程朱"去今未远，无圣人之号，稍有异议，人亦不甚怪"之外，主要因为"程朱之言，直陈事理，或杂以方言，无雕琢之观，华实两无取焉。而其言又显切近，今情事足以刺讥吾之所为，而大有所不利，则是安得不攻也哉"②。对于坚持"首崇满洲"、太阿独持的乾隆帝，程朱华夏本位，且将"道统""民本"置于君统上，限制君权，大有所不利；对于食肉量大、性生活频率过高的享乐主义者纪大烟袋，程朱以圣贤律人，同样大有所不利。他们对程朱的选择性批判，其实怕别人援程朱律条问难，是自我保护（弘历欣赏王充《问孔》《刺孟》之"博辩"，其用心阴暗类似）。对于窦光鼐，主要是砭执好胜的个性使然。他之所以批驳程朱，正是因为太看重程朱。至于因他对程朱谊注有所批驳，便认为他"素恶"程朱甚至反程朱，则是无限上纲。窦光鼐好友，也有产生误解者。高密诗派魁首，曾比窦光鼐为韩愈的李宪乔就是其中之一。李怀民说《紫荆树屋诗话》："子乔自云：自明季以来，苟有才学人，率以攻击程朱为能。宪乔心甚不取，即相知如东皋先生，亦不能以此相祖附也……宪乔作《心书》，多以朱子之言，判断古今人物。"但就是这个李宪乔，竟被他另一同胞兄弟李宪暠目为"不信程朱"。《紫荆树屋诗话》："叔白云：子乔不信程朱之学，有句云'只因未到尼山贯，不信窗前草不除'，凡集中骂假道之篇，皆此意也。"③把对程朱局部的批评，视为"不信程朱"，已是过分；把对假道学的批判视为批判程朱，更是冤哉枉也。对于后来的左棍学阀（对于他们，以偏概全，无限上纲，只是小菜，以洋律中，强古从今才是绝活），对经学甚至历史连略知皮毛都谈不上，看到批评程朱的言论便大发神经，劈头盖帽，更不足怪。并且由于政治理念对文化研究盘根错节的影响约束和学术体制等原因，至今"遗产"丰富。高等院校仍在使用的很多文学史、文

---

① 朱熹：《朱子语类》卷一百三十。

② 阎循观《西涧草堂文集》卷一，《四库全书存目丛书·集部》，第 282 册，齐鲁书社 1997 年版，第 294 页。

③ 李怀民《紫荆书屋诗话》稿本影印，《山东文献集成》第三辑第 47 册第 85—86 页。

化史教科书，仍鲁莽灭裂，将《红楼梦》中功利派探春议论朱子《不自弃》的"虚比浮词"，视为《红楼梦》反封建、反理学的"铁证"（其实是惋惜朱子名言精理不能一一见之实行），绝对不是个案。从这方面说，对窦光鼐学术思想研究起步晚，未必不是好事。我们可以摆脱上世纪民族虚无主义和极左文化的不良遗产，在广泛占有资料，充分理解同情的基础上，观大局，审曲直，纲举目张，有序地合乎逻辑地展开。

参考文献：

［1］《清实录》，中华书局，1986 年版。

［2］《清史列传》，中华书局，1987 年版。

［3］《诸城县志》，明万历刊本（残本）。

［4］《诸城县志》，清康熙十二年（1763）刊本。

［5］《诸城县志》，清乾隆二十九年（1764）刊本。

［6］《诸城县续志》，清道光十四年（1834）刊本。

［7］《增修诸城县续志》，清光绪刻本。

［8］《山东通志》，民国四年（1915）铅印本。

［9］《诸城窦氏族谱》，民国二十二年（1933）刻本。

［10］窦光鼐：《省吾斋古文集》，清嘉庆六年（1801）刻本。

［11］窦光鼐：《省吾斋诗赋集》，清嘉庆六年（1801）刻本。

［12］窦光鼐：《省吾斋文稿》亨集，清道光壬午（1822 年）刻本。

［13］窦光鼐：《东皋先生诗集》，清嘉庆三年（1798）秦瀛刻本。

［14］蒋溥等编：《御览经史讲义》，乾隆十四年（1749）敕编，文渊阁《四库全书》本。

［15］爱新觉罗·弘历：《日知荟说》，中州古籍出版社，1994 年版。

［16］王赓言：《东武诗存》，嘉庆二十五年（1820）化香阁刻。

［17］皮锡瑞：《经学通论》，中华书局，1954 年版。

［18］王钺：《世德堂集》，康熙四十年（1701）刻本。

［19］刘墉：《刘文清公遗集》，清道光六年（1826）东武刘氏味经书屋仿宋刻本。

［20］丘石常：《楚村诗集》、《楚存文集》，清康熙五年（1666）诸城丘元武刻本。

［21］李漋：《质菴文集》，山东省图书馆藏清钞本。

［22］刘翼明：《海上随笔》，青岛市图书馆藏稿本（胶州张鉴祥跋）。

［23］李怀民：《石桐先生诗钞》，山东省图书馆藏清光绪十二年（1873）李楩西安郡斋刻本。

［24］李宪乔：《少鹤先生诗钞》，山东省图书馆藏清光绪十二年（1873）李楹西安郡斋刻本。

［25］李怀民、李宪暠、李宪乔：《高密三李诗话三种》，山东省博物馆藏稿本。

［26］江藩：《国朝宋学渊源记》，上海书店出版社，1983年版。

［27］秦瀛：《小岘山人诗集》卷十，清嘉庆二十二年（1817）刻本。

［28］刘大櫆著，吴孟复标点：《刘大櫆集》，上海古籍出版社，1990年版。

论窦光鼐的应制之作

魏红梅

潍坊学院文学与新闻传播学院

摘　要：作为馆阁重臣，窦光鼐一生的政治活动与文学创作都与清高宗乾隆帝有着非常密切的联系。其应制之作以描述乾隆帝的南巡、西征以及朝廷大典活动等为主要内容，不仅颂扬了乾隆帝的文治武功，还展示了当时大清帝国的鼎盛图景。在艺术上，赋、颂、诗三体兼用，颂赞与记述结合，发挥了应制之作"润色鸿业""体国经野"的功能。

关键词：窦光鼐；应制之作；艺术特色

乾隆朝名臣窦光鼐（1720—1795），字元调，号东皋，世称东皋先生，山东诸城人。乾隆七年（1742）中进士，入选翰林院庶吉士，自授职编修伊始，历官内阁学士、宗人府府丞、上书房总师傅、左都御史、三督浙江学政等，直至乾隆六十年休致去世。今有《省吾斋诗赋集》《省吾斋文集》《东皋先生诗集》《窦光鼐应制集》等存世。

一、窦光鼐应制之作的主要内容

窦光鼐一生的仕宦生涯与文学活动都与清高宗乾隆帝有密切的联系。史称窦光鼐"性情伉直，遇事敢言，立朝五十年，尤以文学受知高宗"①。在乾隆朝为官的五十年，窦光鼐经常进献赞美乾隆帝功绩的赋、颂、诗等应制之作，并不断得到乾隆帝的嘉奖，以致时常奉命阅示乾隆帝的御制诗文。故清陈康祺的《郎潜纪闻初笔》卷七称赞曰："本朝儒臣以文章名世者，天台齐侍郎与诸城窦侍郎齐名，曰南齐北窦。"②

综观窦光鼐的应制之作，其内容主要体现在以下几个方面：

一是通过记录南巡与西征，歌颂乾隆帝的丰功伟绩。

乾隆帝把南巡和西征看作是自己在位六十年的两大功绩，其《御制南巡记》有云："予临御五十年，凡举二大事，一曰西师，二曰南巡。"③ 这两大事件，是当时各路文人争相描

---

① 隆炜：《中国通史》（图鉴版），中国档案出版社 1999 年版，第 2043 页。
② （清）陈康祺：《郎潜纪闻初笔》，中华书局 1984 年版，第 142 页。
③ （清）乾隆：《御制文集》二集卷一四《南巡记》，《影印文渊阁四库全书》第 1301 册，台湾商务印书馆 1986 年版，第 374 页。

摹讴歌的热点。如陈兆仑、姚鼐、彭启丰、郑虎文、李中简、徐文驹等人都写过《圣驾南巡赋》;再如赞美西征,有徐乾学的《平蜀颂》《平滇颂》,徐釚的《平蜀颂》,潘耒的《平蜀赋》《平滇赋》,朱筠的《圣谟广运平定准噶尔赋》等。

歌颂乾隆帝的南巡与西征,同样是窦光鼐应制之作的重头戏。虽然创作题材相同,但窦光鼐的作品却有独到之处。首先,乾隆帝一生有六次南巡,历时三十载,依次是乾隆十六年(1751)、二十二年(1757)、二十七年(1762)、三十年(1765)、四十五年(1780)、四十九年(1784)。窦光鼐基本上都直接或间接参与了乾隆帝的这六次南巡,其中第二次、第六次是窦光鼐以浙江学政的身份直接参与的。其次,窦光鼐采用赋、颂、诗等多种体例,以亲临者的身份,通过自己的所见所闻,系统地记录了乾隆帝的六次南巡。其篇目依次所作《圣驾南巡赋》①《圣驾重幸江浙诗(谨序)》②《圣驾三巡江浙诗》③(五言八韵十八章)、《圣驾四巡江浙诗》④(五言律二十四章有序)、《圣驾五巡江浙恭纪⑤(谨序)》(五言六韵二十四章)、《圣驾六巡江浙恭颂(谨序)》⑥,都是讴歌乾隆帝南巡的鸿篇巨制,也是见证乾隆帝南巡的第一手资料。下面,本文主要对《圣驾南巡赋》《圣驾重幸江浙诗(谨序)》和《圣驾六巡江浙恭颂(谨序)》作一简要分析。

《圣驾南巡赋》,作于乾隆十六年(1751)五月,是窦光鼐歌颂乾隆帝南巡的首发之作。这一次,窦光鼐没有获得随乾隆帝南巡的机会,却因献上《圣驾南巡赋》得到乾隆帝的嘉奖。阅读此赋,我们可以大致了解乾隆帝第一次南巡的缘起、行程以及主要事件,但更能强烈地感受到全文洋溢着窦光鼐对乾隆帝真挚而深情的赞美。开篇先借"东吴文学"之口,赞:"今皇帝方奉天经以纬化,述祖则而观礼。德沕涌于原泉,仁浸潭于濛汜。絣万国以承欢,洞璇宫而受祉。"针对乾隆帝启动南巡的壮举,作者的欢喜不言而喻,然独乐乐不如众乐乐,所以用"自公卿大夫缙绅之士,莫不动容发声,咨嗟盛美"之语,将对乾隆帝南巡的赞美扩大到"公卿大夫缙绅之士"这一层面。然后铺叙江南"山川壮丽,物产繁殖"、人文悠久,继而颂扬大清圣祖、世宗之功,"我圣祖乘中阳以奋炎,在恒文而司契。……法驾

---

① (清)窦光鼐:《省吾斋诗赋集》,《山东文献集成》(第四辑第 28 册),山东大学出版社 2011 年版,第 284—291 页。

② (清)窦光鼐:《窦东皋应制集不分》,《山东文献集成》(第三辑第 30 册),山东大学出版社 2009 年版,第 770—773 页。

③ (清)窦光鼐:《省吾斋诗赋集》,《山东文献集成》(第四辑第 28 册),山东大学出版社 2011 年版,第 312—314 页。

④ (清)窦光鼐:《省吾斋诗赋集》,《山东文献集成》(第四辑第 28 册),山东大学出版社 2009 年版,第 314—318 页。

⑤ (清)窦光鼐:《窦东皋应制集不分》,《山东文献集成》(第三辑第 30 册),山东大学出版社 2007 年版,第 753—757 页。

⑥ (清)窦光鼐:《窦东皋应制集不分》,《山东文献集成》(第三辑第 30 册),山东大学出版社 2007 年版,第 758—762 页。

四巡而神运不劳，江表六至而三农无害”“至于世宗之世，休养生息”。在此基础上，进一步彰显乾隆帝的功绩，“我皇受之，遂袭熙而瀰洽。户有贯朽之钱，野有栖亩之粟。颂声洋其载路，福应委而山积”，故“元元万姓，莫不延颈内面，矜翠华之莅焉”。此处，用“若婴儿之成长，而思近乎父母，其不可夺也”之语，生动形象地表达了百姓对乾隆帝南巡的热切盼望，同时也将对乾隆帝南巡的赞美进一步扩大到百姓层面。可见，作者在赞美乾隆帝南巡的同时，也渲染了南巡带来的热闹氛围。至此，作者写到：“乃有二三耆耇，诣大吏而请曰：江南思奉属车者，近且四十年矣。今皇帝绍绎繇勤以底天下之和，东溟西极，靡遏不遾，靡幽不阐，岂如台而独外于上仁也。”既点明了乾隆帝南巡的原因，又借耆耇之口再三抒发对乾隆帝南巡的赞美。接下来，简单介绍南巡的准备后，作者着力描述了乾隆在江浙，“涉江都，横扬子”“迫京口”“达于嘉禾，逾于吴兴”“降于钱塘之西”“入于越，上宛委，探禹穴”“移步辇于江宁”“跗钟山，礼孝陵”等所经之地的风俗人文，强调“夫天子为天巡行者，所以展义，非为其足以耀声灵也”，更是为了“澹民之灾，疗民之瘼”。因为没有跟随乾隆帝南巡，此赋对乾隆帝南巡所做的具体事务只是一带而过。最后，联系康熙帝的六次南巡之功，以“今而后知帝德之无极，则五帝不足六，三王不足四也”之语，升华了对乾隆帝南巡的赞美。总之，赋作通篇洋溢着对乾隆帝南巡的赞美。

《圣驾重幸江浙诗（谨序）》，作于二十二年（1757）。是年，乾隆帝开启第二次南巡，而窦光鼐任浙江学政，奉命随驾。因为窦光鼐对乾隆帝的南巡有了切身体验和直观认识，该文在赞美“我皇之德”的同时，还记录了乾隆帝南巡途中为民所做的实事：如截留漕粮，“船粟委输，或脱或凿”；蠲除税额和救济灾民，“经途新税，十三减额”“加赒孤孕，思养悼耄”；选拔人才，“乐泮育材，广收博落。嘉颂并第，有翘是擢”等。这也算将对乾隆帝南巡的赞美落到实处。此后，窦光鼐的《圣驾三巡江浙诗》（五言八韵十八章）、《圣驾四巡江浙诗》（五言律二十四章有序）、《圣驾五巡江浙恭纪（谨序）》（五言六韵二十四章）、《圣驾六巡江浙恭颂（谨序）》等南巡之作，基本上遵循着纪事加赞美的模式，不遗余力地赞美乾隆帝的南巡之功。

《圣驾六巡江浙恭颂（谨序）》，作于乾隆四十九年（1784）春，记录乾隆帝第六次南巡江浙。是时窦光鼐第三次改任浙江学政，又有机会参与了乾隆帝的最后一次南巡。该文小序有云：“丁丑春巡时，臣备员浙江学政，尝率先诸生陈诗。今恩再莅兹职获随守土。”开篇小序总结了乾隆帝南巡的功绩：“皇帝陛下奉天则、大绳武、毖勤省、方展义，加惠南邦，膏渥叠霈，浸润流演，沦浃肌髓，久矣。岁在甲辰，届虞巡五载之期。东南士庶，望幸弥肫。维时淮徐，河防浚繁，以次告竣。而浙西海塘，自壬午后屡经临阅。筹巩柴塘，洎庚子春巡，复诏增建老盐仓一带石塘四千余丈，永资卫捍。迨资蒇绩，方告功于海神庙。而迤西复筹增筑，并伫省成。皇帝乃允守臣之请，举六巡茂典，申命豫戒，勿仍奢饰，复命四库馆增缮全书，颁江浙建阁藏庋，俾多士获资观摩。春正月，诹吉丁未，法驾启行，由山左祗谒孔林。遂乃历览河海，咸秩群祀，辇路所经，鸿施随澍，群生霡濡，颂声并作。"该小序所言，基本上囊括了乾隆帝南巡所做的主要事件，如拜谒孔林、修筑河工、加固江浙海防、编辑《四库全书》以及检阅军队等。这次南巡途中，乾隆帝作《御制南巡记》总结南巡和西师成功的原因和条件，即君主无欲、随扈守法、官员奉公、百姓亲切。所以，小序写到："诸臣敬迓御舻，伏读《御制南巡记》，仰见陛下敬天爱民本于至诚，而行之以不欲速，审度用中，惟精惟一。"然后，分成六章赞乾隆帝南巡的功绩。如：赞乾隆帝前五次南巡的政绩，曰："皇轸南邦，遵时于迈。""我皇屡省，以笃保惠。"（其一）赞拜谒孔林，曰："先圣可质，后圣可俟。"（其二）赞修筑河工，曰："淮人迂蹢，胪欢天昞。徐人迂蹢，扶父携子。谓我有居，有稌有黍。"（其三）赞加固海防，曰："不有神工，孰奠鼇柱。皇猷广运，岂伊小补。"（其四）赞乾隆帝下诏编辑《四库全书》，并在江南建造文汇、文宗、文澜三处藏书之所的盛况："傒我皇来，沿波讨源。全颁中秘，示广知见。如临大海，挹注尽便。近得观研，遐逖闻劝。斯士誉髦，诗人所欢。富由文多，道以一贯。"（其五）赞乾隆帝检阅军队的情形，曰："皇茌于疆，疆吏承豫。有来翭翭，昼接锡庶。有倬赐什，敦励悃愊。增秩宥过，亦勖陈力。有来桓桓，乃阅我军。锐简吴越，趫贡八闽。有捷夔腾，有翰鹐豜。令成山峙，赍亟川涌。"（其六）颂，本来就是歌功颂德的文体。那么此文采用颂的形式，用了六章的篇幅，赞美乾隆帝的第六次南巡，也算是名至实归，兼表功德圆满之义。

窦光鼐不仅用赋、颂的形式，还更多地采用五言诗的体式反复赞美乾隆帝的南巡，如《圣驾重幸江浙诗（谨序）》、《圣驾三巡江浙诗》（五言八韵十八章）、《圣驾四巡江浙诗》（五言律二十四章有序）、《圣驾五巡江浙恭纪（谨序）》（五言六韵二十四章）。乾隆帝历次南巡的路线大致相同、所经历的事件也多有重复，但窦光鼐始终如一地保持着对乾隆帝南巡的热忱和赞颂，所以窦光鼐的这些应制诗和《圣驾南巡赋》《圣驾六巡江浙恭颂（谨序）》一样，就是借南巡之事，反复吟咏和赞颂乾隆帝的功德。

除了南巡，西征也是窦光鼐应制之作的主要内容。所谓西征，包括对准格尔部、回部以及大小金川叛乱的多次战争。窦光鼐《平定西域颂（谨序）》《平定两金川大功告成恭纪》（五古二百韵谨序）等这类作品，就是通过叙述西征平叛的多次战事，对乾隆帝歌功颂德的。

二是通过描写朝廷的盛典活动，歌颂乾隆帝的丰功伟绩。

通过描写朝廷的盛典活动，歌颂乾隆帝的丰功伟绩，也是窦光鼐应制之作的重要内容。有专为恭贺乾隆帝和皇太后寿辰的万寿大典之作：如《圣寿无疆词》（五言六韵三十首）作于乾隆三十五年，恭贺乾隆帝的六十岁寿辰；《恭庆圣母崇庆慈宣康惠敦和裕寿纯禧恭懿安祺宁豫皇太后八旬万寿诗》（五言六韵四十五首谨序）为庆祝乾隆三十六年皇太后的八十寿辰而作;《恭庆皇上八旬万寿万万寿颂》(十六章谨序)为乾隆五十五年的八十寿辰而作。

乾隆朝的盛典,当以乾隆帝登基五十年举行的庆典活动最为隆重。窦光鼐以此为主题作了《乾隆盛典恭赋(谨序)》之《千叟宴赋》《圣驾亲临讲学赋》《亲耕籍田赋》。这三篇赋,引经据典,追踪溯源,详细地记录了乾隆帝举办千叟宴、亲临辟雍讲学以及亲往先农坛籍田的整个过程。通过对这些气势恢弘典礼的描述,既烘托了乾隆朝的盛世声威,又表达了乾隆帝的仰慕之情。这类赋对乾隆帝的歌功颂德,与上文的南巡和西征之作如出一辙。

总之,窦光鼐的应制之作,不仅记录了乾隆皇帝在位时期的政治活动和文化活动,还颂扬了乾隆帝的文治武功,展示了当时大清帝国的鼎盛图景。

那么,窦光鼐为何热衷于写赞美乾隆帝的应制之作呢?究其原因有二:

首先,这与乾隆帝对窦光鼐的赏识和嘉奖有很大的关系。

乾隆帝对窦光鼐是极为赏识的。《清代学者像传合集》载:"十三年,大考翰詹,阅卷者思中伤之,列名四等,奉特旨以中允升用,先生被纯庙知遇自此始。"① 按照惯例,窦光鼐位列四等,是应该被降职的,而他却被升为中允,实属罕见。因为这件事,窦光鼐对乾隆帝是充满感激的,其《馆试列四等蒙旨留馆纪恩》一诗有云:"不才宜下考,圣主念臣孤。薄罚甘从众(例皆罚俸),强吟怯向人。文章终报国,宠辱岂关身。却恨读书晚,论年已后旬(时年二十有九)。"又《复蒙特擢左春坊左中允纪恩》一诗:"词曹犹幸厕,爨下敢求音。讵意中阳照,偏荣小草心。官僚得同臭,天奖比连琳(钱稼轩同日授右春坊右中允,亦从四等特擢)。登选逾常格,衔恩愧转深。"② 前者"文章终报国,宠辱岂关身"和后者"登选逾常格,衔恩愧转深"之语,不仅道出了窦光鼐对乾隆帝发自内心的感激之情,还成为窦光鼐以文字讴歌乾隆帝强大的直接动力。

窦光鼐曾多次因献赋、颂、诗,得到乾隆帝的嘉奖。仅在六次南巡中,窦光鼐因为献《圣驾南巡赋》而得到乾隆帝的褒奖。第二次南巡,他得到乾隆帝的御赐诗一首,小诗如下:"两浙山川常毓秀,诸生越旦汝司文。从来士习民成俗,勖彼行知尊所闻。见外发中务清正,涵今茹古去织梦。曰公似矣曰明要,顾俊纾予一念殷。"③ 第六次南巡,他又蒙恩得乾隆帝御制诗一首,诗曰:"士习民风首,端方系厥思。况兹文盛处,所重行修时。熟路轻车试,迪人克己为。前车应鉴已,自力尚勤思。"④ 如此频繁地赢得乾隆帝的奖赏,自然是因为窦光鼐所献之赋、颂、诗等,深得乾隆帝心。同样,因为得到了帝王的赏识,也必然会激发窦光鼐创作应制赋、颂、诗的热情。所以才会"自岁辛未迄乙酉南巡四举,皆撰述

① 叶衍兰、叶恭绰:《清代学者像传合集》,上海古籍出版社1989年版,第176页。

② (清)窦光鼐:《省吾斋诗赋集》,《山东文献集成》(第四辑第28册),山东大学出版社2011年版,第368页。

③ (清)李桓:《国朝耆献类征初编卷》(八十七),民族图书馆古籍整理组1984年版,第8页。

④ (清)李桓:《国朝耆献类征初编卷》(八十七),民族图书馆古籍整理组1984年版,第15页。

里词，恭呈睿览"① "每逢盛典辄撰里词，随廷臣进献"②。窦光鼐的长子窦汝翼亦云："府君在内廷行走前后几三十年，每得御制诗文，必敬书恭跋进呈，均蒙赏收。至端阳节，则蒙赐葛纱、羽扇、香牌等件。冬终，则蒙赐福字、如意、绢纸等件。尝顾不孝等曰：'寒士遭逢圣恩稠叠，荣幸之至，实出望外，余恭荷之，尔子孙慎守之，勉图成立，竭忠效力，即不负主上矣。'"③

其次，窦光鼐对乾隆帝的仰慕之情是真挚而深厚的。

因为有感于乾隆帝的知遇之恩，窦光鼐不遗余力地赞美着乾隆帝。其行文虽有拔高过誉之嫌，但窦光鼐所抒发的情感却是真诚的。如他说："恭瞻盛典，忭舞之情，不能自已。"④ 他又说："伏读《御制南巡记》，仰见陛下敬天爱民本于至诚。"⑤ 作为臣子，仰慕帝王也是人之常情，何况乾隆帝是创造了"户有贯朽之钱，野有栖亩之粟。颂声洋其载路，福应委而山积"⑥ 富庶图景的盛世明君呢。所以在窦光鼐的心中，乾隆帝的"盛德大业，齐尧方舜，超越三王"⑦。所以每当朝廷有盛典，窦光鼐都是怀着激动的心情，将自己对乾隆帝真挚而深情的赞美倾注笔端，酣畅淋漓的抒发出来，变成一篇篇赋、颂、诗，呈现在乾隆帝的面前。

二、窦光鼐应制之作的艺术特色

窦光鼐学识渊博，精通经史，诗赋绝佳。但他"不屑沾沾于章句训诂"，而是主张"学贵有用，如昌黎折王庭凑，阳明平宸濠，乃真学问"，时人称其"制义则发挥圣贤义理，自成一家之文云"⑧。今观窦光鼐的应制之作，其艺术特色主要体现在以下几个方面：

1. 体式繁多，赋、颂、诗三体兼用，互相渗透。

窦光鼐博学多才，精通经史，各类体裁无不信手拈来，即成洋洋洒洒的宏文巨篇。其应制之作可谓体式繁多，举凡赋、颂、诗、赞皆有涉及。仅是关于乾隆南巡的应制之作就包括：赋，有《圣驾南巡赋》；颂，有《圣驾六巡江浙恭颂（谨序）》；诗，有《圣驾重幸江浙诗（谨序）》、《圣驾三巡江浙诗》（五言八韵十八章）、《圣驾四巡江浙诗》（五言律二十四

---

① 《圣驾五巡江浙恭纪（谨序）》（五言六韵二十四章）。

② 《圣驾六巡江浙恭颂（谨序）》。

③ 窦汝翼撰：《皇清诰授荣禄大夫经筵讲官尚书房行走都察院左都御史予四品衔休致显考东皋府君行述》，见《诸城窦氏族谱》，民国二十二年刻本。

④ 《圣驾五巡江浙恭纪（谨序）》（五言六韵二十四章）。

⑤ 《圣驾六巡江浙恭颂（谨序）》。

⑥ 《圣驾南巡赋》。

⑦ 《乾隆盛典恭赋（谨序）》。

⑧ （清）秦瀛：《都察院左都御史窦公墓志铭》，见《小岘山人诗文集》（续修四库全书影印本），凤凰出版社 2011 年版，第 1464—1465 页。

章有序)、《圣驾五巡江浙恭纪（谨序）》（五言六韵二十四章）。

赋，是窦光鼐最拿手的创作体式。史载：窦光鼐十二时"读《文选》，即操笔为《琅琊台赋》，监司某公见而大称赏之"①。科考入仕后，他在乾隆十六年（1751）因作《圣驾南巡赋》而得到乾隆帝的嘉奖。次年六月，乾隆帝以《纳凉赋》《风动万年枝诗》和《董江都天人三策》为试，窦光鼐得一等第二名，特授内阁学士兼礼部侍郎、南书房行走。其后，赋作不断。尤其是乾隆五十年，窦光鼐连作《千叟宴赋》《亲耕籍田赋》《圣驾亲临讲学赋》三赋，堪称经典。

体例上，窦光鼐的赋作采用了主客问答的形式。《圣驾南巡赋》借"东吴文学"拜访"石渠史氏"之际；《千叟宴赋》以"有华颠叟"与"东璧使者"的问答形式；《圣驾亲临讲学赋》拘虚子与稽古先生；《亲耕籍田赋》"康衢老人"与"育英大夫"的问答形式。同时，窦光鼐承袭了赋铺张扬厉的文风、叙事的笔法，以巨大的容量和超强的表现力，将歌功颂德的社会功用发挥到淋漓尽致。

颂，也是窦光鼐应制之作的常用文体。其《圣驾六巡江浙恭颂（谨序）》《平定西域颂（谨序）》也是洋洋洒洒的巨制。如《圣驾六巡江浙恭颂（谨序）》其五，重点描述了乾隆帝下诏编辑四库全书，并在江南建造文汇、文宗、文澜三处藏书之所的盛况："我皇稽古，博究坟典。近命编辑，四库次藏。书阁四构，名由文演。尤念江浙，翠华叠临。东南有美，养长匪今。藜阁燃耀，翳独卬金。乃命四馆，增缮三分。班佣官帑，百万奚吝。谕传南邦，潜蛰咸震。乃建文汇，于彼维扬。曰惟大观，襟带湖江。徯我皇来，黼黻笙簧。乃建文宗，金山之坳。平俯三吴，大江会朝。徯我皇来，肆雅闻韶。乃建文澜，余杭湖壖。云岫瞰碧，圣水流丹。徯我皇来，沿波讨源。全颂中秘，示广知见。如临大海，挹注尽便。近得观研，遐迩闻劝。斯士誊髦，诗人所欢。富由文多，道以一贯。"

值得注意的是，清代赋、颂存在着文体不分、互相渗透的现象。孙福轩先生的《论康、乾时期辞赋创作中的赋、颂互渗现象》一文，对这一问题做了详细的论述，他说："一是赋的揄扬美赞的颂化倾向，一是颂的铺采摛文的赋化色彩。"②

而赋、颂互渗的现象，在窦光鼐的赋、颂作品中也很明显。如《圣驾南巡赋》："我皇祖乃亲玉趾以临之，拯沈度功用，澹民之灾，疗民之痎。再至三至而后纾之，六至而后姁之。俞载六十，馨烈扬播。其广运也，如乾行之通昼夜。其旌德也，如江波之壮春夏。其所以动也，其所以大也。我世宗袭太平之盛烈，垂至宁之永图。履豫以谦，察迤及遐。纪纲提挈，瑕垢梳爬。穆然于宦窔蝉蝼之中，而智周于阃闱委闾之下。是以不言而信，无为

---

① （清）钱仪吉：《碑传集》（三），卷三六《窦光鼐》，中华书局1993年版，第1053页。

② 孙福轩：《论康、乾时期辞赋创作中的赋、颂互渗现象》，《南京师范大学文学院学报》2007年第3期。

而化。今朝廷昭泰，寰宇清夷，殊邻疏族贡珍偕来。"如此大段的赞美经常出现在窦光鼐的赋作里。再如《圣驾六巡江浙恭颂（谨序）》一文里，所出现的"于万斯年，并立人极""于万斯年，维皇之祜""于万斯年，永戴尧禹""于万斯年，化成巍焕""于万斯年，绵宇同福"等赞美字眼同样出现在窦光鼐的赋、诗里。

与赋、颂一样，窦光鼐的应制诗也是鸿篇巨制。如《圣驾重幸江浙诗（谨序）》约有一千二百字、《圣驾三巡江浙诗》包括五言八韵的十八章、《圣驾四巡江浙诗》包含五言律诗二十四章、《圣驾五巡江浙恭纪（谨序）》有五言六韵二十四章。如《圣驾四巡江浙诗》其一："帝功成屡省，必世浃深仁。犹郁云霓望，欣同天地春。豫游勤夏谚，岁月旷虞巡。先甲传宽诏，江乡送喜频。"

正因为窦光鼐的赋、颂、诗等，均以颂圣为共同题材，不可避免地沾染了相通的气息。颂的赋化，赋的颂化，诗歌的赋、颂化，也是交织在一起的，三者相互渗透，有吹捧拔高乾隆帝的功德之意。

2. 歌颂与纪事结合，发挥了"润色鸿业""体国经野"的功能。

自汉赋问世以来，一直保持着歌颂与讽喻的功能。司马相如的赋，扬雄、班固的赋都是如此。而且班固的《两都赋序》也明确提出："或以抒下情而通讽喻，或以宣上德而尽忠孝。"

对于这一点，窦光鼐有自己独到的见解。其《乾隆盛典恭赋（谨序）》小序曰："圣人之道恒久不已，所以化成天下者率由诸此。昔汉臣司马相如献《上林赋》，扬雄献《羽猎》《长杨》《甘泉》《河东》四赋，皆炫耀简册，垂为后式。唐臣杜甫献《三大礼赋》，亦著史传以今。考之相如、雄所陈，皆意存讽谏，非用纪述。甫生不逢贞观致治之盛，所值天宝时政无可纪，故其事与文觑觑未足称也。臣幸适逢圣主，蒙被恩渥四十余年，亲见皇帝盛德大业，齐尧方舜，超越三王。每逢盛典，本事纪功德，撰成赋颂诗章，随廷臣进献。今又幸遇国庆，并举三礼，皆圣人之盛节，非汉唐所可比伦。臣虽奉使两浙，未获趋陪执事，而闻声忭蹈，不能自已，辄忘陋劣，即事敷陈三赋，欲以阐皇帝之德，垂示永久。"

由此可知，窦光鼐的赋虽然采用了主客问答的传统体式，但并不认可司马相如、扬雄赋作"意存讽谏"的目的，反而肯定杜甫《三大礼赋》的"著史"作用；又惋惜杜甫恰逢天宝乱世，使得"其事与文觑觑未足称也"。窦光鼐认为赋应该用来"纪述"，而他又生逢乾隆盛世，亲身体验了乾隆帝"盛德大业"，有义不容辞承担"纪述"的责任，故"每逢盛典，本事纪功德，撰成赋颂诗章，随廷臣进献"，最终的目的是"阐皇帝之德，垂示永久"。简而言之，窦光鼐认为赋就是应该记录、歌颂帝王的盛德，使之流芳后世。不仅仅是赋，窦光鼐的诗、颂等应制之作，也承袭了赋的特质，进一步将颂赞与纪事结合，发挥了刘勰所提出的"润色鸿业""体国经野"的功能。

正因为窦光鼐执着于纪事存史，所以他的应制之作通常会把事件的时间、地点、人物以及过程都描述的具体、完整。《圣驾南巡赋》开头仅"乾隆十有六年春正月，皇帝有事于南狩。礼既仁洽，越四月旋跸"一句，就将时间、地点、人物、事件都交代的清清楚楚。再如，《乾隆盛典恭赋（谨序）》小序开头写到："皇帝陛下即位五十年，道洽时康，顺气昭登，诸福总集。正月六日，依康熙壬寅故事，特举千叟宴。越月丁亥，临新建辟雍，释奠讲学。又越月辛亥，亲耕籍田。三月之内，大礼并举。"由此，我们可知乾隆五十年正月初六，乾隆帝在乾清宫举办了声势浩大的千叟宴，来纪念自己即位五十年。二月丁亥日，即二月初七，乾隆帝亲临国子监新建成的学宫辟雍，举行祭奠礼并讲学。又三月辛亥日，即三月初二，乾隆帝到先农坛举行籍田仪式。

正因为窦光鼐执着于纪事存史，来弘扬乾隆帝的各种功绩，虽然没有讽喻，然乾隆帝的好大喜功以及南巡等耗费之巨，透过窦光鼐洋洋洒洒的描述也隐约流露了出来。如《圣驾南巡赋》文中有"皇帝下崇俭之诏，甄奢华之俗"之语，说明乾隆帝提倡节俭南巡，但从全文洋洋洒洒的描述可知这种提倡并没有得到实施，所以乾隆帝六次南巡结束后，曾说过"惟六次南巡，劳民伤财，作无益，害有益"之类的话。

此外，窦光鼐的应制之作，不仅保存了乾隆帝的许多重要事件，还保存了大量的语言文字、历史典故以及百科知识。如他的《圣驾亲临讲学赋》一文里描述北京国子监辟雍的模样："其制则旋以水而如璧，筑其中以为宫。上法乾以正圆，下应坤而成方。屋通天而径九，肖变化于阴阳。牖七十有二牖，户外设以不藏。象日辰与七宿，高乃应乎黄钟。带周四以波流，类环海之洋洋。"这段文字可以加深我们对辟雍的认知。诸多此类的描述在窦光鼐的应制之作里也是随处可见的。

综上，窦光鼐的应制之作，主要是记录和赞颂了乾隆帝的功绩，虽不乏溢美之词，却不能将其当作阿谀奉承之语。这是因为，窦光鼐务实的秉性和渊博的学识，使其应制之作既内容充实，又有自己的艺术特色。

参考文献：

［1］［清］窦光鼐：《窦东皋应制集不分》，《山东文献集成》（第三辑第 30 册），山东大学出版社，2009 年版。

［2］［清］窦光鼐：《省吾斋诗赋集》，《山东文献集成》（第四辑第 28 册），山东大学出版社，2011 年版。

［3］赵尔巽、柯劭忞等：《清史稿》，中华书局，1976 年版。

［4］叶幼明：《辞赋通论》，湖南教育出版社，1991 年版。

［5］孙福轩：《论康、乾时期辞赋创作中的赋、颂互渗现象》，《南京师范大学文学院学报》，2007 年第 3 期。

窦光鼐与《日下旧闻考》的编纂

吕俊峰

潍坊市地方史志办公室

摘　要：《日下旧闻考》是迄今所见清代官修规模较大、内容完备丰富的北京史志文献资料选辑，它是根据朱彝尊编纂的《日下旧闻》为底本，加以改订、增补、考证而成。窦光鼐担任《日下旧闻考》总纂长达十四年。对《日下旧闻考》的编纂过程、编纂体例、历史价值等方面加以考察，更可见这部方志学著作的珍贵价值。同时，通过考证窦光鼐在该书的编纂、刊刻过程中发挥的重要作用，展示窦光鼐在方志学领域所取得的重要成就。

关键词：窦光鼐；《日下旧闻》；《日下旧闻考》；地方文献；方志学

《日下旧闻考》原名《钦定日下旧闻考》，是迄今所见清代官修规模较大、内容完备丰富的北京史志文献资料选辑。该书是窦光鼐、朱筠等奉敕根据朱彝尊编纂的《日下旧闻》为底本，重新加以改订、增补、考证而成，全书凡一百六十卷。这部由清政府官修的北京地方史料巨著，在现存的北京地方文献史籍中占有重要的地位，其史料价值也愈来愈得到更多的北京史学研究者的广泛重视。本文通过对《日下旧闻考》的编纂过程、编纂体例、历史价值等方面的研究，使人们可以更加深入认识到这部方志学著作的珍贵价值。同时，通过考证窦光鼐在该书的编纂、刊刻过程中发挥的重要作用，展示窦光鼐在方志学领域所取得的重要成就。

一、窦光鼐与《日下旧闻考》编纂始末

北京古籍出版社 1981 年 10 月在该书的出版说明中指出："《日下旧闻考》是乾隆三十八年，乾隆帝弘历叫窦光鼐、朱筠等根据《日下旧闻》加以增补、考证而成的。"① 参与编纂工作的有总裁于敏中、英廉等七人；督办福隆安等四人；总纂窦光鼐、朱筠等五人；纂修潘曾起、吴锡麒等八人；校录任光鲸、赵雯等六人；誊录兼校录顾超；誊录丁嘉等十三人。共计四十四人。其中，作为此部典籍总纂的窦光鼐对其编修倾注了巨大心血。期间，虽先后历经于敏中等七位总裁，但是窦光鼐自乾隆三十八年至乾隆五十二年刊刻成书，期

---

① 《日下旧闻考》出版说明，北京古籍出版社 1981 年版（铅印标点本）。

间始终担任《日下旧闻考》总纂长达十四年，以窦光鼐之人品学术，其于《日下旧闻考》之总纂成书，可谓功莫大焉。

（一）朱彝尊与《日下旧闻》。《日下旧闻》作者朱彝尊，生于明崇祯二年（1629）。字锡鬯，号竹垞。浙江秀水人。明朝大学士朱国祚之曾孙。康熙十八年（1679），"诏举博学鸿儒科，以布衣试入选者，有李因笃、潘耒、严绳孙及朱彝尊四人，皆授翰林院检讨，与所擢五十人同纂修《明史》"。二十年（1681），任日讲起居注官，同年秋，又任江南乡试副考官。二十二年（1683），入直南书房，"命紫禁城骑马，赐居禁垣东，数与内庭宴"。翌年元日，"南书房宴归，圣祖仁皇帝以看果赐其家人，彝尊皆恭纪以诗"。由此可见，朱彝尊平步青云，得到康熙皇帝的宠信。他也遭到他人嫉妒，是时，"彝尊方辑《瀛洲道古录》，私以小胥录四方经进书，为学士牛钮所劾，降一级"。① 二十九年（1690），朱彝尊官复原职，后寻乞假归。皇帝南巡江浙，他曾屡次迎驾于无锡。晚年时，除漫游于广东福建等地，主要从事著述。"其所著《经义考》，温谕褒奖，赐御书'研经博物'匾额。"② 康熙四十八年（1709），朱彝尊逝世，终年八十一岁。

朱彝尊博学多才，著作等身，著有《日下旧闻》《经义考》《欧阳子五代史注》《禾录》《曝书亭集》等经典之作。其治学的严谨和勤勉曾得到时人及后人赏赞，孙承泽便对朱氏有极高评价："吾见客长安者，务攀援驰逐，车尘蓬勃间不废著述者，惟秀水朱氏一人而已。"

《日下旧闻》是朱彝尊自康熙二十五年（1686）至康熙二十七年（1688），从一千六百余种史籍中，将有关北京地方的历史、地理、城市、衙署、风俗、名胜等史料摘录、整理并加以考订汇辑成书，初刻于清康熙二十七年（1688）。他的精心搜讨和悉心访求为这部综合性史志类书博得了极高评价。姜宸英在序中称："则所谓详核典瞻者矣，又间以己意，辨论其是非，援据精确，辞雅义畅，前未有此书也。"③ 王原的跋中提到："先生目不停披，手不绝书；又时时延访遗老，质问逸事，或摹拓残碑，攀崖俯涧……其采辑考辨，可谓勤且瘁矣。"④ 这些都是对朱彝尊严谨治学态度给予的充分肯定。

（二）《日下旧闻考》的编纂缘起。《日下旧闻考》一书的编纂，客观上是对朱彝尊《日下旧闻》一书的修订和补充。至于对《日下旧闻》成书近百年后重加订正编纂的原因，从乾隆在《日下旧闻考》卷端的题诗中，可以看出大概。

重考彝尊书以成，七言权当序而行。

① 《清史列传》卷七十一，中华书局 1987 年版，第 5776 页。
② 《碑传集》之《朱公彝尊墓志铭》，卷四十五。
③ 《日下旧闻考》卷一百六十，北京古籍出版社 1981 年版（铅印标点本），第 2557 页。
④ 《日下旧闻考》卷一百六十，北京古籍出版社 1981 年版（铅印标点本），第 2582 页。

名因日下苟文若，迹逮春明孙北平。

挂漏岂无补所阙？淆讹时有校从精。

百年熙皡繁文物，似胜三都及两京。

曾赋皇都与帝都，若兹形胜古今无。

金迁元复其久矣，明筑清修滋盛乎。

御苑法官诚富此，返淳还朴益殷吾。

论成知过渊衷写，更励聪听奕叶图。①

由题诗可知，其时距《日下旧闻》成书已历将近百年，北京的城池、宫殿，尤其是皇家苑囿有很大变化：康熙四十八年始建圆明园；雍正年间修圆明园和雍和宫；乾隆十年修静宜园，十六年修清漪园，十八年重修静明园，又在城内大修北、中、南三海，后又修景山五亭。可见兴建工程规模在乾隆时期达到了高峰。朱彝尊书中选录的资料根本无法反映这个巨大变化。而且朱彝尊乃一介"布衣"，书中记载除辽、金、元、明旧迹外，几乎无法著录皇家御苑的建制设施。因此乾隆帝在三十八年下令编纂《日下旧闻考》的谕文中云："本朝朱彝尊《日下旧闻》一书，博采史乘，旁及稗官杂说荟萃而成，视《帝京景物略》《燕都游览志》诸编，较为赅备，数典者多资之。第其书详于考古，而略于核实，每有所稽，率难征据，非所以示传信也。朕久欲详加考证，别为定本。"②

（三）《日下旧闻考》的编纂过程。《日下旧闻考》的编纂，从乾隆三十八年（1773）颁布谕旨开始，至乾隆四十七年（1782）缮写成书，再到乾隆五十二年（1787）刊刻成书，经历了漫长的过程。根据《清高宗纯皇帝实录》记载，《日下旧闻考》是乾隆在三十八年六月十六日下谕旨命于敏中、英廉、福隆安、刘纯炜等名臣开始编修。后因工程浩繁，遂又先后五次具体指名命臣下陆续参与到编修队伍之中：乾隆三十八年九月二十九日命窦光鼐随同校办；乾隆三十九年（1774）二月二十三日命梁国治加入；乾隆四十二年（1777）三月二十九日命刘墉加入；是年六月二十八日命钱汝诚加入；乾隆四十四年（1779）十二月十日再调梁国治核校。书成于乾隆四十七年（1782），乾隆帝于次年（1783）二月初五钦定。③

乾隆帝对此书的编修极为重视，亲自监督文臣著录过程。其间，对于《日下旧闻》中原有资料的考证校对，以及如何利用同时正在编纂的《四库全书》所用的典籍也多次提及，

---

① 《日下旧闻考》之《御制日下旧闻考题词二首》，北京古籍出版社 1981 年版（铅印标点本）。

② 《清宫史续编》，卷九十一。

③ 《清高宗纯皇帝实录》，卷 1247。

并对未校对出的错误和新出现的纰漏多次严厉惩罚，"每辑一门，以次进呈。候朕亲加鉴定，使天下万世，知皇都闳丽，信而有征，用以广见闻而供研炼。书成后，并即录入《四库全书》，以垂永久"。① 对于编纂过程中发生的错写及核校错误等现象，乾隆帝也采取了一些措施。乾隆三十九年二月，皇帝亲自鉴定进呈稿本时发现圣祖仁皇帝御制诗中"桃花"写为"梅花"而未被校对出来，将蔡新、曹秀先、李友棠俱交部察议。其覆校分校等员一并交部议处。乾隆四十二年发现誊写屡次有误后，乾隆帝颁谕："自今年正月起，所有进过书籍纰错之处，交军机大臣通行查覆。经朕看出错者，其分校覆校名下错至两次，总裁名下所校错至三次者，均著查明，奏请交部议处。"② 之后皇帝的惩罚措施仍在不断升级。是年七月，乾隆帝谕吏部："总校覆校分校各员应议者，须罚俸三个月。即自此次为始。其从前已议罚俸一年之总校等官，著照此例行。"③

（四）《日下旧闻考》的版本及成书时间。该书的版本问题并不复杂，据《北京史地风物书录》记载："《日下旧闻考》一百六十卷，清于敏中等总裁，窦光鼐、朱筠等大臣奉敕纂修。清抄本三十六册；又，清乾隆间武英殿初印本四十八册……"目前可见的版本就是上述两个，即《四库全书·史部·地理类》收入的缮写本（下称"缮本"）和北京古籍出版社根据"内府刻本"排印的版本（下称"刻本"）。这两个版本同是一百六十卷，但成书时间不同，内容互有增删。"缮本"资料收集截至乾隆四十七年，而"刻本"除保留缮写本大部分内容外（缺少"缮本"中十四条御制碑文诗文），又增加了乾隆四十八年至五十二年间的谕文、御制碑文、诗文以及新增按语二十余条。

《日下旧闻考》的成书时间。"缮本"的成书时间，根据乾隆上谕"书成后，并即录人《四库全书》，以垂永久"④ 的说法，应以该书被录入四库全书的时间作为它的成书时间。据影印文渊阁本《四库全书》中的《旧闻考》记载英廉等人将书稿一百六十卷目录一卷随表恭进给乾隆帝的时间，是乾隆四十七年（1782）。第二年，即乾隆四十八年二月初五日，奉旨"知道了，钦此"。弘历亲定全书后，再经总纂官纪昀、陆锡熊、孙士毅等人的校阅无误后，于乾隆四十九年（1784）十月恭校上，收入《四库全书》。

关于《日下旧闻考》"刻本"的成书时间，北京古籍出版社1981年版的出版说明中指出是乾隆五十年至五十二年刻版出书。卷一百三十六中有一条增加资料："乾隆五十二年，奉上谕：顺治年间，因明陵附近居民于陵旁樵采，曾奉谕旨禁止，并添设陵户看守。……"⑤ 这段谕文在《清高宗纯皇帝实录》中亦有记载，是乾隆五十二年三月初八之文。

---

① 《清宫史续编》，卷九十一。
② 《清高宗纯皇帝实录》，卷1029。
③ 《清高宗纯皇帝实录》，卷1037。
④ 《清高宗纯皇帝实录》，卷937。
⑤ 《日下旧闻考》，卷一百三十六，北京古籍出版社1981年版（铅印标点本），第2188页。

由此可知，《日下旧闻考》在"缮本"成书之后，仍有资料的增补。因以上谕文是书中增补时间最晚条目，所以其资料截止时间也就在这一年，便又可推断出《日下旧闻考》的初刻不早于乾隆五十二年。

二、《日下旧闻考》的编纂体例

《日下旧闻考》一书，以《日下旧闻》为考订蓝本，所以在编纂体例上大致依其编次目录。由于内容上的大量增补和宣扬清朝皇帝功德业绩的需要，故在原门目次序上和个别门目中的内容及时间顺序上又有所调整。其中，新增"国朝宫室"二十卷、"京城总纪"两卷、"皇城"四卷、"国朝苑囿"十四卷；原编排于"城市"门下的"官署"共十二卷，独立出来；"郊坰"由原来的六卷增为二十卷，"京畿"也从原来的十卷增加到三十七卷，使全书从《日下旧闻》的十三门、四十二卷，扩充至十五门、一百六十卷。① 即：

卷一　星土

卷二至卷四　世纪

卷五至卷八　形胜

卷九至卷三十六　国朝宫室、宫室（辽金、元、明）

卷三十七至卷六十一　京城总纪、皇城、城市

卷六十二至卷七十三　官署

卷七十四至卷八十七　国朝苑囿

卷八十八至卷一百七　郊坰

卷一百八至卷一百四十四　京畿、侨治、京畿附编

卷一百四十五　户版

卷一百四十六至卷一百四十八　风俗

卷一百四十九至卷一百五十一　物产

卷一百五十二至卷一百五十四　边障

卷一百五十五至卷一百五十六　存疑

卷一百五十七至卷一百六十　杂缀

此外，书中在对《日下旧闻》中原引文献的考证后补充了大量按语，并以"臣等谨按"字样与朱彝尊的原按语进行区别。下面，将新增及扩充门类的结构和特点，简要叙述如下：

---

① 《日下旧闻考》出版说明，北京古籍出版社1981年版（铅印标点本）。

（一）新增"国朝宫室"二十卷、"京城总纪"两卷、"皇城"四卷、"国朝苑囿"十四卷。

新增"国朝宫室"二十卷。主要内容是以介绍清朝定都北京以来的庙社之规、阙廷之制为主，兼以介绍宫室营建修缮之举和宫殿苑囿的建制沿革，从中体现清朝之盛事景象，突出其规制的完善。其文献条目主要来源于《大清会典》《国朝宫史》两部典籍。如，对弘德殿等处匾额楹联的记述，即出自《国朝宫史》。①

新增"京城总纪"两卷、"皇城"四卷。新增的这两个门类的内容虽然分布范围不同，但编纂初衷、编修方式及所引用的典籍有许多共同之处。首先，在编纂初衷上，从两个门类的开篇按语中可见增加这些条目皆为体现当时的京城与前明的不同，甚至更多是为了体现当时的城市规划管理和社会开明程度要远高于前明，尤其是在前明作为禁地的皇城之内，清朝时可以在"东安、西安、地安三门以内，紫禁城以外，牵车列阓，集止齐民"②。其次，在编修方式上，由于此两门类包含一些沿袭前明的制度，因此不同于"国朝宫室"一门完全摘自《日下旧闻》中没有的全新典籍，而是于"城市门综举本朝都城之制，附以原书列代建置"③，从朱彝尊原辑的城市、宫室和世纪门类中移改相关文献，并对这部分条目中记载逐一核实，对其沿革流变加以考证，此外再适当增加搜集到的新条目，单列出这两门共六卷。其三，两个门类在新增条目中所引典籍有部分相同，较为集中的几部典籍为：《大清一统志》《春明梦余录》《析津志》。

新增"国朝苑囿"十四卷。主要是为歌颂清朝皇帝的功绩，记录《日下旧闻》成书后近百年间清政府兴修的皇家庙宇御苑，因此此门类的编排构架与"国朝宫室"一门有异曲同工之妙。其中，包括世祖肇加修葺的南苑，创自圣祖的畅春园，启自世宗的圆明园，以及规制相对朴略的清漪园、静明园和静宜园。所引用的文献条目大多采用皇家档册以及档案资料，主要有《五城寺院册》《南苑册》《清漪园册》《畅春园册》《静明园册》《西花园册》《乐善园册》和《圆明园册》。

（二）原编排于"城市"门下的"官署"共十二卷，独立出来。

至于"官署"从《日下旧闻》"城市"门中独立出十二卷，并升格为门，主要原因在《四库全书总目·史部·地理类》当中说得很清楚："六部公廨入城市门中，于体例属不伦，今增官署门……"④《日下旧闻》中的三卷石鼓考，也附于"官署"门的国子监条下。朱彝尊的原辑录文献对元朝和明朝的六部及各官署记录较为详尽完备。清朝建立后，六部公廨

---

① 《日下旧闻考》卷十四，北京古籍出版社 1981 年版（铅印标点本），第 185 页。
② 《日下旧闻考》卷三十九，北京古籍出版社 1981 年版（铅印标点本），第 612 页。
③ 《日下旧闻考》卷三十九，北京古籍出版社 1981 年版（铅印标点本），第 577 页。
④ 纪昀，《四库全书总目·史部·地理类》。

多因其旧，但也有新设立的官署，且某些部门的分工较前朝更为细化，因此此门类中从大量的皇家档册及官署所藏档案中辑录出文献作为新增条目辑入。新增设出来的这一门，使得《日下旧闻考》在分类上更为合理。由于每卷目录下都标有此卷内容相关的官署名称，查找时一目了然，而且元明清三朝的资料俱全，便于了解官署的历史沿革和比较历朝同一官署的建置特点。

（三）"郊坰"由六卷增为二十卷，"京畿"由十卷增为三十七卷。

"郊坰""京畿"这两门，都是在《日下旧闻》原门类中增加卷数，"郊坰"门从原来的六卷增加到二十卷，"京畿"门从原有的十卷增至三十七卷。其中，"郊坰"门主要增加朱彝尊没有见到的《析津志》①《洪武北平图经志书》等珍贵典籍，《五城寺院册》《八旗册》等皇家档册及官署所藏档案，另外还增补了许多御制诗文、碑文、碑记。"京畿"门卷数大幅增加最主要的原因是一些原来不属于顺天府的地区或直接管辖的地区于《日下旧闻》成书后归于顺天府，如：怀柔县"明正德初，以县属昌平州，本朝改属顺天府，在府东北一百里"，密云县"明属昌平州，本朝改隶顺天府"等等。这些新隶属于顺天府的县在被编入《日下旧闻考》时，增加的文献条目多为所在县或地区的新修县志，也有部分是源自《大清一统志》。

对于《日下旧闻》原有的十三个门类，《日下旧闻考》整体仍维持原体例，在内容增删和结构调整方面，与较新增门类相比变化较小。大多数只是通过增加新的文献资料对《日下旧闻》进行补充，整体结构均未做大的改动。

三、《日下旧闻考》的历史价值

《日下旧闻考》内容丰富，在朱氏《日下旧闻》的基础上，选辑了有关北京历史、地理、城坊、宫殿、名胜等方面的大量资料，援古证今，详为考核，是元、明以来空前的北京地方历史文献集成。在其成书之初，纪昀、陆锡熊等人就认为，《日下旧闻考》与原书相比"为之正讹补漏，又驾彝尊原本而上之，千古舆图，当以此本为准绳矣"②。《日下旧闻考》对我们了解乾隆朝北京建筑的情况和康熙中叶以来北京城市的变化，提供了很多有用的知识。在史料学、方志学、文献学等方面，都有着不可替代的重要作用。

（一）《日下旧闻考》的史料学价值。《日下旧闻考》汇辑史料极为丰富，是继《日下旧闻》之后，汇辑北京地方历史、地理、城市、坊巷、宫殿、衙署、名胜、古迹等史料最为宏富的史地专书。编纂者除借四库馆开之便，搜集了更多的珍藏史籍之外，还大量地采用

---

① 《析津志》一书本已散佚，在编修《四库全书》过程中，由《永乐大典》中辑出部分收入《日下旧闻考》。
② 《文渊阁本四库全书》史部二百五十五第 497 册第 23 页。

了政府官署中的案卷档册。如礼部册、吏部册、工部册、户部册、刑部册、兵部册、六科册、翰林院册、都察院册、宗人府册、国子监册、钦天监册、太医院册、南苑册、清漪园册、畅春园册、静明园册、圆明园册、西花园册、内务府册、銮仪卫册、健锐营册、旅册、火器营册、圣化寺册、普济堂册、泉宗庙册、城册、州册、顺天府册、五城寺院册等。这些档册都是清朝各级官府的文书档案，一直被禁锢于清廷内府或各官府衙门内。而这些案卷档册之中，保存了大量的元、明时代的古碑残碣和刻石题字，以及乾隆时期北京地区所属官署、苑囿、寺院、古迹等的兴废变迁和现存情况的记录。例如：清初对西山脚下的静宜园、静明园、清漪园、畅春园、圆明园的修建，可以说是康熙、雍正、乾隆三朝盛世对京西万寿山、香山、玉泉山开发利用的代表作。该书在"国朝苑囿"卷中记述这些皇家苑林，直接利用了这些园林的档册，故对每座园林的兴修始末，记载颇为详尽。这对现在研究这些皇家园林的历史沿革、建筑艺术以及对这些古代建筑的保护都提供了最翔实的史料。

（二）《日下旧闻考》的方志学价值。在《日下旧闻考》成书以前记述北京地方史地专书，多是当时人记当时事，或专记景物、山川、风俗、古迹等事。从《日下旧闻》开始由分散的个人游记式的记述北京名物古迹、掌故传闻的专书，走上由政府组织专门机构，集众人之智慧去研究记述北京历史和北京城市发展史的道路。由于《日下旧闻考》是奉敕官修的一部北京史地专书，作为总纂的窦光鼐、朱筠等人为首的大批编纂人员，对朱氏原书文字，逐条详加考核，并实地踏察订正，对难以酌定者列入存疑卷中，不妄加评论。书中按语大多中肯可信，不仅文字准确而且也有一定的深度。例如：卷四十三丽正门条下，按语指出了原书所引《北平古今记》所记"洪熙元年，正阳门名始见于实录"[1] 的说法有误。又如，在卷五十四中纠正了原书所引《燕都游览志》所记"德胜门城上，镌赵子昂书德胜门三字"。臣等谨按中说："今德胜门即《元史·地理志》所载健德门也。《辍耕录》亦作健德，明永乐间尚存其旧。至正统十年，以旧城内面用土恐易颓毁，命成国公朱勇甓之，始改名德胜。赵子昂乃元初人，安能预书德胜门字也？朱彝尊原书所引《燕都游览志》误矣。今各城门额俱清汉书。"[2] 这段按语不仅文字简洁，而且征引史料权威，考证逻辑准确。

（三）《日下旧闻考》的文献学价值。全书收集了近两千种书籍和史料，内容极为丰富。其中有些古籍已经散失，如熊自德《析津志》、明洪武《北平图经志》、孙国枚《燕都游览志》、周贫《析津日记》等书，有的已不复存在，有的已残缺不全。书中还辑录了大量的古碑残碣和刻石题字。如《唐悯忠寺苏灵芝行书宝塔颂碑》《宋宣和七年燕山府清胜寺故讲经律论提点慈慧大师实德记》《辽驻桦寺沙门奉航幢记》《元赵垚延东岳庙昭德殿碑》等。这些可以与文献互相印证的碑刻，都是研究北京地方历史的珍贵资料。但这些刻石有的已遗

① 《日下旧闻考》卷四十三，北京古籍出版社 1981 年版（铅印标点本），第 671 页。
② 《日下旧闻考》卷五十四，北京古籍出版社 1981 年版（铅印标点本），第 884 页。

失不存，有的因年深日久字迹已漫漶不清，其原刻文字内容也都全赖此书保留了下来。所以，《日下旧闻考》一书为我们保存了相当一批早已湮没的珍贵文献，为今日北京史的研究提供了重要的文献依据。

《日下旧闻考》一书的不足之处主要有：首先，在于它记述的内容偏重于皇宫苑囿，其文字繁冗而不厌其多。然对众多的民间文化遗存却略而不书。尤其是书中收录康熙、雍正、乾隆三帝的大量御制诗文，虽其中不乏记事、咏物之作，有一定参考价值，但也有一些乏味之作，占据了不少篇幅。其次，在新增的资料以及对原资料的删节上有一些错误和标注不明确之处。因此，《日下旧闻考》在乾隆五十二年雕版刊行后，次年即有吴长元据《日下旧闻》和《日下旧闻考》两书再行爬梳删节去芜存著，并对两书记载疏略未尽之处加以补充，错误不实之处加以纠正，写出《宸垣识略》一书，凡十六卷。再次，该书编纂的主要目的，就是以宣扬大清初期太平盛世的皇都雄伟壮丽"似胜三都及两京"，以达到歌颂和维护清王朝封建统治的目的，所以书中有不少维护封建统治阶级利益的言词和宣传封建迷信色彩的文字。

《日下旧闻考》这部奉敕编纂的地方历史文献典籍，历经十四年陆续的收集、整理、更新才成书刊行，其丰富的内容和翔实的考据堪称是史志文化和文献资料库中的瑰宝，是留给后世的珍贵文化遗产。它为研究北京的历史、地理、经济、文化、宫室、苑囿、城市规划等方面提供了重要的参考文献，且具有极其珍贵的史料价值。这部巨著的传世除了与窦光鼐、朱筠等几十位参与编修的饱学名儒的严谨治学态度和勤勉的工作作风直接相关外，也与乾隆帝对编修工作的支持和督导分不开。每辑一门，就要进呈于皇帝，并由他亲自鉴定，以"使天下万世，知皇都闳丽，信而有征，用以广见闻而公研炼。"[①] 编纂过程中，乾隆帝多次下谕旨颁布奖惩条例，以期编纂书目达到最高水平。成书后，"并即录入四库全书，以垂永久"。[②] 本部典籍在朱彝尊《日下旧闻》基础上，经过增补与考证，进一步完善了朱氏著录的内容。尽管在著录内容、资料删留、标注疏略等方面还存在一些不足，但是整部典籍的较高文献价值还是值得肯定的。

参考文献：

［1］［清］窦光鼐、朱筠等纂《日下旧闻考》，北京古籍出版社，1981 年版（铅印标点本）。

［2］《清实录》，中华书局影印本，1986 年。

［3］［清］佚名纂：《清史列传》，中华书局，1987 年版。

---

① 《清实录》卷九百三十七。
② 《清实录》卷九百三十七。

［4］［清］张维屏辑：《国朝诗人征略初编》，清道光十年粤东省城超华斋刻本。

［5］［民国］赵尔巽等纂：《清史稿》，中华书局，1977 年版。

［6］［清］李桓辑：《国朝耆献类征初编》，清光绪间湘阴李氏刻本。

［7］［清］佚名辑：《满汉大臣列传》，民国间东方学会铅印本。

［8］［清］钱仪吉纂：《碑传集》，中华书局，1993 年版。

［9］［清］李元度辑：《国朝先正事略》，台湾文海出版社，1967 年版。

［10］［清］叶衍兰辑：《清代学者像传》，《清代学者像传合集》，上海古籍出版社，1989 年版。

［11］［清］刘光斗等修，朱学海纂：《（道光）诸城县续志》，清道光十四年刻本。

［12］［清］杨士骧修，孙葆田纂：《（光绪）山东通志》，上海古籍书店，1991 年版。

［13］［民国］窦人桢修：《诸城窦氏族谱》，民国二十二年（1933）复新石印局石印本。

［14］［清］窦光鼐撰：《东皋先生诗集》，清嘉庆三年无锡秦氏刻本。

［15］［清］窦光鼐撰：《省吾斋古文集·省吾斋诗赋集》，清嘉庆六年慎德堂刻本。

［16］［清］窦光鼐撰：《省吾斋古文集》，民国九年石印本。

"书如其人"：窦光鼐书法风格简论

陈冬梅

潍坊学院学报编辑部

摘　要：窦光鼐是清代诸城籍一代名臣、诗人、书法家。书法成就虽不如其政绩，但亦自成一家。擅楷书、行书，尤工擘窠书。其书法所表现出的端正挺劲，是其耿介、清正、忠厚品行和精深学养的外化，因此能"望而知为端人正士"，可谓"书如其人"。本文以窦光鼐书法为切入点，探讨其个性、品行和学养与其书法风格之间互为表里的依存关系。

关键词：窦光鼐；书法；书如其人；内在精神；外在表现

孟子提出阅读文学作品要遵循"知人论世"观点，从了解作者的身世和时代入手，方可更好地理解作品的价值和意义。这已经成为传统文学批评的重要方法。将这个顺序反过来，从逻辑关系上也能成立，因此，产生了"文如其人"说。将其运用到书法领域也同样适用。书法作品与书家的内在品行、学识、志趣等直接相关。而通过对作品的考察，能够见出书家通过运笔用墨所体现出的内在精神，谓之"书如其人"，简而言之，见书如见人。

窦光鼐作为一代忠臣，为官清正，学问渊博，文词清古，其书虽不如其政绩和文章，但亦自成一家，是清代著名书法家。从其流传的书法作品和相关文献记载看，长于楷书、行书，尤擅擘窠书。后人评价他的书法风格，"工擘窠书，望而知为端人正士"①。正可谓"书如其人"。本文以窦光鼐书法为切入点，探讨其个性、品行和学养与其书法风格之间互为表里的依存关系。

一、"书如其人"书学理论的产生

书法是中华民族在长期文化发展过程中逐渐形成的汉字书写艺术，是"中国特有的艺术"②。"我国的文字，是实用的又兼艺术的"③，这是书法不同于其他艺术形式的属性。在西方现代知识体系的框架之下，在美学学科和艺术类型中，并无书法的位置。因为西方文

---

① 李元度，《国朝先正事略》卷四十二《文苑》，清同治刻本。
② 宗白华，《论中西画法的渊源与基础·美学散步》，上海人民出版社，1981年，第123页。
③ 丰子恺，《丰子恺文集·艺术》，浙江文艺出版社、浙江教育出版社，1996年，第230页。

字是字母，而不是汉字的线条。梁启超把书法视为一种"美术"："美术，世所公认的为图画、雕刻、建筑三种。中国于这三种之外，还有一种，就是写字。"他指出，中国书法是一种"特别的美术"，"美术一种要素，是在发挥个性。而发挥个性最真确的，莫如写字。如果说能够表现个性，就是最高美术，那么各种美术，以写字为最高"。①

书法首先是"书写汉字"，是源于使用需要的一种自然书写。实用是其首要特征。但书法作为汉字的书写形态，汉字点画和结构的形象性特征，使得汉字书写具有了情感表达的审美特征，书法不仅仅是一种书写技艺，更是书家内在人格的外化。书法的内涵不仅仅是笔画和技巧，书家包括学问、修养、性情、心志在内的人格精神和人格魅力，是决定其书法水平的关键因素。"书如其人""以书观人"等书学理论的产生，是基于书法所具有的实用与审美兼具的属性。自汉末魏晋开始，书法成为文人士大夫抒情言志的手段之一。

"书如其人"说最早起源于西汉时期的扬雄，其《法言·问神》曰："言，心声也；书，心画也。君子小人见矣。"② 强调艺术表现形式与创作主体的主观感受之间的密切关系。唐代张怀瓘《文字论》指出："文则数言乃成其意，书则一字已见其心。"③ 苏轼《题颜鲁公帖》曰："观其（颜真卿）书，有以得其为人，则君子小人必见于书，是殆不然。以貌取人，且犹不可，而况书乎？吾观颜公书，未尝不想见其风采，非徒得其为人而已。凛乎若见其诮卢杞而叱希烈，何也？其理与韩非窃斧之说无异。然人之字画工拙之外，盖皆有趣，亦有以见其为人邪正之粗云。"④《书唐氏六家书后》曰："世之小人，书字虽工，而神情终有睢盱侧媚之态，不知人情随想而见，如韩子所谓窃斧者乎，抑真尔也？然至使人见其书而犹憎之，则其人可知矣。"⑤ 他认为书法风格是书家内在精神的外化，君子之书必然有君子刚正之气，而小人之书则有小人之态。朱熹亦重视杨雄"心画"观，认为观书法、诗歌可以见人，《跋司马文正公通鉴纲要真迹》曰："呜呼！公之愿忠君父、陈古纳海之心，可谓切矣！窃观遗迹，三复敬叹，敢识其后云。"其《跋杜祁公与欧阳文忠公帖》亦曰："杜公以草书名家，而其楷法清劲，亦自可爱。谛玩心画，如见其人。"⑥ 清代刘熙载《艺概·书概》明确提出"书如其人"观点："书，如也。如其学，如其才，如其志，总之曰如其人而已。"⑦

---

① 梁启超，《中国现代美学名家文丛·梁启超卷》，浙江大学出版社，2009 年，第 380—381 页。

② 刘勰著，王志彬译注，《文心雕龙》，中华书局，2012 年。

③ 张怀瓘，《文字论》，《历代书法论文选》，上海书画出版社，1979 年，第 209 页。

④ 孔凡礼点校，《苏轼文集》，中华书局，1986 年，第 2177 页。

⑤ 孔凡礼点校，《苏轼文集》，中华书局，1986 年，第 206 页。

⑥ 朱熹，《晦庵先生朱文公文集》，朱杰人、严佐之等编，《朱子全书》，上海古籍出版社、安徽教育出版社，2002 年，第 3925、3953 页。

⑦ 刘熙载，《艺概》，《历代书法论文选》，上海书画出版社，1979 年，第 715 页。

可见，书家才学和风格之间有密切联系。欧阳修对颜真卿的推崇，不仅仅取决于颜体书法本身的审美价值，更重要的是颜公所具有的"忠臣烈士""道德君子"的高尚品格："颜公忠义之节皎如日月，其为人尊严刚劲，像其笔划。"① "公忠义之节，明若日月而坚若金石，自可以光后世传无穷，不待其书，然后不朽。斯人（颜真卿）忠义出于天性，故其字画刚劲独立，不袭前迹，挺然奇伟，有似其为人。"② 其为人的尊严刚劲，与"其字画刚劲独立，不袭前迹，挺然奇伟"互为表里，所以他的作品"见宝于世者不必多，然虽多而不厌也"，即使作品"残缺"也"不忍弃之"。同样，历史上很多人品不佳而字佳者，因其人品而其书名后世湮没无闻。松年《颐园书画》曰："历代工书画者，宋之蔡京、秦桧，明之严嵩，爵位尊崇，书法、文学皆臻高品，何以后人吐弃之，湮没不传？实因其人大节已亏，其余技更一钱不值矣。"③

虽然以品行作为审美判断的标准，会消解书法作为艺术形式的审美价值，但强调书家人格修养对书法格调的影响则突出了书家在书法中的主体地位。书法既代表了书家的艺术水平，同样书家也将其人格精神凝结在书法中，书法成为书家人品的再现。这是"以书观人""论书及人""书如其人"等书学理论产生的基础。

二、窦光鼐以楷书见长，兼及行书的书法风格

窦光鼐是清代诸城籍一代名臣，与有"浓墨宰相"之称的刘墉同朝为官，其书法成就虽不如刘墉，但亦为清代著名书法家。乾、嘉年间名人碑版，多请窦光鼐撰文、刘墉书写。但著名学者李文藻父李远的墓志铭，则由纪昀撰文，窦光鼐书丹，戴震篆盖。目前青州博物馆收藏有一合刊刻于清代乾隆三十一年（1766）、囊括了清代三位大师级学者技法的李远墓志——"清故候选州判拙斋李公墓志铭"。④ 墓志书法端正凝劲，一丝不苟，展示了窦光鼐精深的书法功底。清赵慎畛《榆巢杂识》记曰："窦东皋先生挽刘文正公联云：'岱色苍茫众山小，天容惨淡大星沉。'一时推为绝作。"⑤ 被称为"绝作"，是指其挽联表达的情感和书写均属上乘。其政敌和珅也对他的书法欣赏有加。窦光鼐门生秦瀛《都察院左都御史窦公光鼐墓志铭》记曰："公自浙江学政已左都御史招还。一日，富阳董公手执公所书金字扇，大学士和珅见而语董公曰：'写金字善用金，无如窦东皋者。'遂取一扇属董公代乞公书。余适趋过，董公曰：'秦君固善东皋先生者，盍属之。'因以属余请于公。"⑥

---

① 《欧阳修全集》，中国书店，1986 年，第 1173 页。
② 《欧阳修全集》，中国书店，1986 年，第 1177 页。
③ 松年著，《颐园书画》，于安澜编，《画论丛刊》，人民美术出版社，1960 年，第 619 页。
④ 李森，《出自三大师之手的青州清代李远墓志》，《文物天地》，2011 年第 5 期。
⑤ 赵慎畛，《榆巢杂识》，《清代史料笔记》，中华书局，2001 年。
⑥ 《国朝耆献类征初编》卷八十七，《卿贰》卷四十七。

窦光鼐及其家族文化研究

（一）窦光鼐的楷书风格

关于其书法风格，清代文献有很多记载。《国朝先正事略·窦东皋先生事略》曰："先生立朝五十余年，揭揭然柴立无所附。惟以诚悃结主知。……工擘窠书，望而知为端人正士。"[1]《清代学者像传·窦光鼐》曰："工擘窠书，状貌严整，望而知为端人正士。"[2]《国朝书画家笔录·窦光鼐》曰："工擘窠书，望而知为端人正士。"[3] 诸城名士王赓言《东武诗存》卷六亦曰："工擘窠大书，点画不苟，望之知为端人正士。"[4]《窦东皋先生传》亦曰其"工擘窠书，望而知为端人正士"。《诸城文化志》记曰："与刘墉同时期的书家则有清御史窦光鼐。其书以楷书见长，疏朗开阔，有折钗股之力。"[5]《诸城明清进士传略》曰："光鼐书法亦精，他的擘窠书，点划端正秀丽，而风骨挺劲，状貌严整，有苏轼、米芾之风韵。"[6]

以上资料表明，窦光鼐书法以楷书见长，尤擅擘窠书。楷书又称"真书""正书"，形体方正，笔画平直，可作楷模，故得名。这种书体特征，张怀瓘《六体书论》曰："大率真书如立，行书如行，草书如走，其于举趣，盖有殊焉。"[7] 阐明楷、行、草书三种字体的特点，其中，楷书端正，像人立正不动。苏轼《跋陈隐居书》认为，各种书体中，楷书是基础，"书法备于正书，溢而为行、草，未能正书而能行、草，犹未尝庄语而辄放言，无是道也"。[8] 他认为书法最完备、基本的法则在于楷书，行书、草书须以楷书为本，行、草书均是楷书的衍生。楷书字体始于东汉，盛行于魏晋南北朝，唐朝时是楷书的黄金时代，涌现出很多名家大家。

自隋唐开始的科举制度确立了楷书的官方地位。楷书作为当时公务往来的官方书体，是仕宦之人的基本功之一。苏轼《跋咸通湖州刺史牒》曰："唐人以身言书判取士，故人人能书。"[9] 在其端庄方正的书体特征基础上，文人们倾注了自己的情感，形成各自独特的书法风格。欧阳询、颜真卿、柳公权、赵孟頫均以楷书著称。与窦光鼐同时代的著名书法家刘墉也擅楷书。包世臣认为刘墉的小楷是他的书体中最好的，"酝酿无迹，横直相安"[10]。窦光鼐行走官场五十余年，从中进士起，任翰林院侍读，四任学政，历任乡试正考官、会

① 李元度：《国朝先正事略》，卷四十二《文苑》，清同治刻本。
② 叶衍阑、叶恭绰：《清代学者像传》，上海古籍出版社，1989年。
③ 窦镇：《国朝书画家笔录》，卷二，朝记书庄，民国十一年（1923）铅印本。
④《国朝耆献类征初编》卷八十七，《卿贰》卷四十七。
⑤《诸城文化志》，中国文史出版社，2004年，第265页。
⑥ 张崇玖，《诸城明清进士传略》，西泠印社出版社，2007年，第141页。
⑦ 张怀瓘，《六体书论》，《历代书法论文选》，上海书画出版社，1979年，第213页。
⑧ 孔凡礼点校，《苏轼文集》，中华书局，1986年，第2185页。
⑨ 孔凡礼点校，《苏轼文集》，中华书局，1986年，第2179页。
⑩ 包世臣：《艺舟双楫》，《续修四库全书》第1089卷，上海古籍出版社，2002年，第694页。

试同考官、殿试读卷官、上书房总师傅，尤其在内廷伴乾隆帝几十年，楷书书写是他的必然选择。从其存世楷书作品看，其楷书笔画规整、结构方正、疏朗开阔、雄健有力。

在几乎所有的文献记载中，均谓窦光鼐擅擘窠书。擘窠书，最早出自唐颜真卿《乞御书放生池碑额表》："前书点画稍细，恐不堪经久，臣今谨据石擘窠大书。"丰坊《书诀》谓"擘窠创于鲁公"①。宋代以后，在文人士大夫群体中出现，至明清时期日臻完备。明代李淳《大字结构八十四法》和费瀛《大书长语》为两部专论擘窠大字的专著，均有对这种字体的审美属性的研究。李淳："盖大字以方端均称为贵，偏斜放肆为忌。……收敛肢体，布置形容。"擘窠大字的主要特点是端稳匀称、忌偏斜放肆，能让人肃然起敬。丰坊《童书学程》中评颜体大楷，谓之"端方雄伟，骨肉匀称，施于题匾大字为宜"②。颜真卿楷书大字线条圆润浑厚，字形宽博方整，充满雄浑厚重之气，可谓"如正人君子，冠佩而立，望之俨然，即之也温"③。擘窠书字体历代篆、隶、楷、行、草皆有，自唐宋之后，则多为行、楷，尤以楷书居多。

清代擘窠书可谓盛极一时。清末度之员外郎李放整理《皇清书史》，在清代"擘窠大书"书家专论中，擅（善、精、工、长）"擘窠大书"者有五十六人，乾隆帝位列第一位，窦光鼐亦位列其中。窦光鼐以楷书居多的擘窠书，讲究笔画平直，形体方正，端稳匀称。因此，人们由其擘窠书的状貌严整，能"望而知为端人正士"。

（二）窦光鼐的行书风格

窦光鼐楷书端庄严正，自成风格。其实行书也是他所擅长的。而且相比较楷书，行书的书体特征能更充分地展现他的内心世界。行书是介于楷书、草书间的一种书体。唐张怀瓘认为"行书"由"正书"演变而成："行书者，乃后汉颍川刘德升所造，即正书之小讹，务从简易，故谓之行书。"④ 其书体特征，《书议》曰："夫行书，非草非真，离方遁圆，在乎季孟之间。兼真者，谓之真行；带草者，谓之行草。"⑤ 丰坊《书诀》概括行书的书写规范："行笔而不停，著纸而不刻，轻转重按，如水流云行，无少间断，永存乎生意也。"⑥ 行书笔画的灵活、结构的自由形成的强烈"尚意"色彩，使之更具文人气息。这种更具个性色彩的书体以其特有艺术表现力，成为深受文人欢迎的书体，产生了闻名遐迩的天下三大行书："天下第一行书"，王羲之的《兰亭序》；"天下第二行书"，颜真卿的《祭侄文稿》；苏轼的《寒食帖》被誉为"天下第三行书"。

---

① 丰坊：《书诀》，《历代书法论文选》，上海书画出版社，1996年，第508页。
② 《明清书法论文选》，上海书画出版社，1995年，第104页。
③ 《欧阳修文集》，北京书店，1996年，第1177页。
④ 张怀瓘：《六体书论》，《历代书法论文选》，上海书画出版社，1979年，第214页。
⑤ 张怀瓘：《书仪》，《中国书法理论经典》，河北人民出版社，1998年，第96页。
⑥ 丰坊：《书诀》，《历代书法论文选》，上海书画出版社，1996年，第518页。

从窦光鼐的传世作品看，其行书风格偏向行楷，笔画略有钩连，端正劲直，笔力遒劲雄健。其风节挺劲，有米芾、苏轼之神韵。流传后世的窦光鼐的书法多为行书。2003年秋艺术品拍卖会上的拍品窦光鼐行书七言古诗立轴、2012年春季大型艺术品拍卖会的拍品《临东坡先生孙莘老墨妙亭诗为西野五兄正书》，均为行楷。2007年山东美术出版社出版的刘延銮、钟永诚、鲁文生《清代书法选》、2012年山东美术出版社出版李晓峰编《济南市博物馆馆藏精品：法书卷》，均收录窦光鼐行书轴。2013年《山东省博物馆清代馆藏楹联展》，展出了窦光鼐一幅行书对联。目前，诸城博物馆、青州博物馆均收藏他的行书藏品。

窦光鼐书法以楷书为主，兼及行书的风格，与他作为臣子和诗人的双重身份密切相关。窦光鼐官宦生涯与他的耿介个性，以及伴乾隆皇帝几十年的经历，以楷书见长是很自然的事情。这样的经历也导致他的诗文中多应制之作。但窦光鼐毕竟是一位文臣，精通经史，以诗文见长，有"才子"之称。我们看到，他的那些洋溢着真挚情感和才华的应制诗之外的诗歌，充分展示了他的内心世界。那么，他通过行书所表现出的丰富内心情感，也让我们看到了他清正刚直背后至情至性的一面。

三、窦光鼐个性、品行、学养与其书法风格的依存关系

在我国古代书法史上一个很独特的现象是，历史上凡被称作书法家的人，几乎没有一位纯以书法家身份立足，尤其是古代著名书法家，均拥有多重身份，首先是出仕的官员，其后是著名的学者或诗人，然后才是书法家。这样的逻辑关系表明，书家的综合素养是决定其书法水平的关键因素。苏轼就是典型的例子，是杰出的政治家，又是文学史上罕见的全才，诗、词、文、赋无所不能，还是著名的书法家、画家。黄庭坚认为其"学问文章之气郁郁芊芊发于笔墨之间，此所以他人终莫能及尔"[1]。苏轼的文化品位、学识素养决定了他书法风格的豪放飘逸。李昭玘《跋东坡真迹》曰："昔东坡守彭门（徐州），尝语舒尧文曰：'作字之法，识浅、见狭、学不足三者，终不能尽妙，我则心目手俱得之矣。'"[2] 苏轼强调书家的"识""见""学"三方面修养缺一不可，只有具备这三方面的修养，其作品才能渐臻妙境。他所谓"识""见""学"恰与刘熙载谓书法"如其学，如其才，如其志"相呼应。窦光鼐也是如此。他不仅仅是朝廷重臣，而且学问精湛，以诗文见长，亦是书法家。人谓窦光鼐"工擘窠书，望而知为端人正士"，是从其书法体认他的个性、品行和学养，正是苏轼所谓"识""见""学"的生动体现。因此说，窦光鼐耿介清正的个性，勤政爱民、不惧权贵的政治品格以及深厚的学养，影响并形成其书法以楷书见长、兼及行书的风格特征。

---

[1] 黄庭坚：《山谷论书》，《历代书法论文选》，上海书画出版社，1996年。
[2] 李昭玘：《跋东坡真迹》，《乐静集》卷9，《四库全书》本。

（一）窦光鼐家学、师承为其书法成就打下坚实基础

清代适应科举的需要，书写成为其中一个非常重要的因素。因此，儿童自蒙学开始，书写或习字成为一个重要内容。清人认为："书者，小技也。然为六艺之一，古之小学教焉。乃有用之技，人生不可缺者也。上然制、诰、谕、敕，中而为表、奏、启，精于八法者固佳，否则亦走笔顺利、清晰整齐。"① 窦光鼐在良好的家教和名师的教导下，自蒙学始，不仅得到良好的道德规范和知识技能的培养，而且打下坚实的书写基础。

窦光鼐出身的东郭窦氏家族是世代以耕读为业、诗书继世的名门世家，《三字经》有"窦燕山，有义方，教五子，俱名扬"。窦氏始祖窦思道是窦燕山之子窦仪的后裔。诸城窦氏祠堂"忠昭堂"，是窦氏后人纪念窦仪及其三子而建，两边立柱书有"忠厚传家，诗书继世"家训，窦氏后人始终遵循先辈"忠厚传家"传统。窦氏家族自五世窦岭，六世窦昂、窦诚皆以岁贡任教授。六世祖窦昂为明嘉靖二十五年贡生，官至密州开平卫教授，"诸城九老"之一。窦光鼐父亲窦诜，年少即名于乡里，"有国士之目"，乾隆九年（1744）中举人，学问高深，著有《与知录》。

窦光鼐出生在这样一个以忠厚传家、诗书继世的家族中，自幼受到良好的熏陶和教导，"幼有神童之目"，读书能"览辙成诵，年十二读《文选》，即操笔为《琅琊台赋》"②。文献中虽然没有其书写的明确记载，但以书写作为最基本的技能以及在当时的重要地位而言，他的书写基本功应该是毫无疑问的。

窦光鼐六岁时即随父亲窦诜一起拜当时的翰林高璿为师。高璿为雍正八年进士，选翰林院庶吉士，散馆授检讨，可谓学识渊博，工诗古文，父子两人跟随高璿受学六年。期间，他还得刘墉父亲刘统勋奖掖，在《祭太傅大学士刘文正公文》曰："矧伊小子，素负迂狷，辱公奖掖，实自弱冠。"③ 十九岁时，窦光鼐进京拜董邦达为师，与纪晓岚同门。董邦达是浙江富阳人，雍正十一年进士，选翰林院庶吉士，授编修，历任右中允、侍读学士、内阁学士、左都御使、工部尚书等职，工书善画。窦光鼐师从董邦达考中顺天乡试举人，前后三年多。其后，在京城，窦光鼐与很多知名人物有往来，开阔了他的视野眼界。

诗书继世的家族、自幼师从名师的经历，加上自身过人的才智，不仅奠定他的书法基础，更是在品行、学养等方面为他日后的成长奠定了坚实基础。

（二）窦光鼐敦厚耿介的个性，勤政爱民、不畏权贵的政治品格正如楷书的端正挺劲

"书如其人"理论表明，书法是书家内在人格的外化，书家的人格与书法作品呈现出来的面貌是一致的。欧阳修崇尚颜真卿作为忠臣烈士的高尚品行和气节，以书品见其人品。

① 刘恒：《中国书法史·清代卷》，江苏教育出版社，1970年，第213页。
② （清）张曜等编著：《窦东皋先生传》，《山东通志》，商务印书馆，1934年，第62页。
③ 窦光鼐，《省吾斋古文集》卷九。

窦光鼐楷书的端正挺劲，正是他耿介持正的个性和刚正不阿的品行的外化。

窦光鼐个性耿介持正，作为一代名臣，他勤政爱民但不惧权贵。《山东通志列传》曰其"因事纳忠无伪言"①。在五十余年的仕宦生涯中，他曾多次因上疏直辨而被降职，却依然不改其刚正不阿作风。尤其是在浙江学政任上查处黄梅贪腐案表现出的不惧权贵、耿介正直的品质深得民心，也得到乾隆皇帝的赞誉。窦光鼐为官亦清正廉洁。《东皋府君行述》载其"平居以廉洁持躬，以方严植品子然孤立，人皆知之，亦无敢干以私者"②。为官从不妄取百姓财物。乾隆三十二年（1767），其父窦诚病逝，窦光鼐归家治丧守孝，时人以重金相送，他却之不受。曰："吾自为翰林通籍至京兆，未尝受人财，岂以亲殁为利乎?"③

毫无疑问，他的耿介个性和政治品行高度契合了他楷书的端庄严整、擘窠书的点画不苟的风格特征。

（三）窦光鼐深厚学养对其书法的影响

当书写作为日常公务往来时，仅仅是书写，只有那些表达书家胸襟和情怀的书写才称得上书法，才具有审美功能。赵孟頫曰："书法出于鸿儒硕士骚人墨客所作，非文人岂能从事乎?"苏轼所谓书家要具备"识""见""学"之"学"，刘熙载所谓书法"如其学，如其才，如其志"之"学"均表明书家才学对其书法风格和成就的影响。窦光鼐在朝廷重臣之外的诗人身份，极大地影响了他的书法风格和成就。

他自年幼即展露出过人的才华。《诸城县续志·列传·窦光鼐》曰：窦光鼐"学问精湛，文词清古，值国家承平，天子雅重经术文章之士，朝廷有大典礼，光鼐进诗赋铭颂，辄蒙褒嘉。与河间纪文达昀、大兴朱文正珪、翁侍郎方纲主持文运三十年，后进望风景附，争自切靡，称极盛焉"。④ 其学识渊博，尤其文学造诣深厚，得到乾隆帝赏识，任四任学政，《四库全书》总阅校，上书房总师傅。君臣之间在文学上有密切的交往。窦汝翼《东皋府君行述》曰："府君在内廷行走前后几三十年，每得御制诗文，必敬书恭跋进呈，均蒙赏收。"⑤ 乾隆皇帝的诗、文、赋作，经窦光鼐阅后敬书序、跋、记、颂等不下百余篇。

虽然窦光鼐的诗文成就被他的政绩所遮掩，但其作为诗人的成就不可忽视。他存世诗文集非常丰富，包括《省吾斋文集省吾斋诗赋集》各十二卷、《省吾斋文稿不分卷》《省吾斋进呈稿不分卷》、《东皋先生诗集》三卷。他的诗文风格宗杜、韩，李元度《国朝先正事略》曰窦光鼐"诗宗少陵，古文法退之"⑥。的确，他的诗文中的确有明显的宗杜、韩痕

---

① 《窦氏族谱》，《山东通志》，第 62 页。

② 《东皋府君行述》，《山东通志》，第 127 页。

③ （乾隆）《诸城县志》，第 49 页。

④ （道光）《诸城县续志》。

⑤ 《先府君行述》，《山东通志》，第 127 页。

⑥ 李元度，《国朝先正事略》卷四十二，清同治刻本。

迹，如《少陵台》《韩碑》等。他的诗文亦深受曾任密州知州的苏轼影响。《东武诗存》曰窦光鼐"诗拟韩苏，有过之无不及也"①。杜甫诗歌中呈现出的强烈的批判现实精神和人们评价他的书法"亦精……有苏轼、米芾之风韵"②，恰与他的诗风相类。

书家个性与其书法风格是一种依存关系，书法是书家内在精神的外化，书家人格、学养与书法作品呈现出来的面貌是一致的。因此，"书如其人"说得以成立。窦光鼐擅楷书尤其行楷，其所表现出的风格特征符合他严谨敦厚、清正耿介的个性，符合他五十余年仕途生涯，尤其是"内廷行走前后几三十年"的臣子身份，更符合他的诗人气质。他的书法实践是"书如其人"书学理论的完美体现。

参考文献：

［1］［清］佚名纂：《清史列传》，中华书局，1987年版。

［2］［清］宫懋让修，李文藻等纂：《诸城县志》，中国地方志集成三十八·山东府县志辑，凤凰出版社，2004版。

［3］［清］刘光斗等修，朱学海纂：《诸城县续志》，清道光十四年刻本。

［4］［清］窦光鼐撰：《省吾斋古文集》，民国九年石印本。

［5］［民国］赵尔巽等纂：《清史稿》，中华书局，1977年版。

［6］［民国］窦人桢修：《诸城窦氏族谱》，民国二十二年（1933）复新石印局石印本。

［7］刘恒：《中国书法史·清代卷》，江苏教育出版社，1970年版。

［8］上海书画书版社、华东师范大学古籍整理研究室选编、点校：《历代书法论文选》，上海书画出版社，1979年版。

［9］宗白华：《论中西画法的渊源与基础·美学散步》，上海人民出版社，1981年版。

［10］卢辅圣：《中国书画全书》，上海书画出版社，1993年版。

［11］《诸城文化志》，中国文史出版社，2004年版。

［12］张崇玖：《诸城明清进士传略》，西泠印社出版社，2007年版。

---

① 《国朝耆献类征初编》卷八十七，《卿贰》卷四十七。
② 张崇玖，《诸城明清进士传略》，西泠印社出版社，2007年，第141页。

窦石卿遗稿考析

侯桂运

潍坊学院文学与新闻传播学院

摘　要：窦石卿是窦光鼐的曾祖，乾隆版《诸城县志》著录了他的《双松楼诗稿》两卷、《词稿》一卷。当时的诸城名士李澄中和王钺都给窦石卿的遗稿写了序，但这两篇序所指的并非同一书稿。李澄中所序的是他自己搜集整理的石卿遗稿，但王钺所序的是石卿后人的辑稿。这两篇序都指出窦石卿擅长词曲，并都结合着石卿的人物特征分析了他的作品特点。尽管窦石卿的《双松楼稿》现已佚失，但在王赓言的《东武诗存》中还保留了他的十四首诗。这些诗歌大多抒发了作者的怆然伤感之情，其中有些诗歌记载了战乱给作者带来的伤痛，而《借粮》则是一篇描写读书人全家饥饿之至的佳作。

关键词：窦石卿；《双松楼稿》；李澄中；王钺

窦氏家族是明清时诸城望族之一。据窦诜《窦氏家传》："至六世祖讳昂及昂堂叔讳岭，及弟讳诚者，皆以岁贡任教授，为吾族书香所自始。"① 窦昂即窦光鼐的七世祖。但无论窦昂还是窦岭、窦诚，都没有诗文集传世。之后窦昂之子窦钦以恩贡授武陟知县，乾隆《诸城县志·艺文志》载有窦钦的《六行图说》，此为县志中所载窦氏首部著作。窦钦之子窦如洙以岁贡授江西安福训导，无诗文集。窦如洙之子窦赞机，乾隆《诸城县志》著录了他的《锦云亭诗稿》一卷、《择识录》一卷。窦赞机之子即窦长琰，乾隆版《诸城县志·艺文志》记载他著有"《双松楼诗稿》二卷、《词稿》一卷"。窦长琰是明末清初人，经历了多次战乱的洗劫，窦氏家族一度败落。窦长琰有四子，他们使得窦氏家族逐渐恢复了元气。窦长琰的孙子窦诜嗜读书。窦光鼐就是窦诜之子，二十三岁考中进士，深得乾隆帝器重，有《东皋先生诗集》《省吾斋诗赋集》《窦东皋应制集》传世，窦氏家族至此达到鼎盛。

由此可见，在窦光鼐之前，窦氏家族中已有窦钦的《六行图说》、窦赞机的《锦云亭诗稿》《择识录》和窦长琰的《双松楼诗稿》《词稿》被载入《诸城县志·艺文志》中。这些著作皆已佚失，但窦长琰的作品尚存李澄中和王钺的两篇序，特别是《东武诗存》尚存其诗歌十四首，从中可约略窥其面目。

窦长琰，字石卿，是窦光鼐的曾祖。乾隆《诸城县志》有他的小传：

---

① 张崇玖、窦学义：《窦光鼐传》，西泠出版社 2007 年版，第 3 页。

长琰，字石卿，亦诸生。父早卒，事祖甚谨。夜侍祖榻侧木凳上，不归私室者十年。或讽以奴婢可代，毋大自苦，长琰曰："奴辈何足恃？倘老人中夜呼，不时至，恐吾父不瞑目地下也。"兄有心疾，荡家产且尽，长琰处之怡然，更分己产与之。性嗜学，扃户读书，经岁不出。著有诗词，同时李澄中称其"登山谷淮海堂奥"。卒年四十。①

此小传中说长琰"著有诗词"，并且"李澄中称其'登山谷淮海堂奥'"。李澄中《卧象山文集》卷一中有《窦石卿〈双松楼稿〉序》，全文如下：

窦石卿《双松楼稿》序

嗟乎，予辑东武遗文，而知天下好学深思之士，其泯没无闻于后世者，可胜叹哉！往吾编王钟仙诗，又序李逊卿诗，而冯慰前诗，至托构于友人，竟不可得。嗟乎！贫富之于人大矣。使数君子者家拥厚赀，必且尽梓其著述，与海内相见，何至听之不可知之人与必不可得之数，若灭若没以至此极也！最后乃得窦石卿《双松楼稿》。忆甲午岁，客云门，石卿访予旅次。见其人散散落落，如病鹤。未数月，遂病以死。二十年来，已不复记忆。而窦氏子孙，日就零落，其所谓双松楼者，不知在于何地，亦不知流传几易姓氏矣。而楼之名肖然纸上。予读之，想窦氏盛时，亭榭之壮丽，如蜃楼化影，怆然有陵谷之悲焉。嗟乎！其亦可感也已。

或曰双松楼擅长词曲，得无以淫辞乱雅奏乎？予曰：不然，古之人不得志于君臣朋友，往往托之狡童静女，以达其婉娈之思，忠厚和平之感。三百篇之《鸡鸣》《风雨》，唐人之乐府宫词，皆其选也。石卿故家子，不谐于俗，而其散散落落之致，深自标格。又身遭丧乱，亲见其家世凌替，故潜吟一室之内，仰思俯叹，抉宋元之微旨，以发抒其性情，惓惓不忘先世之所以名其楼者，以为比事属词，庶几风人之义云尔。是则石卿所以待予二十年，发其覆而传之，以附于钟仙、逊卿之后者也。②

李澄中，字渭清，别号渔村。他于康熙二年（1663）得到周亮工的赏识，名声渐著；康熙十八年（1679）中博学鸿儒科，从此名闻天下。但在上文中，他说自己"甲午岁，客云门，石卿访予旅次"，甲午年是顺治十一年（1654），此时李澄中26岁，仅是诸生，虽然

---

① 乾隆版《诸城县志》卷三十《列传二》，第8页。
② 李澄中著，侯桂运、王宪明校点：《李澄中全集》，中州古籍出版社2014年版，第566—567页。

在县里小有名气，却还称不上名士。此时他见到的窦石卿"散散落落，如病鹤"。几个月后，石卿就去世了。根据上面的小传，石卿去世时是四十岁。那么石卿长李澄中 14 岁或 15 岁。石卿去世后，"二十年来，已不复记忆"，也就是李澄中写这篇序时，已经是康熙十三年（1674）或十四年（1675）了。此时李澄中已经得到了周亮工的赏识，很有些名气了，但距他中博学鸿儒科还有四五年。因为累举不第，李澄中已无意于科举，整天跟各地名士寄情山水，饮酒赋诗。李澄中很注意搜集乡贤的遗稿，窦石卿的这部《双松楼稿》，就是他在"编王钟仙诗，又序李逊卿诗"之后的第三部"东武遗文"。

王钺也是当时的诸城名士，他给窦石卿写的序见于《世德堂文集》卷一。此序全文如下：

代序窦石卿小令

余淹蹇名场，堕八股云雾中，四十年无出头，以此散精索神，不复能游情声律之林窥见其藩篱，况堂奥乎？然每观古今人作者，胸中辄浩浩落落，若有所会心。因忆坡公饮不能一合，而嘉人大白引满，其意略与余合。家东武，凤称才薮，而余以介介寡与，不能一结纳其隽人韵士。弱冠从朋辈耳窦石卿名，未及交。岁壬辰，乃始一把臂。间过从其所居，石卿坐我茅斋下，斐几净窗，琴书分列，文采风流，浮动于研席笔墨间，余固已心仪其人矣。久与友，易直和乐，慷慨敦笃，外通而中介，少怪而寡可，古节士无以过也。余方幸生平得一良友，未三年，石卿遽遘疾以没，余于人间世遂少一钟期。余独行益踽踽也。然每念石卿生平，辄不胜西陵松柏之悲。其后家益落，其遗胤承庵氏，又二十年乃始搜茸其遗稿，谋一寿之梓。余间一读其稿，其所谓拜月秋闺等折光芒侧出，俨若一石卿活脱纸上。噫！石卿不死矣！顾即而问之，声响犹存，精爽何在？余独行仍踽踽也。虽然，石卿死矣！其可见者，此小令数种，短诗数篇耳。余既以无所窥，不能品隲其所至，而挑灯快读，亦不能不有会于余心。其即以此刻，为余于石卿未碎之琴也可。呜呼！世有以寸鳞片羽少之者？彼"枫落吴江冷"五字遂塈千古，而何存乎见少耶？或曰石卿乃擅长南北曲，则索石卿于马东篱王实甫间，石卿亦任之而已，顾非余之所以仪石卿也。昔人有铸金阆仙办香子固者，意之所好，类不可解，余又何从而知之。①

王钺生于 1623 年，他比窦石卿小八九岁。王钺于顺治十四年（1657）考中举人，顺治

---

① 王钺：《世德堂文集》卷一，见《四库全书存目丛书》集部第 231 册第 318—319 页。

十六年（1659年）考中进士。在上文中，王铖说他跟窦石卿初见于壬辰年，此年是顺治九年（1652），此时王铖尚未考中举人。他们相识不到三年，窦石卿就去世了。后来王铖于康熙八年（1669）出任广东西宁知县。康熙十二年（1673），吴三桂在云南起兵反清，王铖于康熙十四年（1675）辞职，回到诸城。王铖说在窦石卿去世二十年后，石卿的"遗胤承庵"才"搜葺其遗稿"，王铖才读到了石卿的遗作。由此可知，王铖的这篇序文写于他从广西辞职之后，跟李澄中的序大致同时。

王铖序文中所提到的窦石卿"遗胤承庵"，是指窦光鼐的伯祖窦荣祚。窦荣祚，字承庵，号玉章，是窦石卿的长子。窦光鼐的父亲窦沇在《诸城窦氏族谱·家传》中如此评论他的伯父荣祚："余家后来立业成家者，余父及诸叔也；接诗书持门户者，则伯父也。"① 可见窦荣祚虽然成家立业的本领不如他的弟弟们，但他喜欢诗书，正是他搜集整理了亡父的遗稿。

李澄中和王铖的序虽然写于同时，但细看两序，会觉得他们所序的应该不是同一本书。理由如下：

首先，遗稿的搜集者不同。王铖序中说他见到的遗稿是窦石卿的儿子窦荣祚搜集整理的，但李澄中序中只字不提窦荣祚，反而开篇就说"予辑东武遗文"，结尾又说"是则石卿所以待予二十年，发其覆而传之，以附于钟仙、逊卿之后者也"，明确说窦石卿的遗稿是他搜集整理的。而且在这篇序文之后，还有方谓仁的如下评语："搜辑遗稿，最是文人盛德事，渔村用心如此，真古道也。"② 这更证明窦石卿的文稿是李澄中自己搜集的了。

其次，书名不同。王铖的题目是《代序窦石卿小令》，可见他序的对象是窦石卿的小令；而李澄中序的题目是《窦石卿〈双松楼稿〉序》，明确地写出了书名《双松楼稿》，而且在正文中，李澄中还说窦石卿"惓惓不忘先世之所以名其楼者"，那么这个《双松楼稿》的书名，应是窦石卿生前自定的。乾隆《诸城县志·艺文志》所记载的窦石卿著作，乃是"《双松楼诗稿》二卷、《词稿》一卷"，此书名更接近李澄中序的书名。王铖的序既然是《代序窦石卿小令》，小令可以指曲子，也可以指短词，那么王铖的序若是为窦石卿的曲子而作，他所序的对象就既不是窦石卿的诗稿，也不是词稿；他的序若是仅为词稿而作，则不包括诗稿。另外《县志》窦石卿小传中说李澄中以"登山谷淮海堂奥"来评论石卿，此处的"山谷"指黄庭坚，"淮海"指秦观，黄庭坚以诗名，秦观以词名，因而李澄中的这一评语倒是恰好概括了窦石卿的诗和词。但李澄中的这一评语不见于他的这篇序，也不见于他现存的文集中。

但这两篇序所论述的内容有相同之处，那就是都指出了窦石卿擅长词曲。李澄中序中

① 张崇玖、窦学义：《窦光鼐传》，西泠出版社2007年版，第14页。
② 李澄中著，侯桂运、王宪明校点：《李澄中全集》，中州古籍出版社2014年版，第567页。

直接说"双松楼擅长词曲"，王钺序中一则曰"此小令数种"，再则曰"或曰石卿乃擅长南北曲，则索石卿于马东篱王实甫间"。这些论述都指出了窦石卿擅长词曲的特点。

这两篇序也都结合着窦石卿的性格特点论述了他的作品特征。李澄中跟窦石卿认识几个月后，石卿就去世了，所以他们交情不深。在李澄中笔下，窦石卿是个"散散落落，如病鹤"的人，可为什么他"散散落落"呢？因为他是"故家子，不谐于俗"，就成了现在这个"散散落落"的样子了。石卿又"身遭丧乱，亲见其家世凌替"，于是就"潜吟一室之内，仰思俯叹，抉宋元之微旨，以发抒其性情"，因而他的《双松楼稿》就具有"风人之义"的特点了。王钺跟石卿相识之后又交往了将近三年，他们感情深厚，因而王钺认识到了石卿"易直和乐，慷慨敦笃，外通而中介，少怪而寡可"的性格特点，并赞许他"古节士无以过也"。在他庆幸"得一良友"之时，石卿去世了，令他悲痛不已。于是二十年后他在读石卿的遗稿时，就感觉"光芒侧出""俨若一石卿活脱纸上"，让他发出了"声响犹存，精爽何在"的感慨。

无论是《双松楼诗稿》《双松楼词稿》，还是《窦石卿小令》，今天都已不存，幸运的是嘉庆年间王赓言所纂辑的《东武诗存》中，录存了窦石卿的十四首诗歌，使得我们得以窥得窦石卿的诗歌真貌。

《东武诗存》中有窦石卿的小传：

> 窦长炎，字石卿，明诸生，有《双松楼诗稿》。邑乘载，长炎父赞机早卒，事祖甚谨，夜侍寝祖榻侧，不归私室者十年。性嗜学，扃户读书，经岁不出，著诗盈箧，邑人李澄中称其登山谷淮海堂奥。①

这则小传明显是《诸城县志》中窦长琰小传的简写，但它把"窦长琰"误作"窦长炎"了。

小传后面，就是窦石卿的十四首诗：

借　粮

春后四十日，仓空无粒谷。荠根掘断绝，杞苗摘重复。大儿稍长大，抛书罢诵读。菜色吁可怜，谁能更拘束。小儿更娇痴，茧茧向娘哭。问汝哭何为，啾啾手指腹。汝亦不须哭，眼前小麦熟。比及小麦熟，馎饦包枣肉。儿闻我言语，抹拭开双目。探手摘花枝，飞

---

① 王赓言纂，邹金祥、王宪明校点：《东武诗存》，中华书局2003年版，第24—26页。

蛾要我扑。狗病余细腰，前后走踯躅。日影西南移，垂头嗟老仆。欲乞升斗资，我生厌呼蹴。直辞达所亲，笔落手仍缩。封缄才出门，揣摩劳寸掬。才拙不入时，谋生久碌碌。终为亲知累，言之心已恧。知交鉴我怀，慨然捐两斛。倾囊满盆盘，狼藉堆珠玉。突兀起炊烟，满室生光煜。更值时雨降，荒田膏霡霂。驱犊向西畴，扶犁乃种菽。

历下别孟幼与兼寄卢德水进士订游岱之约

再来宁可必，忽忽故山归。所念在之子，云霞生翠微。川岳与文人，造化留清机。当其未遇时，梦寐时相依。不必造高深，神气已翻飞。胜游岂得阻，结驷焉可违。愿如泰山松，岁寒以为期。

访　隐

晓起悠然自役役，鸡鸣前途天犹黑。日出才过古长城，苔滑石齿劳登陟。回头更看长城道，风回木叶径已塞。寒泉哀壑水泠泠，石敧残溜板桥仄。晓烟聚白抹山腰，竹梢横接绿如织。荒篱老屋何处寻，林中犬吠渐相逼。斜拖筇杖一登堂，开门还在芙蓉侧。嗟我半死锋镝余，能得几回出门阈。不道烟霞痼已深，却更逢之心恻恻。去年同约看山人，只今惟我长相忆。秋来秋去几何时，眼中收尽青山色。

九　日

一年重九日，同座两三人。扪发吾尤短，凌寒菊最真。高空生远意，晚节爱长贫。独仗诗兼酒，萧然老此身。

过亡友潍南故宅

斯人长已矣，愁见读书台。子敬琴何往，山阳笛更哀。回风团聚叶，斜日障寒灰。北望潍河水，无期得再回。

长　日

长日昏双眼，空斋卧几回。只将书遣闷，徒愧古多才。调语看儿笑，钩帘待燕来。丛篁初引迳，雨过定分栽。

中秋后喜晴，寄海上刘子羽，兼致山中诸友

雾净天空气始清，泥融路软杖初轻。身经病后销余想，愁作诗题出至情。大抵胸怀难可说，偶然奔走苦为生。秋回海曲人休卧，试听穿云雁一声。

报第三子生

身衰计拙添吾累，遣鹊催蛛报客筵。那有多金羞季子，偶然好事出余年。快心赋就销愁句，志喜宁悭贳酒钱。与买红丝编手带，徐看暖阁试新拳。

闻海石邱二兄归将省不果

为子年年恨转蓬，春来愁见杜鹃红。实缘病骨习成懒，遂使青山兴亦穷。踪迹凭谁怜冷落，行藏惟我惜英雄。仙留莲艳居何似，有梦时时忆孔融。

春 兴

床头书卷随吾枕，树底棋枰让客争。春入文园思作赋，梦回缑岭忆吹笙。穿林好鸟齐声啭，弄日新花一色明。更使兵戈消息断，甘心从此老编氓。

稍 暖

薄霜细雨经春有，冷蕊残枝入望同。滚滚寒河争漾日，轻轻舞燕惯回风。看花傍竹吾原爱，即景题诗兴不穷。年近无闻何所望，已将岁月付虚空。

旅中自慰

幸喜栖迟傍水滨，萧然一榻净无尘。儿童伴老真佳事，客子抛家是异人。无累何妨时对酒，多情逢友便相亲。犹能不负晴窗色，得句书屏眼乍新。

白雪楼

雪衣桥下水粼粼，霜满孤蓬泪满巾。生受高楼吹落月，天涯犹有未眠人。

七 夕

西风吹月梦初残，露压罗衾觉后寒。羡尔黄姑与织女，一年犹得一回欢。

李澄中说窦石卿"身遭丧乱，亲见其家世凌替，故潜吟一室之内，仰思俯叹"。这十四首诗确实大多为怆然伤感之作。例如《访隐》"寒泉哀壑水泠泠"、《过亡友潍南故宅》中的"斯人长已矣，愁见读书台"、《闻海石邱二兄归将省不果》中的"实缘病骨习成懒"等句，都是如此。而且这些诗也确实记载了战乱给作者带来的伤痛，例如《访隐》中的"嗟我半死锋镝余"正是作者的亲身遭遇，《春兴》中的"更使兵戈消息断"，也写出了明末清初易代之际战争给人民带来的恐惧。尤其值得注意的是，这十四首诗的第一首《借粮》，写了"春后四十日，仓空无粒谷"时一家人的饥饿状态。在没有粮食吃以至于"莽根掘断绝，杞苗摘重复"的时候，已经稍微长大的满面菜色的大儿子只能"抛书罢诵读"，而娇痴的小儿则是"蚩蚩向娘哭""啾啾手指腹"。此处的"蚩蚩""啾啾"令人读来心伤不已，甚至就连家中的狗也只能是"狗病余细腰，前后走踯躅"。全家在饿死的边缘，平生不愿求人的"我"，只好"直辞达所亲"，但却是"笔落手仍缩"；在"封缄才出门"之后，依然"揣摩劳寸掬"，心中的忐忑不安跃然纸上。像这样直接描写读书人全家饥饿之至的诗作，在中国诗史上并不常见。

参考文献：

［1］乾隆版《诸城县志》。

［2］张崇玖、窦学义：《窦光鼐传》，西泠印社出版社，2007 年版。

［3］李澄中著，侯桂运、王宪明校点：《李澄中全集》，中州古籍出版社，2014 年版。

［4］王钺：《世德堂文集》，四库全书存目丛书本。

［5］王赓言纂，邹金祥、王宪明校点：《东武诗存》，中华书局，2003 年版。

东武乡风善政与窦氏世家廉吏

孙敬明

潍坊市博物馆

摘　要：自然与社会环境之于人情陶冶、包孕灵毓，息息相关。窦氏世家自明代肇始即秉承乡风，忠孝传家，尤其自窦昂到光鼐百年之间，祖孙相接，诗书科举，研读者明，居官者廉，诚可谓心犀与通、不教自成者！且后世裔嗣追念祖宗，心怀笃实诚敬，画像图书、祠庙奉祀，所谓衣钵传承精神长继，凡此诸种于国于家，俱可称善者焉！而得清廉循吏之名。凡此多承东武乡风善政之泽霈。

关键词：东武乡风；善政；窦氏世家；廉吏

在奴隶和封建社会宗法制度维系下，历代世家望族作为社会政治和经济格局中的基本框架，具有深厚的历史和基础，是决定社会发展的重要因素。自古以来，历史学家即重视世家大族历史的载录和研究。台湾山东杂志社 2002 年版《民国山东通志》卷十七《家族志·豪门大族》收录山东豪门望族 22 家；中华书局 2013 年出版齐鲁文化研究院王志民主编《山东文化世家研究书系》，系纂文化名门 28 家，达 1200 万字。由宏观国家民族历史之研究，到按文化政治经济区系而进行的区域文化研究，再到区域之中文化世家个案的研究，可谓纲举目张、巨细并臻。欣逢齐鲁文化研究院与潍坊中华文化促进会等联合举办"诸城窦氏文化世家研讨会"，谨就东武乡风包孕与窦氏世家之关系酌作论列，敬祈方家教正。

一、东武乡风善政

史典所记橘枳之辨，皆在乎水土，而自然环境、社会环境之于人情陶冶、包孕灵毓，则更是息息相关。由王志民先生任总主编之《山东区域文化通览·潍坊卷》下编第四章，尹建民教授所撰《异彩纷呈的明清世家文化》中指出："独特的世家文化现象，自然有孕育它的文化基因，滋养它的土壤。正如钱穆在《中国文化导论·弁言》中所说，各地文化精神之不同，穷其根源，最先还是由于自然环境有别而影响其生活方式，再由生活方式影响到文化精神。潍坊南依泰沂山脉，北濒渤海，地处潍河、胶莱河、瀰河冲积平原，气候适宜，物产丰富，自古是中国农业发达的地区，同时又能得渔盐之利，具有农耕文明和海洋文明的双重积淀……潍坊为北海名郡，以儒学为正宗的齐鲁文化，时时刻刻都在浸润着这里的文人学子及平民百姓。明朝中期以后，社会生产力水平有了进一步提高，农业和手工业得到了恢复发展，自给自足的小农经济开始像小商品经济转化，青州、潍县、诸城等工商业城镇崛起，社会财富积聚，商业经济萌芽滋长，潍坊成为山东相对富庶发达的地区。这一切为世家大族的繁衍发展，奠定了良好的经济基础。另一方面，潍坊……与四面开阔的中原相比，环境相对封闭，发生战乱的频率也明显偏少……陆路交通发达，区位优势明显，信息畅通，与中原华夏文明和齐鲁文化两个文化圈交汇，在不同文明的冲突和碰撞中交融互摄，经济、文化反而因此更具开放性，这也有利于世家大族经济、文化方面活力的保持。特别是元末明初以来，潍坊从山西、河北、安徽等地迁入大量移民，带来多元文化的成分，其中不少世家望族因移民而更具开拓与创新精神，在发展中后来居上，显示出更为旺盛的生机和活力。"① 凡此所言至碻，由之再来审视诸城之自然地理与人文历史环境。

诸城地处潍水上游，地兼山海河泊之利，马耳卢山峥嵘拥翠，潍水淇河婉转如带，考古发现距今八千年的后李文化时期即有人类在此繁衍。从文化区域类型划分，其属于莒文化的腹心地区，尤其大汶口与龙山文化时期，当地文明所达高度远胜周边，前寨即出土人类最早的陶文。文献传称舜帝生于诸冯，夏商周时期当地建有诸国，商周两朝与瀰河流域之亚醜国族互为姻娅；西周晚秋则交好于莒，春秋一代先后归属于鲁或莒，故有襄公七年（前566）季孙行父"城诸"之事。先"诸冯"，及称"诸"，再到后世"诸城"之名，源流明鉴。舜帝以孝闻；东夷强雄之莒国，其俗亦孝，吉金所铭孝道高标；而鲁国新封东土，传承周礼弘扬仁术，高蹈天下。春秋孔门弟子七十二贤之一公冶长里居在兹，其人秉承儒学主旨，传道授业，仁化乡风。由此可见，诸城之地自古即有仁孝之风尚。

战国诸地归属齐国，为东方巨邑，秦则归属琅琊郡，西汉为琅琊郡治，地或名东武、昌国、平昌。汉初接秦之弊，民无盖藏、国库空虚，治国之术攸关兴败，而齐相曹参礼拜东武黄老之士盖公为师，尊奉黄老"与民休息"之宗旨，齐国大治；后曹参继任萧何之后，更为推崇黄老之术，以此为汉初治国方针，为文景之治盛世奠定基础。东武既有黄老之学术积淀，同时并有经学世家，数代承传，子孙门生，诵读不绝。《三国志·蜀志·诸葛亮传·评》："诸葛亮之为相国也，抚百姓，示仪轨，约官职，从权制，开诚心，布公道。"亮之里籍在今诸城西南诸家葛陂，斯土所产，其仁也必。

风尚所及，历代居官此地者受其霑溉陶冶，亦多通治道、善理政、礼法兼备，而得清廉循吏之名。

清代乾隆二十九年（1764）刊行之《诸城县志》为地方志书之典型，是研究当地人文历史之重要依据。该志由当时著名学者李文藻主纂。李文藻，字素伯，号南涧，益都人，进士，累官广东省恩平、新安、潮阳知县，擢升广西桂林府同知，为官清廉，体恤民瘼。

---

① 王志民总主编，《山东区域文化通览·潍坊卷》，山东人民出版社，2012年版，第456页。

学者钱大昕曾论曰："南涧有三反：长身多髯，趑趑如千夫长，而胸有万卷书，一也；生长于北海，官于南海，二也；湛思著书，欲以文学显而世称其政事，三也。"李文藻嗜好金石著述，平生著述数十种。《山东方志汇要》称乾隆《诸城县志》："为清代纂辑体之代表作，向称名志。"① 他还主纂过乾隆《历城县志》，胡德琳《历城县志·序》谓："凡历代掌故风土之记，寰宇之志及直省通志，名人总集，下逮稗官小记无不搜罗……虽不敢谓毫发无遗憾，而订误者十之三，补阙者十之五，盖益都进士李莐畹、邑孝廉周静函之功居多。"据此可知李氏修志精善完备，足可采信。

乾隆《诸城县志·宦迹》收录自汉代至清朝，举凡知州、知县八十七人。编纂者前按称："朱博而下，惠泽往往见于史册。至苏轼《论灾伤手实》及《盐榷》诸书，今县人读之，犹有泣下者。其尸祝之，岂必以其重望乎？前志载元山东行省统军使撒吉思，回鹘人，按治密州，岁歉请发粟赈恤，免租徭三年，州人刻石颂德。后志载国朝山东巡抚袁懋功，香河人，以廉率属，以惠绥民，奉旨入县名宦祠。县虽下属，而沐二公之泽者深矣。"由此可见修志者之主旨，在于鉴史思治，惩恶扬善。

该志所记西汉成帝时琅琊太守朱博、赵贡，均明敏爱民，且后均累官丞相。公孙闳，王莽秉政时为琅琊太守，其爱民疾苦而上达灾情，被谬不详，下狱死。其他太守诸如：王闳、陈俊等辈均堪称为政安民，绥靖地方。

宋代王博文知密州，岁饥而驰盐禁，活人无数。吴奎、田京、蔡齐等皆为政清廉而爱民。苏轼知密州多善政，至今遗爱，民颂甘棠。"刘庭式，字得之，齐州人，苏轼知密州时，为通判，有治声。"赵成伯、孔宗翰、翟汝文、晁补之等皆为良善之辈，颇得民望。

元代真间之密州"惓惓以厚风俗、兴教化为己任。勉励属县，广立社学，择通晓经书者为之师。常亲至闾阎，召耆老问民疾苦，劝农课桑，务期实效"。并捐奉修州廨、超然台等，离任去，"州人思之，乃勒石仪门之右，以述其善政"。

明代诸城知县金汝穆有开创之功；其后任者有朱允恭，洪武十五年诸城（1382）知县，《太祖实录》称其："清介不阿，忤权贵，被污逮谪戍云南。二十一年，县父老董兴等诣阙保奏。"② 任佑，洪武二十七年（1394）任知县，"精勤廉干，爱民如子"。阎鼐，成化七年任诸城知县"爱民养士，捐奉建沧浪书院，及迎春、接官二亭，旬宣、牧爱、宣化、明教、儒林、皇华、肃纲、宣威、镇海、迎恩十坊。县人历久颂之"。冯广制药疗民、邓万斛奏乞免赋、王九纯讲学理要、王绪誓死守城、申良考课为首、刘竹临死叱贿、郑坤助学恤困、安臣清操雪冤、祝天保讼理政平、马时泰敏捷爱民、王三锡一介不取、赵楫权地分赋、张大谟简静著治、颜若道明敏任事、唐文焕活人数万、杨时华门无苞苴。"杨继盛，字仲芳，

---

① 王桂云编著，《山东方志汇要》，宁夏人民出版社 1989 年版，第 116 页。
② 乾隆《诸城县志·宦迹》。

直隶容城人……迁诸城知县，凡所措施，率以锄强暴、绥良善为务……月余，调南京户部主事。县人陈烨等送之潍水之阳。继盛降舆揖众，抗言严嵩擅权纳贿害天下，至京师必劾之。众相愕然。后果以劾严嵩弃市……""杨天民，字正甫，山西太平人，万历十七年（1589）进士。由朝城调繁诸城，下车问疾苦，察民所利病，辨色视事，吏左右侍诸讼者，以此讯曲直，各当其意而退。"志文还记其在诸城任上，沉稳防倭，煮粥济民，修立学宫，建雩泉亭等诸多善政，待其离任"父老千余，泣送数百里，勒碑记其政……县民立遗爱祠祀之……及以杨继盛合祀其中，乃更额曰'二杨祠'"。

清代则有程涝平乱安民、吴之珍政余讲经、高琼养士宽政、程甲化政持大体、孙祚昌政简刑轻、马翀鸠工修城、徐文煜裁商便民、罗廷璋县人安葬、王志曾捐奉代输、牛思凝讲学课艺、张师赤清地革弊、宫懋让建庙修志……循吏辈出，至今尤盛！

二、窦氏世家廉吏

乾隆《诸城县志·列传》所列名士乡贤如：公冶长、诸葛丰、伏湛、苏禹珪、齐得一、朱寿隆、刘公彦、臧哲、孙浩、焦瑾、刘义、陈良相、窦昂、张世则、马孔昭、隋所居、刘元化、陈其猷、李廉仲、丘橓、臧惟一、丁惟宁、王梁、王家栋、王劝、王珵、王斗枢、王开基、李旦、刘必显、孙必振、李佐圣、范福永等。凡此诸家，多是博学高操，门风清正，贤良一门。如刘必显一门，有清一代十一进士，京师宰辅、封疆大吏、州县府侯者多有，然人人持身以德，操守以廉。刘统勋、刘墉、刘镮之祖孙三代，倾竭心力与国家，身后各得谥号"文正""文清""文恭"。再则王、丁、李、臧诸世家，俱是良善门风，诗书耕读。①

诸城窦氏明初从山海关迁来。乾隆《诸城县志·列传二》窦氏六世之："窦昂，字时举。性刚毅，不妄交游。有人过，辄面正之。好经学，尤邃于《易》。出岁贡授冀州训导，择俊士数十人，置官舍，日督课之无少倦。迁开平卫教授，致仕。家居近二十年，预九老会，会中有欲呼妓佐酒者，昂艴然曰：'吾辈忝在士大夫列，当正身教家，此属贱人，一入门，则家范埽地矣，吾何以训阿钦耶。'钦者，其仲子也。昂持身严正，类如此。卒年八十二。从弟诚，亦岁贡，家贫力学……钦字子敬，隆庆三年（1569）恩贡。万历三年（1575）授武陟知县。谨廉多惠政，厘奸剔蠹无所假。县有大猾，恐加谴，流言污钦为罗织者所采，遂詿吏议。改代王府教授。因谢病归，士民乞留，不获，聚吁城隍庙中。会巡按御史虑囚，有囚史大宝者，慷慨明钦无罪，不当去，御史不为理，遂引绳自尽。去之日，祖饯塞道，为绘像作《瞻拜图》。明年，更为立生祠。自唐以后，守令有祠在武陟者，惟李育德、张

宽、王玺、谭鲁、任芹及钦六人。其五人，各以一事称最，而钦专意用儒术长育百姓。祠碑备载政迹，其略曰：'武陟、怀庆之剧邑也。为吏者，患其强悍难治，争为深文峻法以绳督之，人遂以为武陟非深刻不能治。公独先教化而后诛罚。方下车，即捐奉金，修学校、演祖宗之训，申以六行图说，褒崇节义，以厚风俗。垦荒田数百顷，抚逃移数百户，审平徭役，厘定里甲，大约以平易岂弟，与民休息，故既去而愈思慕之。其后诸生，多肄业祠中，若义学然，历久不废。'子如洙，字乐源，淹通经史，由岁贡授江西安福训导，以善政称。秩满归，多士绘《春风图》以送之。卒年八十七。如洙子赞机，字元甫，诸生。孝行闻于族党，卒年四十。赞机子长琰。长琰，字石卿。亦诸生。父早卒，事祖甚谨。夜侍寝祖榻侧木凳上，不归私室者十年。或讽以奴婢可代，毋太自苦。长琰曰：'奴辈何足恃。倘老人中夜呼不时至，恐吾父不瞑目地下也。'兄有心疾，荡家产且尽，长琰处之怡然，更分己产与之。性嗜学，扃户读书，经岁不出，著有诗词。同时李澄中称其登山谷、淮海堂奥，卒年四十。曾孙惟经，字大理，岁贡。性笃实无所苟。尝设帐县署雅，县人无敢以私相托者。三举优行，皆协众议。乾隆二十七年（1762）冬，预修县志，考证建置古迹，昼夜繙书不稍懈，一夕病卒，年五十七。"①

道光《诸城县志》卷十三《列传》载：窦光鼐进士，累官通政司副使、宗人府丞、四库全书总阅、礼部右侍郎、礼部右侍郎、左都御史、尚书房总师傅等。《清史稿·列传》一百九：窦光鼐，字元调，山东诸城人。乾隆七年（1742）进士，选庶吉士，散馆授编修，累官左副都御史、浙江学政、内阁学士、通政司副使、宗人府府丞、吏部侍郎、礼部侍郎、左都御史。志书称其居官清廉而谨严自守，与纪昀、朱珪、翁方纲主持文运三十年，天下学子风靡崇拜。窦光鼐弟光钺，由举人为乐昌知县，勤于听断，审理积压案件数百，人称青天、赛老包。子汝翼，乾隆四十三年（1778）进士，宗人府主事，为官勤勉，丁父忧卒年五十二。族子汝鑲为砀山主簿，为扬州下河通判时，洪湖水溢满，以私俸顾人筑守，俟民人刘稻后，开壩泄洪；后为桃北同知，居官加固城防，抵御巨洪，民人保完。②

由此可见，窦氏世家自明代肇始即秉承乡风，忠孝传家，特别是由窦昂到光鼐的百年之间，祖孙相接，诗书科举，研读者明，居官者廉，诚可谓心犀与通、不教自成者也！且后世裔嗣追念祖宗，心怀笃实诚敬，画像图书、祠庙奉祀，所谓衣钵传承精神长继，凡此诸种于国于家，俱可称善者焉！

参考文献：

［1］［清］赵翼著，王树民校正. 廿二史箚记［M］. 北京：中华书局，1984.

---

① 乾隆《诸城县志卷三十·列传二》。
② 道光《诸城县志卷十三·列传一》。

［2］［清］佚名纂.《清史列传》［M］. 北京：中华书局，1987.

［3］［清］宫懋让修，李文藻等纂. 乾隆诸城县志［M］. 中国地方志集成 38·山东府县志辑，南京：凤凰出版社，2004.

［4］［清］宫懋让修，李文藻等纂. 道光诸城县续志［M］. 中国地方志集成 38·山东府县志辑，南京：凤凰出版社，2004.

［5］［民国］赵尔巽. 清史稿［M］. 北京：中华书局，1977.

［6］孙葆田等. 山东通志［M］. 华文书局股份有限公司，1969.

［7］［清］李元度纂，易孟醇点校. 国朝先正事略［M］. 长沙：岳麓书社，2008.

［8］国家清史编纂委员会. 清代诗文集汇编卷三四七·省吾斋古文集［M］. 上海：上海古籍出版社，2010.

东郭窦氏与普庆张氏两个
家族之间的关系

张崇玖

诸城市文化局

摘　要：东郭窦氏与普庆张氏是明清以来诸城的两大望族。两个家族素有许多相近、相似，甚至相同之处，其家风之淳朴，家教之彰显，德业之辉煌，贤达之林立，著作之丰厚，相得益彰，名重乡里。两个家族门当户对，世代通好，联姻不断，互相敬重，互相激励，致使后代昌炽，事业发达，英贤辈出。本文通过对两个家族之间关系的梳理，试图弄清他们兴旺发达、长久不衰的来龙去脉和原因所在，启迪后世继承先辈的遗风，学习先辈的品行，为建设和谐文明的社会尽心尽力。

关键词：东郭窦氏；普庆张氏；联姻；交往

东郭窦氏和普庆张氏是明清以来诸城的两大望族，皆以家风、家教彰显，名士、贤达辈出，文人墨客林立，为开一邑之道德风范贡献颇著而名重乡里。两个家族素有诸多相似、相近，甚至相同之处。笔者经考证认为，主要有三点：一是几乎同时成为邑中耕读世家；二是皆家风淳厚，因德高望重而名于乡里之士居多；三是皆以诗书继世，著书立说异常显著。

先说第一点。《诸城窦氏族谱》家传记载：

> 始祖讳思道，兄弟三人，一讳思忠，一讳思孝，原籍山海关，自洪武初年迁居山东，思忠入平度，思孝入临朐，始祖入诸城籍，居东关，世称"东郭窦氏"。二世祖兄弟四人，长讳贵典，次讳贵荣，三讳贵亨（无后），四讳贵清。族谱本此长支、二支、四支作三大支分叙。贵清祖一支历三世讳跃，四世讳兴，五世讳隆，至六世祖讳昂，祖堂叔讳岭，从弟讳诚者，皆以岁贡任教授，为吾族书香所自始。①

而据《诸城张氏族谱》大传一、二记载：

---

① 《诸城窦氏族谱》卷一，复新石印局印，民国二十二年九月版。

始祖潍阳公讳敏，江南凤阳人，元末避地琅邪，陟石屋巅北望，有古屋肖然蓬蒿间，遂居之，取蔽风雨而已。六世祖讳泰（世称放鹤公），邑志云：公好渔猎，明正德初，与群少年结罝潍上，获一鹤，翅间悬银牌，镌"元至正二年放"六字。公读既，怆然放鹤且去，焚罝谢少年曰："鹤今可谓冥冥矣！愿诸君无复投身网罗间也。爰起放鹤亭，日与子弟读书习礼其中，风雨不辍者五十年，以寿终。"[①]

由以上记载和两家族谱及其他传记可以得知，两个家庭几乎同时于元末明初来诸城安家落户，从始祖至四世皆以务农为业，凡百年左右默默无闻。从五、六世开始有读书人，成为耕读世家。窦家第一个跻身科举的是窦光鼐的六世祖窦昂，字时举，号衡庵，少入乡塾，举止端方，弱冠成廪生，明嘉靖二十七年（1549）戊申成岁贡生，官至宣州开平卫教授（正七品）。此后，受其影响和教诲，窦氏步入科举序列者连绵不断。据不完全统计，至清末，共考中文进士2人（皆为翰林），武进士1人（乡试解元），举人3人，贡生6人，监生35人，庠生（含廪生）54人，武庠生10人，有官衔（含赠衔）者53人。

普庆张氏六世祖张泰毅然放鹤，率子弟从此读书习礼，立志成才之事不仅名于乡里，《青州府志》专门为其立传大肆褒扬。以故，张泰被人们尊称为"放鹤公"，普庆村亦称"放鹤村"，普庆张氏亦称"放鹤张氏"。此后张氏以耕读为业，文人志士迭出不穷。因他的儿子年轻时不幸先他而亡，而两个孙子一个中了贡生，一个中了庠生。中贡生者名张肃，字蒲渠，于明隆庆六年（1572）壬申廷试岁贡，初官直隶新城、元氏县丞（正八品），后升饶阳、无极县令（正七品）；中庠生者张彝，字叙斋，中庠生后不乐仕进，乡谥乡耆公。据不完全统计，张氏共钦赐翰林1人，举人7人，贡生13人，监生30人，庠生（含廪生）64人，武庠生2人，有官衔者（含赠衔）46人。

再说第二点，窦、张两族皆以淳厚家风名于乡里。窃以为东郭窦氏家风有三个突出特征，即孝悌为先，正身立世，勤俭持家。能体现窦氏家风的名人很多，据诸城县志和窦氏族谱记载，六世窦昂，七世窦钦，八世窦如洙，窦光鼐的曾祖窦长琰、叔祖窦绍祚、祖父窦宏祚、父亲窦诜等都是创立家风、品德至高的贤达之士。他们的硕德品行为当世和后人称道、敬仰和仿效。因受篇幅所限，此文仅举数例如下：

窦昂，字时举，性刚毅，不妄交游，人有过辄面正之。好经学，尤邃于《易》，由嘉靖岁贡授冀州训导，择俊士数十人置友舍，日督课之无少倦。迁开平卫教授，致仕家居近二十年，预"九老会"，会中有欲呼妓佐酒者，昂艴然曰："吾辈忝在士大夫列，

---

① 《诸城张氏族谱》第三编《大传和续大传》，普庆张氏族谱续修委员会，一九九五年五月版。

当政身持家，此属贱人，一入门，则家范扫地矣，吾何以训阿钦也？钦者其仲子也。其身严正类如此，卒年八十二①。

窦钦，字子敬，号少衡，隆庆己巳恩贡，官河南武陟县知县，多惠政，后遭诬陷辞官归里，临行，当地士民绘像作《瞻拜图》相送，次年又建生祠纪念之。窦如洙，字乐源，万历甲辰岁贡，授江西吉安府安福县训导，"以乐育勤课为心，生徒馈送节赞常例亦不受，清白绰有父风。年老致仕，邑人为诗歌，绘《春风图》以送之。……老年好简静，时以小炉煨炭自煮稀粥，啖之菜蔬，不求丰美，致洁而已"②。窦光鼐之曾祖窦长琰更是东郭窦氏淳厚家风的集大成者，其厚德笃行堪称一邑之楷模。光鼐之父窦诜在族谱家传中云：

> 祖讳长琰，字石卿，十七岁入泮，高才笃行，落落不谐于俗。高祖年七十余曾祖先亡子，舍虚无人，余祖乃身移高祖脚凳上寝卧十年，所亲谓奴仆可代，何太苦？答曰："使吾父在，责可少道，今父先殁，倘以不关切之奴仆呼应不灵，致有疏虞，则无以安先人于地下矣！"故代父养父尤难尔。……伯祖以心疾漂荡，家产殆尽，吾祖以兄弟之爱处之怡然……余祖此后不复应举子试，但以尚志固穷为本，读书之暇惟酿酒栽菊赋诗，不识人间有治生事，时人有拟其品似陶靖节者。③

窦光鼐之四叔窦绍祚和祖父窦宏祚是"东郭窦氏"淳厚家风的优秀继承者，不仅以孝敬长辈名于乡里，而且兄弟之间情深意笃，互相帮助，互相依赖，休戚与共。尤其是窦绍祚之高义之举和高尚品德被广泛传为佳话。窦光鼐祖父兄弟四人，长为窦荣祚，字承庵，号玉章，年十五岁开始入学，虽无功名，而承先世遗训，经书已通大义，下笔能为文章，因清兵入侵，两次被掳，老年穷困，多亏四弟绍祚资助，分田以养老，寿八十六岁而终。次即光鼐之祖父窦宏祚，字永庵，九岁父没，三弟方在抱，四弟为遗腹，又无支撑家庭的近亲，再加上清兵入侵，乱后生活难以维持，只得借居姑母家，凡三十余年。长成人后，毅然思成家立业，率众兄弟返乡力田，服贾孝养母亲。二十年后家道渐裕，众兄弟才得读书。而其四弟因做买卖勤快，买了些田宅，分给了三兄弟一部分，使其能维护全家生活。后又买下了两处田产，一处在城南郝家村，一处在城西郭家埠。因郭家埠之地涝洼低下，窦宏祚即选择了此产，而将郝家村的好地让给了四弟，这便是窦光鼐成为郭家埠人的根底。窦光鼐之父窦诜在族谱家传中为其四叔窦绍祚和父亲窦宏祚撰写了传记，载述四叔将己产

---

① 李文藻《诸城县志》列传第二，清乾隆二十九年刻本。
② 《诸城窦氏族谱》卷一，复新石印局印，民国二十二年九月版本。
③ 《诸城窦氏族谱》卷一，复新石印局印，民国二十二年九月版本。

分给众兄弟的情况和父亲的懿行义举，其略云：

> 四叔父讳绍祚，字衣庵，性和平，与人无所忤，自小壮健勤力，先与吾父同居数年，兄弟和睦，及后析爨，再经商吴会，共前产百余亩。一日请伯父、余父及余姑悉至，谓曰："今长兄、三兄俱无恒产，弟不忍独丰，愿将己所有均分为三，与两兄弟共之，即日立券以贻子孙。"

> 父讳宏祚，字永庵……初贫养母所用虽常食，必高置几庋不入亵处，时入市买瓜果，必怀抱手擎而来。所需不待母言，先意承志，謦咳欠伸，无不关心，爱著于色养，深于志。……性慈而教严，事勤而恩笃，行方而性恕。凡子侄出门稍晚，则倚门间而望，或阅宿，即寝不成寐，使人讯所在。然戏言戏动不敢一设于前，樗具博场不令一人入目也。奴仆必率以趋事，不令偷惰入匪僻，然其饥寒困苦未尝不时体于心，有欲赎无资者，多捐之；其勤而出力者，更为安置其家，俾有以自存而后已。朋辈有干以非义，语及暧昧者，则义形于色，而面叱之不少假。至忧人之急，恤人之难，则皇皇如不及。一日，余父方午食，闻表叔彦公以痰卒，辄推案不食，泪潸潸下。邻家庠生某，以贫病暴卒，即往哭之，见其身无袍，即令以所借己袍殓之，初不以民仆生衣为嫌也。康熙四十二年冬岁大祲，乡民聚众数百为盗，白昼破垣以入，劫余家衣粮以去，甚至露刃相向。及置于理，捕差缚其壮者，棒棰甚苦，吾父反为之请免，曰："饿徒耳，予官法已足。"时邻少有健讼丁某，每与余家为难，亦啧啧向人曰："二伯真佛地中人也。"①

至于东郭窦氏勤俭持家之风，普庆张氏十九世张懋伦在为《诸城窦氏族谱》所撰《外祖砚农窦公传》中有所提及，语曰："窦氏自前明中叶以及有清一代，世以诗礼仕宦名其家，然'勤俭'二字垂为祖训，故泽流弈奕，祀德业绵长。"②

普庆张氏家风与东郭窦氏家风大有相似之处，然在助人不遗余力和善于交朋好友诸方面，比窦氏更为突显。明清之际，诸城一些德高望重、有识之士成立了一些社团，皆有张氏闻人参与。如明末的《东武西社》亦称"琅邪西社"，社长即为张肃，社中成员、名进士陈烨所作《东武西社八友歌》开篇云："社中首座推大张，高年硕德冠吾乡，谈说世事气激昂。"③再是明末清初"诸城十老"，其中张衍（蓬海）、张侗（石民）列其中，且为骨干。清初"石梁九老会"成员中，张衍、张侗、张俟（白峰）兄弟三人在其中。另因张氏贤达

---

① 《诸城窦氏族谱》卷一，复新石印局印，民国二十二年九月版本。
② 《诸城窦氏族谱》卷一，复新石印局印，民国二十二年九月版本。
③ 刘嘉树《增修诸城县续志》列传补遗，光绪十八年刻本。

德行名望冠邑中，被人们尊称为"张氏四逸""普庆三黄"等。邑先贤、博学鸿儒李澄中曾云："每见其子侄敦睦，叹为吾邑家法第一。"① 张侗在清康熙十六年（1677）撰写的《放鹤张氏族谱序》中期望，张氏要"以祖宗之德为德，以天地之心为心"。普庆张氏族人在恤人之难，助人救急方面堪称楷模，其中最具有代表性的人物要数十世之张惟修，即"张氏四逸"之一张衍的嗣父。

> 张惟修，字西华，顺治初，临朐巨姓王某以家变携眷属四十余人亡至县，止潍东沙埠，蓐食乡民。不逞者利其婢妾囊金，将掠之，惟修纠子弟及同里二百余人，护王某至舍，勖以孝友。王感泣，会其家人至，乃归。莒州贼庄调之率众数千人，为其党崔某复仇，围臧氏枳沟村，屠之血流有声。惟修所居普庆村，距枳沟才数里，贼相戒伤善人。时近枳沟诸村多被杀掠，惟奔普庆者获免。②

普庆张氏的善举闻名全县，后世继此家风者连绵不断，如东武西社社长张肃之六世孙张执中，字允其，附贡生，一辈子专做善事。每年花费千余吊钱，用来救济家族之贫困者。有一次经过县城西大道，看见一辆车陷入泥潭中，好久出不来，心甚不安，当日即出钱修了此路并架了桥。

普庆张氏善于交友由来已久，最盛时为明末清初，以"张氏四逸"为中心，形成了全国两大逸民集团之一（另一个在江苏扬州）。"张氏四逸"即十一世张侗（石民）、张衍（蓬海）、张佳（子云）、张傃（白峰）堂叔兄弟四人，皆为品德高尚、学识渊博、心地善良、交朋好友、声名远播的名士。全诸城县周围州县、省内府县乃至全国的一些名流慕名前来投奔，聚会者前后不下数百人，主要活动地点在普庆放鹤园、歇鹤园（石屋山下）和卧象山、九仙山等，他们或饮酒叙情，或吟诗论文，或挥毫泼墨，或游山玩水，极尽友谊欢乐之情。这些人有的数次来往，有的常住甚至老死于此，"张氏四逸"及其子孙皆真诚相待，毫无难色。其中尤以张侗、张衍兄弟二人德行名望最著。张侗系诸城学术界的领军人物，他高才笃行，对母至孝，奖掖后进，乐佳山水，博通经史，著作甚富（后多被选入《四库全书》），尤以义娶肓妻和嫁女之事为时人所仰慕敬佩：

> 先生初聘程氏，以疾失明，外舅请绝婚，先生不可。后有女许配王氏，婿忽病瘠，

---

① 诸城普庆张氏族谱续修委员会《诸城张氏族谱》第六编《文学翊华张公墓志铭》，第 1342 页，1995 年 7 月版。

② 李文藻《诸城县志》孝义下，清乾隆二十九年版本。

公竟嫁之。婿父致书谢曰："前以瞽女为佳偶，后收躄儿作东床。"一时相传为佳话。①

张衍系"张氏四逸"最长者，性孝友，喜施予，善墨竹，乐山水，为一邑之楷模。张家善交友以他为最，其次子张雯（字樵岚，岁贡生，曾官鱼台、金乡县训导）在族谱续大传为其撰写的传记中有是语：

> （府君）尤喜施予，以山水友朋为乐志。庚戌辟卧象山，出没霖谷练峰间，有终焉之志。一时贤士多与之游，蓟门马东航，嵩邱大士适庵，白下洪去芜，莱子国赵山公，齐州薛仪甫、李象先、杨笠云，同乡刘子羽，李渔村诸君子，德业文章超绝一世，戴笠乘车烂盈门，径草不生，迨年未比不登。附近村墟相待公举火，公尝言："吾能自忍困，不能忍人困也。"扶南孙君心仪（巴山人，石民徒弟）者，久语人曰："蓬海先生仁孝性成，温温肃肃，与人为善最为乐，故得一见如坐春风中，淡荡舒徐怡如也。"……乡谥"恭惠先生"。②

对于普庆张氏交友之广、感情之深，张侗在其著作《其楼诗集》组诗《醉中有所思》中亦有详细记载。其一开篇云：

> 戊子秋七月，同兄蓬海、弟子云、白峰会饮放鹤园，雨过，木叶萧萧下，细数从前共樽罍先生，一时化为乌有，渺渺予怀，曷能已已，临风洒洒，赋得《醉中有所思》得百二十五人：醉中有所思，所思乃古人。屈指云萝下，若个为情亲。③

其二开篇云：

> 逾年己丑春三月，再集放鹤园，续得二十八人。④

再谈谈第三点，皆以诗书继世，著书立说异常显著。可以毫不夸张地断言，窦、张两族皆堪称世代书香门第。窦家最突出的事例当数窦诜，据窦光鼐在《诸城窦氏族谱》中载："性泊然，无所嗜，惟嗜读书，然家故无书，尝向人家借书抄读之。及授徒四方，辄就馆中

---

① 诸城普庆张氏族谱续修委员会《诸城张氏族谱》续大传，1995 年 7 月版。
② 诸城普庆张氏族谱续修委员会《诸城张氏族谱》续大传，1995 年 7 月版。
③ 张侗《其楼诗集》下卷，清振华石印本。
④ 张侗《其楼诗集》下卷，清振华石印本。

所有书手录成帙，凡数百卷。晚年欲付剞劂，虑其散而无纪也。复择其言之最醇及事之关于治乱大义者，分类撮摘，汇为数十卷，名曰《与知录》，又别为《玉谷集》。"更为感人者，其父临终之时对其子孙们说："人言将死见鬼神，殆不然，吾比日瞑目所见，无非书卷殆将由此去耶。"①

据不完全统计，史载窦家明清时期有著作者 10 余人，传世著作 20 余种，近 60 卷（册）。其中有 4 人的诗被选入《山左清诗续钞》；有 8 人的 104 首诗选入县人王赓言所辑《东武诗存》。普庆张氏比窦家更显著，有著作者近 30 人，传世著作近 40 种，100 余卷册。邑先贤、名进士臧梦元曾断言："吾邑言德行文章，首推鹤村张氏。"② 其中有 9 人的诗被选入《山左清诗续钞》。被选入《东武诗存》的更多，据统计，《东武诗存》共收入元末至清嘉庆二十五年（1820）县中 280 人的诗作 3537 首，而普庆张氏就有 44 人的 461 首诗入选其内，分别占总人数的 15.7%，诗歌总数的 13%，这不能不说是奇迹。

综上所述，由于东郭窦氏与普庆张氏的淳厚家风相互影响，代代传承，他们之间可谓门当户对，再加上两族人都恪守孔夫子"益者三友"的交友之道，致使他们之间的关系远远超乎与其他家族的关系。因此，两大家族的交往呈现出两大特征：一是亲联亲，亲上加亲，连绵不断；二是世代友好交往，亲密无间。对此笔者就目前掌握的史料进行了梳理，现将这两方面的情况分述之。

一、两家族相互之间姻亲连绵

因东郭窦氏与普庆张氏皆为人丁兴旺之巨族，其族人不仅遍布诸城各地，还分居于安丘、莒州、胶南、日照、巨野、齐河、商河、郓城、徐州、青州甚至东北三省等府州县地，再加上时代较久远，两家姻亲数不胜数。为了节省篇幅并达到举一反三的效果，笔者仅将窦光鼐一分支与普庆张氏的姻亲关系简要提及：

窦光鼐的祖父窦宏祚，字永庵，由县城东关栖居城西郭家埠，以孙光鼐荣耀于乾隆十七年诰封奉政大夫，翰林院侍读，晋封通议大夫，都察院左副都御史。生有五个儿子：诺、谐、诜、谦、让，多与普庆张氏联姻。窦谐，字子练，庠生，诰赠修职郎，娶普庆张渡公女为妻。张渡系庠生张侃（字陶昆，号东原）次子，其嗣子张琳初又是光鼐岳父（容后叙）。窦谐生有二子，长子窦维经，字大理，号朴亭，乾隆丙子岁贡，候选训导，例授修职郎，其次女嫁于普庆张象综为妻。张象综，字晓莲，张衍次子、康熙戊戌岁贡、鱼台县训导张雯之曾孙，庠生张昚初之孙，庠生张宪珩三子。窦维经长子窦兆琨，字贡扬，庠生，

---

① 《诸城窦氏族谱》卷一，窦光鼐《先府君行状》，复新石印局，民国二十二年九月版本。

② 诸城普庆张氏族谱续修委员会《诸城张氏族谱》第六编《文学白峰先生传》，第 1347 页，1995 年 7 月版。

生有一女，嫁于普庆张师印为妻。张师印系窦光鼐岳父张琳初之曾孙，清道光二十三年举人、峄县教谕张师黉（榜名张杙）之从兄。窦维经次子窦光焘，原名维溥，字天如，增生，娶普庆张用盼公女为妻，生有二子、四女，其四女又嫁于普庆张象堨为妻。张用盼系光鼐岳父张琳初生父张渡之子。张象堨，监生，系光鼐岳父张琳初之孙，举人张杙之父。窦光焘次子窦兆玑，字亚衡，一字匡辰，号魁三，庠生，其继妻为普庆张宪诵公女。张宪诵，张侗胞兄、张俭（邑庠生）之曾孙。

窦诜，字斯和，号瑶圃，清乾隆九年（1744）甲子科举人，生有二女、三子：长窦光鼐、次窦光铖、三窦光册。其长女嫁于王村张宪淮为妻，张宪淮虽不属普庆张氏，但其始祖与普庆张氏始祖张敏为同胞兄弟，且王村离普庆只有四里地，中间被潍河所隔，两族之人皆视为一家，经常往来。次女嫁于薛家庄张宪石为妻。张宪石为普庆张氏十四世，张衍长孙、"普庆三黄"之首张景初，于清康熙末年析居"四逸园"立村，初名为雪村，后又改称薛家庄。张景初，字中黄，号佛崖，乾隆庚申岁贡，官商河县训导，工诗文书画，冠绝一邑，与弟左黄、右黄被邑人尊称为"普庆三黄"。张宪石（字渠阁）系中黄之六子。窦光鼐娶普庆张琳初之次女为妻。张琳初，字玉林，号赓唐，庠生，高才厚德，深得窦光鼐敬重，卒后，窦光鼐亲为其与岳母撰写祭文。窦光鼐长子窦汝翼，字佑民，号芝轩，乾隆四十三年进士，选翰林，官宗人府主事，娶普庆张宪琦公女为妻。张宪琦，字又韩，监生，貤赠修职郎，系"张氏四逸"之首张衍次子张雯之三子张曤初之长子。张雯，字稚云，号樵岚，康熙戊戌岁贡，官鱼台县训导，乡谥孝肃，工诗文书法；张曤初字孖叔，邑增生，工诗文，有《槐荫》《南轩》《鸣鹤亭诗钞》等诗集传世。窦光铖，娶普庆张用易公女为妻。光铖，字西堂，号菊村，乾隆丁卯科举人，历官广东澄迈、乐昌县知县，有惠政，民立生祠纪念之。张用易，字乾知，系张侗之孙、康熙癸巳科举人、候选知县张潭之三子，举人、钦赐翰林院编修张宪诰之父。光铖长子汝珽，字楷三，号仪山，廪生，工诗文，著有《虚白堂诗稿》传世，生有四个女儿，长女嫁于普庆张师问为妻，四女嫁于普庆张九川为妻。张师问系张衍次子张雯之四子张眷初（字孖季，邑庠生）曾孙，邑增生张宪珩（字楚）之孙，邑庠生张象统（字晴莲）之子。张九川系"普庆三黄"之一张曤初（字左黄，号汪万，庠生）之孙张象篆（乾隆举人，官至知县）之子。窦光册字南史，号傅青，因幼时伤腿而无缘功名，生有六子、二女。长子窦汝瑛，字梅园，郡庠生，子三，女三，长女嫁薛家庄张师骏为妻；次子汝瑞，字信亭，庠生，娶薛家庄张宪瑛之女为妻。张师骏系"普庆三黄"之中黄六子张宪石之孙；张宪瑛，字叔玉，监生，系张衍四子张霞（字屿青，号绍逸，庠生）之孙，张曤初（字龙昭，监生）三子。笔者系普庆张氏始祖潍阳公（敏）第二十一世孙，"张氏四逸"中张衍（蓬海）十世孙，"普庆三黄"之中黄八世孙，世居普庆之西薛家庄，生母系窦光册七世孙女。

窦光鼐之三叔窦谦，字子光，太学生，生有三子、三女。其长子窦光彝，字敦右，庠生，系著名中医，医学著作宏富，生有八子，长子窦戊禧，字吉人，庠生，娶薛家庄张宪瓒公女为妻；八子窦丙禧，字祭南，恩赐登仕郎，嗣子一，生三女，次女嫁于薛家庄张师点为妻。张宪瓒，字伊得，系张衍之曾孙、"普庆三黄"之中黄五子。张师点，字子与，号与也，邑庠生，系张衍三子张霁（字松岩，号念逸，监生，考授州同知，出嗣张㑩为子，张㑩为韩庄翰林高云亭之姑夫）之玄孙。

二、两家族友好往来亲密无间

东郭窦氏与普庆张氏友好相处由来已久，彼此之间既无城府，又无崖岸。再加上亲连亲，亲上加亲，两个家族之间的友好关系可算得上亲密无间，和睦默契。两族交往最早见于记载的是清初时，因窦光鼐的曾祖窦长琰代父赡养祖父，为了尽孝，身移祖父"脚凳上寝卧十年"，亲人劝其让奴仆替代，而他担心"奴仆呼应不灵致有疏虞，则无以安先人地下"不答应。"待六十余年后，遇前辈张白峰先生为余言：'汝家在明季有五世孝友之目。'其述及之不觉言之娓娓也。"① 此处提到的张白峰即"张氏四逸"中的张傣，字坦庵，号白峰，康熙己丑恩贡，候选教谕，貤赠修职郎，晋赠文林郎，是当时邑中的诗文大家。再是因窦光鼐之祖父兄弟四人情同手足，互相帮扶，和睦相处，特别是老四窦绍祚"因壮健勤力""经商吴会"，将自己挣得的家产均分给长兄、三兄，并于"即日立券以贻子孙""时亲朋高其义，有来贺者，鹤村张石民先生赠之联云：'宅近零泉扶水淇水以上，人如谌纪元方季方之间。'"② 鹤村即普庆村，张石民即"诸城十老"和"张氏四逸"之一的张侗，字同人，号石民，在"四逸"中才华最高。这就说明，普庆张氏名人早就与东郭窦氏高义之士友好往来。还有一事值得提及，就是窦光鼐的伯祖窦荣祚，字承庵，号玉章，十五岁就学于王村姑母家，其受业师即张英，字彦公，庠生，工于诗文。③ 张英新建了一个园圃，开业之际，邀请了本族和邑中闻人在此聚会，其中即有东郭窦氏参与。"诸城十老""张氏四逸"之一的张衍有诗《庚午六月，彦公侄筑圃新成，集牛仲青、徐栩野、隋默公、窦承庵及家弟石民、子云、白峰，皆鬓发皤皤，天和自爱，酒余各纪以诗》。"年丰风雨归禾黍，世治亲朋老故乡。更爱葛陂陂下水，年年浴鹭满残阳。"④ 诗题中所提到的窦承庵即窦光鼐的大伯祖，张英的徒弟窦荣祚。

前面已经述及，张侗在组诗《醉中有所思》中所怀念已经故去的一百四十三位好友，

---

① 《诸城窦氏族谱》家传，复新石印局印，民国二十二年九月版本。
② 《诸城窦氏族谱》家传，复新石印局印，民国二十二年九月版本。
③ 《诸城窦氏族谱》家传，复新石印局印，民国二十二年九月版本。
④ 王赓言《东武诗存》卷四下，清嘉庆二十五年刻本。

其中有两位是东郭窦氏的先辈。一位是窦长琰，字石卿，明庠生，以曾孙光鼐荣耀于清乾隆二十六年赔赠通议大夫、都察院左副都御史。后又诰赠荣禄大夫、礼部侍郎，加一级；晋赠光禄大夫，都察院左都御史。著有《双松楼诗稿》行世。张侗怀念诗曰："石生隐东郭，云山绕梦思。到来徒四壁，尚有乞粮诗。"① 另一位是窦之成，字季平，喜读书，善交友，卒后葬城东郊龙王庙子。张侗怀念诗曰："敝庐蔽席门，书声杂风雨。不谓一布袍，遂成东皋主。"赞颂他虽穷困至极，在破屋陋室中仍勤奋读书的情操。诗后还附有"漪青每经其庐，必式之曰'此东皋处士季平也'"之语。② 漪青即杨蕴，字公含，一字漪青，号容五，城郊淇园人，顺治十八年（1661）辛丑科进士，官陕西安宁县知县、内阁中书舍人，辞官后家居，与张侗和窦之成为挚友，经常一起聚会，畅叙友情。

窃以为，东郭窦氏与普庆张氏之间的关系有一个显著特点，那就是两家在结亲之前就是过从甚密的好友，通过相互了解结成了亲戚，从而更加深了彼此之间的友谊。据《窦氏族谱》记载，窦光鼐之父窦诜"幼入乡塾，年十六始就学于同邑张毓蒙先生"。③ 张毓蒙即张需，字敬三，号毓蒙，康熙乙丑岁贡，官阳信县训导，系"张氏四逸"之一张佳（字子云，号山民，康熙辛巳岁贡，官莱阳县训导，例授修职佐郎）之长子。而窦光鼐岳父张琳初之祖父张侃（字陶昆，号东原，邑庠生）与张侗系叔伯弟兄，与张衍、张佳、张傃系堂兄弟，无论从服色上还是从感情上看，都是至爱无间的关系。窦光鼐在《祭岳父玉林张公文》中有是语："公平生实称厚德，早名士林，谈经摛翰，实与吾父白首交欢。家固世好，重以姻戚，不腆小子，叨贶家室，拙官守贫，不知生事，伊维公女，酌水同志。忆昔提学，奉父之官，公时偕来，欢畅湖山，公子及孙，从公至暑，吾弟西堂，亦侍杖履，屈指数年，往事成恫……"④ 其情其景，令人回味无穷，感动不已。

最后，有必要提及一件值得研究的要事，那就是闻名全国的诗文大家桐城派三大领袖之一的刘大櫆，于乾隆十八年（1753）春，为普庆张氏撰写《放鹤张氏祠庙记》（以下简称《祠庙记》）的前因后果。该文史料翔实，内容丰富，感情充沛。问题是普庆张氏与刘大櫆素来毫无关系，史籍又无这方面的记载，数百年来一直是个谜，笔者推断是当时张家人委托窦光鼐恳求刘大櫆撰写的。依据有三：第一，窦光鼐与普庆张氏为重要姻亲，对张家的事了如指掌，可以向刘大櫆详细介绍张家的任何情况。第二，窦光鼐与刘大櫆是挚友，二人年龄虽相差二十余岁，可彼此相互尊重，交往密切，友谊深厚。清嘉庆时学者李富孙曾断言："海峰学于望溪，能自成一家。诸城窦东皋与海峰论文，极为折服。"⑤ 吴孟复标点

---

① 张侗《其楼诗集》下卷，清振华石印局本。

② 张侗《其楼诗集》下卷，清振华石印局本。

③《诸城窦氏族谱》卷一，窦光鼐《先府君行状》，复新石印局，民国二十二年九月版本。

④ 窦光鼐《省吾斋古文集》卷十二《祭文》，窦汝瑄校刊，陈汝功、窦鹤龄编辑，清嘉庆刻本。

⑤（清）李富孙《鹤征录》附录（二）《刘海峰简谱》，上海古籍出版社，1990年版。

之《刘大櫆》之《刘海峰简谱》中载："乾隆二十一年（1756）丙子，六十岁，正月在桐城……应聘入浙江学政幕，当在此年或下年。"① 刘大櫆应聘入浙江学政幕，到底待了多长时间，未见记载，但他于乾隆二十四年（1759）或二十五年（1760）就出任了黟县教谕。其间窦光鼐正任浙江学政，他是乾隆二十一年（1756）五月，由都察院左副御史差任浙江学政，二十四年（1759）九月任满回京，共任三年零四个月。这就是说窦光鼐与刘大櫆一起共事有三年多时间。

乾隆二十六年（1761）窦光鼐奉乾隆帝之命从北京去南海告祭，路过安徽桐城刘大櫆的故乡，想起好友，即赋诗一首《桐城道中怀刘耕南》，诗曰："野馆回残梦，江乡忆故人。一官犹苜蓿，三径但松筠。雾雨南滇路，关山北峡春。折梅未敢寄，细把恐伤神。"② 可见窦光鼐与刘大櫆的友情非常人所能比拟。

第三，刘大櫆撰写《祠庙记》之前，窦光鼐与他有机会接触。窦光鼐与刘大櫆相识、相交于京城。查《刘海峰简谱》③，刘大櫆从雍正三年（1725）二十岁学成入京，拜方苞为师，至乾隆十七年（1752）五十六岁自京城南归，二十七年间进京共十二次，其中乾隆元年（1736）方苞举刘大櫆应诏入都，被张廷玉黜，留京，至乾隆四年（1739）南归，在京城待了三年多时间。乾隆七年（1750），诏举《经学》，张廷玉举刘大櫆，至京，试复报罢，留京授徒，至十七年（1750）南归，又待了三年时间。而据窦光鼐所撰《先府君行状》《先太夫人行状》，窦汝翼等所撰《府君行状》④ 等史料记载，窦光鼐于乾隆三年（1738）秋进京拜董邦达为师，乾隆六年（1741）考中顺天乡试举人，七年（1742）中进士，由翰林院庶吉士历官编修、左中允、侍读、侍读学士、内阁学士、礼部侍郎，至十七年（1752）八月特放河南学政，一共待了十四、五年时间。这样刘大櫆与窦光鼐共同在京城时间至少有五年左右（乾隆三、四年，七年，十五至十七年）时间，他们于这段时间相识、相交，成为至友，应当是毫无疑义的。值得注意的是，乾隆十七年（1752），56 岁的刘大櫆"自京南归至扬州"⑤。而窦光鼐亦于是年八月初七日由内阁学士兼礼部侍郎差河南学政，"陛辞之日，面奉恩给假半月归省"⑥。这就是说，刘大櫆与窦光鼐几乎同时离京，窦光鼐先回诸城老家，故很有可能是两人分别之时，窦光鼐向刘大櫆提出普庆张氏所托之事，而刘大櫆欣然应允，并于次年春撰写好转交或邮寄给普庆张氏族人的。

---

① （清）李富孙《鹤征录》附录（二）《刘海峰简谱》，上海古籍出版社，1990 年版。
② 王赓言《东武诗存》卷六上，清嘉庆二十五年刻本。
③ （清）李富孙《鹤征录》附录（二）《刘海峰简谱》，上海古籍出版社，1990 年版。
④ 《诸城窦氏族谱》卷一，复新石印局，民国二十二年版本。
⑤ 《诸城窦氏族谱》卷一，复新石印局，民国二十二年版本。
⑥ 《诸城窦氏族谱》卷一，复新石印局，民国二十二年版本。

结论

纵观东郭窦氏与普庆张氏之所以世代姻亲连绵不断，友好交往频仍，心心相印，友谊长存，皆因两家族淳厚家风所致。而淳厚家风之形成与传承，非厚德之辈莫属，非有识之士莫成，非贤达后代莫继。

世人之传统观念，往往以出官宦之多寡，社会地位之高低，家产赀财之宏乏，作为衡量一个家族是否显赫的标准。实则不然，东郭窦氏明清以来凡六百年，仅出了两名文进士、一名武进士，除窦光鼐权算高官外，别无显于官场者，而普庆张氏则更不上数。然两个家族却在诸城甚至省内外声名远播，究其根源在于两族皆世代雅重以德育人，以文化人，不慕高官厚禄，不求雄产一方，但愿忠厚传家，诗书继世，因而终成为享有盛名的书香门第。

参考文献：

［1］《诸城窦氏族谱》，复新石印局，民国二十二年九月版本。

［2］诸城普庆张氏族谱续修委员会《诸城张氏族谱》，1995 年 5 月版本。

［3］窦光鼐《省吾斋古文集》，窦汝瑄校刊，陈汝功、窦鹤龄编辑，嘉庆刻本。

［4］［清］李富孙《鹤征录》，上海古籍出版社，1990 年版。

［5］［清］王赓言《东武诗存》，清嘉庆二十五年刻本。

［6］［清］李文藻《诸城县志》，乾隆二十九年纂修本。

［7］［清］刘光斗《诸城县续志》，道光十四年刻本。

［8］［清］刘嘉树《诸城县续志增修志》，光绪十八年刻本。

［9］［清］张侗《其楼诗集》，清振华石印局本。

诸城窦氏家风与家族文化初探

朱亚非　　柳旦超

山东师范大学历史与社会发展学院

摘　要：山东历史上出现了许多著名的文化世家，为后世留下了宝贵的精神财富。诸城窦氏是其中的优秀文化家族之一，其世代传承并遗留至今的家族文化，是中国传统文化和齐鲁文化中十分厚重和精彩的部分。自嘉靖年间起，窦氏家族以科举起家，此后300余年保持门第不坠，名人辈出，进士及第者众多，他们在古文、诗歌及书法等领域皆有造诣，窦氏家族文化促进了明清时期山东地域文化的繁荣。诸城窦氏家族文风有其独特风格，其形成与发展是由多种因素促成的。

关键词：明清；诸城；窦氏家族；文化；家风

诸城窦氏家族是明清时期山东诸城著名的科宦望族、文化世家，明嘉靖年间至清末科甲蝉联，人才辈出，有文武进士3人，举人4人，这一家族代表人物有窦钦、窦栋，窦诜、窦光鼐、窦汝翼等，他们官声卓著者也颇多，对后世颇具影响。本文对于诸城窦氏家族的家风及其成因，试作一简要分析。

一、窦氏家族家风的主要内容

窦氏子孙在为政、为学等方面均取得不凡成就，寻根究源还在于窦氏家族有良好的家族文化底蕴。窦氏先祖为燕山世家，窦家传世专用对联是"忠厚传家，诗书继世"，此对联寓意深远，是窦氏的信仰和铭文，由其发轫且代代相传的这种家风，百年来影响着诸城窦氏，在践行中使之更丰富具体，以"忠孝"为核心，父慈子孝、兄友弟恭，本分读书做人……形成独特的家族文化。

（一）崇儒耕读，学而优则仕

在儒家精神"达则兼济天下，穷则独善其身"传播下，积极入世是明清时期诸城窦氏崛起的手段，也是窦氏家族延续明清两朝代代相传的家风之一，还是窦氏家族长盛不衰的重要保障。诸城窦氏自窦昂为嘉靖岁贡，任开平卫教授后，就在读书仕进方面积极进取，并以此为指导在科举方面取得了很大成就。据不完全统计，至清末，窦氏家族三百余年共出进士三名，其中窦光鼐、窦汝翼为文进士，父子同朝；窦栋为武进士，雍正时期平叛有功，钦封昭勇将军。举人四名，岁贡六名，庠生六十四名，武庠生十名。窦氏家族不仅在科举方面成就突出，在仕宦方面也是政绩斐然，口碑甚好，在中央、地方均有盛名。

（二）忠孝传家

"百善孝为先"，孝是封建社会最为看重的美德之一，诸城窦氏特别强调忠孝，可谓是这两方面的典范。如窦诜十分重视对子孙的言传身教，授教子孙虚心好学，"日课不孝以节养"①"方能任天下之事"，列举先贤忠君报国事例，"又举大学，注忠信二义，云勉行此可以终身"②。窦光鼐不仅本身"五夜自思，惟有不欺，心存天理，矢心冰洁，以仰报天恩"，尽职为官，而且教子"敦品励行，方不负主恩"③，众子共勉躬行，而且"有传言不孝持论好异者，府君手书责之，寄家训一卷，以为警其"。在孝亲方面，十世窦长琰辛苦侍奉祖父，"夜侍寝祖榻侧木凳上，不归私室者十年"，并认为"奴辈何足侍，倘老人中夜呼不时至，恐吾父不瞑目地下也"④。其父窦瓒也以孝亲闻名乡党。至窦诜"府君性至孝，先王父亟称之尝语人曰：'先人以孝传五世，能继之者三儿也。'尝馆于天溪村，一日早起心动亟归省，则先王父以是日得疾，府君与先母侍汤药三年，忧瘠柴立，先王父执手与诀"⑤。从上述记载中不难看出，窦氏家族以孝亲传世，窦光鼐夫妻二人长期悉心侍奉病父，不仅感动老父，而且垂范儿孙，因此又有汝翼等兄弟六人"晨昏依侍，窃见府君体素康强……"⑥一家数代，孝亲如此。

（三）兄友弟恭

窦家诸兄弟比肩长大，谦让友爱，感情日坚。窦诜在其父亡故后，与兄弟分家，礼让为先，兄弟团结互助，"分田仅四十亩，强半荒蔓，乃谋与先四叔子光公，并力耕垦，会秋大熟，乃能自存活"。"兄弟友爱，老而弥笃。""值康乏力赡之诸侄辈，皆从受业，列诸生数人"⑦，他毫不犹豫地承担起抚养和教育他们的责任。到窦光鼐时，因为"侄辈稚幼，贫无以立"，他亦"捐俸为之"。后听闻侄辈窦汝瑛成为生员，倍感欣慰，早亡窦光钺、窦光册终可香火不断。对于亡弟窦光钺，追思道"亡弟中道摧陨……每一念及，无内分裂，方亡弟并革时，自以为不获终事"⑧，痛失手足之情，跃然于表。其后世子孙也保持良好的兄弟关系，窦汝翼兄弟六人比肩长大，兄恭弟敬，一时在民间传为佳话。

（四）清廉俭朴，不阿权贵

为官清廉，这是对窦氏家族从政者操守的一个概括。窦氏子弟居官者大都严于自律，

① 窦光鼐：《先府君行状》，《窦氏族谱》，第107页。
② 窦光鼐：《先府君行状》，《窦氏族谱》，第108页。
③ 窦汝翼等：《府君行述》，《窦氏族谱》，第140页。
④ 清乾隆《诸城县志》，《窦氏族谱》，第52页。
⑤ 窦光鼐：《先府君行状》，《窦氏族谱》，第140页。
⑥ 窦汝翼等：《府君行述》，《窦氏族谱》，第111页。
⑦ 窦光鼐：《先府君行状》，《窦氏族谱》，第140页。
⑧ 窦汝翼等：《府君行述》，《窦氏族谱》，第111页。

清正廉明，勤政爱民，政绩斐然。如窦钦，明隆庆己巳年（1569）恩贡，敕授文林郎，有惠政，民为建祠，立功德碑。窦光铖，乾隆山东乡试举人，历官广东澄迈、乐昌县知县，有惠政，民立生祠，三十八岁卒于北京。窦光鼐"立朝五十年，风节挺劲，无所阿附"①，而关于他"清廉俭朴，不阿权贵"的事迹，比比皆是，最为著名的是"冒死彻查黄梅案"。乾隆五十一年（1786）清查浙江亏空，时任浙江学政的窦光鼐上奏举发浙江省仓库亏缺巨大，乾隆帝遂派二位钦差赴浙江会同查稽，二位钦差官官相护，欲将此事化小，奏称亏空并不严重，与窦光鼐之奏形成针锋相对之势。乾隆帝为进一步明晰事实，派重臣阿桂赴浙再查。阿桂到浙江后，也站到了窦光鼐的对立面上。至此，窦光鼐被逼入绝境，这一举报既得罪地方官吏，又与几位钦差大臣形成对峙。但他坚持既定立场，且有"不要性命、不要做官"之语，表达了毫不妥协的姿态。危局之下窦光鼐破釜沉舟，连夜奔赴距省城千里之外的平阳县，查出了部分官员的亏空赃证，一举扭转不利局势，获得了乾隆皇帝的支持，惩治了贪官，清查了亏空。窦光鼐任职京师时，曾参与秋谳会审，就两起案件定罪适当与否与刑部官员发生分歧，双方发生激烈的言语冲突，而对刑部众多官员的反对，他毫不畏惧，一显其硬汉本色。"两浙山川常毓秀，诸生越旦汝司文。从来士习民成俗，勖彼行知尊所闻。见外发中务清正，涵今茹古去织棼。曰公似矣曰明要，签后纤予一念殷。"这是乾隆皇帝赐给直臣廉吏窦光鼐的一首诗，用以表彰其清正廉洁及不畏权臣的风范。窦光鼐以明心志之语"不要性命、不要做官"显示其窦氏家族做人、为官之风骨。

（五）文韬武略，才智兼备

窦氏一族不仅出了两名文进士，四名文举人，还出了一名武进士，四名武庠生。有关武进士、昭勇将军窦栋史有详载。四名武庠生的具体事迹缺乏详细记载，或他们本身并无多少政绩，但这足以说明诸城窦氏家族是一个文武兼备的家族。窦栋，号瑞堂，康熙五十年（1711）辛武解元，殿试第三甲四十九名武进士。五十三年钦点蓝翎侍卫，五十九年提拔为中营中军参将。由于窦栋训练士兵有素，办理营务兢兢业业，博得总督、提督等大员的一致好评和器重。雍正年间，随大将军年羹尧平定宁夏叛乱，为先锋官，钦封昭勇将军，正三品。雍正八年（1730），年羹尧被杀，窦栋也被疑为年党，逮捕入狱，后被处以死刑，死前愤然而言：尔虽标下从征，各凭汗马功劳，受皇恩，从无私干，圣主在上，何患不伸吾有误我也。乃吞指上金戒指而亡。显示了其铮铮铁骨的为官为人个性。

二、窦氏家风及家族文化的成因

诸城窦氏家族文化不是一朝一夕形成的，而是经历了数代家族成员的努力，也是多种

---

① 臧励和等编：《中国人名大辞典》，商务印书馆，1998 年，第 1754 页。

因素综合作用的结果。

（一）优美雅致的自然环境

"马克思主义经典作家认为，自然地理环境是人类活动的场所，它为人类提供了生产、生活资料，是人类赖以生存的根基。在人类社会的历史进程中，自然环境起着一定的正面或负面的作用。并且自然环境的差异必将对人类文化打下深深的烙印，进一步影响着以后的发展命运。"① 窦氏始祖窦思道明洪武初年由山海关入居诸城，世称东郭窦氏。发迹之前窦氏先人居住地山海关，对后世窦氏子孙的影响不大。而诸城为诸城窦氏家族崛起与发展地。诸城历史悠久，早在秦朝即已建城，汉时为琅琊郡属地，唐时为密州属地。清代山东设六府，诸城县为青州府属地。青州府位于山东省东部，诸城县位于青州府的东南部，在泰沂山脉和胶潍平原交界处，东与胶州、胶南连接，南与五莲接壤，西与莒县、沂水为邻，北与安丘、高密交界，为连接水陆的咽喉之地。诸城自古以来便是东国名地，自然环境优美，山川之秀甲于齐鲁，县内九仙山是东鲁名山之一，被苏轼誉为"奇秀不减雁荡"。诸城交通便利，明清时期社会相对安定，自然环境的优越，衣食无忧的生活，便于青年人边农耕边读书，有利于学子们的交往与学习。窦氏子女自幼受到良好的自然环境感染，心胸开阔，聪明好学。

（二）良好的社会人文环境

家族文化根植于区域文化的土壤中，才有持久的生机与活力，而区域文化的发展，又主要得益于家族文化的繁衍变迁，家族文化与区域文化二者是互动的关系。齐鲁大地是中国传统文化的重要发源地之一。自宋代以来，齐鲁地区在文化领域尤为活跃，名人辈出，如宋代词坛上的李清照和辛弃疾，元散曲作家张养浩；元代著名的泰山学派，明代文学家边贡、李攀龙；清初诗坛的王士禛、赵执信、宋琬等都在中国文化史上占有重要地位。

在悠久历史和优美环境的熏陶下，诸城县人文昌盛，英才辈出，著作颇丰，文化底蕴丰厚，因此诸城又被誉为"文章府地""文献之邦"，"自汉以来，儒宗名臣，文章事业，代不绝书"。且诸城人杰地灵，自古就有好学之风，苏轼在此为官时深感到"至今东鲁遗风在，十万人家尽读书"。经过千年的文化积淀，诸城文化在明清时期达到鼎盛，其特点之一即是家族文化的勃兴。"明清时期甚至延续到近代，诸城呈现出若干大家族文化现象，家族式文化对诸城地域文化的发展起到积极的推动作用。"② 其时，诸城文士贤臣多出自名门望族，尤其是臧、王、刘、李、丁五大家族，如刘氏家族，清代就产生十一位进士、二十七位举人、三位尚书、两位大学士，形成"一门三公，父子同宰""父子进士"的局面。而这些家族又与同时代的其他地域家族成员互为联系，他们之间或为同年、或为同僚、或为师

---

① 宣兆琦、李金海主编，《齐文化通论》，北京：新华出版社，2000年，第55页。
② 《诸城日报》社，《诸城名人》，济南：齐鲁书社，2003年，第433页。

友、或为姻亲、来往密切，形成了一个紧密相连的文人圈子，这个圈子不仅对他们自己，也对其后代的为文、为学提供了一个良好的文化氛围。与其他家族联姻、师生、同门等关系的仕宦家族，在政治上形成了一股重要的力量，在相当程度上左右着朝政的发展方向。诸城的社会人文环境对窦氏家族的影响无疑是巨大的，明初诸城窦氏始迁居于此，历经二百余年的辛勤耕耘，到清前期发展成为鼎盛的科宦大族。

在这种浓厚的文化氛围陶冶下，特别是诸城刘氏家族对窦氏家族有着密切的影响。刘氏家族清廉为政、公正为官、勤政爱民的政治品格，勤俭持家、孝悌睦族、乐善好施的家族品质，忠孝传家、诗书继世的家族传统无不春风细雨般滋润"忠厚传家，诗书继世、父慈子孝、兄友弟恭……"的窦氏家族文化。

此外，窦光鼐与刘统勋关系非同一般，如窦光鼐所著《省吾斋古文集》中有《祭太傅大学士刘文正公文》，其中有"矧伊小子，素负迂狷，辱公奖掖，实自弱冠。公丧诏归，国民祖衬，卜葬应及，山川已间，涕洟驰词，以侑盥荐"[1] 等语，敬慕之情跃然于纸上。二人同朝为官共事，特别在编纂《四库全书》和"叠掌文衡"上，显示了诸城家族对当时中央的较大影响。《四库全书》是人类文化史上的大型丛书，任事大臣共三百六十二人，其中诸城人氏四人，即刘统勋、刘墉父子和窦光鼐、窦汝翼父子。刘统勋为正总裁，《四库全书》的主要纂修官都是经他提名推荐而由皇帝确定任命的。刘墉任副总裁，窦光鼐任总阅官，窦汝翼任缮书处总校官，各司其职。"叠掌文衡"指多次主持考试和担任省学政，"本朝词臣凡为考官五次以上者"共有59人，其中诸城3人，即刘统勋、窦光鼐、刘墉。一个县能占到三人，在当时只有浙江萧山和山东诸城两县。据记载统计，刘统勋四任会试正考官，三任乡试主考官，一任乡试副考官，一任会试同考官，八任殿试读卷官。窦光鼐一任会试正主考，四任乡试主考，一任乡试副主考，一任会试同考官，三任殿试读卷官，四任学政。刘墉一任会试正主考，五任乡试主考，一任会试同考官，五任殿试读卷官，四任学政。乾隆曾赐窦光鼐诗："两浙山川常毓秀，诸生越旦汝司文。从来士习民成俗，勖彼行知尊所闻。见外发中务清正，涵今茹古去织梦。曰公似矣曰明要，签后纾予一念殷。"便是表彰其清正廉洁、为国选贤的业绩。足以见证刘、窦学问精湛，治学严谨，他们在朝中备受皇帝信任，一时间曾成为朝中举足轻重的人物，对于当时朝廷政策的制定与执行、官员的升降任用，都起到了一定的作用。他们利用所掌握的主持会试大权，为朝廷培育选拔了大批年轻优秀人才。

（三）家庭教育为窦氏兴盛提供了文化保障

在明清理学盛行、崇尚科第的大环境中，名门大族均侧重于以科举为主旨的经典文化教育，以此提高整个家族的文化品位，最终跻身为衣冠望族，进而实现其读书入仕、济世

---

[1]《清代诗文集汇编》编纂委员会：《清代诗文集汇编》，上海古籍出版社，2010年，第340页。

安民的宏图大志。这对窦氏家族也同样适用。窦氏家族在教育的内容和形式上十分广泛，在内容上是以学问为主，辅以立身处世、为人等方面。

在形式上，"古之世禄，子就父学，为畴官"①，主要是父辈对子侄口耳传授，如光鼐之父天资聪慧，才华横溢，他教导光鼐："不孝自六岁从府君受四子书，即为说义利诚伪之辨，曰：'君子小人分途在此。'稍长授以经史，曰：'君子穷理、治事、修己、济物之方皆具与此。'""君子用情处事，皆制以义理，不可遥遑情任意，以至失节。""儒者之言，各有得失，要折中于圣人，毋徒随人耳食也。"② 在家庭教育中，家族中的一些贤良女性也扮演了相当重要的角色。窦昂夫人李氏是贤良女性，辅佐夫君，默默奉献，《窦氏家传》载："公始起家寒，素事亲孝而拙于财，祖妣妆资颇厚，每自典鬻以助费，故养生送死得如礼。"光鼐母张氏，"年三十有三生不孝光鼐，方学语，辄教之识百字。及六岁，从家大人馆于翰林高云亭先生家。人喂母曰：'能离舍乎？'母曰：'男儿终不畜于家，何吝也？'家大人命不孝省亲，逾一、二时，母辄促行之。人曰：'汝甫一子，宁不爱怜之耶？'母曰：'此吾所以爱之也。爱而不劝其学，何以望其成人乎？'人曰：'尚幼耳，稍假之何妨？'母曰：'不然。儿子读书，正须自幼习之。习于勤，洎其长，犹或惰也；习于惰，蔑或勤矣。'……"教导光鼐勤奋好学，学在不舍，且在光鼐省亲不舍离开之际，教之为官"受皇上厚恩，岂容恋家作儿女态耶"。③ 窦氏家族的女性虽不详载史书，但她们贤良有德、知书达理，在相夫教子上发挥着积极作用。除此，老师的教诲也相当重要。窦光鼐六岁随父拜高才笃行、学识渊博的翰林高璇为师，"馆于翰林高云亭十六先生家"，寄居高家，受学六年，为其后来成才打下坚实的基础。另拜学工书善画的董邦达，"以文艺相质正"，不可一世，这也说明窦氏注重家族成员多种文化素质的培养，重视诗文，兼习杂艺。

（四）先辈的垂范和自身的努力

家风是深层次的文化内容，其实现固然需要外在的种种规范，但它在长期的发展中又表现为家族集体的一种自觉，这种自觉又非某种外在规定所能约束了的，它更多地来自家庭成员的模范作用和后世子孙的代代传承。在中国古代的家庭教育中，人们很早就注意到言传身教的作用，认为"身教大于言传"。"为族内有才华的弟子提供受教育的机会是家族关注及长期规划的焦点。"④ 正是窦氏家族注重自身教育及发展的做法才从根本上保证了家族文化的传承和继续。

窦诜"性淡泊，唯嗜读书，然家故无书可读，尝向人家借书抄读之"，"人生不可一日

① 《礼记·订孔上》，北京：中华书局，1989年。

② 窦光鼐：《先府君行状》，《窦氏族谱》，第126页。

③ 窦光鼐：《先太夫人行状》，《窦氏族谱》，第134页。

④ ［美］艾尔曼著、赵刚译，《经学、政治和宗族中华帝国晚期常州今文学派研究》，江苏人民出版社，1998年，第40页。

偷闲，恐为天地间一蠹"①。窦光鼐，少年早慧，览辄成诵，年十二读文选。一生勤奋读书，锲而不舍，治学严谨，古文学韩愈，诗学杜甫，书法苏轼、米芾。"府君尝覃古圣贤之学，慎取大要，以不自欺为本。考研宋五子之书，而绝去门户意见，儒者之书要折中于圣人，毋随人耳食也……肆力于秦、汉、唐、宋古大家，而约六经以成文。尤精制艺，必以明之王守溪、唐荆川……各名家较高下，惬心当意而后已。"因病居家"犹手不释卷，著作罔辍"②。所著《省吾斋古文集》等，引经据典，博大精深，恰如其分，为人所折服。精湛的学问也成就了窦光鼐，素有"王诗刘字窦文章"之誉，又与纪文达、朱文正、翁方纲文坛三十年，盛极一时。家族成员自身的努力更是这一家族文化传承的关键所在。爱学习，勤思考，努力进取，是窦氏家族横跨明清两代的深层次文化动因。

三、窦氏家族文化之思考③

窦氏家族经过数百年经营，形成其耕读为本，忠君孝亲，兄友弟恭，廉政勤俭，文韬武略的独特家族文化，成为诸城名门巨族。窦氏世代传承并遗留至今的家族文化，依赖于人杰地灵的诸城，离不开父子相教，名师指教，贤良女性言传身教的家庭教育，更离不开代代子孙的自身努力。其优秀的家族文化是中国传统文化和齐鲁文化中十分厚重和精彩的部分，为后世留下了宝贵的精神财富。

窦氏家族作为明清社会的一个缩影，也是当时中国社会生活中最具活力的一个组成部分。他们与其他地区的仕宦家族一样，不仅对当时的政治有很大的影响，而且对于中国传统文化的弘扬和传播，对于地方经济、文化、教育及社会生活中的若干层面，都起着相当大的作用。

明清时期的山东仕宦家族，由于自身具备强大的经济实力，政治上地位显赫，以及大家族之间在朝廷中和地方上所形成的盘根错节的关系，所以在地方上，尤其在其故乡的巨大影响是毋庸置疑的。这些仕宦家族的杰出人物，是中国传统文化和地方文化的传承者和推动者。作为科举出身的官员，他们熟知儒学经典，重视对传统文化典籍的整理、收藏、修复和传播。这一时期许多有影响的仕宦家族由于完成了的诗文、学术成果或收藏了大批文献典籍而在众多领域颇有建树。许多家族的成员无论是在为官任上，还是隐居乡里，都十分重视文化建设。在为官任上，所到之处，他们通过游历、考察，将自己为官经历、各地风土人情、山川地理、人物和事件用笔记、文集、诗歌等形式反映出来，并加以保存；

① 窦光鼐：《先府君行状》，《窦氏族谱》，第107页。
② 窦汝翼等：《府君行述》，《窦氏族谱》，第123页。
③ 本节主要观点参考朱亚非：《明清山东仕宦家族与家族文化概说》，《联合日报》，2009年12月12日。

归隐乡野，他们积极协助地方官编写地方志，修缮族谱、家谱，撰写碑记，写读书札记，从事文化建设。这些文化建树，时至今日仍有很高的价值。

明清山东仕宦家族以科举起家，对后代的教育十分重视，他们以儒家思想中的"修身、齐家、治国、平天下"作为自己的终身抱负并以此严格要求自己及后代。他们不仅重视教育，而且重视家学，立下各种家规、家训来教育、鞭策晚辈，通过教育来保证家族兴旺发达、人才辈出。

山东仕宦家族凭借其在故乡的强大经济实力和极大影响力成为地方公益事业的积极倡导者。这些家族的代表人物虽然为官四方，但大都心系故里，热心乡梓公益事业，以此提高自己及其家族的声誉。如每到大灾之年，他们多能广散家财，协助地方官救灾，救济灾民；每当战乱之际，他们能团聚乡邻，武装自保，以维护家族和四邻财产免受外来侵犯。他们也能在朝廷建言维护家乡利益，组织兴修水利，推广先进农耕技术，兴办学校及慈善机构等一些公益事业来赢得地方民心，为家族在地方发展壮大提供良好保障。

窦氏家族与其他家族一样，与时俱进，顺应不断变化的时代潮流。自明朝建立到民国初年经受住了社会动荡和变革的冲击，始终迈着与时俱进的步伐。在进入当代以后仍然保持了旺盛的活力，在国内外政界、军界、工商界和科技界仍维持着较大的影响力，在各自领域建设中做出了重要贡献。

追寻窦氏家族发展壮大的历史，探讨窦氏家族文化之精华，对于我们今天定位、弘扬社会主义核心价值观，加强精神文明建设，具有启迪和借鉴作用。

参考文献：

[1] 赵尔巽等. 清史稿 [M]. 北京：中华书局，1977.

[2] [清] 宫懋让等修. 诸城县志. [M]. 乾隆二十九年（1764）刻本.

[2] 朱亚非. 明清山东仕宦家族与家族文化 [M]. 济南：山东人民出版社，2009.

[3] 《诸城日报》社等. 诸城名人 [M]. 济南：齐鲁书社，2003.

[4] 臧励和等. 中国人名大辞典 [M]. 北京：商务印书馆，1998.

[5] （美）艾尔曼著、赵刚译. 《经学、政治和宗族中华帝国晚期常州今文学派研究》[M]. 江苏：江苏人民出版社，1998.

[6] 窦光鼐. 先府君行状.

[7] 窦光鼐. 先太夫人行状.

[8] 窦汝翼等. 府君行述.

诸城东郭窦氏家风家学

于少飞　陶　静

山东师范大学齐鲁文化研究院

摘　要：良好的家风家学传统是维系一个家族长久不衰的精神纽带。诸城东郭窦氏家族自始祖窦思道迁至诸城以来，经过十几代人的共同努力，形成了清正廉洁、勤政爱民的为官之道，积德行善、淡泊名利的处世风格，忠君守义、孝悌睦邻的为人之本，学贵有用、读书继世的家学传统和知书明理、不堕家声的女眷风范，其影响可谓惠及后世，彪炳史册。

关键词：诸城；东郭窦氏；家风；家学

自古以来，家族都十分重视家风家学的传承，正如钱穆先生在《略论魏晋南北朝学术文化与当时门第之关系》一文中提到："一个大门第，决非全赖于外在之权力与财力，而能保泰盈达于数百年之久，更非清虚与奢汰，所能使闺门雍睦，子弟循谨，维持此门户于不衰……他们所希望于门第中人，上自贤父兄，下至佳子弟，不外两大要目：一则希望其能具孝友之内行，一则希望其有经籍文史学业之修养。此两种希望，并合成为当时共同之家教。其前一项之表现，则成为家风，后一项表现，则成为家学。"①　良好的家风家学传统是维系一个家族的精神纽带。

山东诸城为帝舜故乡，自古以来诞生了许多著名的文化世家，东郭窦氏家族便是诸城文化史上十分有影响力的一个大家族。自始祖窦思道于明朝初年从山海关迁至诸城，东郭窦氏已逾六百年，期间繁衍生息，后裔遍及诸城、安丘、五莲、胶州以及曲阜、徐州等地，是山东地区闻名遐迩的名门望族。东郭窦氏初以耕织为业，至五世窦岭入岁贡生，窦氏始以官宦和学行立世，成为书香门第。据相关统计，至清末，东郭窦氏家族共涌现出进士三人、举人三人、贡生六人、庠生七十四人，还有许多不堕家声的女性人物，在家族教育和文化传承方面发挥了重要作用。正如张崇玖《东郭窦氏族谱序》所云："东郭窦氏自有史以来，名人志士，文人墨客，成寄情山水，广交天下朋友；成相互结社，赋诗论文，以文会友；或设帐授徒，课教子孙，著为立说，以诗为继世；或做官清廉，勤政为民，造福一方。

---

①　钱穆：《略论魏晋南北朝学术文化与当时门第之关系》，《中国思想史学术论丛》卷三，合肥：安徽教育出版社 2004 年版，第 159 页。

……继祖宗以忠厚传家，以耕读立世之优良传统，扬窦家好学上进，一身正气之善美家风。"① 东郭窦氏家族先人在为人处世方面以身作则，为后人树立了良好的风范，后人也不辱家声，追慕先贤，恪守祖训家风，为家族的发展做出了独特贡献。研究东郭窦氏家族家风与家学，对于加深我们对东郭窦氏家族以及中国家族文化的了解有重要的价值。有鉴于此，本文拟从为官之道、处世风格、立身之本、家学传统和女眷风范等五个方面探究东郭窦氏家族家风与家学，以期对中国家族文化的研究有所助益。

一、清正廉洁、勤政爱民的为官之道

正如周春辉在《论家风的文化传承与历史嬗变》一文中所说："在以农立国的中国传统社会，一般家族或家庭都为'以农为本'的观念所支配。重视教育和农业生产的'耕读之家'自然就成为传统家庭文化模式的基本类型，并由此而形成了以勤俭刻苦为本、以耕读传家为追求样式的典型家风。世家大族虽然对'耕读传家'也多有标榜，但从事农业生产并不是他们生活的真实追求。其家训中的相关内容主要是用来告诫子孙不忘祖先创业艰难的敬祖之意，体现其'丰家成业''养德致远'的美好愿望。"② 东郭窦氏家族初以耕织为业，至明嘉靖年间五世窦岭、六世窦昂、窦诚皆以岁贡任教授，从此成为书香世族，诞生了许多仕途显达之人，如十一世窦栋、十三世窦光鼐、十四世窦汝翼等等。他们秉承着先辈塑造形成的爱民敬民、清廉尚俭的良好家风，为官清廉，勤政爱民，奠定并巩固了窦氏家族的为官之道。

（一）清正廉洁、持身严正

《三字经》有云："窦燕山，有义方，教五子，名俱扬。"③ 窦燕山（约 872—956），即窦禹均，蓟州渔阳（今河北蓟县）人，五代时期窦氏家族的著名人物。他家业丰裕，心地善良，经常救济穷苦百姓。他十分看重子孙的品学修养，把全部精力用在家庭教育上，广建书房，购书千卷，并聘请德才双全之士为师授业。五个儿子聪颖早慧，文行并优，时人赞为"窦氏五龙"。

东郭窦氏始祖窦思道正是窦燕山之子窦仪的后裔。据史料记载窦仪于后晋天福年（936—944）间中进士，任侍卫军师景延广记室，延广后历任滑、陕、孟、郓四镇，窦仪一直"并为从事"。五代后汉隐帝刘承祐元年（947—950），窦仪升为右补阙、礼部员外郎，周广顺初年（951）改为仓部员外郎，旋升为翰林学士。宋太祖初年（951—964）历驾部郎中，给事中。窦仪为官十分清正，不徇私枉法，更不为人情事故所左右。显德三年（956）

---

① 张崇玖：《东郭窦氏族谱序》，民国二十二年《窦氏族谱》，第 199 页。
② 周春辉：《论家风的文化传承与历史嬗变》，《中州学刊》，2014 年第 8 期。
③ 马金亮：《三字经·百家姓·千字文·弟子规译注》，上海：三联书店，2013 年版，第 4 页。

二月，宋太祖初克滁州，窦仪奉命清点滁州的公库财物，并登记造册。后太祖派亲吏来索取库中的绢帛，窦仪严词拒绝，认为太祖如果在初入滁州倾尽库藏犒劳军士之时索取绢帛，则无人敢言，但如今既然已经将财物登记入册，即为公共财物，非诏令不可外取。宋太祖听了十分敬重窦仪，并命人将此事传知各地官吏，以窦仪为标榜。同时期的范质曾赞其"清介重厚"。窦仪身上这种持身严正、清正不阿的精神奠定了窦氏家族的为官之道，为后世子孙树立了榜样。七世窦钦于隆庆三年（1569）入恩贡，万历三年（1575）授河南省武陟县知县，敕授文林郎。窦钦为官廉谨，任职期间对于作奸犯科之人严惩不贷。他"专用儒术，长育百姓"，多施惠政，深受百姓爱戴，百姓为其建祠，并立功德碑。《诸城县志》载，"自唐以后，守令有祠在武陟者，惟李育德、张宽、王玺、谭鲁、任芹及钦六人"①，由此可见窦钦在百姓中的威望很高。

东郭窦氏自五世窦岭入岁贡生而成为官宦世家，至十一世窦光鼐位高权重，使得东郭窦氏家族的仕宦之途达到顶峰。窦光鼐是东郭窦氏家族最显赫的人物之一，他于乾隆七年（1742）中进士，选庶吉士，散官授编修，官至左都御史、上书房总师傅，三次督浙江学政。窦光鼐立朝五十余年，风节挺劲，无所阿附，深得清高宗器重。他以文入仕，曾为嘉庆太子的老师，有"文官御始祖，一代帝王师"的盛誉。窦光鼐为官十分清正廉洁，孤直一介，从不妄取百姓财物。乾隆十八年（1753）任河南学政之时丁母忧，窦光鼐归家守孝，安葬好母亲之后便向邻人借屋居住，不取百姓分毫。乾隆二十六年（1761），窦光鼐奉命祭告南海，地方官吏馈送当地名物特产，窦光鼐皆婉言却之。乾隆三十二年（1767），父亲窦诜病逝，窦光鼐归家治丧守孝，时人以重金相送，窦光鼐悉却之不受。尝曰："吾自通籍至京兆，未尝受人财，岂以亲殁为利乎？"② 窦光鼐虽三为浙江学政，但宦资十分空乏，其著述的刊印及阅卷等事常常需要扶助才能完成。《东皋府君行述》载其"平居以廉洁持躬，以方严植品孑然孤立，人皆知之，亦无敢干以私者"③。乾隆皇帝曾赐诗曰，"两浙山川常毓秀，诸生越旦汝司文。从来士习民成俗，勖彼行知尊所闻。见外发中务清正，涵今茹古去织蔘。曰公似矣曰明要，吁俊纾予一念殷"④，赞其为官清正。可以说，窦光鼐将窦氏家族清正廉洁的为官之道发挥到了极致。在父亲的影响之下，窦光鼐之子窦汝翼于乾隆四十三年（1778）中进士，改翰林院庶吉士，授宗人府主事，以清勤著称。父子双双入翰林，以清正廉洁扬名海内，为世人所敬仰。

---

① （清）宫懋让修，李文藻等纂：《乾隆诸城县志》，《中国地方志集成 38·山东府县志辑》，南京：凤凰出版社，2004 年版，第 224 页。
② （清）宫懋让修，李文藻等纂：《道光诸城县续志》，《中国地方志集成 38·山东府县志辑》，南京：凤凰出版社，2004 年版，第 395 页。
③ （清）窦汝翼等：《东皋府君行述》，民国二十二年《窦氏族谱》，第 127 页。
④ （清）窦汝翼等：《东皋府君行述》，民国二十二年《窦氏族谱》，第 129 页。

（二）勤政爱民、为民请命

如果说"清正廉洁"是为官的准则，侧重的是自我修养，那么"勤政爱民"则更能体现出为官的价值。东郭窦氏家族自五世窦岭始，世代不乏心系百姓、爱民如子的循良廉吏。他们以民生为重，大胆地为民请命，充分表现出一个官宦家族的良好传统。

七世窦钦于万历初年任河南省武陟县知县，在职期间他"哀民生之多艰"，多施惠政，带领百姓开垦荒田数百顷，安抚逃难的百姓数百户，审平徭役，厘清里甲制度中的弊端，可谓真正做到了"与民生息"。窦钦的这种与百姓休戚与共的精神，受到了百姓的拥护和爱戴。在他离开之后，百姓愈发地思慕他。

十三世窦光鼐也是位爱民如子的好官。乾隆二十九年（1764），窦光鼐任顺天府尹，适时城郊蝗灾十分严重，窦光鼐冒雨督捕，因旗庄拒绝出夫协助捕蝗，大胆上疏，言："近京州县多旗地嗣后，捕蝗民为旗地佃民，当一体拨夫应用。"① 乾隆皇帝听从了他的建议，但直隶总督杨廷璋坚决反对，窦光鼐与之力辩，最终获罪降职。窦光鼐这种不惜一切代价为民请命的精神值得后人尊重，其子窦汝翼在回忆父亲时曾说道："府君任府丞十有三年，每逢公事，必认真办理，尝语不孝等曰：'古人云一命之荣于人必有所济，当官者不可忽此言。'"② 乾隆四十九年（1784）春，圣驾六巡浙江时曾赐诗："士习民风首，端方系厥司。况兹文盛处，所重行修时。熟路轻车试，迪人克已为。前车应鉴己，自立尚勤思。"③ 这是对窦光鼐勤政爱民最好的肯定。

十四世窦汝钧以诸生受例，任砀山主簿，后加升通判，补扬州下河通判。适时洪湖暴涨，窦汝钧奉命开启南关大坝宣泄湖水。而彼时恰逢稻子成熟期，沿途居民以此为由请求暂缓开坝泄水，遭到许多官吏的反对。窦汝钧却以为："治河以救民，忍害民乎?"④ 于是出私钱雇用农夫昼夜防守，直到全部稻田收割完之后才下令开坝，百姓十分感激他的恩德。嘉庆十八年（1813），窦汝钧赴徐州剿匪，后补桃南通判，十余年间屡筑河堤，功德显赫。后受荐加同知衔，因有功加知府衔。适时清水河泛滥，灾害蔓延至桃源城，窦汝钧听了立即前往勘查灾情。其间有人劝阻他，以为这是县令管辖范围之内的事情，窦汝钧此举实属越职。但窦汝钧并不理会，带着大量钱财迳渡桃源，悬赏勇夫守卫杜门，构筑鸡堞，将粮食分济于兵民。窦汝钧以实际行动践行着先人传承下来的"爱民敬民"的家风官风。

（三）不畏权贵、求实求真

清正廉洁和勤政爱民是为官者的基本准则，没有这两种精神，则无法称之为官。而面

---

① （民国）赵尔巽：《清史稿》卷三二二，北京：中华书局 1977 年版，第 36 册，第 10792 页。

② （清）窦汝翼等：《东皋府君行述》，民国二十二年《窦氏族谱》，第 135 页。

③ （清）窦汝翼等：《东皋府君行述》，民国二十二年《窦氏族谱》，第 137 页。

④ （清）宫懋让修，李文藻等纂：《道光诸城县续志》，《中国地方志集成 38·山东府县志辑》，南京：凤凰出版社，2004 年版，第 395 页。

对仕途的坎坷和金钱权利的诱惑，能否保持一颗诚心，则是一个为官者最根本的原则。东郭窦氏家族的为官者在富贵名利、威逼利诱面前，坚持自己的原则，以诚为本，求真求实，不畏权贵，遵循本心，既履行了一个为官者的责任，又无愧于心。

窦氏家族初以耕织为业，自五世窦岭入仕以来，在为官之道上多遵循儒家温柔敦厚的原则，与民为善。但面对奸邪之人，窦氏家族的为官者表现出了侠义的一面，甘冒着得罪权贵的风险，也要还百姓一个公道，伸张正义。这一点在窦光鼐身上得到了很好的体现。乾隆二十九年（1764），窦光鼐任顺天府尹，前任顺天府尹任职期间，听从书吏，高下其手，使得弊端丛杂。窦光鼐到任后，与裘文达同心协力整治吏弊，将书吏王简等严格依法惩治，凡州县之贪婪不称职者，一律奏请交部办理。

窦光鼐在五十余年的仕途生涯中办了几件重大的案子，由此树立了他不畏权贵、刚正不阿的清官形象。乾隆五十一年（1786），窦光鼐第二次任浙江学政，奉乾隆皇帝之命彻查浙江省各州县仓库亏空的案件。他在调查中发现平阳、嘉兴、海盐三县存在严重亏空的现象，后又发现平阳知县黄梅在为母亲治丧期间演戏，又借弥补亏空为名，横加科敛，中饱私囊，罪行累累。乾隆皇帝派大臣阿桂等协同调查此案，众臣所查与窦光鼐所奏不符，乾隆皇帝因此以窦光鼐"乖张督乱"[1] 而夺其职。但是窦光鼐顶住权贵的压力，亲自赶赴平阳县调查，最终搜集到民间证据，案件才得以水落石出。这一案件牵扯人员众多，包括皇帝委派查案的大臣，但即便如此，窦光鼐仍坚持实事求是，力争到底。其不惧权贵、刚倔正直的品质，深得民心，也获得了乾隆皇帝的赞誉。乾隆二十六年（1761），窦光鼐上《申明事主盗贼杀伤例案疏》，指出："臣于秋谳两议时，与刑臣陆续签商，其有关罪名出入者计十二案，而盗贼事主之案居其八。"[2] "仰祈皇上特降谕旨，通饬内外问刑衙门凡遇盗贼事主杀伤案件，一遵钦定本例及议准新例画一办理，则例案不致两歧，而盗贼愈加敛戢矣。"[3] 窦光鼐力图纠正死刑误判，破除因循成案的倾向，以便严格依照律例规定定罪量刑。这种作法也是他不畏权贵、求真求实精神的重要体现。乾隆六十年（1795），80 岁高龄的窦光鼐被任命为恩科会试的正总裁。浙江归安的王以铻、王以衔兄弟高中前两名，引得人们议论纷纷，而一直与窦光鼐有隙的和珅趁机参奏窦光鼐徇私枉法，并搜寻"证据"，最终以王以铻的试卷"疵累甚多"为由，停其殿试资格，窦光鼐则被降为四品。后因王以衔参加殿试高中"状元"，窦光鼐才得以洗刷罪名。窦光鼐坚持以文取士、公平竞争的原则，在担任学政期间，多次亲自巡查岁试情况，不假手他人，以真才实学取士，为社稷选拔人才，充分显示出一个文官应有的素养和品质。

---

① （民国）赵尔巽：《清史稿》卷三二二，北京：中华书局 1977 年版，第 36 册，第 10793 页。
② （清）贺长龄：《清经世文编》卷九十二刑政三，清光绪十二年思捕楼重校本。
③ （清）贺长龄：《清经世文编》卷九十二刑政三，清光绪十二年思捕楼重校本。

窦光鼐"生平不讲学而躬行尤严，析义利而要之以毋自欺。立朝五十余年，揭揭然柴立无所顾"①。《东皋府君行述》载其："每届发案之期，日以继夜，灯烛达旦，时作对语示不孝等，曰：'文章千古求其是，夙夜一心惟不欺。余不负此言也。'"② 又载其尝与晚辈云："余本山左孤寒，赋性迂拘，幸际昌期，蒙皇上格外优容，体恤超越寻常，吾夜自思，惟有不欺心，存天理，矢心冰洁以仰报天恩栽培。曲成之至意，又曰总宪之官言责綦重尽职维艰，为大臣者，若以风闻不实之事入告，是为沽名鬻直，吾不为也。"③ 这是对窦光鼐不畏权贵、追求真相这一精神品质最好的诠释。

孟子云："天下之本在国，国之本在家。"④ "家"是涵育民风、官风的基本单位。东郭窦氏的为官者无论官职高低，无论任职长短，都能够做到始终如一。对待政务清正廉洁，对待百姓爱其如子，遇事刚正不阿，只求无愧于心，可谓鞠躬尽瘁死而后已。东郭窦氏家族通过不懈努力，塑造出了一个量多质优的仕宦群体，其清正廉洁、爱民如子的为官之道不仅为百姓带来了福利，耀及朝野，其影响更是惠及后世，彪炳史册。

二、积德行善、淡泊名利的处世风格

如果说为官之道能体现出一个家族在仕宦道路上的智慧，那么为人处世体现出的则是整个家族的大智慧。东郭窦氏自始祖窦思道以来，秉承着窦燕山忠厚传家、积德行善的良好传统，深谙处世之道，与人为善，乐善好施，重视对百姓的教化，发展教育以厚风俗，而面对金钱和权利又能表现出淡然处之的态度，使得整个家族在入仕与出仕之间游刃有余，可谓慎终追远。

（一）乐善好施、淡泊名利

乐善好施、积德行善是中华民族的传统美德。《易经》云："积善之家，必有余庆；积不善之家，必有余殃。"⑤ 东郭窦氏族人不论当官与否，都心系百姓，与人为善。正如《窦氏家文》中所提到的"聚财济穷困"，乐善好施是东郭窦氏家族一直以来尊奉的良好传统。

十一世窦宏祚入仕之前即心系百姓，常常顾大家而忘小家。康熙四十三年（1704）灾荒泛滥，大批饥民蜂起为盗，劫掠衣粮。官吏捕获数十人，将按律法施之以刑，窦宏祚力为其乞免，以为饥民是因为走投无路才不得已沦为盗贼，为官者应当体谅他们，而不应该施以重刑，其善心可见一斑。

十二世窦良天性善良，不仅对父母兄弟敬爱有加，对下人奴婢也是十分爱护。《山东通

① （清）孙葆田等：《山东通志》，华文书局股份有限公司，1969年版，第5028页。
② （清）窦汝翼等：《东皋府君行述》，民国二十二年《窦氏族谱》，第138页。
③ （清）窦汝翼等：《东皋府君行述》，民国二十二年《窦氏族谱》，第140页。
④ （战国）孟轲著；杨伯峻，杨逢彬注译：《孟子》，长沙：岳麓书社，2000年版，第120页。
⑤ 梁海明：《易经》，太原：山西古籍出版社，2000年版，第23页。

志·列传》记载他没有尊卑贵贱之分，对府中的下人一视同仁，以礼待之。据史料记载他还悉心为女奴挑选良婿，曾有人以厚金求其女奴为妾，窦良拒而不与。善良的美名遍及乡里，窦良于乾隆六年（1741）举善人。十三世窦光彝生性迟钝，沉潜于读书学习。因为痛心于父亲长年疾病缠身，他苦心钻研岐黄之术，并常常积蓄药物以救济贫病的百姓，惠泽乡里，百姓对其感恩戴德。先人的行善之举对后世的楷模作用与后世对先人的追慕互为浸染，使得东郭窦氏家族乐善好施、积德行善的传统代代相传，泽被后世。

生性善良之人，内心丰富而满足，往往对名利的得失看得更为平淡，表现出淡泊名利的性格特征，这也是窦氏族人的优秀品质。以十二世窦诜为例，窦诜幼年家贫，勤勉好学，善于属文，但两次应试均名落孙山。乾隆九年（1744）中举人时已年近六旬。窦诜生性泊然，居贫数十年，虽有俸禄，但仍然时时典当家中物品以维持生计，未尝一钱苟取于他人。他生性友善，不慕荣利，广交天下友人，皆以诚相待。其子窦光鼐《先府君行状》中载其"随材质高下，多所成就，有来就正者，批阅指示，逞逞各有所得"①。他自己"不获仕，不能有功泽汲人，顾念夙者读书之艰难"，时常勉励并帮助后进。是时卖文之风颇为流行，与窦诜同时期的文人多以卖文获利为生，而窦诜独不以为然。时有乡人以文章求于窦诜，窦诜听后淡然一笑，曰："吾固遇士，安能为此商贾之行乎？"足显其淡泊名利的品质。

（二）重视教化，奖掖后进

儒家重视对百姓的教化和引导，主张以德服人，而辅之以刑，正如孔子所云："道之以政，齐之以刑，民免而无耻；道之以德，齐之以礼，有耻且格。"②《礼记·经解》云："故礼之教化也微，其止邪也于未形。"③ 东郭窦氏家族一直以来十分重视对百姓的教化，不论是为官还是不为官，都致力于奖掖后进，注重人才的培养。

如前文所述，窦燕山十分重视对子孙的教育。在他的悉心培养下，五个儿子先后登科及第，光耀门楣。窦燕山的挚友冯道曾赋诗一首云："燕山窦十郎，教子有义方。灵椿一株老，丹桂五枝芳。"这里所说的"丹桂五枝芳"，是对窦燕山"五子登科"最好的颂扬。窦燕山之子窦仪继承了父亲的这一精神，任职期间多次提议进行教育改革，重视人才的培养。此后，东郭窦氏家族在重视教育和人才选拔方面做出了积极的努力。六世窦昂于嘉靖年间入岁贡，授冀州训导。在职期间为冀州选拔俊士数十人，他还亲自安置官舍，为其延师授课，每日督勉，从不怠倦。七世窦钦为官廉谨多惠政，百姓为其立公祠，并于功德碑上简略记载了他的政绩，曰："武陟，怀庆之剧邑也，为吏者患其强悍难治，争为深文峻法以强

① 国家清史编纂委员会：《清代诗文集汇编》卷三四七《省吾斋古文集》，上海：上海古籍出版社，2010年版，第336页。
② 张燕婴：《论语》，北京：中华书局2007年版，第13页。
③ 崔高维：《礼记》，沈阳：辽宁教育出版社1997年版，第172页。

督之，人遂以为武陟，然深刻不能治。公独先教化而后诛罚，方下车即捐俸金修学校，演祖宗之训，以六行图说，褒崇节义，以厚风俗。"① 其育化百姓的努力可见一斑。八世窦如洙博通经史，由岁贡授江西安福训导，在当时以善教著称。

窦光鼐继承了先辈重视教化、奖掖后进的优秀传统。乾隆十五年（1750），窦光鼐充任山西副考官，所得贤士共六十人，其中有后任河道总督的兰素亭和原任曹州守的张在等人，皆以清廉名于世。乾隆二十年（1755），窦光鼐第一次任浙江学政，"以端士习为先，以正文风为务，所延幕宾皆一时名彦，若刘圃三、褚筠心辈，矢公矢慎，审别殿最，不差毫厘"②。乾隆四十八年（1783），窦光鼐第二次任浙江学政，所延幕宾皆是各省名士，甚至不惜以厚金聘请，而"诸生之优劣，童生之去取，府君必亲手批示得失"③。乾隆六十年（1795）窦光鼐主持恩科会试时，不徇私舞弊，坚持公平竞争、以能力取士的原则，也是他重视教育、重视人才选拔的重要表现。

东郭窦氏家族以至善为最高追求，乐善好施，恩泽惠及百姓，又"不汲汲于富贵，不戚戚于贫贱"，安贫乐道，淡泊名利，充分表现出一个世家大族的气度与胸怀。同时东郭窦氏自先祖以来十分重视对百姓的教化，重视人才的培养，可谓继承了儒家"美教化"的圣贤之旨，在营造良好民风民俗方面做出了一定贡献。

三、忠君守义、孝悌睦邻的为人之本

建于清代嘉庆年间的东郭窦氏祠堂"忠昭堂"，是为了纪念窦燕山长子窦仪及其三子而建，寓意做人要忠心，对人要忠诚，两边立柱书有"忠厚传家，诗书继世"八个大字，是窦氏家族一直以来恪守的家训。东郭窦氏家族遵循着先辈留下来的"忠厚传家"的传统，在个人方面严于律己、忠君守义，在维系家庭和睦方面孝顺夫妇、友爱兄弟、邻里和睦、与人为善，真正做到了儒家"仁、义、礼、智、信"的信条，为整个窦氏家族带来了盛誉。

（一）忠厚传家、节义为本

"忠厚"，即忠心笃实，是每个人都十分看重的优秀品质。它是一个人走向成功的基石，是一个家族立业的根基。"忠厚"对于个人品德修养，规范人们的行为准则，端正不良的社会风气，具有积极的社会功能，也是中华民族的优良传统。正如王永平在《六朝江东世族之家风家学研究》一书中所说："'忠'是儒家学说中的一个重要的范畴，是儒学士大夫必须在道义上普遍遵守的人生准则和必须具备的精神品格。"④ 而"所谓'厚'者，一般可以

---

① （清）宫懋让修，李文藻等纂：《乾隆诸城县志》，《中国地方志集成 38·山东府县志辑》，南京：凤凰出版社，2004 年版，第 224 页。

② （清）窦汝翼等：《东皋府君行述》，民国二十二年《窦氏族谱》，第 128 页。

③ （清）窦汝翼等：《东皋府君行述》，民国二十二年《窦氏族谱》，第 138 页。

④ 王永平：《六朝江东世族之家风家学研究》，南京：江苏古籍出版社 2003 年版，第 68 页。

依字面理解为敦厚、忠厚，情调该家族重'德义'。"① 作为一种最起码的道德标准，"忠厚"历来被人们所称赞，东郭窦氏家族在这一方面有不俗的表现。

一个人是否忠厚首先表现在能否做到严于律己。六世窦昂致仕之后，家居近二十年，时常参加乡中的九老会。会中有人想要招呼歌妓服侍，窦昂十分决绝地说："吾辈忝在士夫列，当正身家教，此属贱人，一入门则家范扫地矣，吾何以训阿钦也?"② 窦昂严格要求自己，为子孙树立了榜样。其子窦钦也继承了父亲的优秀品格，忠厚老实却刚直有力，严于自律，一言一行都十分注重维护家族的荣誉。

忠心常用来指臣对君的忠贞不贰，这在东郭窦氏这样一个仕宦大族中是十分普遍的，以十三世窦光鼐为例。窦光鼐为人忠厚笃实，《国朝先正事略》载其"因事纳忠无伪言"③。虽因上疏直辨而被降职，却依然不改正直作风，刚正不阿。他立朝五十余年，深受帝王信任，窦光鼐对此也是十分感恩。他常对后人说："寒士遭逢圣恩，稠叠荣幸之至，实出望外，余恭荷之，尔子孙慎守之，勉图成立，竭忠效力，即不负主上矣。"④ 足见他对皇帝的忠心，对圣恩的感激。窦光鼐性尚俭约，无金玉锦绣之喜好，即使只有一衣一饭，必告诫子孙要惜福。

东郭窦氏家族先辈们开创了忠厚传家的优良传统，并致力于以家教的形式将这一传统世代传承下去。以十二世窦诜为例，他十分注重对子孙的教育，希望把先祖传下来的忠厚之道传给后世子孙。窦光鼐《先府君行状》载其"日课不孝以节养"⑤，又常常"举《大学》注'忠信'二义，云勉行此可以终身"⑥，"治举子业，有传言不孝持论好异者，府君手书责之，寄《家训》一卷，以为警其"⑦，足见其对传承忠厚之义的重视。在做人方面，窦诜不厌其烦，以实际行动言传身教，他常说："君子用情处事皆制以义理，不可迳情任意至于失节。"⑧ 他的谆谆教诲对窦光鼐等人产生了重要的影响。

---

① 王永平：《六朝江东世族之家风家学研究》，南京：江苏古籍出版社 2003 年版，第 114 页。

②（清）宫懋让修，李文藻等纂：《乾隆诸城县志》，《中国地方志集成 38·山东府县志辑》，南京：凤凰出版社，2004 年版，第 223 页。

③（清）李元度纂，易孟醇点校：《国朝先正事略》，长沙：岳麓书社，2008 年版，第 1214 页。

④（清）窦汝翼等：《东皋府君行述》，民国二十二年《窦氏族谱》，第 142 页。

⑤ 国家清史编纂委员会：《清代诗文集汇编》卷三四七《省吾斋古文集》，上海：上海古籍出版社，2010 年版，第 336 页。

⑥ 国家清史编纂委员会：《清代诗文集汇编》卷三四七《省吾斋古文集》，上海：上海古籍出版社，2010 年版，第 336 页。

⑦ 国家清史编纂委员会：《清代诗文集汇编》卷三四七《省吾斋古文集》，上海：上海古籍出版社，2010 年版，第 336 页。

⑧ 国家清史编纂委员会：《清代诗文集汇编》卷三四七《省吾斋古文集》，上海：上海古籍出版社，2010 年版，第 336 页。

（二）以孝为先、兄友弟恭

"百善孝为先"是中华民族的传统美德。正如孔子所云："君子务本，本立而道生。孝悌也者，其为仁之本与?"① 孝是一个人行立于世的根本。而孝顺父母又和友爱兄弟紧密联系在一起，共同构成了中华民族的"孝悌"之道。这两点都在窦氏子孙身上显露无遗。

九世窦瓒机以孝行闻于族党，四十七岁去世，其子窦长琰继承了父亲孝亲的传统美德，侍奉祖父十分恭敬严谨。《诸城县志·列传》载其"夜侍寝祖榻侧木凳上，不归私室者十年"②。有人劝他可以让奴婢侍奉祖父，自己大可不必这般辛苦，但窦长琰回答说："奴辈何足恃，倘老人中夜呼不时至，恐吾父不瞑目地下也。"窦长琰兄弟之间的相处更是恭敬友好，互帮互助，"兄有心疾，荡家产且尽，长琰处之怡然，更分己产与之"③。十二世窦良生性"孝友"，每当父母生病，他都侍奉左右，"号泣侍汤药数月，无少倦"④。对待兄弟，窦良也是十分恭敬友爱，他亲自经营家业，躬耕生产，资助兄弟五人读书，他的同族兄弟窦朴死后无子为其安葬，窦良在家中为其殡殓，并出钱安葬了他。十一世窦宏祚九岁失怙，与兄弟几人亲自躬耕，奉养母亲。后来家业稍有起色，田业比其他兄弟丰厚，窦宏祚毫不吝啬，"割半以与兄弟"⑤。窦宏祚之子窦诜继承了祖辈留下来的孝悌友爱的优秀传统，天性至孝，时常受到父亲窦宏祚的赞扬，窦宏祚尝对别人说："先人以孝传五世，能继之者此子也。"⑥ 对窦诜的孝行评价甚高。窦诜不仅孝顺父母，而且对兄弟十分友爱，老而弥笃。窦光鼐继承了族人笃爱兄弟、敦睦家族的传统。窦光鼐的二叔窦光钺、三叔窦光册都先于窦光鼐的父亲窦诜去世，留下的子嗣都十分年幼，孤贫无以自立，窦光鼐捐俸为他们延师授课。后来听闻窦汝瑛、窦汝廷入学为生员，窦光鼐深感欣慰，以为二弟三弟终于有子嗣可以传继香火。

窦光鼐之后，窦氏家族也出了几个"孝友"的典型代表。窦廷桂孝顺父母，"族中不能婚葬者辄资助之"⑦。十五世窦可楠幼年家中十分贫困，他孝敬继母，以孝著称于时。嘉庆

---

① 张燕婴：《论语》，北京：中华书局 2007 年版，第 2 页。

② （清）宫懋让修，李文藻等纂：《乾隆诸城县志》，《中国地方志集成 38·山东府县志辑》，南京：凤凰出版社，2004 年版，第 224 页。

③ （清）宫懋让修，李文藻等纂：《乾隆诸城县志》，《中国地方志集成 38·山东府县志辑》，南京：凤凰出版社，2004 年版，第 224 页。

④ （清）宫懋让修，李文藻等纂：《乾隆诸城县志》，《中国地方志集成 38·山东府县志辑》，南京：凤凰出版社，2004 年版，第 278 页。

⑤ （清）宫懋让修，李文藻等纂：《道光诸城县续志》，《中国地方志集成 38·山东府县志辑》，南京：凤凰出版社，2004 年版，第 415 页。

⑥ （清）宫懋让修，李文藻等纂：《道光诸城县续志》，《中国地方志集成 38·山东府县志辑》，南京：凤凰出版社，2004 年版，第 412 页。

⑦ （清）宫懋让修，李文藻等纂：《道光诸城县续志》，《中国地方志集成 38·山东府县志辑》，南京：凤凰出版社，2004 年版，第 421 页。

六年（1801）捻匪攻进了窦可楠的家乡，窦可楠背着继母逃走，却不幸被匪徒追上。匪徒欲将其掳走，窦可楠对其说道："我若是随了你去，我的母亲将要依靠谁来生活呢？"匪徒听了，割下他一只手愤然离开。窦可楠勉强站起来，用一只手扶着继母走回了家，次日便去世了。

东郭窦氏家族在为人行事方面践行着先人"忠厚传家"的优良传统，并以实际行动将其世代传承下去，形成了卓耀后世的不朽家风。

四、学贵有用、读书继世的家学传统

家学，顾名思义即是一个家族传家世袭的学业。正如有的学者所言："古人习一业，则累世相传，数百年不坠。盖良冶之子必学为裘，良弓之子必学为箕，所谓世业也。"① 陈寅恪先生认为："东汉以后学术文化，其重心不在政治中心之首都，而分散于各地之名都大邑。是以地方之大族盛门乃为学术文化之所寄托。中原经五胡之乱，而学术文化尚能保持不坠者，固由地方大族之力，而汉族之学术文化变为地方化及家门化矣。故论学术，只有家学之可言，而学术文化与大族盛门常不可分离也。"② 诚如陈先生所言，名门望族确实是中国各种学术文化传承的主要载体，尤其到了明清之际，世家大族在传承学术文化传统方面扮演着十分重要的角色。从家族角度来看，正如陈先生在《唐代政治史述论稿》中所说："所谓士族者，起初并不专用其先代之高官厚禄为其唯一之表征，而实以家学及礼法等标异于其他诸族"，"夫士族之特点既在其门风之优美，不同于凡庶，而优美之门风实基于学业之因袭。故士族家世相传之学业与当时之政治社会有极重要之影响。"③ 家学传统对于一个家族来说具有十分重要的意义。

诸城东郭窦氏家族是清代山东有名的世家大族，积淀十分深厚。自窦燕山父子始，便立下了"诗文继世"的家训。窦氏家族后人继承了先人这一传统，自五世窦岭始以经业立世，诞生了很多博闻强识、通经涉史的文化名人。窦昂好经学，尤精于《易》。窦诚嘉靖二十三年（1544）入岁贡，潜心于书史，日夜诵读，常以灯焰燎壶热酒，对灯读书不辍，十分刻苦。窦长琰嗜学如命，闭门读书，经岁不出户，著有诗、词集数卷，同时李澄中称其"登山谷、淮海、堂奥"④。窦诜博文通达，善于属文，受知于北平黄叔林，精通治乱大义，

---

① （清）赵翼著，王树民校正：《廿二史箚记》，中华书局 1984 年版，第 100 页。

② 陈寅恪：《金明馆丛考初编·崔浩与寇谦之》，上海古籍出版社 1980 年版，第 131 页。

③ 陈寅恪：《唐代政治史述论稿》，《隋唐制度渊源略论稿·唐代政治史述论稿》（合订本），北京：三联书店，2001 年版，第 260 页。

④ （清）宫懋让修，李文藻等纂：《乾隆诸城县志》，《中国地方志集成 38·山东府县志辑》，南京：凤凰出版社，2004 年版，第 224 页。

著有《与知录》数卷，时人赞其"有国士之目"①。他重视传承圣贤之旨，主张学贵有用，尚实而反虚无。窦锡类笃行励学，犹精于诗、古文、词，著作甚富。在这些人中，尤以十三世窦光鼐最为闻名。

窦光鼐学问精湛，文词清古，与纪文达、朱文正、翁方纲等文学名流在朝主持文运三十年，极有造诣，对清代文化的发展影响颇深，有《省吾斋诗稿》《省吾斋文集》等著作传世。窦光鼐受其父影响极深，其《先府君行状》载其父窦诜"初留意选学，尤工制艺，后乃覃思古圣贤之学，博落慎取，务自得之，以不自欺为本，而推及于人，尝考研宋五子之书，绝去门户意见，曰儒者之言，各有得失，要折中于圣人，毋徒随人耳食也。又尝谓先儒训诂，苦为说者所部乱，故说书务析白文，依类征引经训，于人人共晓而止"②。窦光鼐继承了祖辈流传下来的家学传统，制艺发挥圣贤义理，自成一家。与父亲窦诜在治学传统方面可谓一脉相承。在诗文方面，窦光鼐致力于秦汉唐宋古文大家，而约六经以成文，尤精制艺。常与王守溪、唐荆川、茅鹿门、归震川等名家相较高下。

窦光鼐继承了祖辈流传下来的"学贵有用"的家学传统，《国朝先正事略·窦东皋先生传》载窦光鼐："尝言：'学贵有用，如昌黎折王庭凑，阳明平宸濠，乃真学问。'故于书无所不窥，而风节尤挺劲，司文枋所取，皆知名人士，每试牍闱艺出学者，奉之如泰山北斗。诗宗少陵，古文法退之，制艺如古传注，深得立言之旨……论诗谓'渊源《三百篇》，近人有赋而无比兴，此诗之所以衰也'。"③ 清代学者王昶《蒲褐山房诗话》载："先生（窦光鼐）性情伉直，遇事敢言，而尤以文学受知大考，翰林第一，不两载闻晋内阁学士，直南书房，屡荷文衡之命。……先生自谓独契圣贤之旨，故于宋儒所言指斥不遗余力，闻者往往惊骇。"④ 窦光鼐诗文效法盛唐，发挥圣贤之旨，反对宋儒不切实际的空谈，追求学问之真，将窦氏家族"学贵有用"的家学传统推进到一个新的高度。

除了诗文方面，在其他领域，窦氏家族族人也表现出了一定的天赋。如窦栋自幼习武，后官至宁夏镇兴武营游击，曾活捉叛逆罗布藏丹津母子，精于训兵征战，战功显赫，名垂千史。窦光鼐工擘窠书，"望而知为端人正士"⑤。窦锡躬善书法，尤其喜欢酒醉之后尽情挥毫，别绕天趣。窦汝钧工于治水，屡筑堤坝，在水利方面做出了不凡的贡献。窦汝钧之子窦乔林，由监生官至直隶永定河南岸同知，与父亲皆以治河政绩突出，赏戴花翎，荣耀

---

① （清）宫懋让修，李文藻等纂：《道光诸城县续志》，《中国地方志集成 38·山东府县志辑》，南京：凤凰出版社，2004 年版，第 412 页。

② 国家清史编纂委员会：《清代诗文集汇编》卷三四七《省吾斋古文集》，上海：上海古籍出版社，2010 年版，第 335 页。

③ （清）李元度纂，易孟醇点校：《国朝先正事略》，长沙：岳麓书社，2008 年版，第 1214 页。

④ （清）王昶撰，周维德点校：《蒲褐山房诗话新编》，山东：齐鲁书社 1988 年版，第 38 页。

⑤ （清）李元度纂，易孟醇点校：《国朝先正事略》，长沙：岳麓书社，2008 年版，第 1214 页。

一时。窦光彝精于岐黄之术，精研四十余年，通读《灵枢》《素问》《金匮》《伤寒》等书，并为之作注，晚年醉心于《周易》之学，造诣颇深。

五、知书明理、不堕家声的女眷风范

男尊女卑的观念在传统社会中发挥着重要的影响力，女性不仅要遵循"三从四德"的礼教，还肩负着孝敬长辈、生育子女和教育子女的重任。也正因如此，女性在维系家庭和睦、教育子女成才方面发挥着重要作用。由于女性角色始终依附于丈夫，女子基本不入父家族谱，常以"某氏"一笔带过，因此我们没有找到过多关于窦氏家族女性的资料。但从字里行间中我们依然可以看到窦氏家族女性的光辉形象。

窦氏家族的女性见于史迹的并不多，但她们多系出名门，接受过良好的教育，心胸豁达、知书达理、通识大体，无私地辅佐夫君、教导子女，在维持家庭生计和维护家庭和睦上做出了很大的贡献。六世窦昂的夫人李氏是一位温良贤德的女性。丈夫窦昂生性刚毅，不妄交游人，读书勤勉刻苦，但持身严正，不苟取于人，致使家中十分贫困。据《窦氏族谱家传》记载："（六世祖窦昂）公始起家寒，素事亲孝而拙于财，祖妣妆资颇厚，每自典鬻以助费，故养生送死得如礼。"[1] 李孺人深明大义，不吝资财，典当自己的嫁妆以资助夫家，使得养生丧死都能合礼，其境界令人敬佩，也为后世子孙树立了典范。

十世窦长琰的夫人李氏也是一位慈祥友爱、通识大体的女性。丈夫窦长琰早年失怙，倾家荡产侍奉祖父，照顾兄弟，年仅四十便英年早逝。窦光鼐《先府君行状》中回忆道："先曾王母李太夫人，诰封先曾王母李淑人。先曾王父卒时，先王父永庵公（窦宏祚）兄弟四人，俱幼无依，独依先曾王母李淑人。"[2] 李太夫人守寡多年，悉心照顾晚辈，对他们慈爱有加，深得后辈爱戴。

十二世窦诜的夫人张氏是一位有惠德的女性，她勤俭持家，孝敬长辈，深受夫家和后辈敬重。窦光鼐《先太夫人行状》载曰："母姓张氏，世居诸城。外王父讳福庆，外王母王氏生子女四，母其第三女也。年二十有一归家大人……孝谨先王父，于诸子妇中常因事举以为式。先王父疾病，吾母与家大人侍汤药三年，比先王父病且革，念家大人未有子嗣，握手泣曰：'愿汝他日有子事汝亦如汝夫妇所以事予，予无憾地下矣。'"[3] 张氏可谓是孝妇的典型。不仅如此，张氏还是位知书达理的贤内助。她持家有道，"不致家大人有内顾忧"。又与叔伯兄弟、姒娣之间相处融洽。"时家大人兄弟既析爨室，无儋石储，吾母佐家大人以

---

① （清）窦诜：《窦氏家传》，民国二十二年《窦氏族谱》，第 66 页。
② 国家清史编纂委员会：《清代诗文集汇编·省吾斋古文集》，上海：上海古籍出版社 2010 年版，第 335 页。
③ 国家清史编纂委员会：《清代诗文集汇编·省吾斋古文集》，上海：上海古籍出版社 2010 年版，第 338 页。

丧以葬致尽哀礼。然自是家益困，尝日不能再举火，吾母处之怡如也。"① 可见张氏淡泊名利的品质。张氏"性俭素，不喜华饰，自奉甚约"②，窦光鼐尝回忆母亲"比岁自纫旧衣，适有新布，一定欲以为冬衣。及腊，家大人自馆归，吾母仍衣旧衣，有补丁痕。叩之曰：'伯兄出无衣，已为制袍矣。吾妇人衣弊无害也。平生居已处人多此类事，家大人敬以终身，与娣姒无间言，育诸妇如女子训以勤。'"③ 乾隆十三年（1748），窦光鼐蒙恩擢升左中允，是年山东地区田地荒芜，粮食歉收，窦家虽有薄田，但几近荒芜，不能朝夕供给。窦光鼐时常节省俸禄邮寄家中，张母"必量分诸伯叔之乏匮者"，尝曰："吾不能独饱也。"④ 张氏的温婉贤淑、通情达理让丈夫窦诜深感安慰，窦诜曾对儿子说起他曾梦见一人持红旗来报，并催促他快点出发，窦诜急忙入室整理行装，却不见张氏。后来窦诜恭遇皇太后七旬万寿荷锡类之殊恩，而张氏已经去世。窦诜向子女回忆起来，深感遗憾，曰："人生各有定分，类然如此，可无复以得动心矣。"⑤ 张氏去世之后，窦诜对窦光鼐等子女说道："汝母平生食贫而励汝等以学，幸成立。今汝母殁，汝等不可以无述也。"⑥ 流露出对张氏的无限怀念。

张氏不仅是一位温柔孝亲的妇人，还是一位有远见卓识的母亲，其子窦光鼐的成才与她的谆谆教诲有莫大的关系。窦光鼐曾回忆道："（吾母）年三十有三生不孝光鼐，方学语辄教之识数百字。及六岁从家大人馆于翰林高云亭先生家。人谓母曰：'能离舍乎？'母曰：'男儿终不畜于家，何吝也？'家大人命不孝省亲，逾一二时，母辄促之行。人曰：'汝甫一子，宁不爱怜之耶？'母曰：'此吾所以爱之也。爱而不劝之学，何以望其成人乎？'人曰：'尚幼耳，稍假之何妨？'母曰：'不然。儿子读书，正须自幼习之。习于勤，洎其长，犹成惰也；习于惰，蔑或勤矣。'因谓不孝曰：'吾闻学在不舍，而不见夫鸡之覆鹭耶？覆而不舍，应时则雏焉；时覆之，时舍之，则寒煖失节，必少成而多坏。不孝以告家大人，家大

---

① 国家清史编纂委员会：《清代诗文集汇编·省吾斋古文集》，上海：上海古籍出版社 2010 年版，第 338 页。

② 国家清史编纂委员会：《清代诗文集汇编·省吾斋古文集》，上海：上海古籍出版社 2010 年版，第 339 页。

③ 国家清史编纂委员会：《清代诗文集汇编·省吾斋古文集》，上海：上海古籍出版社 2010 年版，第 339 页。

④ 国家清史编纂委员会：《清代诗文集汇编·省吾斋古文集》，上海：上海古籍出版社 2010 年版，第 339 页。

⑤ 国家清史编纂委员会：《清代诗文集汇编·省吾斋古文集》，上海：上海古籍出版社 2010 年版，第 335 页。

⑥ 国家清史编纂委员会：《清代诗文集汇编·省吾斋古文集》，上海：上海古籍出版社 2010 年版，第 338 页。

人曰：'小子识之此言，虽近而不可通于圣人，汝服以终身可也。'"① 乾隆十七年（1752）八月，窦光鼐升任内阁学士兼礼部侍郎，特命提督河南学政。上任之前，窦光鼐有半月时间回家省亲，"然居旬日，母促治装，不孝犹豫未决，母曰：'汝受皇上圣恩，岂容恋家作儿女态耶？'"② 正是在张氏的教导与督促下，窦光鼐以文立朝五十余载，其诸位兄弟也颇有成就。张氏"每闻不孝兄弟学业有进则喜溢颜色，不则寝食惘然"③。这般殷勤教诲，令人敬畏。张氏卒于乾隆十八年（1753），诰封宜人，晋赠淑人。其知书达理、贤良淑德的形象有如空谷幽兰，在窦氏族人心中留下了深刻的印象。

窦光鼐的夫人，即窦汝翼的母亲张氏，也是一位持家有道的女性。窦汝翼《东皋府君行述》中载窦光鼐十九岁时，张氏来归。是时窦光鼐随父亲窦诜馆学于外，家中十分贫困，张氏孝敬长辈，又对晚辈照顾有加，克勤克俭，殚心竭力，使窦光鼐无内顾之忧。

家族的兴衰与家族之间的联姻有一定的关联。窦氏家族的女性多知书达理，或出自名门，或嫁于名门，都受到了良好的家教熏陶。以窦诜父子三代为例，窦诜有三子二女，长子窦光鼐，娶县学生玉林公女张氏；继配刘氏为兵科给事中厚田公妹。次子窦光铖，娶乾知公女张氏；次子窦光册，娶国学生其东公女王氏；长女嫁给县学生张公子宪淮；次女嫁给商河县训导中黄张公子宪石；长孙窦汝翼，娶国学生之女张氏，后继娶广东肇罗道讳素公侄女包氏；次孙汝瑄，娶经筵讲官太子太保东阁大学士兼礼部尚书管理刑部事务兼翰林院掌院学士延清公侄孙女、橡村公女刘氏；次孙汝潢，娶宁波府同知驭千公女李氏。长孙女嫁给刑部福建司员外郎乘千李公子通政司经历尧；次嫁于汀州府知府王天木公孙增闻顺德县丞。由上述记载，我们可以看出"嫁女择佳婿，求妻淑女贞"这条窦氏家文的真正含义。

六、结语

东郭窦氏家族在诸城扎根六百余年，其深厚的文化底蕴与和睦的家族氛围是窦氏族人立足的根本，而家风家学的形成与传承在家族的兴衰中扮演者重要的角色。东郭窦氏自五世窦岭入仕以来便逐渐形成了清正廉洁、勤政爱民的为官之道，窦钦、窦光鼐、窦汝洵等人不畏权贵、持身严正、爱民如子，窦氏循良廉吏的典范。东郭窦氏族人一直秉承着先人流传下来的积德行善、乐善好施的优良传统，而面对金钱和权利又能淡然视之，可谓深谙

① 国家清史编纂委员会：《清代诗文集汇编·省吾斋古文集》，上海：上海古籍出版社2010年版，第338页。
② 国家清史编纂委员会：《清代诗文集汇编·省吾斋古文集》，上海：上海古籍出版社2010年版，第339页。
③ 国家清史编纂委员会：《清代诗文集汇编·省吾斋古文集》，上海：上海古籍出版社2010年版，第338页。

处世之道。在做人方面，东郭窦氏族人恪守"忠厚传家"的家训，以忠孝节义为本，共同创造了兄友弟恭、邻里和睦的家族氛围。在家学传统上，东郭窦氏族人多以"诗文继世"，主张学贵有用，在治水、书法、医学等领域也表现出了一定的才能。此外，东郭窦氏家族的女性群体多知书达理、通识大体，在维系家庭和睦和教育子女方面发挥了重要的作用。总之，东郭窦氏家族经过十几代人的共同努力，形成并传承下来了足以垂范后世的家风家学，后人追慕先贤，也用实际行动为窦氏家族的荣光做出了不懈的努力。

参考文献：

[1]［清］赵翼著，王树民校正. 廿二史箭记［M］. 北京：中华书局，1984.

[2]［清］王昶撰，周维德点校. 蒲褐山房诗话新编［M］. 山东：齐鲁书社，1988.

[3]［清］宫懋让修，李文藻等纂. 乾隆诸城县志［M］. 中国地方志集成38·山东府县志辑，南京：凤凰出版社，2004.

[4]［清］宫懋让修，李文藻等纂. 道光诸城县续志［M］. 中国地方志集成38·山东府县志辑，南京：凤凰出版社，2004.

[5]［清］孙葆田等. 山东通志［M］. 华文书局股份有限公司，1969.

[6]［清］李元度纂，易孟醇点校. 国朝先正事略［M］. 长沙：岳麓书社，2008.

[7]［清］贺长龄：《清经世文编》卷九十二刑政三，清光绪十二年思捕楼重校本。

[8]［民国］赵尔巽. 清史稿［M］. 北京：中华书局，1977.

[9]国家清史编纂委员会. 清代诗文集汇编卷三四七·省吾斋古文集［M］. 上海：上海古籍出版社，2010.

[10]钱穆. 略论魏晋南北朝学术文化与当时一门第之关系［M］. 中国思想史学术论丛［C］（卷三），合肥：安徽教育出版社，2004.

[11]周春辉. 论家风的文化传承与历史嬗变［J］.《中州学刊》，2014（8）.

[12]马金亮. 三字经·百家姓·千字文·弟子规译注［M］. 上海：三联书店，2013.

[13]梁海明. 易经［M］. 太原：山西古籍出版社，2000.

[14]张燕婴. 论语［M］. 北京：中华书局，2007.

[15]崔高维. 礼记［M］. 沈阳：辽宁教育出版社，1997.

[16]王永平. 六朝江东世族之家风家学研究［M］. 南京：江苏古籍出版社，2003.

[17]陈寅恪. 金明馆丛考初编·崔浩与寇谦之［M］. 上海古籍出版社，1980.

[18]陈寅恪. 唐代政治史述论稿［M］. 北京：三联书店，2001.

[19]［战国］孟轲著，杨伯峻、杨逢彬注译. 孟子［M］. 长沙：岳麓书社，2000.

诸城窦氏世家及个性浅析

韩　岗

诸城市博物馆

摘　要：诸城窦氏家族，自明初移籍诸城，至清末，共历 20 余代，延续 300 余年，形成了本家族独具的特色与个性，主要表现在 4 个方面：1. 平凡的家世与拮据的家境。2. 严格的家教与刚直不阿的家风。3. 注重社会教育与对教育的贡献。4. 与地方文士的联姻与交游。近年来，诸城窦氏家族文化愈来愈引起世人的关注，相继发表出版了一些有关诸城窦氏家族文化以及诸城窦氏家族代表人物窦光鼐的研究文章与专著，取得了丰硕成果。本文拟在前人的基础上，对诸城窦氏家族所表现出的特色与个性，试做浅析，以求方家指正。

关键词：明清；诸城窦氏；家族；个性；窦昂；窦光鼐

前言

诸城历史悠久，文化源远流长。据境内考古发现资料证明，早在七千年前的新石器时代前期，已有先人在这里稼穑渔猎，繁衍生息。新石器时代晚期，境内属东夷族的活动范围，是古史中"五帝"之一虞舜的故里。春秋时期孔子弟子、贤婿公冶长诞生于诸城，并在这里设馆授徒，施教于民。秦、汉之际，诸城地区学术开放，经学繁盛，百家汇集，一度成为山东半岛地区文化的交流中心，境内的梁丘贺、梁丘临父子及贡禹、师丹、伏湛、伏隆等名儒，纷纷设馆，传经授徒。北宋间苏轼知密州（治诸城），兴倡诗、词、文、赋，诸城文化日趋繁盛，并出现了《清明上河图》的作者张择端，李清照的丈夫、金石学家赵明诚等大家。至明、清之际，文化繁荣达到了巅峰。据清光绪《增修诸城县志》载，当时境内著书立说者多达 254 人，《四库全书》著录诸城籍作家 10 余人，著作 20 余种，936 卷（册）。诸城有着厚重的历史底蕴和浓郁的文化氛围。

明、清两朝是中国世家文化发展的鼎盛时期，世家文化的载体是接代传承的世家大族。诸城适宜的自然环境和繁荣的经济基础，成为世家大族形成发展的理想境地。而厚重的历史底蕴和浓郁的文化氛围，使这些世家大族传承文化拥有了取之不竭、用之不尽的源泉。这里地处胶东半岛中部，带山负海，交通便利，土地肥沃，物阜民丰。自明初至清末 500 余年间，基本是升平之世。其间虽然发生过明、清易代之变，但清朝定鼎后，社会很快转为安定，境内的世家大族，大多没有伤及根基，因此能维持延续，中无间断。而此时正值我国科举仕宦制度最为发达时期，士人晋身入仕，成为光宗耀祖的主要途径。在儒家文化发达繁盛的诸城境内，一家数代朝廷重臣，父子、兄弟文名并显者大有人在。依据史料统计，明、清间，诸城共考中进士 136 名，举人 200 余名，出现了邱、窦、张、谭、隋等名门望族，尤以臧、王、刘、李、丁五家为最，世称"诸城五大家族"。这些世家望族将内蕴丰厚的家族文化接代传承，创新发展，涌现出众多的文人名士，形成了独具地方特色的诸城"名人文化"现象。近年来，诸城市政府将"名人文化"作为诸城的品牌文化产业资源，进行深入发掘研究，积极开发利用，使之发挥出更大的社会效益。名人文化与世家大族是相辅相成，密不可分的。名人文化的主体是文化名人，而文化名人多是世家大族中文化传承的佼佼者。所以说对本地世家大族文化的研究，就是对本地地方文化的研究。明、清时期，出自诸城世家大族的硕辅名臣、举不胜举，如：疾恶如仇，廉洁奉公的明朝南京吏部尚书邱橓；明末清初的文学家、《续金瓶梅》作者丁耀亢；清东阁大学士、首席军机大臣刘统勋，体仁阁大学士、"浓墨宰相"刘墉；都察院左都御史、阿哥书房总师傅窦光鼐等均出自诸城的世家望族。由于各个世家大族的家风、族训、经济条件、生活环境、社会背景的不同，呈现出了不同的家族文化特色和个性。诸城窦氏家族，既不同于累世高官的仕宦豪门，又不同于以文章传世的文化世家，而是一个始终没有脱离平民生活，有着明显自身特色和个性的仕宦教育世家。其从明初移籍诸城至清末，共历 20 余代，延续 300 余年。他们遵循着儒家思想所倡导的，将立德、立言、勤政、清廉等德才要求作为家训而传承，在漫长的社会实践中形成了本家族的特色与个性，主要表现在 4 个方面：1. 平凡的家世与拮据的家境。2. 严格的家教与刚直不阿的家风。3. 注重社会教育与对教育的贡献。4. 与地方文士的联姻与交游。

近年来，诸城窦氏家族文化愈来愈引起世人的关注，相继发表出版了一些有关诸城窦氏家族文化以及诸城窦氏家族代表人物窦光鼐的研究文章与专著，取得了丰硕成果。本文拟在前人的基础上，对诸城窦氏家族所表现出的特色与个性，试做浅析，以求方家指正。

一、家世与家境

诸城境内的世家大族，寻其发迹渊源，主要有两类，一类是由军功起家进入仕途，如"诸城五大家族"中的丁氏：其始祖丁兴，先居武昌，元末，以铁枪归明太祖朱元璋，屡有战功，封淮安府海州守御，世袭百户，明永乐年间由海州迁至诸城；同为"诸城五大家族"之一的无忌李氏：先世四川成都人，明洪武年间以军功为治海卫所，遂定居诸城。再一类是由科举入仕而兴起的世家望族，其始祖初到诸城，垦荒务农，历世农桑，后代通过科举考试进入仕途，遂使家族兴旺。在政权稳固，社会生活安定的和平环境中，建立军功机会绝少，因此科举入仕成为世家大族兴起发展的主要途径，诸城窦氏家族即属此类。

窦光鼐及其家族文化研究

诸城窦氏十二世祖、窦光鼐之父窦诜，在《诸城窦氏族谱》中所撰的《窦世家传》中记："始祖讳思道，兄弟三人，一讳思忠，一讳思孝，原籍山海关，自洪武初年迁居山东，思忠入平度，思孝入临朐，始祖入诸城籍，居东关，世称东郭窦氏。二世祖兄弟四人，长讳贵典，次讳贵荣，三讳贵亨，无后，四讳贵清。族谱本次长支、二支、四支作三大支分叙。贵清一支历三世讳跃，四世讳兴，五世讳隆，至六世祖讳昂及昂祖堂叔讳岭，从弟讳诚者，皆以岁贡任教授，为吾族书香所自始。"这段记述，非常明晰地介绍了诸城窦氏家族的移籍过程和谱系衍续，由此可知：诸城窦氏始祖窦思忠，于明朝洪武年间由山海关迁来诸城，至五世窦岭和六世窦昂、窦诚两代，步入仕途，迈入书香门第的门槛。窦诚是窦昂的从弟，于明嘉靖二十三年（1544）考取贡生资格，是窦氏家族第一个考取功名的人，"（窦昂）从弟诚，亦岁贡。家贫力学，冬夜尝乏薪油，而读书不辍。未仕，卒"①。由此可知窦诚并没有出仕，窦诜所记"皆以岁贡任教授"应该不包括窦诚。窦岭虽较窦昂长一辈，但考取贡生资格是在明嘉靖四十三年（1564），比窦昂晚了十六年。窦昂于明嘉靖二十七年（1548）考中贡生后逐渐显名，他在诸城窦氏家族发展史上占有重要位置。清乾隆《诸城县志·列传二》载："窦昂，字时举。性刚毅，不妄交游。人有过，辄面正之。……致仕。家居近二十年，预九老会，会中有欲呼妓佐酒者，昂艴然曰：'吾辈忝在士夫列，当正身教家，此属贱人，一入门，则家范扫地矣，吾何以训阿钦耶。'钦者，其仲子也。昂持身严正，类如此。卒年八十二。"从以上记载可以看出，窦昂，性格耿直，一身正气。他不仅是带领窦氏家族进入书香门第的领军人物，还应该是其家族"持身严正"门风的开创者。

诸城窦氏家族，自六世窦昂以后，又陆续有人进入仕途，但所任多为教谕、训导之类低职微官，所以在诸城境内并不显名，家境状况如一般庶民百姓，有时生活甚至到了贫困境地。十世祖窦长琰，兄弟三人，兄窦长勋，身患疾病，弃家客死青州，无后。弟窦长燮，族谱记"止"字。唯存长琰一支，终因兄弟所累，又遇清兵入关掳掠诸城，遂使家境败落。窦诜在《诸城窦氏家谱·窦世家传》中记："祖讳长琰，字石卿，十七岁入泮，高才笃行，落落不谐于俗……时兄以心疾飘荡，家产殆尽，公以兄弟之爱，处之怡然。暨壬午兵变，伤刃未殊，昏卧墙隅，邻姬李闻唉苦声，踰墙视之曰：'是二相公，正人君子也，岂可不救？'乃解幅裹劲负于僻处，以醴酒灌之药，创渐平。后不复应举试，但以尚老固穷为本。"此时的窦氏家族在内忧外祸的影响下已到了贫困潦倒的境地。清嘉庆年间王赓言编撰的《东武诗存》中收录了窦长琰的《借粮》诗。王赓言（1752—1825），字赞虞，号簣山，诸城人。清乾隆六十年（1795）进士，官至江西布政使、按察使。任职期间惩治邪恶，安绥良善，时有"冰心铁面"之称。《东武诗存》中共收录了明、清两代，278 位诸城籍人士的诗作

---

① 清乾隆《诸城县志·列传》。

3502首,30余万字。其中窦长琰的《借粮》诗,真实地记录了窦氏家族当时青黄不接的生活困境。诗云:"春后四十日,仓空无粒谷。莘根掘断绝,杞苗摘重复。大儿稍长大,抛书罢诵读。菜色叮可怜,谁能更拘束。小儿更娇痴,蚩蚩向娘器。问汝器何为,啾啾手指腹。汝亦不须器,眼前小麦熟。比及小麦熟,馎饪包枣肉。儿闻我言语,抹试开双目。探手摘花枝,飞蛾要我扑。狗病余细腰,前后走踟蹰。日影西南移,垂头嗟老仆。欲乞升斗资,我生厌呼蹴。直辞达所亲,笔落手仍缩。封缄才出门,揣摩劳寸掬。才拙不入时,谋生久碌碌。终为亲知累,言之心已恧。知交鉴我怀,慨然捐两斛。倾囊满盆盎,狼藉堆珠玉。突兀起炊烟,满室生光煜。更值时雨降,荒田膏霖霂。驱犊向西畴,扶犁乃种菽。"通过这首《借粮》诗,使我们看到了窦长琰家庭"仓空无粒谷"的困苦生活,和其"扶犁乃种菽"亲自劳作的情景。窦长琰有四子,荣祚、宏祚、延祚、绍祚,其去世时,荣祚15岁,宏祚9岁,兄弟人多且年幼,家境陷于贫困,窦浵在《诸城窦氏族谱·窦氏家传》中记:"父宏祚,字永庵,当祖父没时,年九岁,三叔方在抱,四叔父为遗腹,门无期功强近之亲,惟祖母李太宜人茕茕在疚,率老隶二人度日。……又两遭东人之变,乱后所余薄田被抵赖将尽(壬午兵变,城宅被火,乃移居珠纲庄,只剩薄田200亩,又被东人赖卖尽),余家中叶式微,莫此为甚。时借居姑祖母家(余与长兄、二兄、四弟皆大珠庄生人,借居三十余年),外为护持,则族祖道先公出力最多也(讳岸登,庠生,侠烈好义,余祖没时,曾托孤焉。果生死不渝,视余父叔如亲子侄,祖母亦抚育有恩)。及余父年将弱冠,毅然想成立家业,率叔父辈力田服贾,孝养祖母。二十年后,家道渐裕。祖母没,财可为悦致哀尽礼,感动戚里。又数年,渐能延师,俾余兄弟得读先人书焉。"对于这一时期的家境状况,窦光鼐亦回忆过:"先曾王父卒时,先王父永庵公兄弟四人俱幼无依,独依先曾王母李淑人,遭离多难,家业渐落,乃寄居马耳山阴之珠村。"[1] 在诸城窦氏家族发展史上,十和十一两世是最为困难时期。十世祖窦长琰时,遇清兵掠地诸城,被清兵所伤,几乎丧命。十一世窦宏祚时,逢明、清易代,房屋被焚,田产丧尽,全家移居马耳山阴之珠村的亲戚家中。马耳山位于诸城县城西南五十华里,群山连绵,交通闭塞。在明、清易代,兵荒马乱之际,这里成为士民避难之处。窦氏家族在此寄居三十余年,形势稳定以后,"及长,与先四叔祖衣庵公勤力孝养,置田二区,一近城南,一在西郭埠。西郭埠田下下,先王父择取之,因家焉"[2]。从此窦光鼐之父窦浵将家安在了西郭埠(今称西郭家埠村)。十二世窦浵时期,刚从寄居的山区移至西郭埠,家境仍没脱贫,以致窦光鼐的父亲窦浵"家贫无书,借书读,手录至数百卷"[3]。窦光鼐在《先府君行状》中对当时的困境做了较详细的记述:"先王父

① 窦光鼐《先君府行状》。
② 窦光鼐《先君府行状》。
③ 清道光《诸城县续志·文苑传》。

方疾，即命府君分爨。及没，府君力营丧葬，藏事，遂大窘。故分田仅四十亩，强半荒蔓，乃谋与四叔子光公并力耕垦，会秋大熟，乃能自存活。"

十三世窦光鼐一辈，在其幼年时期，家境仍为拮据，"母性俭，素不喜华饰，自奉甚约而笃于周急。不孝幼时尝忆，吾母比岁自纫旧衣，适有新布一疋，欲以为冬衣。及腊，家大人自馆归，吾母仍衣旧衣，有补绽痕，叩之曰：'伯兄出无衣，已为制袍矣，吾夫人衣敝无害也。'平生居己处人多此类事，家大人敬以终身"①。即使窦光鼐步入仕途后，因奉行"持身严正""清正廉明"的家训，处世廉洁，所以其家境并未得到彻底改观。其在《先太夫人行状》中记："不孝光鼐复蒙恩擢左中允，母以不孝年少荷主知，再三训淬勉焉。然自是疾，浸至不能就养京师。山左值岁歉，家有薄田半荒蔓，不能给朝夕。不孝间缩俸邮寄，吾母必量分诸伯叔之匮乏者，而己食其粝，曰：'吾不独饱也。'"在窦光鼐父亲去世后他母亲生活更加拮据，"吾母佐家大人以丧以葬，致尽哀礼。然自是家益困，尝日不能再举火，吾母处之怡如也"②。窦诜卒于乾隆三十二年（1767）而此时窦光鼐在顺天府尹任上，属正三品高官，窦诜本人又居有举人身份，可谓官宦之家。这样一个家族窘至到了"自是家益困，尝日不能再举火"。的境地。在当时诸城境内其他仕宦家族中是非常少见的。此时家境虽然拮据，窦光鼐仍不为不义之财所动。"（乾隆）三十二年（1767）秋，丁先大父忧，宦囊萧然，惟书帙数篋而已。二十四州县以分金来奠者，府君曰：'为大吏者，患不能安贫耳，吾自为翰林以至京兆，未尝受人财，今乃以亲殁为利乎？'悉却之。二十年瓶米时罄，吾母张夫人祁寒暑雨，数米称薪，夙夜赞襄，虽饔飧不给，而府君处之恬然也。"③ 此事清道光《诸城县续志》亦有记载："父卒时，以金赙者，悉却之，曰：'吾自翰林至京兆，未尝受人财，岂以亲殁为利乎？'久宦京朝，至饔飧不给，其清节尤为世所重云。"如此之清廉家族，有清一代，实为罕见。家境长期拮据是诸城窦氏家族的特色，而正是这一特色，向世人证明了，"清正廉洁"是窦氏家族世代相传的族训，亦是窦氏家族出仕的成员必须发扬的家风。

二、家教与家风

传承家族文化，是维系一个家族兴旺发展的重要措施，世家大族非常重视对后代的文化教育，窦氏家族尽管家境拮据，也从没放松对子女的文化教育。与境内的其他家族相比，窦氏的家庭教育具有自己的特点：幼小启蒙；家校（馆）结合；要求严格；父母关心。

窦光鼐在《先太夫人行状》中追忆母亲对他们的教育："（光鼐）方学语，辄教之，识

---

① 窦光鼐《先太夫人行状》。
② 窦光鼐《先太夫人行状》。
③ 窦汝翼等《行述》。

数百字。及六岁，从家大人馆于翰林高云亭先生家。人谓母曰：'能离舍乎？'母曰：'男儿终不畜于家，何吝也？'家大人命不孝省亲，逾一二时，母辄促之行。人曰：'汝甫一子，宁不爱怜之也？'母曰：'此吾所以爱之也。爱而不劝之学，何以望其成人乎？'人曰：'尚幼耳，稍假之何妨？'母曰：'不然，儿子读书正须自幼习之，习于勤，洎其长，犹或惰也，习于惰，蔑或勤矣。'因谓不孝曰：'吾闻学在不舍，而不见夫鸡之覆鸳耶？覆而不舍应时则雏焉，时覆之时舍之则寒暖失节，必少成而多坏。'不孝以告家大人，家大人曰：'小子识之此言，虽近而可通于圣人，汝服以终身可也。'……每闻不孝兄弟学业有进，则喜溢颜色，不，则寝食间然。"从以上记载可知，窦光鼐的启蒙教育是在家里，"方学语，辄教之"，第一任老师就是父亲。窦光鼐的儿子窦汝翼等对此事亦有记载："幼即聪颖，五岁随先大父学，每课百余行，读一两回即能成诵。"① 至六岁时，跟着父亲"馆于翰林高云亭先生家"。高云亭即高璇（1685—1734），字齐光，号云亭，山东诸城人。年十二补诸生，十八岁中举人，雍正八年（1730）中进士，选庶吉士，散馆授翰林院检讨。迎养生母杨氏于京邸，杨氏思念家乡，高璇即于散馆后告假归，不复出。高云亭家在本县韩庄（今属贾悦镇），离窦光鼐家所在的西郭家埠（今属舜王街道）约十华里。从"家大人命不孝省亲"句中可知，当时窦光鼐是寄住在高家的。所以才会有"人谓母曰：'能离舍乎？''汝甫一子，宁不爱怜之也？'"之问。是时窦光鼐之上已有两个姐姐，光鼐出生时窦诜夫妇皆已三十三岁，至光鼐六岁时，他们已近四十岁。此时次子光钺尚未出世，光鼐被视为掌上明珠，但是为了学业，母亲只能忍痛将幼小的光鼐寄宿他家。作为母亲对孩子的学习如此关心，在诸城其他家族中是少见的，窦光鼐之所以能在经济拮据的家境中奋力学习，进入仕途，是与母亲的关怀分不开的。

诸城窦氏家族中，十一世窦栋于清康熙五十一年（1712）中武进士，官至昭勇将军（正三品），因受年羹尧案牵连，含冤自杀。其后十三世窦光鼐与儿子窦汝翼相继考中进士，"窦汝翼，字右民，乾隆四十三年（1778）进士，改翰林院庶吉士，授宗人府主事，以清勤称，丁父忧，哀毁卒，年五十二岁"②。窦光鼐生有六子，汝翼为长子，官至宗人府主事（正六品），在其父窦光鼐去世后，因悲伤过度而逝。所以诸城窦氏家族除窦光鼐外，再也无人进入高官阶层，即便是窦光鼐，最终也以四品衔告退。为什么会出现这种状况呢？笔者认为，这与窦氏家族的家风有密切关系。窦氏家族以"持身严正""刚直不阿"为做人的准则，进入仕途后，所反映出的个性是：清正廉明，疾恶如仇，坚持正义，不惧犯上。因为他们不顾忌得罪旁者，不会阿谀奉承，所以他们在仕途上就会遇到很多坎坷，难以得到升迁。此家风个性，在其六世祖窦昂时，已经形成："性刚毅，不妄交游。人有过，辄面正

---

① 窦汝翼等《行述》。
② 清道光《诸城县续志》。

之。"① 至窦昂之子窦钦时，其家风个性更加突出，"钦，字子敬，隆庆三年（1569）恩贡。万历三年（1575），授武陟知县。廉谨多惠政，厘奸剔蠹无所假。县有大猾，恐加谴，流言诬钦，为罗织者所采，遂诖吏议，改代王府教授。因谢病归，士民乞留，不获，聚吁城隍庙中。会巡按御史虑囚，有囚史大宝者，慷慨明钦无罪，不当去，御史不为理，遂引绳自尽。去之日，祖饯塞道，为绘像作《瞻拜图》。明年，更为立生祠"②。

最能代表诸城窦氏家风的是十三世窦光鼐，清道光《诸城县续志·列传》中载："窦光鼐，字元调，长琰曾孙，乾隆七年（1742）进士，改庶吉士，授编修，历迁内阁学士兼礼部侍郎。母忧，服阕，授都察院左副都御史，改正律例之未协者百余事。守兵部左侍郎，奉命祭南海，却馈不受。授顺天府尹，惩治奸书王间等，举劾州县溺职吏，辇毂一清。父忧除服，仍授府尹。京畿蝗，冒暑雨督捕，因旗庄不出夫，与直督疏辩获谴，左迁通政司副使，历宗人府丞。宗人府开馆修玉牒，旧请书誊录于各部院笔帖式及国子监官学生考取，光鼐奏请专取宗学，俾知上进有路，益加奋勉，遂为例。充《四库全书》总阅，同修《日下旧闻考》。迁吏部右侍郎，历礼部右侍郎，晋左都御史，为上书房总师傅。六十年（1795），为会试大总裁，坐覆试贡士，磨勘，予四品休致，旋卒，年七十六。其学问精赡，文词清古，值国家承平久，天子雅经术文章之士，朝廷有大典礼，光鼐进诗赋铭颂，辄蒙褒嘉。与河间纪文达昀、大兴朱文正珪、翁侍郎方纲主持文运三十年，后进望风景附，争自切劘，称极盛焉。性介特，父卒时，以金赙者悉却之，曰：'吾自为翰林至京兆，未尝受人财，岂以亲没为利乎？'久宦京朝，至饔飧不给，其清节尤为世所重云。"

窦光鼐的性格从各方面都能体现出来，其在《先府君行状》中记："及不孝居翰林，亡弟光钺方从府君治举子业，有传言不孝持论好异者，府君手书责之，寄《家训》一卷以为警。其明年，府君至都，见不孝所为文字，喜曰：'所见近正矣！人乃以为异，顾汝与人议论好胜，宜亟除。'"从此记载可以看出，窦光鼐的性格刚直好胜，已经得罪了不少人了，连父亲都听到了传言，对他进行劝阻。对于窦光鼐的性格，王赓言评价云："憨直，不可干以私。任京兆时，力遏权贵，锄吏民之不法者。视学浙江，参地方一官贪黩，几罹不测，公矢志不回，卒能申其意，浙人至今感之。"③

清人马春溪在《西园文集》中记："窦光鼐为官多年，上深知其学识渊博，诏为太子太傅。一日，讲《书·尧典》篇，太子之左股叠动，势如颤然。窦正色曰：'为人上者，曷其奈何弗敬？'太子乃肃敬窦教綦严，欲使其《书》旨纯粹，文治乃光华也。而太子苦不能耐。乾皇忽起溺爱之心，亲自举步，至御书房中，谓窦曰：'太子系储君，功课宜少宽贷。'

---

① 清乾隆《诸城县志·列传二》。
② 清乾隆《诸城县志·列传》。
③ 王赓言：《东武诗存》。

窦曰：'师严然后道尊，且《书》以道政事，《书》理洞晓，政治乃光昌。欲为明君，当自力学始。'上曰：'力学为天子，不力学亦为天子。'遂偕太子以出。甫至门外，窦厉声曰：'力学为尧舜天子，不力学为桀纣天子。'上恶其抗言不逊，置若罔闻。回至宫中，默坐沉思，深是窦言，自悔言之不谨，失尊师重儒之道。遣亲王某代为逊谢，复令太子入校，而窦之教法如初。后高宗晏驾，太子即位，年号嘉庆。因力学有年，而敷政无缺，得称明君。人咸曰：'窦公固良师，高宗亦明君也。'"上文所记之事，在诸城民间亦流传甚广，家喻户晓，并演绎成数个不同的版本。在这里我们既看到了窦光鼐身上透出的刚正不阿的峻厉家风，也看到了其体现出的窦氏家族重视教育的传统。

明、清时期诸城出现了三位海内知名的重臣：邱橓、刘墉、窦光鼐。这三人都以清正廉洁，刚直不阿受世人尊崇。邱橓（1516—1585），字懋实，号月林，诸城邱家大村（今属高密）人，官至明南京吏部尚书。他"强直，好搏击，其清节为时所称云"①。"他廉洁奉公，疾恶如仇，先后上疏十余次，弹劾重臣 23 人，其中治罪者 17 人。"②"其风裁世所仰望，次海瑞、吕坤之间，人以为俯仰无愧云。"③后卒于官，万历皇帝钦赐御葬，着重臣海瑞主祭，赠封为太子太保，谥号"简肃"。邱氏家族虽不在"诸城五大家族"之列，亦是名门望族，明、清两代出了五位进士。窦光鼐的性格、作风与邱橓有相同之处，两人都疾恶如仇，刚直不阿，但邱氏侧重于在朝中上疏弹劾，铁面无私；窦光鼐则善于调查研究，勇于揭发，坚持正义。

窦光鼐与刘墉即是同乡，又是同朝重臣，兼有联姻亲戚关系。窦光鼐虽小刘墉一岁，但在乾隆七年（1742）即中进士，时年 23 岁。而刘墉则在乾隆十六年（1751）才中进士，晚于窦光鼐九年。两人都以清正廉洁，秉公执法闻名。如果深入分析，可以看出两人的差异还是很明显的。窦光鼐刚正而外露，敢于坚持己见，不顾及是否会得罪别人甚至是皇上；而刘墉则外柔内刚，处事避其锋芒，善于迂回，以智取胜。两人的性格与处事方式的不同，应与两人不同的家庭背景与成长环境有密切关系。窦光鼐举进士时，其祖无有显要者，父亲"益自力于学，遂补诸生，食饩，每试多冠邑士，然应举辄不利，乾隆九年（1744）中式举人，年已五十有七矣"④。窦光鼐是乾隆七年（1742）中进士，此时其父窦诜仍是一介布衣平民。而刘墉中进士时，其族已是官宦世家，祖上已有多人入仕，父亲刘统勋是朝廷大员。不同的家庭环境，培育形成了不同的性格和作风。窦光鼐身上保留较多的是质朴无华、性情耿直而又倔强的平民性格；而刘墉身上较多体现出的则是处世圆滑、屈直有度，

---

① 《明史》。

② 诸城日报社《诸城名人》。

③ 清乾隆《诸城县志·列传》。

④ 窦光鼐《先府君行状》。

处事谨慎的官宦世家之风。因此在仕途上就出现了两种不同的际遇和结果。窦光鼐仕途坎坷，屡遭凶险，最终降职而退，这样的经历与结果亦是其家族门风个性的体现。

三、仕宦与教育

纵观明、清时期诸城境内的世家大族，集文化、科举、官宦于一体，接代传承，累世不绝。形成了达官文士众多，年代绵延长久，政绩显赫辉煌，家风清节严谨，文化底蕴深厚的诸城世家大族的固有特色。以最具代表性的诸城五大家族的仕宦情况为例：

臧氏家族在明、清两朝，共考中了7位进士。其为官者：尚书2人，巡抚2人，主事郎中5人，县府知事7人，布政使2人，兵备使2人，教谕2人。

相州王氏家族，考中进士者16人，为官者：布政使4人，监察御史7人，知府13人，同州23人，县知事31人，教谕、训导13人，守备3人，翰林10余人。

刘氏家族，考中进士11位，自明至清道光年间，有尚书3人，其中2人为大学士（刘统勋、刘墉）；御史2人；布政使2人，郎中5人；同知2人；知县8人。

无忌李氏家族，考中进士8人，为官者：御史5人；郎中2人；博学鸿儒1人；布政使1人；州官4人；县官2人。

丁氏家族，考中进士6人，为官者：知府7人；知县11人；教谕11人；其他5人。

与以上家族相比，窦氏家族略显平淡，明、清两朝共考中文进士2人，武进士1人，举人3人，贡、监生39人，官衔七品以上者9人。窦氏家族的入仕者，除窦光鼐外，官职均较低微，却都与教育有关，而窦氏家族的仕宦政绩，亦都表现在教育或与教育有关的方面，这是窦氏家族的又一特点。

清乾隆《诸城县志·列传二》载："窦昂，字时举。……由岁贡授冀州训导，择俊士数十人，置官舍，日督课之无少倦。迁开平卫教授……"窦昂是诸城窦氏家族中第一个入仕，也是第一个从事教育的人。从记载中可看到，他忠于职守，认真负责，亲自督导。选拔优秀学生进行重点培养。窦昂之子窦钦，明朝万历三年（1575），授河南武陟知县，在治理县事中，施以惠政，对境内百姓以教化为先，深受邑民拥戴，离任后为其立生祠，并立碑记载其政绩："其略曰：'武陟，怀庆之剧邑也，为吏者患其强悍难治，争为深文峻法以绳督之，人遂以为武陟非深刻不能治。公独先教化而后诛罚，方下车即捐俸金修学校，演祖宗之训，申以六行图说，褒崇节义，以厚风俗，垦荒田数百顷，抚逃移数百户，审平徭役，厘定里甲大约，以平易岂第与民休息，故既去，而愈思慕之。'其后诸生，多肄业祠中，若义学然历久不废。"① 从碑文中得知，河南武陟县，治安混乱，难以治理，多数人认为，非

---

① 清乾隆《诸城县志·列传》。

采用严厉手段不可。窦钦任知县后，施以仁政，采取安抚政策。先自筹资金改善学校，对百姓以教化为主，帮助困难者解决生活问题，制定规约，安定社会，收到良好效果，深受拥戴，离任后士民为其立生祠。后来祠堂成为学校，当地的诸生多出于此，历久不废。窦光鼐之父窦诜在其《诸城窦氏族谱·窦氏家传》中对学校一事，亦有详细记载："旧祠在县署西，年久圮毁，适去岁春，邑人因旧址重新之，增屋数楹，围墙一周，以当年有教泽，今犹聚生徒其中如义学。"从以上记载我们看到，窦钦对自己辖区内的教育工作非常重视，在治理施政中也以教育为先，不但尽职尽责，还有无私奉献，其"方下车即捐俸金修学校"的行为在封建的官僚仕宦中是罕见的。

诸城窦氏家族可以称为教育世家，"至六世祖讳昂及族堂叔讳岭，从弟讳诚者，皆以岁贡任教授"①。自此以后，窦氏家族又有多名成员出任教授、教谕、训导等教育官职。查《诸城窦氏族谱》，族中从事教育者计有：五世窦岭，以嘉靖甲子岁贡授直隶正定府训导。六世窦昂，由明嘉靖岁贡授冀州训导。七世窦钦，明万历年间"吏议改代王府教授"②。八世窦如洙，由岁贡授江西安福训导。十三世窦维经（窦光鼐从兄），清乾隆二十一年（1756）岁贡，候选训导。窦氏家族中入仕从事教育的人，都能遵循族训和家风，忠于职守，尽职尽责。"高祖讳如洙，字乐源，万历甲辰岁贡，授江西吉安府安福县训导，以乐育勤课为心，生徒馈送节赀，虽常例，亦不受，清白绰有父风。"③ 此父风，亦即家风。诸城窦氏家族对社会教育事业做出的贡献，至十三世窦光鼐一辈，达到了巅峰。窦光鼐任职其间，四次任乡试正考官（湖北、福建、浙江、顺天），一次任乡试副考官（山西），两次任乡试同考官（均在顺天），一次任会试同考官，三次任殿试阅卷官，一次任会试大总裁，所取之士近千人，其中诸多俊才。可以说，在人才的培养、发现与选拔方面，有清一代，鲜有人可与窦光鼐的贡献相比。

窦光鼐非常重视家乡的教育，乾隆十八年（1753）五月母亲去世，窦光鼐回乡守孝。"丁先大母艰，哀毁，柴立昼夜号泣，经理丧葬。府君当官孤直，一介不妄取。既葬之，后乃借屋居住，设帐授徒，讲论不倦。"④ 次年，适逢南书房缺人，"上命山东巡抚传旨起光鼐，光鼐因辞不起"⑤，在家边守孝边给诸生讲学，并应知县李瀚之请，经常到县学授课，与李瀚成了至交。窦光鼐对此事亦有记载："公之知诸城，尝兴学超然台下。余丁太夫人忧，里居，以公命与诸生论学，遂为知交。"⑥ 李瀚，字文澜，汉军镶黄旗人，雍正十年

① 窦诜《诸城窦氏族谱·窦世家传》。
② 清乾隆《诸城县志·列传》。
③ 窦诜《诸城窦氏族谱·窦氏家传》。
④ 窦汝翼等《行述》。
⑤ 《山东通志·列传》。
⑥ 窦光鼐《省吾斋古文集》。

（1732）举人，乾隆十三年（1748）授山东荣成知县，十六年调诸城，在任七年，升胶州知州，后官至云南巡抚。与窦光鼐相友善，卒后，光鼐为其撰墓志铭和祭文。乾隆五十七年（1792）八月，窦光鼐升任都察院左都御史（从一品），十二月被任命为阿哥书房总师傅。"五十七年七月，特升授左都御史。十一月到京复命，天颜有喜，十二月特命在阿哥书房总师傅上行走。"① 对窦光鼐晋升之事，清《山东通志》亦有记载："调礼部侍郎，又出为浙江学政，晋左都御史，命充上书房总师傅。"有清一代，上书房总师傅一职是由一品官员兼任，窦光鼐时为从一品，而被任命为此职，可见乾隆帝对窦光鼐之器重。成为皇子的老师，达到了教师荣誉的最高峰，窦光鼐因此被世人誉为"一代帝王师"。

四、联姻与交游

历代的豪门世家，在其发展过程中，往往通过联姻、交游等形式，与周边及外地的异姓家族进行广泛联系，以便在文化、经济、政治等方面进行交流或获取支持及援助。这种传统的结盟形式，在诸城窦氏家族的形成与发展过程中，亦得到了充分的体现，并起到了重要的作用。

（一）联姻

诸城窦氏家族的联姻，是遵循着中国的门当户对传统的，但在具体选择对象时，则更多的是与当地或周边的文化世家的联姻。据《诸城窦氏族谱》记，最早与当地大族结联姻的是六世祖窦昂："六世族讳昂，字时举，号衡庵，少入塾，举止端方邑绅亚元李公讳相者，一见器之，妻以弟义宦讳钺公女。"② 李相，字君卿，诸城人，明弘治十一年（1498）戊午科第二名举人，是诸城五大家族之一的无忌李氏家族中重要的代表人物，他"积学力行，尝馆于所识，所识以妓娱宾，即撰眉而出。会师京师与友同爨，友不至，终日不食，徒行，号风雨而不改常度，人咸称为端人"③。他很器重窦昂，欣赏窦昂"性刚毅，不妄交游"的秉性与自己的性格相似，因此主动将侄女妻之。与望族李氏联姻，对窦昂的人生仕途以及整个窦氏家族的发展都产生了重大意义，在诸城境内窦氏家族从此有了一个强大的盟友。

窦氏八世祖窦如洙，字乐源，淹通经史，由岁贡授江西安福训导，"以善教称，秩满归，多士绘春风图以送之，卒年八十七"④。其妻为陈烨之女。陈烨，字光宇，诸城人。明嘉靖四十年（1561）进士，官至陕西兵备道副使。后告老还乡回归故里诸城，参加"东武

---

① 窦汝翼等《行述》。
② 窦诜《诸城窦氏族谱·窦氏家传》。
③ 清乾隆《诸城县志·列传》。
④ 清乾隆《诸城县志·列传》。

西社"并作《东武西社八友歌》，是明、清之际诸城文人社团的中坚人物。与陈氏联姻，使窦氏家族步入了诸城文人的圈子。至十三世窦光鼐辈，窦氏家族与诸城境内世家大族的联姻进入了一个高峰期。

窦光鼐的岳父张林初，字玉琳，号赓唐，诸生，本县普庆村人，以孝闻于乡里，与人温和相处，乡人称为长者。好文章山水，旁及诗古文，皆有法度。

二弟窦光钺的岳父张用易，亦是普庆张氏族人，系"张氏四逸"之一张侗的孙子。一生努力继承家风，唯孝友诗书是务。有《其楼诗草》传世。

二姐夫张宪石，其父张景初，字中黄，号佛崖，"普庆三黄"之一，乾隆庚申岁贡，官商河县训导，著名书画家。

长子窦汝翼岳父张宪琦，其曾祖父即普庆"张氏四逸"和清初"诸城十老"之一的张衍。其祖父张雯，字稚山，号樵岚，康熙五十七年（1781）岁贡生，官鱼台县训导，乡谥孝肃。乾隆《诸城县志》称其"皆传家学，能为诗，工书画"。著有《槐荫诗集》。其父张曒初，字孖叔，邑增生，为诗多抒情性。其子张象鹏，字扶九，乾隆五十一年（1786）举人，官成武县教谕，候选知县。张宪琦一家数代习文，可谓书香门第。

二弟长孙女婿张师问，本县普庆村人，系普庆张氏族人，祖上五辈皆诸生。

二弟四孙女婿张九川，本县普庆张氏族人，其父张象篆，乾隆六十年（1795）举人，官至知县。

从以上资料可以看出，窦氏家族在窦光鼐及其之后数代，与诸城文化世家"普庆张氏"的联姻是非常密切的。普庆张氏，是明、清之际闻名海内外的文化世家，其先祖张蒲渠（生卒年不详），名肃，明隆庆六年（1572）廷试岁贡，历任河北新城县、阮氏县县丞，饶阳、无极县县令，颇有政声，后辞官归里，回到普庆放鹤园。放鹤园为张氏园林之一，创建于明代，占地十亩，内有放鹤亭、二李轩、追远堂、仁寿亭、朴亭及张氏祠堂等。张蒲渠在此立塾教育后人，传授经书。自此以后，普庆张氏家族文人辈出，遂成文化世家。张蒲渠交游广泛，与境内外志同道合者创建"东武西社"，亦称"琅琊西社"。其主要者八人：张蒲渠、杨津、董其昌、张文时、张世则、臧惟一、丁惟宁、陈烨，世称"西社八友"。这八友都是名闻当时的官宦文人，他们志同道合，激浊扬清，与南方以顾宪成为首的东林党复社遥相呼应。他们虽然是仕途上的失意者，但在文学上却取得了成功与辉煌。八友中除董其昌、杨津外，余者均为诸城籍人。其成员陈烨所作的《八友歌》流传至今。因为张氏家族中有人在明、清易代之变中，为清兵所杀，因而与清廷有杀亲之仇，所以誓不仕清，而以文章传家，出现了"张氏四逸""普庆三黄"以及"诸城十老"成员等文人名士。

窦氏家族与境内其他世家大族亦有联姻关系：窦光鼐二女婿王增闻，官至广东顺德县县丞，以清勤称。其祖父王相，字天木，是诸城五大家族之一的相州王氏家族的九世祖，累官至福建汀州府知府。

二弟女婿王应临，本县巴山村人，系相州王氏家族十一世祖，官至湖北巡检。

窦光鼐次子窦汝瑄岳父刘坪，字像村，系大学士刘统勋之侄，刘墉之堂兄。

从以上所述可知，窦氏家族与境内的豪门望族几乎都有联姻关系，说明是讲究门当户对传统的。但其独具的个性还是非常明显的，在联姻的群体中，文化因素占据了较大的比例。

（二）交游

诸城窦氏家族中，窦光鼐官宦仕途数十年，交游甚广，已有多人撰文研究考证，本文不再赘述，此处所涉及的，为窦氏家族在诸城境内者。

明、清之际，诸城境内一些不愿为官的地方文士和告老还乡的旧臣，以及对当政不满的隐居者，纷纷组织民间文化社团与群体。他们结社聚会，谈经论史，诗酒文章，相互唱和，为当地文化的发展增添了新的内容，成为诸城地方文化的一大特色。主要者有"东武西社""九老会""诸城十老""张氏四逸""普庆三黄"等等，窦氏家族与他们有着密切的交游联系。

带领窦氏家族进入书香门第的领军人物，诸城窦氏家族六世祖窦昂，是组织县内地方文人社团的积极参与者，《诸城窦氏族谱·窦氏家传》记："六世祖讳昂……致仕后，与邑中仕宦归老有学行者共九人，结后乐会，邑侯王三锡（四川进士）伟其品，亲为之序，又令善绘者图其象。"清乾隆《诸城县志·列传》载："昂子钦，尝作九老图，各缀其行事，知县王三锡为绘像勒石焉。"据张崇玖先生等所著《窦光鼐》书中考证，后乐会"九老"者，以当时的年龄排序为：谭章，时年八十五岁，字德辉，明嘉靖间岁贡，授洛川知县。劝农务本息讼，期月，民化之。调甘泉，与洛川接壤，洛川民多归之者。岁祲，赋岁逋欠，不忍累民，遂改教职，即促装归，与侪辈结九老会；次范绍，时年八十三岁，字汝继，由岁贡为元氏知县，抚民以宽，民爱之；次窦昂，时年八十二岁；次陶成，时年七十三岁，字汝器，援例授河间主簿，以清谨著。后升韩王府奉祀，以老不赴，归；常云，时年七十三岁，字友龙，有诗名，由岁贡为宝应训导，善教士。后升晋王府教授，以病谢归；次臧节，时年七十岁，字介夫，性醇良，与人无忤，待异母弟甚笃。至以子惟一封考功司员外郎，家居俭素如故，乡党以臧佛儿称之，卒年九十一；次丁纯，时年六十八岁，字质父，岁贡，授钜鹿训导，升长垣教谕，砥行端方，通世务，两县士皆敬重之，归，与乡人结九老会；次侯廷相，时年六十五岁，字子忠，援例授汲县丞，该县缺县令，廷相主持两年余，绰有能声。升坝州判官，逾年归；次刘士则，时年六十二岁，字伯贻，深于易学，工书法，由岁贡历太原故城训导。窦氏十世祖窦长琰，亦与诸城文士有着密切的联系。清乾隆《诸城县志·列传》载："长琰，字石卿。亦诸生。……性嗜学，扃户读书，经岁不出，著有诗词。同时李澄中称其登山谷、淮海堂奥，卒年四十。"窦诜为其祖父窦长琰立传云："……所著诗文及诗余楔曲名《双松楼诗稿》，邑人至今尚有能口诵之者。乱平后，邑前辈刘子羽先生、太史李渭清先生及乐安李焕章先生为之序。"① 上文中提到的李澄中、刘子羽都是诸城籍文人名士。李澄中（1629—1710），字渭清，号渔村，为明末清初"诸城十老"成员，亦是诸城五大家族之一的无忌李氏家族中的代表人物，诗文俱佳，笔力雄健，与王士禛、田雯号称"山左三大家"。著《白云村集》8卷，《卧象山房集》5卷，《滇行日记》2卷。康熙十八年（1679）召试博学鸿儒，授翰林院检讨，二十七年（1688），升右春坊右中允，二十九年（1690）典试云南乡试。次年列直隶学正，为忌者所中，改调部曹，乃归，于乡间旧友结鸡豚社，年72卒。

刘子羽（1612—1692），名翼明，以字行，亦为"诸城十老"之一，才华横溢，喜交天下士，曾为朋友复仇而杀人，义声动海内。康熙中官至利津县训导。一生作诗数千首。与窦长琰关系密切，王赓言《东武诗存》中，载有窦长琰《中秋后喜晴，寄海上刘子羽，兼致山中诸友》诗一首，可知，他们之间是经常互相唱和，进行交流的。

另一位为《双松楼诗稿》写序的李焕章（1614—?），字象先，号织斋，乐安（今山东博兴）人，与诸城文士张侗、张衍、李澄中等交往密切。著有《织斋文集》《四库存目提要》等。

以上资料可以看出，身为诸城文化名人的李澄中、刘子羽能对窦长琰进行赞誉，并为之著作写序，可知关系是非常密切的。

《东武诗存》中，还收有窦长琰的《闻海石丘二兄归将省不果》诗。诗题名中的"海石邱"即邱石常。邱氏家族是诸城境内仅次于臧、王、刘、李、丁"五大家族"的豪族世家。邱石常（1605—1661），字子廪，因曾经隐居在九仙山筑"海石山房"，故号海石。诸城铁钩村（今密州街道邱家捎门）人。工于诗文，作品颇丰，有《楚村文集》六卷、《楚村诗集》六卷传世。

诸城窦氏十一世祖，窦光鼐四叔祖窦绍祚将自己的田地分给两位兄长，并立券以贻子孙。"时亲朋高其义，有来贺者，鹤村张石民先生赠之联云：'宅近雩泉扶水淇水以上，人如谌纪元方季方之间。'"② 张石民，名侗，字同人，号石民。博通六经，旁及诸子，著作颇丰，与丁耀亢、李澄中、张衍、刘翼明、邱元武、徐田、隋平、赵清、王乘箓等九位文士合称"诸城十老"。他是普庆张氏家族中出类拔萃的代表之一，世人将其与叔伯兄弟张衍、张傃、张佳四人合称"张氏四逸"。张石民将窦绍祚比作后汉时期的贤者陈纪、陈谌兄弟，给予了高度评价，从中也展示出了窦氏家族与普庆张氏家族的密切关系。

---

① 《诸城窦氏族谱·窦氏家传》。
② 《诸城窦氏族谱·窦氏家传》。

结语

在豪门林立的诸城境内，窦氏家族既没有像以刘统勋、刘墉父子为代表的刘氏家族那样，以政绩和官宦显赫于世；也没有像相州王氏家族"一门三进士"那样，人才济济，名士辈出；或像"普庆张氏"，以文章传家，名显文苑。窦氏家族仅窦光鼐一人成为朝廷重臣，但是其家族声望却闻名海内，载入史册。究其原因，虽与窦光鼐名声效应有关，但更重要的是窦氏家族文化独具的特色和个性，即"吾辈忝在士夫列，当正身教家"的祖训及"持身严正""刚直不阿"家风的传承，颇为世人所敬，广为传颂，并演绎出众多的传说故事流传民间，为地方文化和民间文学增添了丰富的内容。如前所述，以窦光鼐为代表的诸城窦氏家族，除在教育方面对社会所做的贡献外，还为后人留下了丰富的诗词文章、游记专著，在传承儒家文化，发扬中华传统文化等诸多方面亦做出了重大贡献。清人陈康祺在《郎潜纪闻》中记："本朝儒臣，以文章名世者，天台齐侍郎与诸城窦侍郎齐名，曰南齐北窦。"应该说，是诸城窦氏家族鲜明的特色和个性，熏陶出了窦光鼐一代名臣，并使其家族流芳千古。

参考文献：

［1］［清］佚名纂：《清史列传》，中华书局，1987 年版。

［2］［清］宫懋让修，李文藻等纂：《诸城县志》，中国地方志集成 38·山东府县志辑，凤凰出版社，2004 版。

［3］刘光斗等修，朱学海纂：《诸城县续志》，清道光十四年刻本。

［4］［民国］赵尔巽等纂：《清史稿》，中华书局，1977 年版。

［5］［民国］窦人桢修：《诸城窦氏族谱》，民国二十二年（1933）复新石印局石印本。

［6］［清］窦光鼐撰：《省吾斋古文集》，民国九年石印本。

窦氏家学门风与窦宝荣的文化自觉

王瑞甫

诸城东郭窦氏是当地的名门望族之一，他们尊奉的始祖是明代洪武年间（1368—1398）的山海关人窦思道。当时，窦思忠、窦思孝、窦思道兄弟三人自北直隶永平府山海卫（今河北省秦皇岛市山海关区一带）迁来山东，分别在平度、临朐、诸城三地定居。分别时，兄弟三人深情相约：不管在何处定居，都要在城东居住，以便日后寻访探视。窦思道便是遵从约定在诸城东郭（即后来的诸城东关，位于今诸城市密州街道辖区内）安家落户的，东郭窦氏便也是因此而得名的。经过六百多年的瓜瓞繁衍，诸城东郭窦氏后裔遍及诸城、安丘、五莲、沂水、胶州、青岛、曲阜、徐州等地。几百年的文化积淀，几百年的躬身而为，窦氏一族形成了为世人津津乐道并群而效之的独具魅力的家学门风。

何为家学门风？简而言之，家学门风是指一个宗族世代相传的风格特征、道德准则和处世方法。诸城窦氏一族的家学门风以仁德忠孝、克俭自强、礼义勤和、勇于担当为主要内容。历世历代中，在家学门风的影响熏陶下，窦氏一族名人辈出，世代相迭，而窦宝荣便是当今诸城东郭窦氏的代表人物之一。

窦宝荣，出生于1944年8月，曾任山东四达经贸股份有限公司党委书记、董事长、总经理，现任山东省文史研究馆馆员、山东省文物保护与收藏协会常务理事、潍坊市中华文化促进会副主席、诸城常山文博苑董事长等职务。然而，他最为人口口相传的，并非是其多达近百项的各种称号、职务，而是他秉承几百年窦氏家风形成的深邃渊远的文化自觉，重义尚德的道德情操及基于此形成的独特而显著的人文魅力。

所谓文化自觉，从语义上讲，就是对文化的自我觉悟。这个文化，既是民族的，也是国家的，还是阶层的、地域的，乃至团体的、个人的。按照费孝通的解释，文化自觉是指生活在一定文化中的人，对自己的文化有"自知之明"，即明白它的来历、形成过程、特色和发展趋向，从而增强自身文化转型的能力，并获得在新的时代条件下进行文化选择的能力和地位。此外，应具有世界眼光，能够理解别的民族的文化，增强与不同文化之间接触、对话、相处的能力。

正是这种深刻的文化自觉和文化醒悟让窦宝荣数十年间锲而不舍、不遗余力地践行着诸城东郭窦氏的家学门风，以保护和共享为主线传承中华历史文化。历经十载艰辛坎坷之路，由窦宝荣亲自设计、指挥、装修、陈列的常山文博苑于 2015 年完美收官，他还把历经几代人保护下来的中华民族文化遗产公开向社会和民众展示，包括佛像、古碑、钱币、印章、瓷器、陶器、青铜器、玉器、金银器、钟表、古旧家具、票据等直观反映我国历朝历代丰富文化信息的各类实物藏品近百万件。这些藏品，无论文物研究价值、艺术价值还是经济价值都难以估量。

正是这种深刻的文化自觉和文化醒悟让窦宝荣以企业改制和首创倒逼成本管理法为主要标志创新了我国地方企业文化，使四达公司由小变大，由弱变强，转亏为盈，成为同行业的龙头企业，也正是因为自己的不懈努力和执着追求，才让自己获得了各级各类专门或兼职职务、荣誉称号、科研学术成果、行业专业技术职称等多达近百项。他是国家级高级职业经理人、中国企业管理协会和中国企业家协会确认的企业管理高级咨询顾问；他主创的《倒逼成本管理法》获得中国机械行业企业管理重大创新成果奖、潍坊市社会科学优秀成果优秀奖，主创的《实施"一化两推"工程，促进企业健康发展》获得中国机械行业企业管理现代化创新成果一等奖，主创的《中小企业股权改革为重点的市场化管理》获得国家级企业管理现代化创新成果一等奖。而这些，对于他来说，都是名副其实、当之无愧的。

也正是这种深刻的文化自觉和文化醒悟让窦宝荣以异于常人的夫妻深情和朴实感人的孝行无声地弘扬着源远流长的中华文明美德。以勇于担当、善于担当的行为特色，成为感动社会、感动民众的模范传奇人物。

历史文化篇：远承先祖光鼐之持重；近沐父尊希明之习风

诚如每一个历史偶然都会有其或明或暗的历史必然，窦宝荣文化自觉的形成、成熟与发展得益于本家族两位窦氏成员的深远影响——一位是世祖窦光鼐，另一位则是其父窦希明。

——世代相润延继先祖窦光鼐的传承

按诸城《东郭窦氏族谱》，窦光鼐是窦宝荣的十三世祖。

窦光鼐（1720—1795），字元调，号东皋，诸城西郭家埠村（今属诸城市舜王街道辖区）人，乾隆七年（1742）进士，历任翰林院庶吉士、编修、会试同考官、山西乡试副考官、翰林院侍读、内阁学士、湖北乡试正考官、提督河南学政、左副督御史、提督浙江学政、顺天府尹、光禄寺卿、福建乡试正考官、吏部右侍郎、礼部侍郎、浙江乡试正考官、左都御史、殿试读卷官、顺天乡试正考官、会试正考官等职，是清代中期名臣、清官和文史大家。他学问精湛，博学多才，精通经史，尤善诗赋，文词清古，意蕴敦厚，深受乾隆皇帝（即清高宗爱新罗·弘历，1735 至 1795 年在位）所雅重，并曾按照乾隆皇帝的要求和皇室规制，教授皇十五子爱新觉罗·颙琰（就是后来的清仁宗嘉庆皇帝，在位时间是1796 至 1820 年）课业。窦光鼐也因此而被誉为"一代帝王师"，有《省吾斋诗稿》《省吾斋文集》等著作传世。

窦光鼐致仕还乡时，将自己多年的积累的著述、书画古籍等物品运回老家诸城。他把这些文化实物，传承给了他的家族本系和支系亲属，也把重视古旧实物收藏传承的文化基因留给了他的子孙后代们。窦宝荣听长辈们讲，按照家族内的惯例，这些文化实物都是单传，除了继承者，族里的其他人都不知道具体情况，也无缘一睹真容。正是这样的保密规矩和低调的传承方式，才让许多珍贵的历史文化实物得以保存下来。后来，这些实物的一部分就传承到窦宝荣的近祖手中，尤为重要的是，重视古旧实物收藏传承的文化基因也传承了下来。

——潜移默化接受父亲窦希明的熏陶

窦宝荣的父亲窦希明，今诸城市石桥子镇王家西院村人。

按照窦宝荣从村里《王氏族谱》记载中了解到的情况，王家西院村的历史很悠久，明代以前的村名为贺家小庄子。大致在明初，王姓人家移民到村中安家落户并世世代代繁衍生息，才有了王家西院的村名。

王家西院早先就是个文化底蕴很深的村子，附近十里八村的人都说这个村有"书香庄子"的名声。相传有一年，诸城县官想考察了解一下王家西院为什么又叫"书香庄子"。于是，全村的读书人家就把所有的书籍集中起来，放到三间屋里。结果，书籍从地上一直摞到了屋笆。县官到来那天，全村二十四个有功名的人，都穿着长袍，头戴红顶子前往迎接。县官来到这处临时书房，一看三间屋里满满的全是书籍，不由得连连感叹："不愧是个'书香庄子'！"由此可见，重视教育、重视读书人是王家西院村长期形成的传统和风尚。

新中国成立后不久，村里就办起了学校。村里读书成才以后在各地、各行各业有所作为者大有人在，这其中又以密码破译专家王小云、眼科医学专家康凤英、教育专家王克田、企业家及文化遗产传承保护人窦氏三兄弟窦宝荣、窦宝华、窦宝森为其典型代表。

窦家认同的治家理念是家有良田百顷，不如日进分文。在窦宝荣的记忆里，窦氏一门一直是村里的殷实人家。父亲窦希明 1949 年就参加了工作，母亲在家除了种地，还要照顾他们兄弟三人，同时家里还开着一个弹棉花小作坊，俗称"洋弓房"，大概是由于弹棉花的设备和技术都是从外国传进的而得名。在他的记忆中，每年的秋天，"洋弓房"里都很忙，周边村庄等待弹棉花的人都要排成长队。

窦希明读过多年私塾，是村里少有的文化人，不仅教过学，还会做买卖。正因为如此，自 1949 年始，他便接受安排，参与了建国后基层供销社的组建。后来他一直在石桥子程戈庄、石埠子马庄公社供销社担任着经理、主任、书记等职务，一干就是几十年，直至 1976 年退休。窦希明十分敬业，自从参加工作，他回家的次数便很有限，家里的事情就更是顾不上了。

然而，窦希明在工作之余，却未敢忘记重视古旧实物整理保存的家学门风。在窦宝荣的记忆中，大约在 1952 至 1956 年，石桥子供销社在王家西院村设立了一个代销代购点，这是当时这一地带辐射附近几个村唯一的代购代销点。当地人叫它"合作社"，也叫"收购站"。这个合作社主要是卖些油、盐、酒等日常用品和农具，也收购铜、铁等废旧金属物品。

那时的供销合作社只有三间屋：东边两间摆货架、柜台，用于买卖和收购，而西屋一间有盘炕，炕前靠西墙张桌子，主要是用于办公。窦希明当时就在石桥子供销社担任经理兼会计。工作之余，他经常领窦宝荣去这家合作社闲坐。而窦希明只要到合作社，就一定要看看他们收购的废旧金属物品。窦宝荣至今清楚地记得那些废旧金属物品中，有很多铜钱、铜人、铜马、铜香炉，还有锡壶、铁人，铁马等物品。窦希明每每就会选出几件，一丝不苟地用合作社里的秤称重，然后按照买入价买下。他经常对合作社的工作人员说，这些东西看似是废铜烂铁，实际却都是先人留给我们子孙后代的珍贵遗物。高兴之余，窦希明往往还会再买上两块糖果慰劳一下儿子。慢慢地，窦宝荣便也开始留意起周围那些能够看得见、摸得着的一些古旧小物件来。

正所谓无心插柳柳成荫，或许，正是窦希明的这些疼爱儿子的无意之举，使其自那时起，爱好古旧文化实物的情结在心中悄悄萌芽。

——宏愿发自泉城，收藏始于农村。

1958 年，窦宝荣参加招工顺利成为山东电力工业厅的职工，第二年 4 至 10 月，他在济南接受了半年的培训。在这期间，他喜欢上了千佛山。而千佛山最令他痴迷的就是那些遍布山上的大小不一山洞，及洞里雕刻着的千姿百态、容貌生动、线条流畅的各种佛像。那些石佛雕像小的只有手掌一般大，每次去玩，他都会用眼看了又看，用手摸了再摸。

在窦宝荣的眼中，那时山上雕刻的石佛非常多，虽然叫千佛山，但山上雕刻的佛像却绝不止一千尊，基本上也都完整。他在那里见到的石佛雕像与诸城老家寺院雕刻的佛像有很多的共同点，那就是都慈眉善目，法相庄严，容态和悦，尊贵典雅。他注意到，大多佛像法相上部雕刻较为复杂，是佛像主要的表现部分。相对于佛像复杂的上部雕刻，腿部的刻划流畅简单，自然天成。有坐骑的则会对坐骑进行精细的雕刻。佛像坐骑也是窦宝荣特别注重的一个部分，主要包括虎、马、龙、象；兽，麟，狮，犼等。尽管它们的体积都较为庞大，但却让他心驰神往，流连忘返，当时他心里就想要是自己能拥有一尊有坐骑的佛像，该多好啊。

也就是自那时起，窦宝荣爱好古旧文化实物的情结升华为对古旧文化实物执着而不舍的追求。要知道兴趣是最好的老师，追求是最强的动力。三年自然灾害（1959—1961）过后，国家开始对国民经济实行调整、充实、整顿、提高的方针。1962 年夏，国家精简城市人口，窦宝荣被下放回到老家诸城王家西院村务农。四年的工作经历让他眼界大开，他用与以往不同的眼光再次打量自己的老家，他惊喜地发现家乡到处是宝贝。

诸城古称东武，为密州治所，物华天宝，文风炽盛，名人辈出。宋代收藏家、金石学家赵明诚，《清明上河图》的作者张择端，清代名臣刘统勋、刘墉父子，清代名臣、窦宝荣的先祖窦光鼐，以及曾建有"万卷书楼"的大藏书家李仁煜等都是诸城人，这些历史文化名人的一些书画墨宝与藏品都留存在诸城民间。诸城还是佛教从海上丝绸之路传入青齐一带最早的地区之一，佛教曾兴盛一时。佛教建筑与遗迹及佛像随处可见。"有时犁地，就能犁出石碑、石佛来。谁也不在意，随出随扔。"窦宝荣说。

"我的收藏是从农村开始的。"窦宝荣深情地回忆着五十多年前的往事，"我收藏的第一件物品是一方砚台。"这方小小古砚，成为他古旧文化实物收藏的起点。从此，他一发而不可收。回到老家后，他曾在村里干过木工，有时候到农户家里干活，发现如果有自己喜欢的古董玩意，就花几元钱买下来。那时国家提倡破除迷信，农历腊八大扫除，有些农户家中清理出一些陈年旧物，往往随意丢弃在村头沟边。只要让他看到了，他都会认真查找，有时候就会捡着一些自己中意的小花瓶、小茶壶等小玩意儿。他说："那时遇到走村串巷收破烂的，我一定叫住，看看有没有自己中意的东西。那时一车子破烂卖不了五角钱，几分钱就能买件老东西。"

——窦宝荣的文物保护历程：为护而藏，穷尽半百春秋，万贯家财；同享而示，付出满腔热忱，一生心血。

收藏是为了保护。而收藏本身就是一种保护。

窦宝荣对历史文化实物的保护行动开始于"文革"时期（1966—1976）。当时，大量的历史文化实物遭遇灭顶之灾，被肆意毁坏，寺庙、祠堂被拆，或改作他用，佛像、神像、祖像被推倒砸坏。

对此，窦宝荣非常痛心，看到有保存价值的，就悄悄地收藏起来。比如看到一些古碑，他就悄悄用独轮车推到村西的崖头地里掩埋起来。如果偶然被人碰到，他便机智说搭桥、垒地基要用。他在"文革"以前收藏的一些"块头"不大的物件，比如古币、古书等，就藏在自己家里或地瓜窖子里。家人与亲朋好友只知道他喜欢老古董，至于他收藏了多少，放在何处，大家都不清楚。有人笑话他，说这些都是古人遗留下来的东西，总是捣鼓这些东西不吉利。他也往往一笑置之，我行我素。他默默地、机智地用自己的能力和特有方式，尽最大可能地保护那些老物件免遭损毁，可谓非常年代的非常之举，非常之眼光。

十一届三中全会以后，特别是1982年国家颁布了《文物保护法》以后，窦宝荣觉得自己仿佛得到了"尚方宝剑"，感觉自己终于可以名正言顺，光明正大，扬眉吐气了。"我把以前埋藏的东西，该挖的挖出来，该摆的摆出来，小心地擦拭干净。我觉得，每一件藏品都有灵性，怎么看都爱不释手。"他说。

上世纪八十年代初，随着收藏保护的文物增多，窦宝荣的名气也开始在诸城及周边县市传播开来。于是，有心人只要发现老的物件，就会主动找上门来，在这些自动找上门的老物件中，各类佛雕占了很大的比例。小佛引大佛，石佛引铜佛，宋佛引唐佛……佛雕竟然一尊尊越积越多。他说："诸城可考的寺庙就有 200 多座，所以流散各处的石佛也格外多。我记得有个早晨，有个人拉了一拖拉机大小石佛来。他说是翻地时翻出来的，通过七姑八姨的打听到我，就拉来了。"

窦宝荣在收藏手记中写道："收藏的目的是为了保护和弘扬民族文化，传承中华文明。"他的藏品最初埋在地下，藏在地窖里——一个大地窖被堆放得满满的。再后来，家里的一处老房子也成了藏品室。随着藏品越来越多，他供职的山东四达工贸股份有限公司里，一座一千多平方米的仓库，也成了他的收藏宝库。各类藏品摆放得层层叠叠、密密匝匝，俨然成了一座浩大的艺术迷宫。面对日渐丰富的藏品，他感到一种神圣的责任感和使命感，他觉得应该想办法充分保护并利用好这些优秀的人类文化遗产。

在参观完窦宝荣的藏品后，许多领导和专家都觉得建一座专门的博物馆来保护这些藏品，是充分保护和利用这些优秀人类文化遗产的最适宜方法。领导和专家的建议，与窦宝荣的想法不谋而合，他也一直想为这些文物建造一处保护展示的场所。

在诸城市委、市政府的大力支持下，2005 年 3 月初，窦宝荣率领四达公司的一班人在常山顶恢复建设了碧霞宫，2006 年 6 月又开始了在常山建设文博苑的长途跋涉。

经过近十年的努力，窦宝荣终于梦圆常山。

已经建成并向社会开放的常山文博苑占地 500 余亩，是集佛教、文物和艺术品鉴赏为一体的大型文化博物苑。整个建筑群绿树环绕，依山傍水，采用宫殿式造型，秉承明清时期科学而完美的建筑工艺，结构严密，错落有致，由下至上共九个层面，沿一条南北向的中轴线排列，左右对称，北起文博苑大门，南到梵宫，各式藏馆缀列左右，布局精雅，相映成势。文博苑建筑面积 92000 余平方米，建有房屋 1000 余间，远远望去，如天上宫阙、云中殿堂，建筑规模、设计水平都为齐鲁之最。

步入文博苑，在万佛寺，可以领略到源远流长的中华民族佛教文化。各个历史时期、各种材质的 20 余万尊佛教造像，陈列成浩大的佛国阵容。这万千佛像，与临朐明道寺佛教造像、青州龙兴寺窖藏佛像交相辉映，清晰地刻印着外来佛教中国化、半岛化、生活化的演化进程。在此可以体味到佛像艺术表现出的中华文化特有的艺术神韵。

置身大荣博物馆，令人目不暇接。这里陈列有名家砚台、精品瓷器、古籍图书、家谱、县志、名帖、名人字画、金银器、首饰、精品陶器、名家制紫砂器、玉器、邮票、青铜礼器、雕刻、民俗等各类藏品数十种，一百余万件，五光十色，七彩夺目。

走进窦府，可以尽情观赏窦氏家族保护的历代文物和艺术品。府内藏有古典书籍和字画六万余件，有明代永乐大典（部分）、唐寅、文徵明、沈周、赵秉忠、董其昌、刘墉、窦光鼐、郑板桥、曹鸿勋、陈介祺等古代名家传世墨宝。有金、银、铜、铁、陶、牙、角、骨、竹、木、石刻印章 2 万余方，有各种类、各材质的金、银、铜、铁钱币 60 余万枚。

漫步在珍宝馆内，可以近距离亲近神奇的石雕艺术。此处陈列着自汉代至清代两千年来各个历史时期的石雕艺术品 1000 多件。这些石雕姿态万千，神采各异，或古朴憨拙，天然成趣；或庄重典雅，睥睨万物；或逍遥洒脱，超然化外，俨然一卷凝固的立体的社会百色图。

——文博苑为什么建在常山：胜迹鳞次，底蕴深远；山水清秀，地势相宜。

将文博苑最后定址在诸城常山，彰显出了窦宝荣眼光的独到。

常山是诸城地域内的历史文化名山之一。清代，日照籍诗人成永健书有《诸城观山》诗一首："东武有主镇，卧虎踞南原。姿态欲咆哮，形势何威严！但闻多灵验，祝祷雨涟涟。气概慑龙宫，至今解尽难。"成永健诗中的"卧虎"，指卧虎山，位于诸城城南十公里处，因整体形状像一只卧伏的老虎而得名，卧虎山便是常山的曾用名。

至于常山名称的由来，北宋（960—1127）名臣苏轼任密州（今诸城）知州时，所作《雩泉记》一文中叙述得很明晰。按照他的叙述，密州一带虽然距离海洋很近，但因为一年四季刮风很频繁，水分蒸发很快，而河流沟壑中又留不住水，因而当地经常遭受干旱之苦，民众到这座山上祈祷降雨，往往每求必应。民众称赞这座山常怀有怜悯苍生的美德，故称之为常山。《太平寰宇记》一书中也记载着，诸城常山因为祷雨常应而得名。

苏轼（1037—1101），字子瞻，又字和仲，号东坡居士，眉州眉山（今四川眉山市）人，我国北宋时期文豪，"唐宋八大家"之一。父苏洵、弟苏辙都是著名文学家，世称"三苏"。他的诗、词、赋、散文，均有极高的成就，且善书法和绘画，是我国文学艺术史上罕见的全才，也是我国历史上被公认数千年间文学艺术造诣最杰出的大家之一。其散文与欧阳修并称欧苏；诗与黄庭坚并称苏黄，又与陆游并称苏陆；词与辛弃疾并称苏辛；其画则开创了湖州画派。苏轼现存作品非常多，代表作品有《水调歌头·中秋》《赤壁赋》《念奴娇·赤壁怀古》《游山西村》等。他二十一岁中进士，神宗时期（1068—1085）曾在凤翔、杭州、密州、徐州、湖州等地任职。在任地方长官期间，他关心民众疾苦，做了许多利民的好事，深受民众拥戴。

历史上，常山名胜古迹很多，也多与苏轼有关。著名的有：常山神祠、苏公祠、远览亭、雩泉亭、广丽亭、望海楼、东岳宫、碧霞宫等建筑及众多的碑碣、摩崖题记等。

常山神祠位于常山北坡雩泉东北 10 余米处，创建于宋皇祐四年（1052）。熙宁八年（1075），苏轼在常山求雨得应，于是重修常山神祠。熙宁九年（1076），经过苏轼上奏，皇帝（即宋神宗赵顼）诏封常山神为润民侯。于是，常山神祠成为人们祭神祈雨的主要场所。

雩泉亭位于常山北坡的雩泉之上。雩泉原来没有名字，但泉水清凉甘滑，能够一直流到山下，苏轼便取"雩"字的"祭祀求雨"之意，命名为"雩泉"，雩泉亭也因此而得名。远览亭也位于常山北坡，明万历三十一年（1603）建，伫立亭内，极目北望，诸城街市城堞尽在眼底，远览亭因而得名。

广丽亭、望海楼建在常山山顶。有苏轼《登常山绝顶广丽亭》一诗存世："西望穆陵关，东望琅琊台。南望九仙山，北望空飞埃。相将叫虞舜，遂欲归蓬莱。嗟我二三子，狂饮亦荒哉！红裙欲仙去，长笛有馀哀。清歌入云霄，妙舞纤腰回。自从有此山，白石告苍苔。何尝有此乐，将去复徘徊。人生如朝露，白发日夜催。弃置当何言，万劫终飞灰。"

苏公祠也建在常山北坡，是当地人民为怀念苏轼而建。祠内供奉着苏轼塑像。以前每年农历的三月初三，人们结伴登山，云集山麓祭拜这位历史名人。至于东岳宫、碧霞宫，则建在广丽亭右面，雕梁画栋，金碧辉煌。山上还曾立有常山神祠大观碑、祷雨谢雨碑、常山感应碑、重修常山雩泉碑、重建常山苏公祠碑，以及历代文人雅士游览此山的摩崖刻记等。

经过时代变迁，常山上的这些古老建筑和碑碣早已无迹可寻了，不可谓不是一种永久的遗憾。而文博苑的建成或许就是这永久的遗憾里一点微不足道却弥足珍贵的心灵慰藉了。

文博苑筹建活动最早开始于2002年初。那时，窦宝荣经过考察，作为备选地点之一，现在诸城市博物馆的位置由于供地面积不足而放弃。另一处备选地点位于现在的诸城市体育馆，因为水泥件预制厂迟迟不能搬迁而再次放弃。2003年，诸城市委、市政府主要领导与窦宝荣一起又多次选址。来到常山，窦宝荣为这座名山所富含的历史文化底蕴所吸引和叹服。最后，才确定了在常山北坡建设文博苑。

当时，常山一带有诸多承包户养鸡场、养猪场需要搬迁。诸城市领导多次召开专题会议进行调度协调。到2005年秋，经过多方协商，承包户的退包搬迁问题得以彻底解决。2006年春，常山文博苑终于正式破土动工了。到2012年，常山文博苑一期工程基本竣工，共用工148.2万余个，钢材2760余吨，优质木材13250立方，石料59200多立方，砖11625万块，黄金箔189.5万张，挖填土石方865000立方，总建设投资5.38亿元。

文博苑的落户为常山这座历史文化名山赋予了新的内涵。2012年4月，中国文物保护基金会公布常山文博苑为中国文化遗产保护示范基地。

——窦宝荣的历史文化实物收藏理念：重文轻利，包容兼顾；境高界远，慧眼独具。

在中央电视台2005年播出的一期《鉴宝》节目中，窦宝荣捧着一尊精美的象牙观音雕像闪亮登场。这是他首次以收藏家的身份在公众场合正式亮相。他还带去了明朝泥金彩绘十八罗汉、地藏菩萨铜造像、清代密宗护法佛像、黄杨木雕十八罗汉渡海图以及20世纪初

410

期的牙雕观音立像。他的蓦然出现，立即引起我国收藏界的瞩目。

其实，窦宝荣的收藏理念一直很传统。他并不过多看重藏品的经济价值。而这与国内很多收藏家不同，与西方的一些收藏家的理念却比较接轨。他更看重的是藏品的历史价值、文化价值、艺术价值和观赏价值。他的收藏品具有三个特点，一是注重藏品的历史文化价值，二是注重藏品的珍稀度、存世量，三是注重藏品的制造工艺水平。只要合乎这些标准就收藏。这些都可以看出，他痴迷收藏的大视野、大胸怀、大境界。他的收藏不仅仰仗财力，更多的是靠智慧、眼力、胆识和先见之明。他的收藏，目光一直盯在民间。他说："我始终认为，民间有宝物，宝物在民间。"他认为，民间收藏，不指望件件是精品，只要有价值，有独特性、唯一性，就收藏下来。

收藏是一种发现，要善于发现发掘别人鉴识不到的东西，窦宝荣就是这样认为的。他大量的收藏是在上世纪八十年代以前集成的，主体收藏在 2000 年前就完成了。此后又不断扩容延展。若没有他的收藏，许多文献典籍会被打作纸浆，不少石碑会被垒了院墙，大量佛像会被毁坏，有的珍宝会流失海外。许多民间珍宝，若不是他的及时抢救、收集，可能就散佚、损坏、流失了。

祖辈、父辈的家传，加上他日久天长的收集，长期坚持不懈千辛万苦地搜罗，日积月累，聚沙成塔，历经几代人的不懈努力，终于形成了现在宏大的收藏规模。他的藏品种类广博，数量浩繁。佛教造像系列，有佛像、菩萨像、罗汉像、佛塔、佛碑等，种类和数量都极其丰富，造像年代穿越两千多年历史时空。古钱币系列，各个时期、各种书体、各种材质、多个民族的钱币应有尽有，超乎预期。尤其不同时期的钱币雕母，更是弥足珍贵。此外，还有大量的青铜器、古籍图书、名人字画、铜石印章、紫砂壶、陶瓷、玉器、邮票等，门类众多，包罗万象。

在窦宝荣的大量藏品中，被后世誉为中国法帖之冠、"丛帖始祖"的《宋拓淳化阁帖》，因历史价值、文化价值、艺术价值和观赏价值不可估量而显得异常珍贵。这是窦宝荣在整理古籍时发现的。经过文物专家鉴定，此帖原来是由清代收藏家李葆恂珍藏并题署，为木刻版本的拓本。

这几部古籍，历经岁月的洗礼，纸质已经发黄，变脆。当初，一套《宋拓淳化阁帖》共 10 卷，它们在历史的变迁中早就已经散失。窦宝荣手中的这套《宋拓淳化阁帖》只有一、二、三、五共四册，每页尺寸纵 25.1 厘米，横 13.1 厘米。每卷末都有"淳化三年壬辰岁十一月六日奉旨摹勒上石"篆书刻款。其中一册的边缘虫蛀痕迹明显，每册的封面均有"宋拓淳化阁帖""李葆恂珍藏"字样，并钤有李葆恂、郎逢康的印章。副页有"大明弘治元年明古史鑑藏"题记和"西村逸史"印章。《宋拓淳化阁帖》内容完整清晰。山东文物专家委员会委员、山东文物鉴定委员会委员孙敬明，山东诸城博物馆原馆长韩岗等文物鉴定专家，对《宋拓淳化阁帖》进行了仔细的研究分析，认为有很高的研究和收藏价值。

《淳化阁帖》是我国最早的一部汇集各家书法墨迹的法帖。所谓法帖，就是将古代著名书法家的墨迹经双钩描摹后，刻在石板或木板上，再拓印装订成帖。据记载，宋代淳化三年（992），朝廷调出宫廷所藏历代墨迹，命翰林侍书王著编次摹勒上石于皇宫内，名为《淳化阁帖》，又名《淳化秘阁法帖》，系汇帖，共10卷。第一卷为历代帝王书，二、三、四卷为历代名臣书，第五卷是诸家古法帖，六、七、八卷为王羲之书，九、十卷为王献之书。收录了中国先秦至隋唐一千多年的书法墨迹。包括帝王、臣子和著名书法家等103人的420篇作品。

宋代记录此帖为木板刻，初拓用"澄心堂纸"。后来全国各地辗转传刻，出现木拓、石拓等不同版本。据传，宋代庆历年间（1041—1048），宫中意外失火。拓印《淳化阁帖》的枣木原版不幸全部焚毁，因而初期的拓本就显得异常珍贵。故宫博物院中藏有宋拓本，钤"乾隆御览之宝"、"懋勤殿鉴定章"等印。白纸挖镶剪方裱本，麻纸乌墨拓，每页尺寸纵25.1厘米，横13.1厘米。每卷末都有"淳化三年壬辰岁十一月六日奉旨摹勒上石"篆书刻款，完整难得，价值不菲。2003年，上海博物馆斥资450万美元，从美籍犹太人、收藏家安思远手中购得《淳化阁帖》祖刻本的第六、七、八卷，在国内引起轰动。

窦宝荣收藏的《宋拓淳化阁帖》，其清代的收藏者李葆恂（1859—1915），原名恂，字宝卿，号文石，又号叔默、戒庵、猛庵，别号红螺山人，五十岁后号熙怡叟，辛亥革命后改名理，字寒石，号㲄翁，又称孤笑老人，今河北易县人，晚年居住在天津。他曾任国子监生，官至江苏候补道。著有《无益有益斋读画诗》《海王村所见书画录》《梵天庐丛录》《工余谈艺》《红螺山馆诗抄》《海王村所见书画录残稿》二卷、《义州李氏丛刻》六种、《猛庵文略》《然犀录》《三翠邑墨题跋》《归学庵笔记》等。

李葆恂治经史，工古文、诗，擅书能画，精于鉴赏金石书画。晚晚清重臣张之洞曾聘李葆恂为总文案，在收藏鉴赏方面，他还得到晚清大臣端方的倚重。端方出身于满州正白旗，酷爱收藏。当年潍县（今潍坊）陈家收藏的国之重器毛公鼎，就是在陈介祺去世后，被端方强行买去收在家中的。李葆恂曾在端方家中为其审定金石，并题跋300多篇。

——窦宝荣的文化共享情怀：藏珍求奇，不为一己；薪火相传，共享天下。来自民间，走向民间！

在窦宝荣看来，收藏是为了保护，保护是为了共享大众。

2008年，窦宝荣被评为首届"薪火相传——中国文化遗产保护年度十大杰出人物"。窦宝荣是凭借什么入选的呢？评语中这样介绍，窦宝荣以收藏文化遗产数量多、研究价值高入选。他收藏有各类佛造像20余万尊，还收藏有古钱币、金银器、各种材质的印章、历代邮票、古籍图书、字画、陶瓷珍品各类藏品多达近百万件。其中辽代金制凤冠、宋代金制执壶、辽代金制版画、战国青铜鼎、唐代金佛造像、北宋金质经书、宋代金娃娃等都是藏品中的绝世珍品。

"薪火相传——中国文化遗产保护年度十大杰出人物评选活动"是经国家文物局批准，由中国文物保护基金会主办的我国最高级别的此类评选活动。自2008年以后的两次评选中，再无山东人入选，由此也可以显示出窦宝荣的入选是具有特别价值的。他在北京的颁奖会上发言时提出：民间文化遗产是极其丰富和宝贵的文化财富，是民族精神情感、个性、特征及凝聚力与亲和力的载体，是发扬中华民族先进文化的精神资源和民族文化的根基。加强民间文化遗产保护，提升公民文化素质和社会文明程度，既是我们的庄严承诺，也是我们义不容辞的责任。文化遗产保护人人参与，文化遗产成果人人共享。

国家文物方面的专家步连生、孙国璋、吴梦麟、王春城、刘静、单国强、叶佩兰等专家曾多次对他的藏品进行鉴定。他们一致认为：藏品数量罕见，品类丰富，珍宝众多，历史价值很高，具有很强的社会效益和社会影响力，建议在研究和保护的基础上，向社会开放，以展示深厚的中华文化底蕴，发挥其社会效益。

其实，早在十几年以前，窦宝荣的藏品还摆放在四达公司的大仓库里的时候，便已经向公众开放。慕名来参观的团体和个人络绎不绝。但藏品数量太多，如何摆放是个问题，别人也很难了解它们的价值。如何让这些收藏品长久地留存于世，并发挥出应有的文化价值和作用，是一直萦绕在窦宝荣心头的难题，这也是他主持兴建常山文博苑的初衷之一。以常山文博苑为载体，将自己的藏品陈列出来向社会展示宣传，就是为了让更多的参观者和子孙后代亲近、感受、观摩、研究这些积淀深厚、博大灿烂的民间文化，让中华文脉得到传承。

现在，常山文博苑每天都对外开放，里面存放的那些浩繁的藏品反映了我国几千年的文化艺术风格、生活习俗和宗教信仰，凝结着我国民间的智慧、追求和向往，从不同侧面反映出先人的物质、精神生活，具有浓郁的民间文化色彩和百姓生活气息，具有鲜明的地域文化特色，为研究东夷文化、齐文化、鲁文化、莒文化提供了重要的物质佐证，对探讨佛教文化在齐鲁大地的传播兴衰提供着重要实物载体。常山文博苑的藏品汇集了几千年来人类智慧结晶，记录着源远流长的中华民族文化的灿烂成就。

"我要让子孙后代通过直观的东西来了解我们的传统文化。因为文化能够改变人的思想。"窦宝荣说。为了让人们进一步了解常山文博苑的由来及其展示的大量藏品，他一方面持续地对藏品进行整理研讨、归类微调，另一方面则深入挖掘这些藏品蕴含的丰富文化信息，编著印行了《常山文博苑印鉴集》上下两册、《常山文博苑影像集》一册、《常山文博苑建设集锦》一册、《楹联集锦》一册，共五册书集。

窦宝荣是家中的长子，二弟窦宝华是潍坊市坊子区人民检察院退休干部，三弟窦宝森担任诸城山东大业集团董事长、党委书记。他们兄弟三人对文化实物收藏、保护和共享事业一直相互鼓励支持和帮助。常山文博苑东翼的窦府内，陈列着窦氏家族收藏的历代文物和艺术品，共藏有古典书籍和字画六万余件，有明代唐寅、文徵明、赵秉忠、黄元御、董其昌以及清代刘墉、曹鸿勋、陈介祺、郑板桥等古代名家传世墨宝及珍贵古籍。这些文物珍品，很大一部分来自兄弟三人祖辈、父辈的家传，而这些都是在他们兄弟三人的共同努力下，才得以公开展示并与社会共享的。

——窦宝荣传承历史文化的社会反响：护珍护宝，青史不忘；利国利民，功德无量！

以各类珍贵藏品为媒介，为保护、共享和传承历史文化做出几十年努力的窦宝荣，得到了各级领导和专家、学者的充分肯定和高度赞誉。

中央政治局原常委、中纪委原书记吴官正，中央政治局原委员、中央军委原副主席、国防部原部长迟浩田，时任全国政协副主席罗豪才，时任文化部部长孙家正，中组部原部长张全景，时任济南军区司令员范长龙等领导同志都曾到诸城对窦宝荣的历史文化实物保护共享工作进行考察和鼓励。

国内一些著名专家、学者对窦宝荣文化保护共享工作给予高度评价。

国家文物鉴定委员会委员、中国历史博物馆文物鉴定专家孙国璋看过窦宝荣的藏品后，有这样的评价："最为珍贵的是南北朝造像和唐代石雕舞人，以及大型石雕——约四五米高的宋元人物造像。值得庆幸的是这些文物得到了有力的保护。窦宝荣同志在这方面做了一件功德无量的大好事。"

国家级城市规划专家洪铁城到诸城考察，他的即席评价显得热情洋溢："（常山文博苑）算得上是当今世界上拥有文物古董最多的民间文博苑。四达工贸有限公司修建了个风景区，别的不唠叨，我只讲其中二期工程范围内建的一个坐南朝北的文博苑，又名东方佛国……在中轴线上，安排着入口广场、山门、钟鼓楼、仪门、天王殿、观音殿（左配祈禧殿、右配祈禄殿）、大雄宝殿、藏经阁（左配祈寿殿与角楼、右配祈福殿与角楼）等建筑。轴线收头处是珍宝馆及汉画像石广场。围廊位置东西厢与倒座建筑一二层全都是各类藏品的展厅。然后左首（东）后半区是四合院式的窦府，安排着先祖窦光鼐的玉石立像和文物展厅、接待厅、影像厅等等功能用房。右首（西）后半区是四合院式的集贤院及古家具馆和后花园，内设万佛长廊和碑林、墓志铭墙、汉画像石墙。整个文博苑72座不同功能、不同体量、不同高矮的建筑，一座座自北而南、从低到高、依山就势、次第展开。其布局主从分明，疏密相间，可谓合理而得体；大小殿宇均为汉白玉石质基座台阶栏杆、红色的柱列墙体、彩绘梁枋斗栱、琉璃瓦大屋顶，其造型恰合古制，比例尺度准确，美轮美奂，气象万千。这些建筑群是由公司董事长窦宝荣亲自设计并指挥建造的，堪称当今仿古建筑精品。各展厅内，密密麻麻、堆积如山般地陈放着窦氏家族几代人收藏的青铜器、画像砖、陶器、瓷器、佛像、木雕、石雕、泥塑、刀剑、钱币、金银首饰、玉石、印章、书法、绘画、典籍、邮票、匾额、家具、陈设、器皿、服饰、鞋帽以及清宫皇族生活照片等等 100 多万件藏品。且不说田黄鸡血、名人字画等数不胜数的稀世之宝，光一个藏品的天文数字，就让人听了半天回不过神。同行人看着一个个都说价值连城，我说几乎可以形容为富可敌国了。为什么要这样说呢？因为这 100 万件藏品，其历史价值、文化价值、科学价值和艺术价值，包括观赏价值，都是无法用金钱数字来表达的。这 100 万件藏品，不仅仅是窦家私有的财富，从某种意义、某种角度来认识，同时也是诸城的财富，山东的财富，乃至我们中华民族的共同财富。所以我们不但应该百倍小心地珍惜它，百倍小心地保护它，同时更应该百倍地想方设法展示出来，让祖国的文化遗产为当下两个文明建设发挥应有的、更大的作用。"

潍坊日报常务副总编辑、高级编辑窦锦平对地域文化和窦宝荣的藏品都有系统研究，他对窦宝荣收藏的佛像有这样的描述："从种类上看，有佛造像，主要是释迦牟尼佛，以及药师佛、阿弥陀佛、弥勒佛造像；菩萨造像，主要有文殊、普贤、观音、大势至和日光、月光菩萨等造像。还有诸天、明王、罗汉等造像。从造像质地看，有石、铜、铁、木、玉和象牙雕。从工艺上看，融汇了雕刻、铸造、鎏金、彩绘和镶嵌。从造像的形制看，有单体，有组合，还有雕有 2000 多一万佛像的造像碑。从造像时代看，从魏、晋、南北朝，到唐、宋、元、明、清……应有尽有，不可胜数。他收藏的佛像中有一批鎏金铜佛，是个中精品，用青铜或黄铜铸造，表面鎏金的佛造像，俗称'鎏金铜佛像'或'金铜佛像'，这种佛像多供奉在宫廷、寺庙主持内室和大户人家的佛龛中。窦宝荣还收藏有大量明、清金、铜佛像，有的甚至是藏传佛教的佛像，其坚硬光润的质地、丰富多彩的造型、慈祥万象的气度、庄严肃穆的神威，以及巧夺天工的工艺，无不闪烁着奇光异彩，令人叹为观止，流连忘返。"

在窦宝荣的周围，以常山文博苑为载体，正在积聚着越来越大的正能量，发挥出越来越大的社会影响力。窦宝荣，正信心满怀地走在历史文化实物收藏、保护、共享的宽阔大道上！

企业文化篇：千锤百炼，勤和克俭，勇担改制重组大任；殚精竭虑，自立自强，首创科学管理方法。

与国内著名民间收藏家的名声相比，窦宝荣更是国内著名的企业家。二十多年来，他通过改制建立现代企业制度、努力实现员工素质现代化，他创立和实施"倒逼成本管理法"，尽最大努力实现企业管理科学化，在全国树立了一面地方企业成功改革的旗帜——山东四达经贸股份有限公司，在创新我国地方企业文化方面做出了突出贡献。而他成功所做的这些，依然是他以勇于担当和善于担当的意志和能力、以尊奉和践行诸城东郭窦氏家学门风为己任的必然结果。

——勤和坚毅，始于孩提；礼义仁德，源自家学。

窦宝荣是家里的长子，长子的身份意味着责无旁贷。六岁那年，他的父亲窦希明就参加工作，过年、过节都很少回家。窦宝荣说："在我的记忆中，父亲每年春节期间一般都要忙到正月初三才能回家与我们团圆，过不了几天就又匆匆回单位忙于工作去了。"

在窦宝荣的家乡王家西院村一带，民风民俗是年后正月初三才开始走亲戚。而那时家里走亲戚是指望不上他父亲的，二弟宝华只有三四岁，走亲戚便只能靠他来完成。大约从六七岁开始，他就在母亲鞠氏的安排下独自出门走亲戚了。通常是鞠氏待在家里等着招待上门的亲戚，他先去附近的彭戈庄看望新姥娘（他姥爷的二房），回来后再去他的姨家和姑家，他家一直尊奉明礼重义、尊老敬老的家学门风，凡是逢年过节，这三个地方都是必须要去的。

让窦宝荣记忆深刻的是去彭戈庄新姥娘家。因为那个村里有四家亲戚：新姥娘、二姥娘、妗子（舅母），还有住在后街的一个赵姓姥娘，那是他过世的大娘的娘家。因而，每次年后去那个村子走亲戚他要带着四个筻子（当地的一种篮子），那时出门带的礼物一般都是点心或蛋糕，一个筻子里装四十八个蛋糕或七十二个点心，点心大多是桃酥。要包起来，每一包里先垫一块方形的草纸板，草纸板中间摞上四个蛋糕或六个桃酥，外面用厚纸包好，顶上再放一片大红纸，然后扎上线绳系住。一个筻子要装十二包，轻轻地摞放在筻子里，筻子上再盖上一个大花毛巾。假如包装较小时，毛巾还要绑在筻子沿上，撑起筻子，盖住里面不多的东西，让别人看到筻子满满的。

王家西院离彭戈庄有四五千米的路，年礼不算很重，但这四个筻子，前后各背着一个，一只手提着一个，走上四五千米的路，还要趟过一条河，对于当时只有六七岁的窦宝荣来说，也不是件很轻松的事儿。他往往要走上一个多小时才能到新姥娘家。彭戈庄村西有条河，冬、春两个季节，大人能踩着河里的石头一步一步跨过河去。因为年龄小，担心东西掉到河里，他便不敢踩着石头过河。他就想出了最稳当的办法，脱了鞋袜用力提着两个筻子，从冰冷的河水中蹚过去。四个筻子要分两次才能提过河去，他就要从刺骨的河水里蹚上两个来回。那感觉他至今记忆犹新："腿和脚被河水刺激得就像猫咬了一般，说不出滋味的那个疼啊。"过了河，他就赶紧找块有草的地方坐下来，用两手使劲搓揉一会儿那已经没感觉的腿脚，直到腿脚上的河水干了。然后他再穿上袜子和鞋，背上筻子快步走向新姥娘家，往往要走上一段路，腿脚才能暖和过来。

按照窦宝荣的体验，麦收过后出门走亲戚更辛苦。他记得有一年夏天去新姥娘家，筻子里装的都是沉甸甸的大面瓜。母亲鞠氏担心四筻子面瓜太重，就让他拿了两个筻子，嘱咐他到了新姥娘家后，让新姥娘给分成四份，再给那三家亲戚送去。虽然只有两个筻子，可面瓜与过年走亲戚带的礼品根本不是一个重量级别！加上天热，他就觉得背上的筢子总是自己往下坠，走在路上还换不过肩膀来，只能在碰到有崖头的地方，倚在崖上才能换一下肩膀再走。去新姥娘家的一路上他换了几十次肩膀，最后才好歹把两筢子面瓜背到了新姥娘家。

窦宝荣印象最深刻的还是那几年他经常陪伴母亲鞠氏去给姥娘和姥爷还有一个二姥爷上坟。这三位老人先后去世的时间相差不到三年。对每一位去世的亲人，鞠氏都去上了五七坟（即去世三十五天）、百日坟、忌日坟（即周年祭）。他还记得每次去上坟，鞠氏都要在家里做出四个菜，蒸上十几个馒头。菜用碗盛着放到饭盒子里，用包袱把饭盒子包好，馒头放在筢子里用包袱盖好，他用一根短小的扁担挑着走在前面，扁担一头是饭盒子一头是筢子，鞠氏就跟在后面。鞠氏是小脚妇女，四五千米的路他们要走上半个上午。

有一个难题每次上坟都要遇到。窦宝荣姥娘家村西的小河虽然不是很宽，但小脚的鞠氏是无法趟过去的。他八九岁的时候就能够背着鞠氏过河了。他初次背鞠氏过河时，还让河水打湿了鞠氏的裤腿。第一次背鞠氏过河时的情况他到现在还记得。鞠氏自豪地逢人就夸赞说："以后过河不用别人背了，儿子能背我过河了。"过了河以后，河东岸路北有片大松柏林，那就是姥娘家的坟地了。林地约有七八亩，松树都很粗，听说有上百年了。路南面有条很深很险的沟。每次上坟，窦宝荣都要远离沟沿，还要不时回头看看母亲，怕她掉到沟里去。直到走到沟头他的心情才能放松下来。他说："我记得上坟最多的那一年是1953年，那年我九岁，共上坟五六次，每次都是我背着母亲过河，我都会产生一种说不出来的成就感。"

在窦宝荣看来，他童年的这些经历都是宝贵的财富，养成了他这样的秉性：无论遇到什么事情，先扛起来再说。

——务农挖井，磨炼少年意志；背煤远行，品味人生酸苦。

自强不息，不安于现状，既是诸城东郭窦氏家学门风的重要内容，也是窦宝荣个人的主要秉性特征。

1957年高小毕业后，窦宝荣开始参加王家西院村初级社的农业生产劳动挣工分。1958年当地成立人民公社，他14岁就成了诸城县石桥子人民公社王家西院农业生产大队的社员。

人民公社是1958到1983年前后，国内直属于县级政区实体的基层政区和经济组织合一的实体。人民公社的起源是1949至1956年的全国农业合作化运动。农业合作化运动是在中国共产党领导下，通过各种互助合作的形式，把以生产资料私有制为基础的个体农业经济，改造为以生产资料公有制为基础的农业合作经济的过程。

互助合作的形式起初以互助组为主，后来逐渐试办初级农业生产合作社、高级农业生产合作社，分别简称初级社、高级社。到 1956 年底，全国参加初级社的农户占到总农户的 96.3％，参加高级社的农户达到总农户总数的 87.8％，基本上实现了完全的社会主义改造，完成了由农民个体所有制到社会主义集体所有制的转变。在此基础上，1958 年全国实现人民公社化。通过人民公社化，国内的农村人民公社既是联合一定地域内高级社组成的劳动群众集体所有制的经济组织，又是取代乡（镇）级政区实体的基层政区实体，自此起，农村乡（镇）改称人民公社。就连城市的政府派出机构街道办事处都一律改称人民公社，但仍行使原街道办事处的职能。当时，农村人民公社以下，原来的行政村改称农业生产大队，简称大队。大队以下为农业生产队或农业生产小队，简称队或小队。

人民公社成立初期，生产资料实行过单一的公社所有制，在分配上实行过工资制和供给制相结合的制度，并取消了自留地。后经多次调整，1962 年以后，国内绝大多数人民公社实行了"三级（公社、大队、队）所有，队为基础"的制度，恢复和扩大了自留地和家庭副业。

1978 年，全国开始进行广泛、深入的农村改革。主要内容是实行以家庭承包经营为主的农业生产责任制，建立了集体统一经营与农户分散经营相结合的农业经营管理体制，打破了"三级所有，队为基础"的统一经营模式。1980 年，全国设在城市建成区的人民公社恢复街道办事处的名称。1982 年起，全国农村逐步恢复乡（镇）、行政村建制。人民公社、农业生产大队、队（小队）最后都成为历史名词。

窦宝荣成为公社社员时，因为年龄小，只算个半劳力，一天只能挣 5 分，他不服气了，正好机会来了，生产队里要开挖一口大井用于灌溉农田。这个活儿因为十分费力，整劳力们都不愿意干。他就找到队长软磨硬泡承包下来。大井规格深 10 米、口直径 5 米、腰直径 4 米、底直径 2 米，工程量大约需要挖土 120 多立方米，报酬是 1000 个工分。队长吓唬他："二十天一定要干完，干不完就没工分了。"他却顺势接过了话题："二十天干不完，工分我就不要了。"

窦宝荣找了两个同样是半劳力的伙伴，15 岁的王双田和 16 岁的王福州。他们三人扛着铁锹，窦宝荣还带着洋镐，第二天天刚亮，就开始挖大井了。

那天，他们三个人一鼓作气挖了 2 米深，挖出二十多立方土。早饭和午饭都是由一个人分别去三人的家里拿到挖井的地方吃的。活虽然很累，手上也磨出了几个大泡，但想想一天所干的活比预计的要多，窦宝荣心里就非常高兴。他晚上回家还有精力边推磨边计算第二天的工程量。第二天起床比平时更早，他给家里挑下一缸水，就赶到挖井工地，当时天还没亮透呢。这一天三人又挖下去 1 米多，但越往下挖就越难了，土里夹杂着小碎石，挖井的土要倒腾两次才能运到地面上。但这一天还是顺利实现了预定目标，还略有超额。他手上起的泡更多了，但想到很快就能挣到很多工分，能为家里分到更多的粮食和青菜，他就一点也不觉得累了。母亲鞠氏看到他那满是水泡的手，心痛了："咱不干这活了，等你长大了再干。"他却故作轻松地坐在炕上，一边用针挑着手上的泡，一边盘算着明天要挖多深、几天能够挖完，明天还需要用什么工具，怎么才能把井挖直，想着想着就进入了梦乡。

挖到第九天时，大井已经6米多深了，井筒比井口已经细了很多，难度也在不断增加，挖井的土要倒腾三次才能运到地面上。他们既担心挖深了容易塌方，也担心挖不直，还考虑向下再挖4米还需要几天。他们三人一合计，便想出了法子，窦宝荣用小车从家里推来四块厚木板和五条棍子，把木板放到井下用四根棍子撑着，防止井帮塌方。然后在井的顶部横放了一根长木杆，中间拴上绳子，绳子底下拴了一块砖头做吊垂，防止把井挖歪。他们还做了分工，一个人在井下挖，两个人在井上提土，每天的目标是必须挖半米深。这时，已经挖到水源的上部，井底开始向上渗水。他们三人干脆脱掉上衣和鞋子，下身也只穿了条短裤，就这样他们还热得出汗呢。

等到了第十天，村里的一些老人听说三个孩子在挖大井，而且已经挖得很深了，就到工地上一看究竟，不感到惊叹和不可思议，几个老人怕他们三个孩子出危险，劝他们千万别再挖了。从那以后，几乎每天都有村中的老人来看，有的甚至带着马扎坐在一旁看着他们干活。一个年轻时贩过鱼的老人说着自己年轻时去南面海边的泊里挑鱼的事——下午日头偏西时分挑上一担刀鱼，把扁担插在鱼包上挑着走75千米山路，然后溜溜走一宿，第二天还耽误不了赶石桥子集。"这路难走着呢。柳树店赛潼关，难出难进的桃林山，夜间听得豺狼叫，几十里地无人烟。"老人绘声绘色地说着自己当年之勇，感到很自豪，这些话更激励了他们三人的勇气和干劲。

就这样，他们三人每天凭着完不成挖井深度不收工的意志和决心，一直挖到了9米深。井里的水渗出得很快，挖井的难度进一步加大。不仅提土，还要提渗上来的水。最后是就在水里挖土、从水里往外捞土。挖到第十六天，大井基本挖成。他们三个人怕挖得不够深，干脆脱掉衣服在一米多深的水里又挖了一天，10米的深度完全达到。在挖井这段时间里，队长也多次到工地查看和了解情况。最后队长肯定了大井完全合格。

凭着一股初生牛犊不怕虎的冲劲，他们三人硬是用16天的时间完成了，井底奔涌而出的汩汩清水显示着他们16天的辛勤劳动结出了果实。窦宝荣一人就得了360个工分，相当于一个整劳力36天的劳动量。而且，他们都觉得挖大井增加了自己的力气、志气和勇气。三个半大孩子挖大井的故事很励志，在村里一直流传了很多年。

挖完大井后不久，窦宝荣又遇到了一个可以多挣工分的机会。

当时正值全国推行大跃进、大炼钢铁运动。石桥子公社驻地成立了大炼钢铁的基地。人们叫它"南工地"。工地里垒了一大片土炉。土里支着一些坩埚，坩埚里盛着从各家各户收购来的废铁。说是废铁，其实大多数是各户人家的大锅和鏊子（铁制烙饼专用工具）。因为已经"实现了"共产主义，生产队办起了食堂，社员们都在食堂吃饭，这些锅和鏊子就显得没有什么用了。

大炼钢铁需要大量的煤，当时又没有什么运输工具，石桥子公社就动员社员到坊子（今潍坊市坊子区坊城街道驻地）靠肩挑人抬等原始办法运回来。当时，队里的男劳力都被征调去炼钢铁、修水库去了，只有妇女和半男劳力。公社要求王家西院大队出120个人，当时大队分为三个小队，每个小队分配到40人的指标，摊牌到各农户，每户就必须出1人去坊子煤矿（今潍坊新方集团）运煤。

正值农忙季节，各小队分下必须去背煤的人数又较多，于是就留下少部分劳动力在家忙农活，其他人员包括小脚妇女和刚放学的孩子一律去了坊子煤矿。他们连肩挑人抬都们有能力，就只能一人带一个包，将煤装到包里用肩膀背回来。这叫背煤。凡是去背煤的，无论大人小孩，每天一律记10分工。觉得能与大人挣一样多的工分，窦宝荣又兴奋起来了。王家西院村到坊子有60千米的路，来回得走4天。他母亲蒸了四天的玉米面窝窝头。他便带上这些干粮和一个茶缸，就和大家一起上了路。

第一天走出20千米，就在一个村里住下了，村场院里有很多草垛，每人就扒了点草铺在地上睡了一宿。第二天天刚亮又开始走。窦宝荣路上饿了就啃自己带的窝窝头，渴了就去路边的河沟里用自带的茶缸舀水喝，一直走到第二天的日头偏西才到坊子煤矿。煤矿的周边到处是堆积如山的煤，那时已经"实现了共产主义"，一大二公，煤矿挖出来的煤没人管，到那里都可以随便拿随便背。但他们却无心去背煤，而是跑到铁路边，想要看看从没见过的火车是什么样子。他们好不容易才看到一列火车"轰隆轰隆"沿着铁路线开过来又迅速开走。在他们眼中，那列火车那么长、跑得那么快，真神奇啊。大家都觉得开了眼界、见了世面。他们又等啊等啊，直到太阳快落山了也没等来第二列火车。他们便不得不连忙跑到煤场，把煤装进各自带着的书包里，便踏上了归程。

路上看到各地背煤人员来来回回川流不息，道路两边的沟里到处是背煤的人倒掉的煤。为了走得快些，他们几个人也把书包里的煤倒掉一些，追上村里一起来背煤的人，又在一个村庄的社场里铺好草睡了一宿。

第三天的中午过后，他们走到一个前不着村后不着店的地方。突然西北天空阴云密布，不一会儿雷声大作，暴雨滂沱。背煤人没有一个带雨具的，都淋成了落汤鸡。雷雨过后，路上泥泞难行，背上的煤压在身上越走越重。没走多远，他们在路边发现了四个40多岁的小脚妇女坐在泥地上抱头大哭。她们是五莲县许孟公社（今许孟镇）的，出来已经6天了，到家还要走两三天。大雨把衣服全湿透了，带的干粮也快吃完了，路又这么难走，把她们急坏了。他们几个觉得这些小脚妇女实在可怜，赶紧把没吃完的干粮给了她们一些，并像"小大人"一样安慰她们："像你们这样的我们在路上已看到好几伙了，快起来慢慢走吧，总会回到家的。"

那天到了晚上，他们才回到村里，把各自背回的那一点点煤送到小队的社场里，并如愿挣到了高工分。但小队里 40 个人背回来的煤，合计只有半麻袋的样子。有些人尤其是一些小脚妇女，来回 100 多千米的路，能走回来就非常不容易了，更不用说背煤了。

回忆起 13 岁开始务农时盼望快快长大、挣大人标准工分的冲动，窦宝荣直到现在还认为，挖大井、背煤不但增强了自己的体魄，而且锻炼了自己的意志，让自己在困难面前更勇于担当了。

——职工四年，辗转全国拓视野；木工学艺，勤钻细研提境界。

尽管 13 岁就开始干活挣工分，挖过大井，去坊子背过煤，但窦宝荣却自己不甘心就这样干一辈子。1958 年初秋，他与村里其他五人一起参加坊子煤矿招工，只有他因为年龄太小而未能如愿。但机会总是留给有准备的人，同年秋天，山东电力工业厅的招工，他却被录取了。此后四年的时间里，他辗转淄博、济南、新汶（今新泰市孙村镇）、枣庄、滕县、济宁等多个地方，见识增长了，眼界也开阔了，还学会了木工手艺。四年的时间里，限于当时的交通条件，他一年到头只能在过年时回家一趟，来回则只能乘车到坊子或从坊子乘车，坊子到村里 60 多千米的路程便只能步行。他说："记得有一年，我早晨从济南坐上车，到坊子时已经是下午两点多。我归心似箭啊，迎着飞舞的雪花一路奔跑，深夜十点多才赶回了家。"

在山东电力厅四年的工作经历中，有两个人对窦宝荣的成长影响最大，一位是他的父亲窦希明，一位是他的师傅刘序祥。

窦宝荣清楚地记得，他第一次回家过春节的那一年，正月初一一大早，他脱掉离家工作时就穿在身上、已经变得油灰锃明的棉袄棉裤，穿上母亲给他做好的一身新衣裳，与往年一样，给村里的长辈磕头拜年。正月初二和初三，他去看望了新姥娘、姨和姑。正月初三，父亲窦希明才从单位回到家里，窦希明回家后的第一件事就是把窦宝荣叫到身边，问了在外边的一些情况，并嘱咐他早想好走时需要带的东西；又嘱咐他出了正月天就暖和了，带好春、秋和夏天穿的衣服。他第一次发现父亲那么细心。窦希明还一再叮嘱他："在家靠父母，出门在外要靠领导和同志们。要尊重领导，团结同事，共同奋斗，事业才会成功。"窦希明后面的一番话，窦宝荣当时就有一种豁然开朗的感觉。窦希明说，朋友像棉被，但要真正暖和，还是要靠自己身体的温度。这个基本的道理许多人可能一辈子参悟不出来，而父亲的这一番点拨他却至今没有忘记。

1959 年 10 月结束培训后，窦宝荣被分配到电力厅二处新汶发电厂的建设安装工地。第二天，工段长就叫人把他送到了木工房交给他的师傅刘序祥。从此，他与刘序祥一起工作，直到离开电力厅二处。刘序祥是博山县（今淄博市博山区）人，会一手漂亮的木工手艺，只是一条腿有些残疾，走起路来一歪一歪的。刘序祥1955年带着妻子和女儿到电力厅二处参加了工作。后来，窦宝荣有机会见到她们时，发现师母比师傅年轻，但没有工作，师傅的女儿是五六岁的小孩。

木工房是个大棚，大棚的上面钉着木板，木板的上面铺了一层防雨的黑油毛毡。大棚内有一台圆盘锯和一台刨木板用的平面刨，这也是当时最先进的以电做动力的木工工具，在墙上挂着手锯及做木工活用的其他工具。在大棚的一角，还用木板钉了一个有十几平方的小屋。刘序祥把窦宝荣叫到小屋里拉呱。窦宝荣看到小屋里生着炉子，炉子上放着一个小生铁锅，锅里正熬着水胶。

刘序祥问窦宝荣是哪里人，今年多大了，有没有干过木匠。他都一一回答了师傅。刘序祥就安排他在小屋里熬水胶。因为窦宝荣以前没有接触过木匠活，在俩乡和济南培训时，也没有讲这方面的知识。初到木工房，可以说对这个活是一窍不通，干什么活都笨手笨脚的。刘序祥安排他锯木头，他很打怵，就怕自己把那块很好的木料锯坏了。刘序祥觉察到了他的心事，就毫无保留地传授起了方法和经验。刘序祥说，干木工要做到"四勤一不怕"。一是手要勤，手拿工具干起活来要稳、准、平、直；二是眼要勤，勤看师傅怎么干活，要学着使用眼鼻一条线的看法看平、看直、看准；三是腿要勤，不要怕跑腿，干起活来腿与身体要整体平衡，不要歪着身子做活；四是嘴要勤，不会干的活要勤问师傅。一不怕就是不怕这活没干过。要大胆地干大胆地学，干一辈子学一辈子。因为干一辈子木匠也有没干过的活，干一辈子木匠也有不认识的木头。如果能做到以上这些，两年之内保证出徒。窦宝荣在干活时就注意领悟刘师傅说的这些基本要领，打怵的心理也逐渐消除了。

窦宝荣学习干木工时间不很长，天就很冷了。记得有一次，刘序祥安排他到大棚外的木板堆里找几块木板做几个凳子。他出去一看，堆积如山的木板堆里，大大小小的木板绝大多数水泥梁和水泥柱子凝固后拆下的胎子板。那几天正好刚下过一场雪，大堆的木板都让雪盖住了，再加上各块大小、厚薄不一的木头板上，还留有打胎子时留下的钉子和残留在上面的水泥。想从压实的木板堆中抽出块木板确实不容易，只能从盖着雪的大堆木板边沿处找。他把找到的几块木板抱回大棚。师傅看了看，说这些木板不能做凳子，让他再去找。他便又找回了几块。刘序祥就对照着两次从雪堆里找来的木板，认真地指教说，这块是东北的白松，另外两块是东北椴木，都不行。只有这一块榆木可以用来做凳子。

也就是从那时起，窦宝荣对木工、木料等工作中用得上的东西处处留心起来。他在师傅的带领下，干的木工活很多、很杂，所使用木材的种类也又多又杂。在这样的环境中工作，他牢记父亲的叮嘱，不仅勤快，而且谦虚坦诚，敬重师傅。在他的心目中，刘师傅不仅木工手艺好，为人也既随和又温和，不笑不说话。他们的师徒关系一直融洽、亲热得很。后来，他们的工作场所辗转到了济宁。刘序祥的家就在济宁，住的是单位里的两间小平房。

刘序祥经常喊他到家里吃饭，他也不客气，往往从伙房里买上几个馒头带到他家里，坐下就吃。经过刘序祥的精心指导，他不仅学会了一般的木工活，还懂得了各类木材的用途。

从 1958 年 9 月份到 1962 年 6 月，窦宝荣在电力厅二处工作不足四年的时间里，工作场所共搬迁七次。他每到一处，都把它们看作是一个新生活、新工作、新环境的开始。他去过的那些城市，工作时间最短的半年，最长的也不超过一年。后来，他回顾这段经历，发现这几年是他自己的一段重要的人生历程。他的收获就是在工作中通过与工友们的接触交往，加强了自我修养，改掉了原来的一些不好的习惯，初步完善了个人的道德品行，为以后的创业和发展，打下了一个坚实的根基。他注意通过观察同事中不同的人对待事物不同的心理、表现，学会了解别人的品行和性格，并理解、包容别人。与工友们在朝夕相处的工作和生活中，他自己慢慢感到，为人处世，如果对得失太过计较，会妨碍自己精神境界的提升，影响人生目标的实现。他还觉得，自己自觉不自觉地受到师傅刘序祥的影响，言行、处事都态度变得平和起来。他不再为了一些无关紧要、鸡毛蒜皮的事情轻易与别人争论高下。他学到了师傅的手艺，也一直钦佩师傅的人品。他学会的这一手木工手艺，数年后就为他自己人生的又一次重大转折创造了条件。

1997 年，窦宝荣得到机会去济宁开会时，曾专程到二处看望当年对自己有很大影响和帮助的师傅刘序祥。刘序祥已退休多年，老伴已经去世，女儿已经四十多岁，在德州电厂工作。他伸出颤颤的双手，无力地却紧紧握着窦宝荣的手，半晌才激动地说："三十多年啦！"他与窦宝荣回忆起了好多往事。不得不分手时，他还站在路边久久地目送，直到已经看不到自己当年徒弟的身影。

——历练八载，成本控制展才干；棉田五十，人力调配露头角！

1962 年遭遇国家精减城市人口，窦宝荣从山东电力工业厅退职回乡时已经 18 岁。在这之后的八年里，他在村里做过木匠、农业技术员、副业队现金和物资保管，并于 1969 年加入中国共产党。其中，他的农业技术员经历就有五年的时间，他主要在 50 亩棉田里奔波，并把当初的茅草地变成了附近闻名的棉花高产田。

窦宝荣所在的生产小队有一块地，地名叫"老荒"，50 亩见方，主要种棉花，是一块人见人愁的茅草地——土壤基本全部板结，好天用镢刨不动，下雨就存水。人们为了排出地里下雨积水，在"老荒"的北半部分挖了一条深一米半，宽约三米的长沟，村里人叫它水沟，沟里好天没有水，下大雨就满沟。这条沟把"老荒"分成了两部分，沟南那块大约40 亩，沟北那块约有 10 亩。

多年来，"老荒"满地的茅草比棉花旺盛得多。棉花包在茅草里长。一百棵草里都不一定能找到一棵棉，走上好几步也看不到一棵棉花。1963 年，50 亩地亩产只有五六千克，总共收获了不足 300 千克皮棉。窦宝荣分析，棉花产量低的主要原因，除管理不好以外，就是因为满地的茅草。这些生长多年的茅草，根都扎得很深，生命力和繁殖力都非常强，就像韭菜一样，今天锄了明天就长出新的茅草芽。茅草发达的根系与棉花抢夺水和肥，导致土地板结，虫子泛滥，棉花干枯，甚至死掉。这样的地无论怎么精心管理，使用什么样的新技术，棉花产量也高不了。

1964 年春，窦宝荣调出了副业队，在村任大队农作物种植技术员，同时小队也让他接手管理这块棉花地。如果还像以往那样顺其自然，产多少算多少，就很轻松。但这样做事却不是他的风格。他心里清楚得很，全小队加入人民公社六七年了，但绝大多数农户，没有从生产队里分到过一分钱，劳动力多的户，一年到头也就能够分个二三十元钱。农户们生活极其困难，很多人家在冬天做棉裤时，大人或是孩子一天都不出门，在家围在被窝里，等到原来穿在身上的那条单裤做成棉裤后才能出来。春暖花开时再把棉裤拆成单裤穿在身上。

那时，庄稼产量都很低，再加上生产队里交公粮国家不给钱，那是抵顶的"皇粮国税"，卖余粮每斤也就七八分钱。一个小队一年能卖 5000 千克余粮，就已经是好年景了，但也只能是换回六七百元左右。小队一年中还要买种子化肥、农药等物，添置农具和牲口，到头来收入还不够支出。窦宝荣想，要富裕，社员们能够多分点钱，在当时各种手工业都不允许发展的情况下，唯一的出路只有增加这 50 亩"老荒"的棉花产量。而要做到这一点，除了改良土壤，别无他法。

为此，窦宝荣一有空就扛着大镢去离家约 1500 米远的"老荒"那里，刨地察看茅草根扎的深度。他发现，刨下 10 厘米后，再往下刨 20 厘米，眼前全部都是雪白的茅草根，草根上下紧密盘结。他又跑到不远处正在用牛耕地的地方，发现牛拉犁只能耕 10 厘米深，"老荒"里的茅草根，根本无法耕到。而且，这些多少年来形成的茅草须根，开春一遇到天气暖和，比庄稼发芽早，长的也快。要从根本上除掉这些影响作物生长的茅草，必须用拖拉机来一次彻底的深耕。耕到盘结的茅草根以下，把耕出的茅草根全部拾出来，才能确保棉花生长不受茅草的影响。

窦宝荣一打听，这 50 亩茅草地用拖拉机深耕，需要花费 250 元，小队砸锅卖铁也拿不出来。于是，这年深秋时节，他去供销社向父亲窦希明求助。窦希明东取西借，凑了 150 元。窦宝荣马上交给了石桥子拖拉机站，并讲好另外 100 元完成深耕后再支付。最后，欠着的那 100 元还是用他卖掉自己空闲时做的四个窗户、两扇门赚来的 60 元，又向母亲要了 40 元才凑起来的。

完成深耕后，小队找来 20 多名女劳力，捡拾"老荒"里的茅草根，每天记 6 个工分。但因为干多干少一个样子，大家出工不出力，每人每天只能捡拾 5 到 8 千克。这样的速度到严冬封地前是干不完的，而一旦封了地，深耕成果就要打水漂了。窦宝荣灵机一动，想出了捡拾茅草根用实际重量记工分的方法，每人只要拣出 15 千克就记 6 个工分，拣出的茅草根则由归集体变为归个人。而这些茅草根拿回家洗干净就可以喂猪。没想到，由计时改为计件，劳动效率大大提高，妇女们能干的一天挣到了 15 个工分，一般的也挣到了 10 个。结果只用了七八天的时间，能够用手直接拣出来的茅草根就全拣完了。他后来自己分析说："我的这个小小改革一举三得：提高了效率；小队少付了工分；社员多挣了工分，还挣了猪饲料。"

以后，又经过边刨边拣彻底清除茅草根，昔日的"老荒"地，土壤状况便得到了一定的改观。此后的一年间，从三月中旬到古历八月初，选种、种棉、间苗、除草、施肥、拿杈、治虫，诸多种植和管理环节，窦宝荣与另外八个人都不敢懈怠，不管刮风下雨，他们几乎天天待在棉田里。到了秋天棉花收获的季节，50 亩棉田亩产皮棉 52.5 千克，队里仅棉花收入一项就接近 8000 元。那年队里还上了历年所有的陈债，社员们都分到了钱，劳动力多的户分了二三百块，劳动力少的也分了几十元。

窦宝荣他们九个人的付出，不仅换回了棉花的丰收，增加了社员们的收入，也赢得了全队老少爷们的支持。队里有了钱，社员们就提出来置办一辆马车，用马车去北河拉黄沙压棉田。拉了一冬的沙子，50 亩棉田土壤得到了根本改良。到 1968 年，这 50 亩棉田亩产皮棉已高达 75 千克，成了远近闻名的高产田。公社还经常组织其他村来观摩棉花的种植管理呢。

经过退职回乡的八年历练，窦宝荣在成本管理和人力资源管理方面的才干也开始崭露头角。

——二十年厚积薄发，众望所归担大任；几千里奔波劳苦，业绩超卓任厂长！

机会又一次青睐窦宝荣。1970 年底，他以木工的身份进入诸城云母厂，再次跻身国家职工的行列。当时的诸城云母厂，除了那处云母矿，全厂上下就只有 24 名职工，规模很小，条件也寒酸，门用木棍顶着，窗户用纸糊着。

既然是木工，就要名副其实。窦宝荣一如既往地保持着自己的做事风格——做什么都不怕吃苦受累、有始有终，只要是自己能干得了的，就一定干出个样子来。他用自己从家里带来的工具，把厂里的门窗、篮球架、乒乓球台都拾掇得整整齐齐，面貌大为改观。他踏踏实实做了两年半木工。而且，在做木工的同时，他还做过包装盒子，并在厂里位于桃林公社（今诸城市桃林镇）的云母矿上，主持拉供电线杆、做石英粉设备等工作。他说："就连矿上的发电机也是在由我自己护送着，用地排马车拉到矿上去的。"

1973 年，窦宝荣改任业务员。业务员有很强的相对独立性，同时也需要不怕吃苦受累、不断开拓、创造性地开展工作才能够胜任。

那年秋天，市面上煤炭十分紧张，在本地能买到半吨煤就很让人羡慕。淄博有煤，厂里就安排他去采购。到了淄博他才发现，大煤矿如果有多余的煤，淄博市里马上就调配使用了。只有去地方小煤矿，才有可能采购到。于是，他去了域城公社（今淄博市博山区域城镇）。那里就成了他的驻点。

为了多弄点煤，窦宝荣都是自己动手。域城煤矿煤层40厘米，用辘辘从井下摇上来，一天也就能出到几百千克的样子。采煤人在里面趴着挖，出煤后窦宝荣就要自己找车子推出来，推到一定的数量，就得找车拉回诸城。在当地找车很难，得回诸城雇用拖拉机。这样，煤在淄博的价格1千克1分1、2厘，运到诸城就成了4分8厘。整整一个冬天里，他在淄博和诸城之间走了多少个来回，自己也记不清了。到了1975年煤炭紧张的状况有了缓和，坊子煤比淄博煤能便宜一半的价钱，他才不去淄博了。从淄博回来，厂里又安排他采购铣扳机，又去哈尔滨采购铣刀，去大连采购电工铁皮。他忙完这一切回来已是年除夕了。

1976年春节刚过，3月初厂里就安排窦宝荣与工友张则连去上海负责工厂在南方的工作。那年，厂里还安排窦宝荣独自去贵阳矿灯厂。当时是"文革"末期，贵阳很乱，公共汽车上的玻璃都被打砸得残缺不全。从市区到矿灯厂不通车，往返需要步行20多千米。他买到矿灯办理发运后步行背到贵阳，再买票回到上海。

没想到，同事张则连在那年6月20日不幸在上海去世。南方的工作就全部落到了窦宝荣的身上。他往往一年到头顾不上回家。但为了厂里的工作，他义无反顾。那会儿物资极其短缺，有的物资只有在上海才能买到。遇到困难他就去找自己结识的老乡帮忙，并通过他们不断结识新的朋友。一来二往，他与和上海很多厂家的相关人员都混熟了，工作也就得心应手了。他还去过四川丹巴、内蒙古自治区等地拉过钢材。

窦宝荣记得有一次去四川丹巴时，路面崎岖，走到半路上还发生了塌方。对这件事，他至今心有余悸："我赶路心切，用一条杆子挑着帆布包，下了车自己向前走。突然一块石头咕噜噜就从山上滚下来了，差那么一点就砸到我的头上了。我的冷汗一下子就出来了。"无奈，他只得贴着山边，走了十几个小时才到了目的地丹巴。他还记得有一次开车去江苏高邮，到一处熟悉的饭店吃早餐。因为那时路上没有加油站，司机只能从自己随车带的汽油，在路边给车加油。窦宝荣要了两碗面条后，喊司机吃饭，没想到对面开来一辆大货车，那辆货车速度很快，突然，有个孩子跑着横过马路，货车司机急忙刹车。车厢瞬间扭转向他撞去，几乎扫到了他的衣服，就那么一点就能与他撞个正着，好在有惊无险。第三次在安丘附近就没那么幸运了，那天他们开着车行驶到到安丘城东，还有七千米就要到安丘了，对面突然开来一辆拉钢材的车，对方下坡他们上坡，因为对面的司机疲劳驾驶，下坡时发现情况后已经刹不住车了，大货车撞上他们的车以后又推着他们向后冲出十几米才停下来。那一次，窦宝荣的头部受了伤。

不过，窦宝荣在南方工作的那几年，也留下了不少美好的记忆。读万卷书，不如行万里路。那几年里，他的工作节奏就是东奔西跑。南方那几个省的自然景色和人文资源都很丰富，名胜古迹数不胜数。在旅途中，他在开展工作的同时，也"搭便车"游历、考察了不少历史文化底蕴深厚的地方，充实了自己的知识积累，增长了见识。对于这些，他如数家珍："云南滇池的绚丽迷人，昆明西山的卧佛景象，四川大渡河的汹涌澎湃，都让我流连忘返。特别是广西桂林山清水秀，确实是桂林山水甲天下啊。"那几年游历过的地方，用过的火车票、汽车票、景点门票，他至今仍然珍藏着。

进厂后，窦宝荣从事的都是独当一面的工作，这让他变得见多识广。经过这些历练，他敢于担当和善于担当的能力不断增强，遇到问题的第一反应就是想方设法如何解决。无论干什么工作，他都保持了一丝不苟的状态，并都能够卓有成效地开展起来。他的工作能力和个人素质水平在厂里也一直是得到认可的。因而，他在进厂十年后就遇到了进步的机会。1980年，他担任科长。1987年他又被提拔为副厂长，到了1992年10月2日，上级正式任命他担任了诸城云母厂厂长。这天离他第一天到厂里工作的日子已经差不多22年了。

——躬亲为，十年授课更新观念增效益；勇担当，三次改制百尺更进拓新路。

1992年10月窦宝荣担任厂长时，诸城云母厂是一家地方国有小型企业。

地方国有企业是计划经济条件下的产物。地方财政出资设立、干部职工终身雇佣制、由地方相关行政主管部门指挥调度生产经营活动，是地方国有企业的基本特征。这些基本特征导致这类企业自身追求经济效益和社会效益的动机不足，在市场经济条件下难以生存和发展。当时，为探讨解决这个问题的途径，国家确定在三个县、县级市率先试点，对试点县市县域内地方国有企业试行由职工一次性买断所在企业产权，并将企业改制为职工股份制企业或股份合作制企业的改革，简称企业改制。诸城市就是国家确定的三个试点县市之一。

为此，1992年，诸城市对多家市属独立核算企业进行清产核资，并对其中部分企业进行了资产评估，结果发现：企业亏损面大，亏损企业占企业总数的68.7%；国有资产流失严重。从32户市属企业的资产评估来看，国有资产流失率为63.7%（不含土地方面）；绝大部分企业负债率偏高，全市企业资产负债率达85%左右。窦宝荣所在的诸城云母厂总资产1251万元，净资产不足180万元，负债1071万元，企业资产负债率高达85.6%，按照旧体制运转已难以为继。

打从成为企业带头人的那天起，窦宝荣就一直保持了正视自己的责任、勇于担当、善于担当的多年一贯风格。1993年，在他的带领下，企业通过改制转轨变型，成功地走出了困境。在此后的近二十年间，他敏锐把握国家经济政策和宏观经济领域不断出现的新情况、新变化，因势利导，引导企业又先后进行了三次企业产权制度改革。

1993年6月，在窦宝荣引导下，诸城云母厂采取内部职工持股的形式，将180万元的国有净资产全部出售给企业 179 名职工，企业组建为诸城四达绝缘材料股份有限公司。他的身份也变了，由诸城云母厂厂长成为诸城四达绝缘材料股份有限公司董事长、总经理。这次改制使企业产权性质发生了根本性变化，由原来的国有变为全体内部职工共同持股所有的股份合作制企业。包括窦宝荣在内，全体干部职工都具有了双重身份，既是劳动者又是投资者，激发了企业内部每个人的积极性和创造性。改制当年，四达公司十项主要经济指标都翻了一番，七个月股本分红率达到 57％。

通过企业改制，四达员工拥有了既是劳动者又是投资者的双重身份。数年后，有记者到四达公司采访，看到了这样的景象和变化——

员工杨桂忠、刘爱民是一对夫妇，他们正走下职工宿舍楼去上班。两人都是云母厂、四达公司的老职工了。说起当年认购的事，他们的话便多了起来："那段时间睡觉也不踏实哩。一会儿觉得自己要成股东了，一会儿又担心丢钱了，愁得不行。不过，从此倒真明白了，什么叫职工与企业同舟共济。"交了钱，他俩当即就合计开了，以后干话得加倍尽点心，那可是给自个干呢。正说着，刘爱民看着表叫了起来："实在对不起，再说几句就要迟到了。"而杨桂忠边走还不忘回头告诉记者，股东大会召开时，他还会选窦宝荣干董事长。

化验车间那位姓彭的中年妇女一看就是那种特老实本分的技术员。她仍清楚地记得当年把钱交出去的感受。那一天，从财会室出来，看看厂里，一砖一瓦、一草一木，顿时与几分钟前不一样了。"真的好像是自己家的。以前怎么没注意到呢？"她在公司里来来回回走了几圈，好像要把那家底摸个一清二楚．看见一个水龙头在嘀嘀嗒嗒地滴着水，她心疼得走上前去拧紧。她说她自己变了。过去是两耳不闻窗外事，上班就老老实实干自己那摊活，下班回家带孩子做家务，厂里的大小头儿都认不得几个，至于效益如何，产品怎么样，更不关自己的事。而现在，她开始注意关心公司里的大小事情。开股东大会、职代会时，也能发发言。休息时跟大伙儿还不时就厂子的经营方针有鼻子有眼地谈谈看法。

正进办公室来倒茶的那位姑娘，一听记者问起她的收入，更是乐开了嘴一笔一笔算开来：三年前她认购了 3 万元的股本，第一年就分到了 1.7 万多元。如今已经增值到 10 万元。"别人都说在俺厂里干话累，管得死。可这有什么关系，我们挣得比别人多多了。"

但这些变化来之不易。1993 年企业第一次改制时，窦宝荣已经拥有 35 年丰富工作阅历。他回忆道："那时我就清醒地认识到，企业改制可不仅仅是改个名字、换个头衔那么简单，改制很重要。但改变员工的观念更重要。"他清楚地记得，当时有的员工对公司实行严格管理不理解，认为是总经理跟大家过不去。于是有人找到办公室，要跟他过过招讨个说法。有人甚至写来恐吓信，让他小心点，别把事情做绝了等等。

为了把员工在计划经济体制下养成的思想观念改变过来，使之具有现代工人应有的观念意识，适应现代企业制度的要求，必须下大力气对员工进行教育。为此，窦宝荣力主企业每周都对员工进行集中培训，内容包括竞争意识、岗位培训、技术培训等，把市场危机教育作为重要内容，对员工分析市场形势，增强员工的危机感、紧迫感。这样的教育形式一坚持就是十多年。他说："我个人的授课内容都可以整理成几十万字的材料了。"让他至今感到自豪的是，当时在改制的同时，通过教育培训转变员工观念，抓住了牛鼻子，为企业实行科学管理、增强抗风险能力打下了良好的基础。

老员工邵长莲回忆道，公司开始严格管理时，由于与长期习惯不同而不适应，但通过接受教育，加上劳保福利有了保障，工资收入提高了很多，思想不知不觉就转了过来，知道了只有自己才能救自己的道理。"今天工作不努力，明天努力找工作"就慢慢成了大家的共识了。正是这种心态的变化，使严格的管理方法有了落脚点。有位女工，曾经因为干活时坐了一下，被罚款十元。她说："我服气。规章制度面前人人平等，没有什么话好说；更重要的是，窦总管得严，也是为了咱们好，年终得利的还不是我们自己？"也正是这种变化，职工直接参与管理的热情陡然大增，而迸发出的力量也更大，仅在一年的时间里，四达公司职工就提交合理化建议、意见 300 多条，促进了企业管理水平的提高。

1993 年的股份合作制改革，由企业内部职工人人持股。这在当时极大地调动了职工的积极性。但随着企业的发展，股份合作制显然并没有达到建立现代企业制度的要求。因为股份相对平均占有，实际上形成了"股份大锅饭"，人人有股份，人人又不负责。因此，窦宝荣带领四达公司，于 1997 年 7 月又进行了第二次股权改革，38 个大股东控股数量占到了总股本的 55.8%。但因大股东负债比例较大，绝大多数股东入股只想分红，不想承担企业风险，并没有达到二次改革的目的。

1999 年 5 月，四达公司进行了第三次股权改革，这次改革强调了风险意识，在自愿、公平、公正、公开的基础上竞争前 18 名。前 18 名控股比例要达到资产的 51%。要想进入前 18 名必须硬碰硬地拿钱，不拿钱就不能获得公司的产权。为此，公司第一大股东购买股权用了自家的 266 万元。这样，四达公司又向现代企业制度的"产权明晰、权责明确、管理科学、政企分开"十六字要求迈出了关键的一步。

2002 年 6 月，窦宝荣又根据国家《公司法》的要求，引导四达公司采取股权转让的方式，将公司的股权全部集中到公司内部 38 名自然人手中，再由 38 名自然人发起，成立山东四达工贸股份有限公司，窦宝荣担任党委书记、董事长、总经理。这样，企业从改制之初的股份合作制公司升级为规范的股份有限公司。

回顾这些难忘的历程，窦宝荣深有感触："通过改制，四达公司建立了现代企业制度，完善了法人管理结构，不断探索建立适应改革发展和市场经济要求的内部管理考核、监督、审计机制，完善公开竞争和激励机制，充满了生机和活力。"到 2012 年，山东四达工贸股份有限公司总资产达到 10.5 亿元，比改制前增长了 83 倍；净资产达 5.62 亿元，增长了

309倍；年销售收入3.86亿元。改制后的四达公司在不到二十年的时间里，累计上交税金3.16亿元，年均上交税金1660万元。据统计四达公司的前身——诸城绝缘材料厂1980年到1992年底，十三年间年均上交税金只有5.98万元。

——倒逼成本首创新；科学管理次推进。

如果说，1993年6月改制后诞生四达公司，是窦宝荣带领企业借国家地方企业改革试点东风的顺势而为，那么，倒逼成本管理法就是他正视企业改制后的新情况，探索企业管理科学化方面的首创，这也是他在创新我国地方企业文化方面做出突出贡献的主要标志之一。

1993年，刚刚完成改制的四达公司面临的外部形势是严峻的。原材料价格上涨幅度太快，市场竞争激烈。摆在窦宝荣面前的只有两条路，要么靠产品提价，"水涨船高"来解决，但对于四达公司这个当时利润总额在全国同行业排名第25位的小型企业来说，此举无疑是搬起石头砸自己的脚。另一条路就是靠企业自身的消化能力，靠苦练内功来降低成本，以价格优势来争取利润优势。

严峻的外部形势激发起了窦宝荣一以贯之的自强不息斗志。他带领四达公司果断地选择了第二条路。他认为，企业要追求盈利的最大化，必须强化企业管理。而强化管理，必须赋予企业管理以新的内容和方式。窦宝荣把目光瞄向成本管理。他大胆借鉴国内外企业先进的管理思想和方法，他说："传统的理论是成本决定价格。企业产品定价把成本放在第一位。成本高，则价格相对就高。市场价格降了，只能减少利润或不创利润，甚至亏损。企业自身缺乏有效的成本控制机制和控制成本的外在推动力。这种传统的成本管理法已不适应市场经济的发展。"

经过在四达公司近两年的实施和完善，1995年初，窦宝荣归纳出适应市场经济发展的新型管理办法——倒逼成本管理法。四达公司因而成为全国首家推行这一科学管理方法的企业。

经过窦宝荣的系统归纳，倒逼成本管理法的核心内容一目了然。其主要特性是市场性，是以市场竞争机制为推动力，采用倒逼机制降低成本的动态式成本控制方法。同时，又是以成本控制为枢纽进行质量管理、生产管理、物资管理、分配管理的企业管理办法。具体内涵是：以制定具有竞争性的价格为起点，将生产、流动、管理的全过程进行分解，制定目标成本，采用倒逼机制，挖掘潜在效益，把成本控制量化到每个员工，与经济利益挂钩，激励全体员工不断降低成本。窦宝荣阐释说："它的公式是价格－利润＝成本。市场价格决定成本。改变了传统的成本＋利润＝价格的成本价格定论。这个管理法核心是成本控制。倒逼成本管理法有三个要素：产品定价、确定成本费用目标、成本费用控制。"

窦宝荣在四达公司推行倒逼成本管理法有以下主要方面：

四达公司产品销售价格比市场价平均低出 10%以上。这样，产品价格在市场上就有强劲的竞争能力了。具体方法表现为，制定出具有竞争性的价格之后，企业内部进行全过程的倒逼成本核算。把销售收入目标以百分数的形式确定为 100，根据企业生产经营状况和利税目标把增值税率和销售利润率优先确定目标扣除。然后，再根据企业生产经营特点，把成本支出归纳为 20 项指标，确定为管理目标比例，进行成本支出目标控制和管理；

建立有效的成本目标控制系统和控制手段，是倒逼成本管理法的保证。倒逼核算确定出的成本目标，解析明确，分工负责，落实到位，贯穿于公司一切经济活动的全过程；

从公司高级管理人员、销售人员、管理人员到每个普通员工，都有明确的目标和责任。公司对每个员工的利益和各自分摊的成本紧密挂钩，并规定了严格的考核制度，保证成本不能突破。使每个员工都树立一种观念，要想获得更多的利益，就必须千方百计把成本做小。四达公司在企业内部先后推行了目标定位管理和单元考核法等配套管理，保证了控制目标的实现。

在窦宝荣看来，倒逼成本管理法，最大的特性是市场性。从起点上，倒逼成本管理法以市场价格为起点，把企业成才管理与市场直接联系在一起；在实现形式上，它以市场机制为实现形式，企业与车间部门之间为买卖关系。在终点上，以提高市场占有率为归宿。倒逼成本管理法的先进性，就在于适应了市场经济的发展，实现了企业管理思想的根本性变革。

四达公司的员工们最能深切体会到倒逼成本管理法产生的魔力。

在四达公司里，各种成本指标订在一起可以编成一本厚厚的书。仅内部"小法规"就有 20 多个，从原材料、设备维修费用到差旅费、福利保险费等等，从高级管理人员到销售人员到每个普通员工，凡是涉及经济活动的，全部根据低于市场价格 10%的目标来倒逼出具体的成本指标。一旦突破指标即为"负成本"，谁造成负成本谁负责赔偿。而这成本目标，又是不断随着市场变化而调整。具体裁决则由以公司董事会主席为首、各统计员、会计组成的评估小组来依规决断。

四达公司的员工们月底能够发多少奖金，几乎每个人心中都有数。因为干好干坏、干多干少，能奖多少罚多少，自己都能在那些个本本上、规定里对号入座，将其精确地算出来。

一线工人不敢马马虎虎了。每天一上班，原材料送到工人面前。下班时按各种指标考核他们的产品。规定 1100 克原材料生产 1000 克产品，每多耗 1 克原材料，对不起，扣 1分钱。每少耗 1 克原材料，好，奖 1 分钱。一个月下来，有的职工能挣到 1000 多元，有的则挣到几百元。

车间负责人不敢大大咧咧了。过去企业与车间之间还是一种承包关系、考核奖惩关系，而现在干脆成了相互之间的买卖关系。车间购买公司的原材料、燃料动力等，公司收购车间的合格产品。在车间与车间，车间内部形成下道工序是上道工序的用户，自负盈亏，生产车间推上了虚拟的市场，也得动足脑筋提高劳动生产率。

四达公司生产所用的原材料价格昂贵。过去，企业领导喊破嗓子让职工节能降耗，但效果总是不大。而现在，四达公司把原材料消耗定额的单位由原来的"千克"变为"克"，并保留一位小数，从计量单位上一下子压缩到千分之一。

一般来说，产品只分为合格与不合格二级，但在四达公司合格品中就有一、二、三级。在内部核算中实行优质优价。这样一来，每个员工都想方设法精益求精，结果合格品中的一级品达到95%。

难怪南来北往的用户们称四达的产品价廉物美，难怪当其他同行业厂家的产品每千克卖30元还赔钱时，四达公司每千克卖价25元却还挣钱。

这样的话语经常挂在窦宝荣的嘴边："要想获得更多的利益，就必须千方百计地把成本做小，不要指望去抱大西瓜。要善于捡芝麻。"

倒逼成本管理法，为企业成本分析和控制提供了系统框架和科学程式。它使成本管理成为企业管理的中心，带动整个企业管理，逼下成本，逼高效益。

窦宝荣带领四达公司推行倒逼成本管理法，由起步尝试到1995年成熟定型，两年间就获得了显著成效。1995年，四达公司主导产品原材料消耗下降11.9%。资金周转天数由157天下降到52天。全员劳动生产率达到22万元，比1992年提高5倍，累计获管理效益1000多万元。实现利税连续两年居全国同行业第一。主导产品四达牌层压制品绝缘材料销往20个省、市、自治区。企业由小型企业跃升为中型企业。

1995年，诸城市工业企业全面推广倒逼成本管理法。那年，省委副书记、副省长宋法棠作了批示："这个管理办法很好，且效果明显，请注意总结，予以推广。"倒逼成本管理法便很快在全省推广开来。后来在全国各地也逐步得到了推广，至今仍然是国内企业科学管理的基本方法之一。

实践证明，倒逼成本管理法，是现代企业的科学管理方法，对于企业走向集约化生产经营，具有重要的推动作用。

——科学强身赢市场；高效管理傲同行！

在推行倒逼成本管理法的基础上，窦宝荣又带领四达公司先后实行了四项配套改革，进一步提高了企业管理的科学化水平，获得了巨大的管理效益和社会效益。

精减管理机构，压缩非生产人员，提高管理职能和效能。四达公司将原来的九科一室简并为二部二室，管理人员与全员职工的比例由20%减少到8%，并提高了企业的管理效能；

彻底打破人事身份界限，完善劳动用工制度。本着"人尽其才，才尽其用，用人所长"的原则，打破"任人唯亲，论资排辈，讲究身份，唯重学历"的做法，让所有人员和岗位全部都在一个起跑线上进行公开、公平、公正的竞争，以业绩论英雄，实行"能者上，平者让，庸者下"的动态管理机制；

改革内部分配制度，完善激励机制。公司彻底打破"基本工资＋奖金"的计划经济分配形式，实行"基本生活费＋效益工资"的分配办法，突出绩效作用；

改革后勤服务部门的管理，解决企业办社会的问题。公司实行后勤服务与生产经营相分离，转移企业办社会的职能，实行有偿服务，社会化管理。

窦宝荣引导企业倒逼成本管理法，并实施配套改革后，在四达公司里，可以在诸多方面看到和体会到它的与众不同。

全公司曾有一个月的时间里，手机费公款支出仅有210元的记录。这是因为当时全公司只有三块公款付费手机，主要作用是让出差人员使用的。四达公司的领导们很长时间里都没有专车，平时他们用车就是一辆普通的桑塔纳。这与当时的一些企业里比比皆是的"穷庙富方丈"现象形成了鲜明对比。在四达公司，所有纸张都是正面用完了，再反过来用。用窦宝荣的话讲就是不应该花的钱一分都不能花。记者去四达公司采访，公司一般不招待。到了吃饭时间，最多与被采访的人一起在公司食堂吃顿水饺就算不错了。

在四达公司，职工的工资分配贯彻的是市场原则，而不是道德原则。对此，窦宝荣有自己独特地阐述："企业贯彻按劳分配的原则完全应该，但是必须是有效劳动，如果是无效劳动，没有效益，干的活再多也发不到工资。"以前，员工只要出了勤，手一动就发工资。而实行科学管理后却不同了。只有干出效益才能有工资。过去很多地方都有一个提法，工资分配上向脏、累、苦、险倾斜，四达公司认为这是遵循的道德原则，并不符合市场经济的规律，于是将这一提法改为向"为企业创造高效益者倾斜"。这样一来，员工的质量意识就特别强。质量不合格，产品没有效益，工资都发不到手。过去干同样的活拿同样的工资认为是天经地义，而现在干同样的活，工资拉开了档次，却没有人认为是不正常。

随着市场经济的发展，越来越多的企业展开了对人才的竞争。有人讲：得人才者得市场，但是窦宝荣却认为，企业有了人才不一定有效益。他分析道，在国内同行业中，有的大企业人才济济，仅研究所都有几百号人，但是它们的效益和产品的市场占有率却都赶不上四达公司。这就说明只有人才还不行，还要有好的机制、好的管理。

四达公司每个岗位都实行竞争上岗，一年一聘任，目的是要让每一人的能力得到最好的发挥。一位分配到四达公司时间还不长的大学生讲，大学生分到四达公司来，要有两个思想准备，一是思想观念要转变。不要想一毕业就能在企业中谋一个职位、谋一个办公桌；二是要在体力上有思想准备。要从最基础的粗活累活干起。在实干中将自己的知识转化为能力。

有知识不一定是人才，有能力才是人才。在窦宝荣看来，通过这样一个优胜劣汰的机制，企业不养一个懒汉，也不养一个闲人，不但能够培养优秀管理人才群体，也能够培养观念先进的现代工人。

有人讲，一群优秀的人才组织在一起，无非有两种结局：要么干出惊天动地的伟业，要么是一个贻笑大方、不欢而散的收场。要干出一番事业来，就需要一个群体具有团队精神。窦宝荣对团队精神的培养一直保持深深的忧患意识。因为这直接关系到企业能否可持续发展。他反复强调：企业家不是一个人，而是一个整体。

谈起以倒逼成本管理法为主要内容的企业科学化管理时，窦宝荣感慨良多。他说："这必须是以改制为前提的。若是改制前实行这套管理方法，提都不用提。没人会接受、支持、配合，科学、先进有什么用？照样此路不通。而企业改制后如果不辅之以系统的科学管理方法，四达公司的步子也绝不会这样快。"

窦宝荣的以倒逼成本管理法为主要标志的企业管理科学化的探讨和实践，既发掘出了企业内部的潜力，又让每个四达人的聪明才智得到了充分发挥。这是二十多年来，四达公司搏击市场的能力不断增强，产业范围不断拓展，呈现出多样化面貌，一直保持着勃勃的生机和活力的根本原因——

改制前，企业只能够生产单一的绝缘材料，改制后通过不断的加大投入和技术革新，上设备、提高生产能力，增加新产品，到 2012 年，四达公司层压制品、云母制品，年生产能力达到 1.2 万吨，成为国内最大的绝缘材料生产基地；

1999 年 7 月，四达公司投资 5000 万元的玻璃纤维项目，各种规格型号的中碱、无碱玻璃纤维纱。2002 年，该项目达到年产 3500 吨、玻璃纤维布年生产 2500 吨，保证了绝缘材料主业的发展，降低了成本，确保了市场占有率；

四达公司在巩固主业发展的同时，又实现跨行业发展，于 2002 年 2 月投资 1.5 亿元新上纺纱项目，主要生产环锭纺各种规格型号的精梳、半精梳、普梳纯棉纱系列。气流纺各种规格型号的纯棉纱，主要用于高档针织产品、服装面料、高档巾被系列等，2005 年该产品年产达到 8000 余吨。拓宽了发展空间，极大地增强了企业抗市场风险能力；

与此同时，四达公司转变经济增长方式，以开发常山旅游风景区为依托，大力发展旅游业。常山旅游风景区用地面积为 500 亩。以常山景区为依托，以恢复和兴建景点为载体，以陈列窦氏保护的文化遗产为内涵，实行综合性开发，有宗教文化生态游览区、名人文化展示区、旅游休闲服务区、生态保护抚育区、绿色采摘体验区等不同的功能区。到 2014 年已完成投资 5 亿元，基本完成 2004 年诸城市委、市政府所设计、要求的规模。目前，常山旅游风景区已经是全国旅游景区等级评定委员会评定的 AAAA 国家级旅游景区。

这些沉甸甸的成果和成就，凝结着窦宝荣二十多年的探索，二十多年的实践，二十多年的创新。现在的山东四达工贸股份有限公司已经是一家集绝缘材料、棉纱、玻璃纤维及旅游四大产业的大型企业集团，是中国机械工业现代化管理示范企业、中国机械行业五百强企业、连续十年列潍坊市民营百强企业。

——强大企业，服务经济，两兄弟比翼齐飞；秉承家风，繁荣文化，一心思泽被子孙。

在山东诸城，有一家领军行业、极具国际影响力的山东大业股份有限公司，公司的创建者窦宝森就是窦宝荣的三弟。窦希明一门培养出窦宝荣和窦宝森两名优秀的企业家，是诸城东郭窦氏家学门风传承六百多年，在当代令人瞩目的硕果。

窦宝森以现代企业家的高度使命感与前瞻胆识，勇立潮头、开拓进取，开创并带领山东大业股份有限公司实现了超常规、跨越式发展，用不到十年时间将企业打造成在胎圈钢丝行业中国最大、世界第二的龙头企业。

山东大业公司的主导产品之一胎圈钢丝在国内市场占有率达 30％以上；包括钢帘线、胶管钢丝在内的三大主导产品均畅销全球，誉满天下。是日本普利司通、法国米其林、美国固特异世界轮胎业三巨头以及日本住友、横滨、韩国韩泰、锦湖、杭州中策、台湾正新、上海双钱，青岛双星，威海三角，河南风神等国内外近百家大中型轮胎企业的主力钢丝供应商。世界轮胎前二十强中已有 60％以上成为山东大业公司的客户。

窦宝森锐意创新，以振兴民族工业为己任，致力于通过创新驱动，引领行业走向世界。他把创新看作是企业的生命线，不断加大科研投入和技术开发力度，取得显著成效，企业可持续发展能力和核心竞争力大幅提升。山东大业公司已成为国家火炬计划重点高新技术企业，国家轮胎骨架材料标准研发基地，国家胎圈钢丝工程研究中心。

山东大业股份有限公司自主研发的 SHT 胎圈钢丝荣国家科技进步二等奖；自主研制的高性能轮胎钢丝已经应有于空军战斗机轮胎以及波音、空客等民用航空轮胎，为我国战机轮胎骨架材料的国产化做出了突出贡献；"高性能轮胎用胎圈钢丝项目"被列入 2012 年度国家火炬计划项目，获得 1000 万元创新奖励；2012 年因主持修订胎圈钢丝国家标准荣获中国标准创新贡献一等奖，2015 年又主持起草了胎圈钢丝最新版本国家标准。公司还先后荣获潍坊市市长质量奖和潍坊市管理创新奖。

重视品牌、质量和人才队伍建设。在窦宝森的带领下，山东大业公司以卓越的行业领导力当选为中国轮胎骨架材料协会会长、中国橡胶工业协会副会长、山东橡胶行业协会副会长单位。"大业"胎圈钢丝是山东省名牌产品，中国橡胶工业协会胎圈钢丝产品全国唯一推荐品牌，"大业"商标是山东省著名商标。

公司聘请全国钢丝行业知名专家出任总工程师，与山东大学、青岛科技大学、上海理工大学建立产学研联合实验基地。组建拥有 160 多人的专业研发团队，出色完成了包括世界轮胎巨头企业委托的多项研发任务，累计申请专利 132 项，获得包括两项国际发明专利在内的专利授权 80 余项。完成省部级科技成果鉴定 12 项，20 个项目列入山东省技术创新项目，多个项目获得省部级科技奖励。

积极履行企业家和企业的社会责任。热心社会公益事业、倡导成立"爱心基金"，支持乡村教育及乡村道路建设，救助孤寡老人、残疾人等弱势群体，累计向社会捐款近千万元。开创性地倡导"企业消防联动"，促成了政府牵头、企业参与的消防安保联动机制，更新了传统的消防理念，消防联动出警近十次成功灭火的成效，显示出企业消防联运的强大时效性，受到社会各界广泛赞誉。

以深厚文化底蕴打造永续发展的企业文化。作为有深厚文化底蕴的企业带头人，窦宝森深知文化是企业永续发展的灵魂。家族门风的影响使其对企业文化建设倾注了大量的心血。十多年时间的不懈努力，大业的企业文化已形成了较为完备的体系，已成为大业全体员工自觉认同的价值观。以正气和创新为核心的大业文化，正以其独特的魅力绽放出生机活力。凝聚着大业智慧的"聚天下英才，创辉煌大业"的人才观；展望大业未来的"瞄准前沿，注重创新，快速发展，誉满全球"的愿景；体现大业风范的"追求卓越，精益求精；不拘常规，敢为人先"的理念；展示大业气度的"勤奋务实，雷厉风行；胸怀天地，真诚无限"的信念等，无不彰显着山东大业公司厚积薄发的文化积淀。

窦宝森对大业文化有着深层的阐释："大业文化倡导正气，要求全体员工做事先做人，品学兼优，品为上，学次之；倡导创新，要求全体员工创新求发展。大业企业文化从观念、战略到技术、市场创新，伴随着大业公司从小到大、从大到强、从中国走向世界。"随着企业的不断做大做强，大业文化本身也在不断创新、发展。全体员工的普遍认同、自觉参与促成大业文化的不断丰富与提升。大业文化已深入每位大业员工的血脉，在实现大业奋斗目标中，充分实现个人的价值与追求，已成为大业人的价值取向。

面向未来，窦宝森正带领山东大业公司全力实施高端化、国际化经营发展战略，以"勤奋务实，铸就大业"的坚定信念，全力将企业打造成领先世界的轮胎金属骨架材料研发、生产基地。

作为山东大业股份有限公司的当家人，窦宝森当选为低碳山东十大功勋人物，荣获山东省富民兴鲁劳动奖章、潍坊市劳动模范。是诸城市第八届、第九届政协委员；诸城市第十五届、十六届、十七届人大代表，潍坊市第十六届人大代表。

窦氏兄弟，窦宝荣和窦宝森，在做大做强企业、创新企业文化等诸多方面，互相支持、互相帮助、互相借鉴，为诸城经济发展和文化繁荣事业都做出了积极、突出的贡献。

——灵验妙法广推五湖四海；交流考察遍邀国内海外。

以企业改制和首创倒逼成本管理法为主要标志，窦宝荣在二十多年间努力探索和实践，在创新地方企业文化方面做出了突出贡献，得到了党和国家领导人以及地方各级领导的肯定和赞扬。他在企业改制和企业管理科学化方面的方法和经验，在全国范围内得到了推广和应用，至今仍在全国各地具有不小的影响力，发挥着积极的作用。

三省一市企业改革座谈会 1996 年 5 月 3 日在上海举行，窦宝荣应邀参加，并与其他与会人员一起，受到中共中央总书记、国家主席江泽民的亲切接见。到 1996 年，四达公司完成产值 8525 万元，销售收入 8008 万元，创利税 1385 万元，实现利润 938 万元，分别比上年同期增长 54％、68％、66％和 38％，总资产达到 4200 多万元，企业资产负债率由两年前的 88.9％下降到 62％。江泽民了解到这些情况后高兴地连说了两声"好"，称赞四达公司的改革符合邓小平提出的"三个有利于"标准。

1996 年 3 月 24 日，国务院总理朱镕基到诸城市考察时，窦宝荣等企业家受到朱镕基接见。朱镕基肯定了诸城采取多种形式搞好中小型国有企业改革的探索精神。

1996 年底，四达公司写信向省委副书记、省长李春亭汇报了企业近年来特别是 1996 年全年的改革和发展情况。1997 年 1 月 20 日，李春亭回信，充分肯定了四达公司在改革和发展中取得的成绩，并对企业今后的工作提出了希望和要求。

窦宝荣带领四达公司在企业改制和企业管理科学化方面取得的成功和成绩，吸引了各级领导及外国友人来诸城考察和指导。

时任国务委员李铁映、时任全国人大常委厉以宁、中共中央政策研究室原主任王维澄、时任中央财经领导小组副组长孙淑义、时任国家体改委主任洪虎等领导同志到诸城考察指导四达公司企业改革和企业科学管理工作。

美国驻华大使馆二等秘书诸葛德龙、美国哈佛大学教授、国际经济研究所所长瓦艾特·帕金斯、美国《华盛顿邮报》北京分社社长马棣文等国际友人也到诸城考察、采访四达公司企业改革和企业科学管理工作。

到诸城考察采访四达公司企业改革和企业科学管理工作的不仅有中外媒体记者还有来自全国 31 个省、市、自治区的领导、学者、新闻媒体及企业各界人士 2 万多批次、约 40 万人次到四达公司参观考察企业改革和企业科学管理工作。同时还有美、日、意、英、德、丹麦等十几个国家的国际友人、学者和记者到公司考察和采访。窦宝荣从 1993 年至 2004 年，十多年间先后应邀在全国各地作企业改革与发展报告近 500 多场次。

文明美德篇： 仁德忠孝，无微不至奉尊长；勤和礼义，躬力亲为侍赢妻。

作为国内著名的民间收藏家和著名的企业家，窦宝荣经历的过程和艰辛、付出的心血和汗水、取得的成就和成果，无疑是让人钦佩的。而他在做到这些的同时，还无声地践行着东郭窦氏家学门风中"夫妻和睦、同甘共苦、孝行为先、厚道做人、相互扶助"等源远流长的中华文明美德。他照顾卧病在床的妻子已经二十六年，至今仍在无微不至地做着他自己认为应该做的一切。他与二弟窦宝华、三弟窦宝森一起，侍奉先后因病卧床不能自理的父母十几年。谈起这些时，他显得很淡然："这都是自幼耳濡目染我们的父母和其他长亲们为人、行事风格的自然结果，都是在尽应尽的本分啊。"

——言传身教，尚礼重义胜纪信；耳濡目染，一视亲疏救穷困。

打从记事起，窦宝荣总是看到自己的父母和家族里的其他长亲不分亲疏，默默帮助他人的善行和善举。他印象最深的两件事，就是长辈们先后对两位无依无靠的人，从发病照顾到去世，并为他们办好丧事。而且，有一次，他自己也参与进去了。

王家西院村东约 500 米左右原有座纪信庙。村民们相传那里是汉代（公元前 206 至公元 220 年）侍卫纪信被杀的地方。村民们相传，两千二百年前楚汉相争时，位于后来的王家西院村东四千米左右的都吉台，那时叫汉阳城。刘邦（即汉高祖，公元前 206 至前 195 年在位）在汉阳城被围，项羽命令刘邦投降。当时刘邦帐下有一个名叫纪信的侍卫，与刘邦的面貌极为相似。在这十分危急的关头，纪信换上刘邦的衣服，率领少数部队出汉阳城西门佯装投降，引开了项羽的主力部队。刘邦则率大军出东门突围。项羽在离汉阳城以西 3500 米左右的地方等候。纪信为给刘邦突围争取更多的时间，出西门后，每走一段路就下车祭拜天地。3500 左右路整整走了两个时辰，才来到项羽帐下。此时，刘邦率部队已经逃到汉阳城东七八千米的地方了。项羽一看被骗，就杀了纪信。

因为经历了太多的战争，刘邦当了皇帝以后早已忘了此事。但当地的百姓不服气，为纪念纪信舍身救主的美德，就自发地在这里建庙纪念。

这座纪信庙，规模宏大。有纪信殿、关爷殿、娘娘殿、百子殿，钟鼓楼等建筑，小青瓦盖顶，飞檐翘角，异常雄伟。窦宝荣听村里的老人们讲，纪信庙前有六棵古老的槐树，要三个成年人才能勉强合抱过来。其中西头的一棵已衰老成了空洞，空洞都能站上一个大人，估计是明代栽植的。走进庙里，往东一看，紧贴墙根有一个大钟楼，里面有一个大钟。每逢初一、十五，庙里的道士撞钟，钟声在村里能够清清楚楚地听到。紧贴墙根有一间小土地庙。里面塑着土地爷爷的神像。每当有人去世了，他的孝子就去土地庙送汤米。

上世纪四十年代末，纪信庙被毁。那些年轻的道徒们有的回了家，有的投奔亲戚去了，最后就剩下老住持郝明亮孤苦伶仃一个人。因为他不想离开自己度过了大半生的地方，就在庙前的一棵古槐树下搭了个草棚，古槐树冠在草棚上形成了一个天然的大伞。

郝明亮年事已高，已无力养活自己，被赶出庙时也只带了自己的日常用品和庙里的几个大柜子。他只好到村中讨点饭吃，晚上就睡在自己搭的草棚里。

就这样勉强度过了一个秋天。天渐渐冷了，简陋的草棚已不能挡风遮雨，四面都灌进刺骨的寒风，冰冷的雨水也渗透了整个草棚。郝明亮本就年老体弱，又加上水饭不及时，这位年过花甲的老人就病卧草棚，染上了伤寒病。起初还有村里的好心人给他送些吃的。

后来听说他是染的伤寒病，因害怕传染，村中就没人敢来看了，甚至从草棚旁边路过都避得远远的。

有一天，窦宝荣的三大爷窦喜凤眼看郝明亮病得快不行了，实在可怜，就把他背回了家，让他躺在自家的炕上，又去给他买了治伤寒病的中草药。窦宝荣的母亲鞠氏则上门给郝明亮煎药、做饭，一连伺候了一个多月。后来，郝明亮就在窦喜凤的家里去世。丧事也是鞠氏和窦喜凤张罗的。

临终前，郝明亮一遍遍喃喃自语："好人终有好报啊，好人终有好报啊。"根据他的临终遗言，他那几个钉满了铆钉的柜子就留在了窦宝荣的家中。窦宝荣后来涉足收藏，并受命保存祖上和父亲传下来的藏品时，才得知柜子里的物品大多是庙里的祭祀用具，具有一定的文物价值。

在窦宝荣十三岁的时候，他家东邻的男主人去世了。逝者与他同姓，是他在四服（辈）上的远房大爷。本来，他的远房大爷和大娘还有一个小孩。但那位大爷，因为精神有些问题，村里人都叫他"野巴"。那位远房大娘看上去也比正常人缺少心眼。一家三口人住着两间屋，屋门西面支了个锅台做饭。西房屋没有门，进门口有盘土炕，铺着一张大山席。屋外有个小院，院内却没有猪圈。虽然窦宝荣印象里没记得他家种过地，但平时还算能够正常过日子。

没想到，那位远房大爷大致在1957年春、夏之间的一天突然病倒，躺在炕上起不来了。更没想到的是，那位大娘抱着孩子回了娘家后就无音信了。窦宝荣的父亲窦希明毫不犹豫地把那位大爷背到自己家，让他躺在西屋床上，给他找先生看病、买药。窦宝荣的母亲鞠氏给那位大爷煎药、喂饭。照顾了几个月后，那位大爷到了秋天就在窦希明家去世了。去世后也是窦希明和鞠氏给他办的丧事。出殡那天，因为找不到他的家人，还是窦宝荣给他披麻戴孝，并按照当地孝子的礼俗到岔路口给他摔了盆子。

——一言一行，昭显慈母仁德善心；一举一动，足见孝子惜弱悯人！

因为1950年窦宝荣只有6岁时，父亲窦希明就去了附近的供销社参加国家工作。窦宝荣在儿童和少年时期跟随母亲一起生活，与父亲的接触比较少。因此，在他成长的关键时期，母亲鞠氏的言传身教就产生了关键作用。

1950年，窦宝荣进入村里刚刚兴办的小学，成为一年级新生。学校按照上面的要求统一办学，在村中教学的三个公办老师都是外地人。学校条件有限，没有食堂，老师们只能靠吃派饭，就是由在校学生的家里轮流做。老师们吃饭有的是请到学生家里，有的是学生家里用筅子盛着饭和菜，用暖瓶提着水送到学校的办公室去。

因为吃派饭要事先准备，以免到时候措手不及。老师一般会提前两三天就告诉学生。窦宝荣记得，老师到他家里吃派饭，每年至少也要轮到三四次的样子。老师不但是他自己也是他父母心中最敬重的人。他觉得能为老师做点什么，心里非常高兴，所以他非常愿意老师到自己家吃饭。鞠氏每当知道要给老师做饭的消息，总是高高兴兴地提前一天买好一些肉和青菜，做好准备。到了那一天放学后，他就先跑回家看看母亲做好饭了没有。看到做好了，就赶紧跑回学校请老师到家就餐。三个老师都是二十多岁的年纪，一般只吃饭不喝酒。每次老师们都客气地让窦宝荣与他们一块吃。但家教严格的他从来不敢与老师同桌吃饭，每次都是等老师吃完，他恭恭敬敬送走老师后回家再吃。

在窦宝荣的记忆里，母亲鞠氏无论是对家里敬重的老师，还是对家里的短工、对附近的四邻八舍，都是那么厚道、那么实在。

窦宝荣记得小时候、合作化以前，家里种着八块地，具体有多大他已经不是很清楚了。因为父亲窦希明在外面工作，很少回家，也很少过问家里的事。里里外外的大事小情，包括种地，就全由鞠氏张罗。当时家里雇了一个长工。那长工姓名他不记得了，只记得大家都叫他叫折子。平时，折子在家里挑水、喂驴，到地里干些零杂活儿。农忙时家里就要另外再雇短工了。

雇用短工干活，早饭、中午饭一般都是送到地里去吃，只有晚饭在家里吃。早上和中午不喝酒，吃完饭歇歇就接着干活。晚上回家吃饭就要给雇工准备点酒喝。酒是用陶嘟噜从村里合作社打的散酒，那时农村还没有瓶装酒。雇短工一般要找好的天气。若雇着短工又碰巧当天下雨，坡里的活没法干，就在雇主家打苫子，豆子长高的时候，就披着蓑衣到豆地里拿豆虫。那时还没有农药，地里有虫子只有靠人工拿。

一个星期天，长工折子领着家里雇的几个短工，在一块地里挖秫秫（高粱）苗子。鞠氏安排窦宝荣去给他们送午饭。中午饭是单饼，一盘煎鱼、一盘炒鸡蛋还有咸菜，这些都放在一个笾子里，用包袱包严实，用一个陶罐盛上大半罐汤（过去在农村把白开水叫作汤）。他用一条小扁担一头挑着笾子、一头挑着汤罐，从家里送到地头。因为他年幼体弱，一路上休息了十几次。折子远远看到他，就赶过来把担子接过去。他记得有一次母亲给几个雇工准备的午饭是炒蒜薹和拌的黄瓜。几个雇工见到后，都高兴地说是今年第一次吃到这两种菜。他告诉他们，这天是石桥子集，他父亲知道家里在雇人干活，就买了叫人从集上捎回来的。他们吃得特别高兴，都相互让着吃，吃完饭他们就接着干活去了。到了晚上，他们在家里喝酒、吃饭，鞠氏还是炒的蒜薹、拌的黄瓜。吃饭的时候鞠氏还端上了一碗樱桃叫他们尝尝。他们喝着酒吃着樱桃，说"四月八见三鲜"，是指黄瓜、蒜薹和樱桃刚开始上市。那天是四月十一日，这三样他们都尝鲜了。其中一个短工在吃晚饭时，说起自己家里没有粮食下锅，孩子几天都吃不饱饭。走时鞠氏还给他了半袋豆子，叫他拿回家去做饭给孩子们吃。

那时节，窦宝荣的家里有些余粮。左右邻居只要缺吃的，尤其是邻居家的孩子饿肚子时，母亲鞠氏都会给他们送去粮食接济他们。有些没饭吃的邻居，吃饭时就抱着孩子到家里来。鞠氏就让他们进屋里给小孩吃饱饭。有时也给大人个饼子吃。这在村里是人所共知的事。

1953 年，国家开始实行粮食统购统销的政策。起初在农村收购粮食的政策比较宽松，都是号召各农户留足口粮种子，多余的部分卖给国家，支援国家建设。

实际上，那时农村多数农户若是留足了自己的口粮、种子，根本就没有多余的粮食。国家需要的粮食又太多。交的一点粮食根本达不到国家收购的目标。于是村干部们就天天到各户动员自愿卖粮，直至每户都把粮食卖光了，统购才算结束。

窦宝荣记得有一年，国家只收购小麦、高粱、谷子，不要豆类粮食。但当时，种庄稼由各户自主，粮食种类各家各户很不一样。有的农户种的豆类粮食很少，把家中粮食卖了，很多户就没有粮食吃了，就只有吃糠咽菜度饥荒了。那年他在村子里上小学，每天吃的三顿饭都是豆面饼子或去地里拔野菜做的小豆腐。豆面饼子吃多了不消化，还有一股豆腥气。但他家在村里还算是不错的，统购结束后还剩下了半囤豆子。那年有一些邻居没有粮食下锅，就去他家借豆子，加上鞠氏平日也送给他们些，家中的半囤豆子到割麦子时就已经所剩无几了。鞠氏经常对他说："饱时送一斗，不如饿时帮一口啊。"于是，那年有几个小伙伴家中没有饭吃，他也学着母亲的样子，每到放学吃午饭和晚饭时，都约上小伙伴到家里吃点饼子或是小豆腐。有时在外面玩碰到小伙伴饿了，他就回家拿饼子给他们吃，鞠氏蒸的一锅饼子，有时候他一天就能分光了。鞠氏也不阻止他。

有一天，窦宝荣和二弟窦宝华陪着母亲鞠氏给姥娘上坟，娘家人挽留鞠氏在娘家住一个晚上。因为第二天一早还要上学，窦宝荣就挑着筷子自己回来了。他在下午走到村里，碰到了三个讨饭的。是一个四五十岁的男人领着两个男孩，穿着也不很破旧。因为还没到吃晚饭的时间，他们没有讨到任何吃的。窦宝荣看到两个与他自己一般大的小孩，感到他们很可怜，就把他们带到了自己家中。

到大门口时，大门锁着。窦宝荣把拴在裤腰带上的钥匙拿出来，自己个子矮，还是那个大人帮着开了锁。开门后，窦宝荣赶紧洗地瓜，把地瓜切成片，淘上小米绿豆，拖草生火，煮了一锅稠稠的地瓜粥。他们则帮助喂上猪和驴、堵上鸡窝。吃饭时，窦宝荣拿出了上坟剩下的菜和馒头叫他们吃。晚饭后，那个大人帮着把碗和锅洗刷得干干净净。

然后，窦宝荣点上小煤油灯，找出了被子盖着，四人围坐在炕上暖和和的。窦宝荣拿出上学的课本给那两个小孩看。那个大人还兴致勃勃地给他们讲了两个故事。

第二天早上，四个人把昨晚剩下的粥又温热了一下。吃饱后，那三人恋恋不舍地离开了。以后，窦宝荣再也没有见过他们三人，也不知道他们是什么地方的人。母亲鞠氏回来后听说窦宝荣昨夜留了三个要饭的在家吃住，二话没说，把他一顿好揍。然后，鞠氏说：

"你又不知道他们是什么人，留在家中住宿多么危险。"虽然后来窦宝荣自己也觉得那次学着母亲的样子帮扶别人，做得的确有些过了。但直到现在，窦宝荣依然认为他们不是坏人，仅仅是一时遇到了生活困难。

——六包饼干，相濡以沫几十年；一份信任，同甘共苦一辈子！

1962年12月，窦宝荣与同村姑娘董凤兰举行了婚礼。窦宝荣清楚地记得，由于三年自然灾害刚刚过去，生活条件依然艰苦，窦家的聘礼只有六包饼干。

那年，窦宝荣接受组织安排，从山东电力工业厅退职回到王家西院村参加农业生产劳动后不久，进入麦收时节，生产队的场院里堆满了从地里割回来的麦子。

一天中午，父亲窦希明从石埠子供销社回了家。吃午饭时，母亲鞠氏对窦宝荣说："给你介绍了个对象，媒人催着让去公社登记。今天你大大（父亲）回来，也是为了这事。"因为鞠氏事先已经告诉过他，他也不觉得突然。他还知道，媒人是本村一个地主的小老婆，他平时叫她嬷嬷的老妇人。女方名叫董凤兰，比他大一岁，家住村东头，是三小队的。王家西院虽然不是很大，那时也只有180多户人家，但因为他从十四岁就离开家，他并不认识她。

窦希明告诉窦宝荣："你不认识不要紧，我带回家六包饼干，今天下午你用书包装上这六包饼干，叫媒人领着你先去看看。看中了明天就去公社登记，看不中就算了。"因为不认识，窦宝荣便有些害羞，不太好意思去。

到了下午，他磨蹭了一会儿，听到空中传来轰隆隆的雷声。小队长喊道："拾掇麦场，天要下雨了。"窦宝荣听到喊声如释重负，连忙快步跑出，拾掇晒了一场院的麦穗。雷雨哗哗地下了好一阵才停下，满地都是泥水，地里没法割麦子了。他还是不好意思，就在社场里又磨蹭了一会儿，没想到回家后看到媒人在家里等着呢。他就对父母说下午不去了吧，晚上再去。其实，他当时有自己的盘算："回家割了这几天的麦子，脸晒得这么黑。晚上去，她家里的人就看不到我的黑脸了。"

吃过晚饭后，窦宝荣提着六包饼干与媒人一起去了村东头董凤兰家。董家有五间较大的房子，东头的两间暂借给邻居家住，她家住三间，家里打扫得很干净。到她家后，她的家人很热情地把他让到屋里坐下。他根本不好意思看董凤兰长得怎么样，只是坐在炕沿上，他们问什么就回答什么。董家的小煤油灯不很明亮，他心想这样更好，他们就看不到自己的脸色那么黑了。他与董凤兰的第一次见面就这样稀里糊涂结束了。

第二天吃过早饭，父母就安排窦宝荣去石桥子公社与董凤兰办理结婚登记手续。登记时，负责人例行公事般地只问女方："是自己愿意的，还是父母包办的？"董凤兰很爽快地说："自己看不中还来干嘛？"于是，两张结婚登记证就顺利地办下来了。

登记后，公社还发给了几张票据用于买镜子、脸盆，还有布票、棉花票、糖票等等。

这就是国家能够供应的全部结婚用品了。窦宝荣便与董凤兰一起去供销社买到了这几样东西。他记得很清楚，那天凭票买到的是一个只有巴掌大小的木框小镜子、脸盆和一块香皂，供销社的工作人员还在结婚证背面认真地写上了购买物品的清单。可见当时物品的确极度缺乏，没有票证和结婚证是买不到的。这张背面写着结婚物品清单的结婚证，他至今珍藏着。

到了当年的 12 月，窦宝荣与董凤兰便按照当地习俗举行了婚礼，结婚成家了。从此后，他们夫唱妇随、相亲相爱、相濡以沫，有滋有味地过起了日子。而聘礼，就是很普通的那六包饼干。

窦宝荣是一个自强不息、轰轰烈烈做事的人。他从不甘心过简单平庸、安于现状的生活。结婚成家后，他先是在村里做木匠、农业技术员、副业队现金和物资保管。他能够带领大家苦干、实干加巧干，把茅草地变成高产田，让村里老少爷们竖起大拇指，让附近的不少村庄参观学习自己的土地改良和棉花种植经验，却往往顾不上家里的事。后来他又参加招工去了诸城上班，做木工、业务员，十天半月，甚至几个月回不了一趟家。工作之余，他还数十年如一日，坚守自己收藏、保护和传承历史文化实物的事业。家里的事情，他倾注的精力就要少一些了。

而董凤兰则是一个善良贤惠、本分传统的女性。自从嫁入窦家，她孝顺公婆，忙于家务，精打细算过日子，把里里外外都打理得井然有序。尽管结婚成家之初，生活条件艰苦，但夫妻二人个性互补，心心相印，没过几年，他们便有了一双乖巧听话的儿女，生活也逐步得到改善，日子越过越红火。

不知不觉间，二十多年的时间就无声地划过，窦宝荣由一个回乡农民成长为国有企业的副厂长，父母逐渐年迈，孩子们也长大了。他们夫妻二人一直在相互默契地发挥着各自作用的同时，产生着积极向上的合力。窦宝荣的事业和家庭生活就这样沿着平实幸福的轨迹，按部就班地向前延续着。窦宝荣回忆道："那些年我能够全心全力地拼搏干事业，还有条件做自己喜欢的事情，多亏了妻子在背后默默地奉献、支持和帮助。"

——天不测，祸不单行纷杳来；人有情，恩义忠孝与日增。

天有不测风云。幸福的家庭都是相似的，但幸福的家庭会有变故。窦宝荣没有想到，1989 年妻子董凤兰突患脑溢血。经过治疗抢救，她的生命保住了，却留下了难以治愈的严重后遗症。她全身瘫痪在床，生活完全不能自理。那年，她只有 46 岁。

曾几何时，年轻人结婚成家，一般都要举办一场时尚且讲究固定程序的婚礼。在不少婚礼上都能见到这样的必行程序——

司仪问新郎："不管是贫穷还是富有，不管是疾病还是健康，不管是年轻还是衰老，你是否愿意永远爱护她，安慰她，陪伴她，一生一世，不离不弃？"新郎则毫不犹豫地大声回答："我愿意。"

司仪接着问新娘："不管是贫穷还是富有，不管是疾病还是健康，不管是顺境还是逆境，你是否愿意永远尊重他，支持他，陪伴他，一生一世，不离不弃？"新娘的回答也是这三个字："我愿意。"

现实生活中发生的无数事实告诉人们，婚礼上的问答往往激动人心。但婚后的家庭生活却并不取决于在婚礼上问答了些什么，而在于他们在以后的日子里，在相互磨合、相互包容的努力中能够说些什么、做些什么。

在那艰苦的年代里，窦宝荣与董凤兰自然没能举办这么时髦的婚礼。但当相濡以沫二十多年的妻子突然病魔缠身时，他却毫不犹豫地把现代时尚婚礼上新郎的承诺变成了自己的坚守。谈起这些，他动情地说："当年，六包饼干的聘礼，妻子就毫不犹豫地与我同甘共苦这么多年，与我一起孝敬父母、拉扯孩子；妻子有情，咱也要有义，这是一个男人起码的担当，没有什么别的选择！"

当时，董凤兰躺在床上，甚至连一个完整的句子也表达不出来，感觉和直觉都变得很迟钝。窦宝荣无奈，只好狠下心来让刚升入高中的女儿先休学在家照看董凤兰。就这样，白天窦宝荣要忙于工作，董凤兰由女儿侍奉。到了晚上，窦宝荣只要没有很特殊的情况，就必须回家照顾妻子了。

窦宝荣照顾董凤兰的精心和细致，并不亚于他在外面认认真真做事的风格。他怕她一个姿势躺着对身体不好，每夜要给她翻身十几次，还要定时、不定时清理大小便。有时她睡不着，他就给她讲外面的事和公司的情况，一直讲到深夜。她进入梦乡后他才休息。每天一早一晚，他都会认真细致地按摩她那毫无知觉的腿和手，以增强血液循环。白天只要天气好，他赶上机会时还会把她抱到太阳底下去晒一会儿。与此同时，他对自己的工作依然是高标准、严要求，没有因为这些事情迟到过一次，没有一天缺勤，也没有因为家事而多休过一天假。

就这样，日复一日、月复一月、年复一年，他就这样在工作和家务之间劳碌着、奔波着。到1992年10月上级任命他为诸城云母厂厂长时，他肩上的担子更重了。

没想到，1993年初，窦宝荣73岁的父亲窦希明也突然身患重病，半个身子不能动弹。他在做好工作，照顾好妻子的同时，还要与二弟窦宝华、三弟窦宝森一起，陪床护理父亲。他们递水喂饭、亲侍汤药，无微不至地尽着儿子们的责任。就是在这样的超负荷运转中，窦宝荣带领诸城云母厂干部职工完成改制、带领诸城四达绝缘材料股份有限公司干部职工推行以倒逼成本管理法为标志的企业科学管理，受到从中央到地方各级领导的赞扬和高度评价，社会影响力也越来越大。

1997年五一前夕，副省长韩寓群得知窦宝荣的这些事迹以后，深受感动，特意写来一封信对窦宝荣进行表扬、慰问和鼓励。

在窦宝荣、窦宝华、窦宝森兄弟三人的精心侍奉、照料下，十年又过去了，他们的父亲窦希明的身体渐渐有所康复。但到了2003年底，他们八十多岁的老母亲鞠氏又不慎摔断了腿，也卧床不起了。窦宝荣既要照顾妻子，又要侍奉父母，还要忙于四达公司的决策、管理工作，奔波在常山风景区、常山文博苑的建设工地上，为传承中华历史文化呕心沥血。他就是这样，以超常的毅力和精力，践行着诸城东郭窦氏的家学门风。

——满怀深情，梳理家学门风宝贵精神财富；继承发扬，留给后世子孙不朽文化遗产。

2007年8月9日，窦宝荣的母亲鞠氏走完了九十多年的人生历程。时过好几年，窦宝荣仍然沉浸在深切的缅怀中："那天，离母亲九十一岁生日还差四十七天。她永远地离开了我们兄弟三人。母亲走的时候，是那么安详。"

窦宝荣自幼跟随母亲生活。母亲鞠氏走后的一段日子里，特别是到了晚上，他忙完公司的事务回到家，身心放松下来的时候，她的身影，她的音容笑貌，时时浮现在他的脑海里。他深深陷入感念父母恩德的情怀中不能自拔。为此，他屡屡与朋友交谈，回忆自己对母亲的思念和母亲的言传身教对自己的影响。不少人劝他不妨把这些用文字记录下来，这既是对老人的怀念，对后人也不无启示借鉴。

这也与窦宝荣的想法不谋而合。在思念母亲的同时，他也时时回忆起自己几十年前的童年、少年和青年时代。他说："当时人们是那样的贫穷，社会是那样的落后，有些特殊的时期里做事是那样地荒唐，可大家都见怪不惊，熟视无睹。现在，人们对那时的境况也渐渐地淡忘了。现在的年轻人，未曾经历过那个艰苦的时代，对当时的一些人和事更是不了解，不明白。与他们交谈起来，他们往往感到匪夷所思。"因此，他认为自己有责任、有义务把那个时代、那个环境的人与事写出来，让更多的年轻人了解一下社会的发展变化，了解一下当年的世态人情和从那个时代走过来的祖辈、父辈们面对艰辛、背负苦难生活的情怀和人生的态度。这样对他们或许不无益处，或许这还可以作为一笔精神遗产保留下来、流传下去。

于是，窦宝荣对母亲深深的眷念、把自己的经历和记忆写出来的心情与日俱增，越来越迫切。到了2008年4月下旬，他终于动笔了。他把想要表达的内容初步分成几个方面、几个部分，然后一点一点地如实写作，不做作、不修饰。他白天要处理四达公司生产经营中的一大摊子事务。日常大量的迎来送往、新厂区的搬迁建设、常山文博苑和常山风景区的建筑工程施工等等，他每天从早到晚已是忙得昏天黑地，不可能再挤出时间，就算是有个十分钟、二十分钟的时间，也不可能理出写作的头绪。于是他就只能利用晚上的时间。不久后，他每天晚上就都能够进入一种几乎忘我的状态：晚饭后稍加休息就抓紧写，早上起床接着写，躺下睡觉后忽然想起什么，马上就爬起来再写。他边回忆、边写作、边修改、边补充，一连三个半月的时间，他不敢稍有懈怠。他自己知道，这样的状态太难得了，一旦放下，恐怕就再难再拾起来。就这样，到了8月中旬，也就是在他母亲去世后一周年左右的日子里，近二十万字的初稿即告完成。他把自己从1949年到1970年，从开始上学到走向成年的那段时间里的亲身经历与所见所闻，全部以实录的方式写了下来。

窦宝荣写作这部书稿，抱定了一个宗旨，就是以务求真实、力求准确、不浮夸、不偏差的视角，表达他自己真实的经历和见闻，表达他自己对生活、工作和人生的感悟。为力求真实可靠，他在初稿写作过程中以及完稿后，曾约请王家西院村父老乡亲及熟知情况的一些朋友审稿，征求修改意见，努力订正偏差，力求减少失误。最后，这部二十多万字的自传体作品定名《岁月·第一部》，由山东人民出版社于2009年1月正式出版发行。这部作品通过一个个故事般的事例，深情回顾了窦宝荣兄弟三人的父母在童年和少年时期对他们的呵护，父母言传身教对他们健康成长的作用，记述了他自己几十年间亲身经历与看到听到的乡村和城市往事。文笔朴实感人。

一位读者读罢《岁月·第一部》，情不自禁发出由衷的赞叹："这是一本能够走进并打动人的心灵的书，是一本使人从喧嚣世界走向宁静港湾的书，是一本不时闪现出非物质文化遗产光彩的书。那东坡西崖，那村前庄后，那山山水水，那一草一木，那美丽传说，那人情世故，还有那家乡历史的厚重积淀，都在书中从容不迫娓娓道来，宛如吟唱一首歌谣。读着它，就如同饮一杯玉液琼浆，是那样的深沉绵长，愈品愈觉回味无穷，愈品愈觉口嚼满香。"

2008年，窦宝荣被评为潍坊市十大道德模范。2009年，窦宝荣被评为诸城市道德模范。前不久，诸城市政协主席王玉邦谈起窦宝荣作为道德模范的事迹时，言语中充满由衷的敬佩："像窦宝荣同志这样，仅就他尽心尽力照顾妻子这么多年，自己却连一点绯闻、一点负面新闻都没有。放眼全国的企业家，有多少人能够做到？"

今年，71岁的窦宝荣依然在坚守着那份浓郁淳厚的夫妻情义，无微不至地照料着卧病在床26年的妻子董凤兰。在长期照顾她的过程中，他发明了一种"布圈"——用布包上棉花做成几个圈，套在她的腰部。在精心护理下，她从没有长过褥疮，从没有生过其他病。这不能不说是一个奇迹。

与此同时，窦宝荣依然以常山文博苑为载体，收藏、保护、传承着博大精深的中华历史文化。

常山文博苑和常山风景区正吸引着越来越多的游客。人们能够通过参观游览，了解常山这座诸城历史文化名山的过去和现在，了解诸城东郭窦氏绵延六百多年的家学门风，了解窦宝荣——一位名扬四海的企业家和民间收藏家、一位践行中华源远流长文明美德的山东汉子！

附注：拙文承蒙王志民、赵兴涛、杨继生、孙敬明、窦宝荣、窦锦平、吕俊峰、魏辉先生的大力支持和帮助，深表感谢。

参考文献：

［1］张崇玖：诸城《东郭窦氏族谱序》。

［2］窦锦平：《山东临朐窦氏族谱序》。

［3］窦桂森：《窦氏家文》。

［4］窦宝荣：《岁月·第一部》，山东人民出版社，2009年1月。

［5］窦锦平：《为往世传珍宝·为未来开风景——写在常山文博苑建成典礼之际》，《潍坊日报·画都周刊》。

［6］魏辉：《与〈宋拓淳化阁帖〉不期而遇》，《潍坊日报·画都周刊》。

［7］李庆章主编：《诸城风物大观》，中国文化出版社，2006年1月。

［8］窦宝荣、窦宝森编著：《常山文博苑·影像集》。

［9］吴焰：《逼出来的"四达"》，《人民日报》，1996年8月26日。

［10］窦锦平：《倒逼成本造英雄——诸城四达公司管理创新记》，《山东经济日报》，1995年12月6日。

"窦光鼐与窦氏家族学术研讨会"会议综述

刘爱敏

山东师范大学齐鲁文化研究院

2015 年 5 月 9 日至 10 日,"窦光鼐与窦氏家族学术研讨会"在窦光鼐故里山东诸城召开。本次学术研讨会由山东省齐鲁文化研究院、潍坊市中华文化促进会、诸城市人文自然遗产保护与开发促进会和诸城市常山文博苑联合举办。

这是一次层次高、主题专、议题全面、收效很大的高端学术会议。来自全国 16 家单位的 40 多位知名学者参加了本次会议,其中有全国知名的资深教授、博导,有实力雄厚的中青年学者,有硕博在读的青年才俊,也有热心弘扬乡帮文化的本地贤达。可以说人才济济,欢聚一堂。

这次学术会议虽然时间短,但收获颇丰。本次大会共收到论文 30 多篇。这 30 多篇与会论文都是各位作者围绕会议主题而撰写的原创性论文,是作者的用心之作。今天的研讨会,尽管时间紧张,但气氛热烈,学者发言精彩,支持人、点评人点评精当,取得了良好的学术效果,在以下几个方面取得了突破:

一、对窦光鼐的形象、人格及思想有了比较清晰且一致的认识

汪亚洲博士从双重视野出发,对窦光鼐的官员形象和诗人形象进行了解读,并认为其官员形象与诗人形象实现了统一,统一性体现在两个字,一个是"真"字,一个是"忠"字。山东大学儒学高等研究院的王域铖博士则是从乾隆的评价探讨了窦光鼐的仕宦品格,认为窦光鼐在仕宦方面,体现出戆直的特点,正是由于这个特点,窦光鼐的仕宦生涯跌宕起伏,但终能留清名于后世,成为一代直臣。苏州大学博士后何湘的《论"圈内记忆"与窦光鼐之形象传播》,从文官圈、乡亲圈、学人圈等多个交游圈,考察了窦光鼐历史形象的塑造以及其诗文著作的流传。庄德友博士通过窦光鼐的文学著作深入解析了其人格美,认为在封建统治日益严酷的康乾年间,窦光鼐立朝五十余年,黜陟交循,然始终独立不迁,恪尽职守;久居馆阁,却不忘履有虞之至性,厚性情、重友谊,并将这种人格魅力融注在诗歌当中。沈根花博士则认为诗人窦光鼐的生存状态具有尴尬性,他兼具御用文官和个体

诗人双重身份，一个被要求歌功颂德，另一个则要求表现真实自我，因而在身份上呈现出相悖性，并探讨这种生存状态对他诗歌创作的影响。潍坊学院的赵红卫副教授认为窦光鼐三次被委任浙江学政的一个重要原因是他的品格学识契合了帝王统治的需要，他在浙江学政任上的贡献可以概括为：拔识人才，教泽深长；参与审理浙江钱粮亏空贪渎案，直言敢谏，澄明吏治；把经世致用，讲求实学的思想付之行动。新华出版社的张程先生论述了窦光鼐在浙江学政任上，勇敢揭露浙江府库亏空的真相，并顶住巨大压力，和掩饰亏空、抵制查办的官僚集团顽强斗争的史实。苏州大学的李晶晶博士则由窦光鼐在浙江学政中的选士活动，考察了窦光鼐的治学理想与诗文观念，概括其治学理想为"明体达用""设诚致行"，诗文观念为"经史古文有所得""发明圣贤之道"，并分析了窦光鼐视学十年对两浙士子之影响。

二、比较全面系统地考查和梳理了窦光鼐的生平、交游、仕宦经历

济南大学张秉国副教授考察了窦光鼐的交游，考察了其前辈、同辈、门生等 110 余人。潍坊学院文学与新闻传播学院的刘家忠先生，对窦光鼐出游琅琊台、五莲山、九仙山及祭告南海的时间进行了考证。山东省昌邑市博物馆的王伟波先生依据《三十三种清代传记综合引得索引》所示线索，对分散在《清史列传》《满汉大臣列传》《清史稿》《国朝耆献类征初编》等各种文献中的传记史料，择其精要，去其重复，按照家传、史传、杂传、附录予以分类整理，为研究者提供了方便。山东师范大学刘洪强博士在前人研究的基础上，综合正史、地方志、家谱、墓志铭和新发现的材料，做出了更加细致可靠的窦光鼐家谱，并对窦光鼐一些有争议的大事做了厘清，为窦光鼐研究提供了基础性的参考。

三、对窦光鼐的诗文成就和地位进行了深入的研讨，给予了应有的评价

考察窦光鼐著作的研究论文占有较大比例。

在文献学方面，王承略教授和王域铖博士系统考查了窦光鼐存世著作的版本，为学者研究打下了坚实的基础。

在诗歌风格上，学者论述比较充分。罗时进教授提出了一对新的概念："宫廷现场"与"文学现场"，来表述窦光鼐"文章报国"的应制诗与"诗性书写"的文人诗两类不同风格的诗歌。同时，学者普遍认为窦光鼐诗风具有"宗杜""学苏"的特点，袁茹女士概括为"余事作诗人，端然少陵风"，史哲文博士总结为"骨力坚卓，意得少陵"，皆深得窦诗风味。

在诗歌题材上，王恒展、石玲、马腾飞三位学者，分别聚焦于窦光鼐的悼亡诗、私人化题材的诗和山水诗，使研究更加细化与深入。

对窦光鼐散文的研究，涉及经学、应制文和史志著作诸方面。焦桂美和王宪明两位教授共同关注了窦光鼐的经学。焦桂美教授对窦光鼐进呈乾隆的经义进行了述评，认为其所呈七条经义，以遵礼、纳言、敬天、律己、亲民为旨归，阐发其对君主的期许及其治世理想，体现了尊崇程朱的基本倾向，乾隆皇帝对窦光鼐的了解、信任与倚重，与其早年进呈经义的经历当不无关联。王宪明教授则对窦光鼐经学上"素恶宋儒"一说进行了辩驳，认为窦光鼐的经学根柢实在宋儒，兼容并蓄，对乾隆朝崛起的公羊学派（常州学派），也有所响应。由于他"好胜"强辩，富批评精神，人们对他的学术倾向，多有误解。潍坊学院文学与新闻传播学院的魏红梅女士探讨了窦光鼐的应制之作的内容和艺术风格，认为其应制之作以描述乾隆帝的南巡、西征以及朝廷大典活动等为主要内容，在艺术上，赋、颂、诗三体兼用，颂赞与纪述结合，发挥了应制之作"润色鸿业""体国经野"的功能。潍坊市地方史志办公室的吕俊峰先生考察了窦光鼐担任总纂十四年编纂而成的《日下旧闻考》一书，通过考证窦光鼐在该书的编纂、刊刻过程中发挥的重要作用，展示窦光鼐在方志学领域所取得的重要成就。

除诗、文外，窦光鼐还擅长书法。潍坊学院陈冬梅女士的《"书如其人"：窦光鼐书法风格简论》，以窦光鼐书法为切入点，探讨了窦光鼐其人的个性、品行和学养与其书法风格之间互为表里的依存关系。

四、窦氏家族其他人物及家族文化研究

侯桂运教授探讨了窦光鼐的曾祖窦石卿的诗词，王瑞甫先生梳理了窦氏后裔窦宝荣先生在企业管理、文化收藏和家庭美德中对窦氏家族文化的继承和发扬。前有窦石卿，中有窦光鼐，后有窦宝荣，足见窦氏家族文化源远流长。

对窦氏家族文化的内涵及成因的探讨也受到本次会议多位学者的关注。窦氏是典型的耕读世家，"忠孝继世，诗书传家"是其写照。潍坊市博物馆研究员孙敬明先生就东武乡风与窦氏世家的关系进行研讨，正是东武乡风善政，才孕育了窦氏的世家廉吏。诸城文化局原副局长张崇玖先生的《东郭窦氏与普庆张氏两个家族之间的关系》，梳理了东郭窦氏与诸城另一望族普庆张氏之间的关系，文章通过对两个家族之间的关系的梳理，意在探析他们兴旺发达、长久不衰的来龙去脉和原因所在，以启迪后世继承先辈的遗风。山东师范大学历史与社会发展学院的朱亚非教授和研究生柳旦超分析了明清诸城窦氏家族文化的具体内容，总结为五点：一是崇儒耕读，学而优则仕；二是忠孝传家，三是兄友弟恭；四是清廉俭朴，不阿权贵；五是文韬武略，才智兼备。并进一步分析窦氏家族文化的成因：优美雅致的自然环境，良好的地域人文环境，家庭教育、先辈的垂范以及自身的努力。山东师范大学齐鲁文化研究院的研究生于少飞研究了诸城东郭窦氏的家风家学，认为诸城东郭窦氏

家族自始祖窦思道迁至诸城以来，经过十几代人的共同努力，形成了清正廉洁、勤政爱民的为官之道，积德行善、淡泊名利的处世风格，忠君守义、孝悌睦邻的为人之本，学贵有用、读书继世的家学传统和知书明理、不堕家声的女眷风范，其影响可谓惠及后世，彪炳史册。诸城市博物馆的韩岗先生把窦氏家族的特色与个性概括为四个方面：一是平凡的家世与拮据的家境，二是严格的家教与刚直不阿的家风，三是注重社会教育与对教育的贡献，四是与地方文士的联姻与交游。

窦光鼐是乾隆时期的重臣，且有诗文传世，无论在当世还是对后世都颇有影响，理应引起学者的重视，但少见有对其研究者。今天的学术会议是窦氏家族文化研究的开创，所取得的成就填补了这一空白，不仅促进了对窦光鼐与窦氏家族文化的研究，而且对齐鲁文化乃至中国传统文化研究，都是一大贡献。当然我们的工作只是一个开始，如有学者提出整理出版《窦光鼐文集》，这是下一步窦氏家族文化研究的工作任务。

通过一天的会议研讨，我们完成了会议各项议程，达到了预期效果，取得了圆满成功。尊敬的各位专家、各位朋友，这次会议是短暂的，但会议留给我们的记忆将是长久的。本次研讨会就要闭幕了，大家就要说再见了，但我们在会议期间所达成的共识，所凝结的友谊，将会长久地留在我们的记忆里。各位专家对窦氏家族文化研究的关注和热情，以及各位专家严谨的治学态度和积极的探索精神，不仅为我们留下了深刻的印象，也保证了这次会议的圆满成功。借此机会，我也代表本次会议组委会向各位专家表示崇高的敬意和真诚的感谢！同时，我们还要感谢本次会议的赞助方、热心文化事业并做出突出成就的窦氏后裔窦宝荣先生！您发起的这次学术研讨会，是对本家族文化的宣传，也是对齐鲁文化和中国传统文化的弘扬！

后　记

　　2015 年 5 月 9 日至 10 日，窦光鼐与窦氏家族学术研讨会在窦光鼐故里山东诸城召开。此次学术研讨会由山东省齐鲁文化研究院、潍坊市中华文化促进会主办，诸城市人文自然遗产保护与开发促进会、诸城常山文博苑承办。来自山东大学、山东师范大学、苏州大学、新华出版社、山东理工大学、湖南科技大学、济南大学等 16 所高等院校和科研单位的 40 余位专家、学者参加了会议，会议收到论文 30 余篇。

　　现将部分会议论文辑录成《窦光鼐与窦氏家族文化研究》。收入论文集的论文大部分在这次会议上宣读过，会后又经过作者的认真修改。由于各种原因，有些会议论文未能收入文集，甚为遗憾。

　　本论文集的出版经费得到山东省潍坊市中华文化促进会的大力支持，论文集的责编刘晨先生及山东省齐鲁文化研究院、潍坊市中华文化促进会、诸城市人文自然遗产保护与开发促进会、诸城常山文博苑的有关同志为论文集的出版付出了辛劳，谨致谢忱。

《窦光鼐与窦氏家族文化研究》编委会

2015 年 10 月